本书编委会

主　任：王　纲

副主任：来颖杰　赵　磊

成　员：叶　彤　沈世成　邢晓飞　郑　毅　莫璟华
　　　　楚蓓蓓　李　攀

本书编写组

　　　　　李　攀　郑梦莹　季　方　王思琦　陈雯怡

笔墨当随时代（上）

之江轩 编著

浙江人民出版社

图书在版编目（CIP）数据

笔墨当随时代 / 之江轩编著. — 杭州：浙江人民出版社，2022.11（2025.2重印）

ISBN 978-7-213-10839-6

Ⅰ.①笔… Ⅱ.①之… Ⅲ.①地方政府-行政管理-电子政务-浙江-通俗读物 Ⅳ.①D625.55-39

中国版本图书馆CIP数据核字（2022）第210631号

我们来了!

我们是"浙江宣传",
今天正式上线了。
有以下三个问题,
是我们自筹备"浙江宣传"以来
深思熟虑的,
相信也是你看到这个公众号时
会想到的。

我们为什么要办这个公众号?

从外部环境来看,移动互联网时代,各种自媒体已经蓬勃兴起,宣传思想文化工作面临不小的挑战。我们打算勇于探索,尝试借助公众号,进一步用互联网思维推动宣传思想文化工作创新,充分发挥新媒体在宣传思想文化工作中的优势和作用。

从自身需求来看,多发声、多参与、展示浙江好形象,这是浙江建设"重要窗口"的题中之义,也是全省宣传战线要承担起来的一项重要任务。办好这个公众号,打出传播力和影响力,我们责无旁贷。

我们怎么办这个公众号？

我们深知，开通一个公众号挺容易，做精做优一个公众号却很难。因此，我们做了充分准备，为你提供激发思考、触动内心的精彩内容，努力不负你的关注和期待。

在这里，我们将主要展示和解读全省宣传思想文化工作，也将为你分析中央和省委的决策部署，为你阐释浙江的改革发展。我们会紧紧贴近浙江大地，牢牢扣住时代脉搏，以沸腾的状态走好前行每一步。

在这里，我们将做到主动发声，直击热点、解剖难点，第一时间表达我们的思想主张。我们也会做到善于发声，在表现形式和风格上遵循互联网传播规律，不绕弯子、不卖关子。

我们有怎样的愿景？

我们希望，这个微信公众号能让你更多地了解我们的工作，更深入地读懂浙江，也能带动全省宣传战线识变、应变、求变，更好地扛起宣传战线在浙江推动共同富裕和现代化先行中的使命担当。

我们启程了，我们邀你同行！

李攀　执笔

2022年5月30日

目录

今天,重温16年前的一篇序言 / 001

面对不确定,多一些笃定 / 010

推进文化数字化,浙江如何下好先手棋? / 012

"搞理论"也要能"出圈" / 017

"越牛"为啥这么牛? / 020

再读习近平《之江新语》,对宣传文风的启示 / 023

端午这天,浙江人陆游经历了什么? / 025

这个节,嘉兴为什么越办越火? / 029

墨汁的甜味从哪里来? / 034

"浙江味"是种什么味? / 039

沉默的背后是精致的利己主义 / 043

这本书值得好好读 / 045

省优、部优不能成"搁"优 / 048

颜值、活力还是学识，思政金课的密码是什么？ / 050

他们，不该是"演员" / 055

群发问候也是一种打扰 / 060

这件事，要剖开看！ / 063

衢州人为什么爱吃辣？ / 067

浙江最难懂的方言是温州话吗？ / 072

抓不住眼球何谈入脑入心？ / 077

履新浙江伊始，习近平曾定下这个目标 / 080

在浙里看见文明中国 / 085

这件事，浙江要比全国先一步 / 090

一项政策何以成为"出圈顶流" / 095

这个事关西湖之恋的建议源自习近平 / 097

"24小时博物馆"为谁而开？ / 099

跟习近平学习如何同群众说话 / 103

如此慢直播，竟然能"火"？ / 105

这个"富矿"，需要深挖！ / 107

这个悖论，为何在浙江失灵？ / 112

时间定了！省党代会有三个不一般 / 116

形容浙江，人们为何爱用这两个字？ / 120

平安这篇文章，浙江写了十八年 / 123

回放《赶考》中的五个瞬间 / 126

首次亮相的"党代表通道"有深意 / 132

浙江的"12万亿"，哪里不一样？ / 136

"10个新"带你读懂浙江省党代会报告 / 141

创新，还是创新！ / 148

浙江省党代会报告中的"实"与"情" / 152

落子宋韵，浙江深思熟虑 / 157

这档连播17季的节目为什么能？ / 161

浙里的8090"声入人心" / 165

这部正剧走红，带来哪些思考？ / 171

新班子南湖之行，意义特殊 / 175

为什么是"诗画江南、活力浙江"？ / 180

丢掉行头的越剧还能叫越剧吗？ / 185

一颗杨梅，凭什么想"征服"世界？ / 189

从《梦华录》里"活"的宋韵想到的 / 194

别让一个负面热点害了一座城 / 199

"大系"，大戏！ / 202

做宣传要经营好流量 / 207

第一课:"探源"文明探源工程 / 209

飞跃重洋的"堂前燕" / 215

以解决实际问题来解决思想问题 / 220

"满月"了,我们想到了什么? / 223

今天,我们最需要想起谁? / 227

汛期来了,温习一下"防台口诀" / 234

起底美西方舆论攻心的六大套路 / 237

名牌大学"最后一课":风雨何曾惧? / 242

霉干菜为什么叫"博士菜"? / 247

经济热点"十问十答",这场对话有料 / 251

代表浙江的好歌在哪里? / 255

别把小事拖大拖炸了 / 260

只把宣传当饭碗是干不出彩的 / 263

见招拆招破解美西方舆论战套路 / 266

浙江的文博文创该发力了 / 272

这些好书是怎么漂洋过海的? / 277

"美丽浙江"是如何长大的? / 282

搞媒体融合别当"卖豆腐郎" / 287

文化阵地,怎么让人放下筷子就想去? / 290

这个坚持了53年的宣讲，秘诀何在？ / 295

《孤勇者》为什么大小通吃？ / 300

且向江南登长城 / 306

浙江凭啥撑起"丝绸之路周"？ / 311

西湖醋鱼的滋味需要细品 / 317

好题材没故事容易"低级红" / 321

"非遗"，活起来才能活下去 / 324

"扶正祛邪"不能搞假大空 / 330

为何说这场展览是堂思政课？ / 332

日本的"丧文化" / 337

人间好物，"藏起来"不如"拿出来" / 342

搞媒体融合要破"心中贼" / 348

茅盾故里何时再有茅奖？ / 352

露天电影，还要不要继续放下去？ / 358

"早上好"的神奇力量 / 362

为什么高温天的晚霞绝美？ / 368

嘲讽"小镇做题家"是一个危险信号 / 373

"大潮"是怎么弄潮的？ / 378

和李清照同登八咏楼 / 383

西泠印社凭什么称"天下第一名社"？ / 388

美国影视作品中的"硬汉文化" / 394

为何总有人把"浙江"读成"折江"？ / 400

"稻鱼共生"发源地迎来全球盛会 / 405

先行探路始于"足迹"，落于足下 / 410

"臭就是香"是如何实现的？ / 415

批评不批评只有一条标准 / 419

最是情怀动人心 / 422

习近平和金星村的三个小故事 / 426

"恶意爆料"该收手了 / 430

手写录取通知书，写的是一份心 / 434

"让文物'活'起来"背后的故事 / 439

这双手，为何让我们如此感动？ / 442

刚刚亮相的版本馆是个啥馆？ / 448

"董宇辉们"走红的背后 / 454

对 Kindle 最好的悼念是重新拿起书 / 458

小小豆腐包里有"乾坤" / 463

为什么"别人生病自己吃药"？ / 467

文润阁的宋韵，韵在何处？ / 471

让年轻人爱上主旋律剧 / 477

这座江南小城何以名家辈出？ / 481

拆还是救？老屋在等待 / 486

致二舅们"平凡的世界" / 491

民营书店这样卖书才不会输 / 496

"天使之国"何以流泪？ / 502

一盏"青灯"为啥这么亮？ / 507

版本馆的"版本"，到底是什么？ / 512

浙江首位"时代楷模"的"战斗" / 517

36方印章的背后 / 522

版本馆即将开放，将展出哪些宝贝？ / 527

"刺客"刺中的是精神世界 / 533

越剧如何"越"山丘？ / 537

秘色瓷：瓷器中的不朽传说 / 542

有一种守护叫中国军人 / 547

96岁老兵口述：我这一生从战争中走来 / 553

中华文明"种子库"是这样建成的 / 559

西湖有风情更有风骨 / 565

《运河边的人们》为何值得看？ / 570

历史不会浓缩于一个晚上 / 575

没有互动的新媒体就没有灵魂 / 581

七夕就是"中国情人节"吗？ / 584

我们可以有怎样的科幻电影？ / 589

西泠印社靠什么走出了困境？ / 594

每条路，都是回家的路 / 599

公厕怎样"点亮"品质文化生活？ / 604

面对命运捉弄，唐伯虎向左，王阳明向右 / 608

这味凉茶，一煮32年 / 613

网剧，后起之秀凭什么秀？ / 618

为了这八个字，浙江何以拿出百万大奖？ / 624

乡村博物馆的生存法则是"土且特" / 630

乡愁，越过"浅浅的海峡" / 635

传统媒体为何难留年轻人？ / 639

没有了影响力，还能叫品牌吗？ / 643

"战疫求助平台"为啥广受好评？ / 648

一起做堂堂正正中国人 / 651

内驱力决定与梦想的距离 / 658

宋韵千年怎能不念东坡 / 662

书单拯救不了青少年阅读 / 667

一座小岛，如何牵动两岸情缘？ / 672

王安石在鄞州经历了什么？ / 678

当美利坚合众国无法"合众" / 684

三天不见"面"，舟山人就想念 / 688

浙闽之间为何多廊桥？ / 694

办好"战疫求助平台"的操作手册 / 699

手握笔杆当战士 / 703

有一种宋韵，叫爱国主义 / 708

变化的时代，宣传如何变？ / 713

干宣传就要"取法其上" / 717

美国为何老拿气候问题说事？ / 722

进攻为何是最好的防守？ / 727

欧阳修是如何"改文风"的 / 731

开会是为了解决问题 / 736

从这个暑期档里能看到什么？ / 740

龙泉青瓷吟唱"宋韵今声" / 744

槜李惹人醉 / 749

老字号更需回归初心 / 754

小吃胜大餐 / 759

浙江精神少不了的"海洋味" / 765

爱国诗人陆游：可以失败，但绝不放弃 / 770

地球"发烧"了，我们怎么办？ / 775

夏衍故里何时捧回"夏衍杯"？ / 781

如果马克思与孔子交谈 / 786

谁说温州人重商不重文？ / 792

教材问题，还有比问责更重要的 / 797

当文化礼堂插上"数智"翅膀，怎么飞？ / 801

民企为何青睐主旋律影视剧创作？ / 805

脱口秀如何"圈"了年轻派？ / 810

三句"千万"，重逾千钧 / 815

川渝英雄气是中国人的精神 / 819

"浙水敷文"，何以见得？ / 823

50岁的红日亭依旧年轻 / 828

80年前的"里斯本丸"号，告诉我们什么？ / 832

浙江第一家农村文化礼堂是怎么来的？ / 837

新书缘何难进畅销榜？ / 842

冯骥才为何钟情宁波这座藏书楼？ / 846

文物建筑的大门可以敞开吗？ / 850

"中国这十年"的浙江成绩单 / 855

为什么我们今天如此聚焦文化？ / 860

浙江的"十年功" / 865

戈尔巴乔夫留下的四点启示 / 870

"开学第一课"，古今怎么上？ / 876

"干在实处，走在前列"，为何还要"勇立潮头"？ / 880

再读77年前的这篇"状元之作" / 885

为何说"强起来"是中国的必答题？ / 890

电视频道该"瘦身+转身"了 / 895

"轩岚诺"来了，牢记"一三四" / 900

扒开梭子蟹，吃一汪大海的仙气 / 906

我们怎么做防汛防台报道？ / 911

钱塘江上游流淌着宋诗 / 916

"低级红""高级黑"的六种形式 / 921

"大思政课"何以为"大" / 925

"百日"了，我们想到了9个字 / 930

今天,重温16年前的一篇序言

> "今天,我们踏着来自历史的河流,受着一方百姓的期许,理应负起使命,至诚奉献,让我们的文化绵延不绝,让我们的创造生生不息。"

"我们从何处来,又将向何处去?"这个问题的答案,中国人已苦苦寻求数千年。

在5月27日的中央政治局集体学习上,习近平总书记强调,把中国文明历史研究引向深入,推动增强历史自觉,坚定文化自信。

这个强调,让我们想到,2006年的5月30日,就在这一天,时任浙江省委书记习近平在杭州所作的《浙江文化研究工程成果文库总序》中也提及:

"研究浙江文化的历史与现状,增强文化软实力,为浙江的现代化建设服务。"

文化建设,既要有发乎内心的文化自觉,也要建立在科学认识基础之上。

这其中,文化研究就显得尤为重要。

一

这篇两千多字的序言，透露着一个省域文化建设的底气和决心：

"悠久深厚、意韵丰富的浙江文化传统，是历史赐予我们的宝贵财富，也是我们开拓未来的丰富资源和不竭动力。"

写下序言时，时任浙江省委书记习近平还有一个头衔：浙江文化研究工程指导委员会主任。

到底是一项什么样的工程，要由省委书记亲自谋划并主持启动？

2005年7月，浙江省委十一届八次全会做了个重大决定：实施文化大省建设"八项工程"。此后，文化研究工程成为其中重要一项。

工程围绕"今、古、人、文"，即浙江当代发展研究、浙江历史文化专题研究、浙江名人研究和浙江历史文献整理展开，总结发展经验、挖掘文化底蕴、打造学术品牌，提供发展的力量。

序言结尾，有这么一段话，深情讲述浙江启动这项工程的初心——

"今天，我们踏着来自历史的河流，受着一方百姓的期许，理应负起使命，至诚奉献，让我们的文化绵延不绝，让我们的创造生生不息。"

二

浙江文化研究工程，是国内首个从哲学社会科学层面关照地方发展的重大文化工程。为了做好这项"超级"工程，浙江下了大力气。

比如，这项工程由"一把手"牵头，浙江历任省委书记相继担任工程指导委员会主任，谋划部署、指导把关，已接力长跑17年。

拿近两年来说，2020年，浙江就专门召开了文化研究工程实施15周年座谈会；2021年，省委文化工作会议再次强调，要深化文化建设"八项工程"。两次会议上，省委书记袁家军都作了重要讲话。

又如，17年间，浙江对此持续强化人、财、物投入，光财政专项拨款就超过1.7亿元。这还没算上各单位自己往里投的资金。平心而论，相比科研、基建等，这数目不算多，但纵向比较而言，已经显示出分量。

再如，围绕顶层设计，工程组织多部门联动、跨学科覆盖，共同锻造引领重磅学术项目。这不是说说的，毕竟，没有实打实的成果拿出手，谁好意思说自己"重磅"。像"浙江历史文化名人丛书"，一个项目就涵盖120部巨作，一出手就是领域内的"百科全书"。

瞄准一个方向，埋头苦干，不断深挖。要不怎么说浙江政府和浙江人，温良之中又有股狠劲儿呢？

三

文化研究工程实施17年,成果显而易见。

截至目前,工程累计开展系列研究100余个,设立研究项目1400余项,出版学术专著1400余部。工程第一期于2015年结束,第二期于2017年启动,第三期已制定好方案,新项目正在路上。

今年春天,火遍杭城的"中国历代绘画大系"特展,正是工程标志性项目之一。

很多人好奇,这到底是座多大的"富矿"?其间,"大系"团队走访全球260余家文博机构,高清拍摄收录了12479件(套)中国绘画。

这难度得有多大?像南宋画家李唐的《晋文公复国图》,就是团队吭哧吭哧从大都会艺术博物馆拍回来的。

要是没有强大的能力和信任做背书,要不是满怀着诚意前往,哪能将万余件分散在世界各地的稀世珍宝"收入囊中",让千年丹青重现?

此番,是"大系"历练17年,首次大规模面向大众。今年,它还将走出杭州,亮相嘉兴、北京。

17年,从研究到展览,研究环节才画上句号,展现浙江文化气派、中国文化自信的历程才刚开始。

浙江这块土地,并不算太广阔,却无比深厚。历史数千年,我们之所以还在研究文化,是因为鉴往知来,也因为它带来精神富足,带来前行的力量。

文化对人类有何作用?

何以浙江？何以中国？

透过这项不寻常的工程，透过这篇不寻常的序言，无须多言，答案已显而易见。

郑梦莹　执笔
2022年5月30日

延伸阅读

浙江文化研究工程成果文库总序

有人将文化比作一条来自老祖宗而又流向未来的河，这是说文化的传统，通过纵向传承和横向传递，生生不息地影响和引领着人们的生存与发展；有人说文化是人类的思想、智慧、信仰、情感和生活的载体、方式和方法，这是将文化作为人们代代相传的生活方式的整体。我们说，文化为群体生活提供规范、方式与环境，文化通过传承为社会进步发挥基础作用，文化会促进或制约经济乃至整个社会的发展。文化的力量，已经深深熔铸在民族的生命力、创造力和凝聚力之中。

在人类文化演化的进程中，各种文化都在其内部生成众多的元素、层次与类型，由此决定了文化的多样性与复杂性。

中国文化的博大精深，来源于其内部生成的多姿多彩；中国文化的历久弥新，取决于其变迁过程中各种元素、层次、类型在内容和结构上通过碰撞、解构、融合而产生的革故鼎新的强大动力。

中国土地广袤、疆域辽阔，不同区域间因自然环境、经济环境、社会环境等诸多方面的差异，建构了不同的区域文化。区域文化如同百川归海,共同汇聚成中国文化的大传统,这种大传统如同春风化雨,渗透于各种区域文化之中。在这个过程中,区域文化如同清溪山泉潺潺不息,在中国文化的共同价值取向下,以自己的独特个性支撑着、引领着本地经济社会的发展。

从区域文化入手,对一地文化的历史与现状展开全面、系统、扎实、有序的研究,一方面可以藉此梳理和弘扬当地的历史传统和文化资源,繁荣和丰富当代的先进文化建设活动,规划和指导未来的文化发展蓝图,增强文化软实力,为全面建设小康社会、加快推进社会主义现代化提供思想保证、精神动力、智力支持和舆论力量;另一方面,这也是深入了解中国文化、研究中国文化、发展中国文化、创新中国文化的重要途径之一。如今,区域文化研究日益受到各地重视,成为我国文化研究走向深入的一个重要标志。我们今天实施浙江文化研究工程,其目的和意义也在于此。

千百年来,浙江人民积淀和传承了一个底蕴深厚的文化传统。这种文化传统的独特性,正在于它令人惊叹的富于创造力的智慧和力量。

浙江文化中富于创造力的基因,早早地出现在其历史的源头。在浙江新石器时代最为著名的跨湖桥、河姆渡、马家浜和良渚的考古文化中,浙江先民们都以不同凡响的作为,在中华民族的文明之源留下了创造和进步的印记。

浙江人民在与时俱进的历史轨迹上一路走来,秉承富于创造力的文化传统,这深深地融汇在一代代浙江人民的血液中,体现在浙江人民的行为上,也在浙江历史上众多杰出人物身上得到充分展示。从大禹的因势利导、敬业治水,到勾践的卧薪尝胆、励精图治;从钱氏的保境安民、纳土归宋,到胡则的为官一任、造福一方；从岳飞、于谦的精忠报国、清白一生，到方孝孺、张苍水的刚正不阿、以身殉国；从沈括的博学多识、精研深究，到竺可桢的科学救国、求是一生；无论是陈亮、叶适的经世致用，还是黄宗羲的工商皆本；无论是王充、王阳明的批判、自觉，还是龚自珍、蔡元培的开明、开放，等等，都展示了浙江深厚的文化底蕴，凝聚了浙江人民求真务实的创造精神。

代代相传的文化创造的作为和精神，从观念、态度、行为方式和价值取向上，孕育、形成和发展了渊源有自的浙江地域文化传统和与时俱进的浙江文化精神，她滋育着浙江的生命力、催生着浙江的凝聚力、激发着浙江的创造力、培植着浙江的竞争力，激励着浙江人民永不自满、永不停息，在各个不同的历史时期不断地超越自我、创业奋进。

悠久深厚、意韵丰富的浙江文化传统，是历史赐予我们的宝贵财富，也是我们开拓未来的丰富资源和不竭动力。党的十六大以来推进浙江新发展的实践，使我们越来越深刻地认识到，与国家实施改革开放大政方针相伴随的浙江经济社会持续快速健康发展的深层原因，就在于浙江深厚的文化底蕴和文化传统与当今时代精神的有机结合，就在于发展先进生产力与发展先进文化的有机结合。今后一个时期浙江能否在全面建设小康社会、加快社会主义现代化建设进程中继续走在前列，很大程度上取决于我们对文化力量的深刻认识、对发展先进文化的高度自觉和对加快建设文化大省的工作力度。我们应该看到，文化的力量最终可以转化为物质的力量，文化的软实力最终可以转化为经济的硬实力。文化要素是综合竞争力的核心要素，文化资源是经济社会发展的重要资源，文化素质是领导者和劳动者的首要素质。因此，研究浙江文化的历史与现状，增强文化软实力，为浙江的现代化建设服务，是浙江人民的共同事业，也是浙江各级党委、政府的重要使命和责任。

2005年7月召开的中共浙江省委十一届八次全会，作出《关于加快建设文化大省的决定》，提出要从增强先进文化凝聚力、解放和发展生产力、增强社会公共服务能力入手，大力实施文明素质工程、文化精品工程、文化研究工程、文化保护工程、文化产业促进工程、文化阵地工程、文化传播工程、文化人才工程等"八项工程"，实施科教兴国和人才强国战略，加快建设教育、科技、卫生、体育等"四个强省"。作为文化建设"八项工程"之一的文化研究工程，其任务就是系统研究浙江文化的历史成就和当代发展，深入挖掘浙江文化底蕴、研究浙江现象、总结浙江经验、指导浙江未来的发展。

浙江文化研究工程将重点研究"今、古、人、文"四个方面，即围绕浙江当代发展问题研究、浙江历史文化专题研究、浙江名人研究、浙江历史文献整理四大板块，开展系统研究，出版系列丛书。在研究内容上，深入挖掘浙江文化底蕴，系统梳理和分析浙江历史文化的内部结构、变化规律和地域特色，坚持和发展浙江精神；研究浙江文化与其他地域文化的异同，厘清浙江文化在中国文化中的地位和相互影响的关系；围绕浙江生动的当代实践，深入解读浙江现象，总结浙江经验，指导浙江发展。在研究力量上，通过课题组织、出版资助、重点研究基地建设、加强省内外大院名校合作、整合各地各部门力量等途径，形成上下联动、学界互动的整体合力。在成果运用上，注重研究成果的学术价值和应用价值，充分发挥其认识世界、传承文明、创新理论、咨政育人、服务社会的重要作用。

我们希望通过实施浙江文化研究工程，努力用浙江历史教育浙江人民、用浙江文化熏陶浙江人民、用浙江精神鼓舞浙江人民、用浙江经验引领浙江人民，进一步激发浙江人民的无穷智慧和伟大创造能力，推动浙江实现又快又好发展。

今天，我们踏着来自历史的河流，受着一方百姓的期许，理应负起使命，至诚奉献，让我们的文化绵延不绝，让我们的创造生生不息。

面对不确定，多一些笃定

> 笃定来自应对不确定的信心和措施。我们唯有集中精力做好自己的事情，才能以笃定应对不确定。

5月30日下午，全省经济稳进提质攻坚行动工作推进会召开，作出实施全省经济稳进提质八大攻坚行动的重要部署。曾记否，此前，《浙江省贯彻落实扎实稳住经济一揽子政策措施的实施方案》也正式发布。

通过以上种种，人们看到了浙江的笃定。

世界总是充满不可预期，今年形势尤甚。当前经济形势极为严峻复杂，不稳定、不确定因素明显增多，比如疫情点多面广频发、国际形势继续发生深刻复杂变化等。

然而，人的主观能动性不能忽视。笃定来自应对不确定的信心和措施。我们唯有集中精力做好自己的事情，才能以笃定应对不确定。

在这场攻坚组合拳中，全省宣传战线同样是参战者。

一方面，要及时做好相关政策的宣传和解读，使广大群众和企业了解进而理解政策的内涵和适用范围，充分享受政策带来的实惠。

另一方面，对于各地在落实八大攻坚行动上的好经验好做法，要做到善于发现、及时反映，对于各地遇到的新情况新难题，要发挥好反映民情民意的桥梁作用，及时回应关切。

信心堪比黄金，作为远胜空谈。以战斗状态、奋进姿态全力攻坚，宣传和解读好政策，积极回应关切，展现出全省宣传战线的干劲和风采，这些对于推动八大攻坚行动开展有着不可或缺的作用，这也将为全社会注入更多信心。

李攀　执笔
2022年5月31日

推进文化数字化,浙江如何下好先手棋?

> 如果把文化数字化比作一个新江湖,那么浙江早已准备妥当,正在大展身手。

不久前,中办、国办印发《关于推进实施国家文化数字化战略的意见》,要求各地区各部门结合实际认真贯彻落实。

在这之前,今年2月底,浙江省委召开全省数字化改革推进大会,强调要迭代升级数字化改革体系架构,整合形成"1612"体系构架。

由此,数字文化系统成为一条新增跑道。

顶层设计的前瞻性布局,再加上实践上的不断探索,浙江在推进文化数字化上已经结出不少成果。

不管走多远、做多久,一个重要目标始终清晰可见:推进文化数字化,最终是为了服务于文化领域生活、生产和治理,是为了造福社会、惠及群众。

一

在高质量发展建设共同富裕示范区的大背景下,文化是关键变量。浙江的文化数字化,瞄准的是群众有感,不断创新利用数字化手段让文化服务泛在可及、便捷高效。

15分钟,我们能干点什么?

浙江正打造"15分钟品质文化生活圈",今年全省将布局打造8000个。这意味着,你线上预约后从家里出发,在15分钟左右,可以步行到达至少一个公共文化场馆,路上可能还会路过两个以上的公益性公共文化空间。

想做志愿服务,我们该怎么就近就便?

浙江打造了"志愿浙江",这个应用实现省、市、县、乡、村五级贯通,归集1800多万名志愿者数据。用户打开"志愿地图",就能选择志愿项目。在今年以来的疫情防控中,嘉兴、衢州、温州等地都运用"志愿浙江"招募志愿者,参与疫情防控日活近14万人,志愿服务蔚然成风。

想给大脑充点电,我们该去哪里查阅文献或者借阅图书?

浙江开发建设省文献资源共建共享平台,集聚全省公共图书馆1127万条书目数据、30个图书期刊数据等,实现全省文献资源检索"一键通"。浙江也积极推动长三角地区公共图书馆服务"一卡通",长三角地区居民持社保卡在公共图书馆享有入馆、办证、借阅服务和文化体验"同城待遇"。

类似的应用,不一而足。针对群众文化生活中存在的痛点堵点,尤其是文化服务供需不平衡、匹配不精准等难点,浙江已经打出了一系列组合拳。

二

推进文化数字化，对推动企业生产也有不可估量的作用。特别是在疫情之下，不少企业面临着生产上的实际难题，借助数字化应用，有助于它们化危为机。

针对服务文化企业不够精准、研判管理风险不够及时等问题，浙江打造"浙文创"应用，已完成48万多家文化企业、5000多家规上文化企业、40家重点文化产业园等数据指标归集，通过数据分析为文化企业提供更精准的服务，也能推动各种优惠政策直达企业，通过"企业画像"场景，联动文创银行等金融机构，有效缓解文化企业融资难融资贵问题。

借助"浙影通"应用，电影创作方感受到许多便利。在创作环节，"剧本医生"通过AI识别和分析技术，帮助企业诊断剧本；在拍摄服务环节，通过打通数据帮助企业解决找人、找政策、找资金等难题，"云勘景"场景覆盖全省各大影视基地，为剧组提供360度线上勘景服务。目前，该应用已实现三级贯通，很多企业有了实实在在的获得感，实战实效作用明显。

众所周知，疫情对旅游带来不良影响，"旅游通"应运而生。这个应用可以帮助企业和游客设计、规划最佳旅游线路，小到哪个景区消费实惠、附近有哪些停车场等问题，在该应用都能一键查询。

问题是什么，数字化应用就解决什么问题。深耕文化这个领域，浙江的文化数字化正在成为推动经济社会发展的巨大增量。

三

文化听上去很软,但文化的力量很"硬核"。用好文化数字化,在进一步加强社会治理上大有裨益。

为了对外讲好浙江故事,"国际传播在线"聚焦核心业务场景,实现了动态跟踪传播态势,集聚出海力量、放大传播声量。为了提升文物安全治理现代化水平,"文物安全智慧监管"应用上线文物智治一张图、法人违法防治、火灾防控、盗窃盗掘防范等模块,目前发现隐患700多条。为了优化民情通达机制,"民情在线"应用全面归集党政机关、各级媒体、互动社区、基层单元等民情数据,为决策提供参考。

古城该如何保护?历史悠久的绍兴,给出巧妙解法——历史文化名城保护传承应用。这座古城,每一帧都被保存下来。在宁波,为了助力创建全国文明城市,"浙里甬文明"应用围绕创、测、督、导、智等五大环节推动量化闭环、精准研判。

在推进文化数字化上,浙江还流露出更大雄心,即探索数据智汇、算力强大、能力集成的宣传大脑,如今成效初显。

浙江深入实施"文化基因解码工程",围绕中华优秀传统文化、革命文化和社会主义先进文化等构建文化基因库,在文化艺术、新闻出版、广播电视和电影等领域打造各类省级数据库。值得一提的是,包括南湖革命纪念馆、中共浙江省一大旧址群、五四宪法历史资料陈列馆等试点单位完成近1万件陈列品、出版物等红色资料的平面或者三维建模。浙江打造丝绸之路数字博物馆,已归集40余家国内丝绸之路博物馆约2000件数字藏品。

种种努力之下,文化资源不再是抽象的,而变得生动具体,文化服务不再是稀缺的,而是智慧便捷、触手可及。

如果把文化数字化比作一个新江湖,那么浙江早已准备妥当,正在大展身手。

李攀　执笔

2022 年 5 月 31 日

"搞理论"也要能"出圈"

> 生产适合网络传播的爆款产品,更好地让知识流向"云端",让观点成为"热搜",让思想的"火花"变成更多人共赏的"烟花"。

《习近平科学的思维方法在浙江的探索与实践》系列研究成果,全网点击阅读量超16亿;《习近平在浙江》采访实录,全网点击阅读量达14亿。

30亿的背后,是一篇篇文章从"圈内"走向"圈外",不断在"出圈破圈"中"吸粉引流"。

然而,反观现实,当下哲学社科领域不乏著作等"身"者,可是还缺少足够多的著作等"声"者。

洛阳何以纸贵?左思的《三都赋》写得好固然重要,但皇甫谧的"卖力吆喝"也起了大作用。现在是互联网时代,"洛阳"扩展至"世界","纸张"转化成"流量",要想"一夜纸贵",倚马千言的"笔杆子"还得化身"流量爆表"的"宣传家"。

当哲学社会科学工作者置身社会,把成果应用于社会,各种研究成果更能发挥指导实践、催生变革的作用,哲学社会科学工作者的家国情怀和责任担当也能得到更多体现。

因此,"出圈"是值得提倡的,也是社会所需要的。

特别是,当前的浙江面临高质量发展建设共同富裕示范区的伟大实践,没有经验可以借鉴,浙江全面推进数字化改革,没有固定打法可以套用,这都呼唤一个个专家学者既善于用理论引导实践,也善于在火热的实践中总结、升华理论,努力让理论飞入千家万户,影响更多人。

可不容忽视的是,"出圈"不易。一位资深社科工作者说,平时的学术科研和教学等任务并不少,也不一定善于将学术话语体系转化为大众话语体系,再加上考核评价体系、个人兴趣爱好等多方面的原因,"出圈"存在难度。

因此,要想有更多哲学社会科学工作者"出圈",离不开党委、政府部门努力创造条件,不断完善考核评价体系,不断创造机会、搭建平台,引导和鼓励哲学社会科学工作者关注现实、积极发声。

当然,"出圈"不是最终目的,而是为了让成果更好地服务社会的一种手段,我们要摒弃为了"出圈"而"出圈"的博人眼球和哗众取宠。

"出圈"的前提是能深入实际,进行调研,做扎实研究。前不久,《共同富裕的中国方案》在杭州首发,网络上下反响不俗。能写出此书,前提是作者郑永年深入实际,他曾到浙江各地考察,与各地党员干部、企业家、老百姓等进行座谈,掌握足够的经验材料。

此外,哲学社会科学工作者也要善于发声。要看到,发声不是凭兴趣爱好的偶然为之,而是社会责任的一部分。放下畏难情绪,多尝试走到台前与受众面对面,把文章写到移动端、传递到手机屏，当理论"主播"、思想"大腕"、学术"大V"，生产适合网络传播的爆款产品，更好地让知识流向"云端"，让观点成为"热搜"，让思想的"火花"变成更多人共赏的"烟花"。

何诗航　执笔

2022年6月1日

"越牛"为啥这么牛?

> 跳出了传统媒体的"平面思维",得以用更广阔的视野和更接地气、符合时代的气息贴近受众,让新媒体传播越来越接地气,实现了"1+1>2"的聚合效应。

市级媒体的融合改革出路在哪里?

上有央媒、省媒强势下沉,下有县级融媒体中心深耕本土,外有头部商业平台"攻城略地",面临三面"夹击"的市级媒体,融合改革之路尤为艰难。

浙江有一家市级新闻客户端,提供了参考路径。

近日,来自省委宣传部"舆论引导在线"应用的最新数据,绍兴市新闻传媒中心客户端"越牛新闻"下载量破700万,日均活跃量约20万,在省内各市同行中,已连续数月实现大幅领先。

不得不说,确实很牛!

从2019年成立开始,回望三年多来的融合之路,"越牛新闻"能在重重包围之下杀出一条"血路",究竟有何秘诀?

"鸡蛋从外面打破是食物,从里面打破是生命。"

步入困境时，敢为人先、舍得打破，往往能获得新生。

综观省内各市，"一城多媒"情况普遍。

而"越牛新闻"另辟蹊径，化被动为主动。2019年4月，绍兴日报社和绍兴广播电视总台整合成立绍兴市新闻传媒中心（传媒集团），开创省内同行先河。

机构的整合，带来的是资源聚合。

以往分散在报纸、广播、电视等传统媒体的资源，通过机构重组，被集纳至统一平台。

跳出了传统媒体的"平面思维"，得以用更广阔的视野和更接地气、符合时代的气息贴近受众，让新媒体传播越来越接地气，实现了"1＋1＞2"的聚合效应。

以内容建设为出发点，加快形成高品质内容生产机制，始终是媒体深度融合的根本。

攻守兼备、从容布局，守好新闻主业的同时，创新工作机制，主动拓展领域，参与社会话题，让内容生产更饱满。比如：

推出融媒体创新工作室机制，灵活运用短视频、H5、VR等新媒体手段；

大胆起用年轻人，摒弃"官言官语"，站在用户角度解读新闻事件；

关注社会热点话题，打造"越牛调查""你拍我改"等舆论监督类栏目；

开设"有事找小编""越牛报料平台"等互动栏目，畅通民意诉求渠道；

联合政府部门和商家，策划推出越牛民宿节、越牛相亲会、越牛招聘会等品牌活动；

建立"越牛社群""牛粉社区",让各行各业的普通老百姓都成为内容生产者。

新媒体时代,酒香也怕巷子深。

有了优质的内容,还需要扩大传播渠道,将"好声音"传播得更深远。

这个时候,抢占先机、踩准节拍,往往会让你事半功倍。

"越牛"先后抓住两轮政府消费券发放的契机。第一次发放时,积极争取成为政府消费券发放的唯一渠道,使下载量猛增370万。第二次日活超过200万,甚至撑破了技术公司的云存储流量。

同时,"越牛"还积极服务着抗疫大局。

相信很多人直到现在,仍对两年多前,疫情暴发初期的一张照片《最萌鞠躬礼》印象深刻,这张暖心传递着医者、患者之间互相尊重与关爱的"穿越"照片,一经推出就全网刷屏,并成为绍兴的城市公益广告。

还有,《隔离病房里最暖拥抱照》被《人民日报》、新华社等央媒转载,全网点击量超过2亿人次。

今年上虞疫情期间,"越牛"第一时间开设"战疫求助平台",实现用户黏性增长。

一次又一次的"出圈",一波又一波的涨粉,正是越牛新闻的"牛气"所在。

张诗妤 王思琦 执笔

2022年6月2日

再读习近平《之江新语》，对宣传文风的启示

> 文章能摈弃长篇大论，少展示文字技巧，多展现直接的和有思辨性的观点；要言之有物，直截了当，不要绕，不要长；直面热点，亮出观点；标题也要短小精悍。

再读《之江新语》，扑面而来的"求短、求实、求新"清新文风，对我们当下宣传系统文风很有启发。

《之江新语》的文章开门见山、直截了当，要言不烦、讲完即止，300—500字就能讲明一个道理，把话说清、说透。

文章观点鲜明、针对性强。比如谈到少数领导干部"'官样子'不怎么的，'官架子'倒不小"。还有"不要引导领导干部当'满票干部'""文化产品也要讲'票房价值'"等等，现在读来依然一语中的、振聋发聩。

书中的语言也让人觉得接地气，有文气，鲜活生动，普通人都能理解。比如把班子的团结比作"指头"和"拳头"的关系："'一把手'只是其中一个'指头'，充其量是个'大拇指'。一个'指头'劲再大，其他'指头'如果不用力，也难以体现出'拳头'

的合力。"

又如批评一些干部决策前不做充分的调研："情况不明决心大，心中无数点子多。"朴实又生动的大白话，让普通百姓也能读得懂。

什么是好文章？《文风体现作风》一篇指出，好文章就是要用尽可能少的篇幅，把问题说清、说深、说透，表达出丰富而深刻的思想内容。最要反对的是空话连篇、言之无物的八股文。

最近，浙江宣传公众号上线了。我们希望，文章能摈弃长篇大论，少展示文字技巧，多展现直接的和有思辨性的观点；要言之有物，直截了当，不要绕，不要长；直面热点，亮出观点；标题也要短小精悍。

不断改进文风，这正是我们的一个重要追求。

张诗妤　执笔

2022年6月2日

端午这天,浙江人陆游经历了什么?

> 今天,我们品端午之韵,更要品出家国情怀,那是从未泯灭的力量。

公元1195年的五月初五这一天,70岁的陆游有点忙。

他的诗作《乙卯重五诗》,记录了当天的日程:"重五山村好,榴花忽已繁。粽包分两髻,艾束著危冠。旧俗方储药,羸躯亦点丹。日斜吾事毕,一笑向杯盘。"

"乙卯",宋宁宗庆元元年;"重五",端午。

这篇"端午日记",短短40个字,却有景、有事,既写出初夏时分,故乡绍兴的乡村,满树石榴花的盛开之美,又写出南宋时期悠长的端阳韵味。

而尾联中,一个"笑"字,似乎更是意味深长。

我们以第一人称视角翻译一下这首诗作:

五月初五端午节,正是山村好时节。我意外地发现,忽然之间,火红的石榴花已经开得繁盛。

端午是有讲究的。我吃了两头尖尖的粽子,又把艾草高高地插在了帽子上。

为了这一年能健康无恙，按古时习俗，还得根据药方采药储药。

忙完了这些，已是夕阳西下。此时，酒菜已备好，我便高兴地喝起了酒来。

有宋一代，社会生活趋于世俗化、人文化，民众生活水平明显改善，人们对生活品质的追求越来越高，逐渐形成社会生活新风貌。

诸如端午之类的节日，宋人一般会过得热热闹闹又不失韵致。城市和乡村都是如此。

"高产"的陆游，一生写下9000多首诗作，大部分描绘的是江南乡村生活，其中一些与端午相关。

我们不妨大胆联想，800多年前，历经人生沉浮的陆放翁，在起起伏伏的间隙，多次回到故乡安顿心灵。其间，他反复在鉴湖边的小路上行走游吟，写下了《乙卯重五诗》《重午》等诗作。

从陆游的作品中，我们读出不少宋朝人的端午习俗：吃粽子、插艾草、采草药等，还有南宋时令人向往的乡村生活。

70岁的陆游，都如此讲究仪式感，正说明端午文化的深入人心。

由陆游起，我们再来了解南宋时期的端午文化。

宋朝人过端午，不局限于五月初五当天，而是从农历五月初一开始，连过五天。

初一到初四，大街小巷的商贩们忙着叫卖过节的东西，唤作"节物"，包括但不限于桃枝、柳枝、葵花、蒲叶、酒等。

等到初五这天，节日氛围最是浓厚。当天，宋人一般会早早起床，赶在天没亮前就把艾叶、艾花绑成束插在门上，用以辟邪。

戴长命缕也是一种习俗。这是一种五种颜色的彩色丝绳，又称"百索""朱索"等，一般编织成日月、星辰、鸟兽等形状。

宋代端午，饮食花样繁多，最典型的就是粽子，花样不比现在少。《岁时杂记》记载："名品甚多，形制不一，有角粽、锥粽、菱粽、筒粽、秤槌粽、九子粽等。"

此外，宋人还会在端午吃香糖果子、白团等，有时还会将此作为亲友间互赠的礼物。

等到日头当午，他们便打来井水洗澡沐浴。在浴盆里放上艾、柳、桃、蒲，寓意疫气不侵。

忙完了这些，有的人就会出门游玩，比如，在河边观赏"龙舟竞渡"，也就是赛龙舟，或坐画舫赏湖景等。陆游在《过邻家》中写道："端午数日间，更约同解粽。"其中说的"解粽"，也是一项端午娱乐项目。

然而，也许是年纪大了，也许是忙了一天累了，1195年的这个端午节，陆游的日程中并未把出游这项列进去，而是在一日烦劳之后小酌了起来。

《乙卯重五诗》中，前面大篇幅写景写事，但最后两句"日斜吾事毕，一笑向杯盘"，成为唯一一处情感流露。

有人认为，这是忙碌完一天后的充实，笑于生活的闲适富足；或是欢乐中暗藏着无奈，毕竟壮志未酬；也有人理解为，这是他放下了一切，释然地融入了热闹的节日中。

钱钟书懂陆游。《宋诗选注》中，他把陆游的作品分为两类：

一类闲适细腻，咀嚼出日常生活的深永滋味，熨帖出当前景物的曲折情状；另一类悲愤激昂，要为国家报仇雪耻，恢复丧失的疆土，解放沦陷的人民。

827年前的那个夜晚，真实的心境只有陆游本人知道。

不过，不可否认的是，这位爱国诗人是刚柔并济的，风骨与风雅并存，正如宋朝的气质。

今天，人们再提陆游，"爱国诗人"是最重要的一个标签，正如我们会想到屈原。其实，屈原可以说是陆游的偶像，陆游平生十分爱读屈原的爱国主义诗篇《离骚》等。这也在9000多首作品中有所体现：

"老子不堪尘世劳，且当痛饮读离骚"；

"有口但可读离骚"；

"清夜焚香读楚辞"；

……

陆游和屈原，一生都在上下求索。今天，我们品端午之韵，更要品出家国情怀，那是从未泯灭的力量。

郑梦莹 李戈辉 执笔

2022年6月3日

这个节，嘉兴为什么越办越火？

> 毕竟，当下的端午，我们并不缺几个粽子、几杯雄黄酒，而是需要实质性的文化内涵和精神价值。

端午，一个全民族的节日，全国都在过。

不过，嘉兴人却能拍着胸脯说："过端午，我们不一样。"

每年端午将至时，以"嘉兴端午·中国味道"为主题的嘉兴端午民俗文化节令很多人翘首以盼。

比如，这两天，作为这个文化节组成部分的"共富香囊迎端午"活动，就在嘉兴南湖区月河历史街区举行，吸引着很多当地人和外来游客"围观"。

有意思的是，这个民俗文化节，嘉兴已连续办了16年，不仅没过气，反而越来越有名气，成为这座城市的一张名片。

2008年，"嘉兴端午习俗"被列入浙江首批"民族传统节日保护基地"；2010年，"中国端午文化研究基地"花落嘉兴；2011年，"嘉兴端午习俗"入选国家级非物质文化遗产名录……这两年，借助直播，相关活动线上流量保持在一亿人次以上。

在嘉兴，端午有啥不一样？端午民俗文化节又为何能越来越火？

充分发挥文化优势，是嘉兴打造端午民俗文化节的一大关键。

从千百年历史深处走来，嘉兴不缺文化积淀。吴越文化、稻作文化、桑蚕文化、江南水乡文化等，都是备受珍视的文化瑰宝。

为了守护好文化，自1997年起，南湖民俗文化节、嘉兴南湖船文化节、中国嘉兴江南文化节应运而生，一些久违的传统民俗活动，如荷花灯会、江南网船会等得以重现，但并无主题，也未成体系。

直到2006年，嘉兴结合粽子文化和伍子胥传说，打出"端午"这张独具嘉兴魅力的文化品牌，并打造了一个系统、完整的端午民俗节庆活动体系。

在这个体系中，赛龙舟、祭伍相是重头戏。

嘉兴的龙舟竞渡习俗，《秀水县志》《烟雨楼史话》《古禾杂识》中都有记载。

作为吴越文化的发源地之一，嘉兴的龙舟竞渡与其他地方有所不同——并非为了纪念战国时期的屈原，而是为了纪念春秋吴国的伍子胥。

在如今的嘉兴端午民俗文化节上，人们常常能看到这样一个节目——龙舟竞渡和踏白船表演赛。

水上，数百米长的龙舟竞渡赛道上，一艘艘木船如离弦之箭般冲出起点，船桨不断上下翻飞；岸上则是加油声不断，氛围紧张而欢闹。

我们再来看嘉湖细点代表——嘉兴粽子。

作为稻作文化发祥地之一，嘉兴端午节包粽、吃粽的习俗盛行不衰。

像闻名遐迩的老字号"五芳斋",36道工序传承的国家"非遗",一把糯香米,两片箬叶青,几条棉线轻轻绕,缠出了传统的舌尖味道,广受欢迎。老字号"真真老老"推出"百粽宴",传人粽、南瓜雪糯粽、咸香叉烧粽、茉莉茶香紫薯粽等闻所未闻的粽子推陈出新。

对现代人来说,钟爱一个节日,大抵是因为它代表着某种久违的"老底子"的味道,呼唤着浓浓乡愁。

特别是在新时代,嘉兴人将红色文化越做越深入,也将传统文化越做越走心,使"两个文化"交相辉映。

毕竟,当下的端午,我们并不缺几个粽子、几杯雄黄酒,而是需要实质性的文化内涵和精神价值。

与时俱进,是嘉兴打造端午民俗文化节的又一"法宝"。

在打造节日品牌时,嘉兴注重将传统与现代紧密融合,既挖掘文化根脉,又紧紧贴近时代。

每年"传统香囊迎端午"活动中的香囊展示,都会突出一个重点,体现时代主题。比如,今年的主题是"共同富裕",将"五彩嘉兴"建设、建党百年猛进如潮、共同富裕和谐生活等元素恰到好处地融合进去。

16年中,嘉兴端午民俗文化节还让更多民艺遗珠有了新玩法:

距今2000多年历史的武术奇葩"江南船拳";

被誉为"东方文明斗牛"的嘉兴地方民俗活动"嘉兴掼牛";

起源于祭祀蚕神,又与宋将岳飞相关的民间水上竞技"三塔踏白船"……

这些散落的文化瑰宝,如今被一一采撷,成为新的内容,为端午文化注入新鲜血液。

依托端午民俗文化节品牌，嘉兴还积极推进"一县一品"文化品牌创建工作，各地不断创新，涌现出一系列精彩纷呈的民俗节庆活动，如海宁的潮文化节、平湖的西瓜灯文化节、嘉善的善文化节、海盐的南北湖文化旅游节，等等。

既是熟悉的味道，却又已跟以前大有不同。何以不火？

在嘉兴，一句响亮的话近乎人尽皆知——"过端午，到嘉兴"。

不过，节日年年过，如何过出花来？

这两年，嘉兴端午民俗文化节不断推出各项子活动，丰富着节日文化内涵。比如，南湖区在胥山遗址公园和梅花洲举办了子胥庙会，深挖胥山文化；平湖市广陈镇和上海金山区廊下镇在界河山塘河上举办"共富·奔未来"龙舟赛。

如今，嘉兴端午民俗系列活动正不断扩大影响力。

像秀洲区王江泾镇举办的运河美食嘉年华不仅有省内运河沿线的城市展示，更有大运河沿线的诸多城市倾情加盟，今年还有结对的贵州、青海等土特产专区。

这几年在疫情条件下，踏白船表演赛、裹粽大赛、民俗体验等多项文化节特色活动在全网开展直播，央媒、省媒纷纷加入直播互动。

同时，嘉兴还启动"国潮国货 品质端午"嘉兴市"老字号嘉年华"，开展线上直播带货活动，带动全市40家老字号与端午节庆文化有机交融，刺激市民消费热情。

最大限度提高群众参与度和认可度，最大限度满足群众精神文化需求，最大限度展现传统文化实质内涵，这是嘉兴举办端午民俗文化节的重要目标。

16年，端午传统节日文化越来越融入人们的生活，成为很多嘉兴人的集体记忆，更成为嘉兴具有代表性的文化符号之一。

这样的节，大家怎能不爱？

吴梦诗　执笔

2022年6月4日

墨汁的甜味从哪里来？

> 如马克思在中学毕业论文里写道：如果我们选择了最能为人类福利而劳动的职业，那么，重担就不能把我们压倒……

大家可能听过陈望道的一段轶事。

那是在1920年的初春，严冬的寒气尚未消散，时年29岁的陈望道步履匆匆地回到了老家义乌分水塘村。因为着急翻译《共产党宣言》，他在柴房用几块木板搭了个简易的书桌、挑了盏油灯就开始工作。

有一次，陈望道的母亲给他送来了粽子和红糖，转身出门后，担心糖不够，就问他还要不要加一些，他随口答道："够甜，够甜了。"

等到推门再进来一看，陈望道满嘴墨汁，而红糖却一点没动。原来他全神贯注于译作，竟然丝毫没有意识到粽子蘸的是墨汁。

看到这里，许多读者或许不禁莞尔。

风刮不感体冷、蘸墨犹觉粽甜，"真理的力量"如此之神奇，为什么？我们每个人可以拥有吗？

欲知这个答案，不妨将镜头再拉回到当年的历史情境中探探究竟。

1919年，中国的进步人士既喜又忧。

欣慰的是，随着新文化运动兴起、五四运动爆发，越来越多的民众加入了要求进步的队伍，反帝反封建的爱国之举正风起云涌。

但之前的救国方案接连失败让众人心力交瘁、挫败不已，社会上各种思潮不断萌动，围绕"中国出路在何方"的争论相互冲撞与激荡。

军阀和帝国主义的铁骑虎视眈眈，留给大家的时间并不多。

危难之际，众人想到了梁启超、李大钊、张闻天等人摘译、引用过《共产党宣言》片段，十月革命的胜利已经证明了马克思、列宁主义的正确性。而国内一直没有这本书的全文翻译，人们迫切想要看到这本书的全貌，得到它的启示和指引。

正是在这一背景下，精通日语英语、汉语功底深厚的陈望道担负起了这一历史使命。

柴房的条件艰苦，寒风凛冽、湿气不褪，陈望道被冻得手足发麻。也许就如《论语》中那一句所说："朝闻道，夕死可矣。"在这样的环境下工作数月，陈望道却甘之如饴。

因为在他的笔下，他看见思想在萌发、意识在觉醒，迷雾被一丝一丝驱散，道路被一片一片点亮，心之所向，是中国革命气象万千的明天。这就是真理的"求真"之力。

1920年4月底，《共产党宣言》中译版终于落成，刊印后一经发行即刻售罄，在国内的有志人士之间霎时掀起了学习马克思主义思想理论的热潮，也为中国共产党创立提供了重要理论准备。

毛泽东同志回忆起当年，有三本书特别深刻地铭记在他的心中，使他树立起对马克思主义的信仰，其中一本就是陈望道译的《共产党宣言》。

一箪食，一瓢饮，为何陈望道身居陋室却乐在其中？

因为在他的笔下，他看到了无数在黑暗中寻找光明的革命群众被思想火炬照亮的面孔，那些稚嫩、熟悉、一腔热血的人眼中投射的希望，中国的无产者不用再屈膝和迷惘。这就是真理的"至善"之力。

再然后的故事，我们都很清楚。

通过马克思主义的指引，中国在炮火和烽烟的洗礼中挺了过来，经过一次次的改革和蜕变，中国共产党领导人民创造了世所罕见的经济快速发展奇迹和社会长期稳定奇迹。当年的列强逐步退出历史舞台，如今的中国再次走向世界舞台的中央。

为什么陈望道独坐在昏暗的油灯下，却始终精神振奋、慷慨激昂？

因为在他的笔下，他看见长城内外依旧巍峨、大河上下不失滔滔，中华文明仍旧可以延续、所爱家国依然会屹立东方，目之所望，是中国波澜壮阔的未来。这就是真理的"壮美"之力。

"真理"并不遥远，当我们将才识致于求真、将汗水系于人民、将理想付于家国，它的力量就已经被唤醒、开始自然生长。

如马克思在中学毕业论文里写道：如果我们选择了最能为人类福利而劳动的职业，那么，重担就不能把我们压倒……我们的幸福将属于千百万人，我们的事业将默默地、但是永恒发挥作用地存在下去。

"真理"并非是近代的产物，对它的追求，自古以来就铭刻在中华民族的灵魂深处。

它是范仲淹登上岳阳楼眺望这大好河山时的感慨："先天下之忧而忧，后天下之乐而乐。"

是陆游辗转于寒窑小榻上的睡中呓语："夜阑卧听风吹雨，铁马冰河入梦来。"

是文天祥在零丁洋里的一声长叹："人生自古谁无死？留取丹心照汗青。"

也是李白伫立船头拔剑四顾，人生若不能乘风破浪、横渡沧海，金樽清酒、玉盘珍馐又与我何益？

达者兼济天下，这是中国人对实现人生价值最朴素的理解。"英雄"二字所寄托的理想，是中华民族最深沉的追求。

有人会质疑，"真理"虽让人心向往之，但看不见、摸不着，它真的还存在吗？

元代诗人舒頔有同样的疑问，在一个端午节，他挥笔写道："空惆怅，谁复吊沅湘。往事莫论量。千年忠义气，日星光。离骚读罢总堪伤。"

意指真理之义虽光耀如日月星辰，但我们却不断遗忘，真理之力在逐渐泯灭，言语中不无感伤之意。

其实不然。

今年春晚的《只此青绿》为什么能火爆网络？

不仅是因为我们被瑰丽唯美的舞蹈艺术所震撼，还因为我们在其中体味到气势雄浑的千里江山，看到了画者对家国大地的无限眷恋。

古今兴亡多少事，中国传承下来的节日并不多。

一只小小的青绿色粽子，之所以跨越千年清香不减，就是因为我们始终没有忘记那个站在汨罗江头为民请命的爱国诗人，我们还能在屈原、李白、陆游和辛弃疾的诗词中找到感动和豪情万丈。

正是这束"真理"的光穿越了千年的壁障，将我们所有人都连在了一起。

中华民族是一个英雄辈出的民族，而这些英雄都是从我们之间走出，在历史中又成为所有人的灵魂记忆和精神向往。

正如习近平总书记所说："中华民族是历经磨难、不屈不挠的伟大民族，中国人民是勤劳勇敢、自强不息的伟大人民。"

"真理"从不遥远，它始终深藏在每一个中国人的血脉中，一经发掘，就将焕发出极为璀璨的力量。

当我们剥开每一片粽叶时，都是"真理"在闪光。

2022年，距陈望道初译《共产党宣言》已经过去了一百余年，在这期间，我们见证了千千万万个像他一样向往"真理"的英雄。

他是冲锋在疆场上的革命烈士，也是义无反顾签下志愿书的抗疫工作者，还是每一个心系国家、慷慨援手，"事了拂衣去"的无名勇士。

而今，我们步入了一个伟大的时代，它既承前人之志，我们再也不用担心没有施展抱负的空间，也不用忧虑于思想不被理解、安全不受保障。

它也昭示了新的历史方位，实现中华民族伟大复兴已经进入了不可逆转的历史进程。全体中华儿女务必勠力同心！

所以，今年端午，想把这只"真理"馅的粽子送给你。

张俊　王云长　王人骏　执笔

2022 年 6 月 5 日

"浙江味"是种什么味？

> 归根结底，"浙江味"就是能够深入人心，让人"记住"的味道。

美好生活，人人所盼。以社区、村落为代表的生活单元是人类活动、交流的重要场所。不久前，浙江省委召开会议强调，共同富裕现代化基本单元建设要有"浙江味"。

"浙江味"到底是种什么味？文化又在其中扮演着怎样的角色，发挥了怎样的作用？

文化击碎同质化

不可否认，当下城乡风貌文化气质不足、乡村缺少地标等现象仍然存在。这也是为何我们常常能听到"社区没特色""难以产生归属感"这样的吐槽。

问题在于生活单元建设同质化，导致"浙江味"不足。

这不仅是现存问题。

几百个社区、乡村、样板区同时打造共同富裕现代化基本单元,未来,最容易出现也最应避免的就是同质化。

而文化作为"浙江味"中最具辨识度、最有特色、最吸引人的一种味道,最能刺激人们的"味蕾",是破题的关键所在。

走进一座城市、一个乡村、一个社区,最容易打动你的是什么?

是西湖边、良渚里的文化印记,丽水古堰画乡的人文山水;又或是杭州打铁关社区的历史壁画、文三路马塍路口的牵马雕像……

历史文化是社区、乡村最有辨识度的地标,也是我们最敏感的记忆点,更是"浙江味"中最浓重的组成部分。

对历史文化进行深度挖掘,彰显历史厚度,能从文脉根源上解决共同富裕现代化基本单元建设的同质化问题。

此外,让更多居民享受到优质文化服务,拉伸文化服务广度,也能提升"浙江味"。

通过未来社区多跨文化场景落地,社区的文娱活动更加丰富,居民的社区归属感、幸福感和获得感能得到明显提升,精神世界更加富有。

早在未来社区、未来乡村建设初期,文化就是关键要素。

此前印发的《关于高质量加快推进未来社区试点建设工作的意见》曾对文化建设提出明确要求:

突出自然资源禀赋、城市特色风貌和历史文化传承;优先配置文化教育等优质公共服务资源。

参照未来社区,未来乡村明确地将未来文化写入九大场景。

位于衢州市柯城区的余东村,就通过深挖乡土文化内涵,以农民画为支点,支撑起未来乡村建设。

共同富裕现代化基本单元只有不断强化文化味,才能当好串联起过去、现在与未来的载体。

两种味道的碰撞

社交是人的必需品，但当下的社区生活，正通过缩减社交场景，淡化社交。

共同富裕现代化基本单元建设，旨在改善这种现象，通过创设社交场景，优化人的生活体验。

当今社会，人人时间宝贵、空间又是稀缺资源，实现目标要靠数字化。

这也是"浙江味"的重要组成部分。

未来社区和未来乡村不是要到未来才实现，而是用未来的理念来塑造。

2021年，浙江启动数字化改革，并将数字社会作为其中一条跑道，共同富裕现代化基本单元就是重要场景。

其实，在未来社区和未来乡村建设启动之时，数字化就被纳入三维价值。

通过数字化水平提高文化服务质量，实现文化味与数字味的碰撞，能让"浙江味"得到升华。

绍兴市柯桥大渡未来社区，现辖5个小区、2.5万多名常住居民，其中六成以上不是本地人。

为了让大家更好地融入其中，社区打造出"大渡社区文化"数字化应用，包含"家头条""邻里帮""文E家"三大文化应用场景，包括"小DO假日乐园""一起拼多多""大渡知乎""共享工具箱"等17个四级任务。

当下,浙江正在打造的"15分钟品质文化生活圈"应用,也是通过数字化手段,让社区居民可以在线上线下享受高品质基本公共文化服务。

归根结底,"浙江味"就是能够深入人心,让人"记住"的味道。

文化味与数字味的碰撞融合将让"浙江味"更加浓郁,让共同富裕现代化基本单元,这一极具浙江辨识度的探索,事半功倍。

王世琪　执笔

2022年6月6日

沉默的背后是精致的利己主义

> 我们要争当勇气值"爆棚"、战斗力"爆表"的"战士",不能当和和气气、温温吞吞的"绅士",不能当精致的利己主义者。

我们党向来是敢于斗争、善于斗争的,这是讲党性、讲原则的必然要求。其中,意识形态工作是我们党的一项极端重要的工作,就十分需要我们能够在大是大非面前敢于亮剑,在矛盾冲突面前迎难而上,在歪风邪气面前坚决斗争。

形势决定任务。当前,百年变局和世纪疫情交织影响,国内国际环境更趋严峻,更具不确定性,各种可以预见和难以预见的风险因素明显增多,经济社会领域风险向意识形态领域传导压力增大。浙江作为沿海开放大省,受到的挑战会更多一些。特别是今年,大事喜事盛事多,我们尤其要坚持居安思危,增强忧患意识,保持高度警惕。

不容忽视的是,在现实生活中,在关键时刻选择保持沉默的现象仍然存在,有的人有的地方甚至是请他们发声都不愿意出来发声,有一些党员干部甚至拒绝接受采访,在热点面前缩头、思潮面前沉默、争论面前失语,这样总想做个"好好先生"是要不得的。归根结底,这是缺乏大局意识的表现,是站位不够高、立场不够坚定的表现。可以说，沉默的背后是有没有胆气的问题，有没有胆气的背后是胸中装着"大我"还是"小我"的问题，"大我""小我"的背后就是党性强还是不强的问题。

当前，对全省宣传文化系统来说，要站在坚决拥护"两个确立"、坚决做到"两个维护"的高度，以"时时放心不下"的责任感，敏锐观察意识形态领域的风吹草动，用大概率思维应对小概率事件，全面压紧压实意识形态工作责任制，以解决实际问题促进解决思想问题，不断提升敢于亮剑的意识和能力水平。

我们要争当勇气值"爆棚"、战斗力"爆表"的"战士"，不能当和和气气、温温吞吞的"绅士"，不能当精致的利己主义者。面对一切诋毁抹黑、造谣生事，要主动出击、敢于交锋，理直气壮地予以批驳，绝不能"爱惜羽毛"、态度摇摆。对于可能引发意识形态风险的倾向性、苗头性问题要能提前预判、赢得主动。要加强研究阐释，回应社会关切。

做任何工作，都要寻求多目标的动态平衡，意识形态工作自然不例外。我们要继续运用数字化思维、数字化手段对意识形态工作的理念思路、体制机制、方法路径等进行重塑性变革，加快推动各类应用的数据贯通、平台贯通、机制贯通，提升实用实战实效水平，实现意识形态领域的整体智治。

握指成拳，力道才大。我们要增强打"总体战"的意识，在事关意识形态安全的重大问题、敏感问题上，做到预警联动、信息联通、处置联动，真正把协调机制功能发挥出来，让议事协调制度、危机管控制度等充分运转起来，形成强大的联动合力。

李攀　执笔
2022年6月6日

这本书值得好好读

> 总书记的言传身教，成为浙江干部群众的座右铭，时时给我们以思想指引和行动激励。

6月6日下午，备受期待的《干在实处 勇立潮头——习近平浙江足迹》一书，在杭州举行了新书首发式。

这本书，可不简单。

首先，内容就不一般。作为"习近平足迹"系列丛书的重要组成部分，该书是首部以人物传记体形式生动反映习近平同志在浙江工作历程的报告文学作品。全书共11章、28万字，集中讲述了2002年10月至2007年3月期间，习近平同志带领浙江广大干部群众干在实处、走在前列、勇立潮头的点滴故事，很多细节都是首次对外公开。其次，创作团队也很强大。《习近平浙江足迹》是由中宣部统筹，中共浙江省委指导、省委宣传部牵头编著，浙江日报报业集团、浙江出版联合集团参与创作出版，历时一年多才得以完成。

既然是"近水楼台"，我们"浙江宣传"就在这里和大家一起先"读"为快，聊聊这到底是本啥样的书。

这本书，是溯理论之源而上的"浙江篇"。全书以实践为基、思想为魂，生动讲述了总书记亲自擘画"八八战略"的决策过程和背后故事。立足理论起点和实践原点，清晰勾勒了从"平安浙江"到"平安中国"、从"法治浙江"到"法治中国"、从加快建设文化大省到建设文化强国等的理论逻辑、历史逻辑、发展逻辑，还原再现了"两只手""两只鸟""两座山""两种人"由浙江走向全国的经纬脉络，用全新的视角和细腻的笔触，把习近平新时代中国特色社会主义思想在浙江的萌发与实践，立体地呈现在人们的面前。

这本书，是记录浙江蝶变的"全景图"。面对新世纪以来浙江发展的困境和"成长的烦恼"，总书记以政治家的战略远见、实干家的求真务实，敢为天下先、勇于闯新路，创造性地作出了事关全局、事关长远、事关根本的系列重大部署，"数字浙江""腾笼换鸟""凤凰涅槃""跳出浙江发展浙江""念好'山海经'""唱好'双城记'"等一个个新颖词汇和表述，串联出决胜未来的清晰信号，推动浙江"跑出高质量发展的加速度"。书中记录的创新之举和智慧火花，已在当下的浙江形成了燎原之势。

这本书，是标注永恒初心的"坐标系"。习近平同志主政浙江期间，从解决人民群众关心的小事、急事、难事入手，诠释了什么是为民情怀、什么是人民至上。书里写到的"三个跑遍""四个宁可""跟着群众跳火坑"，倡导建立"领导干部下访接访"制度，都是总书记"一步一履总关情"的真实写照。他曾这样说，"几年下来，我几乎跑遍了浙江的山山水水，也跑深了与浙江广大干部群众的真切感情"。这不仅是说出来的，更是一个脚印一个脚印踩出来的。总书记用自己的实际行动，践行"心无百姓莫为官"的赤子情怀。

　　这本书，是彰显大我风范的"微镜头"。总书记坚定的信仰信念、卓越的政治智慧、强烈的使命担当，无不体现于他在浙江工作时的一言一行中。书里很多故事细节，都折射出人民领袖"我将无我、不负人民"的风范情怀。总书记当年反复强调，要多做埋头苦干的实事，不求急功近利的"显绩"，创造泽被后人的"潜绩"，要求以"功成不必在我"的境界，成就"功成必定有我"的担当。告诫党员干部要算好"三笔账"、常想"四道思考题"，拎着"乌纱帽"为民干事。总书记的言传身教，成为浙江干部群众的座右铭，时时给我们以思想指引和行动激励。

　　习近平同志在浙江工作的5年，1600多个日日夜夜，留下了无比丰厚的财富，为浙江指引了一条奋进的"大道"，也留下了他深深的足迹、深情的话语和生动的故事。但如果真的想要了解具体细节，还是得翻开《习近平浙江足迹》认真读上一读，细细体悟人民领袖一步一个脚印背后蕴含的思想印迹、实践印迹、为民印迹和精神印迹，汲取字里行间浸润着的真理伟力、奋进力量。

何诗航　执笔

2022年6月7日

省优、部优不能成"搁"优

> 文化产品创造出来,是要给老百姓看的。

友人最近来杭州,想在当地欣赏一场文化演出。印象中,浙江获奖的文艺精品不少,但寻遍各剧院,发现没有经常性商演的经典剧目。

这个现象,《之江新语》一篇发表于2003年的文章《文化产品也要讲"票房价值"》就专门提到过。

文章说,文化产品不能故作"清高",不屑于讲"票房价值",不能再走创作—获奖(省优、部优)—"搁"优的老路了。

"省优、部优、葛优",曾是演员葛优知名的广告词。幽默的谐音放在文章里,一针见血,对当年不好的文化现象进行了批评,提出了整改要求。

快20年了,文化产品不屑于讲"票房价值"的现象已明显改善,但是,仍有一些文化产品"涛声依旧"。

这种现象,主要集中在一些地方剧种。一些文化单位往往把精力都放在冲奖上,获奖之后,公演几场,就放在"仓库"里了,群众"只闻其名,不见其貌",被人戏称为"几年做一部,一部养几年"。

这几年，"金杯"和"口碑"双赢的浙产文化精品越来越多，如电视剧《鸡毛飞上天》《外交风云》《都挺好》，电影《送你一朵小红花》，纪录片《王阳明》等，都叫好又叫座。

但不可否认，包括浙江在内的很多地方，线下可欣赏的文化精品并不多。

只有北京、上海等少数大城市，才能经常性看到爆款演出。

像北京人艺的经典话剧《茶馆》，60多年经久不衰；宝岛台湾1986年推出《暗恋桃花源》，一直在全国巡演。北京的相声、上海的脱口秀等，已成为市民的日常文化消费。

文化产品为什么要讲"票房价值"？道理很简单。文化产品创造出来，是要给老百姓看的。只有进入市场、抵达群众，才有可能实现宣传教育功能，达到以优秀作品鼓舞人的目的。作品没人看、没市场，又何以影响人、鼓舞人？

所以说，文艺作品不能太"清高"。不能拿了金杯银杯，得了这奖那奖，却束之高阁、孤芳自赏，只能在奖项名单里看到。

不敢进市场、市场不欢迎的作品，生产越多，浪费越大；得奖越多，对奖项本身公信力的损害也越大。

现在浙江能获奖的作品，质量是靠得牢的，真放出来，应该是会受群众欢迎的。当务之急，是要改变原来的思路，促使那些走向"仓库"的精品能与广大群众见面。

最近有一部越剧《钱塘里》，看完的人都拍手叫好。希望以后这样的优秀剧作让更多群众能看到，能经常性地看到。

张诗妤　执笔

2022年6月8日

颜值、活力还是学识,思政金课的密码是什么?

> 我们常言,文章不写一句空,而思政课最怕的就是"假大空""高大全"。回应之道,无外乎"真"与"实"。求真、求实,可以打破现实中学生们的虚妄与迷茫。

前几天,和同事吃饭,聊到我俩长期保持在学院前列的"学评教"分数,被一位新来的90后"青椒"完美超越了。尴然一笑后,不免自嘲:还未曾体会到超越"前浪"的滋味,就已被"后浪"甩在了沙滩上。当然,也应了那句"长江后浪推前浪"。其实,自嘲之后,还是有些忐忑、落寞和不甘的。

时代在变化,知识在更迭,作为一名思政课老师,谁都难以保证一门课程能够长盛不衰。随着时间的流逝,授课激情的衰退,如何不断地推陈出新、吸引青年,其实是摆在每一位中年教师身上的隐形压力。

作为一名执教十年、年届四十的思政课教师,无论承认与否,都面临着难以回避的外在挑战:

一是体力的衰减。刚入职时,可以一天授课六节,课余仍然生龙活虎；现在是课上强撑场面，课下病猫一只；之前是羽毛球、健身房，现在是保温杯、"葛优躺"。

二是形象的压力。在某种"颜值即正义"的时代，一位油腻大叔登上讲台后，或多或少会感受到新生们失落的神色，这似乎与期待中的"老师"形象有着蛮大的落差。

三是言语的代沟。讲课的对象，经历了从90后到00后的转变，从一开始课间的无所不谈，到长辈感十足的不经意说教，似乎师生间的距离在无形中增加了许多。

其实，自己内心也不免思索：面对越来越难上的思政课，思维越来越活跃的00后学生们，应该如何调适和应对呢？这可能是一个暂时难以完美解答的命题，且结合自身所走过的弯路与教训，不揣浅陋地谈一点感受与看法。

首先，人是第一位的。

喜欢一门课，始于喜欢这个授课的"人"。学生们对一门思政课教师的认识，可以说，始于颜值与活力，终于人品和学识。

入职十年，也算是见证了全国思政课从形到质、由术至道，脱胎换骨的转变。从外在来看，各种课程改革形式、授课方式不断地推陈出新，似乎有乱花渐欲迷人眼之感。而内在的"质"，却是万变不离其宗的关键所在。

越来越感觉到，一名思政课教师的操守、学养与气度，才是长久吸引学生的不二法门。

那么，何谓"质"呢？

一是讲授者的学识与才华。

思政课曾经遭受"水课"的质疑，何以破之？实则大道至简，专精、博通即可。

新进的"青椒"们,基本为国内外名校的博士,术业各有专攻,专精为其所长。但是,一门思政课程,所关涉的内容颇多,如何将专精转化为博通,实则是个耐心打磨的细致活,需要以专业的姿态、宏阔的视野,把握课程的核心与前沿,再以深入浅出的语言将其表述出来。

可以说,是一次"至拙"达"至巧"的不断精进之旅。当然,这既需要专业的历练,也需要长时段的精力投入,能够超越自身认知的局限,对相关学科有所涉猎,方能在授课中左右逢源,有博通之感。

二是授课者的修养与眼界。

前面讲知识的传授,乃是"术"的层面,而修养与气度或许更多是"道"的层面。

授业解惑或易于为之,而传道则有难度。从外在观之,一位品行高洁、和蔼可亲、风度翩翩的老师,又有哪位学生不喜欢呢?

而从内在来看,师者的品德高尚、眼界宏阔、志向高远,对学生的影响更为深远。从封建时代的文人士大夫,到今日的现代知识分子,如何在知识传授上,引导学生形成"家事国事天下事,事事关心"的深沉家国情怀,我想,是不应忘却的教师使命所在。

其次,敢于直面社会现实,回应时代之问。

思政课既是理论课,也是实践课。理论的言说,如果脱离了时代与现实的叩问,终究是无力与苍白的。我们常言,文章不写一句空,而思政课最怕的就是"假大空""高大全"。回应之道,无外乎"真"与"实"。求真、求实,可以打破现实中学生们的虚妄与迷茫。

那么,又何以求真、求实呢?

一要敢于直面挑战。

从师者个人来讲,在一个知识更迭不断加速的时代,弟子有时不必不如师,"知识反哺"现象,也时刻提醒我们,需要放宽心态,不断反躬自省、自我审视,自己的知识储备、言说方式,是否过于陈旧了,是否需要更新迭代了?

从社会现实来讲,能够对"百年未有之大变局",有一个持中、客观且理性的认识,其实是一个莫大的挑战。有学生说,思政课中的理论是完美的,而现实却是有些内卷的,又当如何解释呢?这其实给广大思政课教师提出了相当高的要求,那就是既要直面社会的真善美与假恶丑,又能具备为之进行合理解释的能力。

二要敢于直面批评。

我们常说,若批评不自由,则赞美无意义。作为一名思政课教师,面对偌大的课堂,来自五湖四海、不同专业的学生,难以避免地会遇到对课程的各种赞美与批评。能够坦然面对学生直接或委婉的批评,愿意不断地调试自我、接纳新知,乃是教师自我革命、不断提升授课水准的途径所在。

再次,敢于走出课堂,走向社会。

在知识多元化的时代,最难触动的是思想。如何在润物细无声中让年轻人体悟家国历史,形成正确的历史观、民族观、国家观与文化观,乃是思政课教师心向往之的"道"的追求。而立足地方特色的社会实践,是让年轻学子们感受家国真实面貌的一种有效手段。

习近平总书记指出,思政课"一定要跟现实结合起来",诚哉斯言。如今,我们谈"大思政课"格局,何以达成?除却理论的构建,还需要有行之有效且能持之以恒的实践样本。当然,这种以求真、求实为宗旨的社会实践，并不是一蹴而就的，很多时候都会经历一个不断试错与完善的过程。

以我们进行的"浙东老革命者口述访谈"为例，至今历时三年时间，采访了60余位老革命者，形成了近千小时、20余万字的视频、文字访谈资料。而这项工作的源起，则是一位寂寂无闻的老通讯兵的痛哭，因为能够证明他从事地下工作的当事人全部牺牲或去世了，那种被埋没的无助感，让我顿然有了一种须做此事、时不我待的紧迫感。

三年来，参与其中的00后们已有40余位，大家行程数千里，也不觉得劳苦，我想其背后，就是一种感动，一种内在的情怀，一种青年学生们所应重新体会的"家国情怀"吧。

拉杂地说了这么多，不免陷于放言高论、空谈无根的境地，贻笑大方了。孔子言：朝闻道，夕死可矣。"思政课的本质是讲道理"，培根铸魂、立德树人，乃是其最终目标；作为一名思政课教师，唯有寸积铢累、久久为功，方能推陈出新、行稳致远。

郑善庆　执笔

2022年6月8日

他们，不该是"演员"

> 宇宙的尽头不是考编，宣讲的终点也绝不是比赛，宣讲员的主要任务更不是"表演"。
>
> 群众需要的，是真正的"声"入人心。

对宣讲这件事儿，当下青年人的感受很复杂：一边"上瘾"，一边"抗拒"。

电视剧《觉醒年代》中，这一幕看得人心潮澎湃。

第1集，袁世凯与日本签下"二十一条"。在早稻田大学，李大钊有段话振聋发聩，让人听了直想跟着振臂高呼。

"既然已经到了国亡人死之际，便再无投鼠忌器之顾虑，我们应该有破釜沉舟之决心……同胞们，你们说怎么办？"

不过，一转头，回到现实生活中，不管本人要参加宣讲，或是去"围观"宣讲，味道就不对了。甚至，有人会连打几个问号：

今天的宣讲，还能让人沸腾吗？

宣讲的真谛，到底是什么？

一

马克思说过，理论一经掌握群众，也会变成物质力量。

前些天，一场名为"共同富裕·青年说"的宣讲赛在龙游开幕。比赛前半段为场景式，宣讲点就在樟树下、广场上、社区中。

青年人作宣讲，见怪不怪了；来到田间地头宣讲，也不算太稀奇。

那么，这个比赛有啥过人之处？

一个现象很有趣：比赛的所有评委，没有一个领导干部或是"老面孔"，观众席上围坐的都是当地村民、学生等，他们就是评委。

参赛者像在拉家常，和大家谈理论、说政策、讲故事、答问题，距离近在两米内。

讲的内容，既有通俗的理论解读，也有真切的"现身说法"，好得出人意料。现场，有人来了这样一句感慨：宣讲比赛，早就该"回归"了。

二

比赛是锤炼、发现优秀人才的手段，但并非终极目标，更不是唯一途径。

一位受邀到多个省市担任过宣讲大赛评委的高校学者抛出一个观点：

宣讲搞比赛出发点没问题，但如果过于注重舞台比赛本身、"演"的成分过重，这就令人很担忧了。

比如——

为了拿奖,有的地方安排"特殊"身份人士参赛,"明星"式宣讲员"昙花一现"后,再无下文;

有的地方把准备比赛作为重头戏,组织团队磨稿子,反复比较找"演员",花了很大精力,作品看上去很精致,但结果是"上场的不是宣讲员,真正的宣讲员没机会上场";

有的宣讲,重于包装"故事",缺乏理论味,内容上不扎实,就缺少真正的营养;

有的太注重声、光、电效果和表现的形式,而忽略了宣讲内容本身,"曲终人散"后空空如也;

此外,赛程复杂、时间跨度大,基层组织者疲于应对。

他将此概括为:选人"明星化",内容"精致化",流于"演讲化",重于"舞台化",过程"复杂化"。

有一说一,以上,是否恰好稳稳击中了你?

和相关人士聊了聊,就得到了如下回复:

有口皆碑的宣讲名嘴说:"现在让我去参赛,最多拿个鼓励奖,因为我太土了,'装备'太少。"

常参加比赛的宣讲员则打趣:要么在准备比赛,要么是在去比赛的路上,去基层宣讲实际很少。

有些单位还表示,干部、职工去比赛拿奖是走得出的,真到基层去搞宣讲,那时间上就不一定安排得出了。

有比赛参与者幽默地说,比赛一场又一场、奖状一张又一张,这就是"痛并快乐着"。

宇宙的尽头不是考编,宣讲的终点也绝不是比赛,宣讲员的主要任务更不是"表演"。

群众需要的,是真正的"声"入人心。

三

既然如此,浙江为何还要组织全省万名青年参加"共同富裕·青年说"比赛?要知道,这前后战线可长达4个月呢。

其实,这恰恰是在破题——直面问题、让宣讲"归位"。

这次活动总共分为学习、调研、研讨交流、比赛和基层宣讲五个环节,比赛仅是其中之一。重点是希望参与者把主要精力放在提升理论涵养、增进实践认知、磨砺宣讲本领上。

毕竟,一名宣讲员如果自己都没有学懂弄通共同富裕是啥,又怎么能跟群众讲得明白?仅仅是原文原著的"搬运工",又如何让人听进去、坐得住?

为了让大家打好基础,活动已在前期吸引300多万名青年学习打卡,深入2500多个基层点调研,平均每月开展基层宣讲3000多场。

据说,今年是主办方浅浅地试水新形式,明年将全面深化。

四

现代人爱热闹,创新喜闻乐见的形式很有必要,但好宣讲关键还是看内容。

就像高校思政课上,最受学生欢迎的老师,并不是把多媒体手段玩得最溜的,而是善于交流互动,思想力"爆棚"、金句频出的。

真正的宣讲名嘴是从基层一线"冒"出来的,是干部群众用口碑"堆"出来的,而不是在舞台上评出来的。

比如,长兴"老施来了"宣讲团的施小荣,专注于讲好浙江乡村振兴的故事，从总书记的著作，到"土专家"的小本本，他是翻了又翻；不仅走遍长兴、湖州的山山水水，还带队宣讲走亲到全省、全国。他总结的浙江乡村建设的那些金句，就连贵州、四川一些地方的基层干部也记得牢牢的。

"绿色浙江"的忻皓，大学时就读了很多环保类书籍，并亲身投入到相关公益事业实践中，他关于浙江绿色发展实践探索的宣讲，既能"讲"进中央部委，也能"讲"进乡村、社区。

温州瑞安的林式其在基层和高校有不少"粉丝"，他说自己宣讲最不喜欢坐在讲台上，而是走到听众中间去，还主动要求提问、随时互动。长期的农村工作经历和深厚的理论积累让他宣讲时名言金句、生动案例脱口而出，大有"师法自然，大匠无痕"的味道。

这，才是真正的宣讲员。

五

有人说，让理论"飞入寻常百姓家"是个悖论，因为它门槛太高，与普通人之间有道难以逾越的鸿沟。

而这恰恰违背了一个事实：理论本质上来自大众实践。

只不过，因为各种原因，它多绕了几个弯。

浙江人崇尚求真务实，浙江的发展得益于求真务实。

今天的浙江，参与宣讲正成为8090和00后的新时尚，我们的宣讲事业正蒸蒸日上。

让我们下定决心，让弯弯绕绕少一点，让宣讲"归位"吧。

王云长　倪佳凯　郑梦莹　执笔
2022年6月9日

群发问候也是一种打扰

> 言由心生。问候别人,内容多不多、精不精美不是最重要的。最重要的是应该怀着真诚,带着对别人的尊重,表达真挚想法和良好祝愿,而不是只走形式不走心,只管自己表达痛快了却给别人留下满屏的尴尬。

"一个好友,一片天。一个知己,一份缘。感恩这片天,珍惜这份缘。愿你我,吉祥快乐每一天!早安!"

"笑是一种无声的语言,它可以带来美的享受,也能化解素日的愁怨。百事从心起,一笑解千愁。早安!"

"收拾好行囊,整理好心情,对世界说声早安!"

你感到熟悉吗?类似的早安问候,很多人都从微信上收到过。

这些消息几乎都是群发的。这样的早安问候,表面上看是在加强联系、增进感情,实际上却给收到信息的人造成不小困扰。

回还是不回?回的话,不知道怎么群发消息,也不喜欢"批发感情";不回的话,又觉得不礼貌。认真读还是不读?读的话,没有任何营养；不读的话，好像又不够尊重。

逢年过节时，群发式问候会更"汹涌"。"我怕大年三十晚上的祝福太多""一轮圆月寄托不了我的思念，一条短信包含我无尽的祝福"……突如其来的群发式问候，真让人有些不知所措。

不管早安问候还是节日问候，其实跟以前有的人用单位电脑群发祝福短信的性质是一样的，都在搞形式。这些问候的文案，网上比比皆是，虽句句生动精美，但就是不带一点儿个人的真情实感。复制粘贴发送出去，有何意义？

现在有的"早安"问候还花样翻新，一幅美图加问候文字，或者一个视频配上音乐，这同样是"批发感情""广泛打扰"……甚至有的人，只打了一次交道，彼此加了微信，大水漫灌式的问候就日日发来，其实连彼此的面孔都想不起来。这种问候，可以休矣。

言由心生。问候别人，内容多不多、精不精美不是最重要的。最重要的是应该怀着真诚，带着对别人的尊重，表达真挚想法和良好祝愿，而不是只走形式不走心，只管自己表达痛快了却给别人留下满屏的尴尬。

"礼者，敬人也。"在中国传统文化中，人际交往之道也是律己敬人之道。对每个人来说，学会律己敬人，这不仅是人际交往的一个重要准则，也是文化素质、品行教养等精神内涵的外在体现。可是，频繁群发的问候，无异于一种频繁的打扰。

相传北宋年间，杨时拜见程颐，在窗外看到老师在屋里打坐，不忍心惊扰老师，就静静地站在门外等他醒来。程颐醒来后，门外的积雪已有一尺厚。成语"程门立雪"便出自这个故事。设身处地为别人多着想一些，表达对别人的充分体谅，才会赢得别人的尊重。

希望群发的问候能少一些,最好不要有。有事就说事,多把真心的关爱送给真正需要的人,把尊重送给每一个熟悉的或者不熟悉的人,这样既能给别人留下一份清静,也能为自己节省一些精力。

李攀　执笔
2022年6月9日

这件事,要剖开看!

> 标准千万条,有一条很关键,那就是要好用管用实用爱用。

浙江数字化改革成果迭出,百姓点赞。数字文化系统改革同样紧紧跟上,大家从一个个应用场景的实用中,尝到了甜头。

但推进中也有不平衡。不久前,一位宣传文化系统搞数字化改革的专家很实诚地跟我们说了个现象:有些单位报送数字化改革成果,竟然把单位的OA系统也算上了,噌噌往上报。

自从去年2月浙江全面部署数字化改革工作至今,宣传文化领域各种应用开发数量还真不少。但平心而论,真正能体现数字化改革本义、牵一发动全身的大应用、好应用还不够多。

今天我们就"刀刃向内",借用尼采研究哲学的思维,用一把锤子敲敲打打,剖开来说说数字文化系统。

到底啥是数字文化系统?数字文化系统为何而建、怎样去建?

一

今年，数字文化系统被纳入全省数字化改革"1612"体系，成为六条跑道之一。

要搞清楚什么是数字文化系统，首先要对数字化改革有清楚的认识。

一些人把原来线下的工作搬到线上，把人工做的事情替换成电脑做，以为这就是数字化改革。

专家听了直摇头：这是信息化，顶多只算数字赋能。

数字化改革的本质是进行体制机制的变革性重塑。

什么是重塑？通俗地说，不是把一堆土豆今天切成三角形、明天摆成长方形，而是把土豆煮烂了、捣成泥，做成价值更高的产品。

数字化改革同样是这个道理。

首先，要放大"变革效应"。通过某种技术手段，把原来100个人干的事情变成由50个人来干，但干的还是那么点事情，这只是工作效率的简单提升，达不到最大化的目的。

真正的改革，是要改思维理念、组织体系、行为模式、制度机制，使整个组织体系和业务流程都发生质变，让100个人能干原来500个人都干不好的事情。

其次，要放大"聚合效应"。某个单位"小打小闹"开发出来的应用，就像是"小舢板"，不可能有"航空母舰"的威力。

要着眼"大宣传""大文化"，把各单位改革的"小系统"与数字文化改革的"大系统"连接起来，形成牵引性项目，组成多个单元集成的"大军团"。

再次,要放大"杠杆效应"。用复利思维解决现实问题,充分发挥重大改革的"支点"作用,全面提升政务服务水平、创新创造水平、整合资源水平、精工细作水平,推动实际工作实现指数级跃升。

有了一个支点,要发挥出撬动地球的能量,蜻蜓点水轻轻一下,不是我们要的数字化改革。

不过,需要承认的是,作为今年新加的一条跑道,数字文化系统客观上存在起步晚、基础弱等"先天不足"。要想实现后来居上、换道超车,还需迎难而上。

二

任何生产工具,都是为生产力发展服务的。同样,开发建设的数字化改革场景应用,一定要服务于生产、生活和治理"三端"。

为什么这么说?

打造一个应用,花了钱、费了劲,如果建成后不用或者少有人用,岂不是一种浪费?

生产端的应用,要提升效能。围绕文化产业发展、内容创作生产、文旅深度融合,聚焦企业和其他主体共性需求、高频需求,谋划迭代应用场景,做好供需精准对接,服务政策直达快享,促进宣传文化事业发展降成本、增效能、高质量。

面向群众的数字化应用,要让群众感受得到。老百姓需要什么、期待什么?推出的应用能不能让服务更便捷、更高效,让供给更丰富、更优质?这才是要考虑的。影视产品要叫好又叫座,数字文化系统建设也一样。

　　治理端的应用，能力要增强。针对治理理念滞后、综合协同不畅、管理方式粗放等痛点堵点，运用数字化手段推动治理模式变革、机制创新，促进生产跃升、生态优化、活力迸发。

三

　　打造场景应用，不同于普通的软件开发，必须能够实现战略目标、解决实际问题、便于各方使用，要凭实实在在的使用流量来说话。

　　标准千万条，有一条很关键，那就是要好用管用实用爱用。

　　怎么来实现？

　　"手里要有几把米"。场景应用要吸引人们喜欢来用，必须要有"非我不可"的资源。自己手中掌握的各类阵地、各类平台、各类数据一旦真正用起来了，应用自然就会有人来用。

　　"手上更要有几把刷子"。任何改革设计、应用开发，都要嵌入自身工作的关键能力，通过精细流程和精准机制，让原本不会干的人知道怎么干，让已经会干的人能够干得更好，达到业务本领增强和水平提升的效果。

　　"手中还要捏着标尺"。要把改革的"指挥棒"立起来，加快完善改革发展指标体系，通过外部化进行工作倒逼。

　　对于为人民服务的事情，还是要"卷一卷"的。

何诗航　执笔
2022 年 6 月 10 日

衢州人为什么爱吃辣?

> 辣椒映照了衢州人"温雅、坚韧、豪迈、勇毅"的性格底色,也陪伴着衢州人在大江大河的变革浪潮中不断探索和突围。

都知道湖南人爱吃辣、四川人爱吃辣,其实浙江也有个地方的人爱吃辣。

在嗜辣这件事上,衢州作为浙江很能吃辣的城市,在长三角的美食版图里占据一席之地。

倘若地处钱塘江中上游的金衢盆地是一口热油巨锅,那么衢州人最想做的一定是抓满一把红彤彤的辣椒,遍撒锅中,任辣香翻滚流淌、恣意飞舞,宣示着这座至辣之城的天赋异禀和特立独行。

一

曾经有这样一个段子——

几位上海人到衢州出差,再三叮嘱饭店厨师不要放辣,结果端上来的菜虽没辣椒,但还是被辣得满头大汗、口舌冒烟。他们生气

地跑到后厨去"理论",仔细复盘后恍然大悟,只能无奈感慨:

"这还了得,原来衢州连菜锅都是辣的!"

这些年,随着重庆火锅、水煮鱼、麻辣香锅、小龙虾等辣味美食在天南地北攻城略地,辣,渐渐演化成一种国民口味。越来越多追求无辣不欢的饕客,纷纷慕名来到衢州寻辣。

对他们而言,这里已经成为长三角"热辣之都"。

这也难怪,"衢州之辣"频频成为热搜爆款。在抖音、微博、微信、B站等社交媒体平台上,美食大咖盗月社、张喜喜、乌啦啦等前赴后继来挑战"衢州之辣"的最高段位。

透过视频,老饕们额头冒汗、毛孔张开,为亿万网友真实演绎了什么叫"在衢州辣得上头""妈妈,我在衢州辣哭了"……

二

有这样一种说法,辣椒作为舶来品的历史不过400年。据考证,古代文献里最早记录的辣椒,出现于晚明浙江文人高濂所著的《遵生八笺》。

彼时辣椒虽早已从海上丝绸之路登陆浙江,却难成气候,撼动不了江南滋味的大格局。

"出师不利"的辣椒,宛如一个失意之人,只好默默卷起行囊,从沿海向内陆地区辗转漂泊,潜行蛰伏于崇山峻岭中,等待着伯乐垂青。

"既然辣椒败走浙江,可它怎么又卷土重来,最终扎根衢州?"关于衢州为何拥有嗜辣的基因,一直众说纷纭。

比较流行的说法来自人文地理上的解读。

衢州地处浙皖闽赣的四省边际，素有"四省通衢、五路总头"之称，山水相依促成了人文相亲，也融合出了独有的美食流派。历史上各路人流、物流、商流在衢州汇聚、流动，不仅造就了昔日经济繁荣的蒸蒸景象，更是催生了海纳百川的美食文化。这其中，辣味在衢州萌发、传播、生根，成为一股潮流时尚。

同时，衢州特殊的盆地和山区地貌，也驱使人们用辣椒替代珍贵的食盐，来祛除闷热和湿冷，辣味饮食的意义价值得到彰显，并真正为普通百姓所接受、认可和喜爱。

衢州菜，因此既承袭了赣菜的辣，又吸收了浙闽菜的鲜和徽州菜的咸，经过砥砺切磋和苦练内功，形成一套衢派辣味宝典——"鲜辣大法"。

比如衢州境内与江西接壤的常山县，便属该市首辣之县，当地甚至有红辣椒炒青辣椒号称"绝代双椒"这样的奇菜。

衢州菜的代表之作"开化青蛳"，曾在《舌尖上的中国2》火热打榜。作家龙一风卷残云下肚后，如是总结衢州的鲜辣大法：

蛳肉脆鲜，尾端清甜，当然，还有调味的辣，是那种挥汗如雨的辣，也是酣畅淋漓的辣。

三

辣，从三衢大地四散而去，引领着衢州人创造出千种风姿、万般风情的辣味人间。

衢州作家许彤在《衢州有意思》一书中生动地描述了衢州人的一天：

早晨从加了辣椒的豆腐花、烤饼、搁袋饼、酱粿开始，出差、旅游总要带上一罐衢州杠酱。哪怕是在酷夏，也要在没有空调的大排档里点上热辣辣的菜肴，俨然是"活在浙江的四川人"。

辣椒映照了衢州人"温雅、坚韧、豪迈、勇毅"的性格底色，也陪伴着衢州人在大江大河的变革浪潮中不断探索和突围。

用衢州话来说，这里的人骨子里都带着一股辣椒般的"杀劲"。

世人皆知衢州美食的顶流是"三头一掌"，可谁又曾想到，它却是无中生有的时代浪花。

食物匮乏的上个世纪，精打细算的衢州人常去国营食品公司冷冻厂"捡漏"，买少人问津的兔头等下脚料。为了让骨多肉少的兔头嚼出人间至味来，衢州人竞相搭配辣椒、中药材等各种佐料进行反复烹饪，让冰冻兔头"起死回生"。

上世纪80年代末，第一批勤劳的衢州阿姨在家门口摆出了铁锅，售卖自家的秘制香辣兔头。久而久之，衢州的酒肆菜馆里，也开始风靡以鲜辣兔头、鸭头、鱼头、鸭掌为代表的"三头一掌"，逐渐成为一邑风景。至今衢州最好吃的"三头一掌"，都藏在犄角旮旯不起眼的弄堂里。

"三头一掌"的流行，促使辣味成为衢州一张独特的标签，开始走出衢州、走遍四方。

四

22年前，《浙江日报》头版曾刊发一篇通讯并配发短评，对比了衢州的两张鲜辣美食名片"兔头"和"不老神鸡"在品牌化和产业化之路上的迥然境遇，疾呼"营销创新"和"产品创新"攸关产业的生死存亡。

来自新世纪的灵魂拷问，让衢州人痛定思变——

如何端着鲜辣美食大步流星走出去？怎样抓住更多的胃，拴住更多的心？

"衢州之辣"加速开启模式创新、管理创新和品牌创新。

放眼五湖四海，衢州菜系遍地开花。仅在杭州，就有大大小小1300多家衢州饭店。

近年来，衢州全力培育"三衢味"区域公用品牌。

按照"标准统一＋严格监管＋多场景运营＋源头可溯"的标准化产业化模式，"三头一掌"、龙游飞鸡、江山猕猴桃、常山胡柚汁、开化清水鱼等衢州美食都成了"三衢味"品牌标志加持赋能的"香饽饽"。

通过频频与衢州城市品牌"南孔圣地·衢州有礼"联袂营销，"衢州之辣"慢慢演变成一种共情、一方文化、一道潮流。

又土又重口，越辣越吸金。衢州人炒辣椒，爆出了"辣"一抹绚丽色彩。

来吧，这个火辣辣的夏天，就去热辣辣的衢州。

李啸　姜贤伟　执笔

2022年6月11日

浙江最难懂的方言是温州话吗？

> 语言除了交流功能外，还是维系情感的纽带。对于在外打拼的温州人来说，乡音的功能早已超越了工具属性，成为对故乡深深的依恋。

浙江是全国方言最复杂的区域之一，共有数十种方言。不同于东北话一语通行东三省，浙江一个县就往往存在多种方言，两个村之间，隔着一座山头也许就听不懂彼此的话了。

这其中，温州话是数一数二的难，难学又难懂。

温州话就是典型的"五里不同音，十里不同调"。有这样一句话："天不怕，地不怕，就怕温州人说温州话。"

一

温州话到底有多难？

我们请了一位温州人朗诵了首宋词，先来感受一下：

宋代女词人李清照的《如梦令》，大部分人都会流利背诵，但说实话，听了音频，你是不是快傻眼了？

还是来上个"字幕"，对着再听一遍吧："昨夜雨疏风骤，浓睡不消残酒。试问卷帘人，却道海棠依旧。知否？知否？应是绿肥红瘦。"

温州话堪称中国最难懂的方言之一，具有"活化石"级的学术地位。

《习近平在浙江》一书中有这样一个小故事——

有一次习书记到温州一个村去调研，在与村民对话中，旁边有个当地负责人要给他当"翻译"，没想到习书记摆了摆手，说："你不用翻译，温州话和福建话差不多，我在福建工作过，能够听得懂。"

曾在福建工作十多年的习近平同志，与当地群众处久了，能听懂温州话，但对绝大多数外乡人尤其是刚听温州话的人来说，它堪称"天书"，很难听得懂。

在外人听来，"自动加密"的温州话听着着实令人抓狂，听上去有点像日语，也像泰语，甚至还有英语的印迹，比如，"便宜货"读"beef"，"傻"读"door"。

在温州话里面，有些词的意思和想象的完全不一样："馒头"叫"面包"，"包子"叫"馒头"，有"指鹿为马"内味儿了。

还有，其中有些词，顺序反着来，比方说："拖鞋"叫"鞋拖"，"咸菜"叫"菜咸"，"客人"叫"人客"，"热闹"叫"闹热"，"涨潮"叫"潮涨"，"蹄膀"叫"膀蹄"，"扫帚"叫"帚扫"。

在温州方言学家沈克成所著的《温州话辞典》中，一个"人"字就标注出了四种发音，一个"大"字也有四种发音。

二

有专家认为，温州话中的一些词汇，历史层次可以追溯到3000多年前，整体语言体系形成大概在1500年前。

相比不断受北方话影响的北吴语（如上海话、常州话），南吴语中的温州话保留了更多古早特征。

比如，温州作家吴明华就曾在一本书中趣谈说，温州话有时会令人捧腹，有时又文绉绉的。

说文绉绉，是因为温州话中有些表达依然保留着古人的说法，筷子叫"箸"，热水叫"汤"，错误叫"赚"；

吃早饭叫"吃天光"，吃午饭叫"吃日昼"，吃晚饭叫"吃黄昏"，一日三餐能吃出日月乾坤之感，讲究！

温州话还完整保留了古汉语的全部浊音和入声，这也是温州方言念起来文气十足、抑扬顿挫的原因。

普通话只有四个调，温州话和唐宋音一样有八个调，即四声八调。

正因为温州话完整保留了宋代音韵的特点，还保留了古汉语抑扬顿挫的美妙韵律，因此用温州话吟诵唐诗宋词，格外富有韵味。

三

温州话的独具一格，与历史变迁和地域特点不无关系。

温州自古为越地，讲的是古越语，越语有音没有字，现今的温州话中还有不少越语的痕迹；后越败于楚，温州先民才接触到汉人，开始讲汉语，最初讲的是江东方言，后演绎为南吴语。

时间来到宋代。北宋末年，宋高宗带着一大批官僚士大夫乘船来到永嘉避难，直到金兵退去后才离开，但很多士大夫选择举家定居在世外桃源般的温州。

他们带来了中原先进的生产力，创立了独特的"耕读文化"，培养出大批科举进士。

南宋时期，温州迎来文化兴盛期，中古音韵融入了温州方言语系。

此外，从地域上来说，温州地处浙江南端，说的是南吴语；又因地处浙闽交界，受闽语影响很大；还因为温州是个移民城市，以至于境内语言南腔北调。

四

"有井水的地方就有生意可做，而有生意可做的地方，必有浙江人。"改革开放以来，浙江人商行天下，四海为家。

比如，在巴黎的"温州街"，13区至14区住的华人大多是温州人，听到的都是温州方言，甚至当地的"公务员"也不得不说温州话。

数据显示，40多年来，70万名温州人走出国门，175万名温州人在全国各地创业创新创富。

语言除了交流功能外，还是维系情感的纽带。对于在外打拼的温州人来说，乡音的功能早已超越了工具属性，成为对故乡深深的依恋。

方言是生活方式的呈现，它的背后是独特的地域文化。温州话,是瓯越文化中最富魅力、最吸引人、最具辨识度的标识之一。温州人的文化自信由此汲取力量。

  无论人在哪里,身处何处,这一方水土之上风景独好。对温州人如此,对你我亦如此。

伍秀蓉 王娟 执笔

2022年6月12日

抓不住眼球何谈入脑入心？

> 抓人眼球，越来越成为这个时代触达人心的核心能力。如果我们的话语入不了受众"法眼"，就不可能夺得人心。

互联网时代是"注意力时代"，吸引注意力才能赢得流量、赢得未来。如何让受众多停留片刻，这并不容易。

人们常说，宣传工作是做人的工作。入脑入心首先要入眼。

如果我们写的文章、做的产品，都难以让广大受众喜欢，他们看了以后不知所云，或者感觉与己无关、空洞无物、缺乏水平，甚至连看都不想看，又何谈争取人心？

同样，如果我们写的文章、做的产品，就在圈内循环，谁写谁看、写谁谁看，难以有效抵达广大受众，又何谈争取人心？

打个比喻，以前是在剧场里演出，大部分人坐在台下当观众，舞台上灯光闪耀。现在，大部分观众跑到大广场上去，自己开始表演，生产内容给别的同龄人看。如果我们仍然还自管自地在剧场里排练节目，不到广场上演出，实际上已经失去阵地。

抓人眼球，越来越成为这个时代触达人心的核心能力。如果我们的话语入不了受众"法眼",就不可能夺得人心。

可现实情况是,移动端、手机屏已是众人目光的焦点,而我们的传播话语体系却还无法满足移动端、手机屏的阅读需要。这是因为,媒体融合改革大多还停留在相加阶段,主力军向主战场挺进步伐缓慢,我们发出的声音到不了小屏。

表面岁月静好,实则暗流涌动。如果我们固守在"旧战壕"里重温"燃情岁月",继续板着脸"对空言说",而没有做好移动端的传播,忽视受众感受,那便是对"眼球"视而不见,把"人心"拱手让人,传统媒体发展的寒冬只会越来越冷。

浙江肩负着高质量发展建设共同富裕示范区的重任。宣传工作如果不能形成与浙江地位相匹配的传播优势,就难以为浙江发展提供强大的精神动力和智力支持。

因此,我们的危机感和紧迫感要分外强烈,再不出手,再不切换跑道,再不寻找能够吸引读者眼球的主战场,就有负于作为党的新闻工作者的称号和使命。

时不我待,只争朝夕。我们应该做的是,拿起自我革命的武器,在深度融合、精准传播的战场上"杀出一条血路来",狠狠撕开一道流量入场的口子。

让人"来电"是硬道理。在内容上,我们需要改变表达方式、打通话语场域,增强情感共鸣、进行有效输出,在这个"互联网没有记忆"的时代留下不愿拂去的注视,让"长在屏幕里的一代人"真正成为人心凝聚的一群人。

塑造变革是硬途径。在渠道上,我们需要聚焦手机端、移动端,去抢阵地、占山头。要相信年轻,激发年轻人的创造力和活力,也要加强对新闻传播领域有关新技术的前瞻性研究和应用,借助VR、AR、MR和流媒体、超高清等技术，抢占全媒体时代技术高地和发展先机。

互联网是一个以实力尊重实力、快鱼吃慢鱼的时代。毫无疑问，谁实力更强、谁行动更快，谁才能引领潮流。

谢滨同　执笔

2022年6月13日

履新浙江伊始,习近平曾定下这个目标

> 群众的眼睛是雪亮的。谁在真心实意,谁掏心窝子、跑深了,他们自然看得见,也感应得着。

下姜村的传奇故事,相信人们听多了。但这个细节,熟悉的人可能不多:

那是2003年4月,时任浙江省委书记习近平来到下姜村村民姜德明家中走访。

可没想到习近平刚坐定,女主人一杯热茶递上前,手一抖,热水竟洒在了客人身上。

"不要紧,不要紧,我的衣服穿得比较厚。"习近平毫不在意,继续谈笑风生。临走前,还暖暖地邀请大伙儿合影。

不经意间的细节,流露的正是至深至浓的人民情怀。

为民爱民,不是抽象、空洞的口号,不是靠嘴巴说出来的,而是一步一个脚印"走"出来的。

日前,《习近平浙江足迹》一书出版发行。像这样的细节书中还有很多。

为什么书名中有个关键词——足迹？

细节的背后是什么？令人回味的又有什么？

一

习近平爱调研、爱下乡。在浙江工作的那些年，这片10.55万平方公里的地儿，他几近跑遍。

从面积上说，浙江不大。可要是绕着转，从东海之滨到钱江两岸，从城镇社区到海岛山村，跑跑还是很费工夫的。

比如，从福建来浙江不久，习近平就为自己定下个目标：当年春节前把11个市都跑遍。很快，目标就完成了。

而接下来一整年，他的日程又是满满当当：

2003年，习近平赴市、县（市、区）调研25次，53天；赴省直单位调研20次，15.5天；赴上海、江苏和西部地区调研3次，18天。此外，陪同中央及兄弟省市领导考察41次；参加各类会议164次，参与各种会见222次。

"浙江的省情、民情要了解，全省的干部要尽快熟悉，一些事关浙江发展的重大战略问题需要省委、省政府尽快决策，等不及啊！"他曾这样对记者说。

在浙江期间，他还提出，当县委书记一定要跑遍所有的村，当市委书记一定要跑遍所有的乡镇，当省委书记应该跑遍所有的县市区。

马不停蹄的背后，是只争朝夕的紧迫感和来自人民、为了人民、依靠人民的信念。

那是中华民族历史深处的精神追求。是《尚书》中的箴言，"民惟邦本，本固邦宁"；是朱熹的"国以民为本，社稷亦为民而立"。

那是红色火种的代代相传。1842年，马克思、恩格斯向青年黑格尔派论战："历史活动是群众的活动。"李大钊则在天安门前慷慨呐喊，为了"庶民的胜利"！

二

群众的眼睛是雪亮的。谁在真心实意，谁掏心窝子、跑深了，他们自然看得见，也感应得着。

《习近平浙江足迹》一书中，很多细节和插图，都是习近平在社区巷陌、乡野村舍中与群众在一起的画面。

他曾说："几年下来，我几乎跑遍了浙江的山山水水，也跑深了与浙江广大干部群众的真切感情。"

深在哪里？在内心深处。

在前些天的新书首发现场，红色幕布揭开的一刹那，看到封面上那张朴素的照片，杭州28路公交车司机孔胜东心头暖了一下。

画面上，习近平双手紧紧与两位老人相握。他被拥在中间，三人笑得灿烂。

那是2006年9月，习近平在舟山市普陀区东极镇慰问驻岛官兵后，特意去看望当地渔民时被拍下的一幕。会心相视，心手相连。

深在哪儿？在群众最需要的地方。

江南多雨，台风也不少，习近平常冒雨外出。

2004年8月，台风"云娜"在温岭登陆。他24小时内多次前往省防汛防旱指挥部，又顶风冒雨，执意坐上挂机船，去看望被洪水围困的群众。

当被记者问及，台风还没有完全过去，是否意识到当时的危险时，习近平说："我并不觉得危险，防御危险的应急能力我们还是有的。过去我们什么都经历过，包括在水里漂上半天、一天，问题也不大。而且真正困难的地方、危险的地方，恰恰是我们共产党员、各级领导干部要出现的地方，这也是责任所在。"

这一幕不禁让人想起，2013年，已是党和国家领导人的习近平，卷着裤腿打着伞，在大雨中考察武汉新港的形象。

风里来雨里去，步履中有深情。在正定、福建、浙江、上海，大江南北，足迹深深嵌入这片土地。

三

多跑，不是走马观花，而是要跑透，实打实地跑。

深入人民，更是问计于民，听实话、摸实情，透彻了解困难和问题，"跑"出思考和方法。

习近平考察调研有个风格：只是"去过"不能算数，必须有明确的主题，做好充分的准备，安排专门的时间，沉下心来蹲几天，并且要有成果。

2004年6月，他来到湖州调研"八八战略"落实情况，一路上不忘关注各种民生"小事"：在长兴的福利院，他特意查看为老年人、伤残军人和复员军人、残疾儿童服务的综合性社会福利设施；在吴兴织里镇矛盾纠纷调解中心座谈，他又着重了解当地就业再就业、社会保障、扶贫济困等举措。

行程快结束时,他还抛出自己主持的关于建立健全为民办实事长效机制的课题,与当地干部探讨。

后面的事情,就跟所有浙江人有最直接的联系了:浙江很快提出"要突出抓好十个方面实事"。

这段温暖征程,浙江一直延续至今,每年"两会"都在强调。

人民情怀,是对民生冷暖的关切,解决与老百姓最相关的问题。

不仅如此,从以人民为中心的"原点"出发,它还落在了省域治理实践的方方面面。

比如,提出统筹城乡发展;比如,建设"平安浙江""法治浙江""美丽浙江";再比如,叮嘱党员干部要拎着"乌纱帽"为民干事……

步履铿锵中的种种探索与实践,无不归结于一句话——

"我将无我,不负人民。"

郑梦莹　执笔

2022年6月13日

在浙里看见文明中国

> "浙江有礼"的打造慢不得,也急不得。注重"潜移默化",唯有缓缓流淌、慢慢渗入,才能深刻改变。

"礼",是中华民族千百年来的传承,但一个省份打造"有礼"品牌,在全国很少见。

6月13日下午,高质量发展建设共同富裕示范区重点工作推进例会召开。

会议强调,要把打造"浙江有礼"省域文明实践品牌这一重大课题,放到推进共同富裕和现代化先行的大格局中来谋划推进。

这是浙江提出"浙江有礼"省域文明实践品牌后,对其深化培育的又一重要节点。

如此重视之下,更值得思考的是,浙江为什么要打造"有礼"?"有礼"的浙江和我们又有什么关系?

一

几年前，董绍林写了一首题为《斑马线》的诗，从一个外乡人的角度，讲述他因为感动于斑马线前的"礼让"而留杭创业，并希望自己的子女也生活在这里的故事。

前不久，著名报告文学作家江永红在浙江采写《文明密码》，事后，他兴奋地说，不知不觉间成了一个"浙粉"，成了文明浙江的义务"宣传员"。

浙江，何以让大家一见钟情、日久生情？"浙江有礼"，或许是答案所在。

"礼"是中华文化的核心，从古至今，"礼"就是规范人们言行、维护社会秩序、促进社会治理、展现社会文明的重要内容和手段。

浙江历史悠久、人文积淀深厚，"有礼"一直是浙江人引以为傲的文化基因，崇学尚礼、义利并举、知行合一、经世致用的思想延续至今，"钱氏家训""郑氏规范""了凡四训"等深刻影响后人。

无论从中华优秀传统文化传承，还是新时代精神文明建设的角度来看，"礼"都是一个好的承载与表述。

仓廪实而知礼节。物质富裕与精神富有是共同富裕的一体两面。在现代化先行、共同富裕示范的新征程中，人的现代化是基本价值取向，也是重要实现路径。

今年2月7日，"浙江有礼"省域文明新实践被列为共同富裕美好社会建设十大标志性成果之一。培育"浙江有礼"文明品牌，正是浙江在共同富裕中实现精神富有、在现代化先行中实现文化先行的重要尝试。

推进以人的现代化为核心的"浙江有礼"省域文明实践,让浙江大地呈现正气充盈、彬彬有礼、温暖如春的幸福图景,就是共同富裕的题中之义,也是浙江引领文明之先的传承创新。

由此可见,"有礼"的内容和目标与人民群众的所需所盼紧密联系在一起。这正是人们崇尚"有礼",热爱"有礼"城市的重要原因。

二

翻阅《文明密码》这本书,不难发现,"浙江有礼"很生动具体。

众所周知,"礼让斑马线"是浙江很多城市的一道风景线,而这也是"浙江有礼"的文明行动之一。

作为"浙江有礼"的主要内容,"浙风十礼"涵盖了我们学习、工作和生活各方面。

所谓"浙风十礼"指的是:大力倡导爱国爱乡、科学理性、书香礼仪、唯实惟先、开放大气、重诺守信等"六风",崇尚践行敬有礼、学有礼、信有礼、亲有礼、行有礼、帮有礼、仪有礼、网有礼、餐有礼、乐有礼等"十礼"。

不论是"六风"还是"十礼",最终落脚点还是人。

以人为本的初心也体现在今年推动"浙江有礼"的具体目标上——

2022年,全省文明好习惯养成率达83%,社会诚信度达95%左右,居民综合阅读率达91.3%,人均慈善捐款额达90元左右,每万人拥有活跃志愿者数达1200人……

正如江永红写道,文明城市的创建者是人,创建的过程不过是人的思想、人的实践的轨迹,是一条充满了人喜怒哀乐的故事的河流。

打造"浙江有礼"正是如此。

三

深入推进"浙江有礼",如何推得顺、推得实?这也是篇大文章。

与经济社会建设不同,"浙江有礼"作为精神文明建设的重要组成部分,虽然可知可感,但更难量化。

因此,"浙江有礼"更需要通过看得见、摸得着的方式,创造实实在在的载体,寓教于乐、入耳入脑,深入人心、潜移默化。

在6月13日下午的推进会上,嘉兴作为唯一的地级市代表作了汇报。

推出"百座有礼地标、千场有礼讲堂、万人有礼代言",动员群众参与全域文明典范创建,建设"排队一米线""带走半瓶水"等"十个一"有礼城市……总而言之,让群众真实可感,是嘉兴不懈努力的方向。

见微知著。打造"浙江有礼",我们需要不断延伸实践场域、凝聚实践主体、激活实践资源,使文明理念具备可感知的对象、载体与形态,也需要不断丰富群众的文明实践体验,将"有意义""有价值"的事做得更加"有意思""有趣味"。

四

不可否认,在打造"浙江有礼"省域实践品牌的过程中仍然存在一些不足，需要加以改进。

对"浙江有礼"内涵和外延把握存在浅层化倾向，一些工作与实现人的现代化要求不适应；

推进机制上的多跨协同还不够，"浙江有礼"文明实践与经济、教育、科技、法制等部门的工作联动、政策协调不够；

现有改革举措穿透力、牵动性不够强，有些方面存在以重点工作代替改革的状况，改革味还不够，重点领域改革"一子落"，带动文明实践"全盘活"的效果不够明显；

一系列问题导致春风化雨、直抵人心的实践项目还不多，让群众在共享中共建的良性循环还未完全建立。

但"浙江有礼"的打造慢不得，也急不得。注重"潜移默化"，唯有缓缓流淌、慢慢渗入，才能深刻改变。

"有礼"的文明实践最终都是在一种润物无声、言传身教的价值熏染和发人深省的价值内化中展开，最终落化为一种自主自觉意识。要防止"雨过地皮湿""活动一阵风"现象，绵绵用力、久久为功、落细落小，做到内化于心、外化于行。

"浙江有礼"作为新生事物，正不断以螺旋上升的姿态，扛起高质量发展建设共同富裕示范区过程中精神文明建设的大旗。

我们看到，一个更"有礼"的浙江，呼之欲出。

郑江　执笔

2022 年 6 月 14 日

这件事，浙江要比全国先一步

> "伟大的事业需要伟大的想象力"。任何事业都需要先行者、探路者。

5年前，党的十九大就实现社会主义现代化圈出了两个时间点：

到2035年，基本实现社会主义现代化；

到本世纪中叶，建成富强民主文明和谐美丽的社会主义现代化强国。

去年，党中央就实现共同富裕绘制出了"三步走"路线图：

到"十四五"末，全体人民共同富裕迈出坚实步伐；

到2035年，全体人民共同富裕取得更为明显的实质性进展；

到本世纪中叶，全体人民共同富裕基本实现。

从党中央擘画的推进社会主义现代化的时间表和共同富裕的路线图看，二者是内在统一的，也恰好印证了共同富裕是中国式现代化的重要特征，中国式现代化是全体人民共同富裕的现代化。

一

如果从国家层面来看,共同富裕基本实现这个目标,需要稳扎稳打走好"三步",久久为功干上三十年。

要知道,从提出"小康社会"的构想,到全面建成小康社会,我们国家花了四十多年时间。

"伟大的事业需要伟大的想象力"。任何事业都需要先行者、探路者。

今天的浙江,叠加了"红色根脉""重要窗口""共同富裕示范区"三重政治责任和时代使命,面对实现共同富裕这场攻坚战、持久战,浙江拉出了自己的战斗轴线:

到2025年,推动高质量发展建设共同富裕示范区取得明显的实质性进展;

到2035年,高质量发展取得更大成就,基本实现共同富裕,率先探索建设共同富裕美好社会。

共同富裕基本实现,浙江比全国先行一步。

二

比全国先行一步,浙江何以能?

这需要信心和底气。有人说,浙江少地、无油、缺煤,但最不缺人的精神。

的确,浙江精神贯穿于改革开放以来浙江发展的每一个场景,这是我们始终干在实处、奋力走在前列、敢于勇立潮头的内在动能。面对任何目标及困难，有精神就有办法、就有道路。

浙江的发展，走的就是发挥人的主动性、创造性，顺势而为、乘势而上的路子。这是我们的信心和底气所在。

数据有时更有说服力。2021年浙江人均GDP达到11.3万元，大幅高于高收入经济体标准线；城乡居民收入分别连续21年、37年居全国省区第一，居民人均消费支出居各省区第一，城乡居民收入倍差缩小到1.94；家庭年可支配收入10万元至50万元群体比例已达72.4%；20万元至60万元群体比例已达30.6%。

这更需要科学打法和必胜保证。"一诺既出，万山无阻"。比全国先行一步，对浙江来说，难度或许超过改革开放以来任何一个阶段的目标任务。除了信心，我们更要明白以怎样的打法才能赢得这场硬仗。

三

用什么打？

弹药是最基本的战备。没有充沛的战力支撑，谈何攻下堡垒？

习近平同志在浙江工作时，亲自擘画实施了"八八战略"。19年来，"八八战略"指引浙江实现了从经济大省向经济强省、从对内对外开放向深度融入全球、从总体小康向高水平全面小康的历史性跃迁。可以说，"八八战略"就是习近平新时代中国特色社会主义思想在浙江萌发与实践的集中体现，是引领浙江共同富裕和现代化的总纲领，是我们打好打赢所有战役最充足的"弹药库"。

未来，我们要实现示范区建设的战略目标，就要充分用好习近平总书记留给浙江的这份取之不尽、用之不竭的宝贵财富，以迎接

2023年"八八战略"实施20周年为契机,健全完善以年度报告为标志的"八八战略"抓落实机制,聚焦"七个先行示范",开拓共性问题的破解之道、引领变革的先行之路。

往哪里打?

弹药有了,校准就是关键之关键。党的十八大以来,习近平总书记就实现共同富裕和社会主义现代化发表了一系列重要论述,为我们扎实推动共同富裕提供了"路"和"桥"。

我们要在学习实践中掌握好推动共同富裕的基本内涵、重大意义、基本原则、总体思路、目标安排和重大举措,以浙江的生动实践为全国共同富裕探索路径。

未来,我们要强化"红色根脉"的政治责任,循着习近平总书记在浙江的足迹,在学深悟透习近平新时代中国特色社会主义思想中不断校准方向,坚定不移做"两个确立"忠诚拥护者、"两个维护"示范引领者,以最真挚的感情感悟总书记殷殷嘱托,以最坚决的行动落实总书记重要指示,稳扎稳打走好共富路。

重点打什么仗?

有的才能放矢,没有目标和重点,再好的打法也会落空。无论是现代化先行,还是共同富裕示范,都有一个大前提,那就是高质量发展,就是要让企业竞争力更强、社会活力更足、人民生活更好。

未来,我们必须把人的全面发展作为靶子,聚焦高质量发展,推动创新成为第一动力、协调成为内生特点、绿色成为普遍形态、开放成为必由之路、共享作为根本目的,在稳底板、扬长板、补短板中推进经济高质量发展先行示范,加快探索具有普遍意义的共同富裕之路。

省第十五次党代会召开在即,浙江打法必将更加完善,那剩下的就是勇往直前再冲锋!

王云长　执笔

2022年6月14日

一项政策何以成为"出圈顶流"

> "出圈"的首要原因,是贴心。

不久前,一项文化产业政策"出圈"了。

宁波市文改办、宁波市财政局发布《宁波市加快数字文化产业发展的实施意见(暂行)》(以下简称《意见》),并在短时间内形成话题,仅微博阅读量就突破千万,登上热搜,大有成为"顶流"之势。

"出圈"的首要原因,是贴心。《意见》里面"元"字特别多。

比如,对首次上规的数字文化企业,给予5万元奖励;对营业收入首次突破5000万元、1亿元的数字文化企业,分别给予100万元、200万元奖励(晋级补差)……

这些"真金白银"的政策加持,引发广大人民群众特别是文化产业从业人员的共鸣——

疫情影响广泛,与日常生活息息相关的文化产业门类首当其冲,人民群众精神文化需求无法得到满足;文化产品创作周期长,对文化产业相关企业而言,现金流尤为重要。《意见》发布,无疑是一场"及时雨"。

正如一位网友评价：很久没见过这么直白的政策了，我都看明白了。

宁波一家文化产业企业负责人坦言：政策支持金额虽不大，但在特殊时期，每一笔钱都撑起了企业发展的信心。

"出圈"的另一个原因，是"时髦"。数字文化产业正是当下文化领域"最热的热词"。

日前，中办、国办印发《关于推进实施国家文化数字化战略的意见》，其中蕴含着数字文化产业发展的巨大机遇。宁波踩准热点、踏上风口，顺势而为推出重磅政策，击中受众关注点。

自带"流量"的政策口口相传，能够有效提高受益人群知晓度，一旦"流量"转化为"实效"，以政策推动社会发展便能事半功倍。

因此，政策制定者要有传播素养、媒介思维，制定的政策要切实围绕人民群众与企业的所需所盼，够贴心；走在时代发展前沿，够前瞻，努力让每一个政策都成为互联网上的"出圈顶流"。

郑思舒　王世琪　执笔
2022 年 6 月 15 日

这个事关西湖之恋的建议源自习近平

> 不厌为老百姓做小事,是因为老百姓身边的小事,都应该是领导干部心头的大事。

"为什么我要留在杭州?因为西湖总会让我怦然心动。"

西湖的温情,常从湖畔的一张张长椅开始。恋人相依而坐,面前莲叶田田、清风徐徐,这大概就是浪漫界的"天花板"了吧。

很多人以为西湖长椅的摆放就是普通的市政工程,却不知这背后有着一段鲜为人知的故事。

《干在实处 勇立潮头——习近平浙江足迹》一书中提到,当年,西湖景区免费开放后,增设了不少椅子供市民、游客休息,但椅子多了,间距也就近了。时任浙江省委书记习近平向景区管理部门转达了他的建议:西湖边恋人很多,如果椅子间距离太近,恋人们会感到不自在。他建议长椅间应该保持一定间距。

后来,长椅的间距就拉开了。一张张长椅,甚至成了恋人们打卡的"网红背景"。

正是习近平同志的"特别关照",让西湖这个爱情圣地见证了更多的守候。

小小的"爱情间距"体现的是城市风度。近年来，杭州人才净流入率连年居全国各大城市前列。相信，让越来越多"新杭州人"爱上杭州的理由，是这座城市拥有可触可感的温度和风度。

值得一提的是，今日杭城的风韵，得益于习近平同志在浙江期间亲自推动的西湖综合保护工程。还湖于民、还山于民、还景于民，让人们享受到了"山水城市"的理想生活。

小小的"爱情间距"彰显的是为民情怀。既能胸怀"国之大者"，又能办好"关键小事"，围绕西湖治理，除了西湖长椅外，习近平同志还亲自提出西湖边的公厕24小时免费开放、西湖游船增设橡胶轮胎进行防护等细致入微的建议。

不厌为老百姓做小事，是因为老百姓身边的小事，都应该是领导干部心头的大事。从地方到中央，对老百姓无微不至的体贴，贯穿习近平同志治国理政的方方面面、点点滴滴，每个人都是受益者。

小小的"爱情间距"折射的是执政品格。西湖长椅为情侣间的二人世界留足了空间，最大限度地体现了对"人"的尊重。

把"人"作为出发点和落脚点，正是共产党执政最鲜明的政治本色。让人民群众活得更有尊严、更加幸福的承诺体现到人生命周期的整个过程，习近平同志留给西湖的绵绵情意，是最好的印证。

王人骏　执笔

2022年6月15日

"24小时博物馆"为谁而开?

> 文化应该且必须与生活紧密结合。只有让群众随时可见可及,它才能真正保持长久生机。

前不久,浙江自然博物院打造的"24小时博物馆"在杭州开放。这是我省第一家,也是全国第一家24小时开放的国有博物馆。

到了晚上,到底有没有人会去博物馆?其实这个需求一直在。这不,开放的第一晚,浙江自然博物院"24小时博物馆"就吸引了700多人前来参观,直接反映了社会对它的认可和需要。

实际上,博物馆实行24小时开放,正是创新文化业态的尝试,或将成为服务社会、推进文教结合的有效举措。

一

博物馆从创办起,就承担着保存展示文物、促进社会教育的重要职责。

1905年,清末状元、近代著名实业家和教育家张謇在江苏南通创办南通博物苑,"留存往迹,启发后来",这也是中国人独立创办的第一座公共博物馆。张謇此举,目的就在"教育救国"。

不过,长期以来,由于人力、维护管理等原因,公共博物馆开放时间固定且有限。每个开放日下午,往往5点左右就闭馆了。

这样一来,学生作为博物馆的主力参观人群之一,在非周末时间里就基本与博物馆无缘了。这在一定程度上造成博物馆优质历史文化资源无法被充分利用。

于是,存在着这样两种不平衡:

这一边,"双减"之后,学生们可支配的课余时间增加了,但到了放学时间,博物馆也闭馆了。想打卡"镇馆之宝",还得趁周末。

另一边,在工作日,博物馆里基本冷冷清清;到了周末,家长带着孩子纷纷前来,常常需要提前预约、现场排队。人头攒动之下,观展体验大打折扣。

浙江自然博物院尝试"24小时博物馆"模式,正是解锁了"双减"之后的新玩法,能够更好发挥博物馆"第二课堂"的作用。

二

不可否认,在公共文化场所,夜间流量大概率比不上白天。"24小时博物馆"到底实际效用如何,还需看具体实施情况。

在两个月的试运营期间,"24小时博物馆"的开放时间为星期一至星期五每天上午10点半至午夜24时,周末全天24小时开放。虽然不是每天都24小时开放,但已经大大延长了开放时间。

这两个月,也是调整适应期。

"24小时博物馆"不应只是时间上的延伸,博物馆应借此进一步增强自身"造血"机能,以带来服务上的提质增效。

比如,可以丰富展陈内容、形式,策划更多适合夜间的研学活动,加强与中小学校合作开展课外实践教学等。

此外,在完善、提升、拓展的基础上,希望可以解决问题、总结经验,先行先试推动博物馆发展理念、技术、手段和业态创新,带动全省的博物馆、展览馆、文化馆等都积极参与进来,甚至为全国公共场馆改革创新提供样板。

三

文化应该且必须与生活紧密结合。只有让群众随时可见可及,它才能真正保持长久生机。

2002年,西湖取消门票,向游客24小时免费开放,政策制定之初也有各种不同声音。

二十年过去,"还湖于民"初心不变,不仅带来了杭州市民可以随时随心漫步西湖的惬意,更"毫无意外"地给杭州的文旅产业注入了活力。

此次浙江试水"24小时博物馆",在构建全新的公共文化场馆发展范式上,又迈出了新的一步,体现了推动公共文化场所更好地服务于公众的决心。

虽然,人们不一定会每天赶在深夜凌晨,带着孩子前往现场参观。但是,当在下班路上、饭后散步时,如果需要有这样一片空间,而它恰好在,那就多了一份"顺理成章"的惬意。

当前,浙江正高质量建设"15分钟品质文化生活圈",各种文化设施遍地开花,也是为了方便群众能够就近找到属于自己的公共文化空间。

当有了想到便可看到、看到便可用到的公共文化场馆,当深夜有了更多可以歇脚的去处,或许人们便能更加深切地体会到,共同富裕不只是物质富裕,也是精神富有。

朱昱炫 王思琦 执笔
2022年6月16日

跟习近平学习如何同群众说话

> 真正把群众放在心上,像自家人那样惦记着吃穿、记挂着冷暖,说出来的话才贴心暖心。

最近读《干在实处　勇立潮头——习近平浙江足迹》,在浙江工作期间,习近平同志同群众打交道时的语言、场景令人印象深刻,非常值得学习。

比如,在一次农村调研中,习近平同志看到基层干部在座谈会上很紧张,就诙谐地问一位村支书:"当村支书,你在村里是一把手,家里是几把手啊?"

一句玩笑话,引来现场一阵大笑。大家看到省委书记这样和蔼可亲,气氛顿时活跃了许多,话匣子也由此打开,说得很尽兴。

还有一次,习近平同志在嘉兴调研农村交通建设,坐上了101路公交车。车子中途靠站时,习近平同志起身走到有些局促的售票员小金旁边,和他聊起天来。

"小伙子,你们这车很不错啊。他们向我介绍说,这路公交车改变很大,你说说,有什么变化?"

小金激动起来，自豪地说起了他的感受。大家说说笑笑，车内车外都是怡人的风景。

书中还有不少习近平同志和群众唠家常的故事。"电视能收几个台？""孩子们每周都回家吃饭吗？""灶台平时在用吗？""大家平时都怎么打发时间？"……简单的话语，关心的都是老百姓的衣食住行，既贴心又实在。

在浙江工作期间，习近平同志曾批评一些领导干部在开展群众工作时"不会说话"："与新社会群体说话，说不上去；与困难群众说话，说不下去；与青年学生说话，说不进去；与老同志说话，给顶了回去。"

语言的背后是感情、是思想，也是知识、是素质。学会与群众说话，是做好群众工作的一部分，也是党员干部的一种必备能力。

这种能力需要有意识地锻炼和培养。去年，笔者刚来金华磐安一个村子里挂职时，有一次，看到一位老奶奶在家门口剥毛豆，便鼓起勇气上前攀谈。

打过招呼后，习惯性地从包里掏出笔记本，打算边问边记。这一下可把老奶奶弄紧张了，最终也没能聊出什么。

归根到底，是自己还没有褪去"学生气"，深入基层的经验不足，不懂如何跟群众说上话。后来，我经常到老奶奶家去，和她拉家常，有时也帮她剥毛豆，她就愿意和我说很多了。

将心比心才能换取真心。真正把群众放在心上，像自家人那样惦记着吃穿、记挂着冷暖，说出来的话才贴心暖心。

张诗妤　执笔

2022年6月16日

如此慢直播，竟然能"火"？

> 文明就是慢慢刻在骨子里，让你不知不觉就会去遵守规则的东西。

在"美丽浙江"抖音号上，经常会出现杭州等地街头"斑马线"的慢直播。

和其他直播相比，这类直播似乎特别"无聊"：一个固定摄像机位，长时间对准"斑马线"，以及来来往往的车辆和行人。

但令人惊奇的是，每场直播，都有几十万甚至上百万人次围观。

"浙江有礼　礼让斑马线"是"美丽浙江"抖音号于去年4月推出的常态化慢直播。截至目前，总围观数超5亿人次。

为啥这样的慢直播会引发这么多人观看？分析一下，观众难免有一种心理，就是想"找漏""挑刺"，看看杭州等地的"斑马线"前，司机到底是不是真的"礼让"了。

必须承认，细心的网友还是发现了个别"漏网之鱼"。但评论区里，绝大部分还是大家的点赞和"表白"：

"我去浙江过马路的时候车子远远地就停下来，给我安全感，确实不错。"

"行人跑着还比了个心，666！"

"看到车子为你停下，透过车窗看到司机大手一挥特别帅。"

……

如今，实施了10多年的"礼让斑马线"，早已被认为是杭州等地乃至浙江的一块金字招牌。

外地游客纷纷留言：一到浙江，最深的印象，不是湖光山色和丰富美食，而是"礼让斑马线"，这是最好的文明印象。

开通这样的慢直播，也是想让全国网友看看，浙江的"文明招牌"到底硬不硬？文明之风能不能经得起检验？

这样的监督，也在不断提升人们的自觉性。去年6月至11月测评数据显示，浙江斑马线礼让率从87.3%上升至93.5%，这其中也有网友监督的"功劳"。

什么是文明？文明就是慢慢刻在骨子里，让你不知不觉就会去遵守规则的东西。

张诗妤　裘立华　执笔

2022年6月17日

这个"富矿",需要深挖!

> 这个时代稀有的不是喧哗,而是深邃的思想。折服人心的不是铁拳,而是真理的力量。

一说到理论,你可能直摇头——太枯燥、很冷门。

然而,近些年,有这样一些理论研究成果,在网络上下很吸人眼球。

例如,"习近平科学的思维方法在浙江的探索与实践"系列研究成果,刊发仅一周全网点击阅读量就超过3亿次,最后全网点击阅读量创纪录地达到近17亿人次,妥妥的"爆款"。

相关成果的影响早已"出圈"。"跟着总书记学思维"活动遍及全省,一大批80、90、00后青年参与话题讨论,仅制作微视频、微音频就达2000多条。

而这,只是浙江启动实施"溯源工程"以来推出的重要成果之一。

浙江理论工作有"三大工程"——铸魂工程、溯源工程、走心工程。今天我们就来说道说道溯源工程。

一

首先要搞清楚，源头在哪里？

最近，很多人都在学习《干在实处　勇立潮头——习近平浙江足迹》，感触颇深。

浙江是习近平同志工作了6个年头的地方。他跑遍了浙江的山山水水，熟悉浙江的一草一木和风土人情。

在浙江工作期间，他擘画了作为浙江省域治理总纲领和总方略的"八八战略"，制定实施了创建生态省、建设"平安浙江"、加快建设文化大省、建设"法治浙江"、加强和改进党的建设等重大决策部署，为浙江改革发展奠定了坚实基础。

党的十八大以来，习近平总书记提出的许多重要思想，在浙江都能找到理论和实践原点。比如，总书记提出"平安中国"，而他在浙江打响了"平安浙江"。

可以说，习近平同志在浙江作出的一系列重大决策部署，从一个省域层面为党的十八大以来以习近平同志为核心的党中央坚持和发展中国特色社会主义提供了理论支持和实践素材。

至今，这些重大决策部署，仍然是引领浙江向前发展的重要指南。这是习近平总书记留给浙江的理论、实践和精神"富矿"。

正是在这个意义上，我们说浙江是习近平新时代中国特色社会主义思想重要萌发地。

通过溯源，我们能更好理解习近平新时代中国特色社会主义思想形成的理论逻辑、实践逻辑、历史逻辑。

二

怎么溯？唯有深挖细采，才能让"富矿"不断出"金子"。

对于习近平同志留下的取之不尽、用之不竭的宝贵财富，浙江始终怀着珍视之心，持续进行研究和深化。

在这样的背景下，浙江精心谋划、部署实施了新思想"溯源工程"。

名曰"工程"，意味着这项工作有组织、成系统。

"溯源工程"实施以来，浙江有影响力的重大成果不断涌现、渐成体系。

2018年，启动"习近平新时代中国特色社会主义思想在浙江的萌发与实践"重大课题研究，10个课题研究报告及实践案例在《浙江日报》连续刊载。

2019年，启动"习近平科学的思维方法在浙江的探索与实践"重大课题研究。

2021年3月，研究成果在《浙江日报》全文刊发。

浙江也注重调动各地各部门的积极性。

在全省范围内，浙江组织开展"习近平新时代中国特色社会主义思想在浙江的萌发与实践"地方卷研究，形成20多万字的初步成果，涉及开放发展、"三农"发展、大健康等10多个方向的部门卷研究正紧锣密鼓地进行，"溯源"朝着体系化、系统化不断推进。

这些研究成果，用来指导实践，绝不束之高阁。

组织编写九卷本的《从"八八战略"到习近平新时代中国特色社会主义思想》丛书，编纂出版《红船精神问答》《读懂基本方略》

《读懂"八八战略"》《解读"二十六个如何"》《"重要窗口"问答》等一系列通俗理论读物,召开包括"溯源新思想"在内的系列高端论坛、浙江红色精神谱系系列研讨会……浙江在研究宣传阐释习近平总书记的重要思想方面进行了深入探索。

不论是出版著作还是举办高峰论坛、研讨会,都是为了让更多人更好地学习领会习近平总书记的重要思想。

三

溯源这件事,浙江很较真。

相关工作计划,浙江都已经排到未来好多年。

根据"溯源工程"有关安排,浙江将以省习近平新时代中国特色社会主义思想研究中心为依托,每年确定一个重点研究课题,同时做好其他相关研究工作,不断擦亮"溯源工程"这张金名片。

我们来划一下重点——

2022年以"共同富裕"为主题进行重大课题研究,力争形成具有浙江辨识度和全国影响力的研究成果。同时,重点结合学习贯彻党的二十大精神和省第十五次党代会精神,开展相关重大课题研究。

2023年重点结合"八八战略"实施20周年,研究"八八战略"与党的创新理论的内在逻辑关系,总结"八八战略"实施20年来的实践成效,推出"'八八战略'20年"系列研究成果。

2024年重点结合新中国成立75周年重要节点,开展伟大成就和经验总结系列研究,以"浙江之窗"展示中国辉煌。

2025年重点结合"重要窗口"提出5周年和"十四五"收官,

立足浙江实践探索，深入开展中国特色社会主义制度优越性研究和浙江高质量发展建设共同富裕示范区建设成效和经验研究。围绕"绿水青山就是金山银山""平安浙江""法治浙江"等理念提出20周年开展研究。

不断把"溯源工程"向广度延伸、向纵深推进，浙江义不容辞、蹄疾步稳。

这个时代稀有的不是喧哗，而是深邃的思想。折服人心的不是铁拳，而是真理的力量。

我们相信，随着习近平新时代中国特色社会主义思想的进一步发展，"溯源工程"意义将更加凸显，浙江推动现代化先行和高质量发展建设共同富裕示范区将有更强劲的指引。

王云长　执笔

2022年6月17日

这个悖论，为何在浙江失灵？

> 问题不在于现代化，而在于这个过程中选择了什么样的政党、走了什么样的道路。

美国政治学者塞缪尔·亨廷顿曾因两个理论在政治学界"出圈"，一是"文明冲突论"，二是"亨廷顿悖论"。

今天来聊聊后者。

简单来说，"亨廷顿悖论"认为，经济快速发展与政治社会稳定很难两全。对发展中国家来说，"不是所有的好事情都会一起到来"。

放眼世界，许多国家都曾掉入到政局不稳、社会动荡的"现代化陷阱"中，有些至今深陷泥淖。

不过，令人惊讶的是，这个理论却在中国失灵。尤其改革开放以来，中国作为最大的发展中国家，经济增长势头一直很猛，社会大局持续稳定。

能这么说，中国底气何在？我们不妨透过"浙江之窗"，具体来剖析。

一

为什么说"亨廷顿悖论"在浙江失灵了?

我们直接上数据,以事实说话。

从1978年至2021年,浙江全省GDP从124亿元增至73500亿元,人均GDP由331元提升至113000元。

放在世界坐标中看,2020年,浙江GDP以64613亿元的体量超过当年全球排名第17位的荷兰;2021年,浙江GDP已接近韩国的70%,并将其作为下个五年的赶超对象。

浙江民营经济、县域经济、数字经济发达,城乡差距小,等等,是远近闻名的。

而另一边,拿社会治理、社会和谐稳定摊开说,浙江也不逊色。

在浙江生活的安全感、幸福感很足是公认的。2021年,浙江群众安全感达99.19%;法治浙江建设群众满意度达92.26%。

早有"枫桥经验"、今有新时代"枫桥经验",都在全国有分量。

二

浙江何以能?

其实,对于发展和治理的关系,浙江早就有科学认知。

这里有个故事。

2003年9月,时任浙江省委书记习近平到奉化、鄞州考察。他对当地干部群众说，我们处于人均GDP接近3000美元这样一个"门槛"，很多别的地方没有遇到的问题，浙江往往最早遇到。我们既面临"成长的烦恼"，同时也要解决"先天不足"的问题，"必须建立健全一整套良好的和谐社会运行机制"。

也是这一年，习近平同志在全面深入调研基础上，创造性提出了"八八战略"。

"八八战略"提出，浙江既要发挥体制机制、区位、块状特色产业等优势，大力发展经济，又要加强法治建设、机关效能建设等。

这一重大决策部署，观照浙江经济社会发展的方方面面，成为浙江省域治理的总方略。

以此为遵循，浙江以"敢为天下先"的精神推进"腾笼换鸟、凤凰涅槃"，统筹城乡发展，念好"山海经"，还以"平安浙江"护航发展稳定，以"法治浙江"探索经济先发地区法治先行的发展道路……

就如何平衡高效能治理与高质量发展两者关系，浙江一直在探索、深挖。

比如，浙江讲求的发展，是持续促进均衡的发展。

近年来，浙江瞄准缩小区域、城乡、收入这"三大差距"，出台助力山区26县高质量发展的具体举措等，破解发展不平衡可能带来的问题。

过去五年，浙江城乡居民收入倍差缩小到1.94，基本公共服务均等化实现度超过98%。

再比如，浙江讲求的治理，是努力提升温度的治理。

立足社会需求，浙江推进数字化改革，尤其瞄准基层难点和痛点，精细化治理中彰显人文关怀。

像数字化改革成果之一的"志愿浙江"，一个应用归集1800多万志愿者数据。想要帮助别人一键可查、"触手可及",助力志愿服务蔚然成风。

三

"亨廷顿悖论"的内在逻辑是,经济发展会带来社会变化,这对政府而言,就带来更大的治理难度。这些挑战往往是政府难以适应的。

纵观拉美、北非等地区,一些发展中国家的确在现代化进程中遭遇了社会动荡;率先实现现代化的英国,在现代化进程中也曾充满矛盾与不稳定。

秩序为何失范?就在于执政党和政府的失效失能。

现代化是近代以来世界发展的大趋势,是不可逆的进程。不过,问题不在于现代化,而在于这个过程中选择了什么样的政党、走了什么样的道路。

中国打破"亨廷顿悖论",根本原因在于在中国共产党的领导下,闯出了一条中国式现代化道路。

中国式现代化的重要特征是共同富裕,成果属于全体人民。中国妥善处理改革、发展与稳定三者的关系,为现代化提供了"中国方案"。

而对浙江而言,肩上扛着"红色根脉""重要窗口""高质量发展建设共同富裕示范区"的使命担当,破解"亨氏悖论"也有了更深厚的定力和底气。

郑梦莹　执笔

2022年6月18日

时间定了！省党代会有三个不一般

> 寻求变革之道、回答时代之问、共谋发展之策，是浙江向来就有的态度，在这次党代会上应该会得到体现。

6月17日下午，浙江省委召开新闻发布会，介绍省第十五次党代会筹备工作情况，备受瞩目。

根据中央统一部署，经省委十四届十一次全会讨论确定，省第十五次党代会初步日程安排是：

6月19日举行预备会议，6月20日大会正式开幕，6月22日大会闭幕。目前，大会的各项准备工作已基本就绪。

这意味着，浙江6500多万名干部群众就要迎来政治生活中的一件大事。

一

首先来说说党代会。

在我国，党代会是党员行使各项政治权利的重要形式，也是中国共产党政治活动的重要形式。

党代会包括中国共产党全国代表大会和中国共产党地方各级代表大会。按照《党章》规定，党代会每五年举行一次。

一般情况下，党的地方各级代表大会议程包括：

听取和审查同级党的委员会的报告，审查同级党的纪律检查委员会的工作报告，选举上一级党代会代表，选举同级党的委员会，选举同级党的纪律检查委员会。

今年的浙江省第十五次党代会也不例外，这些该有的议程一个不落。

只不过，较往届省党代会，这次党代会会议更加紧凑高效。

二

具体问题，也要具体分析。和往常相比，省第十五次党代会又有些独特之处。

看过新闻发布会的人都知道，这次党代会有三个不一般：所处方位不一般、担负使命不一般、形势任务不一般。为什么？

首先，从时间节点来看，2022年是一个重要年份，浙江处于特殊的历史方位。

如今，我们已经实现第一个百年奋斗目标，正向着实现第二个百年奋斗目标发起冲刺。作为改革开放先行地的浙江，无疑要在新的赶考之路上继续拼搏、走在前列。过去五年全省上下干得怎么样？未来五年全省上下该怎么干？做好总结，交好答卷，为全省干部群众吹响集结号、冲锋号，理应是这次党代会的重要目的。

其次，从时代使命来看，浙江正肩负着高质量发展建设共同富裕示范区的重任，这是在为全国探路。要完成这个使命，没有参照，并不容易。

毫无疑问，"共同富裕"必然是这次党代会的高频关键词之一。这次党代会将作出怎样的决策部署，来推动全省上下为实现共同富裕、探索人类文明新形态先行探路，值得我们期待。

最后，从形势任务来看，这次党代会召开之际，百年变局和世纪疫情交织影响，内外部环境严峻复杂，我们面临的不确定不稳定因素有很多，这些都不容回避。

有问题就要想办法，有挑战就要敢应对。寻求变革之道、回答时代之问、共谋发展之策，是浙江向来就有的态度，在这次党代会上应该会得到体现。这将为浙江干部群众干事创业谋发展、迎难而上开新局提供有力指引、注入强劲动力。

所以说，开好这次党代会，对于推动浙江经济社会高质量发展，引领全省上下奋力谱写共同富裕和现代化壮美篇章，具有十分重要的意义。

而即将出炉的党代会报告，也是社会各界关注的焦点，它的起草有五个方面的要求——

一是心怀"国之大者"的政治报告；二是着眼"制胜未来"的时代报告；三是体现"居高望远"的战略报告；四是引领"塑造变革"的发展报告；五是担当"先行示范"的实干报告。

每一个都是沉甸甸的。它将与我们五年来走过的路产生共鸣，和我们接下来五年的工作生活发生化学反应。

三

省委召开的这场新闻发布会,还有一番意义。

众所周知,党委、政府新闻发布工作作为一项制度安排,是一种组织行为,政治性、专业性都很强。

浙江省委召开省党代会筹备工作新闻发布会,就是落实党务公开要求,向人民报告、向社会通报重大事项,回应媒体和各方关切。

此外,此次省党代会精心设置了一些环节。

比如,省党代会期间,将首次组织"党代表通道"集中采访,来自基层一线、市县和省直部门的党代表将与媒体记者面对面,谈感想、说关切、话未来。省党代会闭幕后,还将举行一场省委新闻发布会,由省委领导通报省党代会重大部署,解读大会主要精神等。

新闻发布会如一扇打开的窗,反映了开放自信的理念和尊重民意、沟通民众的意识。

通过新闻发布会,我们对即将开幕的这场盛会更加充满期待!

何诗航 徐伟伟 执笔

2022 年 6 月 18 日

形容浙江，人们为何爱用这两个字？

> 一个人的气质需要长久的修炼，一个地方的特色也绝非一日养成。

前不久，浙江面向社会征集省域品牌主题词，3个候选方案都提到了"诗画"这两个字。

记者街采时，不少市民也表示，说起浙江，最先想到的便是"秀美""绿水青山""如诗如画"等。

浙江这片土地，具有人文与自然和谐共生之美，流露出独特的如诗如画水墨气质，宛如一幅当代"富春山居图"。

对于浙江而言，"诗画"二字的概括是形象、准确的，它既铺展了浙江悠久的文化脉络，也描绘了一幅色彩明丽的山水图卷。

这幅山水图卷，风景优美、草木葳蕤，不仅是浙江人自己的感受，许多外省人，甚至外国人都被吸引，慕名前来。

笔者注意到，有一个有趣的现象，每到周末和节假日，在浙江的山村里，总能遇见来自五湖四海、操着不同口音的游客。他们在蔬果园里采摘，在大草坪上露营，在浙江的青山绿水间，享受难得的自然与静谧。

一个人的气质需要长久的修炼，一个地方的特色也绝非一日养成。值得思考的是，浙江的美，是怎么炼成的？

浙江"七山一水二分田"，山水资源丰富，但这并不意味着浙江的城乡自然就是美的、好的。从"脏乱差"到"绿富美"，"诗画"的背后，是年复一年、久久为功的付出。

2002年，习近平同志在浙江工作时提出"生态省"建设目标，2003年，倡导主持启动"千万工程"，2005年首提"两山"理念，都为未来的浙江定下了绿色的底色。20年来，我们一以贯之，把绿水青山建得更美，把金山银山做得更大。特别是省第十四次党代会以来，以"绿水青山就是金山银山"理念为指引，从"千万工程"到"美丽乡村"，从"美丽城镇"到"美丽浙江"，浙江的"美丽"之路越走越宽广。

这五年，美丽浙江建设是动真格、见真招的。

绿水青山不是动动嘴皮子就能实现的，关键要看，当经济发展和生态保护"不可兼得"时，是不是敢碰硬、出狠招。光是在减污降碳这件事上，就能看出浙江的决心。浙江严格规范"两高"项目环境准入，过去一年，就否决环评文件39个、缓批76个。

从发布省域美丽建设中长期规划纲要，到建立"亩均论英雄"的考核激励制度，从探索绿色高质量发展之路，到严格环境执法，从成功创建全国首个生态省，到"千万工程"获联合国"地球卫士奖"，正是这样坚持一张蓝图绘到底，一系列响当当、硬碰硬的举措，让美丽浙江版图越描越清晰。

这五年，美丽浙江建设是善创新、敢出新的。

绿水青山就是金山银山，但这金山银山究竟怎么量化？2020年10月，浙江发布全国首部省级GEP核算标准，一座山、一条河、一片林子值多少钱,都可以通过GEP核算出来。

如今,又在全国率先一体化推进生态环保数字化改革,成为全国唯一一个"无废城市"数字化改革试点省,发布全国首个"无废指数",出台实施全国首个河长制地方性法规,率先在全省域范围和跨省流域实施生态补偿,在一系列领域争做"第一个吃螃蟹的"。

这五年,美丽浙江建设是见真章、最可感的。

"金杯银杯不如老百姓的口碑"。环境好不好,老百姓的脚最有选择权。

刚刚过去的五一、端午假期,郊外露营成了朋友圈里火"出圈"的话题。越来越好的生态环境,让浙江的老百姓在家门口就能感受"诗和远方"。

数据显示,全省生态环境公众满意度已连续10年提升,2021年满意度总得分为85.81,比2017年提高了7.27。

"良好生态环境是最普惠的民生福祉",从绿水青山到碧海蓝天,生态环境已成为浙江人最为自豪的社会共同财富之一。

我们说,像阅读、健身这样的事,短时间不一定能看到效果,但长期坚持下来,就会收获意想不到的变化。

守住绿水青山,就是这样一件功在当代、利在千秋的事。

张诗妤 莫璟华　执笔

2022年6月19日

平安这篇文章，浙江写了十八年

> 群众"呼"得更便捷、政府"为"得更高效。

什么是安全感？

有人说，治安状况好、违法犯罪少就有安全感。

那么，浙江可以给你。过去5年，浙江刑事发案逐年下降，刑事立案、命案分别下降了24.3%、46.3%。

有人说，安全感来自安全生产、治安管理。

那么，浙江可以给你。过去5年，浙江交通事故、火灾事故、安全生产事故死亡人数分别下降了47.91%、27.88%、69.67%。

还有人说，我也说不清安全感是什么，这就是一种朦胧的感觉，说不清道不明。

那么，这种感觉浙江依然可以给你。

2021年，国家统计局组织开展的全国群众安全感调查中，浙江群众安全感为99.19%，高出全国平均值0.57个百分点。过去5年，浙江群众安全感持续提升，走在全国前列。

生活在"浙"里，挺有安全感！

一

为了给你安全感，浙江一件事干了18年。

18年前，安全感不足也是浙江面临的大问题。

"人富了，为什么安全感反而少了？浙江生活条件那么好，为什么还会发生影响安全稳定的事件？"这些问题困扰着浙江的干部和群众。

习近平同志精准地将这概括为"成长的烦恼"：浙江作为经济发达的东部省份和市场经济的先发地区，就会比别的地方先期遇到新问题。对于这些没有经验可以借鉴、没有规律可以遵循的新问题新挑战，习近平同志也思考得很深入，"必须建立健全一整套良好的和谐社会运行机制"，真正解决好改革、发展、稳定三者之间的关系。

2004年，习近平同志第一次明确提出了建设"平安浙江"的设想。

在他看来，"平安浙江"的"平安"不仅是治安好、犯罪少的"平安"，更是涵盖经济、政治、文化和社会各方面的宽领域、大范围的广义"平安"。"平安"要在改革和发展中实现，推动经济发展、建设平安社会应该协调推进。

"没有平安的浙江，就没有全面小康的浙江；没有和谐稳定的浙江，就没有繁荣富裕的浙江。"

习近平同志指出的这条路，浙江走了18年。"平安浙江"建设，浙江也就干了18年。

二

浙江的平安，有点不一样。

过去5年，浙江创新社会治理、推进除险保安，不断创新和发展新时代"枫桥经验"，专项整治"网络赌博""电信诈骗""食品药品安全"等一系列群众反映强烈的急难愁盼问题，建"平安"、思改革、抓发展协调推进，"平安浙江"建设水平全面提升。"平安浙江"这一理念也走出浙江，走向"平安中国"。

而今天，浙江的平安因为数字化改革又有些新变化。

全面推进数字化改革以来，平安建设与数字技术深度融合，政法一体化办案、社会矛盾风险防范化解、"民呼我为"、执行"一件事"、反电诈等应用被评为全省数字化改革最佳应用。

线上平台的即时性、便捷性、交互性，有力解决了群众的烦心事、操心事、揪心事。

群众"呼"得更便捷、政府"为"得更高效。

一路走来，"平安浙江"建设取得了丰硕的实践成果、管用的制度成果和创新的理论成果，已经成为浙江的一张"金名片"。

在"平安浙江"的生动实践里，"中国之治"的光彩和"中国之制"的优势更加彰显。

未来，这张"金名片"一定会擦得更亮。

云新宇　执笔
2022年6月19日

回放《赶考》中的五个瞬间

> 每件激动人心的大事背后,都有无数浙江干部群众的拼搏付出,都有一个又一个闪亮的瞬间。

昨晚,电视政论片《赶考》在网络上下引起广泛热议。

这部51分钟的电视政论"大片",围绕五年来浙江全省上下牢记习近平总书记的殷殷嘱托、全面推进习近平新时代中国特色社会主义思想在浙江的生动实践而展开。

片子由2000多个画面组成,每一个画面的背后,都有着"浙"五年的缩影;片中出现了200多位人物,每一个人物的背后,都有着"浙"五年的奋斗历程。

下面,让我们坐上时光机,选取片中五年来浙江发生的让人印象深刻的五个瞬间,说说它们背后的故事。

一

2018年,这是一片载入中国扶贫脱贫史的叶子。

它有个名字——"白叶一号"！这小小一片茶叶，既是浙江湖州市安吉县黄杜村的致富密码，更是村民们梦想的寄托。

2018年4月，黄杜村20名农民党员凑在一起，给习近平总书记写了封信，汇报村里种植白茶致富的情况，并提出捐赠1500万株茶苗帮助贫困地区群众脱贫。

没想到，村里茶农的这封信，得到了总书记的重要指示。

于是，这一株株"白叶一号"，跟随黄杜村"帮扶技术团"，开始了自己的"首次跨省游"：湖南省古丈县，四川省青川县，贵州省普安县、沿河县……每到一处，扎下根来，生出芽来，展出叶来。绿叶子变成"金叶子"，让这些大山里的人也过上了好日子。

"一片叶子，富了一方百姓。"现如今，中国越来越多的地方种上了"白叶一号"。

每到春暖花开的季节，在他乡丰收的茶叶常会被寄往安吉老家，承载着远在千里之外的人们感恩赠苗、分享喜悦的情谊。

旅行归来的新茶泡进水里，喝上一口，什么味？

是友谊的香，是致富的甜！

二

2019年，这是一次生死悬于一线的救援。

2019年8月，超强台风"利奇马"正面袭击浙江，受其影响，宁波市鄞州区五乡镇沙堰村暴发山洪，多名村民被洪水团团围住。

得知消息后，宁波东钱湖消防救援大队第一时间赶到沙堰村，在从民房里救出几个人之后，水流越来越大，人已经走不过去了，消防员只得跳进房子，拉起绳索，再一把接一把地将被困人员奋力拖向岸边。

"没事的，一，二，三，走！走！走！"在瞬时形成的"汪洋大海"里，在几乎没过人的湍急洪流中，他们拼尽全力，劈出了一条生的道路。

这次救援，东钱湖消防救援大队一共营救了60多人，这当中，既有不足两个月的婴儿，也有双目失明的老人。

2021年，超强台风"烟花"来袭，拉绳子的"绳索哥"消防员又来到了防台一线，在宁波海曙洞桥向安置点疏散转运群众40多人。他叫杨侉平。现在，他的小儿子快两岁了，在两个孩子眼里，爸爸是让他们无比骄傲的英雄。

网上流行一句话："你这辈子，有没有为别人拼过命？"

面对这个问题，所有在超强台风中逆风前行、奋力救援的浙江人可以自豪地说：

"真的拼过！"

岁月静好，因为总是有人替我们负重前行。

三

2020年，这是一个错位时空的吻。

2020年1月25日，大年初一，浙大四院感染科病房护士陈颖接到通知："紧急赶回医院参加三级防护培训！"没想到，培训结束后第二天，这位95后就作为首批负压病房护士冲上一线，与新冠肺炎确诊患者零距离接触。

每天，陈颖穿着厚重的防护服进入负压病房，隔着起雾的护目镜给病人抽血、打针、治疗。她的"印痕脸"被拍了下来，传到网上，感动了网友们，大家叫她"最美印痕"护士。

但陈颖的男朋友看到这张照片，却心疼到睡不着觉，他赶到浙大四院感染楼前，终于见到了陈颖。隔着玻璃门，他们连彼此说话都听不清，只能用手机交流。戴着口罩，隔着玻璃，"最美印痕"护士有了这最难忘的一吻。

在安全走出负压病房之后的两年间，陈颖依旧奋战在抗疫一线，哪里需要，就去哪里。

今年春天，陈颖升级当了妈妈。

"待疫情过去，春暖花开，一起再把那段经历，讲给孩子听！"

四

2021年，这是一个影响浙江发展历史的《意见》。

2021年5月20日，《中共中央 国务院关于支持浙江高质量发展建设共同富裕示范区的意见》正式印发。

"共同富裕"成为全国热议的话题。

"你们知不知道为什么浙江是共同富裕示范区？"在杭州开往乌镇的旅游大巴上，看着车窗外一排排气派的农民房，导游"小黑"来了段即兴演讲，他不仅把浙江各个地市的人均收入和农村居民收入都盘点了一遍，还把自己在浙江多年的见闻讲给了来自全国的游客听。这段演讲的视频火遍网络。

"小黑"真名叫诸鸣，他曾经烧过窑、当过兵、开过饭店，经历过生活中的很多坎坷，凭借着不服输的拼劲，他半路转行，从景区讲解员做到了远近闻名的"网红导游"，还被评为杭州市D类人才。今年初，诸鸣作为援疆专家被派往伊犁，用他的热情与专业，为当地的文旅业发展注入新活力。

在我们身边，像"小黑"诸鸣这样的人越来越多了，人们对促进共同富裕这件事有了更深入的理解，越来越多人参与到实现共同富裕的实践中。

浙江，正在高质量发展建设共同富裕示范区的时代征程中，阔步前行。

五

2022年，这项改革改变了浙江的方方面面。

电线挤一堆，电脑摆两旁，旁边还有行军床。

这样的场景，从2021年到现在，是不少数字化改革专班的工作常态。

比如，浙江省市场监管局"浙江e行在线"专班。回想起应用刚刚上线的时候，省内市场销售的大部分电动自行车，并没有按照规定按时完成"一码统管"，市场监管局紧急抽调了100多位干部，奔赴全省各县市区明察暗访。

很快，一批"浙江e行在线"在基层推广中遇到的问题，都上传到管理后台，专班迅速召开省市县三级对接会，直接把整改落实到每一条街、每一家店面。

正是依靠这样的工作方式，越来越多的"墙"打破了，越来越多的"路"走通了，"浙江e行在线"也获得了百姓越来越多的赞誉和认可。

2022年，是数字化改革"一年出成果、两年大变样、五年新飞跃"战略目标的关键之年。我们的生活也在悄然发生着变化：

去医院看病，不同医院的检验检查结果可以互认共享；去下单外卖，餐馆后厨的实况直播给你看；去诉讼办案，不出律所、打开手机就能完成。

而在我们看不见的地方，是一场自我的变革：问题有效管控、决策落地顺畅，党建统领整体智治稳步推进。

所有的数字化改革成果，最后都是为了让群众受益。

回首"浙"五年，我们经历了百年未有之大变局，见证了何止这五个不凡的瞬间。

每一个瞬间，都在历史长河中留下一道印记，在很多人的人生中留下一段回忆。

每件激动人心的大事背后，都有无数浙江干部群众的拼搏付出，都有一个又一个闪亮的瞬间。

前路任重道远，奋斗永无止境。

赶考，永远在路上！

赵奕 徐蘅芳 执笔

2022年6月20日

首次亮相的"党代表通道"有深意

> "通道"传递出的,不仅仅是信息,更是与民相通的诚意、与世界相连的胸怀。

省第十五次党代会,意义重大,亮点多多。

其中,"党代表通道"集中采访备受关注。这个活动有啥特别的?我们来聊一聊。

一

这是浙江省党代会历史上首次设立"党代表通道"。

为的是让新闻记者能够"零距离"采访党代表,面对面提出社会普遍关心的问题,第一时间了解最新信息,展示一个更加生动和立体的省党代会。

通过"党代表通道",公众可以从一个个鲜活的党员身上,看见我省多个领域拼搏向上的奋进场景,感受百年大党的初心使命与蓬勃活力,这也是"党代表通道"的魅力所在。

走好"党代表通道",对党代表是不小挑战。

他们要在会前做大量的精心准备；在现场，既要用生动易懂的语言"零时差"回答记者提问，还要展现党员代表的良好形象，难度不小。可见，党代表们不但要履行好各项职责，还要具备在聚光灯下回应关切的能力。

此前，浙江已连续3年在省两会上设立"厅长通道""代表通道""委员通道"，再加上此次设立的"党代表通道"，"通道"已经成为党委政府自信、开放、透明的代名词。

"通道"传递出的，不仅仅是信息，更是与民相通的诚意、与世界相连的胸怀。

二

我们来关注一下这次走上"通道"的省党代会代表。

第一场集中采访安排在6月20日上午大会开幕前举行，6位来自基层一线的党代表率先亮相。

其中，来自安吉县黄杜村、淳安县下姜村、绍兴市越城区府山街道越都社区等3个基层党组织的书记，是党员群众奋斗"浙"5年的直接参与者、见证者；

吉利集团的吕义聪从一名汽车装配流水线上的毛头小伙子，成长为全国劳模、全国优秀共产党员、党的十九大代表，还受到过习近平总书记的亲切接见；

来自杭州市公安局的钟毅是"健康码"研发团队的核心成员；

高翔院士刚刚受聘为白马湖实验室（能源与碳中和浙江省实验室）首任主任。

他们的经历和故事都是值得深挖的新闻"富矿"。

据了解，在21日下午，还将举行第二场"党代表通道"集中采访。嘉兴、青田、余姚等3地"一把手"、3家省直部门的主要负责人接受记者采访。

3个地方各有特点——

嘉兴是中国革命红船起航地，也是全省乃至全国城乡居民收入最均衡的地方之一；

青田既是山区26县之一，又是中国侨乡，区域特色鲜明；

余姚是工业大市，是浙江布局"全球先进制造业基地建设"的重要一子。

省委改革办、省卫生健康委、省司法厅3部门，事关现代化先行和民生重点领域。学习党代会报告后，这些地方和部门打算如何走好下一步，社会都很关注。

三

现在来聊聊他们都说了啥。

在"通道"上，党代表们谈体会、说关切、话未来。总结起来，绕不开三个关键词。

一是"共同富裕"。

黄杜村"一片叶子富了一方百姓"之后，带动西部地区脱贫致富，不断续写"一片叶子再富一方百姓"新故事。吕义聪积极投身发展产业带动共富这一更大事业。下姜村不仅变身"绿富美"，还与周边24村抱团发展，走稳从"下姜"到"大下姜"的共富之路。

二是"现代化先行"。

聚焦国家重大需求和浙江产业发展需要，10家省实验室集中发力。绍兴越城区的越都社区通过党建契约化，推动社区基层治理现代化，让社区成为人人参与、人人享有的大家园。探路省域现代化先行，浙江全方位发力，老百姓将从中享受到大实惠。

三是"数字化改革"。

钟毅介绍，从"健康码"到"场所码"再到"四码一屏"，浙江疫情防控精密智控能力不断提升；今年以来杭州涉网新型犯罪侦防平台推送预警数据178.5万条，劝阻资金15.4亿元。数字化改革聚焦基层所需、群众所盼、未来所向，不断迭代进化。

从代表的回答中不难看出，在浙江，数字化理念、思路、方法、手段已经深入人心，并推动着全方位变革。

集中采访结束后，有记者说，"通道"上的代表们态度坦诚自信，回答干货满满。说得好，是因为做得好；做得好，是因为心中装着老百姓。

半个多小时，短短的一条"通道"，把大会和群众连接在一起，彰显的是"以人民为中心"的思想和理念。

明天下午的第二场"党代表通道"集中采访活动上，6位党代表将讲些什么？我们拭目以待！

徐伟伟　杨昕　执笔
2022年6月20日

浙江的"12万亿",哪里不一样?

> "万事开头难",是中华民族代代相传的朴素道理,然而,"越是艰险越向前"也是我们向来就有的精神。

经济发展目标,是衡量一个省域乃至国家发展最可量化的指标,也是区域发展质量最直观的呈现。

今天上午,浙江省第十五次党代会开幕,省委书记袁家军作报告,亮出浙江未来五年的经济发展总目标——

全省地区生产总值达到12万亿元,人均地区生产总值达到17万元,居民人均可支配收入达到8.5万元,研发投入强度达到3.4%……

放眼全国,浙江地区生产总值常年位居四强,前头跑着粤苏鲁三位选手。而此前,"前三强"都已公布了未来五年的经济发展目标。

将"全国四强"放在一起看,能发现浙江的目标有些不一样。

一

浙江的"12万亿",与粤苏鲁相比有何不同?翻看各省党代会报告,可以发现,浙江的目标相对具体:

不仅对全省GDP提出明确目标,对人均GDP、居民人均可支配收入、研发投入等指标的量化也很细。

造成这种区别,可能有三个原因——

其一,浙江的经济底子。

"全国四强"中,浙江经济体量最小,要想赶超,就有必要制定更加明确的目标,10万亿元恰恰是一个较为明确的分水岭。

其二,浙江的经济特色。

浙江靠"县域经济"起家的发展模式,以及民营经济的突出地位等都与其他三省存在明显区别。

以研发投入、劳动生产率为代表的细化指标本质上是对经济发展转型升级提出了更高要求,对应民营经济、传统产业发展中的瓶颈问题。

其三,浙江的历史使命。

去年,浙江被赋予高质量发展建设共同富裕示范区的历史使命,这场以人为本的探索,要求浙江必须对人民群众的获得感格外关注。

对人均GDP、居民人均可支配收入的量化恰恰体现了共同奋斗与共同富裕之间相互促进的关系。

二

更明确的目标,意味着更大发展压力。

可以想象,未来每年浙江的经济发展数据都会成为人们关注的焦点,并与五年总目标作对比,看看进度如何,能否如期完成。

同样,明确的目标,意味着更足的底气。

12万亿元,难不难?

对比上一个五年,浙江的GDP从4.73万亿元迈上7.35万亿元,那下一个五年要实现12万亿元的目标,无论从增长绝对值还是增速看,应该都要加快步伐。

当下,面临百年变局和世纪疫情相互交织,不确定性让这个目标显得更难。

"万事开头难",是中华民族代代相传的朴素道理,然而,"越是艰险越向前"也是我们向来就有的精神。

一位经济学家告诉笔者,我们不能只看到百年变局和世纪疫情相互交织的复杂环境,还要看到构建新发展格局的大势所趋、"碳达峰碳中和"以及高质量发展建设共同富裕示范区的历史机遇,深刻理解变局中的新局。过去五年,浙江厚积薄发,踏上了"开好头"后的行稳致远快车道。

翻看党代会报告,能对这一观点有更直观、深刻的理解,过去五年浙江经济稳中求进的好势头确实为未来五年打下了好基础——

城乡居民收入稳居各省区第一;三大科创高地建设取得重大突破;研发投入强度大幅提高到2.9%;国家实验室、大科学装置实现零的突破,10大省实验室全面布局;数字经济核心产业增加值实现翻番;专精特新"小巨人"和单项冠军企业数居全国首位;农业现代化水平居全国前三……

而这一系列成就,就是浙江"12万亿"的底气所在。

三

面对发展的星辰大海,浙江如何征服?

"两个先行"是指引。

党代会报告的标题很明确,在高质量发展中奋力推进中国特色社会主义共同富裕先行和省域现代化先行。因此,推动经济发展的重要目的,是共同富裕和省域现代化。

由此推演,浙江的"12万亿",必定是更加均衡协调的"12万亿",更加与时俱进的"12万亿"。

"10个着力"则为目标的实现提供了更为明确的路径。报告中这一部分内容最为细致。

总结下来,各项举措的谋划围绕着两大关键词:一以贯之和创新提升。

翻看报告,在这一部分能看到很多"熟面孔"。

杭州城西科创大走廊,"鲲鹏行动""腾笼换鸟、凤凰涅槃",专精特新,"凤凰行动""雄鹰行动""四大建设",等等。

这些覆盖经济社会发展各领域的省域战略与省域规划,都是过去五年引领浙江经济发展的重要引擎。

以"四大建设"为例,作为省域战略与国家战略的重要"焊点",我省依托大湾区、大都市区、大通道、大花园建设,将省域发展与长三角一体化战略、构建新发展格局、"一带一路"倡议等国家战略紧密结合在一起,在提升自身发展能级的基础上为国家发展大局作出更多更大贡献。

未来五年,一以贯之地坚持这些"好方法",将是浙江通向

"12万亿"的有效路径。

但同时，又可以看到浙江"不吃老本"，持续创新提升的内生动力。

数字经济"一号工程"后面，多了升级版，浙江将加快建成以"产业大脑＋未来工厂"为核心的数字经济系统。

对"四大建设"提出能级整体提升的新要求，并以此为牵引，以重大项目重大平台为支撑，构建"一湾引领、四极辐射、山海互济、全域美丽"空间格局。

城乡一体化将面向更高水平。城乡居民收入分别连续21年和37年居全国各省区第一位，是浙江的起点，接下来浙江将深入实施以人为核心的新型城镇化战略和乡村振兴战略。

面对"双碳"机遇，建成全国首个生态省的浙江，立足生态文明建设优势，将抢占绿色低碳科技革命先机，提出开发利用林业碳汇和海洋"蓝碳"。

一系列举措，都是对浙江现有优势的持续挖掘和深化，是浙江迈上"12万亿"的必由之路，是让浙江经济发展更好服务于"两个先行"、体现"共富味"和"浙江味"的必由之路。

接下来，浙江将用五年时间，把经济发展中积累形成的优势转化为胜势。

目标明确，路径清晰，我们有理由相信，五年后，浙江的经济新高度定能站上"12万亿"新台阶，甚至更高。

王世琪　执笔

2022年6月20日

"10个新"带你读懂浙江省党代会报告

> 新的征程已经开启,"两个先行"的号角无比嘹亮,在缓缓铺开的时代卷轴上,创新图强的浙江人民又将绘出怎样的丹青妙笔?
>
> 让我们一起携手前行。

今天上午,浙江省第十五次党代会在杭州召开。

会上,省委书记袁家军代表中共浙江省第十四届委员会作了报告,也就是我们通常所说的党代会报告。这份报告,纵贯过去五年浙江蝶变的生动历程,锚定当下阶段浙江发展所处的历史方位,总揽未来五年浙江奋进的方向路径,是我们理解党代会精神的纲领性文件。

如此重要的报告,每个浙江人都应当好好读一读。面对报告里如此丰富的内容和表述,一时间要"啃"下来也不容易。

这里,我们就用"10个新"为大家划重点,快速理一理浙江的这份党代会报告。

一、新主题标注新方位

主题是报告的灵魂。

这次党代会报告以"忠实践行'八八战略',坚决做到'两个维护',在高质量发展中奋力推进中国特色社会主义共同富裕先行和省域现代化先行"为主题,于浙江迈入高水平全面建设社会主义现代化、高质量发展建设共同富裕示范区新征程之际,向全省上下发出了奋进第二个百年奋斗目标、建功新的赶考之路的集结号、冲锋号。

二、新成就奠定新起点

报告指出,过去五年极不平凡,是感恩奋进、实干争先的五年,是开启系统性变革、实现历史性跨越的五年。面对百年变局和世纪疫情相互叠加的复杂局面,

我们笃行"两个维护"、全面从严治党,坚决做到"总书记有号令、党中央有部署,浙江见行动";

我们勇扛历史使命、勇当探路先锋,"重要窗口"和共同富裕示范区建设扎实推进;

我们坚持人民至上、抓实疫情防控,在大战大考中取得重大战略成果;

我们坚持创新驱动,加快转型升级,经济高质量发展实现重大跃升;

我们把握时代大势、勇于塑造变革,数字化改革牵引全面深化

改革取得开创性成效；

我们加强团结民主、建设法治浙江，社会主义民主政治优势充分展示；

我们发挥人文优势、激发精神力量，新时代文化建设取得重大突破；

我们加快绿色转型、建设美丽浙江，绿水青山就是金山银山发展之路越走越精彩；

我们创新社会治理、推进除险保安，平安浙江建设水平全面提升。

除了实践成就，还有理论成就、制度成就。那就是报告里的8条规律性认识：

必须把坚决拥护"两个确立"、坚决做到"两个维护"作为最高政治原则；

必须把忠实践行"八八战略"、奋力打造"重要窗口"作为一以贯之的主题主线；

必须把全体人民全面发展、社会全面进步作为价值取向；

必须把贯彻新发展理念、推动高质量发展作为根本要求；

必须把运用法治思维、推动良法善治作为基本治理方式；

必须把坚持系统观念、推进系统重塑作为重要方法；

必须把统筹发展和安全、推进除险保安作为前提和底线；

必须把强化党建统领、全面从严治党作为根本保证。

基于这9个方面的历史性成就和8条规律性认识，浙江发展站上了新的更高起点。

三、新遵循指引新征程

总结过往经验，展望未来发展，"两个确立"对推进事业发展具有决定性意义。浙江要勇扛使命、心怀"国之大者"，必须深刻理解把握5大战略指引，牢牢把握11方面重要遵循。

5大战略指引是：

要以加强党的全面领导和全面从严治党守好"红色根脉"；

要忠实践行"八八战略"；

要奋力打造"重要窗口"；

要在高质量发展中推进共同富裕和现代化；

要干在实处、走在前列、勇立潮头。

11方面重要遵循是：

牢牢把握实施创新驱动发展战略的要求；

牢牢把握为全国改革探路的要求；

牢牢把握立足浙江发展浙江、跳出浙江发展浙江的要求；

牢牢把握率先突破发展不平衡不充分问题的要求；

牢牢把握推进全过程人民民主建设的要求；

牢牢把握让法治这一手真正硬起来的要求；

牢牢把握促进人民精神生活共同富裕的要求；

牢牢把握办实每件事、赢得万人心的要求；

牢牢把握让绿色成为浙江发展最动人色彩的要求；

牢牢把握建设"大平安"的要求；

牢牢把握以伟大自我革命引领伟大社会革命的要求。

"5大战略指引、11方面重要遵循"纲举目张、相互贯通，深刻回答了"国之大者"与浙江使命、理论与实践、战略与策略、目标与路径等基本问题，需要我们深刻领悟、全面贯彻，以一往无前的决心、果敢坚毅的行动，自觉做"红色根脉"的坚定守护者、"八八战略"的忠实践行者、"重要窗口"的优秀建设者、共同富裕和现代化的先行探路者、干在实处走在前列勇立潮头的不懈奋斗者，在新征程上奋力开创美好未来、赢得更大荣光。

四、新目标催生新打法

党代会报告鲜明提出了未来一个时期，全省上下的奋斗目标是"在高质量发展中实现中国特色社会主义共同富裕先行和省域现代化先行"，并提出了到2027年的具体目标，就是打造"8个高地"：

高水平推进以自我革命引领社会革命的省域实践，打造新时代党建高地和清廉建设高地；

高水平建设现代化经济体系，打造高质量发展高地；

高水平推进数字化改革，打造数字变革高地；

高水平推进平安浙江法治浙江建设，打造全过程人民民主实践高地；

高水平推进文化强省建设，打造新时代文化高地；

高水平推进社会建设，打造社会全面进步高地；

高水平推进人与自然和谐共生的现代化，打造生态文明高地；

高水平推进人的现代化，打造促进全体人民全面发展高地。

实现这样的目标，要突出"创新制胜""变革重塑""防控风险""共建共享""唯实惟先"五大工作导向，做好十个方面的主要任务，就是"10个着力"：

着力推动全面转入创新驱动发展模式；

着力推进数字化改革引领系统性变革；

着力服务和融入新发展格局；

着力塑造引领未来的新增长极；

着力推进更高水平城乡一体化；

着力发展全过程人民民主；

着力推进全域文化繁荣全民精神富有；

着力开创民生优享的社会发展新局面；

着力推进生态文明建设先行示范；

着力建设更高水平的平安浙江法治浙江。

这"8个高地""五大工作导向"和"10个着力"，形成了制胜未来的战略战术战法"组合拳"。

五、新锻造铸就新作为

推进"两个先行"，关键在党。报告要求全面落实新时代党的建设总要求，加强党的全面领导和全面从严治党。重点3个方面：

一是健全党的全面领导体系；

二是全面提升新时代党建质量；

三是坚定不移深化正风肃纪反腐。

总之，就是要大力弘扬伟大建党精神，纵深推进全面从严治党，不断推进以党的自我革命引领社会革命在浙江的生动实践。

浙江是一个创造了载入史册的奇迹，又不断接续书写新的传奇的地方。

如今，新的征程已经开启，"两个先行"的号角无比嘹亮，在缓缓铺开的时代卷轴上,创新图强的浙江人民又将绘出怎样的丹青妙笔?

让我们一起携手前行。

何诗航　执笔

2022年6月20日

创新，还是创新！

> 做正确的事情，无惧艰难。

当前，浙江省第十五次党代会正在召开，党代会报告提出"两个先行"。值得注意的是，为了推进"两个先行"：

要突出把握5大工作导向，第一条是"创新制胜"；

要牢牢把握11方面重要遵循，第一个即是"牢牢把握实施创新驱动发展战略的要求"；

要完成10个方面主要任务，第一个即为"着力推动全面转入创新驱动发展模式"。

创新，还是创新。这充分说明创新之于浙江高质量发展的重要意义，也清晰传递出浙江以创新驱动发展的坚定决心。

抓创新，至关重要的一点是科技创新。

在推动科技创新这条通往星辰大海的大道上，浙江至少已奋力奔跑16年。浙江还要继续努力奔跑，方能在"两个先行"的征程中乘风破浪。

一

在历史迷雾中，总有人能"见人之所未见"。

2006年，时任省委书记习近平就在浙江省自主创新工作会议上提出，用15年时间，到2020年进入创新型省份行列，基本建成科技强省。

这个目标在浙江"一石激起千层浪"，在全国也引起不小轰动，科技创新一时成为热门话题。

曾几何时，浙江的科技投入在全国还只处于中游水平，当时不少人认为高新技术是锦上添花，经济发展主要还是靠传统产业拉动。

但在习近平同志看来，建设创新型省份，建成科技强省，这是时代赋予浙江的历史使命。

科技引领创新，创新驱动发展，这是浙江在关键时刻作出的抉择。

二

在"建设创新型省份"的发令枪鸣响后，数十万名科技工作者胸怀"国之大者"，勇毅前行，为浙江追寻高质量发展打下了坚实基础，也掀起了浙江日益勃兴的创新浪潮。

"江南好，风景旧曾谙"。浙江曾以美景闻名天下。如今，作为科技发展前沿省份，在西湖、钱塘江等享誉全国的名胜之外，浙江的另一道由科技创新构成的风景也令人为之赞叹：

科技创新综合能力走在全国第一方阵，区域创新能力稳居全国第5、省区第3，企业技术创新能力位列全国第3。

38项科技成果获2020年度国家科学技术奖，其中主持完成19项（数量居全国第3），总获奖数和主持获奖数均创历年新高。

世界青年科学家峰会应运而生、城西科创大走廊加速起飞、国家实验室实现突破，一系列重大平台提升能级。

从全球神经元规模最大的类脑计算机，到实现固态存储控制器芯片国产化；从国内首个本土原研丙肝一类新药达诺瑞韦钠片，到超高纯金属溅射靶材自主可控等，三大科创高地取得明显进展。

创新浪潮中的一朵朵浪花奔涌，合力推动着浙江发展质量变革、效率变革、动力变革。

三

科技创新并非不食烟火。把科技变成百姓的"日常用品"，让民生成为科技的"价值标尺"，一直是浙江创新发展的风向标之一。

特别是身处数字时代，行走在浙江，你能清晰感受到，生活因科技创新变得更加美好。

若干年前，云计算、大数据、人工智能还是空中楼阁般的"概念"，现如今，城市大脑正用这些技术推进着城市治理现代化，让城市变得更加"聪明"。

"手机在手，天下我有"。正因为移动互联网先发优势，新冠肺炎疫情发生后，浙江率先推出健康码，成为全国首个健康码全覆盖的省份。

每年的世界互联网大会上，总会有诸如无人驾驶汽车、"AI合成主播"、可折叠屏幕等一些"黑科技"吸引众人目光,从而逐步照进现实,改变我们的生产生活。

毋庸置疑,在以创新驱动发展的时代,你我都是受益者。

四

日前,一张浙江省实验室"全家福"图片,引起众人关注。

细看10家浙江省实验室分散构成的拼图,不禁让人感慨,从2017年之江实验室的揭牌,到2022年湘湖实验室的成立,这五年"从0到10"的数字跳动背后,藏着多少"跨山追海争雄长"的故事。

这只是浙江创新驱动发展的一道缩影,也从侧面反映出近些年来浙江锚定科技创新、奋力开拓的不懈努力。

而今,要实现"两个先行",省党代会报告还提出了更多目标:

大力建设具有全球影响力的科创高地和创新策源地、打造世界重要人才中心和创新高地战略支点、打造数字经济"一号工程"升级版……

这些都显示出浙江在科技创新上的信心和雄心。

创新,这是浙江必须要用好的关键一招,是浙江奠定江湖地位的凭借所在。

做正确的事情,无惧艰难。

朱越岭　执笔

2022年6月21日

浙江省党代会报告中的"实"与"情"

> 政党如人,最宝贵的是历尽沧桑仍怀赤子之心。

如果要简单概括省第十五次党代会报告,可能离不开两个字——"实"与"情"。

实,指的是举措之实;情,指的是为民之情。

比如,在部署加强党的全面领导和全面从严治党时,报告指出,要构建"为群众办实事、为企业解难题、为基层减负担"常态长效机制,并提出健全民情通达机制等举措。

"三为"指向的,都是努力为民办实事,这正是举措之实与为民之情的结合。

在浙江,为民办实事历来不是一句口号,也不是短期做法,而是有实在的行动,更有体制机制的长期保障。

在体制机制层面,早在2004年,时任浙江省委书记习近平提出并亲自组织实施了建立健全为民办实事长效机制的探索实践,着力解决群众最关心最直接最现实的民生问题。

"为民办实事"这个事,值得一说。

一

为什么要专门建立一个机制？

改革开放以来，浙江经济社会快速发展，人民生活水平得到提高，但也带来很多"烦恼"，比如群众的需求层次越来越丰富，遇到的问题越来越多样。浙江也在思考建立回应社会群众诉求的新机制新方法。

习近平同志来浙江工作后，深入基层一线，问计于干部群众，走访于田间地头。

《习近平在浙江》中有个细节。时任浙江省长吕祖善回忆说："我记得，他（习近平）在跟我的一次谈话中说，浙江尽管总体比较富裕，但还是有贫困的地区，有贫困的群众，我们要多为他们做一些实事。""为民办实事应该形成一个长效机制，而不仅仅是做一两件事。"

很快，2004年5月，浙江省委就把"为民办实事"作为平安和谐建设的着力点，提出"努力形成为民办实事的长效机制"。2004年10月，省委省政府出台《关于建立健全为民办实事长效机制的若干意见》，系统提出就业再就业、社会保障等为民办实事十大重点工作领域，明确加快建立健全民情反映、民主决策等五大工作机制。

制度是管长远、管根本的。从那时起，为民办实事长效机制延续至今。

二

实事是怎么确定的？

每年，浙江省委省政府都会专题研究为民办实事问题，并将10方面实事项目列入省政府工作报告。

早在2005年，省政府就通过公开征集方式，确定政府要办的人民群众"最关心最直接最现实"的民生实事；2015年，首次通过网络征集为民办实事项目。

办什么实事？老百姓有发言权。

怎么办实事？党委、政府冲在前头，坚持高标准落实、高效率推进、高品质建设。

比如今年，"新改扩建公办中小学100所""开展职业技能培训150万人次以上""新增县级公立三级医院床位5000张""新建农村文化礼堂600家"等都被列入民生实事，并且将实时公布进度、接受群众监督，确保每件实事都做实做细。

也许你会说，十方面民生实事就够了？这照顾不到生活的方方面面。

除了每年办好十方面民生实事，功夫还下在平时，不断破解痛点、堵点。比如，去年，浙江将党史学习教育"我为群众办实事"专题实践活动拓展为"三为"专题实践活动。

在专题实践活动中，浙江聚焦群众、企业、基层关心的一系列重点问题拿出举措。省、市、县领导深入开展民情民意大走访活动；全省广泛开展"征集一批民生意见、发布一批清单事项"等"六个一批"活动；处理"群众身边不满意小事"5万余条……将

"服务指数"有效转化为群众的"幸福指数"。

一路走来,浙江坚持为民办实事,不管是在办事内容上,还是在办事方式上,都在不断"翻新"。

三

政党如人,最宝贵的是历尽沧桑仍怀赤子之心。

如今,在推动共同富裕先行和省域现代化先行背景下,为民办实事有了更高要求、更大难度。

当人民群众的生活水平已大幅提高,党委、政府该如何进一步缩小收入差距,推动均衡发展?

当人民对教育、医疗服务等有了更多需求,党委、政府该如何打响"浙有善育""浙里健康"等品牌,促进公共服务优质共享?

当诸多政策红利已经释放,党委、政府该如何进一步打开政策空间,不断激活政策的乘数效应?

显然,我们面临的是"百尺竿头更进一步",是"船到中流浪更急、人到半山路更陡",而浙江已经在不断破题。

党代会报告就提出,要牢牢把握办实每件事、赢得万人心的要求;唯有不忘初心,竭尽全力让百姓过上好日子,才能答好考卷、不负人民。

这是旗帜鲜明的态度,这也是一份庄严承诺。

其实,不管是实现八个"高水平",还是把握五大工作导向、抓好"10个着力",都是为了让百姓过上好日子,这是根本旨归。

从这个角度来说,共同富裕先行和省域现代化先行并不抽象,而是很实在、具体。

它们体现在一件又一件为民实事的高质量办理上,体现在百姓的获得感、幸福感、安全感和认同感上。

刘雨升　执笔

2022 年 6 月 21 日

落子宋韵,浙江深思熟虑

> 无形之韵正化作有形之举,一步步揭开面纱,走向我们的生活。

在省第十五次党代会报告中,文化篇章笔墨浓重。

其中,"实施宋韵文化传世工程"作为打造新时代文化艺术标识的重要一招,再次成为人们关注的热点。

经过过去一段时间打造,宋韵文化作为浙江的文化标识已经初步形成品牌效应。

当下,有一点毫无疑问:传承宋韵文化,就是传承两宋文化中具有创造价值和进步意义的内涵,寻找千年宋韵中的当代价值。

那么,再追问一层:

在新的起点上,弘扬宋韵文化,浙江将如何进一步破题?

一

早在16年前,习近平同志在《浙江日报》上发表的《与时俱进的浙江精神》一文中就提出:

"尤其是南宋定都杭州以后,风云际会,政治调整、经济更新、文化重建等各种要素的整合,将两浙地区的社会整体发展提升到了全国的最高水平,并在这个基础上造就了各领域的人才精英群体。"

落子宋韵,浙江深思熟虑。

2020年9月,省委书记袁家军在浙江文化研究工程实施15周年座谈会上明确提出"宋韵文化";

2021年8月,浙江省委文化工作会议提出实施"宋韵文化传世工程",强调"让千年宋韵在新时代'流动'起来、'传承'下去"。

提出宋韵传世的,为何是浙江?想必不少人心中都已经有了答案。

作为南宋腹心之地,浙江是宋文化盛极之时的集大成区域,是两宋文化遗存的富集之地。

对于这一问题,省委文化工作会议也给出回答:宋韵文化作为中华优秀传统文化的重要组成部分,是具有中国气派和浙江辨识度的重要文化标识。

如今,经过不断的推进打造,尤其省委文化工作会议后,浙江在推动宋韵文化理论研究升级、加强省域宋代遗存考古挖掘和保护展示、打造宋韵文化品牌等领域都有了较为明显的成果。

比如,近来,通过举办"盛世修典"特展等,文化研究工程标志性成果"中国历代绘画大系"已经逐渐被大家所熟悉。通过展览中的一幅幅宋画,我们从中领略着中国传统绘画的斑斓纹理。丰沛悠长的宋韵文化,和现实产生着勾连。

无形之韵正化作有形之举,一步步揭开面纱,走向我们的生活。

二

知其然，更要知其所以然。往深究，还有个问题需要厘清：

今天，浙江为何要把宋韵文化放在这么重要的位置上？

文化是反映社会发展的一面镜子。纵观两宋时期，学术思想开放活跃、艺术文化繁荣先进、人民生活优雅文明……留下了许多瑰宝。

对于走在实现"两个先行"目标道路上的浙江，宋韵依然值得我们深挖。

比如，宋代"经世致用"的务实精神与今天"求真务实"的浙江精神在思想内核上一脉相承；

"农商并重"的经济思想、相对自由宽松的经济政策，与浙江一直以来站在改革开放潮头、坚持深化市场化改革、大力推动民营经济发展等不无关系；

宋代开放包容的社会氛围、创新创造的精神趋向、对美好生活的向往追求，与今天我们所说的"物质富裕、精神富有"有着不谋而合的内在逻辑。

穿越千年，宋韵文化沉淀出的智慧，是一座"富矿"。

三

不过，今天我们看到的，仍只是这座"富矿"的冰山一角。

在新的起点上，放在推进全域文化繁荣全民精神富有的任务之下，弘扬宋韵文化，标识还不够鲜明，系统性转化利用依然任重道远。比如——

在宋史研究方面，人们对两宋历史地位和文化形象的认识还不够全面客观，如何"还原一个真实的南宋"？

提及汉唐文化，西安大唐芙蓉园已经火"出圈"，而说到宋韵文化，虽有南宋皇城遗址、宋六陵等，但该如何系统发掘展示？

在融合转化上，代表明清文化的"故宫IP"，仅文创年转化产值就高达近20亿元。但在浙江，称得上与宋韵品牌相关的文化标识，依然不够鲜明，该如何打造IP？

有问题，就要有解法。

实施"宋韵文化传世工程"，当在历史发展的轴线中把握定位方位，在时代发展的版图中提升格局视野。

找准目标和路径，千年宋韵的当代价值才会不断得到体现，并在高起点上进一步推进，从而让更多人感知古今交融、岁月沉淀的文化之美。

而这，也是全省广大文化工作者面临的一道重要课题。

江南一枕钱塘水，宋韵千年入梦来。

所谓文化，就像一条绵延不断的河流。

它的源头来自远古，又由许多支流、干流汇合而成。

不断传承创新，不断创造性转化，方能超越时间、地域的藩篱，表现出历久弥新的生命力、跨越时空的穿透力、自信自强的创造力，支撑和滋养当下。

宋韵文化，亦是如此。

郑梦莹 李戈辉 执笔

2022年6月22日

这档连播17季的节目为什么能？

> 自己不爱看、不愿看，就不拿给观众看。

省第十五次党代会报告提出，健全党的创新理论研究阐释传播体系。在如何做好理论传播这一点上，这些年有一档节目或许可以提供一些经验启示。

就在6月20日晚，浙江卫视播出了一档30分钟的电视理论节目——《中国共产党为什么能》。

观众一看，原来我的"宝藏节目"又回归了！人家是连续剧，你们是"连续季"。掰着指头数一数，现在已播到了第十七季。这一季还挂上了国家广电总局的片头和角标。

要知道，一部连续剧，也就二三十集。一档电视理论节目，热播5年，一季又一季，集满80集，全网相关点击阅读量突破3.5亿次，可谓超长待机。

那么《中国共产党为什么能》为什么能？

一

"宝藏节目"源于理论的"富矿"。

《中国共产党为什么能》从创立之初就确定了创作主题——深挖浙江理论资源这个"富矿"。

从党的十九大精神、乡村振兴、治理现代化、建党百年、数字化改革到共同富裕,每当习近平总书记作出重要指示、发表重要文章,节目总会及时进行宣传与解读。例如,第四季《浙江精神》、第九季《绿水青山就是金山银山》、第十四季《人民就是江山》。

节目不仅试图解读中央精神,也生动展现浙江的最新探索和实践,例如第十六季《数字化改革看"浙"里》、第十七季《探索共同富裕一年间》。

上接天线、下接地气,既有理论、更有实践,才让老百姓觉得这节目讲的就是我们身边的事。

二

一说起理论节目,很多人的第一印象就是冰冷、晦涩,但如果你换台时和《中国共产党为什么能》偶遇,往往就想多看看。为什么?因为它努力关注人、暖人心。

比如,在第十四季《人民就是江山》里,节目组跨越大江南北、深入山林乡村,寻找到多位参与解放战争的人的后代,他们大多是第一次上电视,来讲祖辈的故事。

其中一位曾参加渡江战役、驾驶渡江第一船的船夫年事已高,颤颤巍巍地讲述了他父亲牺牲的故事：

"当时在船上，大家都不怕死，出发前，我们都已经在船上准备好了棺材。"

他哭了，记者也哭了，很多观众看了后也哭了。

三

有人说，理论节目，大伙看不懂。

但《中国共产党为什么能》却在形式上另辟蹊径，努力用观众喜闻乐见的视角和方式。

你见过谐音梗说唱吗？见过穿越成为董事长，走上人生巅峰的情节吗？这些，都是最近播出的《探索共同富裕一年间》这一季节目中部分创新内容。

除了专家的理论阐释外，节目还穿插了9个形式各异、生动幽默、有趣搞笑的情景短剧。节目组有一个共识，自己不爱看、不愿看，就不拿给观众看。

可看性强的节目，带来的效果还真不一样。

浙江大学有一位教授曾多次参加节目录制，他向节目组说："每一次节目播出后，许多亲朋好友都会给我打来电话，一边说你又上电视了，一边询问浙江许多新的经验和做法。"

四

如何抓住眼球，让理论既入脑又入心？前沿技术、最时尚的电视表现手法，都可以在《中国共产党为什么能》节目里大放异彩。

比如在第十六季《数字化改革看"浙"里》中，节目创新使用了全景虚拟舞台技术，除了主持人和嘉宾，现场的所有布景，包括桌子和椅子，都由后期制作而成。

在第十七季《探索共同富裕一年间》中，现场使用了AR虚拟技术制作的"共富密码"，沉浸式体验解密、揭秘的感觉一下子就有了，观众如临其境，在解读密码的过程中深入了解理论。

种种努力，不是为了炫技，而是为了实现理论传播与群众接受之间的有效连接，更是为了让党的创新理论更深、更实地"飞"进千家万户，这也是《中国共产党为什么能》能连播十七季的根本原因所在。

赵奕　执笔

2022年6月22日

浙里的8090"声入人心"

> 可事实上,一群有上进心、有责任感、有现实情怀的青年,一旦同理论"触电",迸发的力量超乎寻常。

"8090"×"2"="10万+"。

这是浙江青年宣讲员之间流传的一个公式。意思是说,短短两年时间,全省8090青年宣讲员突破10万人。

这事还得从三年前说起。

2019年,在衢州市龙游县,30多位80后、90后组建了一支宣讲队伍,取名为"8090新时代理论宣讲团",深入基层宣讲党的创新理论。慢慢地,这支队伍赢得了一大批群众"粉丝",也吸引了媒体注意。

2020年6月,《光明日报》调研组赴衢州专题调研8090新时代理论宣讲工作,并形成相关报告上报。这个报告得到了习近平总书记等中央领导同志的批示肯定。从中央到省市,广大党员干部纷纷为这群有想法、有活力的青年"打call"、点赞。

两年过去,"8090新时代理论宣讲团"成为浙江青年思想政治工作的一张"金名片",甚至00后也成为传播理论的"新生代",青年理论宣讲也从点上先行向线上延伸,再向面上覆盖。

这其中,2021年7月13日,浙江省委书记袁家军现场聆听8090新时代理论宣讲,并与宣讲员亲切交流,予以勉励。

在总结过去五年成就时,省第十五次党代会报告也指出,8090和00后新时代理论宣讲品牌更加响亮。

这支宣讲团究竟特殊在哪?

一

如今,浙江青年宣讲已从盆景变成风景,再从风景变成风尚。

趁着暑期,浙江工业大学的青年科学家们把流动宣讲车开进车间、田间。他们立足专业领域,联系创新实践,用青年喜爱的语言风格分析阐释科学理论,把理论传播融于创新实践的故事中,讲得生动易懂。

在温州的"越洋直播间"里,青年讲述的中国故事、浙江故事影响着海外华人。曾在柬埔寨当商超老板的90后华侨黄巨栋,在多次聆听文成老乡黄靖从海外回乡创业的宣讲后,决定回乡带领村民致富。如今,他也成为青年宣讲团一员。

在大运河成功列入世界文化遗产名录之后,杭州拱墅区集聚运河畔新就业工作者、青年创客、青年师生、劳模工匠、媒体记者等各类青年群体,全方位向中外游客讲好大运河的故事,应运而生的"运河之声"新时代理论宣讲团,以"青言青语"成为人民运河的"带盐人"。

像他们这样,在全省11个地级市,不同身份、不同地域的很多青年都因为宣讲会聚在一起。

机关青年干部宣讲团、高校博士生宣讲团、青年企业家宣讲团、"工匠大师"宣讲团、"红船女儿"宣讲团、青年科学家宣讲团、海外宣讲团……全省500多支特色青年宣讲团应运而生,"青年宣讲员"成为新时代广大浙江青年最引以为傲的身份标识。

青年工作历来是国之大计、党之大计,而青年思想理论武装是干好青年工作的第一环、第一扣。

习近平总书记就多次强调要用党的科学理论武装青年,年轻人接好班,最重要的是接好坚持马克思主义信仰、为共产主义远大理想和中国特色社会主义共同理想而奋斗的班。

总书记的重要讲话深刻启示我们,要赢得未来,就要赢得青年;要赢得青年,就要在思想上引领、价值观上引导、实践中引航。

这两年来,浙江牢记习近平总书记的嘱托,把青年宣讲工作作为全省域推进的重点工程,打响8090和00后新时代理论宣讲品牌,通过青年宣传青年、青年带动青年、青年影响青年,让党的创新理论更好地"飞入寻常百姓家""飞入青年心坎里"。

二

很多人觉得,搞理论宣讲似乎不契合社会对思想多元的80后、90后、00后的一贯印象。

可事实上,一群有上进心、有责任感、有现实情怀的青年,一旦同理论"触电",迸发的力量超乎寻常。

马克思主义与青年有着天然渊源。

回顾党的历史,无论是革命、建设还是改革开放时期,率先接受、信仰、传播马克思主义的,绝大多数是先进的青年知识分子。青年历来是推动马克思主义及其中国化理论创新成果在中国大地生根、发芽、开花、结果的关键力量。

但不可否认的是,青年群体中确实存在着这样一些人,"佛系""丧"是他们的口头禅,"躺平""摸鱼"是他们的座右铭,只愿待在舒适区中自娱自乐。但很多青年,总会被思想的魅力所吸引。

浙江师范大学的大三学生何恺昱是一名00后,在受到陈望道纪念馆的一场宣讲洗礼后,从"小粉丝"变成"小讲师"。他与同学组建了红途望道宣讲团,从身边的红色故事讲起,从祖辈、父辈的奋斗讲起。宣讲团成立一年来,已在金华家喻户晓。

浙江为青年宣讲提供了"天时地利"。

浙江青年是"红色根脉"传承人,有着天然的红色基因。

这些年来,浙江推进省领导作形势政策报告、厅局级领导上讲台,创新"我在之江学新语""我最喜爱的习总书记的一句话"等宣讲品牌,举办"青年说"、微型党课比赛、"上场吧!00后talker"等活动,组建浙江省新时代青年理论宣讲志愿者联盟,为青年走近理论宣讲厚植沃土、搭起桥梁。

我们欣喜地看到,两年来,一大批优秀青年通过这个平台脱颖而出,在一次次学习中坚定了理想信念,在一次次宣讲中和基层群众打成一片,在一次次解疑释惑中增强了解决实际问题的能力,在"学、讲、干、信"的实践闭环中正逐渐成长为能够担当民族复兴重任的时代新人。

仅仅在衢州一地,已有160余名骨干宣讲员被提拔或转任重要岗位。他们参与招商、征迁等重点工作,将理论宣讲与解决实际问题结合起来,在一线不断历练成长。

三

理论宣讲的本质在于让更多的人明事理、懂道理,宣讲的主要方法是"让有信仰的人讲信仰,让理论上的明白人讲理论",但有的宣讲往往为讲而讲,落入"教书式""口号式""漫灌式"的窠臼。

浙江8090和00后宣讲,努力实现对传统宣讲的突破:

从过去授业式的"老先生"讲给青年人听,到交流式的青年人讲给青年人听,话语体系的相通让宣讲变成了交换看法、交心讨论;

从过去党课式的党员讲给党员听,到开放式的非党员优秀青年讲给党员听,甚至一些长期在浙江工作的外国青年朋友也加入了大宣讲;

从过去单向式的台上讲给台下听,到零距离的台下讲给台下听。一位多次深入镇街、村社宣讲的青年宣讲员有这样的感慨:在基层,人人都是宣讲对象,时时都是宣讲机会,处处都是宣讲平台,事事都是宣讲主题!

近日,在"共同富裕·青年说"宣讲挑战赛的决赛中,首次设置场景宣讲,把决赛现场搬到村社、校企等群众生产生活一线,宣讲员围绕指定主题直面群众开讲,群众现场投票。

这一改革,与其说是对理论宣讲的一次大胆探索,不如说是对理论宣讲的一次回归。

理论宣讲效果好不好,还是要群众说了算。省委书记袁家军在参加衢州代表团审议党代会报告时，就勉励青年宣讲员要真正了解人民群众想什么，把理论宣讲与老百姓急难愁盼问题结合起来。

循着这一思路，浙江省委宣传部在全省启动遴选首批基层理论宣讲点和理论宣讲研修基地，还将建立宣讲员的积分和星级管理、宣讲名师工作室传帮带、宣讲团走亲结对等制度，并将从今年开始在基层一线开办00后宣讲员集训班，培养一批扎根基层、心系群众的青年宣讲骨干。

"我们是未来的党，而未来是属于青年的。"

相信8090公式的乘数效应还将继续放大，吸引越来越多青年加入到学习新思想、传播新思想、践行新思想的事业中来。

倪佳凯　王人骏　执笔

2022年6月23日

这部正剧走红，带来哪些思考？

> 对问题的深入了解，来自于对实际的深入洞察。

最近，一部"浙江出品"的现实题材电视剧《春风又绿江南岸》火了。

据报道，该剧播出以来，知乎评分从8.5分升至9.0分，短视频平台相关话题播放量破20亿次，主话题播放量超10亿次。

这部以温暖现实主义风格破题的正剧，演绎了青山绿水之间的民生百味，将"美丽乡村建设""走好群众路线""政府效能改革"等时代话题融入其中。

剧集虽已收官，但它给人带来的思考还在。

一

说实话，看到这部剧的话题，很多人的第一反应可能是觉得很宏观。但看过这部剧后，却被它的情节所打动。

直面问题、观照现实，这是精品创作的关键所在。

有专家指出,《春风又绿江南岸》这部剧在现实主义锐度上,是同类题材中罕见的。

这部剧一开篇就吸引了很多人的眼球。主角严东雷因为直言不讳指出江南县环境保护存在的问题而得罪了许多人,造成了部分干部的抵触心理,使环境治理工作难以开展。

面对这些问题,严东雷这个表面上有些"轴"的外来领导,凭借着一股子冲劲和实事求是精神,揭开了长期以来在环境治理上的一些假象和隐藏在环境保护背后更深层次的经济发展模式问题。

随着剧情推进,一些问题逐渐露出:企业出现污染问题后,是保企业稳税收,解决筹款问题,还是大刀阔斧搞治理?县委班子又该如何选择?这些问题,引人入胜,也紧贴现实。

对问题的深入了解,来自于对实际的深入洞察。

为了力图展现真实的基层生活与江南县城风貌,创作团队深入实地调研采风100余天,采访500多个生动案例,积累了200多万字资料,一系列数据,奠定了创作基础。

二

观看这部剧,不禁让人浮想联翩。

江南县就像是浙江的一个缩影,或者如同一面明镜,映照出取景地丽水"群峰倒影山浮水,无山无水不入神"的美丽画卷。

生态之于发展的意义,曾经有不少人可能未曾想过,或者未曾想明白过。庆幸的是,剧里剧外总有人能看得更远。

《干在实处 勇立潮头——习近平浙江足迹》一书中提到,2002年11月20日,在听取省发展计划委员会汇报时,习近平同志提出浙江可以创建生态省。

"生态省",这个概念第一次出现在浙江干部群众面前,也为未来的浙江打下绿色底色。

4天后,习近平同志第一次带队走进浙西南丽水调研。在景宁,他勉励"这里的资源优势很明显";在莲都,他提到防洪工程也要成为城市的亮丽风景线。他一路边走边谈,在丽水各地播下了守护生态、绿色发展的种子。

这样一场场以"生态"为主题的密集调研,解开了当地干部"要经济还是要环境,要增长还是要生态"的困惑。

正因这些艺术与真实相映衬的事儿,让这部烟雨氤氲的"江南影像"有了如此强烈的现实代入感,也带给人们以更深层次的思索。

三

当下,网上不乏有人试着将这部剧与之前爆红的《山海情》《人世间》等一较长短。

毋庸置疑,这些剧同为近年来细节丰满、剧情厚实、贴近生活的现实主义题材作品,都有着宏大的时代主题、真实的案例素材和强大的主创团队。

不可否认的是,几部作品之间,评分有出入、收视有高低。

事实上,我们大可不必纠结于评分、收视高低的二维比较。每部剧都有各自的闪光点,都承载着不同的意义。

《春风又绿江南岸》对典型人物的成功塑造,对绿色发展理念的大力弘扬,体现了环保题材的新突破以及对现实的强烈关照。

让人欣喜的是,《大运河》《县委大院》等一批浙产现实题材精品力作将陆续登场。

正是有了这些主旋律正剧,让天南海北的我们亲身感受到时代之变、中国之进、人民之呼,让男女老少的我们隔着方寸屏幕寻找到那份似曾相识的"善良、执着与勇气"。

或许,这才是"文艺之花"的真义。

朱越岭　执笔

2022年6月23日

新班子南湖之行，意义特殊

> 回到出发的地方，根本而言是为了在一次次"回眸"中，追寻力量之源。

6月23日下午，省党代会刚闭幕，新一届省委常委班子就马不停蹄从杭州来到嘉兴，一行人赴南湖瞻仰红船。

湖心岛上、红船之侧，南湖革命纪念馆内、一大代表群像前，袁家军书记等省领导深情凝视，驻足观瞻。

有心人或许已经发现，在一个个类似的重要时刻，省委领导都会来到这一革命圣地。

秀水泱泱，红船依旧。小小红船，为什么值得一次又一次驻足？新一届省委常委班子南湖之行，有何深意？

一

瞻仰红船，深意不止在红船。南湖红船，是每位共产党员念念不忘的"我心归处"。

2002年10月22日，习近平同志履新浙江的第11天，就去了嘉兴。南湖，正是第一站。

2017年10月31日，党的十九大闭幕仅一周，习近平总书记就带领新一届中央政治局常委前往嘉兴瞻仰红船。

对于红船，习近平总书记一往而情深。他曾作过众多论述：

"南湖是全国的南湖，红船是全国的红船。"

"我们党从这里诞生，从这里出征，从这里走向全国执政。这里是我们党的根脉。"

"走得再远、走到再光辉的未来，也不能忘记走过的过去，不能忘记为什么出发。"红船，是党出征远航的起点，承载着党为人民谋幸福、为民族谋复兴的初心、使命。

回顾这些年来习近平总书记的视察足迹，会发现这样一个特点：总书记常常在特殊的时间节点回到"出发的地方"。

比如，党的十八大后，首次国内考察，他便选择了深圳。深圳是改革开放的排头兵。在这里，是重温"建设中国特色社会主义"的初心。

2014年10月，习近平总书记来到古田会议旧址，召开全军政治工作会议。这里，是"党指挥枪"的政治建军原则确立之处。重温，是为了更好地践行党对军队的绝对领导。

再比如，2015年春节，他来到陕西，回到人生成长的重要一站——梁家河。"黄土地的儿子"回家了，重温与父老乡亲奋斗在一起的日子，彰显的是"立根原在群众中"的人民情怀。

以上种种足迹，看似在不同时间、不同地点，串联起来就汇聚成了一个词：初心。不忘初心、永葆初心，方可赢得民心、赢得时代。

二

对浙江省委班子来说，到南湖瞻仰红船，是牢记总书记嘱托、砥砺初心使命的"洗心"之旅。

对浙江数百万党员、数千万群众来说，来到红船之畔"打卡"，也逐渐成为一件极具仪式感的事情。

"仪式"的背后，意义特殊。

中国共产党在南湖红船诞生，这是"红色根脉"的源头坐标。浙江是习近平新时代中国特色社会主义思想的重要萌发地，这是"红色根脉"的新内涵和新时代标识。

23日下午，袁家军书记就说了这样一段话："站在这里，回顾党领导浙江百年奋斗的光辉历程，展望浙江未来的发展之路，我们更加深感重任在肩、使命光荣。"

南湖之行，是以追忆来时路，来告慰历史、先辈。

百余年前的中国，山河破碎、民不聊生。那个夏天，一群平均年龄不足30岁的中共一大代表，在小小红船上酝酿了"开天辟地的大事变"。

百年征程上，一代接一代先辈们在风吹浪打、激流险滩中矢志奋斗、上下求索。

今天，接过历史的接力棒，循着先辈的足迹，来到红船边，正是为了证明：历史没有忘记，坐标和航向不曾偏离。

南湖之行，是在走了很远之后，再回到出发的地方，重温初心，汲取力量。

站在新的历史方位上，看着红船荡漾在碧波上，一连串思考也随之而来：为何而出发？为谁奋斗？靠谁发展？我们与锚定的新目标还有哪些差距？

事业发展永无止境，共产党人的初心永远不能改变。唯有如此，方可善作善成、一往无前。

南湖之行，是当好"红色根脉"的坚定守护者，是对标看齐的政治自觉。

第一次来到南湖之畔，习近平同志就曾感慨：我们的党员同志能够来到南湖看一次展览、听一次党课、学一次党章、观一次专题片、瞻仰一次红船、重温一次入党誓词，就能得到"精神传承、思想升华"。

重走革命圣地，正是新班子从习近平同志南湖重要讲话中读懂"红色根脉"，滋养初心、淬炼灵魂、传承精神之举。

南湖之行，是以今天的行动，对新征程的宣誓明志。

党代会明确，在高质量发展中奋力推进中国特色社会主义共同富裕先行和省域现代化先行。

在"两个先行"的宏伟蓝图变成美好现实的新征程上，浙江始终传承弘扬伟大建党精神和红船精神、浙江精神，继续扛好旗帜，为党中央站好岗、放好哨。

三

时代在变迁，精神却永恒。

回到出发的地方，根本而言是为了在一次次"回眸"中，追寻力量之源。

没有思想和精神体系支撑的政党是走不远的。环顾世界各国，没有哪个政党能像中国共产党一般重视精神和思想溯源。

回望历史，我们党能历经磨难而信念愈坚、饱尝艰辛而斗志更强、千锤百炼而愈加刚毅，一个重要原因是，始终有强大的精神力量。

"红色资源是最宝贵的精神财富"。南湖红船所承载的精神伟力，是全省党员干部群众在新征程上踔厉奋发、砥砺前行的不竭动力。

党代会为浙江标注出了新的历史方位和奋斗目标。踏上新的赶考路，浙江的脚步已经迈开。

扬精神之帆，共赴星辰大海。

在红船精神指引下感恩奋进接续奋斗，此次南湖之行，深意更是呼之欲出。

王人骏 郑梦莹 执笔

2022年6月24日

为什么是"诗画江南、活力浙江"?

> 现在,将具有深远历史感和意象美的"诗画江南",与具有鲜明时代感、现实美的"活力浙江"组合,一种意象和现实交融、地理与人文结合、历史与未来贯通的审美意境更是油然而生。

提到浙江,

你的脑海中出现了什么呢?

你听,"日出江花红胜火,春来江水绿如蓝","忆江南"的白居易拍了拍你~

你听,"愿中国青年都能摆脱冷气,只是向上走",鲁迅先生在向你招手~

……

6月20日,浙江省第十五次党代会报告中,"诗画江南、活力浙江"这一省域品牌主题词正式官宣。

在党代会闭幕会上,省委书记袁家军强调,全面展现"诗画江南、活力浙江"的崭新气象。

它的最终到来，源自今年4月中旬，省委宣传部面向社会发起的一场征集、评选省域品牌主题词的专题活动。

在一个月的征集和投票中，主题词"诗画江南、活力浙江"以近20万票位居第一。另外，各平台共收到网友自荐主题词2.8万余个，"诗画""活力"也是其中的高频词。

这不禁让人想问，为什么大家会对"诗画江南、活力浙江"如此情有独钟呢？

一

如果说这世间奇秀无数、琳琅满目，并不缺好山好水，那么浙江的独特之处，就在于风光明秀的山水之间，多了一丝沁人心脾的诗意。

这一道诗意，贯穿了从唐至宋、再到今日的所有时光，始终凝结在浙江人民集体的精神记忆中。

那是在杭州西湖，苏轼酒正酣处，一赏水光山色的西湖晴雨，顿时诗情无限，挥笔写下："欲把西湖比西子，淡妆浓抹总相宜。"

也是在湖州西苕溪，张志和泛舟溪上、悠然垂钓，有风雨吹过湖面，他哂然一笑："青箬笠，绿蓑衣，斜风细雨不须归。"

还是在宁波天童山，王安石终于找到了修心悟道的禅意，所谓"溪深树密无人处，唯有幽花渡水香"。

同样，在嘉兴烟雨楼，杨万里望湖有感："徙倚阑干衫袖冷，令人归兴忆莼鲈。"字里行间，一展江南水乡温存婉约、韵味悠长的风土人情。

浙江的山水，夺天地之造化、取自然之荟萃，风光毓秀、美不胜收。

而与之相伴的是哲思与才情。浙江自古以来为人文渊薮，诗、画艺术流派纷呈，是江南文化的重要发源地。

用"诗画"二字描述浙江，神形兼备，表达了"诗和远方""美和诗意"的融合，是努力追寻物质富裕、精神富有两相兼具的象征。

而"诗画江南"这一词，则以简白的笔触，勾勒出浙江厚重的历史底蕴与优美的山水风光，有鲜明的历史感和意象美。它不仅体现了浙江山水的秀美，更是高度概括和凝练了浙江的人文气质与文化韵味。

所以，柳永失意时，是浙江的山水给了他最大的慰藉，这里不仅有烟柳画桥、风帘翠幕，还能看见三秋桂子、十里荷花。

而白居易沉浮一生，垂垂老矣时，蓦然回首，之江大地仍然是他最无法忘怀的地方。

有道是："江南忆，最忆是杭州。山寺月中寻桂子，郡亭枕上看潮头。何日更重游？"

二

若说"诗画江南"来自于浙江得天独厚的自然风光与传承千年的浪漫诗情，那么，"活力浙江"则更多地象征了现代与未来，它是改革开放以来，浙江经济社会蓬勃发展、浙江人民斗志昂扬的充分展现。

从历史轨迹看，浙江的历史就是一部充满生机活力、不断超越自我的发展史、奋斗史、创新史。

从文化底蕴看,"活力"在浙江有着深厚的思想基础,彰显了浙江人民善于"闯"、勇于"试"、敢于"冒"的基因传承。

从精神动力看,"活力"是浙江精神的具体化,始终激励浙江人民干在实处、走在前列、勇立潮头,与省党代会提出的"两个先行"目标相契合。

"活力",即旺盛的生命力,与"浙江"二字相组合,浙江人民朝气蓬勃、奋勇争先、始终葆有创造活力的形象便跃然而出。同时,亦展现了一幅浙江大地正不断发生精彩蝶变和深刻变革的实践图景。

可以说,"活力浙江"发轫于浙江人民富有创造力的文化基因,又充分体现了浙江省域的精神品格、历史底蕴、文化内涵、实践特色和时代特征。

三

在岁月的熏染中,浙江民众对"诗画浙江"已是耳熟能详,并留下了文化印记。

我省谋划省域品牌起步较早,早在2001年,原浙江省旅游局就联合多家单位,面向全球征集浙江旅游形象,确定了"诗画江南,山水浙江"为全省旅游宣传口号。

之后,经过多方讨论研究,"诗画江南,山水浙江"合而为一,改为"诗画浙江"。

2014年,省政府提出将"诗画浙江"作为浙江旅游的整体形象品牌,紧跟着在次年,浙江正式发布"诗画浙江 Picturesque Zhejiang"的形象标识,并一直沿用至今。

"诗画浙江"一词，唤起了民众的想象空间，在人的脑海中描绘了一幅色彩饱满、具有感官冲击力的江南山水图卷，同时也铺展了浙江悠久的文化脉络，具有强烈的历史穿透感以及浓郁的文化气息。

　　现在，将具有深远历史感和意象美的"诗画江南"，与具有鲜明时代感、现实美的"活力浙江"组合，一种意象和现实交融、地理与人文结合、历史与未来贯通的审美意境更是油然而生。

　　这样的主题词，又叫人如何能割舍呢？

王云长　王人骏　执笔

2022年6月24日

丢掉行头的越剧还能叫越剧吗？

> 浙江戏曲踏踏实实做好戏的初心没变，勇于突破和尝试的气质也不曾远去。

"小百花排现代戏了？"几个月前，当浙江小百花越剧团第一部现代戏《钱塘里》要开演的消息传开时，相信以下是大部分人的想法：

乍一听，下意识反应是不想看，"咿咿呀呀，换汤不换药"；尤其听说这还是部现代戏，想必内心更抵触，"跟老剧翻拍一样，很难成功"。

不过，这些天，《钱塘里》在杭州、宁波等地和观众见面后，却收到"朴实温暖""让人耳目一新"等评价。

"观众一贯以为越剧就是那些事儿，老生常谈，我们就索性做了个新尝试。"《钱塘里》编剧谢丽泓说。

一

小百花的戏以古代题材为主，虽然曾有过《二泉映月》《寇流兰与杜丽娘》等具备近现代题材元素的作品，但纯粹表现现代都市生活的剧目还没有过。

《钱塘里》首先就新在题材，说的就是当今杭州人的生活——

雷雨天遇晚高峰，新钱塘人方小米骑电动车下班，急忙中把一位本地人金月芳撞成重伤。把老人送到医院后，她溜回了家里。

6个月大的孩子嗷嗷待哺，婆婆喊着"城里再好与乡下人啥搭界"，丈夫陈运河做小生意却遭遇亏空，欠下一屁股债，只得送起外卖。祸不单行。

挣扎一夜后，她还是回到医院。这边，老太太被诊断为伤后抑郁，病房乱成一团……

两家人，在轮番的冲突、温情、和解中，打破了城乡边界，共同熬过寒冬。

从这部剧中，观众多少能找到自己的影子。

还有剧中开往灵隐的7路公交车、钱塘江边的樱花跑道，大家熟悉得不能再熟悉。

越剧靠以情动人出名。小百花抛开擅长的爱情主题，还能打动人吗？

还真别说，另辟蹊径的《钱塘里》，演绎现代人真实的生活，关于人性的真善美、关于城乡融合的温暖与美好，何尝不是另一种以情动人？

二

戏剧家顾锡东曾说，优秀的现代戏须符合两个要求，真不真，美不美。

前者主要看故事内容,后者看呈现形式。《钱塘里》能抓住观众眼球,某种程度上满足了这两点。

舞台表现上,《钱塘里》既沿袭了越剧的诗意唯美,也为了符合现代戏的特点而做出了创新。最直观的是,演员们去掉了演传统戏穿戴的行头,着装就是现代人最日常的那些。

演员不穿戏服了,标志性的长水袖没有了,盔头、靴鞋都没有了。

丢掉行头的越剧还能叫越剧吗?其实,这反而更贴近现代人的真实生活。

再比如,传统越剧表演标配的手法就是唱念做打。但《钱塘里》也并不是照着全用上了。

剧中唱段是原汁原味的越剧,但整场戏中,演员没有表演一处越剧身段。这正顾及了现代人看戏对节奏感的需求。

三

有观众可能已经发现,剧中还引入了音乐剧和话剧元素。可以说,越剧比例减少,是为其他表现形式腾出空间。

毕竟,导演王延松最拿手的就是排话剧。他曾说过一句话,"对美的渲染要用新手段"。

话剧,细腻精准,富有质感;音乐剧,青春时尚。加上简洁明快、富有创意的舞美背景的衬托,使得整部剧可看性更强。

"能把现代生活演绎得这么透彻,越剧一定会有生命力。"看完演出,有人这么感慨。

其实,排现代戏这件事,小百花多年前就跃跃欲试,可迟迟没有落地。因为这需要下大决心。

小百花是纯女子越剧团,现实题材选择的面本身就很狭窄,倘如没有独特视角和合适的展现方式,一不小心就会"玩"得不伦不类,甚至砸了招牌。

四

浙江戏曲中有求变基因。

解放后,浙江戏曲进行了大刀阔斧的改人、改戏、改制,50年代的昆剧《十五贯》曾一度风靡全国,被周总理赞为"一出戏救活了一个剧种";

成立于80年代的小百花,积极对接文化市场,创作越剧新品,培养越剧新秀,开创越剧事业新生面,风头强劲数十年;

近年来,浙江婺剧艺术研究院大刀阔斧启动院团改革、不拘一格用人才,出人出戏出效益,成为全国地方戏院团的排头兵……

此番,《钱塘里》的火,又让我们看到,浙江戏曲踏踏实实做好戏的初心没变,勇于突破和尝试的气质也不曾远去。

郑梦莹　执笔
2022年6月25日

一颗杨梅,凭什么想"征服"世界?

> 他们硬是凭着一股敢想敢干的精神,让这颗酸甜果不断走向世界,成为代表仙居的味道印记。"像保护眼睛一样保护杨梅",早就成为仙居人的心理坐标和情感共识。

要说浙江人,夏天喜欢吃点什么,很可能就有杨梅。

浙江地处亚热带中部,气温适中,光照多,雨量充足,空气湿润,再加上浙江的土壤以黄壤和红壤为主,多分布在山地丘陵,非常适合杨梅生长。

因此,浙江杨梅产地和品种也有很多。比如,慈溪杨梅、仙居杨梅、舟山晚稻杨梅、余姚杨梅、兰溪杨梅、黄岩东魁杨梅、青田杨梅、二都杨梅、文成杨梅,等等。

"五月杨梅已满林,初疑一颗价千金"。夏至前后,很多离家在外的浙江人,都想还乡,尝一口杨梅。

一颗颗新鲜的杨梅,丢进嘴里,咬开的一瞬间汁水就迸满整个口腔,甘洌鲜甜。同时,又有一丝俏皮的酸萦绕上了舌尖,这酸很轻盈，若即若离。

"众口但便甜似蜜，宁知奇处是微酸"，南宋诗人方岳在《咏杨梅诗》里早已道出玄机。

前不久，"中国杨梅60元一颗出口迪拜"冲上热搜，指的就是浙江仙居的杨梅。今天，我们就重点说一说仙居杨梅。

一

你以为杨梅就只是一种水果吗？

在台州，最会吃杨梅的仙居人对如何吃"透"杨梅，钻研得明明白白，孕育出独特的饮食文化。

古时在仙居，将"青梅煮酒"改为"杨梅泡酒"，几乎家家户户都备着一瓶自制的杨梅酒。

在古人基础上，爱吃的仙居人开发了杨梅特色菜，只为了留住这一方人间至味。

熟悉仙居的饕客，也许会脱口而出：

"这肯定是仙居的杨梅仔排，瘦肉嫩而不塞牙，口感极好。排骨的香味里还浸润着杨梅的酸甜和清香。"

杨梅仔排的"横空出世"，似乎打通了仙居人将杨梅入菜的"任督二脉"——

煨得酥烂的"杨梅三黄鸡"底部焦脆，鸡肉软嫩入味，咸鲜中还透着杨梅特有的果香；

"杨梅时蔬"看似朴实无华，却是夏日里把酒言欢的最佳拍档；

"杨梅甜羹"酸甜可口，是饱足一餐后的温柔收尾；

照着杨梅的模样制作的"杨梅鳕鱼球"爽脆弹牙，再配上酸甜的酱汁，虽不见杨梅却清甜似杨梅……

杨梅这一口"酸甜"，在仙居人的菜谱里变得丰富绵长。

二

杨梅，是仙居人的底气，这一份底气源自千百年来的"钻研"。

中国杨梅有江苏太湖沿岸和杭州湾南岸、浙闽沿海区、华南滨海区、滇黔高原区、湘西黔东区五大产区。浙江杨梅不少，但仙居杨梅有自己的特色。

"大得像乒乓球！""一口塞不下！""论颗卖！"在仙居寻找"仙梅"，首先会被仙居杨梅的生长环境所打动——

"八山一水一分田"的仙居面向东南，呈马蹄状地形，109座千米以上的高山留住了大量的海洋湿气，使得这个仙泽眷顾之地云腾雾蒸、雨水充沛。而杨梅树，就生长在这山间。

仙居早在唐朝时期就开始种植杨梅，到明朝时，当地种植杨梅已经十分普遍，因其色泽美、口感佳，在附近州县颇具名气。

"近8米高，树干直径1米，树冠直径达17米"，在仙居横溪屏峰岩，年产杨梅1000斤以上、历经千年风霜的古杨梅依旧傲视群雄。

现下，作为世界上最大的古杨梅种质资源库，仙居有19种杨梅品种，其中特有古种6种，现存百年以上古杨梅树13425棵，其中五百年以上古杨梅树108棵，千年以上古杨梅树28棵。

梅林间，延续千年、饱含先民智慧的"梅—茶—鸡—蜂"有机结合的古杨梅群复合种养系统依旧活跃，被列入中国全球重要农业文化遗产预备名单，正在申报全球重要农业文化遗产。

无论是栽培、筛选还是销售，仙居人都努力做到极致。仙居的杨梅节，可是一个比过春节都热闹的日子：人们呼朋引伴、携梅相赠，将杨梅采摘季变成了全民狂欢节。

三

杨梅季，在江浙沪流传着这么一句戏言：

混得好不好，就看6月有没有人送你杨梅。

一颗杨梅，成为无数浙江人舌尖上的一抹乡愁、一份牵挂。

每年杨梅成熟期，仙居县内连同在外求学、经商、打工的人士都纷纷宣传销售杨梅，已形成"全民为杨梅，全民卖杨梅"的氛围。

而这独具仙居特色的"杨梅经济"现象的背后，也是十万梅农"披星戴月"的付出，勤劳苦干是他们的宝贵精神。

凌晨两点，仙居的杨梅山上已经是"灯光点点"，灿若星河。

杨梅采摘期，对于梅农来说，这是一个黄金时段，凌晨腾起的水汽与白天日头带来的甜充分融合，杨梅口感达到了最佳。

他们要在清晨露水晶莹、太阳未出之时把杨梅从树上摘下来，然后迅速冷风吹干，送入冷藏室，并马上包装，进入运输链。

种植、管理、销售、运输、加工，每一个环节都有着自己的坚持。

在仙居，一座城，一颗梅。

他们硬是凭着一股敢想敢干的精神，让这颗酸甜果不断走向世界，成为代表仙居的味道印记。"像保护眼睛一样保护杨梅"，早就成为仙居人的心理坐标和情感共识。

他们相信,一颗朴实的水果也能"征服"世界,足以让仙居人"杨梅吐气"。

眼下,今年的杨梅季就要接近尾声了,快来尝上几颗酸酸甜甜的杨梅,莫辜负这悠长的夏日时光!

应芳露　执笔

2022年6月26日

从《梦华录》里"活"的宋韵想到的

> 真正能撑起一部好作品的,除了视觉享受,精神内核才是"硬核"实力。

要问近来哪部剧全网最热,《梦华录》无疑能上榜。自开播以来,该剧成为各大社交平台热搜榜的常客,豆瓣评分一度奔8.8,成为年度现象级热剧。

虽然随着剧情的发展,围绕该剧的争议不断,口碑略有高开低走趋势,但大半个月来因《梦华录》泛起的涟漪一直没有散去。

值得关注的是,《梦华录》以宋代市民生活为背景展开,呈现的宋风宋韵令人赏心悦目,掀起了一波宋文化热潮。

走红的《梦华录》,对浙江传承发扬宋韵文化有着怎样的启示?

一

《梦华录》的底本,是元代杂剧家关汉卿的杂剧《赵盼儿风月救风尘》,讲述了北宋年间,三个女性携手闯汴京,创业打拼,并收获各自的感情和感悟的故事。

在古偶剧、历史剧扎堆的今天，《梦华录》因何走红？

剧情扎实，演员演技在线，服装道具、取景构图等方面讲究，给观众留下了较好印象。

再细心观察，还能发现《梦华录》带给观众的，除了视觉享受外，还有一种文化价值感。

这部剧将宋代市井风貌、生活美学、历史文化等展现得淋漓尽致。充满烟火气又带着雅致感的宋代生活画卷，令人心向往之。

比如，第一集中，女主以"茶百戏"表演亮相，娴熟的"点茶法"成为"名场面"。点茶，是宋人饮茶的主流方式。茶文化是"雅宋"的代表之一、也是中国传统文化的代表之一。

不少网友评价说，"日本的茶道来源于宋朝！""原来咖啡拉花的技艺，中国古人早就玩透了！"

此外，这部剧发生地之一就是宋时江南水乡钱塘，当中多次提到径山茶、塘栖等，这让不少浙江观众很"上头"。

其实，不唯《梦华录》，近年来，宋代题材相关作品频频"出圈"已经成为一种现象。

不管是《知否知否应是绿肥红瘦》《清平乐》等以宋朝为背景的影视剧，或是在春晚舞台上走火的《只此青绿》《忆江南》等，因为以传统经典为灵魂，都令人欲罢不能。

真正能撑起一部好作品的，除了视觉享受，精神内核才是"硬核"实力。

这些作品能紧紧抓住观众眼球，正在于片中对以宋韵文化为代表的优秀传统文化的刻画。

今天，文艺创作如何紧紧抓住风口，"《梦华录》们"做了一把示范。

二

常常有人问:"我们为什么爱宋韵?"

延绵300多年的宋文化,把中华文明又一次推向前所未有的高度,对华夏文明产生着深刻的影响。这就是自信的理由。

近两年来,浙江锚定让宋韵文化传世流芳的目标,多次在重大场合提及推进"宋韵文化传世工程"。去年8月的省委文化工作会议、刚刚结束的省党代会等,都关注到宋韵文化。

在这样的背景下,"他山之石"留给我们哪些思考?

其一,国风正流行,是流量密码,也是文化自信。对于此类作品,市场和群众有需求。这种需求,源于人们对优秀传统文化的热爱和渴望。

很多人爱"宋潮"、追"宋潮",是因为将雅发挥到极致的宋文化,恰恰契合了当代人对诗意栖居的向往,对宁静致远的渴望。一贯敢于吃螃蟹的浙江,应该顺势而为,多出精品。

其二,知道"风口"在何处,更要具备站在"风口"上的能力。宋韵文化的深厚、高雅,要"活"起来,通过巧妙转化,应用在大众关心关注的地方,真正体现出它的现世价值。

要学习《梦华录》等"出圈"作品,挖掘、利用传统文化的经验。如何挖掘好内容?如何精准符合观众审美?又如何摸准传播的规律?值得我们细细琢磨。

其三,多打造"拳头"产品,因为"毛毛雨"太过温柔,不解渴。无论是推出宋韵主题影视作品,还是举办相关活动,都要在整合资源的基础上,提升规格、扩大规模,形成品牌效应。

前几天,"浙江宣传"发布了一篇宋韵相关文章《落子宋韵,浙江深思熟虑》,就有网友在留言中提到,期望浙江也能够出品依托传统文化"出圈"的影视剧,期待多出宋韵爆款作品。

宋韵文化是中华优秀传统文化的重要组成部分,是具有中国气派和浙江辨识度的重要文化标识。浙江的宋韵品牌,要靠持续的塑造和宣介,才能"立起来""立得住","活下来""活得久"。

三

习近平总书记高度重视文化遗产保护传承工作。他强调,"要系统梳理传统文化资源,让收藏在禁宫里的文物、陈列在广阔大地上的遗产、书写在古籍里的文字都活起来"。

省委文化工作会议强调,要"让千年宋韵在新时代'流动'起来、'传承'下去",这与总书记的指示完全契合——

强调文化遗产的现实意义,先"保下来",再"活"起来,别让老祖宗留下来的文化遗产"深待闺中"。

让宋韵文化"活"起来,浙江有着得天独厚的优势和义不容辞的责任。

一方面,宋韵文化是浙江文化独特的文化标识,也是新时代文化浙江建设的"富矿"。丰厚的历史资源,是我们产出好作品的底气。

比如,目前浙江已探明两宋时期代表性文化遗存有南宋皇城、皇陵、绍兴宋六陵、窑址群等数十处,历史遗存丰富。

以杭州为例,作为南宋都城,宋韵文化积淀深厚,文化名人灿若星河,琳琅满目的遗风流韵就是进一步活化的家底。

另一方面，浙江宋韵文化研究起步较早，已经形成一系列研究成果，并开启转换之路，已经有了一定的工作基础。

像浙江文化研究工程的标志性成果之一《中国历代绘画大系》，其中的《宋画全集》，宋画资源丰富，足以作为打造新作品的基础。

浙江理应用好这座"富矿"。

当前，围绕着宋韵文化的挖掘、保护、提升、研究、传承各个环节，浙江已经下了一些力气，取得了一些成绩。

但要让宋韵文化进一步"活起来"，我们还缺少代表性、品牌性成果。

无论是严肃的理论成果，还是像《梦华录》这样能够成为大众饭后茶余谈资的作品，都让人流连。

一场更猛烈、更接地气的宋韵之风，令人翘首以盼。

郑梦莹　执笔

2022年6月26日

别让一个负面热点害了一座城

> 互联网是有记忆的。相对于个人而言,一个地区出现轰动性负面热点,所要承担和付出的代价会大很多。

一个负面热点对一座城的影响有多大?

最近,河北唐山的"全国文明城市"资格被中央文明办停止,储户被精准"赋红码"事件也影响到河南一座名城的形象。

有人说,互联网时代,热点层出不穷,由"热"变"冷"周期很快,负面热点的影响不过是一时的。这样的观点过于乐观。

互联网是有记忆的。相对于个人而言,一个地区出现轰动性负面热点,所要承担和付出的代价会大很多。

它不仅会让人们对一座城市的整体评价大打折扣,也会使人们进一步质疑城市的营商环境、法治水平等软实力,这就是所谓的"一丑遮百俊"效应。

一个负面热点害了一座城,令人深思、值得警惕。

当前,网络传播的超海量性和开放性,使得一旦发生触及大众痛点的负面事件,各种消极信息将呈病毒式扩散,涉事地区的公共形象面临巨大压力乃至遭受严重损害,"知名度越来越高,美誉度越来越低"成为一些地方难以化解的尴尬。

对地方来说,成为网络负面热点的"主角",无异于被架在火上烤。那么,我们该如何防止负面热点发生?

是恶性事件发生了以后,靠阻止媒体发声、到处删帖吗?当然不是。是等悲剧酿成以后,再想到去解释,争取网友理解吗?恐怕来不及,"受伤"的民心和失去的口碑都难以挽回。

一个重大负面热点发生的背后,看似个别人极端行为导致的突发事件,带有一定偶然性,但往往暴露的是一个领域的工作在宗旨观念、方法路径、制度机制、干部队伍等方面存在着明显缺失,导致热点引爆之后带来连锁反应,地方和部门面对千头万绪的状况一时间陷入失语状态,谣言满天飞也在所难免。

因此,没什么终南捷径,把工作全方位全过程做好是前提。

文明创建和形象打造,都是一个累积过程,不能一口吃成大胖子,关键还是要在宗旨观念、方法路径、制度机制、干部队伍等方面不断加强,一点一滴付出努力,日复一日添砖加瓦,让里子更扎实。

看不到风险,就是最大风险。不断查找生产、生活、治理等领域中的风险隐患也很有必要。哪怕是"针尖大的窟窿"也别放过,才能以防万一,自己心里才会感到踏实。最忌讳的是,躺在功劳簿上睡大觉,如此,距离危险也就不远了。

工作要求实效,而人是城市的目的与尺度。各项工作不能做表面文章,而要下绣花功夫,想方设法为群众解难题,及时化解矛盾,更好尊重人、服务人,也调动起每个人参与文明共建的积极性。大家的事,大家一起加油干。

把以上这些都做到位了，老百姓普遍感到满意了，这就是"1"。这时候，媒体跟进宣传、放大声音，就相当于在"1"后面加上几个"0"，一个城市的良好形象逐渐被塑造出来，好的故事、好的经验才会"飞"出去。

相反，如果一个地方的基础工作不扎实，存在这样那样的短板漏洞、风险隐患，老百姓存在很多诉求难以得到回应和解决，这就是"-1"，那么引发媒体报道和网友围观，就相当于在"-1"后面加上几个"0"，形成了一个又一个负面热点，最终会破坏地方形象。

铆足劲，把一件又一件实事干好、干成亮点、成为爆点，在"1"后面多加上几个"0"，让网上大流量变成推动工作的正能量，这样，就能不断擦亮城市文明底色、提升城市文明形象。

李攀　执笔

2022年6月27日

"大系",大戏!

> 它还创造了一种无限"接近"的可能性,让每一个人,都能有机会近距离欣赏诞生于不同时空的艺术精品,从中汲取中国屹立于世界民族之林的文化自信。

近日,一场特殊的展览在嘉兴亮相。

盛世修典——"中国历代绘画大系"展览继在四川美术学院、浙江大学和浙江美术馆等地展出后,在这个夏日走进嘉禾大地。

这个艺术盛典,让人大饱眼福。

展陈面积5200平方米,分"盛世修典""物华天宝""守正创新""以文化人"四个板块,共展出1000多件中国古代绘画打样稿,其中不少是传世级的"国宝"珍品。

一场展览,上演了一场精神文化的大戏。

一

相信每个到现场观展的人,都会深受震撼。

在历史上，中国画的整理收藏，规模大的不过几次。唐代的《历代名画记》，宋代的《宣和画谱》，清代的《石渠宝笈》。至当代，就是"中国历代绘画大系"，它是"十七年磨一剑"的成果。

2005年，在习近平同志亲自推动下，以《宋画全集》为起始，一场在全世界范围内大规模搜集中国古代绘画图像资源的行动正式启动。

此后，习近平同志始终关心记挂支持着这项工作，多次听取汇报，作出重要指示批示。

在《习近平在浙江》一书中，曾担任省委常委、浙江大学党委书记，现在担任浙江大学发展委员会主席、"中国历代绘画大系"总主编的张曦说——

"'中国历代绘画大系'是我到浙江大学工作后主持的一项国家重大文化工程，《宋画全集》是该工程第一期项目。项目的每一个关键点、每一段攻坚期，都离不开习近平同志的亲切关怀和高度重视。"

2010年9月13日，在《宋画全集》按计划基本出齐后，张曦写信向习近平同志汇报，建议在《宋画全集》完成后，拓展实施包括《先秦汉唐画全集》《元画全集》《明画全集》《清画全集》在内的"中国历代绘画大系"项目。

9月21日，习近平同志在批示中强调，"下一步出版'中国历代绘画大系'的打算很好，可积极向有关部门汇报，争取各方支持。"

从2005年至2022年，项目组从零开始，系统搜集、梳理采集中国历代绘画的高精度图像，并编纂整理、结集成册。

让人振奋的是，流散在世界各地的中华文化瑰宝，在图像采集中陆续来到项目组手中。其中，散失海外的3569件（套）绘画精品，通过高精度数字化方式重返祖国怀抱，与国内8910件（套）藏品图像"团聚"，共同构成了纵贯两千余年的中国古代绘画史的恢宏图景。

为了收集流落海外的中国古画，"大系"项目组克服种种困难，仅与全球各大文博收藏单位往来通讯、信函就数以万计……

项目组所付出的精力之多、所涉及的人数之众，难以估量。

当这场"一张蓝图绘到底"的文化长跑跑到今天，一个可谓"集中国古代绘画之大成"的重大文化成果呈现在世人眼前。

来自海内外260余家文博机构的12479件（套）中国绘画藏品，无言却有千钧之力。

它们静静讲述，中华文化的基因是如何传承的，中华文化的血脉是怎样赓续的。

二

文化要留下来，还要活起来，然后才能火起来。

过去，许多传世名作或为私人收藏，或属皇家珍物。有人穷尽一生，也未必能看到一幅古画风貌，更不必说尽览从先秦汉唐到清代的中国绘画精品。

比如，这次展览中的《千里江山图》，其真迹近百年来只向世人展示过寥寥数次。

此外，"纸千年，绢八百"。宫廷画家或文人画家创作的纸本、绢本绘画作品，保存期其实有限。

而现在，情况已经发生改变。

从数字化采集到数字化利用,以"大系"为代表的数字文物保护尝试和探索,为优秀传统文化创造性转化和创新性发展提供了新路径。

我们看到,数以万计的中国古代绘画珍品正插上数字技术的"翅膀",从历史中款款而来,开启全新的"生命奇旅"。

嘉兴这次展览,就有一些技术创新之举:

比如,通过AR技术,让观展者体验宋徽宗赵佶《听琴图》的美妙意境;

利用全球领先的3D石窟复原技术,等比例复制中国四大石窟。

传世艺术珍品的数字化重现,正是为了"让收藏在博物馆里的文物、陈列在广阔大地上的遗产、书写在古籍里的文字都活起来"。

它还创造了一种无限"接近"的可能性,让每一个人,都能有机会近距离欣赏诞生于不同时空的艺术精品,从中汲取中国屹立于世界民族之林的文化自信。

而这,正是我们今天所言的文化共享、精神共富最本质最朴素的应有之义。

三

"大系"展览为何来到嘉兴?这颇有一些渊源。

在编纂出版"大系"过程中,"大系"团队特别关注历代嘉兴地区对中华优秀传统文化所作出的特殊贡献。

嘉兴也通过与浙江大学合作举办"大系"展览、组建"大系"研究机构等方式,全力推动"大系"在嘉兴的拓展和延伸。

入编"大系"的许多一级文物甚至"国宝"级文物画作就曾是

嘉兴天籁阁旧藏；"大系"中还专门设置了嘉兴卷，收录作品100件。

值得一提的是，天籁阁是这次嘉兴展览的亮点之一，都说"一座天籁阁，半部中国书画史"。

天籁阁主人项元汴是历史上著名的民间收藏家。明朝中晚期皇室衰微、无力收藏，他穷尽毕生精力收了大量奇世珍宝，悉数藏于天籁阁中。

其中，他所收藏的历代绘画之宏富，令人叹为观止。

本次展览在"中国历代绘画大系"所收录的中国古代绘画精品中，选出1022件集中亮相，其中有356件跟天籁阁有关。

李戈辉　云新宇　孔越　执笔

2022年6月27日

做宣传要经营好流量

> 这是一个一定能产生流量的年代。我们不去经营流量，别人就会去经营。

移动互联时代，一个爆款产品带来一众流量，赋能一方发展——这样的现象，正越来越多地上演。时代在变，如果我们的打法不变，宣传工作就无法扛起使命担当。

制造流量、转化流量、评估流量，越来越成为宣传工作绕不开的课题。我们的工作增量、地位能量，都不妨从流量中寻找破题入口，从而不断赋能发展。

流量要从指尖流向心间。经营流量，不能只是让受众在手机上点一点，更要让受众在内心有触动。如果我们的传播与受众不"来电"，就会在海量的信息中失语。如果主音主调没有流量，"主流"就会变成"支流"甚至"末流"。

为什么《人民日报》互动H5《快看呐！这是我的军装照》获得中国新闻奖一等奖？不仅是因为这个产品浏览量破10亿、微信分享破5900万，更是因为它探索了一种让受众觉得既有意义又有意思的打开方式。

宣传工作经营流量，首要就是聚焦"人"这个关键，久久为功、绵绵用力，确保主流思想舆论始终成为信息场中的"顶流"，让正能量产生大流量，好声音成为最强音。

流量要从人气流向要素。经营流量，不仅是要聚拢人气、提高关注度，更要以关注度吸引要素集聚。流量经济，本质是关注流带动人才流、信息流、资金流、知识流、物资流等要素集聚。

这方面，成都值得关注。开放包容、活色生香的天府文化融国际范和烟火气于一体，深刻地改变着城市气质，一跃成为网红城市，吸引着越来越多的全球人才定居创业。

宣传工作经营流量，就是要借势造势、高举高打，以显示度、知名度、影响力提升，吸引各类高端要素集聚落地。

流量要从历史流向现实。流量蕴藏于古老文脉，我们要善于挖掘。《只此青绿》《忆江南》之所以能惊艳世人，就是因为激活了宋韵这个自带流量的IP，成功地把古代文化的感染力、穿透力转化为流量。

宣传工作经营流量，就要做好传统文化现代表达这篇大文章，通过产业布局、业态创新、IP呈现等进一步引爆流量、变现流量，让文化由"软"到"硬"、脱"虚"向"实"，为赋能发展提供硬核支撑。

这是一个一定能产生流量的年代。我们不去经营流量，别人就会去经营。以颠覆性举措抢流量，以系统性变革务大局，宣传工作才能用好流量、壮大声势，更好围绕中心、服务大局。

俞旭东 李攀 执笔

2022年6月28日

第一课:"探源"文明探源工程

> 文明是一条长河,只有知道它从何处来,才能明白它将流向何处;只有探索中华民族的过去,才能更好地读懂未来。

6月27日上午,省委理论学习中心组举行专题学习会。这是省第十五次党代会以后,省委理论学习中心组上的第一课。

省委理论学习中心组专题学习了习近平同志《论"三农"工作》,还专题学习了习近平总书记关于深化中华文明探源工程的重要讲话精神。

正是在一个月前,中共中央政治局第三十九次集体学习时,习近平总书记强调,中华文明探源工程"任重而道远,必须继续推进、不断深化"。

文明探源,为何如此重要?它告诉我们什么,又能让我们拥有什么?

而浙江,又将怎样穿过历史的迷雾,直抵文明的渊薮?

一

时间回溯到2019年7月，第43届世界遗产大会现场。中国世界文化遗产提名项目"良渚古城遗址"正式列入《世界遗产名录》。

落槌音量不大，却响彻四方。

审议环节仅仅持续了13分钟，来自全球各地的考古专家无任何异议。入选理由是，良渚展示了一个以发达的稻作农业为基础、存在明显社会分化和统一信仰体系的区域性早期国家形态。

至此，良渚古城遗址所代表的五千年中华文明史获得了国际上的广泛认可，也使得浙江成为中华文明史的重要实证地。

而这背后，离不开"中华文明探源工程"。

2002年春，国家科技攻关项目——"中华文明起源与早期发展综合研究"（即中华文明探源工程）立项。这是一项迄今为止中国规模最大的综合性多学科参与研究人文科学重大问题的国家级研究项目，至今已走过20年。

20年来，20多个学科、数十个单位的400多位专家学者，围绕公元前3500年至公元前1500年期间的4处都邑性遗址，以及黄河、长江、辽河流域等其他中心性遗址实施重点发掘，并对周边聚落群开展大规模考古调查。而良渚，则是其中最重要的区域性中心遗址之一。

2003年7月，时任浙江省委书记习近平赴良渚调研并指出："良渚遗址是实证中华五千年文明史的圣地，是不可多得的宝贵财富，我们必须把它保护好。"

探源工程最终证实，良渚古城是中国长江下游环太湖地区的一个区域性早期国家的权力与信仰中心。从施昕更先生发现良渚遗址至今,浙江用80余年时间还原了中国百万年的历史,构建起浙江一万年的文化发展谱系和年代框架。

自此,我们见证了中华文明从涓涓细流到江河汇流的波澜壮阔,而"中华上下五千年",也从此有据可查,不再是凭空虚构的浪漫想象。

二

文明探源,一个绕不开的话题是——什么是文明?

恩格斯说,文明是个历史概念,是人类历史发展到一定阶段的进步状态。

很长一段时间以来,国际学术界一直以"文明三要素"——文字、冶金术和城市,作为进入文明社会的标志。如果依据这样的标准,中华文明的历史将缩短至3300年。

然而,所谓"文明三要素",是放之四海而皆准的金科玉律吗?

研究表明,在世界几大原生文明中,玛雅文明没有冶金术,南美洲印加文明未使用文字。文明形成的标准,有待学界进一步挖掘。

结合全国多地遗址发掘成果材料,兼顾其他古老文明的特点,探源工程提出了认定进入文明社会的三方面标准,即:

生产发展,人口增加,出现城市;

社会分工和社会分化不断加剧,出现阶级;

权力不断强化,出现王权和国家。

这恰恰符合恩格斯提出的"国家是文明社会的概括"经典论

断。从古埃及的金字塔，到两河流域的石砌神庙，再到古代中国的青铜礼器，尽管彰显的载体和形式不一，但各大文明起源地都共同出现了王权和国家这一制度文明。

在约5000年前的良渚，面积达300万平方米的内城和630万平方米的外城遥相呼应，为防洪而修建的巨型水坝在城北绵延十余公里，显示出一个出现阶级与王权的区域性国家雏形。

可以说，中华文明探源工程的重要贡献之一，就是为文明形成标准这个命题给出了中国方案，为世界文明起源研究作出了原创性贡献。

此外，探源工程还揭示中华文明的丰富内涵，再现各地文明演进的情景，展现中华文明起源与发展的脉络，解释早期中国的形成与发展等。

三

然而，正如习近平总书记所说，文明探源工程取得的成果还是初步的和阶段性的，还有许多历史之谜等待破解，还有许多重大问题需要通过实证和研究达成共识。

2020年底，探源工程第五期研究正式启动。

浙江作为文明探源进程中的重要研究地之一，更是有任在身、责无旁贷。

从上山人的陶器到跨湖桥的独木舟，从河姆渡的干栏式建筑遗址到钱山漾的蚕丝，浙江先民们在中华文明发展史上留下了浓墨重彩的一笔。

2005年，习近平同志在"浙江文化研究工程成果文库"总序中就写道,"浙江先民们都以不同凡响的作为,在中华民族的文明之源留下了创造和进步的印记"。

如何进一步挖掘印记、解读印记,将是下一阶段浙江"探源"的重中之重。

为此,浙江探索建设文明探源省域典范的路线图正在徐徐展开。

刚刚闭幕的省党代会提出高水平推进文化强省建设,打造新时代文化高地,着力推进全域文化繁荣全民精神富有,并将打造新时代文化艺术标识放在重要位置,提出打造文博强省。

为此,浙江打出一系列组合拳。

浙江将努力铸就传世标识,深入探源实证五千年文明史。

推进宋韵文化传世工程,让千年宋韵光耀时代、映照未来、走向世界;

一体推进考古"启明星"计划,实施文明之源大遗址群保护工程,提升良渚古城遗址保护利用水平,推动上山遗址申遗,打响"文明之源看浙江"品牌;

做深文化研究工程,塑造"浙学"品牌,提炼展示浙江优秀传统文化的精神标识、当代价值;

建好用好杭州国家版本馆,丰富中华版本在文化传世中的内涵,打造文化传承利用新地标。

浙江将努力加强活态传承,推动文化创造性转化、创新性发展。

培养对于优秀传统文化的精神记忆,让文物说话,让历史说话,让收藏在博物馆里的文物、陈列在广阔大地上的遗产、书写在古籍里的文字都活起来;

把优秀历史文化融入现代生活，推动历史文脉、文物文博、"非遗"传承，呈现"诗画江南、活力浙江"的人文气韵；

推动浙江历史经典产业高质量发展，振兴传统、技艺与民俗，打开历史文化资源向产业发展的转化通道。

浙江也将努力推动文明互鉴，展示讲述中华文化自信的文明故事。

加强中华文化国际传播能力建设，以"文明互鉴"消弭"文明冲突"，以"浙江之窗"展示中华文明形象；

拓展交流展示渠道，推进优秀历史文化申遗，讲好传统文明故事；

打造对外文化展示平台，利用数字化手段重塑话语和叙事体系，培育浙江文化出海品牌，让探源工程的成果能够听得懂、传得开，为更多人所接受。

"参天之木，必有其根；怀山之水，必有其源。"

找准路径，挖掘与弘扬中华文明，可以帮助我们从五千年的历史中获得文化自信与滋养，在厚重而深刻的历史中把握发展的规律，为人类文明新形态实践提供有力的理论支撑。

文明是一条长河，只有知道它从何处来，才能明白它将流向何处；只有探索中华民族的过去，才能更好地读懂未来。

长路漫漫，求索不止。文明探源，浙江仍在路上。

何诗航 苏畅 桑隽漾 执笔

2022年6月28日

飞跃重洋的"堂前燕"

> 接上地气,宣讲才更有底气。

这几天,省党代会精神宣讲之热,热过盛夏。

这股宣讲热潮中,有一支队伍很特别:他们的宣讲飞过海、越过洋。

这支队伍,本是"无中生有",慢慢地"有中生新",如今,他们让党的创新理论在海外"声声"不息、越"讲"越响。

百年未有之大变局下,海外宣讲,已是当下理论宣讲的重要场景。

今天,我们聚焦这支温州的海外宣讲团,看看他们的实践,带来哪些启示。

一

海外理论宣讲,讲究"天时、地利、人和"。

新时代的中国发展,启迪世界:中国道路不仅属于中国,更属于世界。

当"新时代的中国发展"遇上"遍布世界的温州人",天时、地利、人和兼具。

有作家说,地球上也许有鸟儿飞不到的地方,但没有温州人到不了的地方。据不完全统计,近72万温州人,活跃在全球131个国家和地区。

习近平总书记曾寄语温州"不但成为本土的温州、全国的温州,更要发展成为世界的温州"。

瞄准"世界的温州",温州想方设法让党的创新理论飞跃重洋、跨越山海。

为了向世界传播习近平新时代中国特色社会主义思想,让理论宣讲更有国际范,温州海外宣讲团应运而生。

宣讲工作,谁来做?

温州请来"脑中有理、心里有情、嘴上有才、海外有线"的一批人。

他们主要是海外侨领、海归高知、归侨侨眷、在温留学生、海外意见领袖等,组成了580余名市级海外宣讲总团。来自美国、英国、意大利、俄罗斯、南非、加纳等4大洲30余个国家的外国友人也都加入进来,成了"堂前燕"。

如何让他们讲好中国故事、并使其飞入海外的"寻常百姓家"?

开讲前,先给宣讲员上好私人定制的"第一课",确保他们把好导向关、设好场景、备好课程,鼓励他们发挥创造性。

在面向海外温籍侨胞的宣讲中,宣讲员将《习近平谈治国理政》第三卷主题创作成"rap+温州鼓词"宣讲作品,作品就广受欢迎。

接上地气,宣讲才更有底气。

从这个角度看，温州海外宣讲团的实践，亦是对理论宣讲通俗化、大众化的一种探索。

二

都说，理论宣讲难，海外理论宣讲更难。

面向海外宣讲，讲什么？怎么讲？这些问题都要解得开、解得好。

讲什么？

讲在浙江的见闻、讲中国的故事，让"小故事"呈现"大道理"，让亲身实践的"小窗眼"看到重要窗口的"大美景"。

当疫情突如其来，在温州的"洋医生"苏玛，成了国际"网红"。她和丈夫在网上发布"隔离日记"和 Vlog 短视频，让中国的抗疫故事被越来越多人知道。毛里求斯卫生部打了两次电话给她，了解中国抗疫经验。

简单来说，就是把"我经历的精彩"告诉你，把浙江的精彩、中国的精彩告诉世界！

怎么讲？

视觉化、个性化、互动化，用海外人士熟悉的话语体系解构故事。

在侨乡文成，"最美庭院"的宣讲，走进侨眷唠生活、聊政策、谈感想，再通过侨眷将宣讲内容转发到家族群、朋友圈中，远在千万里之外的海外侨胞，有了共鸣、也有了共情。

每个人的世界观不同，观世界的方式也就不同。

因此，今天的理论宣讲，分众化、对象化的特点日益突出。海外宣讲的一个探索，告诉我们：

在"人人都是故事员"的时代，只有将叙事语态演变为个体所能感知的方式，才能形成新的"破圈突围"——突破传统宣讲方式的圈，冲破不同文化圈层之围。

三

向世界讲述浙江故事、中国故事，向世界传播中国理论、中国思想——这是海外宣讲的题中应有之义。

但是，因为山、海等物理阻隔以及意识形态等差异，海外宣讲落地"最后一公里"，始终是一个影响宣讲实效的难题。

这道题，温州的海外宣讲团怎么解？

关键一招：造船出海、借梯登高。

温州在海外有一座"宝库"。

遍布世界的温州人建成350多个海外侨团，在海外创办的40多家海外华文媒体和70多所海外华文学校，织密了"联通中外　沟通世界"的对外传播网络。

以侨为桥，温州依托国际传播网红孵化基地，让海外宣讲员当主播、做"网红"，把宣讲元素植入海外传播体系，以"洋"起来、"young"起来的方式，吸引全球友人，走进温州、打卡浙江、喝彩中国。

天边飘来故乡的"云"。当海外受疫情影响时，青年海外宣讲员们，通过"云课堂"为海外中文学校送去优质课程。

一朵"云"，覆盖13个欧洲国家，累计浏览量超7200万人次，成为海外华侨青少年与家乡的情感文化维系。

东海边的"后浪"与四海的"后浪"相逢，就这样碰撞出澎湃之声。

把时代"潮声"播向全球，把理论工作做到侨胞青年心坎上，温州青年宣讲工作成了一项"留根工程"。

恩格斯说："一个民族要想站在科学的最高峰，就一刻也不能没有理论思维。"

理论宣讲，不仅"务虚"，更要"务实"。

在虚实之间找对切入点，这正是海外宣讲的生命力所在。

王丹容　叶剑锋　黄凰　执笔
2022 年 6 月 29 日

以解决实际问题来解决思想问题

> 最好的解决办法，当然是一旦出了事情，能立即把事情的来龙去脉调查清楚，迅速发布权威信息，回应广大群众的关切，才能消弭谣言、稳定人心。

以前，移动互联网还没兴起之时，一个地方出了事情，真真假假、半真半假的消息口口相传，靠拖一拖、瞒一瞒、堵一堵，也许还可以起到一时之效。

可现在，几乎人人都有手机。哪里出了事情，现场小视频很快就会在老乡群、小区群、砍价群等各种群里转发，相关词条在网上铺天盖地，各种信息人尽皆知。

有人可能会抱怨：一旦碰上这种事，删也不好删、堵也堵不严，管也难管住。

其实，删、堵，就完事了吗？管，又该怎么管？

网络世界的事，归根结底还是现实世界里的事在网上的投射。一条条帖子背后，有着一个个网友的想法，甚至是呼声。最好的解决办法，当然是一旦出了事情，能立即把事情的来龙去脉调查清楚，迅速发布权威信息，回应广大群众的关切，才能消弭谣言、稳定人心。

宣传工作固然需要解决思想问题，但如果只看到解决思想问题，而不关心线下的实际问题，宣传就会成为无源之水、无本之木。实际问题从哪来？从老百姓的衣食住行中来，从人们最可感可知的现实世界中来。离开活生生的现实，宣传就会变成凌空蹈虚、自说自话。

1934年，毛泽东在第二次全国工农兵代表大会上作讲话。他说："要得到群众的拥护吗？要群众拿出他们的全力放到战线上去吗？那末，就得和群众在一起，就得去发动群众的积极性，就得关心群众的痛痒，就得真心实意地为群众谋利益，解决群众的生产和生活的问题，盐的问题，米的问题，房子的问题，衣的问题，生小孩子的问题，解决群众的一切问题。"

这个讲话，后来有个题目叫做《关心群众生活，注意工作方法》。到今天，通过"关心群众生活"得到群众理解和支持的工作方法依然没有过时。

不解决实际问题，容易越宣传越令人反感。心理学上有一种超限效应，指的是刺激过多、过强或作用时间过久会引起心理极不耐烦或逆反的心理现象。如果一味做宣传，却忽视实际，抬头是诗与远方、低头是一团乱麻，极易造成大家心理上的不耐烦。正如马克思所说："'思想'一旦离开'利益'，就一定会使自己出丑。"

不解决实际问题，反而会引来"剪不断理还乱"的思想问题。社会意识是由社会存在决定的。不立足实际，不去解决实际问题，只顾着在解决思想问题上下功夫，就难以从根本上消除群众的质疑与困惑。

所以说，思想问题的解决既有赖于宣传部门细致地做好宣传引导，也离不开实际问题的解决。很多思想问题，实质上是人民群众意愿和诉求的一种表达。如今，随着社会分工、利益分化、价值多元，群体性诉求本身开始变得多样，尤其需要我们关注现实的参差复杂，多听老百姓说说心里话。

真正为群众解决了实际问题，宣传会更加有效。

云新宇　执笔

2022年6月29日

"满月"了,我们想到了什么?

> 有多大的担当才能成就多大的事业,
> 有多大的作为才能换来多大的认同。

今天,"浙江宣传""满月"了。

这一个月,我们生产了58篇原创文章,其中22篇阅读量10万+,220多个公众号转发了我们的文章,全网总阅读量超过1.2亿人次,关注粉丝数达到40万。

一个月前,我们曾经有过犹豫,置身互联网传播时代,是否有能力进入深水区游泳;我们曾经有过担忧,现在做公众号是否还有机会破圈出彩;我们曾经有过怀疑,面对少数传播平台独霸江湖的局面,我们的声音能否在更多的移动端传播。

一个月的实践表明,机会依然在我们自己手中,关键是看我们能否有勇气和胆识去打碎身上的"枷锁",在刷新思维中不断创造和放大我们的优势。

一个月来,我们坚持每天发布原创内容,让每篇文章做到有观点、有角度,让每个人都读得懂、看得进,用内容去触动"指尖"、吸引眼球。22篇阅读量10万+的文章、40万的关注用户、数以万计的评论留言，都已经说明"理念一变天地宽"。

有人说，每天早上七点半看"浙江宣传"成了必点的"早餐"；有人说，"浙江宣传"成了大家讨论时绕不开的话题；有人说，"浙江宣传"说了接地气的话，让人读得很过瘾；还有人看完文章专门打来电话，表达自己的看法和想法。

在人人都是"麦克风"、人人都是"发声器"的时代，我们的平台怎样来打造，我们的阵地怎么去拓展，我们的声音如何传出去，我们的文化强省建设向哪里发力？"浙江宣传"正如开出了一艘"破冰快艇"，让我们看见了冰山背后的"新大陆"、打开了突破困境的新视野、看见了浙江文化由"大"变"强"的新通道。

网络时代变化的是传播的技术和手段，不变的是以人为本的初心。有人说，网络空间是个嘈杂的"跳蚤市场"，缺的不是信息，而是高品质的内容。有趣有料的内容，才有生存空间，受到读者喜欢。宣传思想工作是做人的工作，人在哪儿，工作就要做到哪儿；读者需要什么，我们就应提供什么。"浙江宣传"之所以能得到读者支持和鼓励，让他们在阅读量10万+文章上多停留片刻，不是因为我们有多先进的技术、多庞大的队伍，而是因为我们尽自身所能提供读者想看的东西，写出读者看得懂的文章，把读者的注意力聚拢起来。

变革时代最可怕的不是选错赛道和办法，而是没有走出"舒适区"的勇气和想法。无论哪个领域，所谓的"舒适区"本质上就是好日子过惯了，就是凭经验做重复的事情，把做了当做好了，不管到得了到不了读者那里，不管读者接不接受、满不满意。没有自我革命的意识，不可能有自我革命的行动。"浙江宣传"本来也可以办成一个稳稳当当、毫无波澜的政务公众号。而我们从一开始就选择自我逼迫，不断在主题策划、话语风格等方面自我否定，抛掉官腔官调，尽可能用新的打法，努力办一个让读者感到不一样的公众号。在变革时代，真正的"舒适区"从来都是在前方，任何可能的确定性都是在应对不确定性中实现的。

应变求变不是脱离实际地去冒去试，而是遵循客观规律实现自身转型。有些人一说起改革，要么说风险很大，不敢干；要么找不到改革的突破口，盲目干，最终错失改革的良机，陷入发展的被动。"浙江宣传"从零开始、白手起家，不搞行不行的争论，只朝着怎么干出点名堂来的目标去做，按照互联网传播规律生产内容，用流量来说话。宣传文化系统家底很厚，各类阵地、资源很丰富，理论工作、新闻宣传、文明创建、文化建设、文艺创作、网络传播如何把存量资源转化为增量的成效，探索变革性实践、多出标志性成果，考验的是我们把握规律、运用规律的能力。

有多大的担当才能成就多大的事业，有多大的作为才能换来多大的认同。任何改革都是闯出来的，任何事业都是干出来的。担当绝不只是守好今天的摊子，而是要为明天干、为未来谋，勇于为未知局面承担责任。之所以办"浙江宣传"，不是为了办一个部门的政务公众号，而是为了触发我们去思考主攻的方向在哪里、怎样去开辟新的发展空间，如何让我们的事业更好地强起来、服务人民群众。我们想，这正是"浙江宣传"办号的初衷。装睡的人，是永远叫不醒的。如果只是为了过好平淡的小日子，是干不出一番业绩的。面对逆水行舟、不进则退的现实，要当战士，不当绅士，要争先恐后，不畏缩不前，要敢于甩开膀子干而不是爱惜羽毛。唯有这样，才可能闯出一条新路来。

只要出发，从来不晚。"浙江宣传"感恩这个时代，感激读者的每一次打开。同时，也让我们坚信，打开宣传思想文化事业发展的新空间，机遇依然存在、市场依然广阔、受众需求依然强烈，关键取决于我们的决心够不够大、肩膀够不够硬、格局够不够宽。无论是主流思想构建、媒体融合发展，还是文化高地建设、文明浙江打造，都应焕发自我革命的意识，摒弃传统套路的束缚，放下精英思维的"孤芳自赏"，把各自领域的问题研透打穿。没有理由在"旧战壕里重温激情燃烧的岁月"，而应大刀阔斧、只争朝夕抓改革促转型，在移动互联网大赛场上跑出加速度。

这，就是"浙江宣传""满月"的思考。

沈世成 李攀 执笔

2022年6月30日

今天,我们最需要想起谁?

> 那些为党为国付出生命的人,就是我们不能忘却的纪念,也是今天我们最需要想起的人。

一部诞生于100多年前的《共产党宣言》中译本,曾长期埋藏于宁波的一处墓穴空棺,20余年后重现人间,这背后有着怎样曲折的人生故事?又有着怎样不为人知的秘密?

让我们把时钟回拨到2017年10月。

党的十九大闭幕仅一周,习近平总书记带领十九届中央政治局常委们专程来到上海和嘉兴南湖,重走一大路。

在中共一大会址,一部出版于1920年9月的《共产党宣言》中译本吸引了他的目光。当了解到这部珍贵文献竟是从衣冠冢中取出来时,总书记问讲解员:"(这)很珍贵。那你说的那个人呢?(他)后来怎么样了?"

讲解员回答,张人亚在中央苏区积劳成疾去世了,但是家人都不知道他去世的消息……

一

1927年，"四一二"反革命政变后的上海到处笼罩着白色恐怖。

年轻的共产党人张人亚，为了保全自己一直以来悉心珍藏的《共产党宣言》中文全译本在内的几十份珍贵文献，毅然冒着生命危险，把文献背回了家乡宁波霞浦，在郑重托付于其父张爵谦后，即动身离家，继续投身革命。

张爵谦编造了"不肖儿在外亡故"的理由，用油纸精心包裹日后的革命史料，并秘藏于儿子的衣冠冢里。

一直到新中国成立后，张人亚仍杳无音信，此时的张爵谦已步入耄耋之年，主动取出文献并上交政府。他说："共产党托我藏的东西，一定要还给共产党。"

这本传递着马克思主义火种的书刊和其他重要史料一起，得以重见天日。但张人亚的下落依然是一个谜。

2005年，一直没有放弃寻找张人亚下落的亲属们，偶然在网上看到中共一大会址纪念馆介绍馆藏文物——《共产党宣言》时提到了"张静泉"，也就是张人亚。

此后，在中共一大会址纪念馆的帮助下，张家后人前往上海，发现了一篇刊登在1933年瑞金中央苏区出版的《红色中华》上的悼词，才得知战斗在革命一线的张人亚已于1932年12月23日因病去世，时年仅34岁。

在这份悼词中，张人亚被称为"最勇敢坚决的革命战士"。

由于当时环境恶劣、通信不畅，殉职后的张人亚究竟安葬在何处无据可查，时至今日仍难以寻觅。

当人们打开张人亚衣冠冢埋藏文件的时候才发现，由张人亚和他的家人用生命守护的这包文件、书报，仅国家一级文物就有20件。

其中有一件目前珍藏于中央档案馆，这就是包含中共首部党章的《中国共产党第二次全国大会决议案》。这是迄今为止发现的唯一一部中文版的中国共产党第一部党章。

试想，如果没有张人亚的用心珍藏、舍命护送，也许这部中文版党章就无法传世。

二

墨香书丹心。父子两代人守护红色文献，书写了一段富有传奇色彩的革命故事。

人们不禁要问，是一种什么样的力量和精神，支撑守护者甘于冒着生命危险，至死保卫革命的"火种"？

让我们回溯到20世纪20年代初，那时张人亚心中一定是苦闷的。这种苦闷，绝非他一人独有，而是在当时中国社会普遍存在的。

这是有良知的中国人为国家前途"上下求索"而不得的愤懑。辛亥革命的爆发和中华民国的成立，曾让许多"张人亚们"燃起希望。但是，这种希望很快像泡沫一样破灭了。

长夜漫漫，中国的出路到底在何处？

五四运动之后，中国工人阶级开始正式登上了历史舞台。

作为工人阶级一分子的张人亚在参加的一系列社会活动中，开始同党的先进分子相接触，他从一名苦闷的学徒向一名马克思主义者转变，开始参加游行，并领导了上海金银业工人大罢工。

1922年，24岁的张人亚迎来他一生中最重要的时刻：加入中国共产党，成为当时上海最早的工人党员之一。

觉醒而成为一名真正的共产党员，是因为他看到了真理之光。十月革命一声炮响，马克思主义传入中国，那些渴望救国救民的灵魂，一旦同马克思主义相遇，就找到了信仰和奋斗的方向，从此矢志不渝。

心有所信，方能行远。为了守护红色火种，张人亚冒着生命危险也在所不惜。一部党章就只是一份资料吗？不是。它承载着环境极端恶劣的革命年代里共产党员坚定的信念和理想，它是革命的火种。

作为党的工作者，张人亚把珍贵的资料交给父亲张爵谦，因为他知道自己难以把这些资料保存下来，但他要让信念和理想流传下去，要让火种永不熄灭。

对张爵谦来说，日复一日、年复一年的守候，既是为了等待儿子，也是对责任与承诺的坚守。一家人、一条心，这是一个家族至死不渝的革命情怀，这是红色基因的代代相传。

拥有了一个信仰，初心不改、终生无悔。张人亚用一生兑现了承诺。他在入党时这样说："我要忠于这个（无产）阶级，把自己的全部身心，献给这个国家，献给这个事业。"

正是因为革命先辈对真理的坚定信仰、对理想的矢志追随，我们今天才能一睹现存的中共二大文献、完整的中国共产党首部党章；也正是因为革命先辈对革命事业的忠诚、热爱，才让他们一往无前、舍生忘死。

在庆祝中国共产党成立100周年大会上，习近平总书记强调——

一百年前，中国共产党的先驱们创建了中国共产党，形成了坚持真理、坚守理想，践行初心、担当使命，不怕牺牲、英勇斗争，对党忠诚、不负人民的伟大建党精神，这是中国共产党的精神之源。

在张人亚的身上，正体现着这样的伟大建党精神，这是革命先烈留给我们的宝贵财富。

三

一切向前走，都不能忘记走过的路。走得再远、走到再光辉的未来，也不能忘记走过的过去，不能忘记为什么出发。

唯有不忘过去，才能更好地走向明天。对于一个人是这样，对于一个国家、一个民族更是如此。

在中国革命历程中，有千千万万个像张人亚这样坚守理想信念，为党的事业鞠躬尽瘁的人。

他是陈树湘，为掩护红军主力渡江，率领"绝命后卫师"拼死抵抗，身负重伤被俘。陈树湘趁敌不备，忍着剧痛，从伤口处掏出肠子，用力绞断，壮烈牺牲，时年29岁。"为苏维埃流尽最后一滴血"，是他和无数红军将士的真实写照。

他是夏明翰，很早投身革命，成为共产党员，1928年3月因叛徒出卖被捕后就义，牺牲时年仅28岁。他写下一首就义诗："砍头不要紧，只要主义真。杀了夏明翰，还有后来人。"正气凛然的词句，激励了无数后继者。

他是左权，一次次在枪林弹雨中冲锋在前。1942年5月，日军集结3万多兵力，对华北抗日根据地领导机关最集中的地区——太行山辽县麻田一带进行"铁壁合围"。作为前指参谋长，左权指挥总部机关突围，不幸壮烈殉国。

他是刘英，24岁加入中国共产党，他在与战友通信中写道："我加入了共产党，做了共产党员，我是如何的引以为光荣啊！从此我的一切，直至生命都交给党去了！"1942年，因叛徒告密，刘英被捕，最终牺牲。在狱中，刘英留下绝笔诗："十年征尘到如今，偷生弹雨息枪林。战死沙场堪自乐，囹圄室内何我分！"

……

除了这一个个我们熟悉的或者不熟悉的名字，还有无数不知名的人。

他们有的牺牲在井冈山革命根据地的创建中，有的倒在翻雪山、过草地的长征途中，有的牺牲在抗日战争中，有的牺牲在横渡长江的战役中，他们没能在青史上留下名字，但他们作出的贡献和创造的功绩永远不会湮灭，他们铸就了历史的丰碑。

今日之中国，能实现这样的发展、能取得这样的成绩，离不开他们当年的努力付出。今日之中国，正是他们心目中"可爱的中国"。

他们，从没有自己的特殊利益。

他们守护的是中国革命的伟大事业，守护的是中国共产党的伟大理想，守护的是这片他们挚爱的土地。

四

今天是七一,是我们党的生日。

那些为党为国付出生命的人,就是我们不能忘却的纪念,也是今天我们最需要想起的人。

郑林红　王思琦　李攀　执笔

2022年7月1日

汛期来了，温习一下"防台口诀"

> "抗灾"强调对抗思维，而"防灾"强调底线思维，做最坏打算，做最好准备，努力将损失降到最低。

随着浙江各地陆续进入主汛期，暴雨、台风等极端天气将频繁起来。"宁可十防九空"等浙江干部常用的"防台口诀"，得抓紧温习一下了。

其实，这句话并非向来就有，而是有一番"典故"。

这要从习近平同志履新浙江说起。曾在福建工作17年，习近平同志对防汛防台这门必修课熟稔于心。到浙江后，他已是经验丰富、驾轻就熟。

《习近平浙江足迹》就详细介绍了习近平的防台新理念、新策略。

2004年，当"云娜"袭来，他指出，与其说"抗"，不如说重点是"防"，并首次提出了"不死人、少伤人"的目标。

一字之变，意味深长。"抗灾"强调对抗思维，而"防灾"强调底线思维，做最坏打算，做最好准备，努力将损失降到最低。

为了实现"不死人、少伤人"这个目标，习近平同志提出了"宁可十防九空，也不能万一失防"。

防御灾害，不要怕"小题大作"。宁可备而不用、不可用而无备，要牢牢将防灾主动权把握在自己手中。

可是，广大群众会理解和支持吗？

时间来到2005年，为了防御台风"麦莎"，浙江史无前例地提前转移124万人，相当于一个中型城市的人口规模。

当时就有记者好奇，在转移过程中，这么多人的吃、住、行，怎么解决呢？是一道命令就可以解决的吗？

习近平回答说：这个当然要统一干部的思想，还要统一我们老百姓的思想。

统一思想历来是难事。他引导干部不要怕老百姓埋怨几句"瞎折腾"，同时率先垂范、靠前指挥，让老百姓看到广大干部在大灾大难面前付出的真心实意。

灾难是人心的试金石。习近平同志说过一句话，"宁可事前听骂声，不可事后听哭声"。

其实，"骂声"和"哭声"都不好听。区别在于，"骂声"只是少数人暂时的不理解和不满情绪的发泄，对于党员干部来说是一时荣辱得失；而"哭声"则是老百姓失去亲人的巨大悲痛或身心遭受的永久创伤。

"宁可事前听骂声，不可事后听哭声"，这展现出习近平同志坚持人民至上、生命至上的政治大担当、为民大情怀。

这种担当和情怀是一以贯之的。

新冠肺炎疫情发生以来，以习近平同志为核心的党中央始终坚持"动态清零"总方针，认真贯彻落实"四早"要求，科学精准施策,最大限度减少疫情对人民身体健康和生命安全的伤害,最大限度减少疫情对经济社会发展的影响,用最小的代价实现了最大的防控效果。

从浙江防台到当前疫情防控,这种担当和情怀历久弥新、历久弥深、历久弥坚!

沈妤婕　执笔
2022 年 7 月 1 日

起底美西方舆论攻心的六大套路

> 有人说,社交媒体时代,信息比导弹飞得快,故事比坦克冲得凶。美西方显然深谙此道,在舆论战场上使出六种打法,将"怼华制华"持续推向新高度,企图"再生产"中国形象。

舆论战、信息战已成为大国战略博弈的全新场域。

有人说,社交媒体时代,信息比导弹飞得快,故事比坦克冲得凶。美西方显然深谙此道,在舆论战场上使出六种打法,将"怼华制华"持续推向新高度,企图"再生产"中国形象。

套路一:贴标签

美国VS中国=民主VS威权=正义VS邪恶……

美西方一些势力将中美战略竞争包装成"民主与威权""正义与邪恶"的对决,处心积虑为中国立人设、贴标签,试图在全球营造恐华遏华氛围。

美国前总统艾森豪威尔说过:"在宣传上花1美元,等于在国防上花5美元。"美西方一些媒体遵循"来自中国的好新闻一定是坏消息,对中国的新闻报道一定是负面的"这一信条,标榜"客观公正",实则"三分叙述、七分指责",不断"妖魔化"中国形象。有CNN记者公开宣称要"使出浑身解数,让中国在世界舞台上看上去像个坏人"。

"污名化"中国高科技企业是一大着力点。对华为、中兴等中企扣上"窃取数据""侵犯人权""间谍活动"等帽子,肆意污名、全面围剿。近期,又以"人权"及"国家安全"之名,威胁要对海康威视升级制裁。

套路二:一条龙

美西方接续抛出"反华议题",不是简单的"空穴来风",而是"流水线""一条龙"作业,一般分四步:

1.智库生产

接受美西方资助的"中立"智库持续制造涉华报告;

2.媒体传播

美西方媒体引用"报告成果"广泛传播,把谎言包装成"真理";

3.政客介入

反华政客积极发声,借媒体和智库影响力推进反华议程;

4.议会法案

议会等机构制定政策法案,将反华举措政策化、合法化。

所谓新疆"种族灭绝"就是美西方智库、媒体、政客、议会等共同合作完成的世纪谎言。

从未到过新疆的德国学者郑国恩率先炮制新疆"种族灭绝论",澳大利亚战略政策研究所等智库与郑国恩相互引用"研究成果",频频发布新疆"集中营""强迫劳动"等"研究报告"。美国之音、《纽约时报》等迅速跟进、炒作放大,蓬佩奥、布林肯等官员诬称新疆"种族灭绝",美国国会煞有介事通过《防止强迫维吾尔人劳动法》等法案。

造谣张张嘴,辟谣跑断腿。西方智库、媒体、政客、议会等完美制造了谎言生产的流水线。

套路三:拉帮派

美西方国家在"价值观联盟"基础上,勾连形成一个无形的媒体"洋葱圈联盟",打造国际舆论"扩音器",极力放大反华声量。有三个圈层:

一是核心层,以英美两国主流媒体为代表;

二是中间层,以"五眼联盟"、G7等成员国各语种媒体为主;

三是外围层,由亲美亲西方国家的媒体和个人公众号组成。

这个"洋葱圈联盟"在俄乌军事冲突、北京冬奥会、上海疫情等的报道上同心同向、同频同调,其声量几乎垄断了国际舆论场。

墨西哥学者海因茨·迪特里希认为:事实在西方的宣传中已经没有地位,西方媒体在全球对中国社会主义成功发展的攻势中充当了代理人的角色。

套路四：智能化

大数据、人工智能等技术使美西方对华舆论战实现智能升级，人工智能播音员、写稿机器人、自动应答机器人等新应用，实现了"5＋2""白＋黑"自动化工作模式，以极低成本搅动涉华舆论场。

研究显示，YouTube、Twitter等平台上存在许多机器人，针对中国的"爆料""揭幕"进行音视频传播。如北京冬奥会期间，境外势力利用机器人炮制了大量反华议题，Twitter上抵制北京冬奥会的推文和账号中，机器人账号占22%，操纵了25%的相关推文。一些活跃度高的机器人平均每天可发布86条推文。

套路五：放长线

《炊事班的故事》里，老高用那浑厚的山东口音提醒我们："同志们，堡垒都是从内部瓦解的呀！"

美国凭借所谓"灯塔"形象，持续进行文化输出、舆论攻心，美国国家民主基金会等在世界各国"慷慨赞助"，在全球培植"亲美""崇美"人群。在国内，这些人成为"反华代理人"，内外遥相呼应。

培养"反华旗手"。以名人、"公知"和"大V"等为重点对象，加紧渗透影响，个别人受美西方价值观影响，打着"忧国忧民"旗号，与美西方媒体一唱一和。

培植"反华小将"。捏造杜撰多篇污蔑新疆人权状况文章的某90后、创作多幅反华政治漫画的80后网红，都曾是国内一流高校的学生，本应是国之栋梁，却被利用走到了反华第一线。

笼络"反华代理"。欺骗收买社会人员，煽动成立非法组织、蛊惑人心，成为美西方"以华制华"工具。

套路六：搞双标

美西方舆论战、信息战的另一个套路是大搞"双标"。

一方面，"只许美国放火，不许中国点灯"。如美西方媒体将美国在全球部署军事基地称为"维护世界和平"，却将我与所罗门群岛等国的正常安全协议渲染成"威胁亚太安全"。

另一方面，依据美国利益"以我为准"，说一套做一套。如在美国需要渗透或施加影响的领域，就标榜"体育无国界""艺术无国界"等，而需要压制中国、俄罗斯时，北京冬奥会是可以政治抵制的，俄籍运动员和艺术家是可以被禁赛和禁演的。类似行径不胜枚举，其丑恶嘴脸令人不齿。

面对这些"怼华制华"花招，该如何见招拆招，有力回击？且看下回分解。

邢晓飞　云新宇　徐溶　执笔

2022年7月2日

名牌大学"最后一课":风雨何曾惧?

> 时代各有不同,一代人有一代人的风雨,也有各自的追寻。

近来,各大高校密集迎来毕业季。毕业生走出校门,走向社会,开启人生新旅程。

此时,毕业典礼上的校长致辞,也往往成为重头戏。一席席幽默温情、富有哲理、给人以力量的话语,正是大家离校前的"最后一课"。

校园"最后一课",也是走进社会第一课。作为"后浪"奔向星辰大海征途中的"行路锦囊",这节课的意义不言而喻。

"浙江宣传"梳理清华、北大、浙大、复旦、中传、宁波大学等六所高校2022届毕业典礼上校长、党委书记致辞发现,尽管不同高校定位使命不一,却仍有诸多共性。

这些共通之处中,还"藏"着一些不同以往的信号。

一

"最后一课"上,各大名牌大学校长、党委书记都说了些啥?

青年一代,该如何理解好、处理好个人与社会、时代、世界的关系,是校长们挂在心尖上的事。

其一,校长们希望青年人能心怀"国之大者"。

什么是"国之大者"?对学生来说,就是不负社会、不负国家、不负时代,积极投身服务大众、服务社会的实践。

在综合文本中,"民族"和"中华民族"共出现了21次;"社会""人民""担当""责任"等,也是校长们讲话中的高频词。

比如,北大党委书记郝平寄语毕业生,带着"以天下为己任"的使命意识和担当精神,主动思考和解决时代提出的课题。

浙大校长吴朝晖对毕业生说:"面向未来,期待你们牢记'国之大者'。"

他期待,大家能将个人追求与强国目标紧密结合,在服务人才强国、乡村振兴、可持续发展等国家战略中一展所长,以实际行动答好"中国之问"。

其二,希望青年人勇于拥抱大时代,在大世界的浪潮中奔涌向前。

数据显示,"时代",共出现29次;"世界",出现25次;"挑战"和"风雨"分别出现24次、21次;同时,"精神""希望""奋斗""坚持""追求"等关键词,同样被频频提及。

比如,复旦大学校长金力直抒胸臆:"现实世界充满矛盾和挑战,大至百年未有之大变局,小至个人日常生活都充满不确定性。"

"人生最大最持久的挑战,也许就是如何面对挑战。"

宁波大学党委书记朱达则寄语:"未来未知,坚定前行。"希望大家在"强国有我"中寻找"确定性"、在拼搏进取中寻找"确定性"、在从容坦然中寻找"确定性"。

语重心长的毕业寄语,既是校长对当前形势的研判,也是对学生前行路上的鼓舞。

二

细细观察会发现,与往常相比,校长们的讲话有个明显特点:鼓励青年人任凭风雨,直面风雨。

如今,放眼全球,国际经济政治秩序进入漫长的衰退和转型期,疫情的全球流行对世界格局产生深刻而复杂的影响,经济增长乏力、霸权主义抬头等是全人类面临的共同挑战。

"世界怎么了?""人类向何处去?"这些,是来自大洲大洋的风雨。

把眼光聚焦到近处看,第一批00后毕业踏入社会,也面临着关山重重。

比如,严峻的就业形势。来自教育部的数据,今年高校毕业生1076万人,是"史上毕业人数最多的一届"。

面对时代之问、生活之问,青年一代必须练就攻坚克难、不惧风雨的精气神。

清华大学校长王希勤勉励年轻人:"世界格局的深刻变化一定会给你们的未来带来不少风雨。""风雨越大,越要坚定自信,坚持走好自己的路。"

为了鼓励青年人勇于"定风波",中传校长廖祥忠则慷慨激昂地引用苏轼的一首词,"莫听穿林打叶声,何妨吟啸且徐行"。

校长们在"最后一课"中讲风雨,目的何在?

正是为了鼓励青年一代,要在不确定中寻找确定性,在笃定的道路上勇毅前行,所谓"道阻且长,行则将至"。

2002年,习近平同志曾发表《我是黄土地的儿子》一文。其中,他提及:"一个人要有一股气,遇到任何事情都有挑战的勇气,什么事都不信邪,就能处变不惊、知难而进。"

这就是一种面对风云跌宕时该有的精气神。今时今日,这句话仍然具有很强的指导意义,为年轻人开启了一扇思想之门。

校长们给毕业生上的"最后一课",也恰与总书记所说的青年人应具有的精气神一脉相承。

三

中国青年的人生,从来都与国家民族的命运紧密地联系在一起。

尤其是近代以来,我们的民族遭受了前所未有的磨难。在长达一个多世纪积贫积弱、风雨飘摇的岁月中,无数仁人志士为救国救民而苦苦奋斗,付出了太多太多的牺牲。

时代各有不同,一代人有一代人的风雨,也有各自的追寻。

如果要问:今天,青年人应该是什么模样?

有人说,要有扑面而来的清澈与纯粹,像青岛大学"演唱会"毕业典礼那样,唱出"青春味";

有人说,要像北大毕业典礼发言的学生代表那样,"只要有一

颗不惧平凡的心,一样能成为故事的主人公";

也有人说,青春之花应绽放在高精尖科研一线,或者基层一线……

今日之中国,青年的模样应是多元多彩的。不过,归根结底,最好的模样,是不惧风雨的模样,和国家民族命运与共的模样。

当前,中华民族伟大复兴进入不可逆转的重要时期,百年变局和世纪疫情交织叠加,在急剧变化的时代洪流中,青年一代肩上的使命担当更是不言而喻。

唯有"爱国、励志、求真、力行",以青春之年华兴泱泱之大国,方能不负时代,不负韶华。

郑梦莹　执笔

2022年7月2日

霉干菜为什么叫"博士菜"?

> 霉干菜在东阳,不仅是一种可以解决果腹问题的形而下的物质之菜,更成为一种形而上的精神砥砺之菜。

30多年前,《人民日报》头版曾刊发一篇报道,介绍浙江东阳"百名博士汇一市,千位教授同故乡"的情况,让浙中小城东阳声名鹊起。

30多年后,这个数字扩大了10倍,达到"十百千万"的规模,即有东阳籍院士14名,高校校长、科研院所领导100多名,博士1300多名,教授1万多名。

伴随着东阳的"文"名大起,一道原本土头土脸的家居小菜,也获得了一个响亮名字——"博士菜"。

一

"博士菜",原名霉干菜,因为干菜的制成品呈乌黑色,上面布满盐霜,好像发霉的陈物,所以得名"霉干菜"。它还有两个更为简便的叫法——干菜或菜干。

制作腌菜，是中国民间的饮食传统，先秦文献已屡有记载。霉干菜之制作肇始于腌菜，何时诞生虽尚不可考，但其制作之源远、食用之流长是必定的。

中国很多地方，都食用霉干菜。

清代乾隆年间的《本草纲目拾遗》一书中，已有如下记载：

"至春分后，天渐暖，菜亦渐变黑色，味苦不堪食，以之晒作干，饭锅上蒸黑，再晒再蒸，如此数次，曝之极燥，贮缸器中，可久藏不坏，名曰霉干菜，即干冬菜也。年久者，出之颇香烈开胃，噤口痢及产褥，以之下粥，大有补益。"

在东阳，霉干菜可分为白菜干、油菜干和芥菜干三种，味道鲜美要数芥菜干。

芥菜干又以"百脑芥菜"的品种腌晒干菜为上乘：越蒸越乌，越蒸越软，越蒸越香。

霉干菜的用途有很多。正如婺城美食家三川先生所说：除了霉干菜焖肉、霉干菜鸭子等名菜，霉干菜还替面粉"撑腰"，将金华酥饼、浦江肉饼搞得满堂喝彩……

由此及彼，厨师们为了翻新餐桌，又把霉干菜当作"百搭"，哪里都放一点，既与蔬菜配，比如炒苦瓜、炒土豆、煮豆腐等；也与荤腥配，比如霉干菜蒸虾、霉干菜蒸黄刺鱼等。

二

霉干菜的咸，使它可以让人省吃俭食。

霉干菜的干，使它携带方便。

霉干菜的干和咸双重配搭，又让它宜于久贮。

霉干菜里炒进些猪油、猪肉，调和进点白糖或冰糖，立时"化寻常为奇崛"，散发出特有的咸甜之香。

所以霉干菜成为农耕时代最受外出求学之东阳人青睐的佐餐之物。

如果没有肉、油及糖的综合炒制，霉干菜原本的苦、涩、咸，是断然称不上美味的。

但是，一个精神自洽自足自裕的人，是完全能够在物质的清贫中建树起坚强与高贵的。

《送东阳马生序》中的宋濂和马君则，乃是浙江同乡，或许就曾有过霉干菜味中渐染长大的童年。

"余幼时即嗜学。家贫，无从致书以观，每假借于藏书之家，手自笔录，计日以还。天大寒，砚冰坚，手指不可屈伸，弗之怠。录毕，走送之，不敢稍逾约。以是人多以书假余，余因得遍观群书。"

《送东阳马生序》中的这段话，自明朝开始，一直到二十世纪六七十年代，都可作为浙中浙西尤其是东阳学子的精神标配。

三

霉干菜在东阳，不仅是一种可以解决果腹问题的形而下的物质之菜，更成为一种形而上的精神砥砺之菜。

在那些物资匮乏的年代，很多东阳学子，穿着母亲织就的土布衫，嚼着母亲腌制的霉干菜，勤奋求学，最后涌现出令众多县市惊叹的博士、教授。

如果说时下许多人喜欢将"霉干菜"写成"梅干菜",是缘于某种弃俗趋雅的心理,那么东阳人将霉干菜叫做"博士菜",则是一种精神基因的解码——宝剑锋从磨砺出,梅花香自苦寒来。

吃着霉干菜长大的东阳人,英才辈出,历史上进士题名的共有305人,其中武状元6人,曾任正副宰相5人。古代名宦有舒元舆、乔行简、张国维等,现代有北伐名将金佛庄、"一代报人"邵飘萍、著名物理学家严济慈、著名植物学家蔡希陶等。现在更有众多的博士名流遍布全球各地。

事实上,除了东阳,在金华其他县市、衢州等浙中浙西地区,无数学子尤其是住校生都吃过霉干菜,许多人甚至基本靠霉干菜加蒸米饭度过整个初中和高中。

法国作家普鲁斯特在其长篇小说《追忆似水年华》里说过:"当过去的一切荡然无存,唯有气味弥亘。"

时光流转,最绵长的气味一定是家乡的气味。

霉干菜的气味是最温情的手,招引着分布全球的游子常回家看看。

霉干菜的气味是最熨帖的熨斗,总能把游子因为刻骨乡思引发的心灵褶皱细细抚平。

就像有人说:"即使走得再远,只要霉干菜的香味一飘起来,就会想起亲爱的父母。"

陈益林 李攀 执笔

2022年7月3日

经济热点"十问十答",这场对话有料

> 敢说、愿说、能说、会说,直面公众关心的热点问题,这,正是作为社科专家学者应有的态度和作为。

最近,一组经济报道受关注。

十篇文章连续十天出现在《浙江日报》重要位置,名叫《十问十答 | 关于当前经济形势的对话》。浙报记者专访十位长期关注浙江经济的权威人士,每篇聚焦一个问题。

尽可能不讲"正确的废话",寻求鲜明观点;尽可能不讲"听不懂的大话",呈现干货。"十问十答"不仅在移动端上收获流量,在学界业界也受到好评。

在全省上下为稳经济拼一把的时候,"十问十答"让不少人看到了机遇和信心!

一

今年3月以来,"三重压力"叠加"两大变量",经济下行的压力，直接体现在经济运行中的方方面面。

林林总总的问题冒了出来：有的是物流不畅、产业转移、企业倒闭等表象问题，有的是产业链、产业结构、风险防控等深层次问题。市场主体对未来预期减弱，社会上也出现迷惘、质疑的情绪。

非常之时，需要有非常之举措。把当下的困难问清楚、搞明白，我们才有可能找到解决的方法。问，就要把企业和群众能感受得到、有高度认同感的问题问出来。

"订单分流产能转移，外贸外资怎么稳"；

"消费意愿不强，如何激发买买买"；

"企业经营压力增大，如何更有力助企纾困"；

"现金流紧张，融资渠道怎么拓宽"；

"产业链易受冲击，稳链畅链怎么做"；

"困难挑战明显增多，稳预期从哪里破题"……

十个问题，一头连着舆论场上的热议话题，一头紧紧扣住党中央、国务院和省委、省政府稳经济的决策部署，把"党心"和"民心"连接起来。

二

十问的答题人，有的是学界"大 V"，有的是业界新秀，有的是专家型政府官员，横跨国家级智库、省级智库、省内多所高校、研究机构。

多元化的采访对象，不仅为更好说明问题提供了专业领域的视角，还有能有效指导实践的建议方案，更重要的是，他们扎根浙江，对浙江经济有较长时间的观察，能把目前经济运行中碰到的难题解精准、解到位。

比如，民营经济是浙江经济的最大特色和最大优势，多位专家都提到民营企业在稳经济大盘中的重要作用。"如果他们的信心不足、预期弱化，甚至等待观望、消极退守，经济的活力就会受到影响。尤其是浙江。浙江经济的基本盘在民营经济，稳民营经济就是稳浙江经济大盘。"

再比如，疫情加速了全球产业链转移，我们需要的是淡定面对、积极作为。"对浙江而言，在追求高质量发展过程中，一部分劳动密集型产业向资源要素更低的地方转移，也不用大惊小怪。""要鼓励更多浙江企业进入产业链、供应链的高端环节、高端产业，抓住重构过程中的各种机遇，努力成为要素交换的网络节点。"

三

在经济发展遇到多重挑战的当下，经济报道的方式方法尤需打开更大空间。

不照本宣科、不居高临下、不穿靴戴帽，真正推动问题解决，让外行不觉深、内行不觉浅，唯有如此，经济报道才能承担起有效引导市场预期的功能和作用，从而更好服务大局。

十问十答，在文风上，努力做到易读、可读、好读，每篇长度都在2000字以内，不绕圈子、不说废话，力争让人人都看得懂；在观点呈现上，追求接地气但不失专业度，既讲问题讲困难，更讲怎么看怎么办，让经济报道既好看又有价值。

比如谈到疫情防控和经济发展，观点明确——各级政府不能再做"层层加码、处处设卡、人人甩锅、个个自保"的"过头事"；

切实扭转一些不良工作作风，不能脱离实际简单化机械执行上级指令。

谈到政策的可持续性，观点犀利——目前的减负降本政策，有很多是阶段性的，是很积极的，但也要兼顾减负降本政策的长期性、稳定性，让企业做好心理准备，避免突然"撤梯"。

谈到如何提振消费，观点实在——居民愿意消费的前提在于感到明天有钱好赚，让该流动的流动起来，让大家忙碌起来，服务业的活力自然会回来。

有经济领域专家评论："学术放下架子，打开走向大众的通道。"有经济职能部门负责人评论："关键时刻党报发声、学者亮招，令人耳目一新，给人启迪。"

敢说、愿说、能说、会说，直面公众关心的热点问题，这，正是作为社科专家学者应有的态度和作为。

裘一佼　执笔

2022 年 7 月 3 日

代表浙江的好歌在哪里？

> 好歌是神奇的语言。只要旋律响起，就能跨越地域、种族等差异打动人心。一首广为传唱的好歌，能在旅途中抚慰无数人的心灵，对一个地方形象的提升绝对不亚于真金白银的投入。

这两天，社交媒体上响起的一段旋律拨动人心，你可能也在听：

"让海风吹拂了五千年，每一滴泪珠仿佛都说出你的尊严。"

"请别忘记我永远不变黄色的脸。"

一个小视频，全场大合唱《东方之珠》，很快刷屏。

网友留言："这首歌从小学时老师教给我起，每一次唱，每一次听，都会被打动。""歌声再次响起，依旧激荡满怀。"

《东方之珠》走红，始于1997年香港回归之际。从那年起，它一次次响起，亲切又震撼人心的旋律在内地和香港都"声"入人心。

一个问题引人深思：被传唱了25年的它，为何依然令人破防？

文艺创作能从中学习到什么？

一

人们喜欢一幢建筑，除了设计造型，更多是被它背后的设计文化、所经历的风雨所吸引。

同理，《东方之珠》能激起人们心底波澜，不仅得益于优美旋律、诗意歌词，更因为它是植根于时代的精品。

《东方之珠》与"东方之珠"，都承载了太多。

其一，《东方之珠》唤起了很多人的集体记忆。

旋律一响起，25年前的7月1日，那个历史性时刻，宛如就在眼前。

有人回忆："当时我抱着录音机，想要记录那激动人心的时刻。""我正在读高一，看着黑白电视，被震撼住了。"

紫荆盛放，无数人泛起记忆，激发共鸣。

其二，它呼唤着人们的爱国情怀。

一首广为流传的歌曲，总能勾起每个人内心深处对国家和民族的认同。

比如，"一条大河波浪宽，风吹稻花香两岸"，这首《我的祖国》至今还深入人心，因为它契合了人们对家国的热爱之情。

香港回归，洗刷民族百年耻辱，完成了实现祖国统一的重要一步。《东方之珠》表达着我们对祖国由弱到强、日渐复兴的由衷自豪。

其三，听到歌声，人们想到香港的改变，看到了未来的希望。

金融风暴、"修例风波"、疫情侵袭……香港经历的每一次波折,都牵动着国人的心。香港回归25周年之际,人们欣然看到香港已实现由乱到治的重大转折,各项事业取得全新进展。

我们更深知,这样的局面来之不易,要加倍珍惜。嘴上传唱的是一首老歌,内心洋溢的是对"东方之珠"的一份期待。

二

最近读《干在实处 勇立潮头——习近平浙江足迹》,书中不少细节和提法令人印象很深。在"文化是民族的灵魂"章节,习近平同志曾说,"文化也要有拿得出手的拳头产品"。

《东方之珠》,可以说是一个"拳头产品"——从一个时代到另一个时代转折的反映,内涵丰富,让人百唱不厌。

前段时间,北京人艺70周年院庆放送的话剧《茶馆》《雷雨》《白鹿原》等在社交媒体上刷屏。演了数百场的话剧是一个个时代的缩影,也是耐人寻味的"拳头产品"。

这样的作品,在今天,还需要有更多。

这个时代,物质生活相对充裕,互联网飞速发展,文艺作品在数量上并不缺乏,听一首音乐、看一部电影,是随时随地的小事。但能"走心"到令人心潮澎湃的作品,却屈指可数。

特别是近些年,很多年轻人在杭州的酒吧唱着《成都》,很多北漂被《北京北京》深深吸引。其实,在浙江历史上,上世纪有一首歌叫《采茶舞曲》曾广为传唱,然而步入新时代,浙江还没能有一首有代表性的好歌,令人感到遗憾。

好歌是神奇的语言。只要旋律响起,就能跨越地域、种族等差异打动人心。一首广为传唱的好歌,能在旅途中抚慰无数人的心灵，对一个地方形象的提升绝对不亚于真金白银的投入。

现实情况是，除了歌曲，还有影视剧或是文学作品等，不少都是为了简单迎合评奖需要或者是市场需求而生产，值得反思。

这样的作品，脱离真实生活，远离烟火气，千篇一律、内涵苍白，动不动就是"辉煌""梦想""燃烧"；创作者不走心，老百姓不想听，听了也记不住。

还有的作品，花了重金打造，光是冲着评大奖去，可是没有民间传唱度。

以上种种，都不是我们老百姓真正需要的精品。

三

精品力作，要从时代中汲取养分，字字句句、分分秒秒接地气、通人心。

它需要创作者沉下心来打磨，多体验、多积累。光躲在书斋里，光坐在吹着空调的办公室里，是写不出来的。

《我的祖国》为什么是经典？词作者乔羽从小受到父亲的文艺熏陶，在战乱中长大，年轻时读了很多书，接到创作任务后把自己关在房间半个多月，最终用最朴素的歌词书写了人们心底最美好的情感。

它需要创作者能够踩准时代节拍，多思考、多研究。脱离实际，浮在表面上，不深入社会肌理，是写不出来的。

也许有人会说，《东方之珠》的火，胜在题材，踩准了节点而已，实际上还有多少个1997年香港回归？

实则不然。现在的我们也在经历一个伟大的变革时代，个体生活每天都在发生变化，经历着喜怒哀乐，国家正经历着伟大变迁，很多事件每天都在发生，这些都是源源不断的鲜活题材。关键看你怎么去挖掘、怎么去表达。

它还需要创作者能够做时间的朋友，多尝试、多创作。好高骛远、急功近利，总想着一鸣惊人，大抵也写不出佳作。

"黯淡了刀光剑影，远去了鼓角铮鸣"。在创作《三国演义》片尾曲《历史的天空》时，60多岁的词作者王健在45天内改了6次、写了3稿，在多年后还没有走出"三国"。这首歌让人们深深记住了王健这个名字。

歌声的声声不息，是时代的生生不息，是创作者的生生不息。

今天我们所经历的一切，在明天也将成为大家引以为傲的集体记忆、宝贵财富。

少一些浮躁，多一些沉淀，期待有更多"拳头产品"冒出来，能够反映时代特征、经得起检验，让人们在经历岁月洗礼后还能传唱。

也期待浙江，能早日有一首代表浙江并广为传唱、脍炙人口的好歌。

郑梦莹　执笔

2022年7月4日

别把小事拖大拖炸了

> 外行说不如内行说,别人说不如自己说,被动说不如主动说。

重大突发事件、热点问题发生后,舆论场一般会出现短暂的信息"真空",此时正是发布权威信息、回应社会关切的"黄金期",但也是谣言、传言迅速滋生的"窗口期"。

在这个关键点,如果相关地方和部门不发声、不回应,就可能出现"真相还在穿鞋,谣言已跑遍世界"的局面,把小事拖大拖炸,从而丧失主动权,再想说时就晚了。

该发布时不发布,分析其背后原因,主要有三种心态:

"鸵鸟"心态。奉行"沉默是金",打死也不说;觉得"挺一挺就过去了",反正热点自会降温。殊不知,舆论场上,正确的声音不去占领,错误的声音就会蔓延。

互联网时代,注意力是稀缺资源。如果不实信息大范围传播,导致公众误解、误读、误判,就需要花费数倍的成本辟谣、纠错,给事件本身的处置造成被动;一旦发酵升级,由"茶杯里的水花"演变成舆论风暴,更会影响党委、政府的形象。

更何况，公开、透明体现的是"以人民为中心"，"公开为常态，不公开为例外"，本就是法律规定、制度要求。

疫情以来，从国务院到县市区一级，密集开展疫情新闻发布工作，单是浙江省级疫情新闻发布会已举办119场，讲疫情动态，说防控举措，话科普知识，谈复工复产，回应各类热点问题，以权威声音助力稳人心、强信心、暖人心。

"甩锅"心态。认为事件由上级或下级部门负责处置，本级可以不回应；或者认为事件涉及多个部门、地方，谁先回应，谁就"引火烧身"。

其实，群众的关切是明确具体的，该谁回应，各级单位分工有责，人民群众心里清楚，瞻前顾后、左顾右盼、推诿扯皮根本行不通。只有主动回应，才能赢得信任和口碑。

去年底，一条鼓励广大群众适当囤积生活必需品的通知被过度解读，各地出现居民抢购的现象，浙江省商务厅马上回应："这样买，真的没必要！"并列举5条理由，迅速缓解社会焦虑。

"求稳"心态。觉得应该发声，但又顾虑重重，担心对外发布后，老百姓不满意，或者有质疑，还不如不发布。

发布效果不理想，要么是做得不到位，需要改进提升；要么是说得不到位，需要跟进解释。只要态度足够诚恳、回应足够及时、举措足够给力，公众一定会理解支持。

今年5月，杭州西湖7棵柳树移栽事件一时引发广泛关注，杭州方面及时回应、迅速整改。市委、市政府召开民意恳谈会，要求举一反三，做好城市建设与文化保护工作。尊重民意、坦诚沟通、深刻反思赢得各方的谅解与肯定。

不管是"鸵鸟"心态、"甩锅"心态还是"求稳"心态，归根结底都是缺少主动担当的意识。当前,很多单位和领导不主动担当作为,怕发布出错而逃避发布责任,索性选择不发布,这绝对不应该。

对应当发布而不履行发布责任的,应该像追究发布错误一样追究不发布的责任。对及时主动发布的,媒体要态度鲜明地肯定支持,社会各方面也要更加宽容,建立必要的容错机制,鼓励这种负责任敢担当的作为!

实践反复证明,外行说不如内行说,别人说不如自己说,被动说不如主动说。破除"三种心态",责任主体真正担起主体责任,才能在关键时刻发挥出关键作用。

杨昕 徐伟伟 执笔

2022 年 7 月 4 日

只把宣传当饭碗是干不出彩的

> 我们怎样看待我们的工作,以什么样的心态去干工作,归结起来一句话——超越"职业"、笃定"事业"、追求"生命",这是我们广大宣传工作者应该有的境界。

学者王国维以诗词穿透人生,提出人生的三重境界:"昨夜西风凋碧树,独上高楼,望尽天涯路"重在摆脱现实的纷扰,"衣带渐宽终不悔,为伊消得人憔悴"尽显对事业的无悔,"众里寻他千百度。蓦然回首,那人却在灯火阑珊处"终至心境的通达。

其实,从事宣传工作也有三重境界:

最低一重境界是把宣传工作当职业,权作谋生之法;

再高一重境界则是把宣传工作当事业,夙夜在公、不辞辛劳;

最高一重境界是把宣传工作视为生命,"从一而终"、鞠躬尽瘁。

达到最高一重境界确实很难做到,这是高山仰止的境界,折射的是一种深层信仰。可是,这种境界值得我们每个人努力去追寻。

我们常说,"党从生根发芽时就是从宣传工作做起的"。回望百年历程，我们党的诞生始于宣传、"红色根脉"贯于宣传、历史抉择系于宣传、复兴伟业盛于宣传，宣传思想工作始终承担举旗定向、凝心聚力的重大使命，是我们党的一项极端重要的工作。

战火硝烟的岁月里，国民党军队在发大洋，而我们共产党人愿意衣衫褴褛、吃糠咽菜，哪怕付出抛头颅、洒热血的代价也在所不惜，原因在于共产党人心中有信仰。

在今天这个时代，我们能够投身宣传事业，意味着在中华民族的发展史上介入了很重要的一项工作，这何其有幸。因此，宣传工作值得每一位宣传工作者带着信仰，躬身入局、置身事内。

如果做不到把宣传工作视为生命，至少也应有对宣传工作的事业心。什么是事业，怎样才算干事业？

《易经》里有句话，"举而措之天下之民，谓之事业"，意思是说如果所做的事情是为了造福于老百姓，那就叫事业。宣传工作要想干出事业感，让这个社会因为有我们的努力而变得更好，必须坚持以民为本、实事求是、创新实干。这三者相互关联、相互促进。

以民为本是立场。立场站不稳，方向就会"跑偏"。武侠小说里讲"侠之大者，为国为民"，能进入宣传队伍的，干起理论、新闻、文化、文艺等工作来都是有"硬功夫"傍身的。但如果干工作只是为了应付应付、混口饭吃，那最多算个"镖师"。如果是抱着安邦济民的信念去做，以百姓之心为心，才算得上"侠"。

实事求是是基本观点。事业感不是表演出来的，也不是突击出来的，而是有了抱负和追求之后，自然而然流露出来的，最直观的体现还是脚踏实地、实事求是，坚定执着地守好每班岗、扎扎实实地干好每件事，切忌脱离实际、华而不实。

创新实干是方法。事业的开拓离不开创新。做好宣传工作，要善于站在更高维度思考问题、创新打法，进行自我逼迫、迭代升级，不断打开新局面、取得新实效，也要狠抓落实，盯着事情、想着办法、花着力气，把蓝图绘成现实。

从职业到事业，看似一字之变，折射的却是价值追求和人生格局的差异，成为决定人生意义的分水岭。

职业感和事业感固然都是干工作的"发动机"，但这两部发动机的功率不一样。职业感是"自然吸气"，过得去就行。如此把宣传当谋生的饭碗，是注定干不出彩的。事业感是"涡轮增压"，能轰出"推背感"。有没有事业心，很大程度上就看有没有干工作的冲劲和狠劲，看是否敢于突破、敢于创新、敢于拿出别人想不到的打法，最后把事情干成，从中找到幸福、体味价值、感悟神圣。

时代机遇在前，任务挑战在前。

我们怎样看待我们的工作，以什么样的心态去干工作，归结起来一句话——超越"职业"、笃定"事业"、追求"生命"，这是我们广大宣传工作者应该有的境界。

何诗航 谢滨同 李攀 执笔

2022年7月5日

见招拆招破解美西方舆论战套路

> 时与势在我们一边,要树立必胜的信心。面对美西方的舆论战套路,谋划高招实招,有效破解反制,关键时候克敌制胜,让建立在谎言基础上的西方反华舆论大厦倒下去、倒彻底。

击毁一辆坦克,叫"大胜";被歼灭5000人,被打下一座城,叫"移交"。

网民发现,西方媒体很会用词。

Reddit上有人说:

怎么一边倒都在说俄军损失,但乌军却守不住?这是不是就是传说中的舆论战?

现代战争是"混合战争",不仅是阵地战、经济战,更是认知战、信息战。后者甚至比前者烈度更高,对军心民心影响更大。

上篇,我们起底了美西方舆论攻心的六大套路。来而不往非礼也,本篇提出五种打法,以见招拆招,试图破解其套路,并抛砖引玉。

一、以攻为守打好主动战

你打你的，我打我的。

围棋技巧叫腾挪，武术功夫叫劲点转移，军事术语叫围魏救赵。

面对舆论战，首先要克服"答辩心态"、摒弃"做题家"思维，不要急于辩解回应，以免进入对方的预设战场，被对方牵着鼻子走。

进攻是最好的防守。要系统重塑信息战、舆论战的战术打法，围绕美西方暴露出来的"治理瘫痪""政体失灵""族群撕裂""民粹主义"等问题，主动设置议题，敢于亮剑发声，深刻揭露美西方"民主门面"背后的权力腐化、寡头垄断、民意操弄和效率低下，戳穿美西方打着"普世价值"旗号大搞霸权主义、单边主义、保护主义等行径的丑恶本质，占据国际道义制高点。

北京冬奥会期间，国内某智库对美西方运用网络机器人的造谣攻击等行为进行研究，揭穿了美西方黑华操作的伎俩，撕破了反华势力的伪善面目。

要以此为借鉴，进一步摸清美西方制造议题、散布谣言，对我发动舆论攻势的重点领域、目标及手段等，前瞻设置议题，储备舆论弹药，积极开展反制，变被动防御为主动出击。

二、善讲故事打好攻心战

上兵伐谋，攻心为上；讲好故事，事半功倍。

舆论斗争要立破并举、以立为本，关键在于塑造可信、可爱、可敬的中国形象。要达到这个目标，一个好故事胜过一堆干巴巴的大道理。

2021年一群北移的亚洲象引起了"全民观象"的热潮，相关地方趁势讲好故事、对外传播，在内地，相关话题点击量超过110亿次，超1500家海外媒体刊发报道3000多篇；更难得的是，多数外媒以正面心态进行报道，替我们向180多个国家和地区传播中国故事。宁波象山"救鲸记"相关播放量也达38亿，成为继"大象北行"之后又一现象级传播事件，充分展示浙江"重要窗口"形象。

再如李子柒在全球各平台上粉丝累计过亿，在YouTube上，每一则视频播放量几乎都超过500万，让世界认识了一个更加美好、温暖的中国，赢得了无数外国友人的心。

上述案例的共同特征是：以小切口展现大主题，以小故事讲清大道理。在舆论战、信息战中，要创新话语体系，讲究方法艺术，将观点寓于叙事、将立场融入修辞、将价值观内化于谋篇布局，讲好中国共产党的故事，讲好中国人美好生活的故事，讲好"共同富裕"的故事，抵消美西方媒体的抹黑诋毁。

还要广交朋友，多把理性、友好的外国朋友请进来走一走、看一看，让他们把中国的大好河山装进相机里、丰富物产装进旅行箱里，把中国人的文明友善装进心里，用西方人讲好中国故事，减少外界误解曲解。

三、硬软结合打好持久战

舆论战古已有之，历史上的舆论战五花八门。四面楚歌瓦解了项羽的军心士气，鱼腹藏书、篝火狐鸣让人以为陈胜是上天选派的新王，《讨武曌檄》《讨曹操檄文》是大战前的舆论动员。

舆论战里这些"术"固然热闹，但实际上决定胜败的是更高纬度的"势"。"势"就是硬实力，以及硬实力支撑起来的话语权、公信力、传播力和影响力等软实力。法国哲学家福柯认为："话语的强弱是由话语者的强弱决定的。"意识形态竞争的背后是国力的较量、实力的竞争。

事实胜于雄辩，也是谣言的最好粉碎机。美西方一些势力"一条龙"流水生产反华谎言，我们要行大道、行正道，将高质量发展作为解决一切问题的根本，全力以赴抓实抓好。在此基础上，坚持用事实说话，用数字说话，用老百姓越来越好的生活说话，用比美西方更好更快的发展来说话，以无可辩驳的事实让美西方一些媒体的造谣抹黑不攻自破。

实现更加公平、更可持续发展的同时，全面提升社会治理能力，让人民群众在"中国之治"与"西方之乱"的鲜明对比中，切身体会"优质治理才是人民之福、劣质民主只能是人民之祸"。

四、搭建平台打好阵地战

社交平台已成为舆论战的主战场、主阵地。社交媒体时代，没有传播平台却想打赢舆论战，无异于在沙滩上建城堡。俄乌冲突期间，YouTube、Facebook等平台对俄罗斯媒体账号进行"封号""禁言"，国际舆论几乎呈现"一边倒"态势。

Twitter等平台早就盯上了我们的媒体，在我国媒体账号下添加特殊标签，暗示"不可信"，但对英国BBC、美国NPR等西方媒体则不添加标注。

针对舆论战阵地多数掌握在别人手里的实际，在规范发展平台企业的同时，要做大做强具有国际影响力的社交平台，打造能与Facebook、Twitter等分庭抗礼、战而胜之的"社交航母"，推动出海远航，为发出中国声音提供保障。

除了建"巨无霸"航母，还要有大量的巡洋舰、破冰快艇等，打造能征善战的出海舰队，加快形成国家—省—市三级联动、官方—民间互补的传播矩阵，当官媒被狙，民间力量和个人自媒体可以动起来打，形成万船出海的格局，打赢对外传播的人民战争。

五、破除规锁打好技术战

数字科技已成为地缘政治博弈的最新筹码，成为大国战略竞争的关键变量。其中，掌握在美西方手里的国际网络规锁权是舆论战的大杀招。

如果美西方单方面停止域名系统（DNS）服务怎么办？很难想象，战斗一触即发，你全副武装却被排除在战场之外，这样的仗怎么打？

当网络机器人以一当十、"5＋2""白＋黑"炮制议题、制造声浪时，"小米加步枪""贴身肉搏"已经适应不了新战场、新敌人。

打败技术的只有技术。俄罗斯就预判到了对手的预判。早在

2019年，俄政府制定实施《主权互联网法》，打造自主互联网技术设施。哪怕美西方有一天真的切断俄罗斯与全球服务器的连接，其国内网络仍能独立运行。当年"自我逼迫"的这一行动如今看来格外必要。

应当倡议建立一个更加民主、平等和多元的全球网络机制和网络基础设施，不任由他人随意"闭麦"。同时也要留个后手，加快建设更稳定、安全的主权互联网，加快芯片、操作系统等核心技术的国产自主替代，以应对极端情况下的网络封锁。同时，还应研发技术对网络机器人等舆论战工具进行有效反制。

时与势在我们一边，要树立必胜的信心。面对美西方的舆论战套路，谋划高招实招，有效破解反制，关键时候克敌制胜，让建立在谎言基础上的西方反华舆论大厦倒下去、倒彻底。

邢晓飞 云新宇 徐溶 执笔

2022年7月5日

浙江的文博文创该发力了

> "出圈"难,但把越难的事情干好,也就越有意义。文博文创,不妨"玩"起来,多一些硬核的"出圈"产品,不能总是停留在卖几本手绘笔记本就止步的层面。

近日,甘肃省博物馆一款丑萌的"马踏飞燕"玩偶一夜间火了,卖到脱销,相关新闻在朋友圈刷屏。

在相关新闻的留言中,笔者看到一段话:

甘肃省博都预约不上票,文创店里人满为患。可是浙江的几个博物馆,有时日观众数1500人都不到,有时剩余预约名额绰绰有余,少数馆即使开了文创店,也还比较冷清。

这话有一定道理。反观浙江的文博文创,放在全国来说,的确还有提升空间。

一

在持续不断的"文博热"下,文创产品的火已经不是这一两年的事。

从刷屏多年的故宫文创,到近两年走红的河南博物院"考古盲盒"、三星堆青铜面具人文创等,再到新晋顶流"马踏飞燕"玩偶,等等,文创早已从小众走向大众。

对标这些文创产品,当我们再把目光转向浙江省内文博圈,感觉还有一些短板需要补齐,主要体现在——

其一,品类相对普通,缺乏较高辨识度。

浙江文博圈的文创产品开发有一定的基础。目前,很多博物馆出品的文创产品数量可观。有的馆成立了文创品牌、开设了文创店,有的则与其他品牌联名合作推出了一些产品。

但如果常在博物馆商店逛会发现,货架上摆的多是手绘笔记本、丝巾、明信片、手机壳、帆布袋、书签……产品林林总总,有些缺乏创意,有些款式几年不换,换个logo放哪卖都行,很难受到年轻人追捧。

其二,爆款缺失,"能打"的较少。

去年,一张"十三五"期间全国博物馆文创产品开发优秀成果榜单公布,33件入选作品浙江占两件:浙江省博的《十里红妆》系列文化产品、中国丝绸博物馆2020丝路周主题插画系列文创。

按数量比例,这样的成绩已是不俗。但纵观全省情况,从更高标准而言,目前我们还没有一款产品够重磅、能"出圈"。不妨"吾日三省吾身":圈了多少粉?销量有多少?真的能让很多人爱不释手吗?

其三,销量平淡,观众难以记住,吸引力还不够。

与文创"热供给"形成鲜明对比的是市场的"冷需求":线下门店客流不多是常态,线上店铺销量有时也不及预期。

平心而论,"出圈"不易。尤其在全国众多文博机构进军文创的当下,供大于求,大多产品经不起大浪淘沙;不同博物馆资源不同,浙江缺少故宫、敦煌这样的超级IP。

但文创产品火不起来,让人"粉"不起来,尤其不能吸引年轻群体,终究是文博行业活力不足的表现。

这就带来两点不匹配:

现实层面,文博大省浙江,文物资源丰厚,在考古、遗产保护、博物馆公共文化服务等方面实力出众。就文创行业目前的市场体量而言,与浙江该有的水准不匹配。

未来层面,省党代会报告中提出,浙江要打造"文博强省"。其中,文创产业的竞争力无疑占一头。以目前的情况,文创领域的表现与这一定位还有较大差距。

二

他山之石,可以攻玉。

在互联网时代,人和事的走红存在一定偶然性。但别的省份文创产品频频"出圈",背后肯定有规律可循,有值得借鉴之处。

以"马踏飞燕"玩偶为例:

设计上,设计团队利用社交属性,让文物传递出一种"情绪价值"。设计师抓住文物本身歪嘴的形象特点,设计了这只龇牙咧嘴的绿马。"潦草的可爱",令人上头,戳中消费者喜好。

代表性上,"马踏飞燕"可谓甘肃最具辨识度国宝之一。甘博巧妙借力镇馆之宝知名度,挖掘文化内涵,就如同影视圈演员"带资进组",戏还没开演,关注度已经在了。

在营销互动上,甘博也很会玩。商品断货后,官方俏皮回应:

疯狂踩缝纫机中,国宝值得等待。网友调侃:"别的博物馆把文物整活,甘肃博物馆让文物整活。"

除了"供给侧","需求侧"的变化也是文创产业大火的另一原因。

人们精神文化需求日趋旺盛,对传统文化、文博行业的关注度提高,消费习惯也发生着变化。尤其偏爱国风文化、追求创意和个性的90后、00后消费能力不断升级,直接推动了文创市场的壮大。

三

相形之下,浙江文博文创要做到更"会玩"、更"能打",就需要再发力。

我们说,传统文化要实现创造性转化、创新性发展。在文博界,文创表现能否出彩,也正是转化能力强不强的标志之一。

市场效益是一方面。目前,国内博物馆绝大部分是国有博物馆。如果能在做好典藏、研究、展示、社教等的同时创造市场效益,何乐而不为?

传媒界有句话,"传媒控制资本,资本壮大传媒",这在文博界一定程度同样适用。壮大市场效益,也将助推文博事业发展。

文创的火能带动文博的活是另一方面。虽然文创等商业活动只是博物馆工作中一小部分,却是拉近文物和大众距离、提升与公众关联程度的重要手段。让文物"活起来",目的之一就是发挥出其现世价值。

"出圈"难,但把越难的事情干好,也就越有意义。文博文创,不妨"玩"起来,多一些硬核的"出圈"产品,不能总是停留在卖几本手绘笔记本就止步的层面。

令人欣慰的是，浙江已经就文创产品开发提出相关规划。

省文物局文博事业发展"十四五"规划中就提出，"推动博物馆文创产品开发，鼓励各级博物馆依托馆藏文物资源，积极推进文化创意产品的开发与投入，完善文化创意产品营销体系"，扶持"浙江省文澜阁博物馆商店联盟"发展。

具体而言，进一步把规划变成现实，实现文创产品突围，该如何发力？笔者有以下四个观点供参考。

首先，要梳理好家底。浙江"文化基因解码工程"已经启动一段时间，"基因库"已经梳理好，接下来要瞄准具有转化潜力的文物，尤其是各个馆镇馆之宝级别的，做好创造性转化。

其次，要整合资源，多"跨界"。积极动员高校及研究院所、文创机构等各方力量入局，为我所用。值得一提的是，需要打通机制关节的，相关部门也要绝不含糊。

再次，要摸清市场风向和年轻人兴趣偏好。在设计、开发、传播、运营等全链条各环节发力；还要打开思路，跳出浙江、跳出中国，开眼看外界，多取经。

最后，要用好数字化手段。据悉，目前浙江文物系统已经将数字化运用于工作各个环节。下一步，怎么充分利用数据资源，通过个性化定制等推出具有竞争力的文化产品，值得探索。

期待打通任督二脉后，浙江文创和文博都将形成新增长点，激发出新活力。

郑梦莹　执笔

2022年7月6日

这些好书是怎么漂洋过海的?

> 一路走来,致力于加强中华文化国际传播能力建设,在世界的舞台上讲好中国故事、浙江故事,浙江出版的这一份使命光荣而充满意义。

相知无远近,万里尚为邻。

省党代会提出扩大高水平对外开放,文化和出版当有作为。

怎么走出去,怎么去开辟海外市场?

这些年来,浙江出版联合集团以书为媒,向世界讲好中国故事:《之江新语》多语种海外出版推广,浙籍作家作品走向世界,学术著作进入欧美,运用资本优势建立海外机构……

在书中,老外"走进"浙江;在"浙"里,世界读懂中国。

今天,我们通过四个故事,一起来看看浙版图书怎么出海。

一

如今,《之江新语》成为一扇向世界打开的中国之窗、浙江之窗。

时光倒回至三年前,《之江新语》古巴版的出版来之不易。

2019年元旦刚过,浙江出版的工作人员飞越太平洋来到加勒比岛国古巴,目的就是通过面对面的逐项落实,确保《之江新语》这个新版本有"高度"也接"地气",能摆上政要、学者的书架,也能够被普通读者捧在手上。

中古同行们短短几天内密集会面,商定出版合同,讨论和审定书稿,交流热烈而深入。西班牙文、英文、中文,在不同语言的碰撞中,《之江新语》言简意赅又意味深长的政治智慧和战略远见以另一国的文字准确呈现。

2019年6月17日,《之江新语》西文古巴版首发式暨中古治国理政研讨会在古巴哈瓦那国宾馆隆重举行。

古巴版一经推出,就得到高度评价,在政要、学者和普通民众中引发阅读热潮。

此后,西文、德文、英文、法文、日文、俄文,6个语种7个版本相继出版,罗文、葡文、阿文等更多语种的翻译出版正在推进之中。

英国社会科学院院士马丁·阿尔布劳阅读英文版后评论:

《之江新语》不仅具有历史深度,同时具有全球视野,语言浅显易懂,为读者了解中国复兴进程打开了一扇独特的窗口。

二

茶文化在中国具有悠久的历史和传承,蕴含着浓浓的江南风情。

作家王旭烽描写江南茶人生活的"茶人三部曲"(《南方有嘉木》《不夜之侯》二卷获得茅盾文学奖),自2014年起到2022年持续输出海外。从北美到欧洲再到"一带一路"国家和地区,这片"江南叶子"飘向四面八方。

文学作品"走进去",翻译的信达雅是关键。

为保持高水准的文学性和原著韵味,出版社组成了以人民文学奖翻译奖获得者魏友敦领衔的中外翻译团队,翻译、审校、出版、推广,处处用心,渗透了出版者辛勤的汗水,也闪耀着中外合作和文化碰撞的迷人火花。

文学,是相通的,是增进交流、了解中国的桥梁。

有读者反馈:"我为看这部小说熬过好多个夜。我为书里的人笑过也流过泪。"

通过"走出去"的一部部浙籍作家作品,借助一个个动人心弦的故事,浙江、中国在全球读者的心里越来越清晰、越来越闪亮。

还有一批浙籍作家作品如麦家作品系列、艾伟作品系列,以及蒋胜男、流潋紫、王丽萍等的网络文学系列作品成功输出,彰显了浙江文化的悠远魅力、时代价值和世界意义。

三

学术专著"走出去",是展示崛起的当代中国风采、为世界提供中国经验的重要手段。可是,学术专著怎样"走出去"?

《肿瘤整形外科学》英文版的输出是一个很好的案例。这本专著在国内外首次系统提出肿瘤整形外科学这个概念,在世界范围内具有独创性和权威性。将这一著作输出海外,和海外学术界分享中国崛起进程中医疗科研的最新成果，体现了中国对人类健康福祉的贡献。

眼尖的海外出版商主动上门洽谈英文版合作。每一个学理每一条概念的翻译都力求精确，几百条文献、上千幅插图、几十万字都逐一核对，无一错漏……严谨、高品质是学术专著的特质。

《肿瘤整形外科学》以接近完美的姿态进入国际图书市场，英文版在 SpringerLink 下载已达 2.9 万次，其数字资源被全球顶尖科研数据库平台 Web of Science 检索，服务国际学术群体。

《哈密尔顿系统的辛几何算法》《手及上肢先天性畸形》《多学科设计优化理论及其在大深度载人潜水器设计中的应用》《怪波及其数学理论》《红外材料与探测技术》《大气、海洋无穷维动力系统》《中国探月工程》"大科学装置丛书"……这是一份正在不断扩大的书单。

如今，浙版原创学术专著的国际出版步履不停，与国际知名出版商的合作道路正越走越稳、越走越宽。

四

全资收购澳大利亚新前沿出版社，被誉为中国少儿出版收购并新建海外出版社第一案，是中国出版走向国际亮丽的一笔。

新前沿出版社是一家成立十几年的专业童书出版社。完成收购后，新前沿成为浙江少年儿童出版社的海外全资子公司，以更鲜明的品牌和国际化特色开展运营。

本土化运营保证了渠道更通畅，产品更接地气，营销更精准，《阿诗有块大花布》《阿诗的神奇树叶》《谢谢你》《五千年良渚王国》等一批中国原创优秀童书搭上"直通车",进入了英语国家。

从收购至今,新前沿已走过六个年头,建立了英国公司,形成"出版业务互通,国际化经营管理"的跨国管理新模式。依托这个国际出版平台,带着浙江基因的中国好故事,进入了欧美主流销售市场。

"买船出海",通过资本走出去,真正实现"走出去"向"走进去"的深化和转变,增强了中国童书的国际影响力。

一路走来,致力于加强中华文化国际传播能力建设,在世界的舞台上讲好中国故事、浙江故事,浙江出版的这一份使命光荣而充满意义。

徐宁　执笔

2022年7月6日

"美丽浙江"是如何长大的?

> 在需要权威、专业新闻的时候,我们毫不含糊;但与此同时,我们也希望用接地气、充满人情味的方式,给大家讲一些人物故事、分享一些暖闻趣闻。

粉丝1000万,在抖音里似乎不算什么。

但对省政府新闻办官方账号"美丽浙江"来说,这一"小目标"来之不易,翻出2019年10月18日上线那天的朋友圈,留言还在:"有170个粉丝了,加油!"

不久前,就在高考发榜的那几天,抖音平台发布了一份"美丽浙江"的成绩单:粉丝数1000万+;累计发布视频数1.5万+;播放量221亿+;累计获赞4.2亿+。

攒粉不易,"出圈"更难,两年多来,"美丽浙江"是如何慢慢长大的?

团队负责人这样理解——

这个过程就是和网友的一场"对话"。

一

既然是"对话",首先要"找到人"。

很多感觉不错的片子发到网上反响平平,这是因为移动互联网和传统媒体最大的区别是"要对着人说"。

"要对着人说"关键是先要建立交流述说的"对象感"。

比如"美丽浙江"现阶段对话的"他们",应该是全国各地的可能对浙江比较感兴趣的人。

明确"对象感"的好处是,做什么内容都要先问问自己,"他们"喜欢听你这样说吗?他们听得懂你想要表达的意思吗?"美丽浙江"对编辑有一条简单但又不简单的要求:想象这是发给你父母、亲戚朋友的。

明确了"要找到人"的"对象感",团队接下来最大的一项工作就是"翻译",把要传递的信息和内容,用"他们"喜欢和愿意接受的方式进行编写制作,讲故事、做音乐、情景演绎、记者探访,手法也是根据内容和可能喜欢的方式,短视频、直播、长图、H5甚至是互动游戏。

拿最近省域主题词"诗画江南、活力浙江"传播来说,"美丽浙江"策划了一个"开往幸福2027"的融媒互动直播。观众们带着"我爱浙江"的车票进站,在站台留下自己想说的话和美好祝愿,坐上名为"诗画江南"号、"活力浙江"号的列车出发。

很多网友进入直播间后也在问,这是官方号吗?在玩什么花样?但等车时相互聊着聊着发现,浙江省未来五年的奋斗目标,化作了8个站点。

还有眼尖的网友发现，在直播里回复例如重点实验室、强村富民、浙江有礼等关键词，还能优先上车游玩。

这些恰恰是浙江未来五年着力的10方面任务。

这些构思，让以往难懂的时政内容，从网友口中自然而然表达出来，相互聊天打趣中，也加深了记忆和了解。这样的"对话"，想得活，玩得巧，"他们"也自然愿意为这样的创新报道方式留言点赞。

二

有了叙述的"对象感"，那怎么把这场"对话"有滋有味地进行下去呢？

用团队的话说，用好第三方视角，就是"最有说服力的是群众拍给群众看"。

"美丽浙江"矩阵号的很多爆款来自路面摄像头、执法记录仪等影像，来自UGC供稿。有时，一个客观真实的画面胜过千言万语。

前不久，"美丽浙江"根据一个监控摄像头拍摄的画面制作了一条短视频，在浙江义乌，一群新浙江人吃完烧烤后，将烧烤摊打扫干净再离开，引发全网高度关注，一天内收获点赞数超过400万，登上抖音等平台热榜，并被人民网等央媒引用。

一场"对话"容易，还得有很多有趣的"谈资"啊，哪里来呢？"美丽浙江"的办法是构建"美丽生态圈"，纵向打通央媒、省媒、地市、区县乃至地方微融媒，横向打通政府单位、企业、自媒体乃至网红拍客，构建近千家协作单位的媒体生态系统。

如引入"美丽浙江"模式的"金蝉视频",一年时间矩阵粉丝近150万。"美丽西湖"抖音粉丝超过40万,抖音指标长期位居杭州各区县前列。

这场"对话",既不是自说自话的单向输出,也不是封闭独立的单一频道。"美丽生态圈"成员单位有协作、有孵化、有共创、有交流,相互促进推动融媒发展能力,构建出"共融共生"的发展格局。

三

既然是"对话",还有一个显著特点,就是有时候情感比内容先到达。在抖音等"社交类"平台,情绪往往成了传播中最敏感的元素,对发布者来说,感动自己才能感动他人。

在"美丽浙江"的成长中,对"美好"的追求和表达一直是重要话题,前不久刚刚结束的"考试季","美丽浙江"推出的"鲤鱼跃龙门""宋莲绽放""昙花一现"等"云许愿"直播策划,符合公众的情绪内核,往往一场直播形成几百万观看流量的数据,成为全国级社会话题,所谓的"流量"密码暗藏在"对话"情绪点的发掘、剪辑、提炼中。

新华每日电讯在他们的账号上@"美丽浙江"账号并这样评论:"鲤鱼跳龙门"祝上岸成功!

偶尔有一些网友,纠结"这是官方吗"?我们当然是官方,但今日之中国本来就是多元、多彩的,无论是官方机构还是官方媒体,都不应该只有一种刻板印象。在需要权威、专业新闻的时候,我们毫不含糊;但与此同时,我们也希望用接地气、充满人情味的方式，给大家讲一些人物故事、分享一些暖闻趣闻。无论国内外大事，抑或人间烟火气，都是正能量。

楼坚　执笔

2022年7月7日

搞媒体融合别当"卖豆腐郎"

> 不断解放思想、迅速行动起来是重要前提。互联网的游戏规则已经不是大鱼吃小鱼了,而是快鱼吃慢鱼。这个"快",意味着从认识到决策再到执行,各个环节都得又快又好。

近来读《论语·雍也篇》,书中记录了冉求和孔子的一段对话:

"冉求曰:非不说子之道,力不足也。子曰:力不足者,中道而废。今女画。"

这段文字,说的是冉求有一次对孔子说:"老师,你不要老是批评我们,说我们不努力。我们对你的学问非常景仰,只是能力不够,做不到啊。"

孔子说:"你这话错了,如果能力真的不够,会半途而废。你现在是自我设限,一步不肯向前走啊。"

孔子的意思是,一个人要想干点事情,不能只有想法没有做法、光有理论不见行动。

这让笔者想到了一句民间俗语:"夜里想了千条路,早起还是卖豆腐。"现实生活中不乏"卖豆腐郎",脑瓜子转得很快,一会儿这个想法,一会儿那个高招。可想归想、干归干,真要动手做起来就胆怯,怕这怕那、瞻前顾后、畏畏缩缩,最后还是走在老路上。

在媒体融合的战场上,也不乏这样的"卖豆腐郎"。

有的人嘴上喊着"狼来了",脚下却原地踏步;有的人以没想明白、方向不清为借口,耽搁、拖延,躺在舒适区,不敢自我逼迫、自我颠覆;有的人确实想改革,也想了一些点子,拿出了方案,可就是"只闻楼梯响,不见人下来"……

这些年,互联网变化和创新节奏非常快,各种新技术、新应用、新业态层出不穷,云计算、大数据、人工智能、虚拟现实、区块链等新技术已大规模应用。可以说,互联网上的眼球争夺战,已经是东西方文化博弈和意识形态斗争的新战场、主战场。

习近平总书记反复强调:"过不了互联网这一关,就过不了长期执政这一关。"谁掌握了互联网,谁就把握住了时代主动权;谁轻视互联网,谁就会被时代所抛弃。显然,媒体人肯定也不能置身事外,而是要躬身入局。

在互联网的冲击之下,传统媒体推进媒体深度融合是换道奔跑、转型升级的不二选择。以电视媒体为例,有研究报告显示,由于互联网不断渗入,过去五年电视收视率呈持续下滑趋势。移动端阅读的争夺,已经成为传统媒体要打好的关键一役。融合,有可能活;不融合或者慢融合,都是死。

对广大媒体从业者来说,积极投身推进媒体融合的实践,在时代变革的浪潮中大干一场、干出成绩,是一种挑战,却也是宝贵的机遇,这有助于更好地开拓事业蓝图、实现自我价值。

不断解放思想、迅速行动起来是重要前提。互联网的游戏规则已经不是大鱼吃小鱼了，而是快鱼吃慢鱼。这个"快"，意味着从认识到决策再到执行，各个环节都得又快又好。谁在推进媒体深度融合上的步伐更快，谁能跑出"一骑绝尘"的加速度，谁就能抢占阵地、赢得主动，让后来者望尘莫及。

所以说，推进媒体深度融合，如果等到一次性把所有问题都想好了、一次性把所有解决方案都找到了再去干，是不现实的。我们更需要先干起来，在执行中根据反馈不断调整，调整后再快速执行。遇到坑坑洼洼也在所难免，小步快跑，快速调整推进，不断更新优化，逐渐趋于完善。

浙江正在推进的数字化改革，采用的就是这种"迭代升级"的系统方法：

在确定工作起点S0后，及时总结经验，反馈工作效果，并根据新情况新问题，不断开展分析、综合。通过一个个问题的解决，推动工作迭代升级、整体提升。

战斗力是打出来的，不是喊出来的。理论探讨固然重要，但一百次理论探讨都不如一次勇敢的行动。只有在行动中，我们对移动互联网的打法才能更加熟悉，我们的队伍才能得到锻炼和加强，我们的认识才会变得越来越清晰而统一。

互联网面前，战术完全想好了再出发，一定会耽误战略的实施。战略方向看准了就出征，大胆闯、大胆干，朝着把工作干好的最终目标而竭尽全力，可能才是最优的选择。

张诗妤　执笔

2022年7月7日

文化阵地，怎么让人放下筷子就想去？

> 文化阵地建起来不代表就一定能用得好。扎扎实实用起来，文化阵地的价值才能真正得到体现。

在文化阵地建设上，浙江很有发言权。

特别是，浙江正在推进高质量发展建设共同富裕示范区，城市与农村相比较，农村是短板；物质富裕与精神富有相比较，精神富有是短板。文化阵地的建设正是补足"两个短板"的重要翘板。

过去五年，浙江文化阵地建设成绩斐然。省第十五次党代会报告指出：浙江"农村文化礼堂实现全覆盖""新时代文明实践中心建设全国领先"。

我们看到，文化阵地已经成为浙江很多地方开展文化活动不可或缺的重要空间，群众文化活动有了去处，宣传党的政策有了场地。

如今，在建设"15分钟品质文化生活圈"、加快构建现代公共文化服务体系的背景下，我们该怎么进一步加强文化阵地建设，使文化阵地成为人们晚饭后放下筷子就想去的地方？

一

农村文化礼堂在农村思想政治工作、优质文化供给和乡风文明建设中一直发挥着重要作用。

前不久,省委书记袁家军赴湖州市德清县莫干山镇高峰村,在文化礼堂宣讲省第十五次党代会精神。

可以想象,也就在袁家军宣讲的同时,杭州市文化礼堂"文化管家"在开展文艺培训活动、宁波市文化礼堂在举办礼堂运动会、湖州市文化礼堂在举办文明志愿服务活动……

在浙江各地,读书看报去礼堂、文化活动去礼堂已经成为群众日常习惯。

党的十八大以来,浙江扎实推进遍布城乡的新时代文明实践中心(所、站)、社区文化家园、农村文化礼堂、农家书屋等文化阵地建设。从2013年起,在全国率先开展农村文化礼堂建设,目前已超过2万家。

浙江"执拗"地建设文化阵地,是为实现人民群众精神富有提供"物理空间",让人民群众无论是宣讲宣传还是阅读观影,或者参加文化活动都有"固定场所"。有了场所,文化就有了"触角",可以延伸到基层,走到群众身边,让群众共享文化空间、乐享文化盛宴。

面对公共文化服务不均等、精神文化生活还不够丰富等现状,浙江提出建设"15分钟品质文化生活圈",目的就是激活基层公共文化设施潜能,挖掘公共资源潜力,促进公共文化网络向基层延伸。以文化礼堂为代表的文化阵地,蕴含着"公共空间"和"文化空间"的概念，正是服务基层群众文化生活、满足基层群众文化需求的主要场所。

当然，文化阵地建起来不代表就一定能用得好。扎扎实实用起来，文化阵地的价值才能真正得到体现。

二

近些年来，随着建设基数增多，使用效能得到提升，但有极少数文化阵地的内容供给仍然呈现一定不足：

文化供给数量和种类还不够丰富。

服务精准性还不够高，"给的群众不想要、群众想要的没有给"。

文化服务还不均衡，部分偏远地区服务难到达。

究其原因，它们都是只看到了文化阵地是一个物理空间，却在一定程度上忽视了文化阵地作为文化空间的实质属性。

文化阵地的管理运营，如果没有高度匹配群众需求，没有充分开展丰富多样的文化活动，文化阵地就会吸引力不足，群众的认同感也就不会产生，文化阵地的影响力辐射力带动力就无从谈起。

当前，我们要打造好"15分钟品质文化生活圈"，有文化礼堂等物理空间是重要前提，但如何更好丰富文化阵地的内容供给是我们的重要任务，也是我们不断改革创新提高群众认同感之关键。

三

那么，文化阵地怎么更好丰富内容供给？

有人说，日日"锣鼓喧天、鞭炮齐鸣"是用得好。

也有人说，天天"人声鼎沸、座无虚席"才是人气高。

其实不然。内容供给也要讲求精准、细致，把服务做在日常、落在实处。

不是要求群众天天来、时时在，而是让群众想到就能来、来了就有地方坐、坐下就可享文化服务。

只是日常开放或者组织一些活动还不够。深层次看，只有真正将文化阵地融入群众全生命周期，让文化服务浸润日常生活，成为广大群众的"生命空间"，才是提升文化阵地黏性的最佳方案。

要让文化阵地发展契合基层所需。这根本在于要清楚群众喜欢什么、明确阵地能给什么，要把文化阵地从"推给群众"变成"群众想要"，再变成"群众创造"，让文化阵地发展方向由群众定义。

对此，今年浙江实施农村文化礼堂效能提升十大举措，其中确保每周开门5天以上，并将周三、周日定为"礼堂日"集中有组织开展活动，就是希望能立足各地实际，不追求表面的"日日开门"，而追求实打实地举办活动和供给内容。

要让万家阵地共享文化"富矿"。单独一个文化阵地的资源毕竟有限，依靠数字化手段，文化阵地的大门才能敞得更开。从长远来看，数字化改革、系统性重塑是文化阵地发展的方向，依托数字应用实现万家阵地互联是释放文化澎湃动力的有效手段。

例如，"礼堂家"智慧服务应用，贯通省市县乡村五级，上线了"我在礼堂逛故宫"等场景，就是为了努力打破时空限制，让礼堂资源充分共享，利于促进公共文化普惠发展。

要让文化阵地强化专业加持。这关键要靠专业人才。专业的人才能干专业的事，高素质专业化人才队伍能够更深层地思考群众精神文化生活的需求，并提供解决方法，能够为文化阵地带来活力，激活一池春水。例如，杭州市萧山区"文化管家"，通过提供活动策划、文艺辅导等"一条龙"服务，有效盘活了当地资源。

用好文化阵地，归根结底是要让人民群众有实实在在的文化获得感，在潜移默化、润物无声中感受文化的熏陶、汲取文化的力量。

"精神富有"是"共同富裕"应有之义。

对浙江来说，建设遍布全省城乡基层的文化礼堂，已经是个创举，如果能把它们都实实在在用起来，则是更大的创举。

我们希望，所有的文化阵地都能成为一块"精神高地"。

刘雨升　执笔

2022 年 7 月 8 日

这个坚持了53年的宣讲,秘诀何在?

> 做到因人施策、因材施教,广播也能在乡村宣教工作中展现"野性"的生命力。

在基层理论宣讲的热潮中,有支队伍有些特别:

在队伍结构上,一位75岁的"师父"带领着一群正值青春的90后"徒弟";

在宣讲时长上,它是一个53岁的宣讲"老字号",历久弥坚、长兴不衰;

在传播渠道上,广播是它的主阵地,但在抖音和网易云等新媒体社交平台也有许多它的"粉丝"。

这支队伍,就是湖州市吴兴区的"王金法广播"。

2008年,因为广播员王金法退休,这一宣讲品牌也曾停播,但在村民呼吁下,仅7天后,"王金法广播"再度响起。

这道"永不消逝的电波",为什么能得到群众热爱?

一

一种宣讲中的迷思是，信奉"长江后浪推前浪，前浪死在沙滩上"的移动通信时代，在新媒体的煊赫热度面前，连报刊和电视都逊色三分，遑论几已成为"老黄历"的广播。

"广播无用说"是否属实？

从年龄上看，中老年人群依旧是广播的忠实用户，他们不善于摆弄各种新媒体设备，但乐于与街坊邻居一起听听广播。

从职业上看，广播在特定人群中依然可以大展拳脚。譬如司机和车间工人，他们虽然工作忙碌、占手占脚，但耳朵空闲，能听得进。

听，也是理论宣讲必须抓牢的一道战线。

"王金法广播"推出的普通话栏目《织里之声·车间好声音》，就是通过政府安装的1.3万多只有线广播，为织里镇的童装车间送去了宣讲之声。

从地域上看，在广袤乡村天地，广播仍大有可为。

高挂于村头田垄上的大喇叭，搭配接地气的乡音乡韵和顺口溜，让广播变为声入人心的"法宝"。

以方言口语为特色的"王金法广播"，起于农技宣教的实际需求，并随着人民的生活需求不断更新，从施肥种菜到国家政策无所不讲。

可见，宣讲不是一味唯"新"的。

做到因人施策、因材施教，广播也能在乡村宣教工作中展现"野性"的生命力。

二

话又说回来，仅仅依赖传统广播，在当下显然独木难支。

1969年，王金法创新运用村头大喇叭进行宣讲，时至今日，"王金法广播"已经从一个人扩大为一个团队，他们依然用年轻开放的心态拥抱新的传播态势。

内容上，"点对点"主打垂类。

"王金法广播"工作室已面向年轻群体开设《邀你说织里》《织里青年说》等栏目，并与公安合作《民警说防》、与医院合作《吴兴医声》、与团委合作《青年会客厅》、与工会合作《吴兴匠心》，还在湖州传媒集团支持下开设直播栏目《声动织里》，让不同行业的人都能在广播中找到共鸣、同频共振。

行动上，充分发挥互动性。

多年前，"王金法热线"开通了，打那以后，王金法平均每年都能接到1200多个电话，涉及环境卫生、违法搭建、邻里纠纷等各种问题。无论大事小事，王金法总是耐心接听并给出相应反馈。此后，"织里城事"官方微信公众号也开通，成为听众们反馈问题的新渠道。

"织里·知礼"青年宣讲团还走出广播间，一方面"进村入企"，传递面对面的温度；另一方面走上网络云端，通过"青年会客厅"和"爱在织里"等栏目，精准抵达Z世代用户。

基层理论宣讲不能满足于简单的"我说你听"，而是要更进一步，思考如何让群众在宣讲中有所感、有所获，把讲道理同解决群众实际问题相结合，这是宣讲所追求的实效，也是"王金法广播"

长久以来得到群众拥护的秘诀之一。

三

宣讲工作是围绕人开展的。"王金法广播"受欢迎,关键还在于讲到了群众的心坎里。

政府方针政策、天气预报、春耕秋收、家长里短……跟百姓生活相关的,"王金法广播"都会讲。作为"农民的儿子",王金法了解村民们需要什么、爱听什么。

抛弃官话、套话、空话,灵活运用民谚和口语,以浓郁的生活气息拉近和群众之间"心的距离"。"王金法广播"为宣讲农技知识和农村政策,曾创编了两百多条农业谚语,用乡音方言反复播放,让百姓听得懂、记得住。

宣讲员不光要有"黄鹂嘴",还得要有"蚂蚁腿"。

关切群众的急难愁盼,是"王金法广播"的根本出发点,也是这一品牌经久不衰的底层逻辑。王金法把织里镇34个行政村、232个自然村庄、95平方公里的土地跑了个遍,早上六点到茶馆,傍晚六点到公园,人群在哪儿,哪儿就是他每天必去的打卡地。

要向群众讲,首先得俯首听。宣讲员要擅做群众的贴心人,从生活细节把握群众脉搏、了解群众的思想动态,有的放矢、对症下药,才能让宣讲富有感染力,入脑入心。"王金法广播"正是以为民服务的恒心,换取了群众的真心。

四

王金法曾说:"宣讲必须要正确地引导广大农民群众,让他们支持、参与到党和政府的中心工作中去。"

像王金法一样活跃在基层的宣讲工作者,正是在中国的基层社会中,发挥着协调作用的"中间层"。

今天的基层宣讲怎么做,"王金法广播"用50多年的实践告诉我们,善思考、有恒心、会创新,基层宣讲工作也能成为"常青树",也能常常"开出花"。

朱小芳 谷青竹 执笔

2022年7月8日

《孤勇者》为什么大小通吃？

> 对于英雄主义的追求，一直在每个人的内心深处、在整个民族的灵魂深处闪闪发光。

7月盛夏，火热。

可比盛夏更火的是，在街头巷尾随便拉个小学生，或许都能对上暗号："谁说站在光里的才算英雄。"

最近，这首《孤勇者》持续破圈，甚至打入"小学生内部"，在小学生群体中口口相传。

网上有个热搜：某小学生班级输了拔河比赛，孩子们哭成一片。老师提议唱首《孤勇者》。音乐响起，唱到"爱你对峙过绝望，不肯哭一场"时，孩子们瞬间满血复活。

我们会习惯性地以为，小孩子可能听不懂《孤勇者》，但很神奇，《孤勇者》却的的确确有着魔力。

目前，这首歌已经在各大热歌榜排名第一并且持续了一段时间。它怎么就令人"上头"了？

一

其实，孩子们对于《孤勇者》的喜爱，也并不是单纯跟风。

《孤勇者》火的密码，首先胜在旋律和节奏。

即使有孩子不能完全读懂歌词，但只要一听到那激昂、明快的旋律，耳朵就会被紧紧抓住，和着节奏跺脚打拍子，情不自禁带入情绪，有种欲罢不能的感觉。

细细分析会发现，《孤勇者》这首歌的旋律很适合孩子们学唱。节奏较快，韵律感强，接受度很高。不仅如此，这铿锵有力的节奏，还带给听者一种相当振奋人心的感觉。

它的歌词也具备直抵人心的力量。

"谁说污泥满身的不算英雄""谁说站在光里的才算英雄""谁说对弈平凡的不算英雄"……

朗朗上口的歌词，使人们但凡听过，总能哼出几句，更有一种令人备受触动、备受鼓舞之感。

短视频平台和主流媒体的传播，以及学校提供的人际传播环境等，也让孩子们迅速耳濡目染。此外，这首歌还有消防版、航天版、奥特曼版、六一儿童节版、手势版、作业版……层出不穷的形式，让未曾接触到的孩子也都迅速接受融入。

持续发酵下，《孤勇者》的热度形成滚雪球效应。

二

其实，除了小学生，还有中学生、大学生乃至上班族，也逐渐爱上这首歌。

如果单纯从创作技法或者音乐制作本身分析一首歌曲，比如歌词、旋律等，又或者单从外在传播看，其实都局限在"术"的层面。

我们说，好音乐总能给人以力量。力量的关键，不在于"术"，而在于"道"。这就是说，更高阶的是通过各种元素的组合，呼唤出一种共情。

《孤勇者》这首歌，从诞生开始，就带着励志基因，让人动情。

词作者唐恬，本人跟癌症抗争9年，以超乎常人的意志与病魔周旋着。就是这样一位热爱生命、将苦难踩在脚下、将命运的咽喉紧紧扼住的女性，把平凡英雄的气概糅进了歌词中。

她曾说，"要把这首歌写给每一个和自己一样不善言辞，孤身走夜路的普通人""去唱平凡角落里的真实人生"。

只有经历过生死，才更懂得生活的意义。只有与命运殊死搏斗过的人生，才能写出歌词中对峙绝望永不屈服的力量。

而一首歌，能在多大程度拨动人们的心弦、激起人们心底多高的浪花，很大程度上决定着这首歌能传唱多远、带动多大的流量。

"世界以痛吻我，而我报之以歌。"正是这样的"倔强"，让越来越多的人从《孤勇者》的歌词中找到了强烈的共鸣。

就像很多网友感慨，听了这首歌，更加相信面对生活时，要做一道光，要更多地爱这个世界，努力不负韶华。

这也给我们带来一个启示：歌曲创作，贵在真情实感、贵在打动人心。

一首好歌，要有好皮囊——歌词和旋律，更要有灵魂——融入创作者真实的经历，抒发出真挚的感情，在润物无声中打开听众的心门,哪怕听众是小学生。

我们此前发文问道,代表浙江的好歌在哪里?其实它就在创作者对真实生活的深刻体验,以及对这个社会的切身感受与洞察当中。

三

在笔者看来,《孤勇者》的终极魔力在于,它的"怒吼"呼唤出了一种希望,又或者说是一种英雄主义,这是大家共同的价值观。

罗曼·罗兰有句话,就是关于这四个字的阐释:"世界上只有一种英雄主义,那就是认清生活的真相之后依然热爱生活。"

对普通人来说,平平凡凡,却很努力,为生活拼命,这就是英雄主义。

看山看水,看的不一定是山水,听歌,实际听的也可以不是歌。因为它让人联想到太多。

这首歌,呼唤着我们内心对美好的向往和感激之情。静下来时品味,我们的脑海里会浮现出很多画面,正如孩子们在作文里所写的:

孤勇者,可以是每天辛勤奔波的外卖小哥,"他们并不起眼,过着平凡的生活,但都是为梦想和生活奋斗的人";

可以是努力兼顾工作和家庭的妈妈,"她曾经忙得生病晕倒过,但她依旧站起来、挺起来,迎接新的生活";

也可以是勇敢冲向前的缉毒警察,"平凡英雄,却做着发光的事";

还可以是疫情中的医护人员和志愿者,"他们犹如一束束温暖的光"。

歌颂无名英雄,感染了小学生也感染了无数大人,让"孤勇者"超越了歌曲本身而成了一种集体符号,有了更深层次的含义。

对于英雄主义的追求,一直在每个人的内心深处、在整个民族的灵魂深处闪闪发光。

但英雄不一定就是身披五彩霞光,英雄也会经历许多风雨、挫折,可是要不抛弃、不放弃,坚定地走下去。

所以说,当我们解码这届小学生为何如此迷恋《孤勇者》时不难发现,与其说《孤勇者》唱进了小学生心里,不如说《孤勇者》唱出了小学生对梦想的执着、对英雄的向往。

而在《孤勇者》成为成年人"精神零食"的背后,更彰显了这首歌温暖、励志的价值底色。

四

值得一提的是,也许在大人看来,孩子的英雄梦简单而幼稚,可它对孩子来说却意义非凡。

英雄梦其实是孩子对自己的期许和憧憬。

《孤勇者》蕴含着勇气、热血以及抚慰、治愈等丰富的情感,它引发孩子们的共鸣启迪我们,现在的孩子已经从他们成长、生活的环境中,拥有了不同于传统的认知思维,也就是英雄梦并不是遥不可及的,身边每一个值得他们尊敬和崇拜的普通人都是大英雄。

而拥有英雄梦的孩子们相信,只要付出努力、只要克服缺点、只要超越过往、只要战胜自己,就可以像心目中的英雄一样矗立,就会得到别人的尊重和崇拜。

从这个意义上讲，《孤勇者》就并不简单是一首火爆的"神曲"，也能承载着我们每个人对这个世界该有的正确理解和认知：即使艰难困苦、身处低谷，也要拒绝"躺平"、精彩生活。

每个人都可以是自己心中的孤勇者，关键看你怎么做。"谁说站在光里的才是英雄"，长路漫漫，鼓起勇气，勇敢向前，哪怕是"孤勇"。

那么，这首《孤勇者》你会唱了吗？哪句歌词令你印象深刻呢？

王云长　执笔

2022年7月9日

且向江南登长城

> 浙江除了婉约灵秀的一面,也不乏豪放恣意的一面。这一面,既折射出干在实处、走在前列、勇立潮头的浙江精神,也体现了大开大合、轩敞好客的浙江性格。

江南好,风景旧曾谙。

提到诗画浙江,许多人的第一印象是烟雨楼台、枕水江南。

其实,浙江除了婉约灵秀的一面,也不乏豪放恣意的一面。这一面,既折射出干在实处、走在前列、勇立潮头的浙江精神,也体现了大开大合、轩敞好客的浙江性格。

1600多年前,栖息在浙江大地的先民们就凭着这股子精气神,一块砖、一条石垒起了巍峨耸峙的江南长城,如今正位于台州府城文化旅游区。

近日,文旅部网站发布《文化和旅游部关于拟确定12家旅游景区为国家5A级旅游景区的公示》,台州府城文化旅游区名列其中。

今天,我们来聊一聊江南长城——台州府城墙。

一

临海江南长城，又称台州府城墙。

在浙江，两宋有十余州府留存至今，既有州府又有城的唯有台州临海。

公元1561年，也就是明嘉靖四十年，34岁的戚继光迎来了他戎马生涯的高光时刻。

在与倭寇的生死对决中，戚家军九战九捷，而这在史书上留下了光辉一页的"大捷"，就发生在台州临海。

此后，随着戚继光北上的足迹，这渗透着他军事思想，跨山临江、清雄壮险的台州府城，与"北方长城"结下不解之缘。

据记载，台州府城墙始建于东晋，历经1600余年的沧桑，经唐、宋、元、明、清不断修筑增扩，主体部分一直保存到今天。

其全长6000余米，现存5000余米，东起揽胜门，沿北固山山脊逶迤至烟霞阁，于山岩陡峭间直抵灵江东岸，延伸至巾山西麓，依山就势、俯视大江。

其中，最险峻的当属北固山一段，建于危崖之巅，飞舞盘旋、敌台林立、战墙连云、城楼高峙，与明长城相较，可称双绝，有"江南八达岭"之美誉。

台州府城墙凝结着古人的智慧与才干。比如除了御敌的功能之外，台州府城墙还兼具防洪功能，这在全国古城墙中十分罕见。戚继光在台州府城墙创造性地修建了13座空心敌台，便于瞭望、防守与传达信息，此后，他也将这一形制用于北方长城的修建中。

如今，城墙两侧参天古木郁郁葱葱、交相掩映。走在青石砖上，追忆往昔烽火连天、狼烟四起，古今交错中当能理解，回首抗倭时戚继光发出的"繁霜尽是心头血，洒向千峰秋叶丹"的喟叹。

历史文化是城市的根和魂。2018年，台州正式实施《台州府城墙保护条例》，将每年5月10日定为"台州府城墙保护日"，让这一历史见证更完整地传承下去。

二

有城，就少不了街。

蜿蜒的"江南长城"宛如一双臂弯，将"中国历史文化名街"紫阳街护在其中。

穿过古老的兴善门，就是紫阳街区，这里古迹林立，散落着许多文物点和历史建筑。

"永利木杆秤店有160年历史了，我在这个街上也生活了68年。"永利木杆秤第五代传人蔡雪贞从小就生活在这条街上，每日清晨，随着龙兴寺澄澈而悠远的钟声，蔡雪贞卸下窗上的木板，开张迎客。

紫阳街上，像永利木杆秤店这样的百年老店还有很多，传承了600多年的临海剪纸，经营了200多年的方一仁中药店……

一块块斑驳的招牌，烙印着古城厚重的文化底蕴，见证了紫阳街上世代延续的人间烟火。

在3.12平方公里的台州府城文化旅游区内，生活着2.8万原住民。

在"迁"与"留"之间，临海选择了把原住民留下，率先提出"景城共建、旅居相宜"理念，实现城区、社区和景区融合，打造

"活着的景区"。

近年来，临海恢复了 10 余家百年老店、60 余家传统店铺，将"非遗"项目、传统手艺拉回大众视野；不定期上演的黄沙狮子、临海词调、戚家军巡城等演出，让"历史片羽"得以重现……

岁月变迁，台州府城墙一砖一瓦凝集的历史气息未变。归根结底是因为，在这里历史文化以"活态"的方式得到了传承。

三

在百年老店了解如何制作老式木杆秤，到数字体验馆亲历临海的唐诗之路文化，来一杯融入本地小吃元素的特色咖啡，在古城墙便是院墙的民宿住一晚……

越来越多漂泊在外的临海人选择回到家乡，施展自己的才能。年轻的血液不断推进着城市的更新，古城愈加焕发出历久弥新的"千年之美"。

毗邻紫阳街，由老房子改建的高端民宿城见壹号的创始人马志宇是一名临海籍的电影导演。

"故乡是我难以割舍的情怀，所以我回来开了一家民宿，在这里融入了我热爱的影视文化。"马志宇说，他把民宿作为影视文化的交流平台，希望可以为这座小城带来更多活力。

随着景区开发和新业态入驻，越来越多的新面孔悄悄进驻，在传承中融入了"潮"元素。

千年古城里，烟火气与时代感彼此滋养。

去年 12 月 31 日，"启航 2022"央视总台跨年晚会将主舞台设在台州府城的兴善门广场，以具有千年历史的"江南长城"为背景,这也是央视总台跨年晚会首次"走出去"。

为何得到央视垂青?从软文化到硬产业,从大城建到微治理,从烟火气到时尚感,都能窥见古城临海的魅力与实力。

四

古城,不意味着保守。

放眼浙江大地,善于"闯"、勇于"试"、敢于"冒"的文化基因代代相传,不断推动着浙江在新征程中不懈探索与开拓创新。

倚靠着临海桃渚古城,一座产业新城正冉冉升起,一幅向海图强的开放画卷徐徐展开。去年以来,国家级台州湾经济技术开发区和台州综合保税区先后在临海头门港获批揭牌,使临海这座古城新市再添活力。而台州,也吹响了向海进军、扬帆远航的集结号。

江南长城,这一砖一石中凝结着的拼搏、勇敢、图强、创新的精神,已经融入临海人的血液。

久经战火、洪水、风雨侵蚀,台州府城墙静静伫立。

若有人问:江南只是玲珑剔透、清秀婉约?

我们想说:雄关不独北国有,且向江南登长城!

刘亚文 陈耿 李攀 执笔

2022年7月9日

浙江凭啥撑起"丝绸之路周"？

> "独行快，众行远。"对浙江来说，三年举办"丝绸之路周"，从来不是单打独斗、闭门造车，而是秉持着开放包容的心态，始终在一个"合"字上狠下功夫。

两千多年前，一条古丝绸之路开东西方文明交流之先河；两千多年后，丝绸之路沿线国家和地区以及全球的文博机构在杭州举办"丝绸之路周"活动。

7月8日，"2022丝绸之路周"在杭州拉开帷幕，这是由国家文物局和浙江省人民政府连续第三年联合打造。

这届"丝绸之路周"有何看点？浙江为什么连续三年举办"丝绸之路周"？"丝绸之路周"如何更好走向世界？

让我们一起抽丝剥茧，看看个中乾坤。

一

与前两届相比，这届有明显不一样的特征。

契合"民族融合　共同繁荣"这一主题,今年"丝绸之路周"首次开启主宾省、主宾国概念,分别邀请青海省和乌兹别克斯坦共和国作为主宾省和主宾国,以深入挖掘青海特有的丝路文化资源,充分展示乌兹别克斯坦共和国丝路特色风情。

特别是,今年"丝绸之路周"的年度大展"西海长云:6—8世纪丝绸之路青海道"很有看点。含金量之高,难得一见。

形容这个年度大展时,中国丝绸博物馆名誉馆长赵丰用了三个"第一":

第一个关于吐谷浑的历史文化展览,也是第一个丝绸之路青海道的展览,更是第一个聚焦海西吐蕃考古的展览。

为了精彩呈现,浙江联动了所有青海海西地区吐谷浑—吐蕃考古相关的机构,从青海省、海西州、都兰县三级博物馆和考古研究所以及甘肃省文物考古研究所等单位借来107件套重点文物,包括30多件珍贵的金银器,特别是有一批玛瑙、水晶、琥珀等,还是2018年都兰"3·15"大案缴获回来的重磅级文物。

据说,即使在青海省内,也从来没有这样汇集文物进行展览。

以往的展览,展的是出土文物,但这次特展采用了大量技术还原手段,如风俗画卷还原、生活场景还原、墓室结构还原等。"西海长云"展厅就还原了乌兰泉沟一号大墓考古现场,这是近年来青藏高原吐蕃时期考古重大发现,曾入选2019年国家文物局"全国十大考古新发现"。

至于这一墓葬中的隐秘暗格在哪里?里面藏着什么?这就要大家自己去发现了。

值得注意的是,根据"2022丝绸之路周"活动安排,这次展览将持续至8月25日。

活动期间，各参与方还将共同在乌兹别克斯坦撒马尔罕国立博物馆推出"丝绸与丝路：从杭州到撒马尔罕"展览，在青海省都兰县博物馆推出"丝路上的都兰：热水考古40周年回顾展"等一系列精彩展览。

依托地方特色文化资源，向世界展示中华文化的历史价值和世界意义，让文物流动起来、让文化交流起来，是浙江积极举办这届"丝绸之路周"的重要目的。

二

知道了这届"丝绸之路周"的看点以后，还有个问题值得思考：为什么三年都在浙江举办？

"丝绸之路周"不是凭空而来的，而是浙江兼具了天时、地利、人和等因素的结果。

早在2013年秋，习近平总书记提出"一带一路"倡议；2017年5月，习近平总书记提出"和平合作、开放包容、互学互鉴、互利共赢"的丝路精神。

浙江恰恰与丝路有不解情缘。

浙江是古丝绸之路的起点之一，丝、茶、瓷等丝绸之路上的"抢手货"都是浙江"特产"。

浙江多地有着深厚的丝绸文化：

在杭州，中国丝绸博物馆坐落于此。

在宁波，宁波古港是记载丝绸之路历史的"活化石"，作为海上丝绸之路东海航线的起点，自宋朝起，宁波就是南北货物的集散地和全国最为重要的港口之一。

在湖州，当地的钱山漾遗址出土的迄今4000多年前的丝绸绢片，堪称"世界第一片丝绸"。

这些都意味着，浙江要担当起传承和弘扬丝路精神的使命，是有条件、有底气的。在多方努力之下，2020年，由国家文物局、浙江省人民政府主办的"2020丝绸之路周"活动正式诞生，延续至今。

"独行快，众行远。"对浙江来说，三年举办"丝绸之路周"，从来不是单打独斗、闭门造车，而是秉持着开放包容的心态，始终在一个"合"字上狠下功夫。

比如，在活动内容上体现融合。

"丝绸之路周"的内容不局限于浙江，而是致力于促进东西方文化交流和民族多元融合。因此，浙江联合英国、美国、俄罗斯等16个国家的近40家博物馆，共建"丝绸之路数字博物馆"，联合丝路沿线20个国家的青年代表，发起《丝路沿线国家青年争做丝路文明传播者的倡议》……

比如，在平台打造上加强合作。

文化传播只唱戏、不搭台不行，搭临时棚子搞"一次性"的活动也不行。如今，"丝绸之路周"已成为浙江最重要的对外文化交流活动品牌之一，也成了推动国际丝绸之路文化研究合作的学术、组织、交流和传播平台，背后正是国家文物局以及省内外宣传、文旅等部门的共同努力。

再比如，在参与主体上汇聚合力。

受疫情影响，线下活动难以全面铺开。从2020年开始，"丝绸之路周"推出一国主导、国际组织参与、全球联动的活动模式，每年都吸引了全球20多个国家的200余家文化机构和数千万民众线上线下踊跃参与。

三

三年，只是一个起点。要把"丝绸之路周"办得更好，还需要付出更大努力。

那么，着力点在哪里？这就要回到举办"丝绸之路周"的初心。

其实，"丝绸之路周"就像是一扇窗口，向世界积极展示中华丝绸文化；"丝绸之路周"也像是一个舞台，世界各地的文化在舞台上展示、交流。

不忘初心，方得始终。怎么把窗口扮得更靓丽，怎么使舞台更有影响，是浙江的文化工作者需要认真思考的问题。

我们该怎么作答？

两千多年前，我们的先辈们怀着友好交往的朴素愿望，开辟了古丝绸之路，开启了人类文明史上的大交流时代。驼车走过，缩短了脚下的路途，也拉近了心灵的距离。这就是说，丝绸之路本身就具有全球化属性，是人类文明交流互鉴的纽带，汇聚着不同民族的文化创造。

回到现在，尽管世界面临百年未有之大变局，但是我们需要从历史中汲取智慧，那就是不断地强化沟通、合作。我们仍然要以丝为媒、以文为桥，继续扩大丝绸之路"朋友圈"，深化各地在悠久岁月中结下的深厚友谊，传播好研究好阐释好璀璨的丝绸文化。

在这当中，浙江扮演的角色尤为重要。浙江是中国丝绸博物馆所在地，自然要主动作为，与更多丝路沿线的国家和地区一道，继续加强丝路文化交流和学术研究合作，打造国际学术平台和文化沟通平台，让丝路文化绽放新的更大光彩。

不过，说一千道一万，讲好故事是硬核能力。

丝绸之路经历千年而不衰，依然能吸引世界关注，焕发新的生机，在于它发挥了文化本身强大的穿透力和感染力，直抵人心，能够激发不同国家和地区间的共鸣。

不管走多远，我们要抓住讲好丝绸之路好故事这个关键，把视野拓宽、把站位提高，站在提升中华文化影响力、提高国家文化软实力的角度，努力把好故事讲到五洲四海，讲到世界各地人们的心里去，充分彰显浙江担当。

我们相信，"丝绸之路周"一定会越办越精彩。

朱昱炫　执笔

2022年7月10日

西湖醋鱼的滋味需要细品

> 西湖醋鱼若是没点"实力",又怎能从南宋时期一直流传至今,成为楼外楼的头牌菜之一,还让许多文人墨客念念不忘。

说起杭帮菜的代表,西湖醋鱼一定占据着一席之地。

梁实秋先生在《雅舍谈吃》一书中提道:"在楼外楼尝到的醋溜鱼,仍惊叹其鲜美,嗣后每过西湖辄登楼一膏馋吻。"这醋溜鱼指的就是西湖醋鱼。

四方游客来到杭州,往往也会点上一道西湖醋鱼,边赏湖景,边品鱼鲜。

但近些年来,我们总能听到类似"西湖醋鱼不仅外地人不爱吃,杭州本地人也不爱吃"的声音。

可西湖醋鱼若是没点"实力",又怎能从南宋时期一直流传至今,成为楼外楼的头牌菜之一,还让许多文人墨客念念不忘。

这西湖醋鱼,到底是什么滋味?我们一起来品一品。

一

西湖醋鱼缘起于南宋临安城,别名也叫"叔嫂传珍""宋嫂鱼"。

它的做法听起来并不难:

先将长不过尺的草鱼饿养上三天,然后活杀现烹,将鱼肉在沸水中氽熟,再淋上用绍酒、糖、醋等勾芡而成的汤汁,即可上桌。

可要做得红亮鲜嫩,却并不简单:

氽鱼得掌握火候,少一分则不熟,多一分则嫌老,勾芡的汤汁讲究糖和醋的比例,酸甜得当,不加油也能显得清亮,不加盐也能带着咸鲜。

这样的西湖醋鱼,夹上一筷子送入口中,酸甜的汤汁裹挟着鲜嫩的鱼肉,唇齿留香,甚至还能尝到一丝蟹肉的鲜味。

2009年,杭州楼外楼传统菜肴烹饪技艺入选第三批浙江省非物质文化遗产名录推荐项目,西湖醋鱼就在其中。

现在,由于草鱼本身的土腥味多受人诟病,许多餐厅会选择用更为鲜美的鲈鱼、笋壳鱼来代替草鱼,西湖醋鱼也在食客们的味蕾中与时俱进。

二

不过甜口的西湖醋鱼,还是让一些省外游客敬而远之。

嗜甜的江南百姓,常常喜欢用糖入菜,比如西湖醋鱼、蜜汁火方,等等。而这一抹甜味,也透露出江南富庶的味道。

在古代，糖是一种奢侈品。即便到了明清时期，甘蔗的种植已十分普遍，制糖技术也几乎与今人无异，但糖仍然产量有限、价格较高，寻常百姓人家是不太吃得起的，更别说把糖当作调料来使用。

所以，那时候，只有经济相对繁荣的地区，百姓才能尝到更多的糖。

江南一带自古就是鱼米之乡，有着"苏湖熟，天下足"的美誉。南宋时期，随着经济重心的南移，江南一带坐拥良田桑竹、盛产丝绸茶叶，丰富的物产沿着大运河源源不断地往来于南北之间，杭州也成为富商云集之地。到了明清时期，棉纺织业等兴起，甚至出现了早期的资本主义萌芽。用糖来为菜肴提鲜，就渐渐成为江南地区百姓的习惯。

西湖醋鱼的这口甜，也成为南宋以来，杭州经济繁荣的一个见证。

三

杭州人对西湖醋鱼的爱，还见诸历代文人墨客的笔墨之中。

比如，就在离楼外楼几百米，有一处被称为"俞楼"的地方，这里是晚清朴学大师俞樾的故居。俞樾在杭州讲学30多年，光绪十八年（1892年），他在三月初八的《曲园日记》中写道："吴清卿河帅、彭岱霖观察同来，留之小饮，买楼外楼醋溜鱼佐酒。"

俞樾爱吃西湖醋鱼，也爱研究西湖醋鱼，今天所流传下来的最正宗的烹饪方法，就是由俞樾定型的：在一大锅沸水中一氽捞起，加上调好的汁料，菜成后，全鱼色泽鲜艳红亮，双鳍自然翘起，两眼洁白微突，食之肉质细嫩鲜美宛如蟹肉，加之酸甜鲜合一，使人齿颊留香，难以忘情。

俞樾的后辈，红学大家俞平伯也喜食西湖醋鱼。他曾在《双调望江南》中留下赞美之言：

"西湖忆，三忆酒边鸥。楼上酒招堤上柳，柳丝风约水明楼。风紧柳花稠。鱼羹美，佳话昔年留。泼醋烹鲜全带柄，乳莼新翠不须油。芳指动纤柔。"

俞平伯对西湖醋鱼的爱，是蕴含在他对杭州的爱之中的，他写下了关于杭州的一系列名篇，如《城站》《西湖的六月十八夜》《湖楼小撷》等。

西湖醋鱼历来是广受欢迎的，不然也不会与梁实秋、俞樾、俞平伯、丰子恺、汪曾祺等名人结下渊源、留下佳话。

这条西湖醋鱼，让我们品到了鱼米之乡的鲜、勤奋致富的甜、文脉深厚的醇。

你又能品到什么滋味？

岑嵘 季方 执笔

2022年7月10日

好题材没故事容易"低级红"

> 一部好的影视作品可以重视题材，却不能唯题材。

近期的影视作品评审会现场，有评委指出，"题材决定论"要不得。有些公司自以为题材对了就能拿奖，但连一个基本故事都讲不好，除了喊口号式的主题先行，谈不上艺术性、观赏性，影片完成度很低。这席话，指出了影视创作领域长期以来存在的一个弊病。

一部好的影视作品可以重视题材，却不能唯题材。一方面，光有好题材不等于有好故事，有好故事也不等于有好作品；另一方面，题材只能在某种程度上决定作品的重要性，不能决定作品的艺术性，更不能决定作品的影响力。

受"题材决定论"影响，一些影视作品出现题材雷同、人物脸谱化、主题概念化、桥段僵化、剧情套路、修辞造作……这样把艺术的成功完全押注于题材，却忽视了作品自身的形式与内容，只会陷入千篇一律。

究其原因，一些公司在影视创作上奉行"题材决定论"，是为了评奖评优而创作，这是一种投机行为。更有甚者，有意或无意把宏大主题简单化、庸俗化，自认为作品是在围绕中心、服务大局，实际上就是"低级红"，观众看了后觉得很肤浅、无聊，有的观众甚至因此对主旋律作品产生"空洞无物"等不好印象。

事实上，好故事藏在现实里，现实主义题材和重大革命历史题材始终是影视创作的富矿。从跨年档、春节档，到五一档、国庆档，每个档期的电影最大的共性是什么？大部分都是现实主义题材和重大革命历史题材作品，其中像电影《我和我的祖国》《我和我的家乡》《你好，李焕英》《长津湖》，等等，都是既叫座又叫好。此外，还有电视剧《觉醒年代》《人世间》等都广受好评。

所以说，并不是说抓题材就完全不对，而是说要怎么个抓法。

抓题材时，要高度重视内容质量。任何一部优秀文艺作品，必然是思想内容和艺术表达有机统一的结果。

电影《我和我的家乡》通过五个令人捧腹的故事，展现了家乡的飞速发展，让大家乐在其中，又泪流满面；《你好，李焕英》在对家庭亲情的讲述中唤起集体记忆，表达了对伟大母爱的礼赞，引起观众强烈共鸣；电视剧《觉醒年代》还原历史现场，拍出时代新意，呈现青春朝气，让观众感受到那一代青年为国为民的热血和情怀……

这些影视作品的成功，都得益于用尽可能通俗的表达方式，讲述一个个当代人关注的宏大历史命题中的人物故事和命运。这也启示重大主题创作，选中了大题材，但不能停留于宏大叙事，不能浮在表面上，而是要有一颗广博的同理心，以鲜活的人物塑造和丰富的影像语言，让作品触动人心。

抓题材时，要善于进行类型创新。不少主流影视作品的类型都是故事影片。其实，同一个题材，完全可以有丰富多样的类型来呈现，比如文艺片、科幻片、喜剧片，要敢于尝试，不断突破边界，才能开辟新的赛道。

在类型创新这方面，浙江电影正在探索。比如，《独行月球》是国产科幻电影，预计登陆暑期档；聚焦霹雳舞项目的亚运主题电影《热烈》是喜剧，正在杭州火热摄制中；以龙井村为背景的《草木人间》是文艺片，即将启动夏季拍摄；回顾七十多年前东极渔民拯救落水英军的《里斯本丸沉没》是纪录影片，正在后期制作中；彰显东方美学风格的《济公之临安除魔》是动画影片，也在剧本打磨中。

对影视创作来说，题材很重要，但"题材决定论"要不得。

如何在各种题材哪怕是观众感到相对熟悉的题材中发现新的审美价值，提供新的审美体验，产生新的时代意义，并且为市场所接受、为观众所接受，对广大影视工作者而言，是道复杂的必答题。

徐瀿　执笔

2022年7月11日

"非遗",活起来才能活下去

> "非遗"保护是一项和时间赛跑的工作,等不得、慢不得。

眼下,人们对"非遗"的热情越来越高涨。

不久前的"非遗"购物节开出531场直播,1200多万人次观看,售出近40万件"非遗"商品。

"非遗"是老祖宗给我们留下来的宝贝。热闹过后,还得静下心来思考,"非遗"保护,真的能乐观吗?还有哪些难点值得继续攻克?

一

浙江是"非遗"大省,"非遗"项目种类多、数量大,有8项"非遗"列入联合国教科文组织人类"非遗"名录,还有2项入选"急需保护"名录。

相应的,浙江的"非遗"保护任务也很重。

不过,经过多年的工作积累,浙江"非遗"保护也取得了不少成效。以海宁皮影戏为例：

以录音录像的方式保存了海宁皮影戏的图文资料，留住了文化基因；

通过"师徒签约"培养重点传承人，通过各种带教活动培养皮影艺术爱好者，充实后备人才队伍；

皮影戏走进校园和景区，海宁斜桥镇中心小学成为集制作、表演、教学、剧本编创于一体的传承教学基地，海宁南关厢皮影戏馆每年接待游客几万人次，各类文化下乡、对外交流演出长年不断，产业发展成效明显……

评价"非遗"项目是否真正活起来，一个重要的标准，就是看它是否融入人们的生活和当地产业发展。从这个角度来说，海宁皮影戏的保护还算不错。

然而，对于一些重点保护项目，可以花大力气抢救扶持，但面对省内241项国遗、886项省遗、5905项市遗以及1万多项县遗，又该如何让它们焕发活力？

二

"非遗"保护之难，在全国是一个共性问题，根本原因或许是"非遗"扎根生存的传统文化土壤正逐渐消失。

长久以来，"非遗"一直深深嵌在一方水土的文明演变之中。

比如，在源远流长的桑蚕文化浸润下，种桑、养蚕、丝织、刺绣成为杭嘉湖一带百姓维系生存的行当，孕育出杭罗织造、辑里湖丝手工制作、双林绫绢织造等传统技艺，衍生出含山轧蚕花、扫蚕花地、新市蚕花庙会等传统民俗，流传千年的农业文化遗产桑基鱼塘系统至今依旧在发挥作用。

这些，折射出中华民族5000多年不曾断流的桑蚕文化，历朝历代"农桑并重"之策下的百姓生活，以及古代丝绸之路的历史意义。直到今天，以桑蚕文化为基础的中国丝绸依旧是极具辨识度的中国文化金名片。

因此，"非遗"大多扎根于乡土文化之中，"非遗"保护面临的难题，背后是农耕文明向工业文明急速跃迁过程中，乡土文化的日渐衰退——

在流行举办现代婚礼的今天，"十里红妆"传统婚嫁习俗怎么传承；

家家户户都不用灶头了，灶头画还如何生存；

现代捕鱼业已经普遍采用机械化方式，口口相传的渔工号子还能延续吗……

"非遗"的文化语境逐渐削弱，"非遗"也就不可避免地陷入传承困境。

令人欣慰的是，目前，上述"非遗"项目已经通过文图、影像、实物展示等方式得以保存，以舞台再现、进校园、出版读物、开发衍生产品等方式传承、传播。

可是，我们又该如何解决"非遗"传承后继无人、缺乏活力的问题？

进一步来说，又该如何跳出"非遗"项目本身，从上游重塑群众对优秀传统文化的自信，从下游激活"非遗"在产业发展中的活力，重新培育"非遗"生存发展的土壤？

三

说到"非遗"保护，还有一个问题不可回避，"非遗"怎样才能重新建立与现代生活的链接？

这就离不开我们反复说起的那句——创造性转化与创新性发展。

"非遗"世代相传到今天，原本就具有强大生命力。根据《保护非物质文化遗产公约》对"非遗"的定义，可以"被不断地再创造"，是"非遗"不同于文物的核心特质。

围绕着"再创造"，浙江有不少探索。比如：

2021年以来，浙江围绕传统工艺，推进传统工艺工作站、"非遗"工坊的创建，并提出目标，到2022年底，命名首批10个传统工艺工作站、50个左右省级"非遗"工坊。

什么是工作站，什么又是"非遗"工坊？

简单来说，工坊着眼"非遗"的生产、就业和发展，提升核心技艺、产销能力，培育特色品牌，促进就业增收；工作站以工坊为支撑，发挥平台作用，整合高校、研究机构力量，着眼"非遗"项目的研究、产品设计的研发、传承人群的研培，共同促进传统技艺发展，做强相关产业。

比如"宋韵薪传"省级传统工艺工作站，由上城区文旅局和万事利丝绸、南宫秀文创、龙宝堂青瓷艺术馆三家公司共建，与杭罗织造技艺、杭州刺绣、南宋官窑烧制技艺、杭州铜雕技艺等十多项"非遗"项目保护单位一起，围绕"宋韵薪传"，研发相关产品，共同营造宋式生活美学。

工作站与工坊所做的,就是为"非遗"项目、"非遗"传承人搭建一个融入现代生活、体现当现价值的平台,为"非遗"提供更多转化的途径,创造更多生活化的应用场景。

以传承支持产业,以产业促进就业,以就业助力传承,一个"非遗"保护闭环就这样逐渐形成。当然,最终实效如何,还有待时间检验。

像这样的促进"非遗"创造性转化与创新性发展的方式、手段,我们还需要有更多。

四

当前,"非遗"保护是一项和时间赛跑的工作,等不得、慢不得。

时至今日,我们仍有不少"非遗"还处在"濒危"的边缘,保护工作还远没到可以歇口气的时候。比如:

许多"非遗"仍面临着严峻的传承问题,如何更好地保存"非遗"的文化基因,促进传统工艺的振兴,还需不懈努力;

一些"非遗"项目虽然完成了抢救的第一步,但输血之后如何实现自身的造血,仍有很长的路要走;

不同门类的"非遗"还存在着发展不平衡的问题,并非所有的"非遗"都能与旅游、文创相结合,怎样找到与"非遗"项目相适应的发展路径,还有更多的机遇值得捕捉……

说起浙江的优秀传统文化,人们可能会联想到良渚古城遗址、大运河、西湖等文化遗产,但是,"非遗"承载着民众智慧和生活美学,也都是浙江文化标识的重要组成部分,是中国文化在世界文化激荡中站稳脚跟的坚实根基。

浙江"非遗"保护不乏成绩，却也任重而道远。不断激发历史使命感、责任感，保护好更多"非遗"，让它们活起来、活下去，十分必要。

期待着更多的"非遗"在大众生活中复兴，在奔向物质富裕、精神富有的道路上，与时代同行。

季方 莫璟华 执笔

2022年7月11日

"扶正祛邪"不能搞假大空

> 面对错综复杂的环境,宣传舆论工作要毫不动摇地坚持以我为主、实事求是,传达正确的立场、观点、态度,引导人民群众分清对错、好坏、善恶、美丑,激发积极向上、向善的精神力量。

根据中医理论,人要健康,需要"扶正祛邪":扶持正气,去除邪气。这既包含身体健康,也包含精神健康。

一个人要健康,就要多吃健康食品,少吃垃圾食品,加强日常锻炼,提升身体免疫力。精神健康也一样,要多看正面、积极向上的作品,少看低俗、粗俗、媚俗的东西,不断加强学习,提升思想免疫力。

宣传舆论工作,做的是思想工作,关乎人民群众精神健康。因为舆论导向正确,就能凝聚人心、汇聚力量,推动社会进步、事业发展;舆论导向错误,就会动摇人心、瓦解斗志,危害党和人民事业。

这就需要我们在日常工作中,坚持正面宣传为主,多宣传正能量;坚持反对丑恶现象,多去除负能量;积极支持舆论监督,发现问题、解决问题,推动社会不断进步。

"扶正祛邪",一方面是因为我国当前经济社会各项事业中,健康发展是主流,消极负面是支流;另一方面,改革发展也面临各种挑战,新冠肺炎疫情、国际局势动荡等"灰犀牛""黑天鹅"事件风险巨大,更需要我们用正确的舆论引导人,提升思想免疫力,加强战斗力,团结协作来应对各种困难与挑战。

中国这么大,人口这么多,每天都在发生这样那样的大事,免不了存在一些问题。如果只提供大量负面信息,让人民群众只看到黑暗、消极的东西,看不到光明、正向的希望,社会就会缺乏精气神,甚至造成人心涣散,最终危害国家安全稳定。

面对错综复杂的环境,宣传舆论工作要毫不动摇地坚持以我为主、实事求是,传达正确的立场、观点、态度,引导人民群众分清对错、好坏、善恶、美丑,激发积极向上、向善的精神力量。

"扶正祛邪",思想上要有定力,行动上要有战斗力。对于符合社会主义核心价值观、人民群众积极拥护的各类正能量,要理直气壮地加以宣传宣扬;对于原则问题和大是大非问题,要敢于直面应对、亮剑交锋,对于恶意攻击、造谣生事,要坚决回击、以正视听;对于中央明令禁止、人民深恶痛绝的丑恶现象,要大胆开展舆论监督,从而揭示问题、解决问题。

当然,"扶正祛邪"需要高超的水平,不能简单粗暴地灌输,不能假大空。如果脱离实际、脱离群众,只会影响权威性、公信力。立足实际,用事实说话,用心用情用力做好宣传舆论工作,只有说到群众心里,深入群众脑里,才能影响到群众的行动里。

裘立华　执笔
2022 年 7 月 12 日

为何说这场展览是堂思政课？

> 榜样的力量历久弥坚，在时代变迁和社会进步时，或是在我们迷茫时、找不到方向时，一次次地给予我们前行的动力。

如果用一种颜色代表7月，那一定是火红。

近日，"百年潮涌·之江楷模"特展在浙江展览馆亮相，展出百余幅肖像、群组画作及数座雕塑。

作品的"主角"，是102位"之江楷模"——从革命英雄张人亚、陈望道、鲁迅，到建设楷模竺可桢、钱三强、屠呦呦，再到时代先锋王坚、陈薇……

回望百余年来时路，他们逢山开路、遇水搭桥，在艰辛而光辉的历程中创造着奇迹。

他们的面孔，以油画、壁画等形式展现，再次带领观众跨越时空、触摸历史、涤荡心灵。

一场展览，就是一堂思政课，动情动人，给我们带来深深的触动和启迪：

是什么让如今的我们得以安然创作或欣赏艺术？我们又为何要

追寻楷模的足迹?

一

百年潮涌,致敬时代楷模,赓续榜样精神。

去年,建党百年之际,浙江省委宣传部发起"百名画家画之江楷模"大型创作活动。100余名艺术名家、"新峰人才"和中国美院青年师生投身创作,历时半年多,以丹青颂英雄。

说这是一场大型"追星"现场不为过。不过,这些"明星",不是娱乐圈的演员艺人,而是在峥嵘岁月中,为我们带来光的人——

"胜利的时候,请你们不要忘记我们!"25岁的裘古怀牺牲前毅然决然;

温州洞头先锋女子民兵连,诠释"爱岛尚武,励志奉献"的海霞精神;

择一事终一生的"敦煌女儿"樊锦诗、"中华第一城"的勘探和发掘者良渚考古队;

"肯吃苦,肯动脑,肯学习,肯吃亏"的浙商代表鲁冠球、李书福、南存辉……

那一张张面孔,是视死如归的革命烈士、顽强奋斗的英雄人物和忘我奉献的先进模范,是他们承担起了中国革命、建设、改革的伟大事业。

这,正是我们要追的星。

电影《建党伟业》中有这样一幕:

1921年7月的一天,嘉兴南湖一艘画舫上,10多位代表在船舱内紧张开会时,一位剪着短发、身着旗袍的女青年坐在船头望风。

那一刻,撑绸伞、哼小调的她,进行着怎样一项隐秘而伟大的任务?

在创作《王会悟》时,中国美院学生金利政兴反复揣摩着这个问题。事实上,从拿起画笔起,他就开始了追星的旅程。

"若没有像王会悟这样默默付出的先辈,我们不会有今天的生活。这让我更加珍惜眼前的幸福生活。"金利政兴说。

这,正是榜样的力量。

二

习近平总书记历来重视立德树人工作,他多次指出:"大思政课"我们要善用之,一定要跟现实结合起来。

思政课的本质,是让道理深入人心。把道理讲深、讲透、讲活,不是拿着文件干巴巴地宣读,那样的理论没有生命,群众也不喜欢听,无法形成共鸣。

有人说,组织这样一场创作和展览,不管是对创作者还是对观众来说,都是一堂具有浓浓"浙江味"和甜甜"真理味"的"大思政课"。

为何这么说?

在这堂思政课中,艺术家们得到的锤炼,远不止创作技法,更是在回望历史中激荡了灵魂。

在艺术创作实践中,师生们开展实地调研、研读大量文献资料,几经讨论、数易其稿,逐渐走进楷模们鲜活的生命。

艺术家以画笔去理解、刻画和再现楷模,呈现他们的神采激情和精神风骨,把自己的创作、自己的小世界接通到大历史之中,从而真正了解、理解人物,并为之感动,产生共情共感,形成从外在到内在的感悟。

对前来观展的观众来说,这也是一堂走近楷模、感悟楷模的课,是对艺术精神更是对红色血脉的感知。

百余年来,之江畔,英雄辈出,群星闪闪。有的名字大家耳熟能详,有的依然鲜有所闻。

在展厅中,观众和楷模的距离如此之近,互相之间产生了联结。春风化雨,润物无声,展厅成了课堂,观众就是向上向前的"学生",因为那万丈革命豪情令人久久沉浸。

这是课堂,也是对话,是创作者把楷模的故事讲给大众听,彼此培养对中国社会历史的感知力和认同感,培育家国情怀、人类关怀。

为什么要上这样一堂思政课?又或者说,浙江为何要如此"大费周章"发起"之江楷模"的评选、学习、艺术创作?

伟大时代呼唤伟大精神,崇高事业需要榜样引领。如果说,有一群"明星"值得我们去敬仰和追寻,那一定就是他们。

追寻楷模,是因为他们值得我们牢记。

常怀感恩之心,吃水不忘挖井人。所有为这片热土作出贡献的人,都应该被历史记录、被人民记住。

在这堂生动的思政课中,艺术家、观众加深了对浙江历史上涌现出的杰出人物的崇敬与感佩之情、对百年奋斗历程的了解与认同。

追寻楷模,是为了传承伟大精神,汲取历史智慧。

百余年来,浙江大地涌现出众多优秀儿女,以"敢教日月换新天"的大无畏气概，为中华民族摆脱屈辱，从站起来、富起来到强起来的伟大飞跃作出贡献。

这些楷模的身上，展现着伟大建党精神与红船精神，体现着共产党人的精神谱系和政治品格。正是这，塑造了今日之中国。历史川流不息，精神代代相传。从中，我们也寻求源源不断的奋进激情。

追寻楷模，叙述的是奋斗，启示的是当下，烛照的是未来。

不忘来时路，方知向何行。在全党全国各族人民向第二个百年奋斗目标迈进的新征程上，在浙江奋力推进"两个先行"之际，我们尤其感动于那些在党的领导下艰苦奋斗、无私奉献、创造辉煌、开辟未来的楷模，并以他们为榜样，奋楫争先、扬帆追梦。

榜样，无关颜值、无关流量、无关资本，只关乎奋斗、价值、精神——

榜样的力量历久弥坚，在时代变迁和社会进步时，或是在我们迷茫时、找不到方向时，一次次地给予我们前行的动力。

路虽远，行则将至。

郑梦莹　执笔

2022 年 7 月 12 日

日本的"丧文化"

> "丧文化"在日本长期蔓延,本质上有根源——日本的社会压力,讲到底是日本经济发展差距越来越大的社会产物。

一

说到"丧文化",大家也许并不陌生。

其实,"丧文化"最早出现在欧洲,然后是美国,之后进入日本盛而不衰,近几年又演化为"佛系"等出现在其他国家。

但是日本的"丧文化",很有代表性。

日本学者大前研一有本书《低欲望社会》,一直很轰动。书中,大前研一写出了日本作为低欲望社会的一些社会现象,尤其是对生活没有欲望的年轻人:

不花钱的不止高龄者,年轻人的消费意愿也变低了。不买房不买车,结婚要花钱所以也不想结了,这就是现在日本年轻人的实际状况。

新进员工中几乎没有人的未来目标是当上社长。大部分人都表示不想升到课长以上的职位，跟我经历的年代相差非常大。

此外，还有一本书，想必大家也很熟悉，日本小说家太宰治创作的中篇小说《人间失格》。这本小说在日本的畅销，也反映出"丧文化"在日本的持续走高。

从大量报道中能看到，日本年轻人拒绝社交很明显。大量年轻人可以很长时间不与人交谈交流，成为"御宅族""蛰居族"，这就是很典型的丧。

日本"躺平青年"以消极颓废、自我嘲讽为特征。说白了，就是厌世、颓废、悲观等。

作为一种笼罩式的青年思想氛围，陷入其中者容易因生活工作琐事伤春悲秋、感叹世道不公，甚至导致"过激"行为。

二

原因是什么？

"丧文化"，仿佛一种无声抗议，是对日本巨大社会压力的特殊反应。

"丧文化"在日本长期蔓延，本质上有根源——日本的社会压力，讲到底是日本经济发展差距越来越大的社会产物。

这里不可避免要提到一个人：日本前首相安倍晋三。

安倍执政时间前后约8年，创造了日本执政时间最长的纪录。但在此期间，经济社会压力并没有得到缓解。

安倍在担任日本首相期间，创立所谓的"安倍经济学"，主要以货币贬值—量化宽松、扩张性财政政策和复兴民间产业投资为基点。虽然对日本经济有一定的促进作用，但在全球新冠肺炎疫情暴发前，"安倍经济学"就表现出了疲软势头。

2012年，安倍第二次出任首相时，日本GDP增长率为1.5%；经过6年刺激，这一数据反而滑落到了0.79%；2018年10月过后，日本经济迅速重回"负增长"区间。

就在前段时间，欧美游资还借机做空日本，日本国债被猛烈抛售，日元兑美元已经快贬值到30年前的水平了。

在长期通货紧缩和收入增长停滞情况下，日本国内尤其是年轻人出现了"不良反应"。简单来说，日本社会病了，还病得不轻。

首先，日本逐渐进入"超少子化"社会；其次，更为严重的后果则是"高龄化"。

特殊的货币政策让底层民众面临着极大的生存压力，四五十岁以上的未婚者和八九十岁的"老打工人"非常普遍。

据日本放送协会（NHK）2020年9月21日报道，日本总务省发布数据，称该国65岁以上老年人口较2019年增加了约30万，达3617万人，占总人口的28.7%，为全球最高；此外，日本老年人口的就业率为24.9%，连续8年增加，在世界主要国家中居于较高水平。

种种病症，却只是冰山一角。更严重的是，日本社会阶层高度固化和社会内部的情绪对立。

比如，就安倍遇刺一事，在推特上，日本网友就有明显分歧，有的人对此表示愤怒和谴责，也有少数的人对山上彻也表示一定同情，这也体现出认知的撕裂。

三

日本的"丧文化",带来的思考是多方面的。

从个体层面而言,客观地说,有些时候,面对困难时年轻人一时陷入负面情绪,偶尔"丧"一下,发发牢骚排解情绪,情有可原。但如果"丧"成为一种生活态度、社会风气,出现"我丧我有理""人生没意义"的扭曲价值观,就需要高度警惕了。

从国家层面而言,近年来,西方世界乱象频发,或许这只是其中一个悲剧,却鲜明地发出警示:

任何一个负责任的国家政党,都要将治国理政的核心放在真正地为民众创造福祉上,带领人们在奋斗中不断实现愿望并面向未来拥抱更大希望。

偏离、漠视这一点,妄图以对外转移矛盾或搞政治操弄摆脱发展困境,是行不通的。贫困人口飙升、贫富差距加剧后,就会导致社会分化等。

四

7月8日,日本奈良街头几声枪响,该国前首相安倍遭到枪击,后因伤势过重不治身亡,消息震惊世界。

包括中国国家领导人在内的多国政要发出唁电,对安倍突遭不幸辞世表示哀悼,向其亲属表示慰问。

一时间,日本国内乃至国际舆论场议论纷纷。

有社会学家建议,需要关注一下日本的"丧文化":与多数丧文化群体对生活表达无奈的戏谑、只能被动接受不同，山上彻也在疏解个人愤懑时选择了过激的方式。

看山上彻也退役后的生活、工作，的确就有着"丧"的一些特征：没有结婚史，一个人生活；工作认真，但与同事少有来往，也没什么朋友。"安静"的生活状态下，是否隐藏着失望乃至绝望的深重负面情绪？

还有人说，原来在日本，有个影响力很大的教会，与安倍有着非同寻常的关系，山上彻也的母亲是该教教徒，而据说该教会要求信众捐出所有身家，他在生活上遭遇的激变或许就源于此。

"枪声之丧"与"文化之丧"有啥关系？安倍与宗教势力，又有何瓜葛？背后是否还有其他千丝万缕的原因？

这些暂时还都不得而知。

也许答案终有水落石出的那一天。

陈鑫 郑梦莹 李攀 执笔

2022年7月13日

人间好物,"藏起来"不如"拿出来"

> "藏起来"是为了"传下去"。这个"传",不仅是传诸后世,也是传诸众人。

有这么一座文化富矿:

它来自于民间,也藏于民间,而且正在反哺民间。

它是人间好物的集合,也是璀璨历史的见证,更是平凡生活的缩影。

它就是民间收藏。

数据显示,我国公立博物馆藏品总数为1469万件,而民间藏品数量据估算已经是馆藏数量的10倍以上。

可以说,"国宝民藏、藏富于民"造就了民间收藏奇迹般的梦幻,而让这些人间好物从"藏起来"走向"拿出来",则必将释放出巨大的文化能量。

一

"藏起来"不是民间收藏的最终目的。

藏家，藏家，也并非因为"藏"而成为大家。

将文物"藏起来"，通过私人收藏占有文化之"物"，只是涵养文化之"魂"的初始阶段。

因收藏带来的喜悦感，因占有好物带来的满足感，也可能很快消散。如果把藏品束之高阁、藏之深闺，那不但让其失去了活力，还会折损其固有价值。

毕竟，"用进废退"的法则，不仅适用于自然生物，也适用于那些"人间好物"。

巧夺天工的瓦罐器物，栩栩如生的大师画作，恢宏壮丽的石碑石刻……这一件件倘若都"养在深闺人未识"，那么在自然状态下往往难以得到有效保护，以至于没落残损，最终难逃被人遗忘的命运。

"文物不能没有尊严地沉睡在库房，只有面对公众，它们才能真正活起来，真正神采奕奕，光彩照人。"故宫博物院原院长单霁翔先生这样说。

"藏起来"是为了"传下去"。这个"传"，不仅是传诸后世，也是传诸众人。

位于美国华盛顿的弗利尔艺术馆收藏了诸多东方艺术品，而其中大多来自查尔斯·朗·弗利尔先生的私人收藏。一位中国学者在考察时，被允许深入弗利尔艺术馆的库房，对感兴趣的玉器进行测量线绘，并获赠一些原版彩色照片，通过将相关素材编入成书，让流失海外的文物得以继续"传下去"。

收藏是文化的内涵和外延，本着守护文物、传承文化的态度才能可持续发展。无论是历史文物还是经典文本，最珍贵的莫过于其历史与文化价值，倘若它们记载的历史与创造不能被更多人欣赏、研究、传承，也就很难实现"价值外溢"，更谈不上价值增值。

二

手里有了人间好物，如何"拿出来"也是一门学问，方法对头就能更好地实现价值最大化。

浙江人民就用他们的智慧给出了许多答案。

很多浙江籍收藏家手握藏品后，往往倾向于这样一个选择——建博物馆。

早在1989年，温州就通过民间集资建设了瑞安肇平垟革命纪念馆，成为省内最早的民办博物馆之一。2021年，温州已注册民办博物馆58家。乐清铁枫堂铁皮石斛博物馆、龙湾白水民俗博物馆、洞头东海贝雕艺术博物馆……温州的下一个目标，就是着眼传承发展"千年商港"文化，加快打造"中国民办博物馆之城"。

在"中国博物馆文化之乡"鄞州，民办博物馆也如雨后春笋般涌现，气象万千。目前，鄞州共有38座博物馆和美术馆，大多数来自民间，其中甬宝斋锡镴器熨斗博物馆、千峰越窑青瓷博物馆等博物馆的创办者都是收藏家起步，他们融个人爱好与家国情怀、地域文化与民族记忆于一体，从细微处展现别具一格的文化肌理。

当然，并非所有藏家都有时间、精力来开办博物馆。

文物捐赠，便成了另一种将文物"拿出来"的好做法。

在浙江，不少博物馆的发展壮大都得益于文物捐赠的力量。2008年开馆的宁波博物馆，从筹备之初就公开向民众征集藏品，并得到了社会上的广泛响应。其中，香港著名宁波籍收藏家哲夫捐赠数十张反映清代宁波历史的明信片、邮票，著名"海上丝绸之路"研究者、北京大学宁波籍教授陈炎先生也整理6000多册书籍、手稿及文献资料捐献给家乡博物馆。

"收藏古籍是我个人的爱好,但是我也深知,个人能力有限,古籍公藏是一个大的趋势,版本馆的成立为古籍的保存、研究提供了更好的条件。"古籍收藏家金亮先生说。去年5月,金亮向国家版本馆杭州分馆捐赠了10种782册(件)珍贵古籍,包括五代雕版《陀罗尼经咒》、吴越国时期"雷峰塔经"等,对构建分馆藏品体系意义重大。

除了创建民办博物馆、文物捐赠之外,更具灵活性的文物托管则是通过将文物的所有权和管理使用权分开,给"拿出来"提供了全新的路径。

为丰富馆藏资源和妥善保存民间珍贵文物,宁波博物馆尝试推出文物托管办法。民间收藏家将私人藏品委托博物馆管理,并签订相关的托管协议,托管文物的所有权仍归委托人所有,博物馆则可根据藏品类型、质量等情况对藏品进行展览和学术研究。

文物托管制度,既为保管条件不足的藏家提供了方便,也激活了社会闲散文物资源,使平时难得一见的珍贵文物走出个人收藏的狭小空间,得以最大限度地激发社会价值。

三

省第十五次党代会提出,着力推进全域文化繁荣全民精神富有,打造文博强省。要实现这样的目标,民间收藏的力量不可或缺。

改变做法、创新打法,让民间收藏的功能持续放大,让社会力量充分参与文化建设，是许许多多民间收藏家和民间博物馆正在做的事情。

当前，浙江许多民办博物馆正在持续探索发展新模式：

通过文创产业、课程培训、专利商业化、藏品出租等方式探索博物馆长期运营的方式，构建涵盖展示、收藏、鉴定、拍卖、金融、文化艺术品消费等的全链条线上线下交易体系；

加大资源整合力度，突破时空界限，推动"小而美"的复合型文化空间成为"博物馆＋"的新场域；

努力找到馆藏资源与社会资源的嫁接点，以社会化运营等方式进入市场、融入社会，不断盘活博物馆的有形和无形资源，等等。

各类创新做法在提升文物保护传承利用水平的同时，正不断推动传统文化的创造性转化和创新性发展。

像今年6月，温州的青灯石刻艺术博物馆举行了2022塘河青灯市集全国美学大会，全国一大批热爱美、追逐美、创造美的游客蜂拥而至；乐清铁枫堂铁皮石斛博物馆、龙湾白水民俗博物馆、洞头东海贝雕艺术博物馆等延伸发展文旅融合产业，向公众开放露营、举办派对等新潮活动，形成"展示＋餐饮＋文创"一条龙的融合业态，最大限度释放文化消费活力。

还有像温州衍园美术馆，成立五年来，联手温州博物馆、温州美术馆、浙江大学、温州春兰草堂等书画界单位，先后合作举办"李叔同与温州"系列展、纪念丰子恺先生诞辰120周年师友书画展等近20场高质量展览，打通了文物互通壁垒，传递了悠悠长河里的地方名人文化。

从私人珍藏到社会共享，让文物回归文化，浙江文博领域的这场创新打法，正在显示出更加具有灵活性、执着性和带动性的深层力量,源源不断为文化强省建设注入新活力。

把文物"拿出来",让文化"活起来",将文脉"传下去"。

人间好物,作为历史的保存者与记录者,必将借助文博的民间力量重回人间,焕发出新的闪亮光彩。

苏畅 桑隽漾 何诗航 执笔

2022年7月13日

搞媒体融合要破"心中贼"

> 正因为难,才需要改革;正因为难,才需要强力去推动。
>
> 改革从来就没有轻而易举的,改革也不可能不脱一层皮就轻松上岸。

搞媒体融合,很难吗?

搞新媒体,很难吗?

媒体融合大潮浩浩荡荡,难还是不难,全看冲浪的传统媒体人们到底是要破"山中贼"还是破"心中贼"。

只破"山中贼"看起来并不难。

自娱自乐做一些好看的数据,把省融媒体指数考核分解成数学题来做,甚至花钱买些流量点击,似乎就解决了数据好看难看的问题。

但要破"心中贼"就难上加难。

打造一个老百姓喜闻乐见的本地网络互动社区,润物细无声地让正能量和党的政策方针入脑入心,真正挖掘出可以开垦的社区、居民、城市网格里的私域流量,真正让我们的原创新闻成为流量里的顶流,这些挑战的难度系数不小,以至于一些基层单位想都不敢想。

破"山中贼"易,破"心中贼"难!

正因为难,才需要改革;正因为难,才需要强力去推动。

改革从来就没有轻而易举的,改革也不可能不脱一层皮就轻松上岸。

笔者也是一名传统媒体人,几年前初入网络社交平台,也曾遇到过各种困境。

洋洋洒洒写下几千字,却无人问津,连个点赞也没有。天天发表自认为很专业的高见,却无人互动。

曾经我也困惑甚至愤怒过,为何我一名受过正规专业训练、拿过各种省级国家级荣誉的记者,写出来的东西居然还不如一些草根网络意见领袖有传播力?

是我的错,还是受众的错?还是平台的错?

也许是那份媒体人执拗的不甘心,我没有停止脚步。

最终,一篇关于志愿军战士的长篇评论给我带来了突破。这篇评论我结合了自身采访老战士的经历,加上各种网络故事梗的叙事风格转变,成就了我在微博里的第一篇百万爆款内容。

看着几百条网友留言,我第一次感到,只有痛下决心,真正到网络里摸爬滚打,真正让自己由内而外磨掉一层皮,才能跟上互联网传播的潮流。

最终,我成了一名网络正能量意见领袖,积累了300多万粉丝,虽然这不算什么大的成就,但却让我深刻地感受到一点:

离开大海登上陆地的鱼就不再是鱼了,新的传播形势下,传统媒体人的进化和迭代在所难免。

传统媒体人必须在这场媒体融合大潮中心存危机感，必须大踏步地去学真本事。

互联网传播的开放性、互动性、包容性、破碎化、分众化等每一个正向或者消极的特性，都是对传统媒体那种单向、封闭、自洽的传播范式的解构。

传统媒体的内生性内容生产架构已经和新的传播环境背道而驰。

在基层，存在这样一种尴尬现象，部分官方媒体的传播力不如自媒体，甚至连深度也不如自媒体。

当有些传统媒体人还在津津有味地讨论如何把报纸版面和电视视频搬运到新闻App上时，当个别基层单位还在利用各种"捷径"去刷数据时，李子柒等自媒体IP们已经乘着社交媒体的大船，出海远航，在国际上传播中国故事了。

这种认知缺位导致的传播力现实落差，有时候让人感到深深的担忧。

宣传阵地就在那里，我们不去占领，别人自然会去跑马圈地。

然而这些落差和解构并非不可弥补，传统媒体仍然拥有深厚的新闻素养和得天独厚的各种赋能，依然有重新成为当地舆论圈C位的契机。

在笔者看来，媒体融合不是重新办一家网络电视台或者网络报社，而是构建一个汇聚本地社情民意的高效互动平台，打造一个具备网络传播力和社会舆论引导能力的信息服务平台，塑造一个权威而又不失亲民的新闻资讯平台。

面对这些要求，传统媒体必须颠覆已有的新闻内容的生产和传播链条，传统媒体人必须转换新的传播理念。

大势已至。是时候，打碎那些华而不实的坛坛罐罐，突破舒适区里的各种藩篱；鼓起担当的勇气和精神，多一些实事求是、就事论事的业务精神，杜绝为了流量而流量、为了指数而指数的形式主义。

作为党的宣传事业的主力军，我们必须明白——

真正可贵的是直抵人心、能够走到老百姓心坎里的流量，而不是报告里冰冷的数据；真正值得传承的是邵飘萍那种"铁肩担道义、辣手著文章"的职业精神，而不是这个部门那个岗位。

鼓起勇气，告别今天的自己，为的是成就明天更精彩的你。媒体融合定可期待。

徐健辉　执笔
2022年7月14日

茅盾故里何时再有茅奖？

> 真正的巨制，追求的是艺术、思想，甚至是信仰。这需要花大量时间去琢磨、打磨。可快销品式的文学作品，受舆论场上浮躁氛围的影响，达不到这样的水准。

如果用四个字形容茅盾文学奖获奖作品，那一定是：巅峰之作。

它们是图书馆借阅榜和畅销作品榜的"常客"：贾平凹的《秦腔》、阿来的《尘埃落定》、路遥的《平凡的世界》、古华的《芙蓉镇》等等。

茅奖得主中，有位浙江作家想必大家也很熟悉：王旭烽。今年，其40万字新作《望江南》面世。2000年，她的《茶人三部曲》（一、二）获第五届茅奖。她也是浙江截至目前唯一一位茅奖得主。

当然，今天我们讨论的重点不是《茶人三部曲》，而是：2000年。

因为这个时间，同时意味着：作为茅盾家乡的浙江，超过20年，尚无作品获得茅盾文学奖。（注：浙江作家麦家的《暗算》获

第七届茅奖,当时他生活在四川,后回到杭州)

听起来,这似乎是缺点火候。在人们一贯的印象里,浙江是一片文学沃土,人才济济、能人辈出,走出了一代代文学巨匠。

这就需要思考一个问题:这些年,火候缺在哪?

一

我们先从一个特别的"愿望"说起。

"我自知病将不起,我衷心祝愿我国社会主义文学事业繁荣昌盛!"1981年3月,作家茅盾立下遗嘱,将稿费25万元捐出设立茅盾文学奖,以鼓励当代优秀长篇小说创作。

作为目前国内文学界最高文学奖项之一,茅奖可谓中国文学的一座丰碑。

光看表格就知道,这座丰碑有多高、含金量有多足:

茅奖每四年评一次,10届总共才评选出48部,获奖作品屈指可数;

作品部部经典,值得一读再读,很多已经被改编为影视剧;

作家个个笔力不凡,格局阔大,名头叫得响。

40多年,这些语言奇迹,是文学奇迹,也是中国土地上发生的奇迹。

那么,茅奖更"偏爱"什么样的作品?

2019年,第十届茅奖揭晓时,时任该届茅奖评奖委员会副主任的李敬泽曾透露过评判标准:

作品应有深刻丰富的思想内涵,有利于坚定文化自信,展现中国精神;

对深刻反映时代变革、现实生活和人民主体地位，书写中华民族伟大复兴中国梦的作品，尤应予以关注；

注重作品艺术价值，鼓励题材、主题、风格多样化，鼓励探索和创新，鼓励具有中国风格、中国气派、满足人民精神文化生活新期待的作品。

纵观历届获奖作品，我们不难看出一些简单的规律：

历史题材、文化题材多，爱情小说、行业小说等少；

都是大部头，宏大叙事，分量和气势很足。

巴尔扎克说："小说，被认为是一个民族的秘史。"这句话也出现在茅奖作品《白鹿原》扉页上。

文学是外人认识一个国家、民族精神的载体。以书写中国、描绘时代为己任的茅奖，和思想性与艺术性统一的茅奖作品，正是这样一扇"窗口"。

二

我们回到浙江。浙江文学发展势头一直很足。这一点不容反驳，也无人反驳。

说古代，陆游、骆宾王、贺知章、王冕、龚自珍等，都是浙江文化名人；在浙东唐诗之路上，大文豪谢灵运、李白、杜甫、白居易等，款款踏歌而行。

说"五四"后，浙江人鲁迅、茅盾、郁达夫、夏衍、徐志摩、艾青等，个个是文学巨匠。

那么，为何浙江茅奖作品不多？

有这样一种说法：

浙江是江南水乡，江南人小家子气，不够粗犷，写细腻唯美的可以，写大开大合的就不行。

这就不对了。

江南人并非如此。如果这样说，鲁迅先生第一个不答应。"真的猛士，敢于直面惨淡的人生，敢于正视淋漓的鲜血。"浙江人有大气魄。

再看王旭烽的"茶人"系列，哪怕是看过其中一部就会清楚，里面的历史观、家国观十分宏大。她就是典型的江南知识分子，她的笔下就是江南的茶、历史、文化。

三

一枝独秀的浙江文学，为何20多年"呼唤"不出一部茅奖作品呢？

这里，我们提供一种解读视角。

近些年，浙籍作家在全国重要文学奖项中摘得荣誉不少；浙江文坛在网络文学、影视文学等新兴领域，异军突起。

但从匹配茅盾文学奖的高度和厚度上来说，浙江还有一定差距。

其一，从创作上来说，部分作家创作重磅巨制的耐心和恒心还不够足。

坦白而言，写文章易、铸精品难。相比短平快地创作短文、短剧本，漫长的战线很磨人，不容易出成绩，也不足以赚快钱。

真正的巨制，追求的是艺术、思想，甚至是信仰。这需要花大量时间去琢磨、打磨。可快销品式的文学作品，受舆论场上浮躁氛围的影响，达不到这样的水准。

其二，从队伍上说，中坚力量还不够凝聚，尤其青年作家群体还需培养。

浙江实力派作家不少，从他们的作品构思、语言表述等都能看出扎实的功底，但这些作品不一定符合茅奖作品的气质。比如，有作家的语言偏向诗歌语言，这与小说语言的语调语气客观上存在不一致。

此外，浙江有一批年轻作家活跃于文坛，暂时仍缺乏阅历、积淀，个人经验不足。缺少了历史纵深感，就写不出作品的厚重感，导致重磅作品难产。

其三，浙江作为富庶之地，市场化程度高带来思想多元，也就带来作品风格的多元。

风格多元是把"双刃剑"。多维度带来创作类型和风格丰富的同时，也导致不少作家的创作偏向个人化，这与茅奖为中国书写的诉求不一致。

我们的文坛，需要有体现个性特色的作品，更要有为家国抒写、为人民抒情、为时代抒怀的作品。根本而言，这类作品才能够长长久久留得下来。

四

当然，需要说明的是，"呼唤"茅奖，并非是以茅奖为唯一标准来评判浙江文坛。而是说，茅奖代表的是长篇小说的权威，从这一意义而言，在这个类型上，浙江是缺失的。

今年上半年，电视剧《人世间》热播，过于催泪，引发热议。

这部剧改编自第十届茅奖作品、作家梁晓声的《人世间》。小说讲述了20世纪60年代起，东三省某省会城市一家几代人经历的时代变革的故事。

《人世间》的创作，足足用了8年时间。全书115万字，全部手写完成。文字的背后，是作家的日日夜夜，是生活的酸甜苦辣，是时代的风风雨雨。

今日的浙江，是一片轰轰烈烈的热土厚土。蒸蒸日上的事业和生活，盼着有更多重磅作品来展现、来刻画。

去年8月底召开的浙江省委文化工作会议提出，浙江要打造文艺精品高地。到2025年，要推出100部左右反映新时代、具有辨识度的文艺精品。

强有力的号角已经吹响，"文学浙军"不可能置身事外。

从个体而言，更多浙籍作家仍需发力，扛起为中国书写大作、为浙江铸就精品的担当，沉下心来创作有温度、有深度、高质量的"大书"。

对作协等单位而言，还需进一步发挥作用、担当作为，加强对文学创作的引导，育大家、出"大作"，推动浙江文学实至名归，从"高原"向"高峰"迈进，向中国、向世界讲述浙江故事。

郑梦莹　执笔
2022年7月14日

露天电影,还要不要继续放下去?

> 在共同富裕中实现精神富有,在现代化先行中实现文化先行,农村电影不仅不能缺位,更要成为文化建设的主力军、新长板。

近日,美国《国家地理》杂志刊发文章《面对科技,曾给中国农村带去欢乐的流动"电影院"正在消失》。文章没有特别高的网络关注度,却引出一个值得思考的话题。

很多人有过小时候看露天电影的经历,在炎炎夏日的傍晚,全村男女老少喜笑颜开,共赴一场心心念念已久的光影之约,不经意间还成就不少故事和佳话。

弹指数十年,在网络应用广泛普及、城市影院随处可见的今天,露天电影已经越来越淡出我们的视野。

正因如此,问题来了:露天电影到底还有没有人看?露天电影究竟还有没有必要放?看露天电影,是不是只为怀念这份往日情怀?

一

全国电影院银幕总数目前已超过8万块，一些视频平台更是可以会员包月"无限看"，加之"一机在手，点啥都有"，露天电影似乎已经成为可有可无的农村文化餐桌的"点缀品"。

真相确实如此吗？

"经验主义"往往害人，以想当然的逻辑推断来下结论的"上帝视角"更不可取。

当前，城乡之间的发展差距在不断缩小，如浙江城乡居民收入倍差已下降至1.94。但如果可以完全量化的话，相对于经济收入来说，城乡文化服务水平的倍差估计会更大一些。

以电影为例，乡镇影院仅占我省影院总数的约1/4，观影人群和视频平台用户中城市人口更是占了绝大多数，一张电影票动辄数十元，浙江农村群众想看一部商业电影，其实也没有想象中那么容易。

如果再考虑到城镇化发展的实际，无论是搬迁进城的新城里人，还是留守在乡村的老年人，离养成电影消费习惯还有很大的差距。

看电影是农民的基本文化权益之一。

在共同富裕中实现精神富有，在现代化先行中实现文化先行，农村电影不仅不能缺位，更要成为文化建设的主力军、新长板。

二

让很多人意外的是，电影其实是乡村文化生活的主食和优选。这个结论可不是随便说说的。

近期，笔者在浙西的龙游和浙北的长兴、安吉进行了调研。

不少农村文化工作者深有感触地说，在农村，最省心、省钱又受欢迎、参与面广的文化活动，就是放电影，堪称性价比之最。

一些农村文化礼堂硬件设施好，特别是夏天晚上还有空调吹，有时组织看电影，还怕来的人太多。一些老年观众，喜欢听戏曲，见了农村电影放映员，一个劲地催着多来放点戏曲电影。

还有社区群众专门提到，进城后串门没有过去那么方便，组织看场电影，邻里之间聊天叙旧有了好由头，也有了好去处，真正是"放下筷子就想去"。

当前，浙江正在大力建设"15分钟品质文化生活圈"，着力推进公共文化服务优质均衡发展。

发挥好露天电影的独特优势，同时积极与农村文化礼堂、乡镇文化站等文化阵地进行资源整合共享，特别是推动全省2万余家农村文化礼堂中符合条件的化身为群众"家门口的电影院"，必将成为浙江农村文化建设的又一"妙手"。

三

以露天电影为典型形式的农村电影公益放映是一项政府主导、财政买单的惠民工程。

在文化产品日益丰富的今天，农村电影不是不好看，也不是没人看，而是要实现新的提升，把看什么电影的选择权、电影好不好看的评价权、舒适观影的监督权交给群众，真正让群众"说了算"。

在这方面，浙江正在以"浙影通"数字化改革场景为切入口，探索形成电影的选、点、接、派、评闭环链条，尝试对现有农村电影放映工作进行流程再造、系统重塑。

以后，农村群众想看什么电影，可以自己选、自己点，观影后还可以给予评价。

我们力求走出一条可复制、可推广、具有浙江特色的农村电影放映新路子，努力让更多群众看到更多好电影，不断丰富精神文化生活。

朱少平　执笔
2022 年 7 月 15 日

"早上好"的神奇力量

> 从"早上好"口头禅、"早上好"精神到"早上好"治村模式,再到"早上好"兴村品牌,这一声充满魔力的"早上好",承载着的是村民对改变现状的呼唤和对美好生活的向往。

各位读者,早上好!

在你我交流间,"早上好"是一句再平常不过的问候。

而这在浙江省常山县新昌乡达塘村,却是一句乡村振兴的魔法口诀!

从一句口头禅延伸为一种激励干事创业的精神,"早上好",让这个曾经的"落后村""矛盾村"变成了"先进村""明星村",演绎了奔向共同富裕的鲜活样本。

这三个字,到底有什么魔力?魔法到底是怎么变的?

一

谈到"早上好",就不得不提这个村的党支部书记陈重良。2017年,在外做建材生意的陈重良在省委省政府"两进两回"行动号召下,回到老家达塘村,竞选担任村党支部书记。

当时的达塘村,因为地处偏远,交通、产业基础条件差,不仅村民对落后习以为常,连村干部也无所谓。活脱脱一个"空壳村",空口袋、空脑袋,不知道该怎么发展。

如何转变大家的精神风貌,激发干事的激情?这成为摆在陈重良面前最头疼最迫切的难题。

一次偶然的机会,听到村里的孩子在背诵课文《早》,想起鲁迅先生在"三味书屋"课桌上刻了个"早"字,陈重良灵光一闪,"早"不正是治理这个村庄所需要的精气神吗?

为什么是"早"?一日之计在于晨,一年之计在于春,"早"就意味着奋勇争先!

于是乎,"早上好",便成了陈重良的口头禅。

"早",是一种状态,以前达塘村穷,所以发展的路上要起早、赶早、争早;

"上",是一种劲头,就是要干、要冲、要拼,勇赶超、争上游、创标杆;

"好",是一种追求,要让村子好起来、村民富起来,做到事事好、人人好、村村好。

他逢人便喊"早上好",不管是什么时间、什么场合。从一开始被大家嘲笑,到逐渐被认可接受,再到大家也和他一起喊。

"早的状态""上的劲头""好的追求",逐渐成为村党支部一班人的思想共识和行为范式。

"早上好"的精神,在不知不觉中逐步形成。

怎么让"早上好"精神更加具象化?达塘村老百姓充分发挥智慧,设计出了"早上好"LOGO,总结提炼出了"早上好"精神思维导图。

在"早上好"精神思维导图中,3个一级"指标"、9个二级"指标",最终落实到35个能执行、可操作的行为"指标"上,让一句口头禅成为有抓手、可操作的"任务书"。

在"早上好"精神的激励下,达塘人民在实践中探索出了以"村务大家议、村事大家干、村风大家树、村福大家享"为主要内容的治村新模式。

从"早上好"口头禅、"早上好"精神到"早上好"治村模式,再到"早上好"兴村品牌,这一声充满魔力的"早上好",承载着的是村民对改变现状的呼唤和对美好生活的向往。

二

然而,一句口号,真的能让一个山里的村子变好吗?

曾经在达塘村有句俗语——"宁带一个军,不领一个村",这让达塘村落下长久"穷根",也让党员干部们失去干事的激情。

达塘人深知,一个品牌的打响,不是靠喊出来的,而是靠干出来的。

怎么干?

首先就是要改变状态、踔厉奋发。

达塘村原先基础条件差,人心不齐,开个党员代表会,到会的人数还不到一半。村庄要发展，就要改变村党员干部的精气神，"早上好"要求村干部无论何时都要当成早上，始终保持朝气和干劲，让"村里上班也有企业上班的样子"。

其次就是要敢想敢干、敢争一流。

2017年，达塘村集体经营性收入为零，当陈重良提出当年要达到50万元目标的时候，村干部都觉得他满嘴跑火车。但陈重良认为就是要干，就是要冲，就是要拼。

美庭院、造民宿、建景区、搞旅游、育桃林、种茭白、酿美酒……一系列组合拳打下去，去年村集体经营性收入突破百万元，创造家门口就业岗位千余个。

村里的老人经常笑着说："做梦都没想到，达塘人能在家门口赚到钱。""人人有事做、家家有收入"在达塘村已不是梦。

所有的口号，最后必定是要追求美好、用结果说话。

在"早上好"精神的激励下，在"领头雁"的带领下，达塘这个曾经没有资源禀赋优势的穷山村经过短短五年多时间，成了衢州的明星村。

"村子更美、村民更富、集体更强、邻里更和谐、人气更旺盛"的"达塘梦"正在达塘人的手中一步步变为现实。

"早上好"唤醒的是党员干部的斗志，激发的是广大村民的干劲，织就的是农村大地的共富梦。

"天天早起、事事争先、人人追梦、年年攀升"应该成为当下众多求变、求强、求富村庄的共同追求。

三

精神,是一种无形的力量。好的精神,就像一块巨大的磁铁,具有强大的吸引力。

在"早上好"精神的引领下,越来越多的村庄在复制"达塘模式"。

2019年,新昌乡的达塘和黄塘、郭塘3个村在全县率先抱团成立"三塘"党建联盟,后来又迭代升级为全乡10个村的"早上好"共富党建联盟,联合浙能集团成立共富公司,大家有钱出钱、有地出地、有力出力,一起谋发展、共同搞建设、携手奔富裕。

联盟各村就像石榴籽一样紧密抱团,互帮互带、你追我赶、竞相比拼。

与达塘紧挨的郭塘村,村民们利用旧轮胎、旧酒瓶,硬是把村庄打扮一新,并无中生有,种下了10万朵月季花,成了远近闻名的网红打卡地。

与它隔山相望的黄塘村,则推出了"美治",将原来的旅游产业提档升级,壮大了乡村旅游经济。

其他村也在"先富带后富"模式助力下,通过合资建光伏、联手种丝瓜、聚力代加工、抱团搞经营,积极探索片区化、组团式发展机制,推动村庄发展、村民致富。

"早上好"的兴村品牌还走出省外,帮扶常山县结对扶贫的四川省平武县冠名"早上好"品牌销售蜂蜜,演绎了"一起向共富"的动人故事。

陈重良常说,他回乡的初衷,是因为:

他爱农村，想让自己的村子好起来；

他爱农民，想让村民富起来；

他爱挑战，想让自己更值钱。

"早上好"精神，让我们看到常山人不甘落后、奋勇争先、逐梦共富的追求，也折射出乡贤心系家乡、扎根农村、实现价值的梦想，更是浙江干在实处、走在前列、勇立潮头的体现。

在实现"两个先行"新征程上，期待越来越多像"早上好"一样的精神喷涌而出，在之江大地扎根生长、开花结果。

早上好！一同向未来！

徐毅 徐露霞 执笔

2022年7月15日

为什么高温天的晚霞绝美?

> 火红的夕阳像浓艳的油画颜料,打翻在云朵白色的画布上,风吹云动、日影倾斜,这幅画卷也瞬息万变。

今天是入伏的第一天。但在这之前,我们已经充分体验到了高配版的"桑拿天"。

一边是在疯狂吐槽被高温天气"热哭了"——

在家火烧火燎,出门烫头烫脚;

出门在外,满大街都是"熟人";

我肯定比钟薛高化得快;

我们已成"折工人"……

一边是在热火朝天地忙着搞"晚霞摄影大赛"——

白云偷喝了一杯酒,于是变成了晚霞;

晚霞映红西湖水;

停留人间的宝石流霞……

天气为什么这么热?绝美晚霞和高温天气之间有没有关联?在"40℃+"高温天气下,我们又该注意些什么?

别急,作为一篇"热气腾腾"的科普帖,笔者一定让你热得明明白白。

一

不得不说,这几天的浙江太"烤"验人了!

进入7月,高温异军突起,气温连连突破40℃大关。就连杭州动物园的非洲狮,也热成了吐舌头的"狮子狗",路边大树都热得直"冒烟"。

不光是浙江,全国各地也正在经历一波罕见的热浪。

为什么今年特别热呢?

"罪魁祸首"可不止一个。对比历史气象数据,浙江的高温天多出现于小暑与大暑前后,7月本就是全年之中最热的一个月。加之当前,浙江正处于西太平洋副热带高压的中心位置,副热带高压增强周期与常年出现高温的时段重合,双重夹击下,浙江人就在入伏前率先体验到了三伏天的威力。

除了高温,高湿的南方气候会让人的体感温度更高。于是炙烤、焖蒸双管齐下,也就难怪满大街都是"熟人"了。

好消息是,随着副热带高压西段的南退、断裂,浙江即将迎来解暑的及时雨。

二

热归热,但每到傍晚,西湖边、钱塘江边还是人头攒动,不少市民一边流着汗,一边举着手机拍拍拍,因为这几天的晚霞实在是太美了。

随手刷一刷朋友圈,就会为一大波绚烂的晚霞所陶醉。

看到这绝美的风景,瞬间感觉被治愈了。

但在美景中汗流浃背,我们不禁想问,为什么越是到高温天,晚霞越是好看呢?

实际上,晚霞是由太阳光被散射所产生的。

众所周知,太阳可见光由七色混合而成,其中紫色、蓝色光波最短,红色、橙色光波最长。阳光穿透大气层时,各色光线被分散,光波短的更容易被散射开来,光波长的则更容易保留。傍晚,阳光斜射,散射效果更加明显。

加上受副热带高压影响,天空晴朗、空气透光度好,光线更容易穿透大气层。地面温度升高、水汽上升,更容易在天空形成变幻多样的云。

尤其是在杭州西湖边,开阔的湖面与绵延的远山一起,勾勒出一幅格外动人的美景:火红的夕阳像浓艳的油画颜料,打翻在云朵白色的画布上,风吹云动、日影倾斜,这幅画卷也瞬息万变。

所以尽管骄阳似火、热浪灼人,也挡不住大家对这份盛夏独有之美的向往。

这不禁让人想起了王安石的一句话:"世之奇伟、瑰怪、非常之观,常在于险远。"

世事如登山,若非历尽险远,则难觅"奇伟之观"。为了这美景,多淌些汗又何妨呢。

三

盛夏一到，常常会有人说，"热到什么都不想做"，只想呼唤夏天"三宝"——空调、WiFi、西瓜。

能有"三宝"相伴，自然舒适惬意。但当很多人在空调房里享受清凉时，也不能忽视，极端高温也带来了一些值得我们关注的问题。

比如交警、环卫工人、外卖小哥等户外工作者，疫情防控一线的"大白"，"一老一小"弱势群体等，他们需要全社会给予更多的人文关怀。

浙江人的爱心也如这天气般火热。浙江之声连续10年推出"一杯水"公益行动；衢州街头最近开放"劳动者港湾"，设立"爱心冰箱"服务点；杭州开放5个"防空洞"避暑纳凉点，WiFi、茶水、桌椅一应俱全……

各地各单位想尽办法，力所能及地为户外工作者和市民送去一份"清凉"。

我们也看到，高速公路工作人员为货车司机送凉茶，热心市民自掏腰包为街头的爱心冰箱补货，外卖小哥为消防员"投喂"西瓜……这些都是高温天里的另一道最美风景。

每逢高温天，也是电力部门最紧张的时刻。

今年，持续的高温，叠加疫情防控形势好转后经济迅速复苏，浙江的用电负荷大幅冲高。对于广大百姓来说，节约用电也是很有必要的。

正如有家房屋中介发出的温馨提示："请把空调温度调至

26℃—27℃，出风效果一样，还能省电。切勿调至17℃，室外温度过高时空调外机容易热保护或故障，导致无法正常使用。"

夏日"三宝"虽好，也不要一味"贪凉"，节约用电，需要大家共同的努力。

四

天气虽热，但夏日的美与惬意，也是独一无二的。

明代钱塘文人高濂在《四时幽赏录》中写道，夏时可以"飞来洞避暑、压堤桥夜宿、观湖上风雨欲来"。

眼下，除了晚霞，还有许多抚慰人心的"小确幸"。

抬头看看天，云卷云舒；

夕阳西下，落霞满天；

夏日夜空，月满西楼；

清晨西湖，莲叶田田。

俗话说：心静自然凉。改变不了外在温度，可以尽量调节一下内在温度。

"人皆苦炎热，我爱夏日长"，一起享受这个盛夏吧。

陈培浩　杨昕　徐伟伟　执笔
2022年7月16日

嘲讽"小镇做题家"是一个危险信号

> 这种不肯向命运屈服、不愿向寒苦低头的精神,难道不值得鼓励吗?
>
> 真正令人不齿的,反而是那些用一句轻飘飘的"小镇做题家",就抹杀别人多年的努力,还总以为自己高人一等的"精神贵族"。

最近,因为顶流明星考编事件,以及一些媒体的"神助攻","小镇做题家"这个词引爆网络。

明星考编是否合规暂且不谈,单就"小镇做题家"这个词背后所涉及的教育公平、阶层流动、就业难等问题,就很值得人们深思。

一

"小镇做题家"不是一个新概念。

它最早诞生于豆瓣,大致指的是那些出身于农村或者小城镇的学子,埋头苦读,通过高考实现了人生的进阶,却缺乏一定的视野和社会资源,即使靠多年苦读,也很难追平原生家庭和出身带来的差距。而"小镇",则成了普通家庭或者寒门的代名词。

一开始,"小镇做题家"只是个别网友用来自嘲的称呼。

但不知从什么时候开始,这个词就异化成了很多人对寒门弟子的挖苦和嘲讽,说他们只会考试做题、思维僵化、不懂变通、情商低、疯狂加班导致内卷、十分不体面等。

同时,也有不少网友为"小镇做题家"打抱不平,"人家没偷没抢没干违法犯罪伤天害理的事,也没吃你家大米,怎么就要嘲讽人家呢?""我们大多数人,都是'小镇做题家',又怎么了?"

笔者以为,"小镇做题家"确实不应被嘲讽。

古今中外,每个人出生后所处的环境、拥有的资源是不一样的,人生路上的竞争是客观存在的,求学和生活从来都不是轻轻松松的,这不能怪个人,个人也不能因为困难而放弃。

出身于"小镇"没有什么不光彩,中国有无数个"小镇";通过"做题"来追求梦想、实现自我也没什么不好,"做题"是学习文化知识、检验学习成果的重要手段。

不管怎样,没有一种追求更好人生的努力可以被轻视。即使来自"小镇",通过不断努力,人生的舞台依然可以很大。

所以说,从本质上看,"小镇做题家"这五个字其实有被污名化之嫌,暴露了一些人的傲慢和偏见。

二

说起做题,就不得不提高考。

今年是高考制度恢复45周年。伴随着改革开放的不断深化,高考制度从恢复到巩固发展，经历了几次重要改革和完善，为我们国家一路高歌猛进提供了源源不断、不可替代的战略支撑。

可以说，高考是我国改革开放后最公平的制度之一，必须坚持。

当然，世上从来就没有十全十美的制度，一些人对高考制度的质疑和批判也从来没有停止过，痛陈高考制度弊端，甚至要求取消高考制度的声音一直都有，这是有些人嘲讽"小镇做题家"的一大原因，释放出的信号挺危险。就像有网友说，这种嘲讽，不是蠢，就是坏。

不可否认，高考制度固然有其一定的局限，但对普通家庭的孩子来说，高考依然是改变命运最公平的途径，是使其在社会中实现阶层流动最有效的方式。如果寒门难出贵子、阶层趋于固化，这才是社会的悲哀。回到高考本身，如果高考题目多来自大城市的生活素材，甚至动不动AI、VR，更是对农家考生的欺负。

对于无数普通人来说，一出生就有高起点，玩着游戏就把钱多活少离家近的工作给找好了……这些都是不现实的。摆在普通人面前的，往往就是需要经过勤奋求学才能换来甜美的果实。

也正是因为"不看面子看卷子，不拼关系拼分数"，出身于"小镇"的人，通过"做题"找到了打开未来之门的钥匙，才有了实现"鲤鱼跃龙门"的可能。

三

有梦想谁都了不起，每个努力拼搏的普通人，都不应该被鄙视和嘲笑。

张桂梅校长被指"填鸭式"教育华坪女高的孩子们时曾说:"她们和城里的孩子不能比,只有这样才能读出来。"

去年,中科院黄国平博士的论文致谢打动了无数网友:"走了很远的路,吃了很多的苦,才将这篇论文送到你的面前。"

人没有办法选择自己的出身,不是每个人一出生就含着"金汤匙"。可以想见,每一个奋斗不息的学子背后,都是昼夜不息的逆风奔跑。

幸福,离不开奋斗。在发表2018年新年贺词时,习近平总书记指出,幸福都是奋斗出来的。在2018年春节团拜会上的重要讲话中,习近平总书记更是强调,新时代是奋斗者的时代。

被一些人瞧不起的"小镇做题家",恰恰是生活的强者,在现有资源条件约束下,他们拼尽全力攀登突围,展现出来的恰恰是"奋斗"二字。

这种不肯向命运屈服、不愿向寒苦低头的精神,难道不值得鼓励吗?

真正令人不齿的,反而是那些用一句轻飘飘的"小镇做题家",就抹杀别人多年的努力,还总以为自己高人一等的"精神贵族"。说小了,这就是真正的"指责型人格";说大了,很有制造争议话题、搞社会撕裂的嫌疑。

四

这两年受新冠肺炎疫情影响,就业压力确实不小,勤学苦读以后不容易找工作,以至于很多人觉得编制真香。

不过,笔者觉得,宇宙的尽头不是考编,奋斗才是通往成功之路永不过期的"通行证"。

正所谓"三百六十行，行行出状元"。

杭州有个网名叫"小黑诸鸣"的导游很出名，毕业后第一份工作是在桐乡水泥厂烧窑，后来自考大学法律专业，转行当导游后一干就是20多年，成为全国金牌导游，还被评为杭州市D类人才。

来自安徽的95后快递小哥李庆恒，因为在2019年第三届浙江省快递职业技能大赛中获得第一名，也被评为杭州市D类人才，实现了从"打工人"到"高层次人才"的逆袭。

可见，出身不能选择，但是想去的地方可以自己选择，有什么样的奋斗就能成就什么样的人生。

关键是，人生路上的努力需要坚持不懈、久久为功。在学校需要学习，毕业后进入社会也需要继续学习，不断"打怪升级"。

对政策制定者来说，要通过创造更加公平的教育环境、就业环境，来引导广大青年在时代的滚滚洪流中找到属于自己的人生坐标。

就个体来说，"奋斗本身就是一种幸福。只有奋斗的人生才称得上幸福的人生"。要学会接纳自己，生命不止、奋斗不息，即便"世界以痛吻我"，也要保持"报之以歌"的拼搏精神和积极乐观的生活态度。

这正是：

出身并非结局，奋斗才是主题；

生活充满彩蛋，你我皆需努力。

陈培浩 李攀 执笔

2022年7月16日

"大潮"是怎么弄潮的?

> 融合不是一句口号,改革的核心还是在人,"知行合一"才能找到正确的路径。

"三人行,必有我师"。

这句话放在嘉兴海宁,可以称之为"三人行,必有大潮君"。

2019年6月30日,海宁市传媒中心成立。用了三年时间,融媒体矩阵用户突破140万,其中客户端的安装量突破50万,平均每2.5个海宁人就有1人安装了大潮客户端。在海宁人的心中,"大潮"不单单是一个媒体,也是他们求助和社交的平台中枢。

融媒体时代,面对"流量"掀起的狂风巨浪,最基层的县级媒体,往往是在夹缝中求生存。而从今年2月份开始,海宁市传媒中心在全省"舆论引导在线"排名中"勇立潮头",蝉联了5个月的媒体融合指数县级榜单第一。

"大潮君"到底是怎么一步步成长起来的呢?

一

2022年7月，新的融媒体综合演播厅投入使用，这是海宁市传媒中心融媒体二期建设的一个大项目。整个融媒体二期建设要投入2000多万元，最后他们自己只需拿出600多万元，这里面有什么省钱的诀窍吗？

一场"高端灶·海宁造"海宁集成灶产业集群化发展新闻发布会，由主办单位和海宁传媒集团共同策划发起，主办单位直接就把活动承办权委托给了海宁传媒集团，这里面有什么挣钱的诀窍吗？

一进一出，开源节流，这完全得益于《关于支持海宁市县级融媒体中心建设的若干意见》给的"红利"。

县级媒体融合是一次打破舒适区的自我革命，是一次"吃螃蟹"式的改革，要放开手脚真改真融，需要县级媒体的勇气，更需要属地党委政府实打实的培育和扶持。

"财政支持力度只增不减，每年安排专项发展扶持资金1500万，连续补助三年"；

"重大技术设备的投入，财政和传媒中心按7∶3承担"；

"20万元以下的政府大型文化活动、会展承办等，可直接委托传媒集团承接"；

"除重大中心工作外，其他单位原则上不得从市传媒中心借用人员"；

……

海宁从市级层面拿出了14条"干货"，为县级媒体融合解除了后顾之忧，为真改真融提供了适宜的土壤。

二

"破山中贼易,破心中贼难。"

媒体融合,挂块牌子容易,真正融合起来难。融合不是一句口号,改革的核心还是在人,"知行合一"才能找到正确的路径。

2021年1月,嘉广集团海宁融媒体协作中心成立,嘉广集团定期给海宁传媒开展业务培训,而海宁传媒今年特地制订出台了《海宁市传媒中心2022年度采编"融技能 我先行"提升方案》,40岁以下的所有采编岗位人员(包括中层)全部参加,手机摄影是必修课,视频拍摄和剪辑是选修课,通过两个月师徒结对的教学,硬碰硬地进行技能考核,不达标的补考,再不达标的绩效和考评上见真章。

为什么要这么做?融合要深入到每一个人身上,除了思想观念融合,更要在技能上实现融合,在岗位协同的基础上,更好地实现"单兵作战"能力。

走进海宁传媒中心,你会看到一张张年轻的面孔,充满朝气和活力。在海宁市传媒中心和海宁传媒集团的320多人中,40岁以下的占196人。58名中层管理人员中,1986年以后出生的年轻干部有20人,这其中只有1名是事业编制身份的。

归根结底,"人"是推动改革的关键因素,只有刀刃向内,才能打破固有的身份、考核之类的"坛坛罐罐",通过薪酬体系设计等举措的执行,海宁传媒明确了事业单位企业化管理,变身份管理为岗位管理的做法。大胆起用年轻干部,逐步优化年龄结构,在考核上,更是向优秀人才和急难险重岗位倾斜,真正做到了"同岗同酬，绩效优先"。

三

"漂亮的脸蛋太多，有趣的灵魂太少。"

媒体无论怎么发展融合，万变不离其宗的始终是"内容为王"。移动互联让世界扁平化，上面的媒介在下沉，用户的选择更多元，怎么才能"杀出重围"？海宁传媒给了自己一个定位——"移动"优先的区域内容生态运营商。从内容生产到媒体平台打造，必须扎根本土，做到有料、有用、有趣！

"我当时就发了个帖子求助测温计的电池，没想到'大潮'App10分钟就帮我解决了。"这是一个志愿者在客户端的留言。今年上半年新冠肺炎疫情期间，"大潮"客户端的涉疫求助平台收到了9000多条求助信息，海宁传媒成立专班24小时在线解难题。

长期开设的"潮帮办""大潮帮你问"专栏，让"有困难，找大潮"在海宁深入人心。

目前，"大潮"客户端已经开通了30多个功能性服务场景和专栏，其中，他们自己创新开发和运维的有12个，并且这个数字还在根据用户的实际需求不断增加和更新。

海宁传媒还发起成立了"大潮拍客"团队。这支面向全社会公开招募的摄影爱好者队伍已经超过170人，他们用镜头记录海宁的发展变化，并在"大潮"客户端潮社区"大潮拍客"版块与大家分享，更为"你好海宁""早安海宁"等系列提供了大量的UGC素材。

在"区域内容生态运营"的理念中，除了有料的信息以外，从用户需求出发，越来越成为县级媒体赖以生存的关键资源。在这个底层逻辑支撑下，客户端的服务功能和社交体验，更应该拒绝"样子货"，真正以实用性来体现价值感，更提升自身的活跃度。

政策"奥利给"！机制"针不戳"！内容"香香的"！这是海宁市及海宁传媒在县级媒体融合的实践中摸索出的一些感悟心得。

无论技术如何迭代，无论平台怎么更替，立足于以上几点，就有助于真正实现"区域内容生态运营"的良性循环，真正在媒体融合发展的大趋势中不断逐浪追潮！

周浩　执笔

2022年7月17日

和李清照同登八咏楼

> 婺州的春天很美。数次春游婺江、登临八咏楼，她把对命运、对家国的忧愁写进词里："只恐双溪舴艋舟，载不动许多愁。"

公元1135年的春天，李清照大抵是不开心的。

大约半年前，这位晚年命运多舛的女词人，决定短暂结束流离的日子，寓居在婺州，也就是今天的金华。

婺州的春天很美。数次春游婺江、登临八咏楼，她把对命运、对家国的忧愁写进词里："只恐双溪舴艋舟，载不动许多愁。"

登临金华八咏楼，李清照究竟看到了些什么？

一

靖康之变，不只是北宋和南宋的分隔符，也是李清照的人生转折点。

南宋绍兴四年（1134年）秋，听闻金兵渡淮，李清照匆匆离开临安（今杭州），到金华避难。过去的几年，为了躲避金兵，李清照与赵明诚夫妻二人四处奔逃，载着十五车金石收藏出走，一路颠沛，赵明诚离世，金石又俱失，最终李清照孑然一身。

这一次，她不再流浪，定居在婺州酒坊巷。

李清照爱玩，尤其爱泛舟，她多次将这份雅兴写进词中："红藕香残玉簟秋，轻解罗裳，独上兰舟"，"兴尽晚回舟，误入藕花深处"……

酒坊巷距婺江不远，想必李清照不止一次沿江探春。因此，便有了《武陵春》——

　　风住尘香花已尽，日晚倦梳头。物是人非事事休，欲语泪先流。
　　闻说双溪春尚好，也拟泛轻舟。只恐双溪舴艋舟，载不动许多愁。

婺州优美的春光，抚慰了李清照颠沛流离的凄苦，也勾起她内心无限的忧愁。

数月后，52岁的李清照，再次登上八咏楼。看兰舟争渡、碧空如洗，潦倒凄苦之愁与江山社稷之愁交织，留下心境截然不同的《题八咏楼》——

　　千古风流八咏楼，江山留与后人愁。
　　水通南国三千里，气压江城十四州。

这一句，大有东坡高唱"大江东去"的豪迈，尽显不让须眉的气概。

由此，一提到八咏楼，世人便会想起李清照和她的《题八咏楼》。

二

李清照不是第一个登楼的，也不是最后一个借楼抒怀的。

早在南朝齐隆昌元年（494年），八咏楼的建造者、东阳太守沈约便携高僧惠约登楼雅聚，留下一首《登玄畅楼》。玄畅楼，是八咏楼的旧称。

沈约不得其意而退守山林，登楼望远，他的心情是荒寒的。此后，他数次登楼，著有五言诗《八咏》——

  登台望秋月，会圃临春风。
  岁暮愍衰草，霜来悲落桐。
  夕行闻夜鹤，晨征听晓鸿。
  解佩去朝市，被褐守山东。

吟罢，他还是觉得意犹未尽，又以《八咏》中的每一句为题，作了8首长诗。时为绝唱，让玄畅楼名气大增，引得更多词人骚客坐舴艋舟千里迢迢而来，只为登临高楼。

唐代时，留下黄鹤楼千古名句的崔颢到此，在《题沈隐侯八咏楼》中，他说"登临白云晚，流恨此遗风"，写的是"君生我未生，我生君已老"的遗憾。

元代的一个秋天，书画大家赵孟𫖯登楼望远，看"山城秋色净朝晖",望"西流二水玻璃合",眺"南去千峰紫翠围",把金华山水之美好好赞叹了一番。

吕祖谦、唐仲友也先后来访,唐仲友也如沈约一般,洋洋洒洒写了8首长诗。

南渡时,李清照曾在《夏日绝句》中,写出了"生当作人杰,死亦为鬼雄"的豪迈。在后世与八咏楼有关的故事中,明代将领朱大典也许是最契合"人杰"标准的。

公元1646年,清兵围攻金华,朱大典据城固守,誓不投降。城破后,朱大典带家属及亲信,点燃八咏楼前火药库的引线,以身殉国,八咏楼也因此倾倒。

与家国共存亡之际,朱大典的心里吟诵的是否是"生当作人杰,死亦为鬼雄。至今思项羽,不肯过江东"?

三

古往今来,婺江悠悠。1984年、2015年,八咏楼都进行过大修。

因时代不同、经历不同,登临八咏楼,看到的景色也大不相同。

如果李清照穿越到当代,我们和她同登八咏楼,能看到什么呢?

800多年后,李清照将看到一种悠闲舒适。

八咏楼虽然不再是制高点,但风景依旧美丽。站在二层阁楼上,八咏公园尽收眼底,天空依旧如千年前的澄净,远处千峰如水墨点就,双溪风景尚好。乘坐婺州游船,随着微波荡漾,享大都市的极尽浪漫，观万家灯火的流光溢彩。

800多年后，李清照将看到一种活跃丰沛。

且不说水墨如画的城市风光，酒坊巷必将是李清照的最佳住所。她爱酒，或"沉醉不知归路"，或"浓睡不消残酒"。酒坊巷戚寿三酿的酒，酒香盖巷，非同一般，想必能成为她的桌上客。

她还爱金石，与赵明诚常"脱衣市易"搜求金石。酒坊巷的不远处就是古玩一条街，慧眼如她，必定能从中搜得珍奇宝物。

800多年后，李清照将看到一种开放融合。

"水通南国"何止是三千里，金华早已跨越山海，义甬舟大通道成为全国最繁忙的海铁联运线路之一，"义新欧"班列让金华制造远赴亚欧大陆。而不久的未来，金华或将成为内陆开放枢纽中心城市。如果穿越到当代，李清照也许在金华就能品味五湖四海的饕餮美食。

作为千年古城，金华历史文化积淀深厚，骆宾王、贯休、范浚、吕祖谦、陈亮、何基、王柏、金履祥、许谦、宋濂……一位位先贤大儒都闪耀着婺学光辉。

假如真的有那么一天，李清照来到今天的金华，古城醉酒、婺江泛舟、五峰观瀑、鹿田听雨，她又将吟出什么样的名句？

想必气势磅礴不输"水通南国三千里，气压江城十四州"。

俞晓赟　执笔

2022年7月17日

西泠印社凭什么称"天下第一名社"?

> 西泠印社之所以不同于其他组织,能够历经百年而不倒,一个重要原因,就是西泠印社是有根的,这是它百年旗帜矗立的地方。

虎年央视春晚的《忆江南》节目,想必大家还记得。

但是,大家不一定注意到,节目里,古人吟诵诗词时的字幕,都以娟秀的瘦金体出现,参与演出的每位艺术家的名字,都以篆刻印章的形式呈现,而这些,都出自西泠印社社员之手。

可是,提到西泠印社,很多网友会问:它是一个什么样的组织?是搞印刷的吗?

实际上,它是专攻金石篆刻的。

现实中的西泠印社,有着悠久的历史和传奇的故事。

它创立于1904年,是目前研究金石篆刻历史最悠久、成就最高、影响最广的艺术团体,被誉为"天下第一名社"。

西泠印社之于金石篆刻,犹如少林寺之于武林中人。

今天我们就来说说,西泠印社凭什么称"天下第一名社"?

它为何能够历经风雨而巍然屹立？从百年名社的"前世今生"中，我们能汲取哪些精神力量？

一

故事，从1904年开始。

也是这样一个酷暑难耐的夏天，丁仁、王禔、叶铭、吴隐四位年轻的印学爱好者来到杭州孤山一带避暑。

当时，吴隐、叶铭均为37岁，王禔26岁，丁仁25岁。

长夏苦暑，闲昼无事。

几位年轻人时常把玩金石，品评篆刻，"湖楼一榻，以研讨斯籀、椎刻印玺为闲居消夏之乐"，于是有了模仿先贤、创立印社的动议。他们在孤山数峰阁旁买地筑室。

西泠印社的选址和营建很讲究。

孤山虽是西湖边最小的一座山，却是一块"风水宝地"：孤山不高，却看得很远；孤山不大，却文脉绵延。

创立印社后，孤山翻开了山水人文交融的佳篇乐章。

李叔同、黄宾虹、马一浮、丰子恺、吴湖帆、潘天寿、傅抱石、王个簃、唐云等名家加入其中，发扬光大。

西泠印社孤山园林，从此不仅是一个实体存在，也成为无数人心中的精神家园。

时至今日，每逢清明祭祖、重阳登高之际，西泠印社还保留着雅集传统，社员云集，追怀前贤、提点后学，正有赖于这一座孤山。

当人们溜达到杭州西湖边就会发现，孤山路31号的圆形拱门，看似不起眼，但抬脚迈入后别有洞天。

曲径环绕，处处皆景，时时给人惊喜。柏堂、竹阁、仰贤亭、四照阁、观乐楼、华严经塔等建筑依山而建，错落有致。

推开四照阁的窗户，俯视西湖，微风骤起，令人思绪荡漾。

每一处景观、每一座建筑，似乎都记录着西泠先贤创基立业的辛劳与意志。

现任副社长陈振濂认为：西泠印社之所以不同于其他组织，能够历经百年而不倒，一个重要原因，就是西泠印社是有根的，这是它百年旗帜矗立的地方。

二

浙江与篆刻颇有渊源。

可以说，西泠印社在杭州诞生，绝不是偶然，而是得益于浙江的悠长文脉。

西泠印社首任社长吴昌硕曾说："浙派盛行于世，社之立，盖有来由矣。"

《浙江通志》记载，在浙江，篆刻已有700多年历史，宋元是开创期，清乾隆时，以"浙派篆刻"开山鼻祖丁敬为首的"西泠八家"崛起，称雄印坛百余年，成为印学史上的一个高峰。晚清民国时期达到鼎盛，其间名家辈出，流派纷呈，并在中国篆刻史上占据半壁江山。

然而，在当代，篆刻是比较小众的。

尽管如此，西泠印社创立之初，国内许多社团名气都比它大，但到今日，很多社团都已成为历史，而西泠印社延绵至今。

那么，这个研究"冷门绝学"的社团凭什么屹立100多年？

从篆刻本身来说，产生之初，就扮演着"信物"的角色，类似今天的身份证件，可用于图书、契约等用途的钤盖。明后期，也应用于鉴赏、雅玩。

篆刻作品虽然体积有限，但能够承载的思想无限。而治印的过程，更是刀与印料"相爱相杀"的过程，让这门艺术充满魅力。

篆刻的广泛应用，以及兼具实用性和艺术性的特点，也为印社的传承发展打下了扎实基础。

在西泠印社，有一座中国印学博物馆，也是我国第一座专业印学博物馆。想要了解印，可以先到这里来看看。

比如，吴昌硕的篆刻作品，苍劲古朴有力，在那个风雨飘摇的年代，给人以力量。特别是他的12方田黄自用印，具有极高的艺术价值，堪称稀世绝品。

还有，博物馆二楼的赖古堂印谱、学山堂印谱，均为孤本，具有很高的史料价值。

三

在西泠印社西侧，有一座石室，铁栅栏门上加了锁，门内隐约可见一座石碑。

这座石碑叫"三老讳字忌日碑"，是西泠印社的镇社之宝。

江南并非汉代文化的核心区，而这石碑上刻着的是一汉朝人三世祖先的生辰、忌日及名讳，同时是现存最古老的汉文石质碑刻，意义非同寻常。

它的精神价值在于背后的故事。

1921年，有日本商人以8000大洋购买石碑并欲运往国外。

时任西泠印社社长吴昌硕利用自己的社会影响力，积极倡议并捐献财物，想要赎回碑刻。据说，当时石碑都已经上船，但最后还是用重金赎了回来。

早期西泠印社社员不遗余力抢救文物的壮举，为这块石碑增添了一分厚度。

抗战爆发后，西泠印人坚决不与日伪合作，停止了印社所有活动，社员靠刻章、写字、画画维持生计，却省下钱按月给守护者发工资，令印社在浩劫中得以幸存。

1949年，创始人丁仁病危，临终嘱托将印社交给人民政府，唯一的要求是保持社名不变。

爱国爱社爱文化，一百多年来，这种精神支撑着西泠印社，成为每一代印社人的共同追求。

四

西泠印社的每一位社长都非常牛。

自1904年建社起至今的119年里，西泠印社有社长的时间只有61年，且只有7位社长，但每一位的姓名都在艺术史上如雷贯耳：吴昌硕、马衡、张宗祥、沙孟海、赵朴初、启功、饶宗颐。

第一任社长吴昌硕的出任，使西泠印社的影响力从一个地区扩大到了海内外。自此入社者均为"诗书画印"的集大成者。

20世纪80年代，沙孟海先生上任社长后，针对长期以来"金石"与"篆刻"概念混淆不清的情况，提出了印社要以印学为主、加强学术研究的观点，并明确了篆刻学独立的思想，对整个篆刻创作和印学研究的发展具有重大指导意义。

2012年6月29日，西泠印社第七任社长饶宗颐先生前来履新，在印社题下"播芳六合"4个大字，寓意西泠印社的精神像花儿的芬芳一样，散播到世界各地。

饶老曾给印社布置了个任务：之前都说是"西学东渐"，期待西泠印社的同仁，能将"东学西渐"。

西泠印社每任社长在位期间都为印社的发展起到推动作用，而他们的努力正是基于坚定的文化自信，以及对文化传承的敬重和对专业研究的尊重。

2018年，饶老仙逝，至今社长之位仍然空缺。

也许，对西泠印社而言，社长之位不仅仅是一个掌门人的角色，更像是一座艺术的"珠穆朗玛峰"。

然而，进入新世纪，在市场经济环境和城市格局变迁的背景下，百年名社遭遇了一连串意想不到的问题和困惑。

它是如何摆脱困境、凤凰涅槃、重现辉煌的呢？

且听下回分解。

郑思舒 桑隽漾 执笔

2022年7月18日

美国影视作品中的"硬汉文化"

> 借着美国影视作品"扬帆出海",美国成为一个文化输出国,美国的"文化中心论"昭然若揭。

都说美国"三片打天下":大片、芯片加薯片。

你可能觉得,美国最硬核的是芯片,其实不然。

美国好莱坞大片的影响力绝对不容小觑。

就像拿破仑所说,"世界上只有两种力量,一种是剑,一种是思想,而思想最终总是战胜剑。"

好莱坞大片想要影响的,恰恰是地球人的思想。

那么,以好莱坞大片为代表的美国影视作品就没有"神剧"吗?

答案是否定的。飞天入地、穿越时空、宇宙大战、世界毁灭,很多情节神乎其神,是实打实的"神剧"。

既然如此,它们为什么仍很受欢迎?

不得不说,好莱坞的一些编剧确实了得。

美国影视作品的编剧高手,脑洞大开、放飞想象,成功塑造了一个又一个引领性的"完美形象",得到无数观众追捧。

当然在现实生活中,美国没有多少硬汉。当枪声响起,当暴力事件发生,代替普通人完成拯救的"闪电侠""蜘蛛侠""蝙蝠侠"根本就不存在。

令人深思的是,美国影视作品中塑造的荧屏形象,硬汉人物尤其多,这种"硬汉文化"从哪里来的?

上周,我们说了日本的"丧文化",这在美国也有,但与主流的"硬汉文化"相比,不可同日而语。

一

长期以来,美国生产的好莱坞大片的票房收入占全球电影市场的大头,在巅峰时期一度超过80%以上。

在选材上,据不完全统计,好莱坞影片的题材中,战争片、谍战片、冒险片、灾难片等几乎占到80%以上,"硬汉"人物比比皆是。

很多人都看过美国的超级大片,比如DC公司的《正义联盟》、漫威影业的《复仇者联盟》系列、迪士尼的《X战警》系列、米高梅电影公司的《007》系列、派拉蒙影业公司的《碟中谍》系列、环球影业的《速度与激情》系列,等等。

一个个主角大秀肌肉,展示力量。即使是女性主角,也是女超人,战斗力爆表。他们的共同特征是:勇敢、坚强、乐观、团结……还带点幽默。

"复仇者联盟"被称为"地球上最强超级英雄组合",钢铁侠、雷神、绿巨人、蚁人、惊奇队长、黄蜂女……每个英雄都有特殊能力;《速度与激情》系列持续20多年,不变的是展示力量;《权力的游戏》中,即使是侏儒提利昂,也拥有睿智的头脑、男子汉的魄力,展现的是一个精神上的巨人的形象。

总而言之,硬汉形象在美国影视作品中几乎无处不在,施瓦辛格、史泰龙等老牌硬汉更是影响了几代人。

有观众发现,美剧中偶尔也会有几个"娘炮""美男"角色,基本上是反面人物,为了衬托主角,多数在剧中会很快"领盒饭"。

在情节设计上,美国人是相当能打,不管在太平洋战场与日军开打,还是在欧洲战场与德军鏖战,或是冷战时期与苏联特工斗智斗勇,抑或与外星人等未知神秘力量一较高下,往往一开始会败下阵来。在敌人的强大攻势和精心算计面前,他们会遭遇一次又一次挫折,但结局总是相似的,那就是永远以美国人取胜告终。

看热闹,更要看门道——美国影视剧的这些固定套路,其实不是随意设计的,而是大有深意。

在世界各民族中,人们对阳刚气质有着普遍的追求和崇拜。

美国影视作品中刻意塑造的硬汉,恰恰是为了凸显美国人的阳刚气质,烘托美国的强者形象。

敌人总是异常强大,挑战总是那么严峻,美国人却一往无前,展现出惊人的脑力和战力,最终成功扭转局势。

通过一部部影视作品的输出,美国其实想告诉全世界,美国很强大、美国人很伟大、美国战无不胜、千万不要与美国为敌。

二

为什么美国的影视作品充斥着"硬汉文化"?

这与美国的历史息息相关。作为一个移民国家，美国文化的源头可以追溯到欧洲，而欧洲文化的源头在希腊。

从希腊神话到荷马史诗，从罗马帝国到中世纪骑士精神，对勇武精神和强大力量的讴歌从未停止。

美国的先民漂洋过海，带来了欧洲人的优越感、大国意识和清教徒的宗教信仰。

可以说，从建国之日起，美国就信奉丛林法则。

随着美国综合国力不断壮大，美国逐渐奠定了世界超级大国的地位。以实力为依托的美国，在世界范围内展示肌肉、宣扬强力。

这些映射到美国的影视作品中，就是美国人总是带着拯救世界的"责任感"，勇往直前。

有学者分析认为，只有具备阳刚气质的民族，才有望成为世界的领导者，而"娘炮"文化等"阴柔文化"是很难领导世界的，因此美国总体上就比较排斥"娘炮"。

对美国来说，不断塑造阳刚形象，是强化"灯塔国"地位的重要表现形式。

反观我们过去一些被诟病的抗日"神剧"，把日军故意塑造得异常愚蠢，把中国军人刻意包装成"超人"，尤其是"手撕鬼子一大片"等严重不符合史实的剧情，会让观众特别是青少年觉得打败日寇轻而易举、抗日战争是一件很轻松的事，这其实是对中华民族苦难史、英雄史、斗争史的极大亵渎。

一个国家、一个民族的自信，是靠矮化敌人来建立的吗？当然不是。

自信，是在经历各种艰难困苦，依然不言放弃、百折不挠中取得的。

显然，美国编剧们深谙此道。

三

久而久之，美国影视作品所塑造的美国形象就深入人心。

借着美国影视作品"扬帆出海"，美国成为一个文化输出国，美国的"文化中心论"昭然若揭。

然而，美国影视作品的这种影响往往被人所忽视。

不少人只把美国影视作品视为单纯的娱乐片、爆米花电影，这是对美国影视作品的最大误读。

如今，有的人一提到和美国竞争，首先就觉得美国太强大，是不可能被战胜的，患上了"恐美症"；有的人对现实中的美国种种严重社会问题选择性失聪，言必称美国是美好自由之地、追梦圆梦王国。

其实，他们对美国的了解并不多，产生的一些刻板印象往往是来自印象深刻的美国影视作品。

在不知不觉间，美国影视作品渗透进很多人的思想。

在借助影视作品输出美式"硬汉文化"的同时，美国还擅长在世界范围内制造"丧文化"，可谓"己所不欲，必施于人"。

为什么日本、韩国等一些亚洲国家会流行"阴柔美"？

被称为"近代美国最重要的战略思想家"的布热津斯基，在20世纪90年代就提出了"奶嘴乐"理论，鼓吹制造发泄型娱乐，让生活辛苦的大众不知不觉在"戏奶嘴"中乐不思蜀、丧失思考能力。

在人口众多的亚洲国家、发展中国家，"阴柔文化""丧文化"

盛行,是美国等西方国家所乐意看到的。对此,我们要始终保持高度警惕。

特别是这些年来,中国推出了如《战狼》《湄公河行动》《红海行动》《长津湖》等一批现象级的主旋律爱国影片,西方一些媒体却嘲笑这是"打不死的中国式英雄主义",质疑中国是在"秀肌肉",这真是"国际驰名双标"。

今天,电影早已是全人类的共同语言。不同国家、不同职业的人们在大荧幕前,共享着一段段快乐时光。

随着中国日益走近世界舞台中央,中国电影产业发展不断迎来新高度,中国银幕需要更多硬汉形象。

我们期待,中国电影能够塑造更多鲜活多元的硬汉形象,为观众提供更丰盛的精神食粮,也让这些硬汉形象成为世界人民喜爱的偶像,更好展现真实可爱的中国形象。

王人骏 李攀 执笔

2022年7月18日

为何总有人把"浙江"读成"折江"？

> 因而，从历史和地理角度来解释，因钱塘江有"浙江""折江"的别称，而在读音上把两者等同起来，有一定道理。

前些天，天太热，有网友戏把浙江喊成"折江"，因为水汽被大太阳带走了。

不要笑。正经说，不知道是否有读者发现，身边有朋友会把"浙江"读成"折江"，或者或多或少在网络、电视上听到过有人这样读。不是这几天，是一直以来。

在浙江，有几个地名比较容易被读错。比如台州，"台"字念第一声，但容易被念成第二声；丽水，"丽"字念第二声，却经常被念成第四声。

以上都不难理解，毕竟这两个字是多音字。可在普通话中，"浙"只有第四声一个音。这就令人感到十分困惑。

究竟是啥情况？为什么念成 zhé 的人还不少？

今天我们来重新认识"浙江"。没错，先从字面意思开始。

一

存在即合理。把"浙江"读成"折江",并非没有来由。

笔者通过查阅典籍、采访各地的朋友和一些专家学者,大概梳理出了这么几种解释。

第一种——

"浙"这个字,除了浙江省名,在其他地方并不多见。大家可能不太认识这个字,所以就直接取右半边来读了。

这种解释,看似有些"草率",却也有一定可能。

老话说,"读字读半边,不会错上天"。有时碰到不常见的字,习惯读一半,也能理解。

第二种——

有人分析,在一些吴语方言中,"浙"与"折"发音一致,口口相传就把两者等同了起来。

为此,笔者分别向杭州、上虞、德清、上海、苏州的朋友们进行了求证。据不完全统计,在五地方言中,浙江的"浙",发音的确与打折的"折"一致,但都读为ze,轻声,不读zhé。

吴语与普通话本身是两种体系。所以,这种解释应为"浙江"各种方言读法,而非我们前文探讨的范畴。

这是地方音和现代音的差别。

第三种,也是最常见的解释——

浙江省内最大河流钱塘江,古称"浙江"。钱塘江江流曲折,形如"之"字,又名"折江""之江"。

对浙江省名的由来,向来有个说法:省以江名。也就是说,浙江省之所以叫浙江省,就是因为钱塘江。这与黑龙江省的命名情况相同。

因而,从历史和地理角度来解释,因钱塘江有"浙江""折江"的别称,而在读音上把两者等同起来,有一定道理。

以上到底哪种说法是正确的?

笔者请教了文史专家。专家回复:这个问题暂时没有定论,但第三种说法比较靠得住。

正是历史、地理、文化等因素潜移默化的影响,使得"折江"的读法一直延续至今。

二

此外,还有个有趣的现象:浙江省外的朋友更容易把"浙"读成"折"。笔者曾在北方上大学,明显感觉有不少师友把"浙"读成第二声。这又是为何?

有一种说法是,省外朋友日常不太用得到这个词,"浙"字较为生僻。对省内人来说,"浙江"两个字是从小使用最高频的词之一,读不标准的可能性很小。

这种分析也不无道理。

其实,把"浙江"读成"折江",听起来也并无违和感。

钱塘江之所以又名"折江""浙江",本身就是取江流曲折之意。

从古籍文献记载看,"钱塘江"之名,最早出现在《山海经》。它的几个别称,在古籍中也早有记录。

比如,《说文解字》里,对"浙"字进行了解释:

"江。水东至会稽山阴为浙江。从水折声。"

又如,《史记·秦始皇本纪》中也记载:

"三十七年十月癸丑,始皇出游……过丹阳,至钱唐,临浙江,水波恶……"

"水波恶",想来是水位之高,或是江水之百转千折。

此外,今天我们从卫星图像上看也可求证,钱塘江从上游到下游就"曲"得很明显。

央视纪录片《航拍中国》曾对此进行过专题报道。钱塘江干流分三个河段,新安江段、富春江段、钱塘江段,从群山到夹缝中一路穿越,蜿蜒千回。

《浙江日报》也曾刊文:"'曲水为江,折江为浙',是浙江的省域特征。"也难怪有人将"浙"字拆开,一边是"水",一边是"折",意为曲水。

三

显然,浙江不管是被念成"zhè江"还是"zhé江",都与"江"脱不开关系。

省以江名,足见江之重要。在地大物博的中国,一个地方的语言,又或是地名,作为一种符号,与当地地域、山川、历史、文化等密不可分。

钱塘江是浙江的重要标识与名片,与西湖等齐名。有人说,浙江电视台的台标,就是玩了个双关,既指"浙"的首字母"Z",也指浙江的母亲河钱塘江。

这,是一条什么样的江?

钱塘江，是地理之江。东南名川，贯穿浙江境内，曲折蜿蜒，向东奔腾入大海。

钱塘江潮，波澜壮阔，更是被誉为"天下第一潮"，世界一大自然奇观。

正因如此，它也是诗词之江，被无数文人骚客咏叹称奇。

比如，一千多年前，唐朝诗人徐凝在"围观"钱塘江潮水时，感慨于江水之壮丽雄伟，一时激动难耐，挥笔写下《观浙江涛》一诗：

> 浙江悠悠海西绿，惊涛日夜两翻覆。
> 钱塘郭里看潮人，直至白头看不足。

当然，钱塘江更是文化之江、思想之江。

底蕴深厚的钱塘江，是吴越文化主要发源地之一，对浙江文明演进和文化发展产生重要影响。

它不仅赋予浙江以名称，更给了这片土地以最独特、最鲜明的精神气质——

钱塘江，孕育着勇立潮头的浙江精神，赋予浙江人敢闯敢试的精气神。

今天，我们说"诗画江南，活力浙江"，这其中的因子，不管是山川，还是人文，不管是浙人的风采，还是发展的动力，大抵与滚滚钱塘水的澎湃助推不可分割。

郑梦莹　执笔
2022年7月19日

"稻鱼共生"发源地迎来全球盛会

> "望得见山、看得见水、记得住乡愁",更让老百姓得到实实在在的实惠,进而更加积极地投入到农耕文化的保护传承中。

村在田间,鱼在水中,有塘就有水,有水就有鱼。

这说的是丽水市青田县方山乡。

7月17日至19日,全球重要农业文化遗产大会在丽水青田召开,国家主席习近平向大会致贺信。

习近平强调,人类在历史长河中创造了璀璨的农耕文明,保护农业文化遗产是人类共同的责任。

方山乡,正是全球首批、中国首个全球重要农业文化遗产"青田稻鱼共生系统"的核心区域,也就是"稻鱼共生"的发源地。

放眼世界,我国是公认稻田养鱼最早的国家,稻鱼共生是祖辈相传的农耕智慧。

今天,我们把目光聚焦到青田,以及青田的鱼与田。

一

据考究，青田县的稻田养鱼最早可追溯到唐朝，至今已有1300多年历史。

这与青田的地理特征有关：丽水九山半水半分田，"梯山为田，窖薯为粮"，山区难以普遍开挖池塘养鱼，宜稻、宜渔面积少。

因此，先民们利用有限的水土资源，智慧地创造出了"以鱼肥田、以稻养鱼、鱼粮共存"的循环模式。

明初洪武年间的《青田县志》记载："田鱼有红、黑、驳数色，于稻田及圩池中养之。"

在这里，鱼和田，默契地形成"生物链"：

水稻为鱼类提供氧气、遮阴和有机物质，鱼类为稻田除草增肥、吞食害虫，维持系统自身循环，保持生态平衡，增加系统生物多样性，称为"稻鱼共生系统"。

千百年来，青田先民在种植水稻的田中养殖鲤鱼，繁育了极具地方特色的鱼种"青田田鱼"，创造了"稻鱼共生"技术，并衍生出了"青田鱼灯"等系列稻鱼文化习俗，保留传承至今。

如今，"青田稻鱼米""青田田鱼"都已成为国家农产品地理标志登记保护产品，青田鱼灯舞被列为国家非物质文化遗产。

2005年，这条鱼，从稻田"游"进了全球首批、中国首个全球重要农业文化遗产保护项目。

同年6月，时任浙江省委书记习近平作出重要批示，要求关注此唯一入选世界农业文化遗产项目，勿使其失传。

17年来，青田在探索"保护、传承、转化"中走出了新路径，打造了青田样板，为中国乃至世界全球重要农业文化遗产的发展树立了标杆，不仅名声在外，还引来一场全球大会在此地的召开。

二

一条鱼，承载着无数人的乡愁。

在青田，稻鱼共生早已经不是一种单纯的农业种养殖技术，而是深深融入青田的饮食文化和百姓的乡土情怀之中。

古语云："鱼之味，乃百味之味；食之鱼，百味无味。"

无独有偶，老祖宗造字时，就将"鲜"字归为鱼部，俨然将鱼视作"鲜"的代表。

刚打捞上来的田鱼，顺脊背剖开，取出内脏，不去鱼鳞；鱼体呈扇形张开，涂抹海盐与黄酒，腌制入味。后用清水冲洗干净，平摊放入蒸屉，隔水蒸熟；待鱼肉摊凉，烧上炭火，在土制的炉子里铺满稻秆谷壳，将鱼坯放入烘熏……

田鱼干制作技艺在家族技艺、薪火传递中一脉相承，"借以秘方锁住田鱼的鲜香"。田鱼干炒粉干，更是青田人最爱吃的一道传统名菜。

登上丽水人餐桌的每条田鱼，都让人在舌尖上享受到自然的馈赠。经过先民一代代驯化的鲤鱼鱼苗，也进化成当地独有的青田田鱼，模样与鲤鱼相似，温驯易养，肉嫩味美，鳞软可食。

"最后一点汤汁，刚好拌饭。"对于餐盘中的美食，当地人往往是风卷残云式一点不剩的。

青田是著名的华侨之乡，有33万华侨遍布全球128个国家和地区。

田鱼干，漂洋过海，承载着海外游子的念想，唤起弥久醇香的乡情。

这些味道，在漫长的时光中，和故土、乡情混合在一起，才下舌尖，又上心间，让人分不清，哪一口是滋味，哪一口是回忆。

所谓的"莼鲈之思"，大抵就是这份情怀。

对青田人来说，香醇的咖啡、韧嫩的牛排，怎么都敌不上这"一口千年"的田鱼味。

毕竟，"家乡味才是味觉原点"。

三

中华文明历来崇尚天人合一、道法自然，追求人与自然和谐共生。

农业文化遗产是中华农耕文明的"活化石"，既是有形的物质载体，也蕴含着传统农耕文化的精髓，具有跨越时空的永恒价值和独特魅力。

今天，我们该怎么保护和利用农业文化遗产，"勿使其失传"？

农业文化遗产动态保护的关键在于发展，既要传承"天人合一""万物一体"的生态哲学和"顺天应时""生态循环"的实践智慧，更要让农遗能够有持久的活力和生命力，发掘更多价值。

在这个问题上，青田给出了答案。

其实，即使拥有"全球重要农业文化遗产"的品牌，但要让传统农业焕发新活力，也不是自然而然的。

曾几何时，那方稻鱼田似乎已不再让人们留恋。

伴随着工业化和城市化发展，有的农户弃用传统的耕作方式，施用化肥、农药来提高产量，有的农户选择外出经商……传统品种资源、知识体系、农耕文化面临难以维持甚至消失的风险。

该怎么办？关键还是要探索把农业文化遗产品牌价值转化为产业经济价值的有效路径，让百姓尝到发展稻鱼共生特色农业的甜头。

青田展开了探索。当地通过政府扶持、企业推动、科研支撑、农民参与，逐渐建立农业文化遗产保护与发展的多方参与机制，最终实现了"一亩田、百斤鱼、千斤稻、万元钱"的目标。

"我们一直沿用的古法稻田养鱼，可是千年宝贝！"8年前，投身稻鱼共生特色农业的青田华侨金岳品，在泰国捧回了"世界模范农民"的奖牌。

方山乡的村民伍丽珍种稻、养鱼、做田鱼干、开农家乐，几年时间家里盖起了5层楼，还在县里买了房，年收入最多时超过一百万元。

不少村子大力发展乡村旅游业，将外出村民的闲置房屋流转起来，整村发展农家乐民宿产业，打造了"半亩渔宿"等精品民宿，兴起了以农遗文化科普为主题的研学热潮。

"望得见山、看得见水、记得住乡愁"，更让老百姓得到实实在在的实惠，进而更加积极地投入到农耕文化的保护传承中。

如今，这条鱼、这片田，让青田农耕文化的保护与传承有魅力，更有依托。

郑小美　陈炜芬　执笔

2022年7月19日

先行探路始于"足迹",落于足下

> 到了今天这个时候,当我们再翻开这本书,就应该更进一步,是"笃定足迹",从中找到实践的遵循。

早在《干在实处　勇立潮头——习近平浙江足迹》新书首发式之时,"浙江宣传"公众号就推送了文章《这本书值得好好读》。

今天,我们再来谈谈这部重磅之作。

上午,浙江省委专门开了个重要的会议——《习近平浙江足迹》学习座谈会,围绕"学什么""怎么学""学出什么样的效果",进行了系统性的安排。

书读百遍,其义自见。读的虽然是同一本书,但每一次的阅读体验并不相同,境界也不相同。现在浙江正处于在高质量发展中奋力推进中国特色社会主义共同富裕先行和省域现代化先行新征程,承担着特殊的使命,这个时候读足迹、学足迹、悟足迹,也会有不一样的感受。

第一遍是"溯源足迹",读出的是真挚情感。

通读这本书,字里行间,情真意切,最直观的是习近平同志在浙江工作时的点点滴滴，以及党的十八大以来他对浙江的深情关怀和殷殷嘱托，饱含总书记对浙江这块土地和浙江干部群众的真情厚爱，像他提出的"心无百姓莫为'官'"，倡导推动的领导干部下访制度，还有像"宁可十防九空，也不能万一失防""宁可事前听骂声，不可事后听哭声"，人民群众至今依然记在心里；一字一句，来之不易，全书创作历时5年多，其间采访了200多位亲身经历的干部群众，挖掘了许多总书记心系群众的感人故事，此后更是反复推敲打磨，仅书名就有几十个方案，经过数十轮审校才有了这部重磅之作。《习近平浙江足迹》之所以让人爱读，就是因为里面的故事就发生在身边，这些感受就从心底里生成。

第二遍是"追随足迹"，印证的是思想伟力。

习近平新时代中国特色社会主义思想在浙江的萌发与实践，就是贯穿全书的鲜明主线。越是深入地读，越能学出精髓要义。要学出政治新自觉，不断提高政治判断力、政治领悟力、政治执行力，以实际行动坚决拥护"两个确立"、坚决做到"两个维护"。要学出理论新自觉，进一步找到学懂弄通做实习近平新时代中国特色社会主义思想的"船"与"桥"，做到至信而深厚、融通而致用、执着而笃行。要学出使命新自觉，当好服务全国大局的"探路者""排头兵""弄潮儿"，为习近平新时代中国特色社会主义思想的丰富发展提供更多浙江素材、作出更大浙江贡献。要学出为民新自觉，实实在在为浙江老百姓谋福祉、增实惠，不断增强人民群众对"两个确立""两个维护"的政治认同、思想认同、情感认同。要学出党性新自觉，深刻领悟习近平总书记明大德、为大公、守大义、求大我的崇高境界，保持"打铁必须自身硬"的坚定清醒。

到了今天这个时候，当我们再翻开这本书，就应该更进一步，

"笃定足迹",从中找到实践的遵循。

学习《习近平浙江足迹》,关键之处在于把"学"的功夫变成"干"的思路、"闯"的动能,以领袖足迹激发干事创业的精气神,找到为"两个先行"破题开局的有效路径。按照省委的部署安排,就是"要在8个方面争先示范"。

1. 在主动对标看齐上争先示范

书中开篇就是"八八战略",记述了习近平同志从省域层面对坚持和发展中国特色社会主义进行卓有成效的理论探索和实践创新的故事,充分体现出中央精神与浙江实际的结合。学习《足迹》,就要领悟对照习近平总书记对浙江提出的"5大战略指引、11方面重要遵循",扎实推动习近平新时代中国特色社会主义思想在浙江的生动实践。

2. 在主动服务全国大局上争先示范

书中写到,2004年5月,习近平带队赴四川广元、南充和重庆涪陵调研考察对口帮扶工作,当地村民感叹道:"我们过上了好日子,离不开浙江人民的援助。"习近平却说:"这是党中央的号召,是我们应尽的义务,也是你们自己努力奋斗的结果。"短短几句话,跳出了一省一域,体现了总书记胸怀全局的大气魄。学习《足迹》,就要增强服务全国"一盘棋"的政治责任感,为全国大局多担当、多作贡献。

3. 在创新制胜厚植动能上争先示范

书中"科技创新赢得未来"一章里讲到,当时,杭州每百户居民连入互联网的只有不到2户,互联网泡沫危机从美国席卷全球,整个互联网产业跌入最低谷。但是习近平从眼前的"危"中看见了"机",鸣响了"数字浙江"发令枪。现如今,数字化改革已经成为浙江自主创新鲜明的底色、闪亮的名片。学习《足迹》，就要推动全面转入创新驱动发展模式，为经济社会发展注入强大动能和引擎。

4.在主动塑造变革上争先示范

全书立足理论起点和实践原点，勾勒了从"平安浙江"到"平安中国"、从"法治浙江"到"法治中国"、从加快建设文化大省到建设文化强国等演进过程，再现了"绿水青山就是金山银山""腾笼换鸟、凤凰涅槃"等重大理念从浙江走向全国的发展脉络，揭示了新思想的理论逻辑、历史逻辑、实践逻辑。学习《足迹》，就要主动拥抱变革、引领变革、塑造变革，加快探索引领数字文明时代、共同富裕文明形态的共性方案和有效路径。

5.在开放融合上争先示范

书中提及很多总书记当年推动开放发展的鲜活事例，最脍炙人口的，就是总书记当年引用"地瓜理论"引导浙江人和浙江企业走出去。他说，地瓜的藤蔓向四面八方延伸，为的是汲取更多的阳光、雨露和养分，但它的块茎始终是在根基部，藤蔓的延伸扩张最终为的是块茎能长得更加粗壮硕大。学习《足迹》，就要放大主动融入全球一体化、人类命运共同体的格局，推进更高水平对外开放，集聚全球高端要素资源，形成良性互动格局。

6.在有效防控风险上争先示范

书里贯穿着发展出题目、改革做文章、稳定要托底的逻辑，讲到总书记提出"平安浙江"之后，各地党政领导干部一把手的案头上除了"经济报表"，绝大部分还放着一份"平安报表"。辖区内发生了什么事，许多干部的第一反应就是对照"平安报表"，看看哪里做得还不到位。学习《足迹》，就要始终保持对风险隐患的高度警惕，高效能统筹好发展与安全，持续完善风险闭环管控大平安机制，筑牢安全防线。

7.在持续增进民生福祉上争先示范

书中讲述了许多总书记心系群众的感人故事，像他在武义县调研下山脱贫时，一位村支书深有感触地说："我们下山前在高山村时，都是一根藤上的苦瓜，现在下山脱贫了，我们都是一根藤上的甜瓜！"学习《足迹》，就要牢记"领导干部要拎着'乌纱帽'为民干事"的谆谆教诲，走好新时代群众路线，增强老百姓实实在在的幸福感、获得感、安全感和认同感。

8.在巩固风清气正的政治生态上争先示范

书中提到，习近平同志在一次会议上给领导干部语重心长、情真意切地算了"三笔账"，分别是"经济账""法纪账""良心账"。后来，这三笔账成了很多领导干部挂在嘴边、记在心间的高频词。学习《足迹》，就要牢牢把握以伟大自我革命引领伟大社会革命的要求，以"七张问题清单"为抓手持续加强政治建设，为忠实践行"八八战略"、奋力推进"两个先行"提供坚强政治保证。

千里之行，始于"足"下，更要落于"足"下。

我们因走过的路而更有底气，也必将沿着正确的方向，在"两个先行"的新征程上创造更大的辉煌。

何诗航 谢滨同　执笔

2022年7月20日

"臭就是香"是如何实现的？

> 从臭的菜品中，吃出香的滋味，这也是一种舌尖上的乡愁。

说起美食的标准，不外乎色香味俱全。但有这么一类食物，嘴巴说好吃，鼻子、眼睛可都不答应。

那就是"此之蜜糖，彼之砒霜"的"臭菜"。

宁绍一带的浙江人偏偏就好这口，什么臭豆腐、臭苋菜、臭冬瓜……越臭，吃着越香。

他们怎么就好这口？

一

有网友说，浙江的"臭菜"，那可是组团出道的。

宁绍一带嗜臭的历史由来已久。清代范宣的《越谚》就有相关记载：

"苋见《易夫卦》，其梗如蔗段，腌之气臭味佳，最下饭。"

浙江东临大海，气候湿润，尤其到了梅雨季节，食物最容易发霉。为了方便储存，聪明的老百姓就用各种方式将食物进行腌制，久而久之，练就了炉火纯青的发酵技术。

比如有名的"三臭"：臭苋菜、臭冬瓜、臭菜心。

其中，臭苋菜名气最大，一度被称为"中国最臭的菜"。其他几样"臭菜"大多是用臭苋菜的臭卤做出来的。

"臭菜"做法并不难，苋菜梗、冬瓜、菜心蒸熟晾凉，冷却后撒上食盐，加入陈年的臭卤，密封发酵一段时间。吃的时候，拿出来蒸熟，滴上几滴麻油就行。

这几道菜，对宁绍人来说，就是"压饭榔头"。夹起臭苋菜梗，从一头轻轻一吸，软糯爽滑的菜心溜进嘴里。对当地人来说，"软塌塌""香糜糜""臭兮兮"最是下饭。

于是，有人写成等价替换公式：1口臭苋菜梗＝2口臭菜心＝3口臭冬瓜＝10口白米饭。

除了这几样"臭菜"，宁绍一带还有霉豆腐、霉毛豆、霉千张，带着酒香的糟鸡、醉虾，带着咸鲜的酱鸭、酱肉，各种风味，都是当地百姓的心头好。

据说，"老酒抿抿、螺蛳嘬嘬、霉毛豆过饭"，就是旧时绍兴船夫最舒服的日子。

可以说，宁绍百姓品的，是时间与阳光的滋味。

二

《中华全国风俗志》里写道：

定海（位于今浙江舟山市）人民之习性，专喜食腌腊腐臭之物。

为什么闻着臭，却吃着香？《风味人间》给出了一个答案：食物的气味分子从口腔扩散到鼻腔后段,而大脑对此的感受,与直接用鼻子闻到的是完全不同的。

于是就有网友发问了:既然鼻子都说臭了,嘴巴怎么还要去尝试?

有一种说法,"臭味"就等于"鲜味"。

原来在腌制的过程中,卤水中的微生物将蛋白质分解转化为氨基酸,而氨基酸就是构成鲜味的主要物质。所以"臭菜"的臭味与鲜味,有着同样的来源。

这类菜还有一个显著的特点,就是讨厌的人有多抗拒,喜欢的人就有多着迷。

但抗拒与着迷之间隔着的这道坎,看似是一道天堑难以逾越,只要勇敢地迈出第一步后,说不准立马就着了道,越吃越上头。

"臭菜"的灵魂就是臭卤。对外地人来说,臭都是一个味儿。但对嗜臭的本地人来说,每家的卤都是不一样的臭味,所以,长辈们最宝贝的"臭缸",就是各家乡愁的秘方。

三

许多人是从周作人的文字里认识这些"臭菜"的:

> 这一类的食品在我们的乡下出产很多,豆腐做的是霉豆腐,分红霉豆腐、臭霉豆腐两种(棋子霉豆腐附),有霉千张,霉苋菜梗,霉菜头,这些乃是家里自制的。外边改称酱豆腐臭豆腐,这也没有什么关系,但本地别有一种臭豆腐,用油炸了吃的⋯⋯

实际上在浙江,除了常见的油炸外,臭豆腐蒸、炒、煮、炖均可,"炖臭豆腐""酱肉蒸臭豆腐""剁椒臭豆腐""腐皮包臭豆腐"等花样百出。最绝的就是与苋菜梗、霉毛豆一起蒸,俗称"蒸三臭"。

一种刻骨铭心的味道,也是一方水土历久弥新的文化传承。

汪曾祺曾说:"我在美国吃过最臭的'气死'(干酪),洋人多闻之掩鼻,对我说起来实在没有什么,比臭豆腐差远了。"

这句话里,讲的不全是中外之"臭菜"的较量,也能看出,家乡味儿在他心中的分量。

出生于浙江镇海的小说家鲁彦,曾这样描述他对臭食的依恋:

我在北方住久了,不常吃鱼,去年回到家里一闻到鱼的腥气就要呕吐,唯几年没有吃臭咸菜和臭苋菜梗,见了却还一如从前那么地喜欢。在我觉得,这种臭气中分明有比芝兰还香的气息,有比肥肉鲜鱼还美的味道……

从臭的菜品中,吃出香的滋味,这也是一种舌尖上的乡愁。

放眼中国,不少地方都有这么一道挑战味蕾的美食。比如老北京的豆汁儿、广西的螺蛳粉、安徽的臭鳜鱼、四川的臭猪肉等等。放眼世界,更有鲱鱼罐头、蓝纹奶酪等让人"闻风丧胆"的"味觉刺客"。

臭,是它们共同的标签,但这些食物所蕴藏的风土人情,却是丰富多彩,甚至截然不同的。

臭,是了解一个地方历史文化的一扇窗口,也是打开尘封的乡愁的一把钥匙。

季方　执笔
2022 年 7 月 20 日

批评不批评只有一条标准

> 密切联系群众，永远不要脱离群众，这是习近平同志留给浙江的一笔宝贵精神财富，直到今天也是浙江干部最鲜明的底色和上下求索的情怀担当。

最近读《习近平浙江足迹》，不少细节非常动人。其中，令笔者印象最深刻的是他两次批评了人，一次没有批评人。

一次批评是，习近平同志某次下乡调研，虽然此前省委规定领导下乡不能迎来送往，但是有位地方主要领导依然出现在高速公路出口。习近平同志远远看到后，在车上就严肃批评了这种做法，并嘱咐司机不要停车。在随行同志的建议下，才让这位前来迎接的地方领导上了车。

没想到习近平同志在车上又当面批评他不遵守省委规定，告诉他有空不如接待上访群众、批阅文件。车厢里的空气一时仿佛凝固了。随后，习近平同志又严肃叮嘱随行的工作人员，有了规定，必须落实到位，对这种违反规定"迎来送往"的行为，一定要搞好督查。

刚来浙江工作，大家就感受到了习近平同志求真务实、严肃认真的工作作风。

另一次批评是，2005年，习近平同志去看望台风受灾群众，一户户地看望灾民，行程结束时已经很晚了，去往下一个点的路程还要一小时。陪同的当地领导建议先回市里吃饭，第二天上午再去。

习近平同志听到后皱起了眉头，神情严肃地说："怎么只想到自己回去吃饭，灾民有没有吃，有没有安顿好，我们不去看一下能放心吗？"最终坚持当天晚上赶去下一个地方。

笔者注意到，在下基层调研的过程中，每次遇到影响工作作风、不利于联系群众的方式方法，习近平同志就会明确予以纠正，有时还会严肃批评，越是脱离实际、脱离群众、劳民伤财的做法，在习近平同志这里就越会吃力不讨好。久而久之，赴基层调研在吃、住、行上都形成了不少简单简朴、一切从简的规矩。

2012年12月4日，刚当选中共中央总书记的习近平主持召开中央政治局会议，审议通过了关于改进工作作风、密切联系群众的"八项规定"。很多人也许不知道，习近平同志在浙江工作时就已经提出了类似的要求。这些要求中蕴含的思路理念与后来的中央"八项规定"精神内涵一致，塑造了一个党的风貌和品格。

同样令人思索的是，本以为不会挨批评的人挨了批评，但以为自己会挨批评的人，反而没有挨批评。

《习近平浙江足迹》里还讲了这样一个故事。

2005年，习近平同志到武义县后陈村调研。刚一下车，就有位老人家拦住了他的去路，原来是"拦访"。习近平同志承诺一定会给他答复。

老人离开后，当地干部都生怕要挨批评。看出大家的紧张，习近平同志主动挑起话题，接下来的一番话却出乎大家的意料。

"不要紧张,这些情况,其他地方也有的,我当县委书记时也碰到过,没关系。有上访,要实事求是了解,能解决的,就要解决;即使不能解决的,也要向老百姓解释清楚。如果该解决的不解决,这就有'关系'了。"

这番"感同身受",让大家一下子放松下来。

为什么批评?又为什么不批评?

仔细品味这三个故事,不难发现,无论习近平同志是批评人还是不批评人,背后的标准只有一条:是否脱离群众。

搞花拳绣腿、做表面工作,意图通过作风漂浮、哗众取宠来表功的形式主义就会挨批评;漠视群众利益、轻视群众需求等脱离群众的官僚主义做派也会挨批评。

而不遮遮掩掩、不隐藏矛盾,真正把人民群众的急难愁盼摆上台面,真正直面问题不回避、解决问题不敷衍的行为,习近平同志反而能理解。

批评人与不批评人的三个小故事,说明习近平同志对各种形式主义、官僚主义作风深恶痛绝,他始终关心民生冷暖,密切联系群众,把人民群众放在心中最高位置。

习近平同志在浙江工作期间以身作则、率先垂范,他的求真务实、为民情怀直接带动了浙江各级领导干部转变工作作风。

密切联系群众,永远不要脱离群众,这是习近平同志留给浙江的一笔宝贵精神财富,直到今天也是浙江干部最鲜明的底色和上下求索的情怀担当。

云新宇 执笔

2022 年 7 月 20 日

最是情怀动人心

> 习近平同志的定力就在于：人民利益始终高于一切。

6个年头，在历史长河中只是一瞬间。

但2002年10月至2007年3月的这1600余个日日夜夜，习近平同志不仅给浙江人民留下了许多宝贵的精神财富，更为他如今领航定向中华民族的伟大复兴提供了实践、积累了经验。这一段时间将永载史册。

笔者已经退休多年，可合上《干在实处　勇立潮头——习近平浙江足迹》的书卷，那些在习近平同志领导下工作的日子，仿佛又回到眼前。往事历历，最是情怀动人心。

"始终把人民放在心中最高位置"的为民情怀。

习近平同志对人民饱含深情，心中始终装着百姓。在浙江工作期间的每次调研，只要时间允许，他都要与基层群众见面、座谈。

在酷暑的建设工地，他嘱咐炊事班要多为民工提供清热解暑的食品、饮料；在隆冬的千米深井，他与煤矿工人交流合影；在偏远山村的老年公寓，他关心老人们的日常生活，亲自下厨为大家炒菜；他还明确指示，每年省委新春团拜会，一定要安排省残疾人联合会艺术团的节目……

正是因为他的心里始终装着百姓，这一句句家常，一个个举动，总会感动在场的每个人。而这份由衷而发的感情，往往会在突发事件中展露得更为真切动人。

2003年4月，杭州出现"非典"首例确诊病人。习近平同志认真听取专家们的建议后当机立断，在全国率先采取了一系列全面严防严控措施。当时，很多人不理解，可事实证明，他反复强调、亲自部署的这些措施十分必要、非常及时。最终，在抗击"非典"这场硬仗中，在全国创造了科学防控的样板。最为难得的是，在这场公共危机里，他见微知著，举一反三，下决心大力推进"卫生强省""平安浙江""法治浙江"等事关浙江长治久安的一系列重大决策。从中我们不难看出，习近平同志的定力就在于：人民利益始终高于一切。

"埋头苦干而不急功近利"的文化情怀。

中华优秀传统文化是中华民族独特的精神标识，是世界文明交流互鉴的宝贵财富。

2006年9月27日，习近平同志满怀深情地对浙江大学广大师生讲道：浙江的发展之所以取得如此辉煌的成就，取决于很多因素，最根本的还是人的因素，确切地说是文化的因素在起作用。浙江文化是引领和推动浙江发展的最深层次的原因，这也是我到浙江工作后体会特别深的一点。

对浙江的人文历史，习近平同志一直念兹在兹——

传承博大精深的优秀传统文化。习近平同志高度重视良渚遗址保护工作，亲自担任浙江文化研究工程指导委员会主任。

提炼奋发向上的革命文化。习近平同志提出并诠释了"红船精神":开天辟地、敢为人先的首创精神,坚定理想、百折不挠的奋斗精神,立党为公、忠诚为民的奉献精神。

推进继往开来的社会主义先进文化。习近平同志总结提炼"求真务实、诚信和谐、开放图强"的浙江精神,明确提出,要与时俱进地培育和弘扬浙江精神。

平时,习近平同志告诫我们,文化建设是一项不容易出"政绩"的基础工程,文化工作是一项相对务"虚"的工作。文化建设需要的是埋头苦干而不是急功近利,需要的是一砖一瓦的积累和一代一代的传承,而不是立竿见影和轰动效应。

2005年7月,笔者向习近平同志报告了编纂、出版两岸故宫博物院宋画藏品等建议,马上得到他的明确支持。此后整整17年,他一以贯之地关心"中国历代绘画大系"项目的进展,多次及时作出重要批示和指示。

今年,盛世修典——"中国历代绘画大系"展览先后在浙江美术馆与嘉兴美术馆成功开展,之后还将到北京和全国各地巡展。"大系"是迄今为止全世界同类出版物中藏品收录最全、图像记录最真、印制质量最精、出版规模最大的中国绘画图像文献集成。这个项目凝聚了习近平同志的大量心血,充分展示了他对浙江文化建设的全情支持,更体现出他大力弘扬中华优秀传统文化的人文情怀。

"不驰于空想、不骛于虚声"的务实情怀。

习近平同志一到浙江就强调:要问计于民、问计于基层。

在刚到浙江短短两个多月里,他到市、县(市、区)和省直部门调研的时间超过50%,几乎每天工作超过12个小时,有时甚至在16个小时以上。

在他的带领下,浙江省委、省政府领导带头开展调查研究,每年初都根据省委年度工作要点和领导分工确定重点调研课题。2003年至2006年,省委常委和副省长主持并完成的重点调研课题就有86项,其成果转化为100多个政策性文件和有关工作部署。"八八战略"正是调查研究的产物。

十多年来,历届浙江省委把"八八战略"作为全面建成小康社会、推进社会主义现代化建设的根本遵循。省第十五次党代会又明确提出"忠实践行'八八战略',坚决做到'两个维护',在高质量发展中奋力推进中国特色社会主义共同富裕先行和省域现代化先行"的奋斗目标。我们坚信,在省委正确领导下,浙江的明天一定更加美好!

张曦　执笔

2022年7月20日

习近平和金星村的三个小故事

> 我们就是听总书记的话,走总书记指引的路,才把"生态饭"越吃越香!

笔者来自开化县华埠镇金星村,打开《习近平浙江足迹》第278页,脑海里马上浮现出16年前习近平同志来我们金星村的场景。

2006年8月16日,习近平同志冒着酷暑来到金星村调研,嘱咐我们:"人人有事做,家家有收入,这就是新农村。"

这些年来,我们把习近平总书记的话当作发展的"金钥匙",沿着习近平总书记指引的路子走下去,使金星村发生了翻天覆地的变化。

在这里,我同大家分享3个故事。

一棵树的故事

这棵树就是我们村里的千年银杏。习近平同志来的时候,看到银杏树根外露、树叶稀拉时,很是心疼。他叮嘱我们,不仅要保护好这棵古树,还要保护好周边的古树、全县的古树。

大家听了之后自发为银杏培土浇水,还请专家来为它"会诊"。

现在,这棵银杏树已经成为我们村最大的标志,好多游客就冲着这棵千年银杏来。通过这次"抢救"行动,点燃了我们把荒山变林地的决心,过去村里森林绿化率不到50%,现在绿化率达到82%。

当时习近平同志在我们村口即将上车返程时,他回过头来叮嘱笔者,这里山好、水好、空气好,将来通过"山海协作",空气也能卖钱。"空气怎么卖钱啊?"当时笔者一时间还没明白这番话的含义。

直到有一次一批上海客人过来,早上5点就起来锻炼身体。笔者问他们为什么这么早起床,他们说:"我在上海家里的房子比这好很多,房间、床铺都比这好,我为什么到你这里来花钱?是因为你这里空气好,早上睡懒觉真是太浪费了。"这时候笔者才明白,原来这就是空气能卖钱的道理。

这几年,我们把村里的一些泥土房、石头房都改成了民宿、农家乐,开了30多家,即使节假日一间房1888元,游客还是一房难求,"抢破头"。我们就是听总书记的话,走总书记指引的路,才把"生态饭"越吃越香!

三张规划图的故事

习近平总书记说过,规划科学是最大的效益,规划失误是最大的浪费,规划折腾是最大的忌讳。这句话,我们金星村干部群众感触最深、受益最多。2006年,习近平同志在村口一下车就感慨:

"这个村很好,绿化好,美化也好,在全省很有特色。"

这当中"规划"是关键。金星村历届村党支部抓的头等大事就是把村里的基础设施建好。我们村先后有过三幅规划图。

第一幅是1977年村党支部集体讨论后请一位小学老师画的《新村布局图》,确定了村庄"四纵三横"的基本框架。1997年,我们在保持基本框架不变、发展思路不变、目标定位不变的基础上,又手绘了第二幅村庄规划图——《中心村村庄道路规划图》,细化了一排一行的住宅房、五纵四横的村庄道路以及大片用来发展的空地的红线。2017年,我们通过数字测绘形成第三张规划图——《金星村规划图》,专门细化了今后10年的发展产业。仔细一对照,其实我们村一直在按照习近平总书记的要求在做。"三张规划图"一脉相承,成了我们村制胜的"法宝"。如今,我们村里小车都可以开进家门口,家家户户都有院子,每个院子都种上果树。

141次调解的故事

在金星村调研时,习近平同志曾告诫我们村两委班子,"老百姓很淳朴,只要为老百姓多办事,乡亲们的感情就会好,我们的工作才会得到拥护支持"。这些年来,金星村村两委干部一直努力践行总书记的谆谆教诲。

我们村里有对谢家兄弟,因宅基地问题形成矛盾,双方都很"拗",还质问我们村干部不管事。我们召开党员大会,对谢家宅基地问题进行"一事一议",安排了在职党员进行联户,一次又一次上门,最终通过141次调解,两兄弟握手言和。

像141次调解这样的例子还有很多。每一位村干部坚持每天早起在村里前前后后走一圈，随时掌握老百姓情况。老百姓有什么矛盾纠纷，村干部总是第一时间解决。我们村里已经连续多年没有刑事案件、封建迷信活动，实现了72年来矛盾不出村。

这三个故事，就是我们始终牢记习近平总书记嘱托，坚定不移沿着习近平总书记指引的路子走下去的生动展现。

接下来，我们将用心用情打造金星党建培训中心，以习近平新时代中国特色社会主义思想指导实践，让老百姓的好日子红红火火、长长久久。

郑初一 方文彬 陆君羚 执笔
2022 年 7 月 20 日

"恶意爆料"该收手了

> 网友"吃瓜"吃到撑,绝不是网友之福。互联网的风清气正,绝不能被"谣言""恶意""带节奏"等套路破坏。

一

网络里,事实经常追不上流量,以至于有很多网友已经养成了"让新闻飞一会儿""让事件飞一会儿"的阅读习惯。

有图未必有真相,很多时候,有视频都未必有真相。

因为开局一张图、一段视频,其他全靠编和揣测的套路确实并不罕见。

不少网友都经历过网络事件的大反转,由于害怕跌入情绪传播的陷阱,只能当个"吃瓜群众"围观了。

网络的碎片化传播,往往会导致事件的内容失真、焦点聚焦的"失焦",给社会和个人都带来无法回避的困扰,甚至还会带来严重的网络暴力行为。

最近，象山县一名护士被网友爆料，这事就在网络碎片化传播中失了真。

二

网友发布视频爆料称，发现宁波市象山县一名护士在急救孩子时却在玩手机。一段十几秒的视频，很快引发了网友的情绪传播，部分网友甚至开始对护士进行网络暴力。

最终，象山县有关部门对此事展开调查发现，这名护士当时正在利用手机呼叫医疗援助，并且晒出了通讯记录和截图，此事的真相才最终水落石出。

这事虽然看似就这么结束了，可是在互联网上，这类似是而非，以"瓜田李下"为借口的"恶意爆料"一直层出不穷。这类"恶意爆料"往往就是大规模网络谣言的"种子"。

有的科学家曾被造谣去世，女排队长朱婷也被恶意爆料成了所谓的"队霸"，清华大学和中国女排都站出来辟谣，朱婷更是把造谣者告上了法庭。

现在，人人都有了麦克风，人人都可以利用互联网平台当一回记者。追求流量又成为自媒体和个别官方媒体的唯一目标。在自身无法创造出更多具有传播价值的原创产品时，不经过核实和研判，搬运这些离谱夸张的爆料就成了流量变现的拙劣手段。

更有甚者，还有专门以恶意炒作事件来食利的所谓网络"灰产"群体，事实的存在和公众的良知在他们眼里都不值一提，利用网络暴力达成他们所谓的"创收"才是唯一的追求。

总之，如何吸引眼球就如何来，如何耸人听闻就如何来。

三

互联网里有很多真善美,这是主流,但互联网里也有上述这些阴暗的角落。普通人该怎么办?

面对海量的信息,如果我们一味跟着情绪走,失去了理性的判断,拿自己的善良和义愤与流量搞对赌,最终就会不自觉地沦为情绪传播的催化剂。

在社交媒体刚刚出现的时期,"谣言改变中国""谣言倒逼真相"等乌烟瘴气的言论也曾甚嚣尘上。部分手握话语权的所谓网络大V将"谣言"当成了追求流量变现的工具,更有甚者传播恶意谣言,利用广大网友渴望善良的淳朴愿望和追求正义的愤怒来扭曲事实,达到现实中不可告人的目的。

在那种舆论环境下,魔幻现实主义和历史虚无主义等网络噪音已经干扰到了社会的方方面面。连与传谣大V不同意见的网友都会被人肉个人信息,承受网络暴力。

所幸,经过国家相关部门一系列的整治和广大正能量网友的坚持,这类歪风邪气被及时踩了刹车。

由此可见,网友"吃瓜"吃到撑,绝不是网友之福。互联网的风清气正,绝不能被"谣言""恶意""带节奏"等套路破坏。

"互联网不是法外之地",这不是一句简单的口号,而是需要社会各界力量参与维护的铁律。

四

同时我们也要看到,这类"恶意爆料"有时候会针对公权力部门。

面对这种"恶意爆料",个别部门会出现本领恐慌,担忧陷入"塔西佗陷阱"。

"塔西佗陷阱",确实是公权力部门面对舆论风波时的噩梦。

塔西佗是古罗马的历史学家,他曾经记录了古罗马帝国皇帝因为内乱而丧失信任后的混乱局面。

当公众失去对公权力的信任时,说得越多,越没人相信,做得越多,越会被批评。这是一种非常糟糕的恶性循环。这类现象就被命名为"塔西佗陷阱"。

其实,网络里无数次此类事件的结果都证明,做好有理有据、脚踏实地的正面回应,真正理性回应网友关切,真正以实事求是为准则做好调查,最终结论以符合网络传播规律的方式进行公布,这类"恶意爆料"多数时候都不能掀起太大的风浪。

从这个角度来说,象山县有关部门对网友报料展开调查、及时回应,是值得肯定的。

纸上得来终觉浅,绝知此事要躬行。

在信息爆炸的互联网里,"实事求是"这4个字,写起来简单,却往往有千钧之重,但也确实是所有互联网参与者不可或缺的精神追求。

徐健辉　执笔
2022 年 7 月 21 日

手写录取通知书，写的是一份心

> 一封手写录取通知书，虽短短不过数行，凝聚的却是老师们真挚的育人情怀，见字如面、纸短情长。

古往今来，对师者的称颂和赞誉之辞从不匮乏，如视老师为尊长，认为"事师之犹事父也"，从而称老师为"师长""师父"。也有直抒对这一身份的敬重，把其称作"太阳底下最光辉的职业"。

这些誉美之言，都展露了潜藏大众心中的一种社会共识，诲人不倦、承托教育重任的老师理应受到尊敬。

然而，得到赞誉并非师者初心所求，真正燃起师者心中灯火、支撑他们几十年如一日心系讲坛的动力源泉另有一番天地。

近日，浙大城市学院校长手书的录取通知书在网上热传。据校长罗卫东说，这是一年一度的必修课，全手工操作，是满心希望；而陕西师范大学的手写录取通知书也引发关注，参与这次书写活动的有在职青年教师，也有离退休教职工，甚至不乏年逾古稀、已近耄耋的老教授。

虽正值暑热时节，但他们依旧非常默契地来赴这场唯美的约定。手写录取通知书，承载了老师的期盼和无数学子的青春记忆。

诞生于这些老师笔下的方正小楷，在汉字的方寸中打开了一扇微小的窗口，让大众得以窥见一种独属于教育工作者表达教育理念、抒发师者情怀的方式。

字里行间，真切诠释了师者的心中日月和初心所寄。

一

有人说，师者之于学生的感情犹如一潭清水，甘洌洁净、透明澄澈，质朴且素净。

一支粉笔、两袖清风、三尺讲台，从年少到迟暮、从青丝到白发，岁月在指节磨出老茧，他们从不在意。

而赤诚会使这汪清水升温，当注入满腔热爱时，它就会沸腾，恒久而热烈。

"师者，传道授业解惑"，表明的是教师的身份责任，而师者之所以热爱为师，不过是希望自己的一言一行、一字一句能影响和帮助学生茁壮成长。

在先生们的眼中，看到的是一棵棵树苗不断生出枝丫，一幅充满生机的未来图卷渐渐展开。待蔓蔓日茂、芝成灵华，观这"桐花万里丹山路，雏凤清于老凤声"，莫不是人生一大乐趣。即使年事已高，我又怎可错过这一场盛宴？

培育引导学生追求专业的精深和通透，激发他们向上奋斗的热情，成为心怀家国的有志之人，即是老师的赤子之心和最诚挚的情感。

正如当年中学教员柳潜，在看到19岁的毛泽东写下作文《商鞔徙木立信论》时大为感喟，情不自禁地在这篇400多字的短文上作了6个眉批，还破例在文章最后写了一个总评。他称赞青年毛泽东忧国忧民的思想情怀和利国富民的改革抱负，大力鼓励他继续奋进，期许他日后能取得伟大的成就。

20余年后，身在延安的毛泽东还清楚记得：

"那里的一个国文教员对我帮助很大，他因为我有文学爱好而很愿接近我。"

新中国成立之初，毛泽东还曾托人打听柳先生的消息，望其代为问候。

"育才造士，为国之本。"当好青年学子的引路人，为他们撒下真善之籽、点起理想之灯、擦亮信念之光，这是广大师者最深沉的追求。

一封手写录取通知书，虽短短不过数行，凝聚的却是老师们真挚的育人情怀，见字如面、纸短情长。

二

也有人疑惑，用电子印刷同样可以复刻出精美的书法，而选择手书签名，需要组织成员进行长达一个多星期的工作，是不是太过费时费力？

其实，这是老师们珍视的仪式感。

他们会小心地提起尖细的小楷狼毫笔，蘸上墨汁，在录取通知书上郑重地写下新生的姓名、专业等信息。整个撰写过程聚精会神，完成得一丝不苟。

对他们而言，每一位新生名字的背后，都是一副鲜活的面孔。

投递出去的不仅仅是一份入学通知书，还有学生对即将迎来的校园生活的初见之美，以及对老师的憧憬和想象。

而当学生欣喜地收到来件，并自发将它装裱珍藏时，这也将成为他们的独家记忆。在笔墨挥毫的一勾一画之间，建立了与学校、老师的第一次情感连接。

谈及这些高校的初衷，除了彰显中国优秀传统文化之外，更是把这份录取通知书看作开学第一课和"育人"的前置课，饱含了对学生的祝福和未来的期许。

三

当然，手写录取通知书只是老师们表达愿景的方式之一。

所谓"恬笔伦纸，钧巧任钓。释纷利俗，并皆佳妙"，除书法之外，中华文化的博大精深也给其他高校提供了更多的选择。

比如，温州大学的录取通知书融合了"乐清细纹刻纸"和"木活字"两项非物质文化遗产，画面布局疏密有致、充满喜悦和吉祥氛围，传递给学生一种精益求精、追求卓越的价值观。

还有，浙江农林大学的录取通知书以毛竹为原材料，运用刨切微薄竹技术，制造出一座立体可折叠的银杏树林造型，银杏树林的底座则是两条环抱相向的锦鲤，可谓匠心独具，饱含了学校对新生的祝福和期望。

可以说，这些满载中华传统文化底蕴的录取通知书，凝聚了众多教师的智慧和心血，一笔一画满载师者的美好心愿。

对于青年学子而言，对老师的最大慰藉不是赞赏，而是不辜负、不懈怠他们的期许。

作为整个社会中最积极、最有生气的力量，在新时代，青年学子更要焕发澎湃的青春活力，勤奋向学、恪守正道，立志成长为德才兼备、勇担使命的国之栋梁。

　　如此，经年之后，这封手书的录取通知书才会在岁月的研磨中历久弥香。

张俊　执笔

2022 年 7 月 21 日

"让文物'活'起来"背后的故事

> 文物资源和文化遗产要具有长长久久的价值,就要"活"起来,成为自带流量的大IP,成功走进人们的心里。

《习近平浙江足迹》中有这样一个故事。

2003年7月16日,习近平同志视察良渚,工作人员向他汇报"影响遗址安全的湖州德清县6家石矿场,关停有困难"。

"明天,就去湖州。"习近平同志当机立断。次日,他就赶赴湖州调研。很快,这几家石矿场彻底关停。

2008年9月,良渚博物院向社会开放。约一个月后,时任国家副主席的习近平同志再次来到良渚,嘱咐良渚博物院院长:"要让收藏在博物馆里的文物'活'起来。"

习近平同志的心里,始终牵挂着一片美丽洲渚,也始终牵挂着那些承载了中华民族基因和血脉的文物和文化遗产。

今年5月,在中央政治局第三十九次集体学习时,习近平总书记强调,"要让更多文物和文化遗产活起来,营造传承中华文明的浓厚社会氛围"。

文物资源和文化遗产要具有长长久久的价值，就要"活"起来，成为自带流量的大IP，成功走进人们的心里。

在某网络平台上，浙江大学一名95后考古学在读博士进行了一项尝试。她用有趣的故事或设置悬念吸引网友眼球，再适时插入一些历史知识和推理论证，打通学术理论和科普短视频两套逻辑，把考古科普短视频做成了"爆款"，深受网友喜爱。

由此再想到近年来故宫博物院成功打造的国宝文创吸睛又吸金，三星堆遗址考古直播频频爆火"出圈"，良渚IP至今已经开发出13个系列500多款产品……

各类传播元素的跨界混搭，打通了任督二脉、破解了流量密码，把古老文明一把拉进了现代生活，打造成为群众喜爱追捧的"国潮"。

一个又一个的成功案例，也为我们从省域层面做好历史文化遗产保护和传承工作提供了新解法。

省第十五次党代会报告提出，浙江要"打造文博强省"。实现这个目标，让文物"活"起来是应有之义。

如果说中华文明起源像"满天星斗"，那浙江就是最早、最亮的星斗之一。在"浙"片土地上，百万年人类史、一万年文化史、五千多年中华文明史源远流长。勤劳智慧、富于创造力的浙江先民在山海之间、江湖之畔，为我们留下了瑰丽多姿的文化遗产。

按照省党代会擘画的"两个先行"蓝图，如何传播展示好浙江宝贵的文化遗产，让它们不再高冷难懂、更加可亲可感，事关增强历史自信、文化自信，我们充满期待。

我们期待它们能够——

走快一些，时时"上新"，"跑"进热搜，让还沾着泥土、冒着

热气的文物成为刷屏的"顶流";

走深一些,让古老文明融入我们的日常生活,让历史文化成为现代浙江人耳熟能详、触手可及的精神标识;

走心一些,用心营造"一眼千年"的沉浸式、互动式体验,让老百姓在参观、学习、领略文物的同时,零距离感受穿越时空的文明温度;

走远一些,辐射海外、触达世界,让来自不同文化语境的人在古老文明面前同频共振,感受人类共同的价值追求。

习近平总书记说过:

"一个热爱中华大地的人,他一定会爱她的每一条溪流,每一寸土地,每一页光辉的历史。"

努力让文化遗产"活"起来,走进群众心里,我们就能更好地认识和认同中华文明,不断增强做中国人的志气、骨气、底气。

杨昕　执笔

2022年7月22日

这双手，为何让我们如此感动？

> 对他们来说，这一接，没有多余的思考，没有趋利避害的权衡，有的只是人性向善的本能。

近日，"嘉兴桐乡两名90后用惊魂38秒，徒手接住6楼坠楼女童"的视频冲上热搜，受到众多媒体关注。

据不完全统计，仅仅24小时，全网相关话题传播量超10亿次。

网友纷纷评论："38秒，拯救了一个鲜活的生命，感谢这世上善良的人"，"这不是一般人，是超人"……

的确，这一接，不是简单的一接，难度大、危险系数高。

这让我们联想到11年前，也是7月，一个平凡的女人创造了一个爱的奇迹——她不顾个人安危的一接，挽救了一个幼小的生命。她就是"最美妈妈"吴菊萍。

不禁要问：都是普通的人，都做了自认为挺普通的事，为何会在全社会引起如此强烈的反响和共鸣？

一

当年,"最美妈妈"吴菊萍接住妞妞时,有热心网友就做过计算:一个2岁的孩子重30斤,从30米高的10层楼掉落。当吴菊萍的手臂在接住她的那一秒,相当于接住了一个重达335.4公斤的物体。

沈东接住的孩子也是2岁,36斤。如果正好砸在脑袋上,可能付出的会是生命的代价。

但他们依然毫不犹豫、奋不顾身用生命的代价托起另一个生命。

在事后的采访中,沈东说:

"我是出于本能,没有考虑到自己受伤,也没有考虑到救了这个孩子会给我带来什么,当时就是出于为人父、作为一个男人的本能。"

当年,吴菊萍也是这么说的。她说:"事情发生在一瞬间,我根本来不及多想。我只知道她是一个孩子,我是一个母亲,孩子是母亲的心头肉,母亲救孩子是天经地义的事!"

对他们来说,这一接,没有多余的思考,没有趋利避害的权衡,有的只是人性向善的本能。

这种最"原始"的本能,也最能得到全社会的认同。

很多时候,平凡人的高尚行为更能体现善良的光辉。这种本性的习惯性流露,看似简单、自然,其实是一个人长期以来的积淀。

每个人心中都有善念,都能清晰地认知"什么是美的、什么是善的",自然而然地会对"善"点赞,对"恶"排斥。每个人的内心，也都埋有助人为乐的种子。

关键是，知道更要能做到。

孟子曰：

"挟太山以超北海，语人曰'我不能'，是诚不能也。为长者折枝，语人曰'我不能'，是不为也，非不能也。"

事实上，在现实生活中，面对需要帮助的人时，有的人会选择望而却步，这往往就是"非不能也"，"是不为也"。

人们感动，因为这一接，展现出来的人性光辉，激发着每一个人内心都有的善念。它就像一颗石子投进湖面，激荡开一阵阵涟漪。

所以，当"沈东们"用"来不及多想"的向善本能接住孩子、托起孩子的时候，很多网友深深认同："我也会这么做！"

二

2009年，三名大学生因救落水少年献出了宝贵生命，但在打捞英雄遗体时，打捞者不仅不为所动，而且漫天要价；

2011年的"小悦悦"事件，7分钟内18人路过没有伸出援手；

还有前段时间发生的唐山打人事件……

每每想起这些，总有网友发问："是社会冷漠吗？""是道德滑坡吗？"

沈东和吴菊萍，在素不相识的孩子面临生命危险时都挺身而出，他们用实际行动回答：社会从不缺乏温暖，冷漠绝不会是现代人的共性。

他们托举的不仅是生命，更是一种社会该有的文明风尚。

随着城市化和工业化发展，现代社会变成了一个陌生人组成的社会。对陌生人处处提防和抱怨"人性冷漠"在不少人的观念中是并存的。有学者甚至指出，冷漠无情代替了温情脉脉。

可是，没有谁希望自己身陷漩涡时，迎面而来的是冷漠。

当你我遇到困难时，有人会及时伸出援手，这个社会才充满安全感，这座城市才充满温度，这也是每个人所真诚希冀的。

从心理上来说，人性本善，很多人从心底厌恶"人情冷漠，世态炎凉"的现象，拒绝"各扫自家门前雪，哪管他人瓦上霜"的自私行径。

沈东和吴菊萍，唤起的恰恰是人们心中对陌生人之间守望相助、风雨同舟的渴望。

这再一次证明，水泥建筑并不代表着人情冷漠，陌生人社会并不一定会导致道德碎片化、稀释化的后果。

我们相信，"拒绝冷漠"理应是现代社会的共同选择，不做冷漠的旁观者理应是全社会的一种共识。

三

在不少人眼中，90后是贴着"个性""自我"标签的一个代际群体。

但出生于1991年的沈东却说："90后，已经不再年轻，正是要承担起社会责任的时候。"

出生于1994年的陆晓婷说："绝大部分像我们这种年纪的人，肯定都是会做的。"

不知道大家有没有发现一个巧合。

"最美妈妈"吴菊萍生于1980年,徒手一接那年她31岁,相当于现在的90后。

吴菊萍接住妞妞的样子很美,沈东接住欣欣的姿势很帅,他们是2011年的80后,2022年的90后,都是刚过三十而立之年的新生代。

他们用行动在表明,"这正是承担起社会责任的年纪",能够"肩兹砥柱中流之责任"。

从中,我们看到了他们在千钧一发之际的果敢,看到了他们肩上能担当、有力量,看到了90后举起善良的接力棒。

鲁迅先生有句话让很多人耳熟能详:

"愿中国青年都摆脱冷气,只是向上走,不必听自暴自弃者流的话。"

不只是青年,每一个平凡人都应该摆脱冷气,让善意的点点微光,汇聚成向善向上的社会风貌。

这个时代,我们始终需要阳光、善良、富有责任感,给我们力量、希望和温暖。

四

在"百年未有之大变局"宏大历史背景和瞬息即变的微观社会格局面前,个体承受的工作生活压力与日俱增、面对的挫折困难层出不穷,自然地,我们偶尔会产生一些负面情绪。

但失落沮丧之中,总会一次次被治愈、被鼓舞。

比如,当钱海军以"我愿做一盏灯,照亮别人,温暖自己"时,老人们的心热乎了;

当渔民兄弟落难时，舟山沈华忠毫不犹豫砍断价值十余万元的渔具奔赴深海救援；

还有温州的刘文忠，面对失控的重型挂车，奋不顾身向前抓住车门，猛拉手刹将车刹停……

每个"最美"的出现，都令人倍感温暖，更让大家发现：善意、温暖、担当，依然是浙江乃至整个中国社会的底色。

就像有网友说，我们有理由相信：这个世界，还是好人多。

"最美妈妈""最美司机""最美校长"……一个个"最美"，不断传递着人性之美、道德之光。

其实，平凡人的生活中，没有那么多大起大落，而是一次又一次善的本能驱使，造就了一个个"平民英雄"、塑造了一个个"最美人物"。

有句话说得好：人生在世，就应该相互温暖。

种种暖意的竞相迸发，展现出"最美浙江人"的宏大格局与气魄，凝结起今日浙江社会卓然的向心力。

刘雨升 徐迪 执笔
2022 年 7 月 22 日

刚刚亮相的版本馆是个啥馆?

> 一砖一瓦、一棱一角的背后,更是中国人珍视版本、珍视文明的品格,是文润浙江、文润中国的底色。

大事情!就在今天上午,重磅消息占据各路媒体重要位置:北京、广州、杭州、西安四地,四座版本馆同时揭牌。

为啥说重磅?全国四馆,在四地同步举行落成典礼,这样的"梦幻联动"很少有。

此外,有心人或许已经发现,国家版本馆的身影,其实早已在很多文件中频频现身。

比如,中华版本传世工程,已经被列入国家"十四五"规划;而浙江省第十五次党代会报告中也提到,"建成杭州国家版本馆、之江文化中心等新时代文化地标"。

可见,说这项工程具有"极端重要性",或者说是"大事中的大事",完全撑得起来。

那么,从党中央到各地都这么重视这件事,这是为啥?按照中央部署,版本馆全国仅四个,杭州凭啥占一席?又有何特色?

今日且来说说。

一

听说过图书馆、博物馆、文化馆、档案馆等，就是没听说过版本馆，网上也找不到太多权威解释。

这不禁令人好奇，版本馆，到底是个什么馆？

要理解版本馆，首先要弄清楚什么是版本。版本，最初指同一书籍的不同印本，后来又指同一类事物在不同介质上的体现形态。所以，古今中外一切载有中华文明印记的各类资源，都可以称为版本。

比如，古籍、青铜器、图书、报刊、钱币、粮票、手稿等，你能想到的此类，大抵都算是版本。简而言之，版本就是记录历史、见证文明的"金种子"。

而版本馆，是国家站在文化安全和文化复兴战略高度上谋划的用以存放保管文明"金种子"的"库房"，也称中华文明种子基因库。

可以说，在功能上，版本馆"管"得宽得多。它集合了图书馆、博物馆等场馆的多数功能，包括保藏、展示、研究、交流等。这些日后大家都将有所感知。

作为承载文明种子的宝库，版本馆肩负着多重重任。

泱泱大中华，悠悠五千年，文脉不能断。从历史意义上把握，这是一项"传世工程"。

中华典籍版本和中华文物，浩如烟海，是五千年文明的载体。让版本资源活起来、传下去，必然需要这样一个具有战略眼光和全局视野的版本保藏传承体系。

从国家版本馆的总分馆体系上看,这又是一项十足的"系统工程"。

在介绍各分馆时,有句话很醒目,"作为中央总馆的异地灾备馆,是版本资源灾备中心"。这也意味着,四地四馆,都承担版本保藏的重任。

注意,不管是总馆还是分馆,都是国家馆、国家级工程。

为啥要这样设置?道理很简单,不把鸡蛋放在一个篮子里。为文明"投资",也需要战略眼光,由此可以看出,党中央高度重视文化事业的传承、弘扬和发展。

从文化意义上把握,这又是"精品工程"。这不难理解。肩负"赓续中华文脉、坚定文化自信、展现大国形象、推动文明对话"重任的工程,必须是精品。不精品,如何传世?

且不说那么远,就是对老百姓来说,这是重要文化地标,是大家接受文化熏陶的公共空间,不管从建筑本身来说,还是从内容来说,都必须是精品。

浙江省委书记袁家军就曾对杭州馆项目建设提出要求:要建成精品、经典工程。

读懂了这些,也就不难理解为什么从中央到各地,都把这当作重中之重了。

二

依托"一总三分"的体系,国家版本馆的四个馆,既在一盘大棋之中,又各自凸显特色。

千呼万唤，在揭牌之日终于揭开面纱的杭州国家版本馆，又是什么定位、什么风格？

建设国家版本馆，是习近平总书记亲自决策的重大国家项目，浙江省委、省政府高度重视。它的定位很高：浙江新时代文化地标。

即将于7月底向公众开放的杭州馆，从规划选址到落成仅不到三年，总建筑面积10.31万平方米，包括13个单体建筑，"以藏为主、藏展结合"，是中央总馆异地灾备库、江南特色版本库，及华东地区版本资源集聚中心。

如果这还不够具体，我们换个角度来理解：

先来看名字。杭州国家版本馆，又名"文润阁"，够雅致。

听到文润阁，大家自然会想到，位于西湖之畔、孤山南麓的文澜阁。没错，就是清代为珍藏《四库全书》而建的七座皇家藏书楼之一的文澜阁。

文润阁与文澜阁，一字之差，足可见杭州馆之重磅。而从实际建造成果看，它也妥妥担得起新时代国家级藏书楼的级别。

再来看位置。就在文明圣地良渚，够有底蕴。

文润阁之侧，良渚港缓缓淌过。站在它的屋顶上，就能眺望不远处的良渚古城遗址公园。

一个是实证五千年中华文明的圣地，一个是中华文明种子基因库，两者既在地理位置上相邻，又在文化内涵上相呼应，妙哉。

在建筑风格上，杭州馆突出江南色彩、宋韵元素、浙江特色。

这些大有故事可讲。比如，杭州馆建筑主创设计师王澍，是中国首个普利兹克建筑奖获得者。整个建筑群构思精巧，以宋韵江南园林为特色风格。

结合地域特征，杭州馆着力突出三个特色：

体现浙江"共同富裕示范区"和"重要窗口"的定位；

体现江南文化特色，挖掘江南人文优势及其在中华文化历史发展中的地位和影响；

体现智慧建馆特色，运用浙江数字技术高地的有利条件，同步建设实体馆和数字馆。

建成后的文润阁风姿绰约、看点满满。

三

再来剖析一层，如此重磅的版本馆，国家工程、传世定位，全国仅四座，浙江凭啥能独占一席？

这珍贵的一席之地，不是没有来由的。

这是中央的重大决定，充分体现了以习近平同志为核心的党中央对浙江的高度信任和关心厚爱，对浙江历史文化的重视和肯定。

从政治自觉上看，浙江扛得起中央赋予的这项重大任务。

长期以来，浙江省委、省政府深入落实习近平同志为浙江擘画的文化大省建设宏伟蓝图。从加快建设文化大省、文化强省，再到文化浙江建设，浙江一以贯之。

比如，去年省委文化工作会议，浙江提出深化文化建设"八项工程"，深入推进新时代文化浙江工程；省第十五次党代会强调，在共同富裕中实现精神富有，在现代化先行中实现文化先行。

所以，在杭州布局一座分馆，是使命也是责任使然。任务光荣而艰巨，浙江有决心和能力。

从文化自信上讲，浙江担得起这一赓续中华文脉的战略之举。

浙江是中华文明的发祥地之一，吴越文化、南宋文化、南孔文化、阳明文化等独树一帜。以宋韵文化为例，浙江作为南宋腹心之地，是宋文化盛极之时的集大成区域，是两宋文化遗存的富集之地。

要说江南文化，少不了掰着手指头数浙江。杭州，更是"东南名郡"，七大古都之一。"诗画江南"的风韵，不仅独具代表性，更辐射着周边地区。

承担这一使命，是历史馈赠，也是地域优势，有充分理由。

浙江在保藏和传承版本方面有良好的传统和基础，这也是一个原因。

除了文澜阁，浙江还拥有亚洲最早的民间藏书楼天一阁、著名私家藏书楼嘉业堂等。比如，历经450余年风雨屹立至今的天一阁，书楼俱存，为世所罕见。

四

不管是从历史深处走来的古代藏书楼，又或者是如今聚焦国家所需、群众所盼的国家版本馆，弥足珍贵的，绝不仅仅只是建筑。

一砖一瓦、一棱一角的背后，更是中国人珍视版本、珍视文明的品格，是文润浙江、文润中国的底色。

中华版本建设，事关文化传承、文脉永续、文明传播，更事关民族复兴。

我们民族伟大复兴，物质富有是躯干，精神富足是灵魂。文脉绵延，方能烛照前路。

郑梦莹 林作祯 执笔

2022年7月23日

"董宇辉们"走红的背后

> 如果你说现在各行各业都很卷,那么唯有读书能破万卷。

新东方又火了,并已持续一段时间成为互联网上热度最高的词条之一。

这场热潮的兴起,来源于一群正处职业转型十字路口的新东方青年教师。

知识赋能,双语带货,乍一看与直播格格不入,众人质疑"新东方转型了又好像没完全转"。

但很快大家就喜欢上了这种"翻新"。

讲故事,谈未来,聊人生,跟着这群初涉带货领域的年轻人,观众收获了从未有过的新奇体验,高呼原来在直播间里也能赴一场"思想盛宴"。

于此,大家喜称新东方为"直播界的天花板""直播带货里的清流"。

一

这届网友的学习热情真高。

"知识＋直播"的营销形式并不是头一遭,从新东方的直播爆火可见网友对高质量直播内容的需求仍然旺盛。

在这个时代,知识是被尊重的,文化修养依然是价值之光。在指尖一划而过的快浏览外,人们也会为从容不迫的知识输出驻足。

在表白时除了"我喜欢你",或许还可以说一句"You are the apple in my eyes";在遇到困难时,可以想想"问汝平生功业,黄州惠州儋州"背后的豁达境界……这或许是看直播的意外收获。

哪怕暂时用不到新学的知识,但至少在看直播、买东西的过程中,也充实身心、接收新知,让人心生愉悦、如沐春风。

二

用故事表达品牌,用情怀渲染价值。

不同于声嘶力竭的"家人们""宝宝们""买买买"咆哮式演绎,新东方的直播介于讲课与聊天之间,主播们张口即来的段子、故事戳中了集体情绪,少年的迷茫,青年的焦虑,社会的浮躁……走红的不只是句子,更是深层次的理解与共情。

正如董宇辉曾是新东方的英语老师,囿于现实,与他的老板一起走进了直播间,开启了转型路。这是董宇辉和他同事们的困境,也是许多努力生活的人必须面对的难题。网友之所以共情"董宇辉们"的眼泪,正是因为从他们身上看到了自己脆弱的一面。

我们会一直受到像他们这样的"朋友"鼓舞，也乐于为这样的泛知识型主播们加油。因为，直播镜头前落泪的年轻主播们、地铁站内崩溃大哭的男子、提着高跟鞋光脚走回家的女生……其实也是我们每一个人。大家都是为了生活在拼命奔跑，在压力下默默努力，期待着逆风翻盘。

"只要你足够努力，生命必有余地。"

在新东方的直播里，人们看到的不是"商品"，而是一种共鸣和沟通。人们看到了一个个"平凡青年"如何在困境之中跌倒爬起、再跌倒再爬起的过程。

三

直播平台是秀场，也可以是讲台。

比如主播自己的经历和苏轼的词产生了共鸣，他会不吝于把这些私人的感受分享给直播间的观众。讲故事是吸引人注意力很好的手段——谁不喜欢听故事呢？

更何况这些故事，来自一个拼命努力才让自己不被现实压倒的普通年轻人。主播和苏轼、主播和观众、观众和苏轼，一层又一层的共情制造了一个情绪旋涡，旋涡的中心像通往另一个世界的出口。故事讲完了，书也卖完了。

从通俗文学到哲学著作，新东方的直播间被调侃更像是一个"文化沙龙"。在这里听主播们讲书，作为一种阅读的代餐，看直播的时间便也不算被"浪费"。人们满足了消费欲望的同时对知识的望而却步也被抚平。

有网民评价说，他们太像默默努力的普通人，同样被生活挤压过,在接受、认清自己的平凡后,依然较劲死磕,还想实现点什么。

这是一次属于普通人的胜利。

比起流量与数据,激起普通人对生活的珍视与热爱,对知识与眼界的无限追求,对理想主义的坚守,或许是新东方直播间走红的更大意义。

如果在直播间干了这碗鸡汤能再度唤起人对远方、对生命本真价值的渴求,提供多一种维度的启发,进而备足奋进的动能。那么可以说,新东方的走红,突破了"粉丝磁场"的价值。

四

"知识+直播"本质上仍然是一种碎片化阅读,要想可持续、攒常客,关键还是在于优质内容生产,否则主播是打一枪换一个地方,听客也是狗熊掰玉米。

人气是书籍的馈赠。

无论如何这是一次可贵的尝试,让社会少一些浮躁,让大众的目光重新聚焦于知识与价值。正如新东方直播间倡导的,先贤们已经慷慨地把思考全部写在了书中,我们只需要做一件事,就是翻阅和理解,书籍是人类智慧的汇总,它能给我们关于生命价值的答案。

如果你说现在各行各业都很卷,那么唯有读书能破万卷。

王云长　执笔
2022年7月23日

对Kindle最好的悼念是重新拿起书

> 从文明的迭代看,没有永恒的阅读器,只有阅读本身才是永恒的。

上个月,Kindle中国宣布离开,离别之日定在明年的6月30日。Kindle来的时候是2013年6月,刚好是"流水十年间"。

想当初,Kindle是何等意气风发,脚踏新科技的五彩祥云,头顶阅读新势力的无上光环,这架势犹如渔阳鼙鼓动地来,一些传统出版人已瑟瑟发抖,高喊"狼来了"。

到了2016年,Kindle早已成为电子书的代名词,其中国区业绩更是如日中天,成为全球的头部市场;到了2018年,Kindle迎来了巅峰时刻——阅读器在中国销量超百万台。

到如今,Kindle黯然离开,引来一波青春回忆杀,成为社交平台的热搜话题。Kindle想尽量保持优雅而尊严地离开,无数铁粉为之扼腕叹息。

Kindle为什么离开?

一

其实出生的时候，Kindle的命运早已注定。

在阅读市场，Kindle走的是左右逢迎的路线，既保持电子墨水屏深度阅读的纯净氛围，又兼具电子产品携带的灵巧和轻薄，把一间书房装进薄薄的一片，多么诱人，才得以风靡一时！

但终究，两边不讨好。

中国的电子书市场似乎遭了"魔咒"，一直发育不良，收入总额和近1000亿元的纸质书市场相比，始终是个零头。"狼来了"成了一句空话。

追求深阅读的人，还是迷恋纸书油墨的芬芳、纸张的摩挲，这是Kindle那冰冷的躯壳替代不了的。

着迷浅阅读的人，和智能手机的应有尽有相比，又觉得Kindle笨呼呼的，操作上不够智能和流畅，古板得像砖头。

内有掌阅科技、科大讯飞、汉王科技等多个本土品牌在阅读器上围追堵截，外有微信读书、番茄小说等长期且免费的读书平台攻城略地，再加上近几年短视频、头条等精准投喂的方式占据了国人平均每天两小时的时间，留给Kindle电子阅读器的时间就跟中国男足一样——真的不多了。

Kindle这十年的成长离去史，其实也是智能手机的成长迭代史，离开成为它唯一的选择。

走，是必然的，挥挥衣袖也就作别了。

但Kindle出走后，全民阅读工作怎么干，这更值得我们深思。

二

从替代品上看,影响并不大。

毕竟,那些同时在悼唁Kindle下线和青春远去的人们,多数早已拿它当"盖泡面神器"了。其他雨后春笋般的电子阅读器,也已默念"一鲸落万物生",在资本市场抓紧狂欢。

从文明的迭代看,没有永恒的阅读器,只有阅读本身才是永恒的。迭代更替是不变的主题,不然,你现在还得搂着重重的乌龟壳或者竹简来读这篇文章。

我们要思索的是,Kindle的离去,到底是阅读器的失败还是深度阅读的失败?比起Kindle的离去,我们更应该正视的是——全民阅读的推广有没有深入?"书香中国"的建设如何开展?习近平总书记殷殷嘱托的"爱读书、读好书、善读书"的浓厚氛围如何形成?

从全局看,中国人均纸书阅读数长期徘徊在年均5本之下,全国一年图书营业收入总额超不过1000亿元,抵不上一家像样的房产企业。多数实体书店在疫情之下嗷嗷待哺,网红书店闭门跑路屡上热搜。畅销书榜单的时间跟停滞了一样,长期被一批老书、学校指定书霸占,鲜有新作出人头地。

从个体看,我们来次面对面的灵魂拷问:

你最近一次去书店是什么时候?买的是咖啡还是纸书?你最近完整地看完一本书是什么时候?你一年从头到尾看了几本书?多数人对号入座后,大约会面红耳赤。

怎么改变这局面?

一是个人得看起来。

要想潮来,每一朵浪花都得涌动。唯有每个个体都重视读书,身上散发出书卷味了,这香味才能形成书香社会。你每天"葛优躺"地刷视频,却逼着自己的孩子每天看书,肯定是缘木求鱼。

网上有句话说,再好的学区房都不如家里的书房。架子上多添几本书,书香社会来自书香家庭,书香家庭来自你的身体力行。

二是社会得动起来。

"童子解吟长恨曲""凡有井水处,皆能歌柳词",看似是对白诗柳词脍炙人口的赞扬,更揭示了唯有这样的重文氛围,才能孕育出唐诗宋词这样的文化瑰宝来。读书需要社会风气,人人只喊着"搞钱",只追逐铜臭,是酿不出书香的。

三是政府得干起来。

宋朝倡导"与士大夫共治天下",宋朝文化才喷薄而出,宋韵文化才得以绵延千年;元朝的"九儒十丐",鄙薄文化,到如今毫无留存。打造"书香中国"的醇厚之风,政府不能缺位,必须得大刀阔斧干起来。

三

从我们浙江而言,省第十五次党代会在"着力推进全域文化繁荣全民精神富有"这一主要任务中提出"建设书香浙江";高质量发展建设共同富裕示范区实施方案提出"实施书香浙江提升行动",这就是决心的体现。

上个月,省委宣传部和浙江出版联合集团新打造推出的"全民阅读在线",就是一款推动"书香浙江"的数字化改革产品,在打进全民阅读工作中具有一定先行探索的意义。

这个场景应用着眼于阅读阵地建设、阅读活动推广、阅读精准服务等，具有较为全面的聚合功能。比如，全浙江包括实体书店、图书馆在内的2万余家阅读空间都在里面了，读者可以一键查阅，想去哪就去哪。

"全民阅读在线"这样的平台目前只是探索中的一束光，还无法一下子照亮每个角落。唯有人人参与、多方联动，这束光才能慢慢透过来，变成一扇窗，一座门，一条金光大道。

在推动阅读的道路上，唯有地无四方、人无异国，聚沙成塔、集腋成裘，才能建成书香之浙江，才能建成书香之中国，无愧于这五千年璀璨的中华文明史，对得起礼仪之邦、诗骚故国的称号。

对Kindle最好的悼念是重新拿起书。让我们从Kindle出走的小离别里走出来，拿起书，走到全民阅读、终身阅读、深度阅读的大天地，那里大有可为。相信阅读永恒，世间第一等好事仍是读书！

赵波　执笔

2022年7月23日

本书编委会

主　　任：王　纲

副 主 任：来颖杰　赵　磊

成　　员：叶　彤　沈世成　邢晓飞　郑　毅　莫璟华
　　　　　　楚蓓蓓　李　攀

本书编写组

　　　　　　李　攀　郑梦莹　季　方　王思琦　陈雯怡

笔墨当随时代（下）

之江轩 编著

浙江人民出版社

图书在版编目（CIP）数据

笔墨当随时代 / 之江轩编著． — 杭州：浙江人民出版社，2022.11（2025.2重印）
ISBN 978-7-213-10839-6

Ⅰ.①笔… Ⅱ.①之… Ⅲ.①地方政府-行政管理-电子政务-浙江-通俗读物 Ⅳ.①D625.55-39

中国版本图书馆CIP数据核字（2022）第210631号

笔墨当随时代

之江轩　编著

出版发行：浙江人民出版社(杭州市环城北路177号　邮编　310006)
　　　　　市场部电话：(0571)85061682　85176516
责任编辑：丁谨之　高辰旭　陶辰悦等　　助理编辑：张　伟　尚咪咪
营销编辑：陈雯怡　陈芊如　张紫懿
责任校对：杨　帆　陈　春　王欢燕　何培玉　戴文英
责任印务：程　琳　　　　　　　　　　　封面设计：王　芸
电脑制版：杭州天一图文制作有限公司
印　　刷：浙江新华数码印务有限公司
开　　本：680毫米×980毫米　1/16　　　印　　张：59.25
字　　数：812千字　　　　　　　　　　　插　　页：4
版　　次：2022年11月第1版　　　　　　 印　　次：2025年2月第6次印刷
书　　号：ISBN 978-7-213-10839-6
定　　价：135.00元(上、下册)

如发现印装质量问题，影响阅读，请与市场部联系调换。

小小豆腐包里有"乾坤"

> 一个朴实无华的豆腐包,并没有太多的诀窍,只是多了几分原始手工的心意和对本真味道的尊重。

纪录片《早餐中国》里提到,"喜欢一个城市的理由,从早餐的味道开始"。武汉有"过早"的说法,广州称作"饮早茶",更有网友打趣"不吃早餐的一天,是没有灵魂的一天"。

中国人的"早餐胃",似乎离不开包子。如果让你说一样家乡的包子,你会提名什么?

在杭州,人们可能会想到大名鼎鼎的"杭州小笼包",但如果说杭州本地还有哪些让人魂牵梦萦的包子,那建德豆腐包的出现,彻底搅乱了杭州的"包子江湖"。

一

建德位于杭州西部,虽地处江南,饮食口味却不似杭帮菜那样柔和,反而以"辣"出名,号称"严陵第一包"的建德豆腐包便是这其中的代表。

相传宋代大诗人陆游任严州（现建德）知州时，听闻当地的豆腐十分有名。很多人知道，陆游是个吃货。

一日，陆游来到一家豆腐店，问店主："听说这里豆腐很有名，有没有豆腐做的点心？"

店老板见来者气度不凡，一身书卷气，知道一定是位高人，说："请客官稍候。"

不多时，店主便捧上一笼包子，薄薄的包子皮、白嫩的豆腐、香绿的青葱，还有美味的汤汁，趁热咬一口下去，味道真是鲜！

陆游大喜，一食而尽，并提笔命之曰"严陵第一包"，后来民间口口相传，现在建德人提及豆腐包便统称为"建德豆腐包"。

豆腐包又称"兜福包"，建德豆腐包品牌形象"兜福"寓意"兜住福气"。

"兜福"是一个头顶辣椒又脚踩辣椒的豆腐包玩偶，热情的笑脸上还有两点可爱的粉颊，生动展示了建德豆腐包"热、辣、香、软"的口味特点。头上九道刘海，表现17℃江水在新安江大坝泄流的场景，体现了豆腐包原生态、益健康的品质。

一个朴实无华的豆腐包，并没有太多的诀窍，只是多了几分原始手工的心意和对本真味道的尊重。

二

包子这样一个"乾坤袋"，可以内含各地因地制宜的特色馅料。唯独在建德，为何豆腐才是包子的心头爱？

豆腐柔弱但不能"无骨"，用新安江水卤的豆腐切而不碎、蒸而不化，松软筋道的面皮，包裹着鲜嫩入味的豆腐，红油淡淡地透印出来。辣椒早已厌倦了龙套角色，拉着小葱裹上热油抢占"C位"。

因为水质的原因，建德豆腐香，它以五谷为原料，因优质的水源和得天独厚的自然环境孕育了纯净的好食材。手工磨制的经典豆腐，造型完整、嫩滑清口，再配以建德正宗的倒笃菜，鲜味在舌尖起舞。

初入口，碧绿的清脆驱走留恋的瞌睡；再撕咬是面皮的弹和馅料的鲜；猝不及防排山倒海的辣，刺激晨起的多巴胺。温热的汤汁夹着豆腐和青椒碎，入口即化回味无穷，开启一天的仪式感。

去年，建德豆腐包首次参评"新杭州名点小吃"，并被评为杭州市"百县千碗"金牌美食。

建德豆腐包如此受欢迎，并不单单因为好吃，还因为那种出笼前大家围着蒸笼翘首企盼、出锅后蜂拥而抢的浓浓人间烟火味。

三

建德豆腐包不只唤起散落的乡愁，更助力打响城市的品牌，促生着建德和五湖四海的缘分。

它有专门的办公室，由市领导亲自挂帅。放眼全国，如此有排面的包子可真不多。

"看齐沙县小吃，对标柳州螺蛳粉"，这是建德豆腐包产业的一个小目标，为了这个"小目标"，建德财政每年统筹安排500万元，提供师傅培训、开店创业等10个方面的产业扶持，全程帮扶全国各地报名开店的朋友，顺利实现从门外汉到开设品牌店。

面对操着五湖四海各种口音的学徒，建德豆腐包培训班"倾囊相授"，学徒最远的来自新疆阿克苏，广西、海南都有，为全国人民提供一条增收致富的门路。

自去年5月开始，建德通过购买服务的方式统一分期分批培训豆腐包师傅，至今已经有1000多人领到"豆腐包师傅证"，其中不少人已开始创业。

"吃豆腐包、做豆腐包、卖豆腐包"，就像"一千个人眼中有一千个哈姆雷特"，一千个人眼里便有一千个豆腐包。

虽然说小小包子是市井烟火味道，但背后托起来的是民生与就业。一头连着万家灯火，一头连着经济大局。

简单的豆腐包产业，规范的是品牌，依靠的是人才，蕴含的是文化，撑起的是民生。

日升月落。早餐，是勤劳的中国人一天开始的仪式感。

今天，你的早餐吃的是哪一口？

王莹　执笔

2022年7月24日

为什么"别人生病自己吃药"?

> 要善于"吃一堑、长一智",从他人应对风险的正反经历中提升能力,更要学会"别人生病自己吃药",从他人面临的风险中,审视自己是否也会有类似的风险,未雨绸缪、防患未然。

有人说,现代社会是风险社会,风险无时不有、无处不在。

《风险社会》的作者乌尔里希·贝克就认为,传统社会的特征是"我饿";现代社会的特征则是"我怕"。

不禁要问:为什么?

从全球视角看,当今世界真有点乱。

各种"黑天鹅""灰犀牛"事件层出不穷,"雷"更是一个接一个地暴,让很多人心烦意乱。虽然不用忍饥挨饿,但不少人的内心焦虑不安。

不少国家"民生小事"处理不好还引发"街头大乱"。斯里兰卡在物价飞涨的状态里挣扎着宣告国家破产,抗议者走上街头、火烧总理住宅。加上俄乌冲突持续,世界动荡不安。

面对风险，我们该怎么办？为什么"别人生病自己吃药"？

一

在风险世界里，没有人能独善其身。

特别是新冠肺炎疫情持续近三年，全球疫情反复多变，让每个人觉得风险就在身边、风险就在眼前。疫情之下，老百姓的糟心事、烦心事不少，遇到的难点、痛点也不少。

尤其是就业、教育、金融、安全、医疗、环保、司法等领域，关系人民群众切身利益，既是矛盾聚集区，也是风险高发地。

比如，就业的压力。腾讯、京东等互联网"大厂"裁员传闻层出不穷、广受关注。国家统计局数据显示，6月，16岁至24岁城镇青年调查失业率创新高。

还有，少数地方社会安全风险不同程度存在。"丰县铁链女事件""唐山打人事件"之所以在极短时间内引爆舆论，是因为这些极个别事件让群众感到人身安全都受到影响。地方形象受损、公信力受削弱，是由此而来的附带冲击。

纵观各类风险，无论发生在哪个领域，一旦处置不当，伤害的是群众的切身利益，削弱的是人民群众的获得感，动摇的是党的执政根基。无论积累了多久的社会信任，崩溃可能只在一瞬之间。

人心是最大的政治。人民群众面临的风险，就是党员干部的集结号、动员令；人民群众的风险解决不好，就会演变成党委、政府的风险。

二

古人说:"千丈之堤,以蝼蚁之穴溃;百尺之室,以突隙之烟焚。"一方面,这告诫我们小事处理不慎会引发大祸;另一方面,这说明风险不可怕,可怕的是风险失控。

但在实际的风险处置中,还有不少人秉持"鸵鸟心态""灭火思维""旁观眼光"。

"鸵鸟心态"就是在风险、问题面前采取回避态度和逃避心理,明知风险即将爆发仍然掩耳盗铃,假装不知道风险,假装看不见风险,直到失去解决风险的最后机会。

"灭火思维"就是碰到风险,不是通过解决实际问题来消除风险,而是希望通过解决提出问题的人来规避风险。出了问题,一味想着在网上"封堵删",推卸责任、推诿甩锅。水龙头开着,却想把地拖干净。

"旁观眼光"就是怀抱侥幸心理,以为风险离自己很遥远。别的地方、单位或人碰到风险,是他们人品不好、运气太差。

风险社会,没有谁可以当旁观者,也没有谁一直会是幸运儿。对我们来说,看不到风险是最大的风险,看不清风险是最现实的风险。

三

今年是特殊的年份,我们将迎来党的二十大,筑牢防风险、保平安、护稳定的铜墙铁壁是义不容辞的责任。关键要修炼内功,用好三招。

第一要能"攻"，进攻是最好的防守。要积极有为、主动作为，以百姓之心为心、以群众之苦为苦，做到民有所呼、我有所为，有力有效解决人民群众急难愁盼问题。特别是关注回应失业待业、青年学生、无保低保等重点群体的困难和诉求，用党员干部的辛苦指数换取群众的幸福指数。

第二要会"守"，坚持以工作的确定性应对风险的不确定性，用大概率思维应对小概率事件，运用数字化手段重塑风险防控体系，迭代多跨协同的风险监测、预警、处置、反馈闭环管控机制，筑牢除险保安的红线，守好不发生重大风险的底线，织密防范风险的"天罗地网"。

第三要善"化"，坚持"$100-1=0$"的风险意识，增强对风险的识别、分析、研判和预防能力，善于从青萍之末预测风暴来临，深化社会矛盾纠纷防范化解，多措并举防止热点问题集聚放大，将风险处置在源头之地、萌芽之时。

如何应对风险是一场大考，考的是广大党员干部有没有为民情怀、敢不敢担当作为。要善于"吃一堑、长一智"，从他人应对风险的正反经历中提升能力，更要学会"别人生病自己吃药"，从他人面临的风险中，审视自己是否也会有类似的风险，未雨绸缪、防患未然。

唯有时时保持"置身事内"的紧张感，才有机会在风险爆发时"置身事外"。

云新宇　执笔

2022年7月24日

文润阁的宋韵，韵在何处？

> 文润阁之韵，与两宋文化之韵，用网络流行语说，"不能说一模一样"，却一脉相通。

从杭州地铁良渚站出发，沿104国道一直往西约5公里，会路过一处特别的建筑。曲面屋顶下，青瓷屏扇门一字排开，几棵松树巍然挺立。

往里细看，山壁上还写着三个字：文润阁。这手笔出自"中国古代文人天花板"苏东坡。

准确说，这只是个入园南大门。如果再往前绕半圈，来到山体另一侧，就能看见大半个建筑群掩映在山石之间，参差错落，颇有宋代韵致。

没错，这就是日前刚刚新落成、即将向公众开放的杭州国家版本馆，一座浙江新时代文化地标。

对于一整个国家版本馆体系，可以用这么几个字形容：一总三分，四地四馆，各有风格。

北京总馆，定位明清风，讲求大气；西安馆，定位大唐风，体现霸气;广州馆,则为现代风,凸显洋气。

杭州馆呢?

今天来具体说说杭州馆的建筑风格和特色。

一

杭州馆,又名"文润阁",先有馆名而后有建筑。"文润"和"宋",是党中央在全盘部署中赋予杭州馆的独特定位。

虽然是个"命题作文",可要说容易绝不可能。

众所周知,两宋文化把中国古代文明推向巅峰。要建一座新时代国家级藏书楼,与"巅峰"气质相般配,谈何容易?

还有一个词,分量也很重:"传世工程"。"传世",既是对建筑质量的要求,更是对深远文化意义的要求。这难度,不言而喻。

难题抛出来,这怎么接?

千思万想中,浙江给出破题思路:从"民族文化+宋韵+浙江特色+现代元素"四个点着手谋划,构建一座以江南园林风格为特色的宋韵建筑群,体现宋的韵致,体现浙江的包容、开放、进取,体现中华文明的博大。

不消说其他,先来感受文润阁落成之后的卓然风姿——

园林最讲格局,杭州馆采用南园北馆的布局。南侧的南门、南书房、南阁、绕山廊、长桥等围绕水景布置,塑造江南园林意境,北侧的主馆区域设置库房、北阁等,建筑之间以展廊相连。

环境营造上,杭州馆充分尊重自然,因地制宜。整个建筑群随山就势、疏密有致,运用中国园林的层次美学,使建筑与周边山体环境相称。

值得一提的是，很难想象，眼前这浑然天成的景致，原址竟是一处废弃矿坑。设计团队化腐朽为神奇，通过综合修复，将残山剩水中的山岩石壁利用起来，与整个园林建筑融为一体。

依山立阁、绕山为廊，就势凿池、引水入园。可以说，杭州馆，从结构布局、环境营造到生态修复等，都堪称独树一帜。

有人形象地说："文润阁，本身是一座存放版本文物的建筑，却愣要奔着把自己打造成传世文物的方向努力。"

诚意满满的背后，是一套极致标准、极致要求。

对于这一传世项目，中央领导，省委、省政府主要领导始终亲力亲为、多次作出指示，要求将"以传世追求打造传世精品"贯穿工程建设的全过程。

二

置身文润阁，还会让人产生一种"错觉"：明明馆中有不少现代建筑，可感受到的却是浓浓的宋代山水意境。

此处不得不提到文润阁"现代宋韵"的设计主张。项目主创建筑师是王澍，中国首个普利兹克建筑奖获得者，以擅长"造房子"尤其中国本土建筑而树立"江湖地位"。凭借对传统中国画十余年的研究，他提出：

参照宋代山水画理，以现代理念和建造手法，将杭州馆营造出有山有水的意境。

这如何理解？又或者说，文润阁的宋韵，韵在何处？

首先，在这里，你会不经意间与宋画"撞个满怀"，甚至会产生"人在阁中走，宛若画中游"的体验。这是一大亮点。

往南看，场地主峰的一面崖壁，就与北宋范宽之作《溪山行旅图》有神似之处。如今矿山的山体，如画中峻峭的山石，画卷内外，茂林丛密也是如出一辙。

此外，游遍全馆，还能在亭台楼阁、一片苍翠之中，隐然找到宋代画师李唐名作《万壑松风图》、刘松年《四景山水图》等的意境。

其次，在这里，宋韵，温润而灵动。全馆数座单体建筑，有个共同之处很吸睛：都设有一排高大的青瓷屏扇。这些屏扇可开合、可转动，层叠之中制造出深邃多变的效果，这是亮点之二。

艺术青瓷屏扇设计灵感来自宋代屏风，颜色饱和度不一的青瓷片均来自龙泉窑，由纯手工烧制。屏风，是宋人生活中常见的陈设；屏扇门，也是宋代建筑显著特征。

比如，站在水中央的长桥上，面对主体建筑，屋檐下整排的梅子青青瓷屏扇直接撞进眼帘。山麓水畔，步移景换，看着"只此青绿"，好似《千里江山图》徐徐展开。

此外，营造宋代山水画的意境，建筑材料和手法也是一大突破点。宋代建筑讲求天然去装饰，这一点在文润阁也很容易感受到。

杭州馆建筑材料本身的质感，无论是清水混凝土，还是夯土墙、青铜屋面，都不做二次修饰。比如说夯土墙，只由土、砂、水三种物质组成，纯天然无添加，且由人工夯筑。

道法自然。以上种种，都体现了宋人本真、雅致的审美观。

可以说，文润阁之韵，与两宋文化之韵，用网络流行语说，"不能说一模一样"，却一脉相通。

三

对于杭州国家版本馆,浙江曾立下这么一个目标:要把宋韵建筑的标杆立在这里,成为全国、全世界的标杆。

可见,它对浙江、对杭州,很重要。

我们进一步想:为什么浙江这么执着,要在杭州打造一座新时代的宋韵建筑?

在前两天发出的《刚刚亮相的版本馆是个啥馆?》中,笔者从政治意义、文明传承等角度对此进行过解读。在此,我们讲讲现实意义。

大家都知道,杭州作为南宋都城所在地,集中体现了宋代文化的精髓。但事实上,放眼整个杭州地区,除了一个保俶塔的塔心,已经没有宋代建筑的地上建筑遗存。

这样的现实情况,与杭州作为宋文化集大成之地的地位是不匹配的。从这个角度来说,杭州、浙江,非常有必要答好这道"命题作文"。

此外,去年,浙江省委文化工作会议提出,要让千年宋韵在新时代"流动"起来、"传承"下去。

笔者认为,这也是一个缘由。因为要落实这一点,绝不能空对空。建筑是承载文化的空间,必须要有这么一座堪称绝世的文化地标,立在杭州,立在浙江,实实在在地带给群众一方感受宋韵文化、对话宋韵文化的空间。

如今,从规划到落成,不足三年时间,傲然出世的文润阁悄然而至,带给大众巨大惊喜。"宋韵建筑的标杆"是否立起来,答案不言而喻。

但未来,"标杆"能否用起来、用得好,是否真的让文明的种子在这个基因库中存得好、用得好,是下一个任务。

对于这道题,期待杭州馆及其他三馆共同出彩作答。

郑梦莹　执笔

2022 年 7 月 25 日

让年轻人爱上主旋律剧

> 影视剧要立住，必须要有情怀、有骨气，必须要演生活、讲真情，只有走到人民心中，才能成为不朽经典。

日前，以"时代楷模"黄文秀为原型的浙产电视剧《大山的女儿》在央视收官，剧情围绕黄文秀奋战在脱贫攻坚第一线，用青春与生命诠释共产党人初心使命这一线索展开。

从剧名到整个故事情节都呈现出活脱脱的"央视风"——又正又专。有人说，这种主旋律大题材往往深受大爷大妈们喜爱，却很难得到年轻人的青睐。

可出人意料的是，前期这部剧没有过多宣传，也没有过多引流，但随着开播，口碑却持续发酵，收视率一路走高，稳稳霸占全网收视第一的位置，豆瓣开分就达到了9.1的高分。

很多网友表示"早已知道结局，却还是忍不住想看""越看越有味，每集都会看哭"。笔者追剧时也打开了弹幕，出现最多的词就是"吾辈楷模"。

据统计，这部剧18岁至30岁年轻观众比例达三分之一以上，很多年轻人在微博、抖音上狂呼这部剧"太值得看"。

《大山的女儿》实力圈粉，让我们想起之前的《山海情》《觉醒年代》等一系列主旋律题材的电视剧也获得了收视、口碑的双丰收，成为荧屏"新宠"，深受年轻人"热捧"。

我们不禁要问，年轻人什么时候喜欢上了这样的剧情，又为何爱上这样的主旋律题材？

一

小到一部电影、一部电视剧，大到所有的文艺作品，人们爱看的根本前提是好看。

好看的影视剧并不是要砸多少钱，用多大的腕儿，要求演员颜值有多高，更不需要铆足劲去做宣传推广，走进人心其实就赢得了最大的流量。好看的影视剧也没有"主题壁垒"，找准切口，真情表达，再宏大的主题也能激发共鸣，获得现实张力。

这两年的主旋律剧一改过去的叙事表达方式，不再刻意去突出英雄人物的高大伟岸，而是回归平凡个体、回归简单事件。不再是浓厚的政治说教，而是以多元化的视角和创新手法，打破刻板印象。

比如，《觉醒年代》中边吃辣椒边看书的青年毛泽东，饭馆点菜时李大钊心疼地摸钱包。一个个历史人物不再高高在上、遥不可及，而是成了有性格、有温度的普通人。

比如《山海情》里拍摄了很多很细小却很有意思的情节，怎么种蘑菇卖蘑菇，怎么引水灌溉秧苗，怎么在工厂拧螺丝，这些细微的情节背后表达的却是扶贫这么一个宏大的主题，"绕"着耳熟能详的主题讲新鲜有趣的故事，自然就使年轻人代入情境当中。

二

法国心理学家雅克·拉康曾提出"镜像理论"，他认为人们可以借助"镜子"这一媒介将内心对现实的认识外化为一种可见的"真实"，这所谓的"真实"其实是一种镜像。

影视与镜像理论的"镜子"有共通之处，屏幕将现实世界和影像世界隔离开，如同镜子将主体和镜像隔离。人们借助"镜子"产生自我幻象，观众也可以通过观看影视剧将自我代入角色和剧情，产生"剧中人"的镜像。

《大山的女儿》第一集中有这样的剧情，黄文秀从广西百色市委宣传部选派为驻村第一书记，她所驻的百坭村卫生条件差，两委班子纪律涣散、矛盾交错，她宣布的第一件事，就遭到了少数人的"软"反对，剧情很真实。

笔者也是下派的驻村第一书记，一下子就被带入到剧情的"镜像"之中，跟着剧情的起伏，笔者也不自觉地在想：

如果我是黄文秀，我该怎么办？如果我是黄文秀，我会不会这么做？

这种联想不断强化了对影视剧人物的共情以及对影视剧本身的认同，个人情绪也随着剧情起伏跌宕。

弘扬主旋律的"正剧"能够圈粉青年，正是因为产生了"镜像"认同。

当代中国的绝大多数青年依然有着坚定的家国信念，他们见证了当代中国发展的伟大成就，所以影视剧中表现出的时代反差也会把他们带入历史"镜像"。比如在《觉醒年代》中，我们以同龄人的视角，观察着年轻伟人们的生活，"强国复兴有我"的青春与拯救国家、拯救民族的青春交织在一起，我们也会想如果两个时代的青年角色互换，结果又会怎么样。

所以，很多年轻人看完剧集后会到延乔路的路牌下敬献鲜花，感慨"这盛世，如你所愿"，这种家国情怀穿越时空引发了共鸣。

三

事实证明，影视剧创作其实没有拍不好的题材。

影视剧要立住，必须要有情怀、有骨气，必须要演生活、讲真情，只有走到人民心中，才能成为不朽经典。

主旋律作品从未过时，也绝不会过时，根植于浩瀚的历史长河中，深藏在绵延的民族血脉中，那些感人至深的故事，本身就是"流量担当"。

事实也证明，当代青年的信仰和担当从未缺失。

青年爱上主旋律并不稀奇，从青年观众的观影偏好与习惯看，青春奋斗、慷慨激昂、不畏牺牲、奉献担当，都是当代青年观看影视剧的情绪落点，情感真诚流露是内心世界的真实表达，相信他们，支持他们，"强国一代"肯定也能续写精彩。

王人骏　执笔

2022年7月25日

这座江南小城何以名家辈出？

> 从修身致用的自我追求到福泽一方的"领潮"精神，再到侠肝义胆的家国情怀，一如孙中山先生在海宁观潮后所书之"猛进如潮"，"潮"的意涵内化于海宁世族文化之中，同时也给后人留下了一笔宝贵的精神财富。

"乾隆转头对陈家洛道：'古人说十万军声半夜潮，看了这番情景，真称得上天下奇观。'陈家洛道：'当年钱王以三千铁弩强射海潮，海潮何曾有丝毫降低？可见自然之势，是强逆不来的。'"

1955年，嘉兴海宁人查良镛开始写自己的第一本武侠小说《书剑恩仇录》，并给自己起了个笔名——"金庸"。自此发端，"飞雪连天射白鹿，笑书神侠倚碧鸳"，奠定了金庸在中国文学史上的重要地位。

在自己的武侠处女作当中，查良镛不光写了家乡的海宁潮奇观，还以"一门三阁老，六部五尚书"的海宁陈氏望族的一段逸闻野史作为创作题材。而查良镛本人也出身于海宁的另一大望族——

查氏。

滚滚钱江东逝水，浪花淘尽英雄。海宁这座江南小城，自古汇聚了诸多名门望族，且在各个领域人才辈出，这方水土究竟有什么独特之处呢？

一

"寻梦？撑一支长篙，向青草更青处漫溯，满载一船星辉，在星辉斑斓里放歌。"

1928年，查良镛的表哥徐志摩再次来到康桥，追忆当年的求学寻梦历程。回国途中，感怀之余写下了这首《再别康桥》。作为海宁徐氏望族的杰出代表，当年的徐志摩已经蜚声文坛。

中国传统世族的家学传承和价值取向，历来推崇"修身齐家治国平天下"，海宁的各家望族在这方面尤为注重，因此他们都抱有同一个"梦想"，即希望自家子弟能够出人头地，成就一番事业，从而延续世族的辉煌。

所以，当时的海宁硖石首富徐申如让儿子徐志摩赴海外留学也不足为奇。

同样，海宁查氏的家训中，就有"凡在童稚，读书为本。勤俭为先，兼知礼义"的要求，五岁就能作诗的查慎行就是家族的杰出代表，最终他成为一代文坛大家。

无论顺境还是逆境，这种"经世致用，务实求真"的文化特质浸润在每一个海宁望族子弟的血液中。

这一点，也体现在海宁陈氏一族的身上。1908年，陈氏子弟陈巳生来到上海，白天当学徒，晚上在夜校苦读英文和现代科学知识,最终成长为著名企业家和中国民主促进会的发起人之一。

看惯了潮起潮落,历经了时代更替,海宁的各家望族都首重"修身",对自我的品行和学问有着不懈的追求,并以此作为建功立业的根基。

二

"众里寻他千百度,蓦然回首,那人却在,灯火阑珊处。"

在《人间词话》里,海宁人王国维总结了"古今之成大事业、大学问者,必经过三种之境界"。"蓦然回首"是一种顿悟,更是一种格局,从传统的"小我"追求,到在造福一方中实现"大我"。

学者王国维一生孜孜不倦、皓首穷经,在对学问的追求中努力寻找"大我"。他撰写《人间词话》,在中国文学研究方面另辟蹊径,是一个开先河者。

"勇立潮头"的海宁人,不乏敢为人先之举,期待能在社会发展中"领潮"。2021年6月,作为浙江省首条跨设区市市域的城际轨道,杭海城际铁路正式开通运营。

把时间回拨到1909年,伴着阵阵粗犷悠长的汽笛声,一列蒸汽火车沿着沪杭铁路穿海宁硖石而过。

海宁人徐骝良看着此情此景,内心颇感欣慰,作为参与这条铁路建设的总工程师,他深知火车对一个城市发展的意义。那个年代虽民智渐开,但对于修建铁路,各地民间还颇有争议,相反,当时的海宁各界却极为渴望拥有铁路,这其中,徐申如、徐骝良、许行彬等人出力最多,他们都认为"交通一发达,何事不可办!",并最终促成此事。

王国维所总结的人生三种境界也揭示了一个道理：成大事业者，一方面需要超前的格局和眼光，另一方面也需要见诸实干。

这也是海宁世族文化中最为鲜明的一点，"空谈误己更误国"，这种改革与务实精神影响了一个城市的整体精神文化气质，并代代延续，让海宁人得见更宽广的天地。

三

"我到处看见的人民啊，在耻辱里生活的人民，佝偻的人民，我要以带血的手和你们一一拥抱。因为一个民族已经起来。"

1941年，海宁青年诗人查良铮写下了这首《赞美》，此时他的笔名"穆旦"更为人所熟知。第二年，24岁的穆旦投笔从戎，加入中国远征军后进入缅甸抗日战场。

他的堂弟查良镛后来在《神雕侠侣》中借郭靖之口说出了"为国为民，侠之大者"，仿佛就是他的真实写照。

早在穆旦之前，1912年，正值而立之年的海宁蒋氏望族子弟蒋百里出任保定陆军军官学校校长。这位"兵学泰斗、文化先驱"，在自己的代表作《国防论》里写道，"万语千言，只是告诉大家一句话：中国是有办法的！"

就连查良镛自己也在践行这个信条，他和同样来自海宁的实业家查济民一起，作为香港基本法起草委员会委员，联名提出了著名的"双查"方案，其中的一些提法被纳入《中华人民共和国香港特别行政区基本法》，为香港顺利回归作出了贡献。

报效家国是传统精神文化的至高理想，也是海宁世族之家一以贯之的立身之本。

名门望族，海内皆有，放之海宁则独具一番风骨。从修身致用的自我追求到福泽一方的"领潮"精神，再到侠肝义胆的家国情怀，一如孙中山先生在海宁观潮后所书之"猛进如潮"，"潮"的意涵内化于海宁世族文化之中，同时也给后人留下了一笔宝贵的精神财富。

周浩　执笔
2022年7月26日

拆还是救？老屋在等待

> "拯救老屋"，不仅是在保护传统民居的"形"，更重要的是在修复乡土文化赖以传承和寄托的载体，守护乡土文化的根脉与灵魂，守住游子心中最深处的那片乡愁。

在你对故乡的记忆里，是否有一幢老屋，留存着童年嬉戏的光阴，镌刻着祖辈难忘的音容，承载着游子魂牵梦萦的"根"与"魂"？

老屋就像家里的一位老人，默默陪伴着一代又一代人的成长，注视着家族里的每一个年轻人出门远行。

然而，时移世易，故乡的那间老屋日渐剥落、长满衰草、年久失修、濒临倒塌，正在不断地消亡。

到底是拆倒重建还是拯救修复，老屋在等待命运的选择。

一

刚刚召开的全国文物工作会议，让我们看到了国家对文物保护的重视，也唤醒了我们对老屋保护的思考。

与珍藏在博物馆里的国宝文物不同，老屋一直以来就因为保护价值不高、产权私有化等原因而被长期忽视。

俗话说，老屋住人百年不塌，无人居住五年就垮。因为人口城镇化，许多老屋废弃闲置，无人居住，面临着坍塌的境地。甚至一些具有特色、代表农村风格的百年古宅也因为拆旧建新、改善农民居住条件而倒在了推土机之下。

老屋值得保护吗？老屋保护的现状有多严峻？

据统计，全国各地有山东海草房、云南土掌房、吉林木楞楞房、海南火山岩房、福建土楼、安徽徽派古宅等上百种特色民居濒危，众多老屋散落乡间无人识、无人管、无人修，因为村庄的"空心化"正在逐步坍塌、消散。

原文化部副部长、国家文物局原局长、中国文物保护基金会咨询委员会主任励小捷曾透露，目前传统村落中的古建筑已经非常脆弱，这十年是关键节点，如果再不抓紧修缮，我国传统村落的老屋蓄存量将面临重大风险。

老百姓居住的"老屋"是传统村落空间最基本的组成单元，是留存乡愁、记录地方文化、传承乡村文明的根脉所在。对于有一定保护价值、社会意义的老屋，如不保护、任由消亡，未免太过可惜。

为老屋寻找一个合适的未来，已迫在眉睫。

二

然而，保护修缮老屋却并非一件易事。笔者认为，主要难在三个方面。

一是老屋分布散。从全国来看，6819个中国传统村落散落在31个省（区、市），各地传统村落现存状况参差不齐，每个村里的老屋也不集中，因为拆建已面临东零西落的局面，很难集中有效管理。

二是修补难度大。老屋通常没有设计图纸，而且隐藏结构多、建筑工艺复杂多样、建筑用材各有不同。有的老屋经过几十年上百年的改造早已面目全非，想修旧如旧，最大程度还原其本来面貌，难度之大可想而知。

三是改造意愿弱。传统村落中的老屋大多数都是世代传承下来的祖宅，产权是私人的，农户自主维修需要的人力、技术、资金足以打消很多人改造的念头。

"修古建筑比建新房子更难"成为阻碍保护修缮老屋的一道坎。

三

令人欣喜的是，今年"拯救老屋行动"首次被写入中央一号文件——《中共中央 国务院关于做好2022年全面推进乡村振兴重点工作的意见》。在抢救性保护农村老屋的关键时间点，党和国家层面提出这一行动可谓正当其时。

修老屋，谁来修，怎么修，修成什么样？这些都成为"拯救老屋行动"面对的棘手问题。

其实，在"拯救老屋行动"这件事上，拥有100多座格局完整的古村落、被誉为最后的"江南秘境"的丽水市松阳县可以说是先行一步。早在2016年，松阳就被确定为"拯救老屋行动"项目整县推进试点县,率先开始探索低级别非国有产权文物建筑的保护利用新路径。

"拯救老屋行动"开始后,松阳把"百姓的事,交给百姓来办",让老百姓自愿申报、自主编制修缮方案和概算、自行选择施工工匠,一时间老屋改造百花齐放。

"老屋＋民宿""老屋＋工坊""老屋＋工作室"等多种业态在老屋生根发芽,在松阳乡村遍地开花。当老屋有了价值,老百姓就都来抢着修,短短几年时间,270幢老屋重换新颜。

当下,松阳县还在全力打造"拯救老屋"数字化应用,开发"云"管、"云"护、"云"富、"云"游老屋等子场景,构建老屋"监管—修缮—利用—体验"全链条保护利用机制。

同样的,作为浙江省历史文化名村的衢州市常山县东案乡金源村,也探索出一条老屋拯救的路径。县里的"两山银行"集中收储村里的闲置老屋,提供给乡贤开办的整村旅游开发公司,以"公司＋村集体＋农户"的合作模式整村打造现代旅游根据地,由全市31家旅行社实施客源兜底,解码了老屋新生、旅游共富的新模式。

"活化利用"的老屋挥别了"好看不好住"的尴尬,越来越多在外打拼的年轻人开始重回故土,曾经的空心村逐渐被欢声笑语填满,"诗意地栖居在乡村"正逐步成为现实。

四

"拯救老屋",不仅是在保护传统民居的"形",更重要的是在修复乡土文化赖以传承和寄托的载体,守护乡土文化的根脉与灵魂,守住游子心中最深处的那片乡愁。

在统筹推进共同富裕和传统村落保护利用的道路上，老屋拯救——

需要政府的重视，在政策引导、技术支持、资金整合、考核督导等方面予以保障支持；

需要乡贤人才的回归，带来思路、理念、情怀、项目，为老屋注入故事、注入活力、注入人气；

需要村级组织和村民的参与，共同投入传统村落、老屋古宅的保护，积极参与老屋业态的发展，共享老屋保护利用的成果，不断激发内生发展动力。

"拯救"还在继续，老屋的故事依旧未完待续。

让我们共同为老屋寻找合适的归属，期待更多老屋的华丽蜕变。

徐毅 云新宇 执笔

2022 年 7 月 26 日

致二舅们"平凡的世界"

> 人生关键并不在于如何做出一手好牌,而是打好一把烂牌。

二舅火了。

昨晚至今,一则短视频刷屏——《回村三天,二舅治好了我的精神内耗》,作者"衣戈猜想"用11分钟的时间讲述了他身患残疾的二舅在农村的前半生。

视频发布后迅速走红,满屏的"致敬二舅",潮水般的留言。网友表示看过"后劲儿很大",称之为视频版的《活着》,纷纷留言称自己被二舅治愈了。

一

到底被二舅治好了什么?

便是作者所称的"精神内耗"。精神内耗离我们一点都不遥远,它又称为心理内耗,指人的自我控制需要消耗心理资源,当心理资源不足时,个体就处于内耗状态。

有媒体曾发表了一条"精神内耗有多累"的微博，概括了"精神内耗"的几种具体表现：

明明啥也没干，心里却累得很，感觉自己压力巨大；过度在意他人看法，别人一句话想半天；总是纠结，浪费精力，选择摆烂；活在过去、困在当下；自我贬低，总是患得患失；等等。

现代生活，物质已极大充盈，欲望也不断迸发，我们习惯于将自己与社会中他人取得的成就进行比照，不断发现自己的局限，害怕经历失败。

在强烈需求与不断挫败中，焦虑和"精神内耗"开始蔓延，侵入生活。

许多人上下求索，探寻如何在物质充盈的当下填补精神空洞，勇敢面对生活，获得内心的平静，找到生命存在的意义。

二

二舅的经历恰好抚慰了很多网友的心灵，缓解了焦虑。

或者说，这种被命运残酷打击后仍充实饱满生活的态度，唤醒了感动和希望。

罗曼·罗兰曾称这种生活方式为"英雄主义"。是的，二舅活出了我们向往的饱满人生。

回看整个视频，平静的语言叙述下，是二舅跌宕起伏的悲情人生。

这个曾经山村里的天才少年，十几岁时因病落了残疾。他自学木工谋生，收养了一个女儿，悉心照顾生活不能自理的母亲，还成了村里的"维修多面手"。

二舅的人生温暖又坚强，他离不开那个村子，村里人也离不开他。他没有怨恨却很努力地活着，自称从来不停留在遗憾里，因此也成为村子里"第二快乐的人"。

最特别的是66岁老汉"随身携带"88岁老母的场景，最直击眼球的是二舅一瘸一拐依然向前走的背影，最戳中人心的是他朴素的坚韧与善良。二舅在挣扎与困难中表现出来的自强不息，令人心生敬意。

远方的二舅可能并不知道，随着B站这条视频的火热传播，他已经成为年轻人朋友圈里的知名长辈，并在不经意间治愈了无数挣扎在格子间和出租屋里的灵魂。

正如up主自述的一样，"四肢健全，上过大学，又生在一个充满机遇的时代，理应度过一个比二舅更为饱满的人生"。

三

苔花如米小，也学牡丹开。

从二舅这里，可以看到我们这个民族所拥有的平凡与强悍，可以看到平凡人的朴实与纯粹。

"下定决心，不怕牺牲，排除万难，去争取胜利。"这是二舅摘抄在笔记本上的一句话。

平凡人的一生，普通也滚烫。

这段视频中说，这个世界上第一快乐的人是不需要对别人负责的人，第二快乐的人就是从不回头看的人；遗憾谁没有呢？在电影里，遗憾是主角崛起的前奏，在生活中，止步于遗憾是让人沉沦的毒药。

没有人的人生是绝对如意的,"花未开全月未圆"也许是最常见的状态。遗憾常有,但生活不能止步,幸福仍然值得期待。就像有一段话这么说:

> 上天从来不对任何人施舍"最幸福"这三个字,他在所有人的欲望前面设下永恒的距离,公平地给每一个人以局限。如果不能在超越自我局限的无尽路途上去理解幸福,那么史铁生的不能跑与刘易斯的不能跑得更快就完全等同,都是沮丧与痛苦的根源。

这个故事关乎幸福,也关乎力量。它像视频版的《活着》,也像是现实版的《平凡的世界》。我们还会想到许三多,想到《阿甘正传》,想到《老人与海》,还有前段时间的热播剧《人世间》……

二舅像是从故事里走出来的主人公,重叠了无数平凡人的身影。二舅的一生,不过是千千万万普通人的写照,底层、琐碎、平凡,苦难与幸福交织。

这也是一部隐去悲伤内核的视频化文学,是一首意犹未尽、余韵悠长的散文诗。平凡的表达里字字不提伟大,却句句在言伟大。

人只能活在当下,也只能够做自己能做的事情。有低谷有高潮,有绝望有美好,度过这样的一生的人才是了不起的人,才是内心强大的人,才是精神充盈的人。

正如作者所说,"人生关键并不在于如何做出一手好牌,而是打好一把烂牌"。

命运说不准,但努力很务实。

这是一个充满不确定的时代,但总要靠一些确定性来对冲不确定性，总要用自身的确定性去改变环境，用血肉之躯去对抗命运、成就更好的自己。

哪怕只有一丝希望，能够往前走几步，那就是几步，进一寸有一寸的欢喜，毕竟每条人生路最后通向的都是不同的胜利。

让我们一起致敬我们的父辈母辈，致敬倔强生活、不惧未来的每一个人。

与生活干杯，不在遗憾过去的遗憾里沉沦，而在排除万难的抗争里定义生活的意义。

王云长　执笔
2022年7月27日

民营书店这样卖书才不会输

> 说到底,书店无论如何变化,它终究得以书为本,并由此衍生出更多的文化可能性。

酷热暑期,本是书店里最为热闹的时光。

放假的孩子,可以在书店里阅读、写作业、参加阅读分享活动,甚至只是蹭个凉,顺便翻几本书。但最近,那些曾经风头无两的书店闭店的消息频频传来。

就7月而言,先锋书店在无锡的惠山书局、上海的鲸字号书店都宣布闭店。

言几又在北京开设的8家门店全部撤店,而早在两个月前,它在杭州的最后一家门店——大悦城门店也宣布闭店。至此,风头最盛时开到60家门店的言几又,仅剩3家还在苦苦支撑。

这些民营书店的黯然离场,让经营者无奈,也让读者感伤。

但是,无奈与感伤挽救不了一家书店的命运,经历了雨后春笋般的野蛮生长,它们必然会面临着一波"洗牌"。

作为杭州民营书店晓风书屋的经营者,26年来,从书店卖书的繁盛期到多渠道冲击下书店经营的举步维艰，经历过民营实体书店的跌宕起伏，我深知其中的"悲欣交集"。

这些年，我们与同行的交流非常频繁，大批书店面临困境，是一个事实——拿行业公众号"做书"的一个最新数据来说，2022年上半年，有9家知名的独立书店闭店；但同时，我们也应该看到公众号之前发布的另一个数据，这半年新开书店的数量是12家。

是的，在新冠肺炎疫情仍然困扰我们生活之时，仍有很多书店新开。具体到晓风书屋，今年4月，我们进驻了中国江南水乡文化博物馆，成为博物馆文化配套书房；5月进驻临平信达实验学校，与学校共建孩子们当家作主的校园书店。9月，筹划近一年的浙大城市学院晓风书屋也将与学校一起开门迎新。

一

这些年，几乎每一家民营书店开业，"最美"都成了一身不能推却的行头，不管是自称"最美"或者是被人冠以"最美"。

不得不承认，很多书店以"最美"的标准打造，为城市创造了新的文化地标。但是，"最美"书店，不能停止于"比美"。

当它成为网红打卡地时，运营者必须想到，蜂拥而至的人群，除了将其作为背景，他们能带来什么，又能留下什么？一阵喧哗之后，一家书店如何维持稳定的人流量，又如何能将流量转化为经济和社会效益，值得思考。

显然，很多民营书店没有及时自我审视，提早布局相关业态。

当"最美"让人审美疲劳之后，且又有越来越多的"最美"出现时，书店迟早要迎来它必然要面对的困境，别的不说，它的房租、人力、能耗就是巨大的支出。

这些年，诸多兴于一地的"最美"，往往会在短时间内被疯狂复制。不能否认，资本的介入开创了书店的全新时代，但它同样也会让书店的发展偏离创始人的初心，当书店陷于盲目扩张与模式化，水土不服的状态也随之而来。

说起实体书店的困境，网络的冲击是不得不提的原因。由于网上销售平台的巨大折扣力度，今天的阅读者，其购书的主渠道是网络。一家书店如果单纯以卖书为生，显然是不现实的。而书店的经营者，又无法逃避这样一个呼啸而来的时代。

那么，加上文创、咖啡、面包，可不可行？

在各大独立书店转一圈，以上这些已经是标配，但频繁传来的闭店消息，证明了在这样的配置之下，也不是每一家书店都能活下去的。

首先，文创的雷同，让这一家书店与那一家，犹如全国各地的文化一条街，所售商品无外乎来自某些大型小商品市场的进货，缺少自主研发的个性化。

其次，如果书店成了一间以书为装饰的咖啡馆，它又如何比得过那些成熟的咖啡店品牌。

说到底，书店无论如何变化，它终究得以书为本，并由此衍生出更多的文化可能性。

二

那么，独立书店该如何活下去？

26年来，晓风书屋在杭州开了22家店，在这里，我想谈一点个人的体悟。

第一，空间打造的独有之美。

书店之美，富丽堂皇是一种，挨挨挤挤也是一种。而晓风这么多年来一直坚持的是"小而美"与"小而有特色"。

晓风旗下有五种类型书店：博物馆书店、校园书店、医院书店、景区书店、社区书店，逛过这些店的读者，都能感觉出来每一家的不一样。

今年3月，我们为杭州市中医院设计了一家具有中医、草本文化的书空间"六合书房"，将中医与植物融为一体，展陈大量有关植物的图书、实物，且经常邀来有关专家学者进行分享，为忙碌的医护人员提供一片宁静之地。

空间的独有性，归根结底与其中的内容有关。

这些年，晓风以人文社科类图书为主营，精到的选品赢得了40万杭城会员的青睐。这样的独有性，延伸至北京图书订货会、上海书展、浙江书展、江苏书展，还走进南国书香节暨深圳书展、香港书展、海峡两岸图书交易会等各地特色图书展会；晓风书屋与丰子恺家人共建文创公司，研发丰子恺系列文创近200种。

晓风22家店铺，美美与共，走进其中，可以感受统一的气韵。品牌意识的步步强化，提高了晓风的辨识度和读者的信任度。

第二，在地文化的充分发掘。

这是空间独有更为深层次的延伸。

一家书店如何才能做到在所辐射的范围内不可或缺？卖书卖文创卖咖啡都不能抵达这一点，真正的秘诀在于文化。

从2021年夏创立到现在，位于杭州弥陀寺文化公园的明远书院满一周岁了。在此之前，除了居住附近的居民，很少有人知道弥陀寺文化公园在哪里，有过哪些往事，但晓风与北山街道合力促成这间书房后，情况变得不一样了。

弥陀寺公园那记录在张岱《西湖梦寻》的棋盘山、哇哇宕，那片刻着整幅弥陀经的杭州最大的摩崖石刻，决心教育救国的先贤经亨颐、马一浮、潘天寿、丰子恺、曹聚仁、叶熙春等，那段水路纵横、繁华十里香市的往昔，在晓风·明远书院70多场活动的举办与大咖的讲述中，明晰于越来越多人的面前。

这个过程中，明远书院与社区的关联愈发紧密，吸引了大咖入驻，同时让更多年轻人走进这里的悠远历史，收获了社会影响，也收获了经济效益。

第三，卖书，还卖创意与服务。

书店的主业，理所当然应该是卖书。至于在书本的基础上，能做出多少文化的可能性，对于今天的书店人而言，这是个巨大的考验。

说实话，晓风如果单靠卖书也活不下去。早些年，晓风在城北的批发中心和近8万图书品种的物流中心以面向全省近400家书店的批发业务，承担着图书盈利的重要一块。但这两年，随着中盘渠道竞争的加剧，这块业务也受到了很大挤压。

要养活近百人的团队，并不断激发团队的创造力，我们必须开拓新的方向。

近几年，晓风团队承办了很多展会的策划与执行，为企业建设特色书屋、承办团建活动，积极拥抱创意时代。

事实证明，对于书店而言，在书的基础上，多生发一点，就多一点生命力。

三

对于晓风而言，我以上述种种来说明"这样卖书才能不输"，但是，我们仍然不能说，这样卖书就可以赢。

这两年，受疫情影响，书店面临更严峻的困境。很多兄弟书店，原本可以走得更远，但是这种突然袭来的打击，中止了一个个梦想。

晓风的实践，不一定适合所有的独立书店。但是，我想在坚持主业为卖书的基础上，去挖掘文化的多种可能性，同时保有个性，应该值得一试。

今天的晓风，面对新的时代，必须有更多突围才能获得长远的发展。

今年，我们重新装修运河分店，将这家入驻运河畔13年、2014年11月李克强总理曾视察过的门店扩为上下两层。其实，这样的"扩张"源自这家店的店长和小伙伴们的建议，她们有一种做好它的动力，我们就顺势而为，做了这件事情。

所以，接下来，晓风的要务之一，就是人才的培养。有了人才，才会有更多未来。

书店离赢，还有距离。但未来可期。

朱钰芳　执笔

2022年7月27日

"天使之国"何以流泪？

> 告别劣质"民主"，寻求适合本国发展道路的良政善治，不断提高社会治理能力和水平，才是广大发展中国家应该探索的一条道路。

一

斯里兰卡是印度洋上的一个岛国，美得被誉为"印度洋上的一滴眼泪"。

凭借优越的地理位置和丰富的自然资源，斯里兰卡人均GDP曾高居南亚第二，一度风光无限。但这颗"印度洋上的眼泪"最近半年却让民众流了太多眼泪。物价飞涨、社会动荡，国家破产、总统出逃……

一个以自然之美和人文之美征服全世界旅行者的"天使之国"，怎么会突然沦落到这个境地？

局势并非一朝一夕之变。今年4月就有抗议者因不满物价飞涨、通货膨胀而走上街头抗议。5月，因无法偿付到期债务和利息，斯里兰卡出现了1948年以来首次主权债务违约，甚至连基本民生都无法保障。

彼时，其国内局势已经山雨欲来风满楼。如今，不过是火山终于爆发。

二

他山之石，可以攻玉。

发达国家的成功经验固然值得学习，"国家为什么会失败"的教训也应该总结。

我们应该为斯里兰卡的不幸感到哀伤，更应该好好解剖这只"麻雀"，透过现象研究一下本质，看看它以自己的不幸命运告诉我们哪些人间真实。

笔者以为，至少包括以下五个方面：

第一，稳定是发展的大前提。

国泰才能民安。邓小平同志曾说：稳定压倒一切。没有稳定的环境，什么都搞不成，已经取得的成果也会失掉。今天听来，依然振聋发聩。

许多学者认为，斯国危机不是最近几个月突然发生的，而是长期累积的结果。让我们把时间的横坐标拉长，聚焦两个节点。

第一个：2009年，从这一年起，数据开始起飞。第二个：2019年，斯里兰卡的人均GDP出现明显下跌。

事出反常必有妖。这两个年份，应该有大事发生！

没错，2009年是猛虎解放组织领导人被击毙、斯里兰卡内战结束的时间点。内战结束后,斯里兰卡开始积极发展本国旅游业,短短10年GDP就翻了一番。而2019年,斯里兰卡国内发生连环爆炸恐怖袭击,近300人丧生,造成了国内民族间的隔阂和分裂,影响了经济发展。随后,新冠肺炎疫情席卷而来,旅游业的繁荣景象烟消云散。

可以说,2019年那场恐怖袭击埋下了今天斯里兰卡幻灭的种子。

发展是硬道理,稳定也是硬道理,抓发展、抓稳定两手都要硬。只有社会稳定,各项事业才能不断推进。否则,发展的良好势头就会在内部消耗磨损中走向末路。

第二,"民生小事"解决不好会引发"街头大乱"。

斯里兰卡的悲剧是多重原因共同作用的结果,民生艰难是首要原因。斯里兰卡民众浩浩荡荡地冲进总统府,所求无他,温饱而已。

今年以来,斯里兰卡深受国内经济不振与国际市场不稳的影响,民众生活陷入困境。6月,粮食价格更是狂飙突进,当月涨幅高达80%,越来越多的家庭三餐不继。7月5日,时任总理拉尼尔·维克勒马辛哈表示,斯里兰卡已经破产,经济危机会一直持续到2023年底。这狠狠掐灭了民众在风雨飘摇中闪烁的那一丁点儿希望。4天之后,无望的民众呐喊着冲上街头,火烧总统府……

民生就是民心,民心是最大的政治。解决不好基本的温饱问题,民众对政府的支持和信任会随之土崩瓦解。

第三,治理能力才是关键。

美国政治学家亨廷顿有一个著名论断:"国家间最重要的政治差异无关其政府形式,而是其治理的程度。"问题的关键是治理能力，但在危机大考中，许多人认为斯里兰卡表现不佳。

危机初起时，斯里兰卡在经济疲软的情况下，决定大幅减税。为什么要减税？答案可能是被西方经济学家忽悠瘸了。具体地说，是所谓"新自由主义"的经济学家。

这派经济学家认为，政府管得越少越好，减税可以刺激生产。从2020年初到2021年底，斯里兰卡的纳税人从约155万直线下降至41.2万人，国家每年损失收入超过14亿美元。

所谓若要马儿跑，就得喂它吃草。手里没钱，办不了事，也办不成事，只能大举借债。债越借越多，利率越来越高，成了高利贷下的冤大头。

为了应对外汇紧张，2021年初，斯里兰卡放弃进口化肥、杀虫剂、除草剂，大搞绿色有机农业。可惜天不遂人愿，没有化肥导致农业生产一夜回到解放前，粮食大幅歉收。粮价上涨、外汇短缺、粮价进一步上涨的恶性循环飞奔而来。

按政府形式来看，斯里兰卡是标准代议制民主国家，实行三权分立。但越来越多像斯里兰卡这样的发展中国家在照搬西方民主模式的道路上走向了政治衰败和社会动荡。

告别劣质"民主"，寻求适合本国发展道路的良政善治，不断提高社会治理能力和水平，才是广大发展中国家应该探索的一条道路。

第四，合作共赢是长久之道。

斯里兰卡陷入动荡前后，一些西方政客频频指责中国：是"一带一路"造成了斯里兰卡的"债务陷阱"。对此，斯里兰卡驻华大使科霍纳表示，斯里兰卡对华欠款仅是其总债务的十分之一，华尔街资本在内的美西方机构才是斯里兰卡的主要债权人。

科霍纳的表态,在美国竭力拉拢各国遏制抹黑中国的背景下,是一个积极的信号,也澄清了关于中国的不实之词。

"桃李不言,下自成蹊",中国凭借"亲、诚、惠、容"的周边政策,凭借在危机以来给予斯方的多次紧急人道主义援助,凭借对斯方困难的感同身受和诚心帮助,获得了对方的信任和真诚的回应。

21世纪,合作共赢才是国家间长久相处之道。

第五,人类命运确实休戚与共。

有网友说,斯里兰卡总统怎么也不会想到,俄乌爆发冲突,自己却是第一个被赶下台的国家元首!是啊,又有哪个斯里兰卡人会想到,乌克兰要加入北约,会害自己饿肚子呢?

紧密相连的"地球村",像一部精密而复杂的机器,哺育着生活于其中的近80亿子民。越复杂的机器,其中某个环节出问题的几率就越大,也越容易引发"蝴蝶效应"。

世界正处于新的变革动荡期,不稳定性不确定性突出,广大的中小发展中国家显得尤为脆弱。

没有哪个国家能够独自应对人类面临的各种挑战,也没有哪个国家能够退回到自我封闭的孤岛。人类不应该追求以一种制度代替另一种制度、以一种文明代替另一种文明的冲突状态,因为一旦灾难来临,没有谁能跳船离开。

以上五点,都是常识。一些国家的不幸,既让我们看到坚持常识之艰难,更让我们认识到坚持常识之可贵。

云新宇　执笔

2022年7月28日

一盏"青灯"为啥这么亮?

> 衣、食、住、行、用、游、赏,处在一个流行国潮、讲究格调、注重体验的时代,追求"生活美学"的人们正渴望去体会、去构筑一个新的物态环境。

春晚中有一曲《灯火里的中国》,歌词饱含深意,街巷里婆娑的灯影,村落中闪烁的火苗,海港边引路的灯塔……

"灯火"象征着一种城市的气息,透着一座城市的和谐、温暖和美感。

上个月,当夜幕降临,温州也点亮了一盏"青灯"——温州文旅消费季暨2022塘河青灯市集全国美学大会,大家称之为"青灯市集"。

2020年以来,青灯市集已举办三次,迅速跃升为全国知名的市集,被称为温州的"文化灯火",给这座时尚之都、文化名城带来了别样的亮光。

一

青灯市集，与其说是一场市集，不如说是一场关于生活方式和态度的聚会。集的是各地美物，集的是八方人气。

因为市集，专业的收藏家为淘宝而来，时尚的年轻人为打卡拍照而来，还有众多网红博主为直播而来，带着百万粉丝"云逛展"。从"聚宝"到"寻宝"，从"识宝"到"鉴宝"，来自全国各地的一大批热爱美、追逐美、创造美的游客蜂拥而至，文化气息就这样逐渐流动了起来。

每一次的市集都称得上是熙熙攘攘、摩肩接踵。为安全计，一度还不得不限制人流量。

青灯市集始于2020年元旦，初次试水即刷屏朋友圈，名声大噪，不少人即便不去消费，也以逛青灯市集为潮事乐事。何以如此？关键在于抓住了新消费的人心。

衣、食、住、行、用、游、赏，处在一个流行国潮、讲究格调、注重体验的时代，追求"生活美学"的人们正渴望去体会、去构筑一个新的物态环境。

青灯市集捕捉到了这一趋势，以其鲜明个性、独特布景和精美展品构筑起"小而美""小而精"的美学生活空间，令人们放慢脚步，让东方美学沁入人心。

据统计，今年青灯市集共吸引23万粉丝前来逛展，交易总额达2210万元，达成定制意向3500万元，单品最高售价5.8万元，近100家媒体参与报道，全网总浏览量超1.17亿人次。"今年的青灯市集去过了吗？"成为很多温州市民与亲朋好友间日常交流的一部分。"青灯市集"的文化 IP 不断擦亮,逐步奠定其全国性美学生活市集的一线地位。

二

万事都讲究个"地利人和",青灯市集带来了人气,也接上了"地气"。

宋时温州甚为繁华,有"从来唤作小杭州"之说。青灯市集布展于温瑞塘河河畔、桥畔,附近有比肩杭州西溪湿地的三垟湿地,还有商业繁华的综合体万象城购物中心。市集的定调,则遵循生活之美、追慕宋时之韵,集逛、展、赏、玩于一体,打破了人们对传统市集的观念。

盛夏夜幕下,这"梦回宋朝"的穿越感与温州"其货纤靡,其人善贾"的调性极为吻合,颇有一番苏东坡口中"灯火钱塘三五夜"的景象。

近年来,温州各地悄然兴起各种文化市集,集中呈现各种传统风物,既接地气又时尚新鲜,成为温州文旅消费的新热点、温州地域特色文化的"活化"展现。

温州博物馆携手数十家本土优秀文创品牌、网红店铺、手作匠人等,举行"伴月来·温博夜市",呈现一场穿越古今的文化创意市集;

楠溪江滩地音乐公园文化市集为游客提供艺术营、坝上酒吧、"非遗"体验、火舞表演、文创产品等;

雁荡山将举行布谷市集,包括布谷音乐会、木雕艺术现场秀、泥绘装置展、铜雕展、皮影戏、汉服表演等活动。

诸如此类的文化市集实际上就是新形态的城市博物馆，它不仅展现了城市的文化风貌，也是传统文化得以传承的重要载体，被消费者誉为"平民艺术的舞台"。

因其平民化，便少了拘束，有个性、有调性，渐渐有了固定消费群体，逛文化市集成为当下比较时髦的生活方式之一，也成就了一个城市文化展示的新地标。

在此背景下，青灯市集脱颖而出也就顺理成章了。

三

"本是青灯不归客，却因浊酒留风尘。"有多少人，为"青灯"而驻足。市集的一砖一瓦，又让多少人思绪绵绵。这或许就是青灯市集呈现的"文气"。

青灯市集不仅将众多美学品牌汇聚温州，更给温州文化注入了美学力量。市集举办以来，不少文化演艺界的名人前来助阵，还有众多学者、文艺爱好者来温参展交流。

青灯市集发起人张金成说："青灯市集的意义不仅在于丰富市民生活、助推文创产业、引领创意思潮，更促进了城市文化旅游的融合和发展。小小的市集，背后蕴藏着大大的文化力量，成功将文化与生活、创意、旅游结合，持续不断地进行形象输出、文化输出、价值输出。"

这份底气，究其根本，正是来自温州市委、市政府用心培育的城市"文气"。

经济是血肉，文化是灵魂，各界对此达成共识并身体力行。

温州国际时尚文博会、中国合唱节、中国越剧节，城市书房、民办博物馆、美术馆,中国寓言文学馆、国旗教育馆、温州道德馆、温州版权馆……近年来,各类文化设施、文化活动各美其美、美美与共,呈现出温州文化的澎湃气象。

曾多次来温州出席文化活动的原文化部部长、著名作家王蒙在走访温州时曾赞叹:"了不起!温州不仅是商业城市,也是一座文化名城。"

省第十五次党代会提出"打造新时代文化高地"的奋斗目标。年初,温州市第十三次党代会提出了"千年商港、幸福温州"的城市定位。

从千年走来,向幸福奔去,这其中的文化赋能之功,更是备受看重。念念不忘,必有回响,相信假以时日,温州城市的"千年文脉"一定会转化为润泽人心的"万家灯火"。

刘旭道 叶锋 金晖 执笔

2022年7月28日

版本馆的"版本",到底是什么?

> 每一个版本都是文化的载体、文脉的印记;每一个版本的背后,都有强大的文化生命力,都有丰富动人的故事,都蕴含着中华文化的基因。

"版本",到底是什么?

传统的版本,是指同一书籍的不同印本,印书之版是谓"版",印成书籍即是"本"。

在杭州国家版本馆落成之际,"版本"二字,将刷新我们的认知。

新时代的"版本"概念,可以从三个维度去理解。

一

版本即文脉。

良渚的某种刻画符号,越王的某把宝剑,《论语》的某个刻本,《兰亭序》的一种摹本,近代杭州的某种期刊,《十五贯》的某个剧本，一个个文化符号、历史物件的每一次生成、每一次演变，都诞生了一个个具体的版本形态。

版本是一个系统，有其整体性和发展性。比如《浙江画报》，一期还不足以称为版本，自创刊以来的数十期《浙江画报》就是版本。因此，新时代"版本"概念，体系化是一个重要指标。

可以说，每一个版本都是文化的载体、文脉的印记；每一个版本的背后，都有强大的文化生命力，都有丰富动人的故事，都蕴含着中华文化的基因。

版本的背后是文脉，文脉的背后是基因。版本的意义在于形成了某种纹饰、某个物件、某件作品发展演变的脉络，就好像一条绵延不断的文化河流。

以杭州国家版本馆馆藏的《共产党宣言》为例，1140多个版本，36种语言，构成了《共产党宣言》从1888年至2018年的出版脉络，这是一条真理思想之脉，也是一条红色文化之脉。

二

版本即时代。

从时间上划分，版本大致可以分为历史版本和当代版本。

历史版本是人类文明创造的成果，是记录历史的"活影像"，也是记录某个时代、某个历史片段的重要载体，其本身传承的历史价值、文化价值和精神价值弥足珍贵。

浙江图书馆馆藏的文澜阁《四库全书》就是一个典型例子。

《四库全书》编纂工程耗时15年，共收书3460余种、7.93多万卷，229万多页，总字数约8亿。它是中华传统文化最丰富、最完备的集成之作，是举世罕见的无价之宝。

《四库全书》共抄了7部，分藏于北京文渊阁和文源阁、沈阳文溯阁、承德文津阁，以及杭州文澜阁、扬州文汇阁、镇江文宗阁，即称为"北四阁南三阁"。

《四库全书》成书的两个多世纪中，命运多舛，屡遭劫难，7部《四库全书》已毁掉三部半，这个半部就是文澜阁中的《四库全书》，也是"南三阁"中仅存的半部。

161年前，杭州文澜阁毁于战火，《四库全书》损毁过半。之后的百年间，历经丁氏兄弟、钱恂、张宗祥等浙江有识之士接力棒式的护藏、补抄，终得复全，这是中国版本史上的奇迹。

文澜阁《四库全书》中凝聚的版本价值、时代风雨、文化意义，以及赓续文脉的爱国精神，令人无限感慨。

每一种历史版本背后，都凝结着先辈的无穷智慧，承载着特定时代的文化信息和历史记忆。

但是，并非所有历史上的物件都是版本，成为版本需要同时满足两个条件：一是历史传承价值，二是文化传承价值。

比如，一个民国时期的茶杯，有历史传承价值，但如果是文学巨匠鲁迅使用过的茶杯，就附带了重要文化传承价值，就成了珍贵的版本。

如果说历史版本是时代的"存储器"，那么当代版本就是时代的"见证物"，是一个时代抹不去的文明印记。

比如，《之江新语》不同语种的珍贵版本，都集中呈现了习近平总书记在浙江工作期间的闪光思想、重要观点、深切感受，是他在浙江大地思考与实践的宝贵结晶，生动回答了现实生活中干部群众最关心的一些问题。

再比如，丽水离休干部董万春一家三代的57本家庭账本、衢州上洋村9个版本的《村规民约》、衢江区扶贫干部158本扶贫笔记等，有的反映着乡风文明、社会治理与时代变迁，讲述着百姓故事，有的印刻下基层扶贫干部恪守为民情怀，跋山涉水、走村串户济困扶贫的辛勤脚步。

还有健康码第一行代码、华为芯片、吉利品牌第一款电动汽车的参数图等科技版本，或为抗疫物证，或记录着一个产业发展变迁，也是重要的当代版本资源。

珍贵的当代版本，必定蕴藏着时代的重要信息，是时代的见证。

三

版本即生活。

版本也是记录社会生活变迁的丰富载体，生活中的一切物件，都可能成为版本。

"凡益之道，与时偕行"。版本是生活力的体现，历史上的版本都是在日常工作生活中产生的，像是一页南宋临安陈宅经籍铺的宋版书，一款元代龙泉窑的青瓷梅瓶，抑或是一张清末西子湖畔的老照片、一张老电影海报、一套老邮票……

每个人都是曾经版本的生产者，文化的观念、生活的态度、人生的理想均融于版本之中。

大家还记得全国粮票吗？在那个特殊的年代，衣食住行都要凭票。粮票、布票等各类票证是特殊的时代记忆，也是重要的版本类型。

看来，版本与我们的日常生活息息相关，只要是留下时代典型印记的物件都可以归入版本之列。

举个最典型的例子："今天你测核酸了吗？"

前段时间，江浙人朋友圈里各种核酸采样卡"出圈"了，不同城市、不同街道、不同社区，无论是设计上还是内容上，都做足了这张小卡片的文章，满满的文化味，让人对核酸检测充满了期待。如果把这些核酸采样卡分门别类系统化收藏，若干年后，妥妥的就是版本，而且是特色版本。

每个人都是当下和未来版本的创造者。

当然，发挥好版本的价值，不是藏起来，而是拿出来，让版本的历史文化价值"飞入寻常百姓家"。每一个人，都可以成为版本的生产者、版本的收藏者、版本的捐赠者。

前几期，"浙江宣传"发过一篇好文《人间好物，"藏起来"不如"拿出来"》，现在机会来了，浙江文化新地标杭州国家版本馆落成并即将开馆，期待大家把"压箱底"的藏品拿出来，让文化"活"起来，将文脉传下去。

新时代，版本就是文化的印记、时代的印记、生活的印记。讲好版本故事，就是讲好文化的故事、时代的故事、人民的故事。

生生不息，版本永恒！

郑利权　执笔
2022年7月29日

浙江首位"时代楷模"的"战斗"

> "既然知道了真相,就不能背过身去。我们为这些老人们治疗伤痛,不是为了撕开战争的伤疤,而是为了抚慰民族的伤痛。"

抗战历史不容忘却。

85年前,卢沟枪声惊晓月,全民族抗战爆发。中华大地硝烟弥漫,一寸河山一寸血。

历史与现实交织。那么远、这么近。正义与邪恶的较量至今犹在。

在衢州,尚有一群风烛残年的老人,一度饱受着侵华日军细菌战的摧残与折磨。

恶魔制造的病菌,使他们患上了腿部流脓淌血、创伤难愈的"烂脚病"。

直到有一天,一位中国好医生的出现,用光照亮了晦暗。

改变"烂脚病"老人命运的医生叫万少华。2016年,中宣部授予他"时代楷模"称号。他也成为浙江首位荣膺"时代楷模"的个人。

浙江首位"时代楷模",走过了怎样的路?

获得"时代楷模"后的这些年,万少华又在忙碌些什么?

一

故事开端于2009年。

彼时,时任衢州市柯城区人民医院医务科科长的万少华,受命组建一支医疗救治小组,义务上门为"烂脚病"老人提供免费医疗服务。

至今,万少华仍清楚地记得,初见那些"烂脚病"老人时的情形:

又臭又暗的屋子里,老人躺在床上发出阵阵呻吟,解开包裹创面的层层草纸、破布,烂肉中爬出细小的蛆虫……

年轻的医生护士深感震惊:

就好像有人拿着刀在我们身上划。

这究竟是什么怪病?为何会在衢州集中暴发?

万少华带领团队一边踏遍青山寻找更多"烂脚病"患者,一边钩沉历史揭露出一段被遮蔽的人间极罪。

抗战时期,环抱军事机场和浙赣铁路的衢州,一直是日军攻击的重点城市。震惊世界的杜立特突袭行动,美军飞机轰炸东京后的降落地就锁定于衢州机场。

现今越来越多的证据显示,日军曾在衢州先后三次实施大规模的细菌战,播撒鼠疫、炭疽、霍乱等恶疫,企图消灭有生力量,制造恐怖的无人区。

原衢州市卫生防疫站站长邱明轩的研究表明,细菌战造成恶疫持续流行达8年之久,造成衢州地区病死5万多人,累计发病30万人以上。

"既然知道了真相,就不能背过身去。我们为这些老人们治疗伤痛,不是为了撕开战争的伤疤,而是为了抚慰民族的伤痛。"

沉重的历史,让万少华和他的团队意识到,中国医生与日军细菌战部队的"战斗",其实还在继续。

二

13年来,每逢休息时间,万少华和团队成员都要带上药箱,进村入户为"烂脚病"老人上门随访、换药包扎。

这是与时间赛跑的抢救之旅——在柯城区,被纳入免费救治范围的39位"烂脚病"老人中,至今健在的仅有9位。每次和这些老人握手告别,也许就是一次生离死别。

"烂脚病"老人长期失群独居,大多数心理自卑,性格孤僻。

万少华和团队成员在为他们减轻身体病痛的同时,也在无数次的耐心沟通和无私奉献中,给老人们送上关爱和抚慰。

魏洪福老人伴有多种基础疾病,每次急症发作,家属最先想到的是拨通万少华的电话。万少华还多次自掏腰包,为经济拮据的老魏支付医药费。

郑土宣老人的脚上结了又黑又硬的污垢,万少华上门治疗时,做的第一件事是给老人洗脚。脚洗干净了,药上好了,郑土宣先是愣愣地看着,接着突然放声大哭。

姚贵土老人去世时,万少华随着出殡队伍到了墓地,直到入土安葬才返回。

村民们都说,万医生就像老人的儿子一样亲。

在万少华及团队的帮助下,89岁老人张宝善冒着巨大手术风险,截掉了因炭疽病菌感染而溃烂的双腿,他希望等到离开这个世界时可以干干净净。

2015年,万少华团队的故事被《光明日报》等中央媒体报道后,引发了全国关注。

"不是一个人在战斗。"也是那一年,衢州开始在全市卫生系统推广组建"万少华团队",85后、90后医护人员竞相申请加入。

其中,衢州市人民医院成立医疗救治总队,免费救治全市"烂脚病"老人;擅长创面修复的衢化医院,累计收治了87名"烂脚病"老人,通过植皮手术,为老人们抚平战争创伤。

所有加入万少华团队的医护人员,都希望多为这些老人送去一丝温暖,让他们不留遗憾,有尊严地度过余生。

三

"医之大者,为国为民"。

6年过去,万少华的办公室里,"时代楷模"的奖章和证书依旧摆在最显眼的位置。

荣誉也许是一时的,但万少华早已为这份荣誉许下一生的诺言:

医药是有穷尽时的,唯有不竭的爱能照亮受苦的灵魂。

当然,一个人的力量总是有限。

担任柯城区人民医院党委书记后,万少华致力于营造向上向善向美的团队文化环境,以一簇光照亮另一簇光,引领更多医务人员将爱洒向更多特殊群体。

"不能让老兵流血又流泪。"柯医率先挂牌成立衢州首家优抚医院,组建140人的医疗志愿队,为700多名退伍老兵建立健康档案。

在万少华的倡议下,针对退伍老兵、肢残人员、困难群体等患者在医保报销后的自费部分,柯医不收或仅收成本费,并在提升社会影响力后,多方争取政策和资金支持,扩大救治面,等等。

新时代好医生应该是什么模样?

万少华用行动给出了画像:肩上扛着责任,心里怀着苍生,把更多人的幸福当作自己的幸福。

最近,新时代衢州人文精神正式发布,万少华又被赋予新使命——成为文明使者,为有礼的衢州代言。

文明是一种大爱。

无论何时,"时代楷模"永远是最闪亮的星,点亮自己,辉映时代。

作为千万医生中的一员,万少华和团队一直在战斗。

李啸 郑晨 执笔

2022年7月29日

36方印章的背后

> 其实，印石与人世间的道理一样，布局当中，还讲究一个筋骨、气息。

一路向北，从西湖畔出发的36方印章，在位于北京的中国共产党历史展览馆落下了脚。

就在昨天，庆祝中国共产党成立100周年西泠印社主题创作印章捐赠仪式在此举行。西泠印社36位重量级社员创作的36方印章，永久在这里"安家"。

落户中国共产党历史展览馆意味着什么？

这是一座精神坐标，是展示中国共产党奋斗史的殿堂。能在此被收藏展示的作品，须兼具政治性、思想性、艺术性，经得起群众评判、行家鉴定、历史检验。

能被中国共产党历史展览馆永久收藏，这批印章的含金量到底有多高？

一

古人常说"文以载道","金石"便是承载"道"的重要媒介。36方印章,承载的是什么?

围绕庆祝中国共产党成立100周年主题,西泠印社精选习近平总书记"江山就是人民,人民就是江山""新发展理念""人类命运共同体""打铁还需自身硬"等重要论述,精选党的文献中"马克思主义""新时代""中国梦""脱贫攻坚""为人民服务"等重要词汇,作为印章的印文。

同时,精选习近平总书记的名言金句和党的文献中有关论述作为印章的边款文字,对印文进一步阐释。

在篆法风格方面,这批作品兼及战国秦汉古玺印、明清流派印等多种艺术风格,或大气磅礴,或婉约细腻,或高峻恣肆,或独辟蹊径。

篆刻作品的章法,则源于作者性格。有的平和,工稳端庄,不求险怪;有的宏阔,开阖有致,平中见大;有的古厚,古雅平正,平中见奇。

接下来,我们着重介绍几件作品。

比如,由韩天衡操刀的"中国共产党历史展览馆"印,为汉印,大气庄重、线条古厚平正,又富有变化。如"产"字头部的留红,与"历"上方的留红、"览"与"馆"之间的留红呼应,"党"字的火字底曲线又与"产"字的文字头形成斜角呼应,就使全印有了空间节奏感,有了虚实、阴阳,可谓寓奇于平。

又如,陈振濂刻的这方"开天辟地"印,为流派印,并有鲜明的汉简风格。他将书法中大开大合的风格带进了篆刻作品中,空间分割大起大落,可谓痛快淋漓。

再如,李刚田刻的这方"大团结"印,以汉印为主基调,右边"疏可走马",左边"密不透风",疏密对比强烈,给人以视觉冲击。

总之,一方方印章,诉说着历史的故事、雕琢着岁月的不朽、赓续着血脉的传承,政治性与艺术性交相辉映,代表了当今篆刻界的艺术水准。

二

现任西泠印社副社长兼秘书长陈振濂说:

"在西泠印社的发展历程中,这样重大的创作题材、主流的创作题材,衔接一个时代的,还没有过。"

这次为国家刻印,西泠印社的艺术家们付诸了极大热情。

在西泠印社历史上,"爱国"这两个字颇具分量。

面对晚清时期中国遭遇列强瓜分的局面,首任社长吴昌硕走上街头振臂疾呼,渴望民族独立和国家统一,留下篆书作品《强其骨》和篆刻作品《强其骨》。

这股子精气神,与西泠印社相依相伴,走过了119年。

如今,国家有需要,艺术家们无比珍视这次创作机会。

他们平均年龄已近古稀,有的封刀多年,有的身体不便,但接到任务后,都满怀对党的深厚感情,秉持对艺术创作的传世匠心,高质量高水准完成了36方印章的篆刻。

年龄最长的张耕源,出生于1938年,今年84周岁。

从接到任务开始,他的心里一直都不平静。他说:"从方方面面讲,这100年发生了翻天覆地的变化,所以我觉得'新时代'3个字,充分体现了我们建党一百周年的伟大功绩。"

"我感到很幸运,能够刻这样一个内容,是一种责任感,也有一种自豪感。"张耕源说。

副社长韩天衡接到创作任务时正在住院。出院后,他克服身体虚弱,构思了十五六稿,细细打磨,完成了作品。

在电话中,韩老说:"这是一座殿堂,意义非凡。作为一名入党60年的老党员,能够刻这样一方印章,感到任务神圣、责任重大、非常荣幸。"

方寸之间,气象万千。

无论是平整规矩、朱白对照、协调统一、韵律呼应,还是对称装饰、求异变化、参差相间,都体现了美感。

三

篆刻,不单单是"在石头上刻字",还集中了书法、绘画、设计、雕刻等多种艺术形式,涉及古文字学、历史学、文学、美学等多个学科。

印文或大或小,或粗或细,或阴或阳,或厚重古朴,或轻盈灵动。

这绝非一朝一夕之功。一枚枚印章,见证了百年的文化积淀,彰显了篆刻大师的艰苦磨炼和文化修养,折射出无形的力量。

这种力量是传承。

一百多年来,西泠印社坚持学术立社,一位位大师始终怀着对篆刻的热爱和执着。

时至今日，西泠印社每年举办一次国际性的大型学术研讨会和一到两次专题学术研讨会，并出版论文集，积极推动国际印学研究和学科体系化进程。

这种力量是奉献。

西泠印社现有2.5万余件社藏文物及资料，其中文物9958件，一级文物126件。它们多数来自历代社员、社员亲属与海内外友人的个人捐献，这些珍宝是西泠印社作为"天下第一名社"的重要根基。

此外，西泠印社还保留着成立初期每年两季雅集的传统。春季雅集合仰先贤、切磋艺事；秋季雅集登高赋诗、一快胸襟。

现任执行社长刘江曾说：

"刻印如修身，就是一刀一刀切下，将无价值的东西剔除掉，给石头赋予人格，为人格增添石性。"

篆刻最是讲究布局。知白守黑，手起刀落，艺术家的每一次选择、每一笔刀痕，都是布局。

刀下千钧，石上万象。其实，印石与人世间的道理一样，布局当中，还讲究一个筋骨、气息。

西泠印社走过百余年，但它还在闯、还在创，常新常存。

郑思舒　执笔
2022年7月30日

版本馆即将开放,将展出哪些宝贝?

> 无论是史前的刻画符号、铭刻时代的版本文物,还是写本时代的简牍纸帛、版刻时代的古籍经卷,抑或是近代的印刷出版物或数字版本,都是生活的记忆、时代的缩影,更是文化自信的源泉。

时隔一周,国家版本馆又有大动作!

继上周的落成典礼后,今天上午,全国4座国家版本馆又开启联动模式,一口气推出18个重磅展览。

这些全线亮相的重磅展览,"含金量"有多足?

透露两个知识点:展览的藏品,来自上千家公藏单位及众多社会藏家;展品涵盖古今中外优秀中华版本资源上万件。

比如,国家版本馆中央总馆,设置了1个主题展、2个基本陈列展、3个专题展,包括"真理之光——马克思主义中国化时代化经典版本展""斯文在兹——中华古代文明版本展""见证伟业——中华民族复兴版本展"等,展览总面积约7000平方米。

此番,杭州国家版本馆推出4个实体展览、1个数字展厅,共展出珍贵古籍、文物、手稿等5000余件。这些也正是即将面向公众展出的内容。

这些天,很多网友关切,杭州馆何时开馆。今天,"浙江宣传"透露:快了!绝美的房子建好了,筹划已久的展览布好了,相见之日还会远吗?

目前,杭州馆正在加紧准备,设备调试、人员培训、压力测试等都在进行中,计划8月1日开始接受参观预约。(注:8月1日起可通过电话预约:0571—88079999;0571—88070098。8月3日起可通过当日上线的微信公众号"杭州国家版本馆"预约)

我们先具体说说,杭州馆的开馆展都有哪些宝贝?设置这些展览背后又有啥深意?

一

杭州馆展出的版本资源琳琅满目,极具文化内涵、艺术价值和观赏乐趣。如果一定要问哪些是特别吸引人的,这还真是一个烧脑的难题。

今儿先挑几个"最"来说一说。

众多展品中,称越王勾践之子於睗、曾孙州句、玄孙不光的3把青铜剑为"最特别"不为过。

大家知道,湖北省博物馆有把越王勾践剑,曾上过《国家宝藏》。可想而知,这3把越王剑必然也是大有看头。

其中,越王州句剑目前存世仅30余件,此次展出的正是其中一把。首次公开亮相的它,代表越国铸剑的工艺水平。

接下来,我们再来看个"最精致"。以开本之小、蝇头小字之密著称,内容包罗万象、装帧小巧玲珑的宋版书《太学新增合璧联珠万卷菁华后集》,担得起这个称号。

宋版书有多金贵?有老话"一页宋版一两金"为证。此次展出的这本"小册子",当称精品中的精品。

众所周知,乾隆酷爱在各种字画上盖章,这部宋版书上就有他的"手笔"。此外,溥仪逊位后,为复辟筹措资金,从宫中运出了不少文物,其中也有这部书。8个字可形容它:稀世珍宝,命途多舛。

展览还展出了浙江地区迄今发现的"最早雕版印刷品"。《一切如来心秘密全身舍利宝箧印陀罗尼经》(又名"雷峰塔经"),此次展出的这一卷为雷峰塔倒塌后在塔砖中发现的。

相传1924年,雷峰塔倒塌,人们奔走相告"塔倒经现",由于杭州话发音分不清"金"和"经",人们以为塔下藏着很多金子,蜂拥而至,却只发现一块块塔砖和一卷卷散落满地的佛经,大失所望。后来,人们才知道,这些经卷就是"雷峰塔经",价值远超金子,又恍然大悟。

此外,琳琅满目的展品中,还有不少亮点。

特别值得推荐的是,涵盖千余个版本、36种语言、见证1888年至2018年出版脉络的《共产党宣言》,体现"最红色"。一百多年过去了,《共产党宣言》并没有因为时间流逝而泯灭,反而熠熠生辉,光芒四射。它们,不仅是宝贵的红色教育资源,更具有文化传承的深远意义,值得每一个党员干部去看看。

版本资源也反映群众生活。比如,丽水有户董姓人家,自1957年起每天记录家庭收支情况,57本家庭账本见证时代变迁。这是"最生活"。

二

以上种种很吸引人的展品，只是"冰山数角"。

此次杭州馆盛大展出的5000余件版本资源，则是一个更丰富、更庞大的中华版本世界。

先来看4个实体展览。

"潮起之江——'重要窗口'主题版本展"，就布在位于版本馆中心位置的主书房。展览汇聚图书、影像、报刊等重要版本1200余件。

浙江，是习近平总书记工作过的地方。诸如《之江新语》8个不同语种的珍贵版本、习近平同志在《之江新语》中回应干部群众关心问题的232篇短论等，集中呈现了他在浙江大地思考与实践的宝贵结晶。

此外，展览还展出反映衢州市上洋村经济发展的8个版本的《村规民约》、记录衢江区扶贫干部走村串户济困扶贫的158本扶贫笔记、获赞200多万次的手绘疫情防控思维导图等，以特色版本展现浙江的奋斗历程。

观看这些生动鲜活的时代版本，观众将惊异于浙江取得的历史性成就及"八八战略"带给浙江的巨大动能。

之江大地之变，由这里溯源！

来版本馆，自然要看"版本展"。看了"文献之邦——江南版本文化概览"，大家将对"版本"有更透彻的理解。

这个展览，陈列着古籍、青铜器、刻本、玉琮等10种不同类型的版本，是江南版本文化的首创之展，也是此次开馆展中文物古籍和珍稀版本最多的展。

在"浙江宣传"开篇,我们曾详聊过"浙江文化研究工程"。此次推出的"盛世浙学——浙江文化研究工程成果展",首次梳理这一盛世工程的学术脉络,展现其重要成果,由文字及实物带大家真实感受浙学的博大精深。

该展览还特别设置了"中国历代绘画大系"单元。错过此前大系展的观众,大可在此一饱眼福。

浙江素有"文献名邦、人文渊薮"之誉,这并非随口说说。《千古人豪》记载,元明清三代中,浙江一省的文学家占全国总数的五分之一,而现代史上浙江文化名人之多、涵盖领域之广更是为众人所知。

"千古风流——浙江历史文化名人展"组织72位浙江画家创作了179幅作品,包含182位浙江历史名人,还对应展出各种版本300余件,展现浙江的钟灵毓秀、鸾翔凤集。

再来看看杭州馆特有的数字馆。

在这片数字空间,观众可以沉浸式体验到重点打造的《玉琮王》《五代雷峰塔经卷》《元龙泉窑青瓷舟形砚滴》等独具浙江特色的数字版本。

三

看得出来,为了这次惊艳亮相,浙江使出了"压箱底"的力气。

比如,此次开馆展览亮出的版本资源,数量之多不说,不少重要展品属于首次面世。

再比如,五大展览由浙江省委宣传部统筹,集合了杭州馆自身及传媒、图书出版、学术研究、文博等领域单位及众多藏家等各方力量，广泛撬动资源，历经两年多打造。

下这么大力气，浙江为了啥？

值得一提的是，此次系列展览，是杭州馆与全国其他三馆首次面向大众，集中展示海量中华版本资源。

说版本馆是新时代国家文化殿堂，值得玩味的不仅是精美绝伦的建筑，更是丰富内涵与独特气质。这如何体现？内容当然是重头戏，必须要拿出一大批最最优质的家底。

其次，大家知道，杭州馆的定位，是江南特色版本库、华东地区版本资源集聚中心。说白了，华东地区，只此一家。

这也决定着，杭州馆拿出的版本资源既要重磅，还要能体现辨识度、展现江南气韵。比如，"江南版本展"，就是杭州馆区别于其他馆的一大特色。

可以说，这是一项政治使命，也是文脉传世工程、文化民生工程，毫无疑问，必须举全力办好。

这一系列展览，各有各的侧重、各有各的特色。而从全局视角看，5个展览一起，则有机拼成了一个由古至今的浙江，一个立体可感的江南。这与其他三馆的展览，又共同拼成一个书香萦绕、文脉延绵的中国。

无论是史前的刻画符号、铭刻时代的版本文物，还是写本时代的简牍纸帛、版刻时代的古籍经卷，抑或是近代的印刷出版物或数字版本，都是生活的记忆、时代的缩影，更是文化自信的源泉。通过展览，版本资源"活"起来了，与我们的生活更近了。

这些精神财富，跨越时空、历久弥新、生生不息。

林作祯 郑梦莹 执笔
2022年7月30日

"刺客"刺中的是精神世界

> "刺客"刺痛的,表面上看是钱包,往深处看,是消费时代的价值感与安全感。
>
> 或许,只有当我们真正回归到现实的生活世界,明白网红产品的本质,才能摆脱依靠符号消费带来价值感与安全感的心理。

最近的江湖,"刺客"有点多。

冰柜里平平无奇的雪糕,货架上别无二致的水果,网红店人人排队的饮品,都有可能在你拿着它付款的时候,毫不留情地用它的价格狠狠"刺你一剑"。

"刺客"刺痛的,表面上看是钱包,往深处看,是消费时代的价值感与安全感。

一

"刺客"在诞生之初,也曾是引领行业创新的"弄潮儿",在"雪糕刺客"事件中被推到风口浪尖的品牌"钟薛高"就是如此。

上市之初，"钟薛高"就凭借"高端民族品牌"的定位，主打不同一般的贵价雪糕。从13—20元的基础款，到66元的"厄瓜多尔粉钻"，再到被炒作到160元的"杏余年"系列，"钟薛高"在高端化营销中成功"出圈"，成就了国产高端品牌发展的"神话"，更掀起了一阵雪糕行业特色化发展的热潮。

稀有的原料，精美的工艺，来自各种遥远目的地的浪漫，都被编织成一个个令人向往的故事，装入"雪糕圈"的甜美叙事中。传统东北老品牌"中街"升级带来了"中街1946"，国民品牌伊利推出"须尽欢"系列。近期，茅台也在国内部分城市卖起了"茅台冰淇淋"。

互联网时代下传播方式的变化，给了网红产品更多"横空出道"的可能性。"高品质、个性化"的营销策略，成功赋予产品以社交属性、情感需求等附加内容，使品牌获得了生存和增长空间，在消费升级的浪潮之下，迅速造就了一批新兴网红产品。

二

那么，有些网红产品又何以脱下光鲜外衣，变成了"刺客"呢？

究其原因，离不开消费主义的退潮和理性消费的回归。

一些越卖越贵的网红产品，更多出自"身份消费"，背后是"身份符号"的建构。法国社会学家鲍德里亚在《消费社会》里断言，我们生活在"物"的时代。消费并非出于对需求和享受的迫切要求，而是更多出于物质背后的符号意义。

有的网红产品通过对品牌的符号化设计和高值定价，成了拥有某种经济资本以及高级品位的象征。买了"钟薛高们"后发到朋友圈、微博、小红书，也逐渐成为一种新的"社交货币"。

就像有人说，消费了高价网红产品，就可以引领时尚，就能成为更高端人群的一员，就能过上更加精致的生活。这种观点，曾经代表了不少消费者的心理。

可是，当经济大环境受到疫情冲击，当某些网红产品出现质量风波，当消费主义的狂潮逐渐退去，人们开始更理性地看待这些产品的价值，对它们的迷恋也逐渐变为"不值得"。

曾经为"网红""新鲜感""社交"买单的那批人，如今早已头脑清醒地奔向更具性价比的选择，社交网络中越来越多出现的"平替""省钱关键词"就是最好的证明。

三

"其兴也勃焉，其亡也忽焉。"

一些网红产品想要摆脱这样的命运，就必须坚持"从群众中来，到群众中去"，真正做为老百姓考虑的好产品。

以"割韭菜"心态来经营，通过资本包装、热搜营销，只能在短期内捧红产品、挣得"快钱"，无法长期支撑起品牌的持续稳定发展。

君可见，能够历经时间淘洗而不倒的，往往是那些走"群众路线"的产品。

当泡面巨头陷入"土坑酸菜"的舆论风波，当国际大牌运动鞋卷入"新疆棉"事件的旋涡，良心品牌白象、鸿星尔克等被"野性消费"，证明了在消费者对于性价比追求的回归下，受百姓喜爱的好产品拥有更强大的生命力。

有的网红品牌也看到了这一点。比如，今年以来，不少茶饮品牌选择主动降价，"喜茶""奈雪的茶"等纷纷调低了大多数产品的价格，部分茶饮价格已降到个位数。走亲民路线的"蜜雪冰城"更是广受消费者欢迎，今年上半年就开出2000余家新店，全国门店总数超过1.7万家，领跑全国茶饮市场。

历史已然证明，不走"群众路线"，把主要资金花在营销和造势、而不是品质和研发上的产品，终将在产品的新陈代谢中被淘汰。

四

在批判性讨论"刺客"的同时，我们不妨思考一番，消费时代真正的困境是什么。

在不少商品价值被符号价值取代的今天，我们在各种超出自己消费能力的"刺客"包围下变得焦虑。

或许，只有当我们真正回归到现实的生活世界，明白网红产品的本质，才能摆脱依靠符号消费带来价值感与安全感的心理。

一个人富足与否，绝不能够简单地用物质基础来衡量，更要注重精神世界的不断丰富与充实。颜回身处陋巷，一箪食，一瓢饮，也不改其乐。没有网红产品的加持，也没有社交平台的打卡，却拥有一整个充沛富饶的个人世界。

当然，对美好生活的向往永远是人类的本性。但或许我们是时候反思一下，什么才是我们真正想要的。我们对"网红"的追逐，究竟是真正的需求，还是只是被符号绑架？

苏畅 桑隽漾 执笔

2022年7月30日

越剧如何"越"山丘?

> 一台好戏离不开一个好故事,无论是经典的,还是现代的,能打动人心、充分体现"情与美"的故事,永远是越剧的灵魂。

今年,是越剧改革80周年。7月31日,第五届中国越剧艺术节在越剧的诞生地绍兴拉开序幕。在这个时间节点上,走过116年的越剧再次聚光于人们的眼前。

作为中国第二大剧种、首批国家级非物质文化遗产,越剧早已蜚声海内外,但是对于当下大多数普通人来说,她又有点像一位"熟悉的陌生人"。

说熟悉,是因为很多中国人都能哼上一句"天上掉下个林妹妹",而陌生感则来自越剧在现实生活中不那么高的活跃度。

越剧,该如何"越"山丘,与时代同行,受到更多人欢迎?

一

回溯历史,越剧一直因变革而不断焕发活力。

1942年10月,越剧迎来了第一次脱胎换骨——越剧表演艺术家袁雪芬在大来剧场上演第一台新越剧剧目《古庙冤魂》,打出了"新越剧"的旗帜。此后,越剧这一"乡间小戏"走向成熟,发育成了都市型、综合性的越剧。

20世纪八九十年代,融合青春之美、江南之美、现代之美的浙江越剧"小百花",更是让越剧站到了地方戏曲大舞台的C位。

进入21世纪,越剧依然进行着自我革新和探索,但在群众文化生活中的光环已不再那么夺目。

"听越剧、看越剧"更多成为越剧迷的专好,"迷"圈之外,越剧有点寂寞。

诚然,这与人们拥有了越来越多元、便捷的文化娱乐选择相关,电影、电视剧、话剧、演唱会、综艺等分流了越剧的粉丝群体,尤其是年轻人对越剧的注意力。

但曾经一票难求的越剧为何在与其他文艺品种的竞争中缩减了优势,又如何在新时代的缤纷舞台中再次"唱得漂亮",值得我们细思量。

二

越剧,可以唱出更多现象级的好故事吗?

在中国,有"乾坤一戏场"之说,这不仅含有人生就是戏剧的意思,也可以理解为戏剧是映照人生真实存在的"本子"。

一台好戏离不开一个好故事,无论是经典的,还是现代的,能打动人心、充分体现"情与美"的故事,永远是越剧的灵魂。

这些年,越剧创作在继承"原生"精华的同时,也不断开拓着"新生"空间。以《梁祝》(新版)等为代表的新时期舞台作品,在社会上引起强烈反响。

在越剧之乡绍兴,更是推出了《核桃树之恋》《一钱太守》《王阳明》等一批源于绍兴深厚文化底蕴,在传统中渗入鲜活现代元素,观照着当代社会精神和思想的新创作剧目。尤其是入选庆祝中国共产党成立100周年优秀舞台艺术作品并进京展演的《核桃树之恋》,取材于发生在嵊州市仙人坑村的一个真实故事,讲述了核弹技术工人与妻子之间平凡而感人的爱情婚姻生活,这也是绍兴通过越剧"讲好中国故事"的地方实践。

今天,我们依然热爱《梁祝》《红楼梦》这样的"经典咏流传",也渴望能在越剧里与更多既具时代气息又饱含人间烟火的好故事"同呼吸、共命运"。

这样的好故事里长出了"核桃树""钱塘里"等,但还远远不够,越剧需要创作出更多细腻深入呈现当代中国人理想品格、生存境遇、情感密码乃至精神困惑的好本子,进而形成现象级的作品,带领越剧穿越兴衰周期。

三

越剧,可以更"好看"一些吗?

时至今日,当科技极大拓展了人的视听边界,声、光、电甚至

VR技术不断融入各类艺术表演中，以"美"为标签的越剧在"好看度"上反而不那么突出了。

不少年轻的戏曲观众在追戏时，会首选昆曲等古老剧种，而后选择越剧等新兴剧种，这也说明越剧与这个时代的审美心理已经产生了距离。

事实上，在这个人们日渐习惯于用视觉抓取"兴趣和信息"的时代，对舞台艺术的颜值要求也越来越高，尤其是年轻观众更容易为"貌"所动。

这也倒逼越剧在保有地域文化独特"经典美"的同时，借鉴取经于其他剧种，巧妙有机地融入多元视听手段，为观众带来更具沉浸式、体验感的艺术享受。

当然，戏曲以"形式美取胜"（李泽厚语）的美学品格，并非单纯的"外在形式"，实则饱含"神动之美"，因此越剧如何将"形美神美"都长在观众不断提升的文化审美点里，才是永葆芳华的秘方。

四

越剧的"朋友圈"，可以更热闹一些吗？

"现在谁在看越剧？未来越剧给谁看？"越剧百年发展中一直盯着"观众席"谋篇的传统。

从某种意义上说，"朋友圈"的多寡和黏性，决定着越剧的未来能走多远，而通过各种形式"把朋友搞得多多的"也是越剧的必答题。

首先是"老朋友不能丢"——比如越剧发源地嵊州拥有各种戏

迷组织126个、社区戏迷角25个，可谓满城爱"越"人。

其次是"新朋友要交起来"——比如2016年至今，绍兴举办了6届全球越剧戏迷嘉年华，吸引了美国、法国、英国等国家和地区的戏迷来到绍兴。与此同时成立的"中华越友会"在全世界有首批站点60余个，其中海外站就有十多个，努力让越剧的新朋友遍布全世界。

最后是"无中生有变朋友"——比如"出圈"进入游戏皮肤、综艺、直播……通过新潮的传播形式，赢得年轻人的关注与喜爱。

值得重视的是，随着数字技术应用场景的增多，戏剧的表现形式也突破了现场演出的限制，借助线上云展演以及视频直播平台等，受众群体更广、传播速度更快、交流反馈更直接，当"天上"真的掉下林妹妹，越剧就能接起更多"粉"。

习近平总书记曾指出，越剧不仅是浙江人民宝贵的文化财富，更是全国乃至全球华人共同珍视的民族文化瑰宝。党的十九大报告中强调，要"推动中华优秀传统文化创造性转化、创新性发展"。

作为浙江乃至中华文化的美"声"代表，80年来，正是一次次紧贴人民需求、呼应时代变革的"创造性转化、创新性发展"，让越剧不断"越"过山丘，登上艺术和影响力的高峰。

有这样的"越"力在，我们期待越剧的明天：好戏开始啦……

周圆　图雅　执笔
2022年7月31日

秘色瓷：瓷器中的不朽传说

> 匠人们让我们看到，秘色瓷是一座休眠火山而非一座死火山，若以匠心为引线，可以让它重新燃烧起来。

"一部陶瓷史，半部在浙江。"

说起瓷器，人们多半会说到浙江；而说起浙江，宁波慈溪自是不可不提的。

作为晚唐、五代乃至北宋初期全国的窑业中心，在慈溪上林湖、白洋湖、里杜湖、古银淀湖等地分布着近200处窑址，它们犹如璀璨的明珠，镶嵌在慈溪的青山绿水之间。

在众多窑址中，最富传奇色彩的当属生产秘色瓷的窑址，上林湖后司岙窑址里烧制的即为秘色瓷。

"九秋风露越窑开，夺得千峰翠色来""巧剜明月染春水，轻旋薄冰盛绿云"……古往今来，不知有多少文人墨客倾倒于秘色瓷的风华，留下佳作。

借着他们的描述，我们不妨放飞思绪，去那幽幽深水如萌萌眸子的上林湖边，领略秘色瓷的不凡魅力。

一

秘色瓷源于青瓷，而又有别于一般青瓷。

它的魅力，能让一些才高八斗的文人也深感词穷，故而在形容秘色瓷之美时，人们常用比喻，像云，像月，像玉，像冰，像荷叶，像雨过天青，像很多种美好的事物。

想来，秘色瓷烧制是极为不易的。

在漫长岁月里，由于战争和朝代更替等，它被覆埋在厚厚尘土之下，后来更由于匠人缺失和方子失传，从人们的视野里彻底消失。

因为求而不得，在很长一段时间里，人们一边考古一边怀疑：或许这所谓"秘色瓷"根本就不存在？

直到20世纪80年代，这个谜底才最终揭晓。

1981年，一场罕见的狂风暴雨席卷八百里秦川，将陕西省扶风县的千年古刹法门寺里的佛祖真身塔塔身刮塌了三分之一。1987年春，陕西省组织人员推翻残塔，计划按原样建造新塔，结果在佛塔下发现了一间密室，法门寺地宫由此露出真容。

考古人员在地宫里发掘出了大量唐代文物，其中就有14件细腻精致的青瓷，"瓷秘色碗七口，内二银棱；瓷秘色盘子、碟子共六枚"——地宫内石刻"衣物帐"碑文的记载，为秘色瓷正了名（另一件八棱瓶没有记入衣物帐）。

证据摆在眼前，从此秘色瓷不再只是传说中的了。

专家们通过比对器型、釉面、垫烧痕迹等特征，最终确认这批青瓷来自慈溪上林湖。

如果说法门寺的出土文物为秘色瓷找到了故乡，那么这些年在上林湖荷花芯窑址、后司岙窑址的考古则是为了给它找到更多的家人。

二

中国考古界有一个始设于1990年的"奥斯卡奖"，每年从全国范围内评选出十大考古新发现。

慈溪曾经两度摘得这个颇具含金量的奖项，其中一个"获奖作品"便是2016年上林湖后司岙秘色瓷窑址的发掘。

后司岙窑址出土的秘色瓷产品，不仅与唐代法门寺地宫、五代吴越国钱氏家族墓中出土的秘色瓷在器型、胎釉特征上十分接近，而且装烧方法几乎相同，也为慈溪作为秘色瓷的原产地提供了一个有力佐证。

两年之后，"秘色在人间——越窑秘色瓷特展"在慈溪市博物馆开幕，那些流落四方的秘色瓷回家了。这次展览汇集了6家文博单位共40余件秘色瓷珍品，堪称是"秘色家族"的一次大团圆。

人世间的事，若是只得源远而不能流长无疑是一种遗憾。

庆幸的是，在慈溪这个秘色瓷的原乡，始终有那么一些人潜心钻研着烧瓷炼器的技艺。

孙迈华、孙威父子，施珍，闻长庆、闻果立父子，沈燕荣……一个个名字、一位位匠人，凭着对青瓷的热爱和一股子匠人精神，守护在秘色瓷回家的路上。

守护常常意味着奉献与舍弃。

20多年前，孙迈华带着家人和窑工从龙泉来至慈溪，没日没夜地骑着自行车找遍上林湖畔的每一座山头，不断尝试、研究，经过十年磨砺，最终于2011年烧制成功7件无论是烧制工艺、器型还是釉色，都极为接近越窑青瓷巅峰之作的"秘色瓷"。

在孙迈华影响下，儿子孙威和儿媳谭静也爱上了这门"化泥为玉"的艺术，成为匠人匠心的接棒者。

在许多像孙氏父子一样的传承人的共同努力下，秘色瓷以中断千年又被接续的独门绝技再现人间。

三

古老的技艺在一位位匠人手中焕发新生，匠人们让我们看到，秘色瓷是一座休眠火山而非一座死火山，若以匠心为引线，可以让它重新燃烧起来。

这些年，慈溪的匠人们在继承传统风骨、坚守初心的同时，关注现代审美意趣，诉说中国人细腻婉约的情感。

他们将秘色瓷制成各类文创产品，以工艺的极致表现美感细节，借由碗具、杯盏、口红、饰物等日用品走入"寻常百姓家"。斑斓迷人的古瓷风韵，使得它们一进入市场便深受追捧。

秘色瓷不仅可以看，还可以听。如果说瓷器是文化的碎片，那么瓯乐就是历史的回声。

为了再现旧时绝响，慈溪一直致力于"瓯乐"这一非物质文化遗产的抢救和保护，让"古董"发出兼具古朴典雅和时尚潮流的美妙声音。

这种深入灵魂的惊艳是中国的，也是世界的。

在省市县各级宣传部门的推动下，瓯乐之声不仅跨越时间长河，把唐风宋韵串作一处，更打破空间屏障，多次走出国门，向世界人民讲述了一段源自中国江南的秘色传说。

当然，想要让秘色瓷文化源远流长，除了搭建多样化的传播平台和载体，关键还得做好"人"的工作。

一方面，人才队伍培养对秘色瓷的传承弘扬至关重要，所以近年来慈溪不断吸引外地瓷区的人才来慈发展、推动本地人才外出学习，通过交流和切磋实现技艺提升；另一方面，秘色瓷的传承弘扬不是一代人的事情。依托文旅融合、"非遗"进校园、研学之旅等形式，让秘色瓷的种子在孩子们心中生根发芽，激活他们的文化归属感和自信心。

鲁米有诗云：你正在寻找的东西也在寻找你。

于秘色瓷而言，同样如此。

在人们寻找、发现、守护、传承、激活它的过程中，它亦在不断地赋予人们力量和灵感。

潘玉毅 李攀　执笔
2022 年 7 月 31 日

有一种守护叫中国军人

> 这些年轻的战士、英雄的官兵早已把对祖国的感情铭刻在了自己心中,一切信念所铸,不过只是一句:清澈的爱,只为中国。

当今,世界并不太平。

就在近日,有美媒爆料,美众议院议长佩洛西有意8月窜访台湾。对此,中国外交部、国防部接连发声警告。

国防部发言人谭克非回应称,如果美方一意孤行,中国军队绝不会坐视不管,必将采取强有力措施挫败任何外部势力干涉和"台独"分裂图谋,坚决捍卫国家主权和领土完整。

把视线拉长,回观这几年,全球疫情打乱各国节奏,俄乌冲突仍未止歇,远方的战火、鲜血和呐喊声,是日常在新闻报道能瞥见的头条资讯。

风云变幻的局势背后,中国人的自信和乐观显得独树一帜。

因为所有人心里都有一个不言自明的共识,在我们身后,一直伫立着一支不可战胜的队伍。

习近平总书记强调，建设一支听党指挥、能打胜仗、作风优良的人民军队，是党在新形势下的强军目标。

中国共产党领导下的中国人民解放军，带给了中国人无与伦比的底气和安全感。

这种人心安定的来源，在于这支军队的武器装备精良、战斗能力精湛，更在于他们的信念和精神。

他们传承不息的革命信仰会告诉你，中国军人，永远值得信任和托付。

一

"千磨万击还坚劲，任尔东西南北风"，不畏艰险、意志坚韧是中国军人最鲜亮的精神底色。

他们坚信没有克服不了的困难。

环境险恶挡不住他们。征途坎坷，他们一路上"逢山开路、遇水架桥"，大漠黄沙、前进脚步不止，天寒地冻、依然血气方刚。

长线作战累不倒他们。自南昌起义建军伊始，在紧迫时间内，他们先后发动秋收起义、广州起义，再到开拓井冈山革命根据地、北上抗日，一路上攻坚克难、愈战愈勇。

物资匮乏压不垮他们。延安时期，他们战时作战、闲时种地，喝沙柳水、吃树叶子，愣是靠着一把镢头一支枪，将荒无人烟的南泥湾开垦成了"陕北的好江南"。

他们笃信没有不能完成的任务。

至今忆长征，犹感西风烈。1934年，在敌方围追堵截、重火力压制的危急关头，中国工农红军被迫战略转移，两年时间内栉风沐雨、夙兴夜寐，历经大小战役600余次。

四渡赤水河、大战娄山关、抢渡金沙江、飞夺泸定桥，红军一路上且战且行，在两万五千里的行程中硬生生杀出重重包围，堪称中国历史和世界军事史上的伟大壮举。

有道是，越不可越之山，则登其巅；渡不可渡之河，则达彼岸。

他们确信没有不可战胜的敌人。

朝鲜战争，面对与美军在武器装备、物资补给上的悬殊，中国军队依旧挺起胸膛，披着薄衣，拿上"万国造"就跨过了鸭绿江。

在上甘岭、长津湖，面临美军战机和坦克的狂轰滥炸，一个个战士奋不顾身地拉响手雷和炸药包，用血肉之躯也要挡住敌人的冲锋，舍下命来也要炸毁敌人的堡垒。

胸中有誓深于海，肯使神州竟陆沉？

这就是军魂，是中国军人的不灭信仰。

它的巨大力量足以让人相信，这支军队战无不胜、攻无不克，敌人冲不垮他们的防线。

它也让中国人民万分笃定，无论事有多险、灾有多大，他们的脊梁一定力扛重担千钧。

在人民与危难之间，永远立着一堵不会倒塌的墙。

二

近百年来，从抗日战争到解放战争、再到打破帝国主义的野心封锁，铁骨铮铮的中国军人渡险滩、跨江河，创造了一个个璀璨耀眼的战斗奇迹。

这也让世界范围内很多人士都藏着一个疑问，到底是什么在支撑中国军人？他们钢铁般的意志从何而来？

如果一定要找一个答案，大概如苏联女作家科茹霍娃所描述：

士兵的力量不仅仅在他自己身上，还在于他生长的古老土地上，在于他从祖辈继承下来的多年形成的历史之中。

刚强不屈、百折不挠是中国军人对自己战士身份的骄傲。

他们不怕伤痕累累、烈日灼伤，更不怕枪林弹雨、冲锋陷阵。当穿上军装的那一刻，他们就代表着正义之师。捐躯赴国难，视死忽如归，大丈夫当如是也！

赴汤蹈火、艰苦奋斗是中国军人对不负人民重托的担当。

过去，他们用生命和热血为中华民族铸就了和平与安定。今天，当烽火渐熄、硝烟散去，他们又奋战在抢险救灾的最前线，守护着万家灯火、岁月静好。

所有的壮怀激烈，只为不负人民的期盼和希望。

舍生取义、以身许国是中国军人对中华大地最深沉的表达。

位于贵州石阡县的困牛山，山势蜿蜒、绝壁陡峭。1934年10月，红六军团在此地正面遭遇国民党军二十多个团，损失极为惨重。为拖住敌人、掩护主力，红18师52团调转方向，面对数倍强敌和被敌人挟持在前充当人盾的村民，他们宁死不当俘虏，宁死不伤百姓，最终砸烂武器、纵身跳下悬崖。

一寸山河一寸血，一抔热土一抔魂。

泱泱华夏，岂容他人觊觎？为此，在海岛边防，他们坚若磐石、与灯塔为伴；在边疆哨所，他们稳如胡杨、淡看大漠孤烟；在雪域高原，他们卧雪饮冰、勇穿高山密林。

这些年轻的战士、英雄的官兵早已把对祖国的感情铭刻在了自己心中，一切信念所铸，不过只是一句：清澈的爱，只为中国。

三

岁月让山河改以颜色，但也使精神积厚流光。

巍巍中华，从来不乏英雄的传说，在口耳相传中凝结成宝贵的历史记忆。

在浙南永嘉，中国工农红军第十三军一经成立就顶着枪林弹雨浴血奋战，经历大小战斗百余次，足迹遍及温州、台州、金华等浙江多地，有力支援了中央苏区的革命斗争。至今，楠溪江两岸仍英气回荡，熔炼成"红十三军精神"。

在浙西南，中央红军主力长征后在此创建了一块崭新的革命根据地，组织的先遣队以艰苦卓绝的斗争和大无畏的牺牲精神，既维护了中央的安全，又在全国革命低潮中发出一声嘹亮呐喊。时光流逝，而这片热土依旧饱含热血。

炎炎华夏，总会涌现英雄儿女，在时光的沉淀里不断长出新嫩的枝丫。

2007年冬天，年轻军官孟祥斌义无反顾纵身跃入冰冷江水中救下落水者。十五年后，他的女儿也已长大成人，目睹了当年救人那一幕的孟诗妍，顺利被战略支援部队信息工程大学录取，今年九月，她将踏上父亲曾走过的路。

2020年，年轻战士肖思远在中印边境冲突中誓死捍卫国土英勇牺牲。两年后，他刚满18岁的弟弟报名参军，在部队的哨岗上，肖荣基目光坚定、昂首挺立，他将继续追寻哥哥未竟的事业。

岂曰无衣？与子同袍。

碧血丹心，生生不息。

在国家危难的战争年代，中国军人用血肉之躯为中华民族筑起"钢铁长城"。而今，他们的精神也将恒久传承下去，以接续更新的新面孔接力谱写奉献与坚守。

中华民族的强盛，不单在于武装力量的强大，更在于始终不乏前赴后继、薪火相传的后来人。一位位英雄的战士或许已经远去，但中国人民的守护者依然挺立、从未更迭。

今天，时值中国人民解放军建军95周年，这是一个值得铭记和赞颂的日子。

既为伟大的中国军人，也为英雄辈出的中华民族！

张俊 李攀 执笔

2022年8月1日

96岁老兵口述：我这一生从战争中走来

> 不管过去还是将来，军人的使命就是保卫国家。

这张照片，是在朝鲜拍的，中间是我，两边是我的战友，他们都在战场上牺牲了。

我叫杨国坎，今年96岁，在参加抗美援朝战争之前，我就早已经是一名军人。

18岁那年，我参加了山东省荣成石岛镇的民兵登记。1947年2月，我被整编到华东野战军第一纵队二师五团，从山东威海走路到泰安，开始执行野战任务。

算起来，我在部队干了32年。

我这一生，是从战争中走过来的，好几次险些在战场上丢了性命，我这条命是捡回来的。

但我从来没有后悔过，我把命交给国家，就是为了保卫国家，这些苦应该吃。

一

在战场上,我负责后勤工作,管部队的吃穿用。

部队一般是晚上行军赶路、白天休息,而白天后勤人员就去找粮食和军需用品,我常常困得走着路都能睡着。

前线最紧要的就是粮食和弹药。

在淮海战役中,有一次,我领着炊事班的战友去前线送饭,我走在前面,两个战友挑着饭,走在我身后七八步的地方。

敌人的飞机在天上呼啸而过,落下的炸弹就在我们附近炸响,等我回头看时,身后的战友都牺牲了,只剩下我一人,准备送往前线的饭也被炸没了。

我当时着急得不得了,也管不了敌人的飞机还在天上飞、炸弹还在往地上掉,心想只要还有一口气,也要做好饭送去前线。

淮海战役打了66天,歼灭了55万多敌人。

我们俘获了很多俘虏兵,再加上我们自己的战士,每天需要很多粮食,这些粮食都是老百姓用小车子一车一车地推给我们的。

走到百姓家里揭开锅盖一看,百姓自己吃的都是野菜。

淮海战役后,我们向南行军到安徽宿州,在那里过了1949年的春节。休整期间,华东野战军第一纵队整编为中国人民解放军第二十军。

二

为了横渡长江,我们开始学习划船、游泳。

我是山东人,我们山东的兵很多没见过船,也不会游泳,只能现学。我除了准备部队吃的用的,还要动员当地的百姓把船借给我们渡江,动员船老大把我们送到江对面。

在长江南岸,从武汉到上海沿线,国民党早就部署好了防线,战壕挖得有一人多深,枪炮全都对着江北的方向。我们只能先把敌人的防线打掉再渡江,不少连队都在这时候被打散了。

渡江战役也是一场追击战。国民党的长江防线被突破后,他们的兵从武汉一路南下向上海逃跑。他们一路跑,我们就一路追。

我们没有空军也没有海军,就靠着两条腿追到湖州、嘉兴,有时候一天要赶100多里路,一直追到上海浦东。最后国民党从吴淞口往海上逃跑。

1949年5月27日,上海解放了。

上海是大城市,街边都是商店。在农村,我们借住在百姓家,用稻草或者高粱秆铺在地上当床铺,出发前一定会把院子打扫干净,把水缸挑满水再离开。但在城市里不能随便住,累了大家就直接睡在大街上。

解放军一直保持着良好的作风,百姓都看在眼里,所以有了后来闻名全国的"南京路上好八连"。

1949年4月,我主动申请加入中国共产党,我记得入党宣誓在当年7月1日,党的生日举行。

我认为能入党的都是先进分子,入党不是摆着好看的,是要起带头作用的,我就是要把本职工作干好。

三

后来，抗美援朝战争就开始了。

党有号召，我们二话不说，准备前往朝鲜。

1950年10月，我们从上海乘火车到山东兖州地区进行短期整补，紧接着就开入吉林通化梅河口地区集结，身上贴的徽章也从解放军换成了志愿军。

下了火车，我们边走边拿上一件棉衣就匆匆上了战场，过江没走几里路就进入了战斗状态。

零下30摄氏度，鸭绿江已经结冰，土地被冻得很硬，战壕都挖不动。后方运上来的土豆，冻得像石头一样咬不动，只能在胳肢窝下焐热了再吃。

我在朝鲜一共参与了5次战役，一直打到南朝鲜首都。

印象深刻的是长津湖战役，我们的主要敌人是美国陆战一师。美军占有空中优势，敌人的飞机总是一批4架，两前两后地围着山头转着圈开，看到目标后，就头朝下一下子俯冲过来，枪林弹雨一阵扫射，之后立刻调转方向飞走。

长津湖并不是一个真正的湖，朝鲜北部多山，没有雨水的时候，长津湖就是一片山坳。我们棉服的里子是白色的，大家就把棉服反过来穿，靠着山坳，趴在雪地里一动不动，躲避敌人的攻击。

很多战士在战场上被冻伤，严重的只有把腿锯掉才能活命，非战斗减员非常多，我的脚也被冻伤了。

敌人没日没夜地轰炸，朝鲜几乎看不到一个完整的城市，全都成了废墟。所有的物资只能从国内运输，不少铁路都被炸毁了，后勤运输非常困难。

我们只能在晚上抢修铁路、背粮食、运补给。国内开过来的火车把物资卸下后,就开进山洞里隐蔽,等到晚上再往国内开。为了不被敌人发现,运输车在晚上也闭灯驾驶,山路一边是山、一边是沟,一不小心就会开到山沟里。

抗美援朝战争我们就是靠"小米加步枪",没有厚棉服少吃的,也没有坦克飞机。而美国为首的"联合国军"晚上睡觉用的是羽绒睡袋,吃的是各种罐头,飞机数都数不清。

这么艰苦的条件,我们能打赢,靠的就是人心齐。

中国共产党的领导是坚强的,中国人不怕流血牺牲,战场上冲锋号只要一吹响,战士们就一起向前冲,冲到敌人中间就近身拼刺刀,没有一个人退缩。

抗美援朝战争我们牺牲了很多战士,毛主席的儿子毛岸英也牺牲在了朝鲜战场。有的连上战场时有100多人,最后回来不到30人。

四

1952年10月,我部在朝鲜换防后回到上海嘉定,后坐军舰到宁波,1953年春节回到萧山。

在那之后,我在杭州人民银行、杭州公安局、杭州纺织工业局当过军代表,再之后转业到临安人民医院,直到1984年退休。

我经常会想起很多战友、很多事,就像放电影一样。

抗美援朝战争快结束时,我的一位战友老乡在离开战场前跟我道别,他说:"我要回家了。"

但是，等我回到家乡再去找他时，却发现他一直没有回来过。

也许，他是在回国的路上遇到轰炸牺牲了，那一次成了我们见的最后一面。

没有国，哪有家？

不管过去还是将来，军人的使命就是保卫国家。

我们要始终记得，别人的领土我们一寸也不要，但我们的领土一寸也不能少。

今天我们生活在和平年代，离不开中国共产党的坚强领导，离不开军人的保家卫国。

我每天都要看报，不想与这个社会脱节。看看我们党有哪些新的工作部署，把重要新闻剪下来贴在本子上，写上我的感想。我已经记不清写了多少本笔记本、用了多少支笔了。

今年是中国人民解放军建军95周年，每每听到嘹亮的军歌声响起，我感觉自己依然热血沸腾。

我只是时代洪流中的一片浪花，真正伟大的是我们党领导下的中国人民，我永远不能忘记我的那些牺牲在战场上的战友们。

（本文由杨国坎口述，工作人员整理）

季方　执笔

2022年8月1日

中华文明"种子库"是这样建成的

> 文化瑰宝不应被束之高阁、秘不示人,益于世用、让其活起来,发挥出最大限度的价值,才是终极归宿。

酝酿数百日,一朝惊艳众人。

从落成典礼向世人揭开面纱,到推出一系列重磅展览"豪气"亮出"家底",这些天,"版本馆"成为全国人民热议的关键词。

热议的同时,人们又是惊喜又是好奇:这么多"家底"从何而来?

中华版本资源,用浩瀚如烟形容不为过。版本馆,就是国家站在文化安全和文化复兴战略高度谋划建造的新时代的中华文明种子基因库。

建一个这样的"种子库",第一步就是"收集种子",也就是征集版本藏品。

拿杭州国家版本馆来说,杭州馆开馆展览展出的藏品5000余件,实际上,目前杭州馆征集到的版本数量已经达到100万册(件),远超预期。

九层之台，起于垒土。这数目来得并不容易，一切都可以说是真正从零开始。

一

时间倒回至20个月前。杭州馆筹建之初，一个巨大的难题摆在面前——如何在开馆前征集到数量足够的版本藏品？

要知道，对于任何一家收藏机构，馆藏都是立馆之本。更何况版本馆是"馆中之馆"，作为中华版本传世工程，必须要有更扎实的馆藏基础。

种种因素，注定一个事实：这事挺难的。

怎么破？

经过充分商定之后，杭州馆理了理思绪，给出征集办法——以"国家主导、多方参与、整合资源、协同共进"为总体思路，发挥体制内单位优势、浙江民间收藏优势等，凝聚各方力量。

第一步，就是要在各系统内开展版本呈缴，发挥各行业各单位优势。

比如，征集所得的版本资源中，有一批工业品和建筑物设计图纸，生动展现浙江数十年间的发展面貌。这是在省建设厅的协助下"抢救"回来的一批藏品，包含手绘图纸、专家手稿等，时间跨度从1958年至2005年，数量达2万余件。

今天的优秀出版物，就是明天的典籍。要征集当代图书，省出版联合集团是重要征集单位。在开馆展览中与观众见面的多国语种的《之江新语》等，就是经过严格筛选被"收入囊中"的优秀出版物。

用众人之力，则无不胜也。

近两年来，38家省级单位、12家省级宣传文化单位，以及全省11个地市踊跃助力征集工作。多方参与、整合资源之下，成果喜人。

这些"金种子"涵盖民营企业、中华老字号企业、"非遗"技艺、名人手稿手迹、书画作品等各个领域、各个层次，不可谓不丰富。

二

如果说，通过体制内的呈缴和发动是为版本馆打"地基"，那么社会捐赠则组成了筋骨构架。

古籍、民国文献、红色文献等版本的征集，不少就来自社会捐赠。

比如，在"文献之邦——江南版本文化概览"中展出的《共产党宣言》系列版本，就来自浙江奥特莱斯广场有限公司董事长金亮先生的个人捐赠。

值得一提的是，这也是杭州馆接收到的第一笔社会捐赠。当时，恰逢建党百年与恩格斯诞辰200周年，这笔数量达千余册的捐赠，适逢其时，适得其所。

不久后，金亮先生又向杭州馆捐赠了780件珍贵版本，其中包含了五代雕版《陀罗尼经咒》、吴越国时期"雷峰塔经"、宋刻《太学新增合璧联珠万卷菁华后集》重要古籍版本。他的义举，为版本征集收藏工作画上了极为浓墨重彩的一笔。

沿着西湖边葛岭路一路顺着石阶往上，就能看见一座白墙黑瓦的传统木构架老宅。这里便是位于葛岭路13号的黄源故居。

对于黄明明而言，父亲黄源不仅是鲁迅先生的学生和战友，更是他革命精神的传递者。

几十年来，黄明明、洪蓉芳夫妇一直以保存红色藏品、传承红色文化为己任。为父亲黄源的藏书找到一个好归宿，是他们心中所愿。

在与杭州馆工作人员多次接触沟通后，他们下定决心，捐赠黄源的旧藏图书、文献与手稿共计2126册，其中包含了英文1908年版《聊斋志异》、萧军签名版《八月的乡村》等珍贵版本。

同样想为自己几十年来的作品找个好归宿的，是鲐背之年的中国美术学院教授、"鲁迅版画奖"获得者陆放。

说服陆放教授，实非易事。作品如同亲女，亲女外嫁之时，总有多重思虑，这是人之常情。

真心以待，总能打动真心。其间，版本馆工作人员邀请陆放来到正在建设中的杭州馆。在细细考察参观后，他当场决定：捐赠329件作品，包括西湖主题版画和各系列藏书票。

征集之路上，正是一批批捐赠者的慷慨和参与，为杭州馆形成充实的版本典藏体系垒起了砖瓦。

三

除了捐赠之外，寄存代管也是一种模式。

什么是寄存代管？简单而言就是，藏品所有权依旧归自己，使用权归保藏机构。

浙江人文底蕴深厚，珍品善本藏于民间，对于一些将一辈子心血与积蓄倾注在收藏上的藏家而言，这种寄藏方式不失为两全其美之策。

在杭州馆开馆展览中展出的战国越王州句剑、茅盾信札、钱学森信札等，都来自藏家寄藏。

纸短情长。在杭州馆馆藏诸多版本中，名人信札是重心。

1970年初的茅盾，夫人病故，生活孤寂，与外界联系甚少。这期间，与表弟陈瑜清的信件往来成了他的情感慰藉。

这些书信涉及内容诸多，有对文学的探讨，对亲属友人的怀念，对旧闻往事的回忆。一封封家书，展现了茅盾崇高的境界和辉煌的人生。

如今，两位先生均已西逝，但那些珍稀遗存，不应也不会湮灭于世。征集工作人员获得多方支持，与陈瑜清先生后人取得联系，双方很快达成共识。

此外，在众多寄存藏品中，有一批藏品包含了信札53件、书法2件、40年代老照片6张。其中就有钱学森的18封书信。

钱学森信札来自潘杰、范祝华夫妇。这18封书信是90年代钱学森先生与潘杰先生一段友谊的重要见证。字里行间，彰显出钱学森学识的渊博，也映照出潘杰对知识的渴求与求教的谦卑，堪称佳话。

这些信件，也为浙江文化名人研究增添了珍贵史料。

四

国家版本馆是馆中"新面孔"，藏品的征集，无经验可循、无旧法可参。可想而知，要建一座新时代的文明"种子库"并不容易。

而从成果看，从位于北京的中央总馆到西安、杭州、广州分馆，在开馆之际，各馆在藏品征集上都取得显著成效，得到了社会各界的全力支持。

很多人或许会有疑问：在如此之短的筹备时间内，这样的成绩是如何达成的？

国家版本馆是典藏中心、展示中心、研究中心、交流中心，将发挥以史鉴今、启迪后人的重要作用。

对于这样一项重磅传世工程，不管是建设指挥部和版本馆的工作人员，还是其他助力的单位，又或者是艺术家、收藏家个人，都愿意尽一份心、出一份力。

更深一层，这其实是关于"公"与"私"的探讨。

在很多次捐赠仪式上，数位捐赠者吐露的心声，都令人感动。他们每个人，或许背景不同，年龄地域也不同，但说的话都有异曲同工之处：

将自己的作品、藏品捐赠或寄存在版本馆，是希望它们不仅能得到妥善收藏、守护，更能在国家版本馆这个大平台上展览展示，从而更好地弘扬优秀中华文化。

文化瑰宝不应被束之高阁、秘不示人，益于世用、让其活起来，发挥出最大限度的价值，才是终极归宿。

这就是版本馆内容不断充实的理由，也是文明"流动"起来、传承下去的理由。

春种一粒粟，秋收万颗子。

建成中华文明种子基因库绝非一日之功，版本征集的脚步也不会止步于今时今日。期待更多"金种子"能充实进库，点亮文化传承的火光。

王希禾 郑梦莹 章晓云 执笔

2022年8月1日

西湖有风情更有风骨

> 在游人眼里,"三面云山一面城",看到的是风景;在情人眼里,"钱塘苏小是乡亲",看到的是风情;在文人眼里,"疏影横斜水清浅",看到的是风流;在士人眼里,"青山有幸埋忠骨",看到的是风骨。

一

鲁迅虽是浙江人,可骨子里好像并不喜欢西湖。

比如,雷峰塔倒了,他写了《论雷峰塔的倒掉》《再论雷峰塔的倒掉》。雷峰塔倒了,他非常开心。

郁达夫要搬回杭州,和王映霞去过神仙日子,鲁迅就写了诗劝他,题名是《阻郁达夫移家杭州》,"坟坛冷落将军岳,梅鹤凄凉处士林",把西湖说得凄凉无比。

其实,鲁迅是担心郁达夫在西湖边消磨了斗志,"如像袁子才一路的人,身上穿一件罗纱大褂,和苏小小认认乡亲,过着飘飘然的生活"。

这的确不能怪鲁迅。西湖被外界贴上的几个标签中,纸醉金迷之处是其一。"山外青山楼外楼,西湖歌舞几时休?"

其实,别看同是一湖碧水,看西湖也有好几重境界。

在游人眼里,"三面云山一面城",看到的是风景;在情人眼里,"钱塘苏小是乡亲",看到的是风情;在文人眼里,"疏影横斜水清浅",看到的是风流;在士人眼里,"青山有幸埋忠骨",看到的是风骨。

所以,西湖怎么样,取决于你怎么看。

二

历代文人骚客,为西湖留下浓墨重彩,各有风韵。最有代表性的应是这三人。

一是苏东坡,点出了西湖的神韵。东坡一生颠沛流离,论起平生功业来,也是自嘲"黄州惠州儋州",似乎跟杭州不沾边。他曾两次在杭州为官,前为通判,后为太守,在杭州度过了生平最快乐的日子。

"水光潋滟晴方好,山色空蒙雨亦奇""卷地风来忽吹散,望湖楼下水如天""水枕能令山俯仰,风船解与月徘徊",皆为写西湖的佳句。他的点睛之笔是"欲把西湖比西子,淡妆浓抹总相宜",用西子点出了西湖的神韵,后面写西湖的人只能搁下笔,再也找不出更美的比喻了。

二是林逋,他撑起了西湖的气韵。林逋,北宋隐逸诗人,隐居孤山20年,以"梅妻鹤子"成为历代隐士的典范。林逋留下的诗很少,但仅"疏影横斜水清浅,暗香浮动月黄昏"两句,就足以冠绝历代咏梅诗了。正是有了林逋这种高洁的形象映衬，西湖的山水才超越俗世，自有气韵。

三是张岱，他道尽了西湖的底蕴。张岱是以湖心亭看雪"出圈"的，初中生都会背"莫说相公痴，更有痴似相公者"，他的《陶庵梦忆》《西湖梦寻》都与西湖关联甚密。

他追忆的西湖，是"披发入山"的家国之痛，是"繁华靡丽，过眼皆空"的黍离之悲，是"五十年来，总成一梦"的痛彻心扉。他是以乐景写哀情，我们赏的是湖心亭之雪，在"天与云与山与水，上下一白"中坐忘天地；他哀的是永远回不去的"崇祯四年"，是那个阔别二十八载、时时入梦的西湖。有了张岱，西湖的文字便开始厚重。

苏东坡的西湖是少年的，青春昂扬；林逋的西湖是中年的，沉静内收；张岱的西湖是暮年的，只能追忆似水年华。

在西湖边，有人只看到了山水，有人却看尽了一生。

三

别以为西湖边只有文士吟诗作画，其实更有多位死士酣然长眠，这里的山水虽轻灵，但从未轻佻，衬得天堂之湖在风情之中更有一番风骨！

"青山有幸埋忠骨，白铁无辜铸佞臣"。

西湖的山看似婉约，但柔中带刚，挺起的是忠骨的脊梁；

"一腔热血勤珍重，洒去犹能化碧涛"。

西湖的水看似平静，但暗潮涌动，澎湃的是义士的碧血。

其实，鲁迅批评过的内容，袁枚老早反驳过了。他写过一首

《谒岳王墓》：

江山也要伟人扶，神化丹青即画图。

赖有岳于双少保，人间始觉重西湖。

岳飞、于谦，加上张苍水，合称"西湖三杰"，都埋葬于西湖的青山碧水间。

先说岳飞。南宋能守半壁江山，全赖中兴四大将。四将中，岳飞功劳最大、金人最怕，是女真铁骑真正恐惧的对手，是唯一进攻型的将帅，是最想直捣黄龙府、收拾旧山河的。

南宋中兴诸将拥有私人武装，皆飞扬跋扈，广置私产，既解国难，也发家财。如张俊，一年收租就能收到三百万斗，被伶人当面讽刺"张郡王只在钱眼里坐"。岳飞是唯一出淤泥而不染的，一直守着"精忠报国"的初心，真正捍卫了"文臣不爱钱，武臣不惜死"的誓言。

绍兴十一年（1141）农历除夕夜，岳飞被赐死于临安大理寺内，时年39岁。儿子岳云亦被腰斩于市。其罪名就是臭名昭著的"莫须有"！临刑前，他写上"天日昭昭，天日昭昭"八个大字申诉，控诉赵宋王朝自毁长城。其心是何等之苦！

于谦的故事跟岳飞一样，可名气稍弱。面对土木之变、瓦剌围城，大明王朝危在旦夕，极有可能酿成靖康之耻的明朝版。是于谦力挽狂澜，救了大明朝，才得以延续国祚直到李自成攻下北京城。

于谦是一人独撑，岳飞是四将同行。他的命运跟岳飞一样惨，死于自己救回的明英宗之手。夺门之变时，明英宗心里过意不去，还想留住他，可徐有贞等人却说"不杀于谦，师出无名"。一代名臣名将终死在自己誓死捍卫的北京城下。

于谦被抄家时，家无余财。"粉骨碎身浑不怕，要留清白在人间"的志向，他一生都在恪守。

张苍水，明末抗清的民族英雄。他曾写过"日月双悬于氏墓，乾坤半壁岳家祠"。岳飞、于谦是他一生的榜样。在八旗铁骑横行，扬州十日、嘉定三屠的血腥屠杀下，他投笔从戎，是真正的"知其不可而为之"。他联合郑成功，三次率军攻入长江，震恐清廷。康熙三年（1664），张煌言被清军杀害于杭州弼教坊。

他赴刑场时，大义凛然，面无惧色，只叹息："大好江山，可惜沦于腥膻！"

此外，还有"辛亥三杰"——因击毙安徽巡抚恩铭而心肝被挖去炒了吃的徐锡麟烈士，为浙江光复奔走不已后被蒋介石刺杀的陶成章，第一位为民族民主革命流血的女革命家鉴湖女侠秋瑾，皆长眠于西湖山水间。

因历次迁坟，现在"辛亥三杰"中只剩下秋瑾的墓还在孤山。西泠印社前，迎风而立的她，右手按剑，眼望西湖，汉白玉石像缟素如雪、纯白无瑕。

有这样的英雄长眠，有这样的英灵护佑，西湖山水怎只是儿女情长，怎只是文士风韵？

游西湖，看的不应当只是山水。西湖的风骨，这背后的文化内涵，当被更多人念念不忘。

前两日，笔者带小儿寻访于谦祠时，听闻身旁几位游客嘀咕："说相声的果然有钱，都盖这么大的祠堂了。"此于谦非彼于谦！

是时候，要让更多的人更深地懂得西湖。

赵波　执笔
2022年8月2日

《运河边的人们》为何值得看？

> 新世纪大运河"旧貌换新颜"的巨大变迁，让我们真真切切感受到普通人在历史洪流之中的抉择与追求。

运河两边是故乡，涛声桨影岁月长。

8月1日晚，长篇现实题材电视剧《运河边的人们》登陆CCTV-1黄金时间，爱奇艺、优酷、腾讯、芒果TV等四大平台也同步上线，可谓重磅。

这部剧讲什么？剧名就已揭晓。大运河是物理空间、文化空间，生活、工作在运河边的人们是剧中的角色。

有所不同的是，相较于以往局部展现历史中大运河的电视剧，《运河边的人们》首次将视角立足当下，以东江市的大运河治理和保护为线索，通过大运河的治理与繁荣发展，多维度展现一幅新时代画卷。

这部剧怎么样？据了解，1日晚上两集播出后，直播关注度破1。从剧中情节到片尾曲《一路花香一路唱》，都在社交平台上引发热议。这说明，观众对这部剧的关注度相当之高。

不禁要问：《运河边的人们》为何值得看？它会再续《大山的女儿》的成功吗？

一

中国人的内心深处，也许都流淌着一条河。

它可能是老家村口那条风吹稻花、香飘两岸的小河，承载着儿时回忆，也可能是雄浑壮阔、波涛汹涌的长江黄河，凝聚着民族情感。

河流，滋养了这片土地和人们，孕育出璀璨的江河文化。

在中国江河文化的版图中，连接南北的大运河凝结着中国人民的汗水，是中华民族的伟大标识，是世界文化遗产，无疑是值得我们深入挖掘的大IP。

无数在运河边长大的人，走得再远，也未曾忘记那些人和事。作家徐则臣的作品里，大运河就从未缺席，其长篇小说《北上》就以京杭大运河为主线讲述几个家族间的百年秘史，获得第十届茅盾文学奖。

因此，大运河这个创作主题自带流量，它能引起很多人的关注，而剧中反映历史、直面问题的情节，更是引发人们的共鸣。

运河一度面临环境污染和生态保护的压力，让人揪心。这部剧讲述的就是大运河的改变，以及沿岸人民对运河的深情付出。

剧中，东江市由于一味追逐经济指标，致使千年流淌的大运河变成了臭水沟。为寻求改变，市领导以壮士断腕的决心成立了"运河综合治理指挥部"，路长河受领了河道治理的任务。

面对重重困难和巨大压力，他克服一系列困难，终于使大运河水变清、岸变绿、景变美,做到了"还河于民""造福于民"……

官员、学者、"非遗"传人、民企老板、文物贩子等,这些人物都不是非黑即白,都有相对的善与恶,被置身于各自矛盾与情感的旋涡中,推动故事情节发展,产生扣人心弦的戏剧效果。

一条大运河,沟通着社会与人生的方方面面。新世纪大运河"旧貌换新颜"的巨大变迁,让我们真真切切感受到普通人在历史洪流之中的抉择与追求。

二

好题材不等于好故事。把好题材讲成好故事,再拍成好作品,离不开强大主创团队的创造性转化。那么,《运河边的人们》主创团队的实力如何?

先看主创班子,该剧出品人高军和编剧马继红曾联手打造《外交风云》《彭德怀元帅》等多部主旋律作品,马继红还同时获得"飞天奖""金鹰奖"最佳编剧奖。为了接地气,年近70的马继红更是沿着大运河一路采风、采访,和百余人进行交流对谈。

再看演员阵容,全是实力派,一双手数不过来。王雷、韩雪、王龙正、许龄月、马少骅、于洋、徐百慧、徐娇、董勇、何明翰……他们倾情出演,努力塑造一个个立得住的鲜活角色。"真听,真看,真感觉",成为这部剧表演的基础和原则。最后看创作过程,大家都蛮拼,百分百投入。

为真实展现大运河新时代风貌,《运河边的人们》在浙江湖州、杭州实地取景拍摄。拍摄期间,剧组实地取景1200余次,场景搭建近百处,动用外籍演员上千人次、群众演员3万人次,调动船只近百艘。

总制片人王智慧介绍："这是一个关于保护生态环境的故事，在城市品牌和剧本主题高度契合下，《运河边的人们》90%的场景拍摄都选择在湖州，希望电视剧播出后，有更多的人关注湖州、来到湖州，了解这座城市的生态理念，让观众对拍摄地心生向往。"

湖州是习近平同志首次提出"绿水青山就是金山银山"理念的地方，京杭大运河穿城而过。在湖州讲大运河、讲人与自然的故事，再合适不过了。

所以，很多浙江观众会在这部剧中看到熟悉的场景，甚至是看到本人。昨晚，一些坐在电视机前的细心网友就发现，湖州的双林古镇、荻港古村"上电视"了，纷纷在社交媒体上晒了出来。

三

众所周知，《运河边的人们》是一部主旋律电视剧。

在不少人印象中，类似主旋律电视剧是不接地气、曲高和寡的代名词，在情感上难以真正打动观众，在表达上没能贴合社会生活。

可是，随着《山海情》《大山的女儿》等作品的成功，大家都明白了一个道理：主旋律作品，关键不是投资多大，而是故事真挚动人。故事越朴实，情节越符合真实，人物越接地气，剧集越可能成功。

《运河边的人们》显然看到了这一点。

戏剧的本质都是关于人的。主创团队很早明确，在创作手法上，通过聚焦宏大背景下小人物大故事、大人物小故事，吸引观众

"路转粉"。

而这确实成为这部剧的最大亮点之一——虽然立意高，但是所有的表达都是基于对运河边一群普通人生活的描述之中，既有主旋律的总基调，又有生活的烟火气。

比如，故事主人公路长河就是一个有血有肉的人。他是运河畔长大的孩子，毕业于某著名大学历史系，外表给人一种书呆子的古板，但内心却有一种不言败的坚韧。他曾遭遇诸多难题，也曾经历人生跌宕，但始终没有被打倒。

再比如，梁子言是路长河的妻子，同时是母亲、大嫂，她含辛茹苦地扛起生活大小事，面对挫折又自强不息。大学时学习城市规划专业的她，面对现实困难时渐渐学会取舍……

这些角色，不正像极了生活中的自己吗？

尽管会遇到各种坎坷，但我们从不放弃、勇往直前，在琐碎的生活中找到属于自己的那束光，在平凡的世界里感知一点一滴的幸福，让理想逐渐丰满起来。

宏大时代，历来就是由一个个小日子组成、由一个个小确幸填满。

所以说，运河边的人们不是别人，而是你我他。《运河边的人们》所讲述的，恰恰是我们每个普通人的悲欢离合。

一言以蔽之，借助这部剧，我们也可以见众生、见自己。

李攀　执笔
2022 年 8 月 2 日

历史不会浓缩于一个晚上

> 解决台湾问题,从实质上来说,是怎么有利于我们就怎么干,而不是怎么解气就怎么干。

8月2日晚,美国众议院议长佩洛西窜访我国台湾地区。

随着佩洛西的落地,国人的愤怒情绪瞬间被点燃。愤怒完全可以理解,因为被点燃的是广大国人最朴素的爱国情绪。

愤怒的同时,我们应该进一步思考,什么是解决台湾问题最有效的"打法"。

笔者相信,中国人民无比强大的民意,最终会转化成摧毁"台独"和反华势力的终极武器,践踏中国"红线"者必将为此付出沉重代价,历史不会浓缩于一个晚上,念念不忘,必有回响!

一

这段时间,佩洛西可谓出尽风头,赚足了全世界的眼球。

今年4月,佩洛西就闹出"访台"闹剧。

她先是通过媒体放风试探,但是临到成行又突然宣布自己新冠病毒核酸检测呈阳性,不得已推迟了窜访台湾的计划。当时就有网友讽刺其是"战术性阳性"。

时隔仅三个月,她再次放风要窜访台湾。不过这一次佩洛西的戏明显更足——公布了行程但没有提到"台湾"、飞机起飞后"失去踪迹"、长时间沉默后连发四条无关行程的推特。

不得不说,政治生涯即将谢幕的佩洛西堪称美国政客中的"戏精"。

但不论如何表演,这种行径再次证明,美方一些政客出于一己之私利,唯恐中美关系不紧张、唯恐台海不动荡、唯恐天下不乱的险恶用心。

任何挑战一个中国原则的行径都将被坚决挫败,任何支持"台独"分裂、违背历史潮流的企图都将以失败告终。

二

台湾自古以来就属于中国。这一点无须再论证。

时局动荡的岁月里,我们曾两次失去台湾,荷兰、日本一度将台湾占为己有,但也两次失而复得。

千秋青史难欺,"台湾自古以来就是中国领土不可分割的一部分"这一事实不会因为任何人、任何事而改变。

然而,历史不仅是关于过去的事件,还可以是关于现实和未来的预言。这个孤悬海外的宝岛终究成为完成祖国统一大业的最后一块拼图。

1949年,以蒋介石为首的国民党集团退守台湾,衍生出此后的一系列主权和领土问题。1950年朝鲜战争爆发后,美国海军第七舰队驶入台湾海峡,阻挠人民解放军解放台湾,统一事业就此搁置。

尽管在1979年中美建交公报中明确"美利坚合众国承认中华人民共和国政府是中国的唯一合法政府",但美国"以台制华"的企图从来没有放弃。

自1979年美台"断交"至今的43年中,美国从未实际断绝与台湾往来,不断歪曲、篡改、虚化、掏空一个中国原则,不断为"台独"势力撑腰鼓气,宣布对台军售更是达100余次,意图将台湾打造成反华制华的桥头堡。

佩洛西执意窜访,是对台海现状严重的破坏性改变,更是美国对中国作出严肃政治承诺的背信弃义。

爱国诗人余光中写道,乡愁是一湾浅浅的海峡,我在这头,大陆在那头。两岸分离以来,很多台湾同胞思念大陆的家乡和亲人,而大陆也给予台湾以深情。

1979年元旦,全国人大常委会发表《告台湾同胞书》,郑重宣示了争取祖国和平统一的大政方针,两岸关系发展揭开新的历史篇章。1987年底,两岸同胞隔绝状态被打破,两岸经贸交往、人员往来和各项交流蓬勃发展,交往日益密切。

值得一提的是,1992年,两岸达成"九二共识",双方都表明了"海峡两岸均坚持一个中国原则"和"努力谋求国家统一"的态度。

即使海峡阻隔,但两岸是手足同胞,有着血浓于水的情谊,这一点永远都不会改变。

三

其实,复盘佩洛西的"窜台",拜登此前已经表达了作为一名总统的态度，并重申了"一个中国"立场。但最后又"无奈"表示这个事情管不了，尊重国会的独立性。

80岁的总统和82岁的佩洛西玩起这套"双簧"，戏份很足、套路很深，可谓"老谋深算""老奸巨猾"。

佩洛西访台，甚至从其提出访台，就是对中国的挑衅，就拉开了"危机"的序幕，展开了大国博弈的"棋局"。

挑战中国"红线"不是个案。近年来，在新疆、台湾、香港等地区，在人权、关税、贸易、意识形态等领域，西方势力不断做局，就是想千方百计将中国拖入棋局，成为其棋子，从而制造亚洲版的"俄乌危机"。

政治较量需要胆量，更需要智慧。我们中国恰恰就是擅长在危机中"拱卒"，把问题变成际遇，总是能在重大危机中找到战略新机，于时代变局中开创发展新局。

正如有些网友说的，我们每一次谴责都有后续行动，可能大家没有留意到：

曾几何时，在南海声称与我们有争议的诸国挑衅行动不断，对它们越过红线的行动，我们除了予以谴责提出正告，往往配合有连绵不断的实际行动，不知不觉间，巴掌大小的永暑礁变成能起降飞机的大型岛礁，双方自由进入的黄岩岛变成了我们实际控制，相关国家也逐渐领悟到了什么，近年来南海岛礁摩擦几乎绝迹。

曾几何时，日本单方面实控钓鱼岛，我们的船只几乎无法进入，针对日本右翼妄图将钓鱼岛"国有化"的突发行径，从强烈谴责到现在，我们已经实现了钓鱼岛常态化巡航。

针对这次美国方面放任佩洛西窜访，与"台独"势力沆瀣一气的恶劣行径，看看我们东部战区的行动，解放军第一次以军演名义，在台湾四周水域和空域划出军事禁区，客观上形成军演期间进出台湾的飞机和舰船都面临风险，进而对台湾形成时间可控的包围，生动演绎了"敌进一尺、我还一丈"，同时进一步挤压台湾战略空间，实现步步为营。

佩洛西窜访是一颗"棋子"，中美大国博弈是一盘"棋局"。中国既不会落入圈套成为棋子，也不会为了一颗棋子掀翻整个棋盘。

正如毛主席所强调的：你打你的，我打我的，以我为主。回想领袖1958年指挥炮击金门时"只打蒋舰、不打美舰"的方法要求，就是一种很好的斗争策略。任何时候，我们都要牢牢把握主动权，不仅不被带节奏，还要让美国的每一次挑衅都会使问题朝着有利于我们的方向前进，让对手心生敬畏：粗暴干涉中国内政，只会搬起石头砸了自己的脚。

四

中国国家主权和领土完整不容侵犯，一个中国原则不可撼动。面临敌人的挑衅，每一个有热血的中国人都不会答应！这是最朴素的爱国主义情怀。

但台湾问题这样一个历史与现实交错的复杂难题，不可能靠意气用事解决。

有网友说，军事不是儿戏，是谋略，是权衡利弊，只有充分衡量多重因素，统筹全局抓根本才可能站上制胜的制高点。

解决台湾问题，从实质上来说，是怎么有利于我们就怎么干，而不是怎么解气就怎么干。我们期待早日统一，期待见证历史，但不是简单期待战争。

在维护国家主权、领土完整方面，中国政府和人民的决心很坚定，可我们绝不能意气用事，我们胸怀实现祖国统一的伟大目标，但是我们要步伐稳健，要讲究打法。

单就重要性而言，解决台湾问题当然十分重要，国人皆关心，但必须看到，横亘在中美之间的台湾问题，是两国实力的一场PK。我们坚信，中华民族不断走向伟大复兴，台湾问题的解决就会是一个必然结果。

回想过去70多年来，中国共产党一直为解决台湾问题、实现两岸统一而不懈努力，不断取得进展。在解决台湾问题上，我们党始终有着长远考虑和布局，对此，我们要有充分信心。

此外，耐心也不可或缺。保持定力，立足长远，用坚决有效手段不放任"台独"势力越走越远，才是明智之举。因此，我们既要旗帜鲜明、理直气壮地阐明我国在台湾问题上的原则立场，也要敢于斗争、善于斗争，在敌人的每一次挑衅中前进一步，持续积累胜势，推动台湾问题的解决朝着有利于我们的方向发展。

加快实现中华民族伟大复兴的进程，让老百姓的日子越过越有滋味，持续提升综合国力和国际地位，是我们笃定的目标，也是制胜的根本。

时与势在我们手中。不管他们如何作秀，祖国实现完全统一的趋势不可阻挡。

纵使风云变幻，历史终将见证台湾回到祖国怀抱！

李攀　王云长　陈培浩　云新宇　执笔

2022年8月3日

没有互动的新媒体就没有灵魂

> 没有互动的新媒体就没有灵魂，是用新媒体瓶子装着传统媒体的旧酒，不过是穿新鞋走老路。

翻看包括浙江省内媒体在内的部分新闻客户端评论区，发现几个挺有意思的现象。

有的评论区全部关闭，哪怕是服务信息也不能评论，咨询还得另外打热线电话；有的即便推出几条精选留言，但观点要么高度雷同，要么毫无营养，像机器人发言；还有的评论区虽然展示评论，却无人回答用户提问。

现象背后的原因，不难猜测。

有的觉得报道发了，任务就完成了，评论不重要；有的知道评论区很重要，但担心评论内容出问题，一关了之；也有的想好好经营，但话语方式死板、没有温度，无法实现有效互动。

比起新闻单位的客户端，一些非新闻单位新媒体的评论区明显更加精彩，有的还凭借评论区成功出圈。

近的看，杭州语文老师"语文山水"抖音号评论区，数十万名网友打卡交作业。远的看，多地疾控中心因为评论区回复活泼有趣，成为大型网友互动现场，网友评论"一本正经的官方平台，卖起萌来简直是要可爱死了"。

新媒体与传统媒体相比，最突出的两大特征就是"即时性""互动性"。没有互动的新媒体就没有灵魂，是用新媒体瓶子装着传统媒体的旧酒，不过是穿新鞋走老路。试想，B站如果没有弹幕，还会吸引你吗？点开抖音，你是不是会习惯性地看看热评在说啥？

关闭评论区或者不善于经营评论区，是以看起来"不犯错"的方式，放弃了宣传引导的阵地渠道。

当然，经营好评论区并不容易，可以说是对宣传能力、引导能力的综合考验。怎么办？我们来看三个事例。

新华社微信公众号曾凭借《刚刚，沙特王储被废了》一文刷爆朋友圈。网友质疑"9个字居然用了3个编辑"，小编回复："王朝负责刚刚，关开亮负责被废，陈子夏负责沙特王储。"网友又说："看你们那回复，一脸天下第一的样子，你们怎么不上天？"小编回复："我们的确上过天，我们的特约记者景海鹏、陈冬在天宫二号上面还发过稿件，电头就是'新华社天宫二号电'。"来往之间，新华社就像班里那个总爱跟你互怼的男同学，而不是一个遥不可及的国社。

这启示我们，主流媒体要放下架子，摒弃"你听我说"的传播方式，转为"我们聊聊"的互动沟通，善于用群众的话语方式与群众对话，拉近距离、融洽关系。

8月1日，宁波街头一个孩子从行驶车子的后窗坠落，随后车子齐刷刷停下救人的短视频刷屏网络，其中有一辆白色轿车压实线挡住车流。看完短视频，除了感动之外，也有网友关心孩子后来怎么样了？压实线的车子被处罚了吗？政法系统所属抖音号"浙有正能量"置顶两条评论，除了交代孩子后续情况，还发布"事后宁波交警表示，压线的白色小车不处罚，表扬！在此提醒家长，12周岁以下儿童应使用安全座椅"等内容。

这启示我们，媒体要善于利用评论区及时跟进事件进展，补充重要内容，采用置顶等形式放大正面声音，澄清模糊认识。经营好评论区不是说网友发什么我们就要展示什么，评论区不是"法外之地"，绝不能为错误思想言论提供传播渠道。

2021年9月，浙江省政府官方短视频矩阵"美丽浙江"，推出"昙花一现，静待花开，许下美好心愿"慢直播，引导网友在评论区许下心愿、表达祝福，累计观看量超过1000万人次，《人民日报》微博点赞，一个个"小美好"积蓄了百万人精神富有的"大幸福"。

这启示我们，"自古评论出人才"，优质内容往往来自民间，好的评论能对文章起到画龙点睛的作用。媒体要跟得上最新热点、用得了网言网语，精心挑选评论里有趣的观点，吸引用户点赞、跟评，形成良性互动。

加强与受众互动，是增强黏性、提升活跃度的重要手段，媒体不妨从经营好评论区开始做起。

余丹　执笔

2022年8月4日

七夕就是"中国情人节"吗?

> 我们重视传统节日,是对勤劳智慧先民、圣贤的追忆,是为了追寻血脉中的文化念想,更是确认和塑造民族文化身份的需要。

又是一年七夕至,玫瑰、巧克力和"浪漫套餐"呼啦啦再次开启刷屏模式。连杭州的公交车也披上了节日的"新装",在车窗上贴出一封封情书:

"他问我最想要的是什么/我说是惊天动地的一秒"

"你是我藏在深海里的浪漫"

"不期待永远/只求你在身边"

在这个特殊的节日里,大家纷纷把积攒了一年的爱意抒发给身边喜欢的人。

但你知道吗?

古时,七夕的传统习俗多为乞巧、晒书和观银河,与"爱情"的关系似乎并不密切。

那么,七夕是如何与"爱情"挂上钩的呢?又是如何在众多庆祝爱情的节日中焕发光彩、流传下来的？

一

不管你是否相信，这就是文化的力量。

七夕的爱情元素，可以说是千年文学创作积淀的结果。

据记载，早在汉代，牛郎、织女便由星名变成相爱却不能相守的神话人物。二人相爱、银河相隔、七夕鹊桥会面的故事框架已经基本成型。

古诗《迢迢牵牛星》就描绘了情人隔着银河、含情相视的样子：

"迢迢牵牛星，皎皎河汉女。纤纤擢素手，札札弄机杼。终日不成章，泣涕零如雨。河汉清且浅，相去复几许。盈盈一水间，脉脉不得语。"

唐宋时期，这个爱情故事引发无数文人墨客的二次创作，甚至出现了词牌名"鹊桥仙"，专门记录牛郎织女的故事。

据相关学者研究，《全宋词》有上百首词作以"鹊桥仙"为词牌名，其中百分之六十的词作都在歌颂吟咏牛郎织女的爱情故事。

"金风玉露一相逢，便胜却人间无数。"

"相逢虽草草，长共天难老。"

"七夕今宵看碧霄，牵牛织女渡河桥。"

耳熟能详的诗词，人们总能随口说出几句，油然而生一种缠绵缱绻、深情浪漫之感。

加之商家营销和主流媒体的传播，七夕为大家坦率表达爱意、追求浪漫提供了绝佳的时机。

二

也正是因为深厚的文化积淀，面对"把七夕当作情人节来过"的现象时，很多人心底的文化认同感也在被不断唤醒，对于七夕节到底该怎么过的讨论也逐渐活跃。

比如，有民俗学者批评，把七夕过成"中国情人节"，是对七夕节文化内涵的贬损。应该少些对爱情的歌颂，而多去挖掘七夕节祈福平安和对美好生活的祝愿等文化内涵。

2006年5月20日，七夕节被列入首批国家级非物质文化遗产名录，在此基础上，七夕节中的优秀传统文化成分被进一步挖掘与弘扬，各地纷纷组织庆祝与联谊活动。

像浙江温岭，称七夕为"小人节"，有祭拜"七娘妈"以祈求孩子平安健康成长的习俗。七月初七这一天，孩子们往往盛装打扮，欢欢喜喜接受祝福，广场上鼓乐喧天，吸引着八方来客。2017年，当地七夕习俗成功入选了浙江省"民间民俗·多彩浙江"优秀传统文化系列活动。

说起传承积淀，甘肃西和的七夕乞巧也十分引人瞩目。当地七夕习俗源起先秦，至今已有近2000年的历史。每一年，姑娘们带着对美好生活的憧憬齐唱《迎巧歌》，歌声回荡在盛夏的河谷中，传递着满腔喜悦。

当然，也有部分学者认为，七夕节从乞巧节向现代情人节转变是重视本土文化、保护传统的体现。从西方情人节带着玫瑰和巧克力进入中国后，一些有文化自觉意识的专家开始寻找可以与之抗衡的"中国情人节"，并最终选定了七夕。

况且传统节日多植根于农业社会,习俗多与生活密切相关。如今,中国已经迈入工业文明和现代社会,所以,没有必要也不可能"一比一"地复原传统习俗。

三

事实上,除了七夕,关于担心传统节日没了"传统味儿"、该不该过"洋节"的争论持续了好些年。对此,我们该怎么看?

习俗因传承而深入人心,文化因赓续而繁荣兴盛。我们重视传统节日,是对勤劳智慧先民、圣贤的追忆,是为了追寻血脉中的文化念想,更是确认和塑造民族文化身份的需要。

中国的传统节日从来都不单单是吃粽子、吃月饼,中国人的浪漫与情感也从来不只局限于男女之情、私人念想。

端午赛龙舟念屈子,七夕月下乞巧求机慧,重阳赏菊登高以辟邪……每一种习俗背后都有一个流传已久的历史故事,饱含着千年的缅怀、祝愿、庆贺和敬畏。

即便岁月流转,人们的生活早已发生翻天覆地的变化,但是在重温这些仪式时,我们仿佛跨越空间、剥离时间,和祖先对望,张扬着热烈的赤子之心。简单的生活再次与厚重的历史相接,平凡的生命重新与庄重的先贤相见。

敬畏自然、天人合一、家国情怀、敬老感恩……每一个传统节日的习俗或多或少都包含着这些耳熟能详的文化理念。在一次次的重复中,这些理念通过习俗,逐渐内化为中国人的行为习惯、道德意识和文化审美,成为区别我们与其他民族的标记。

节日和人一样,都是有灵魂的。因此,想要传统节日及其承载的文化得到更好的传承和弘扬，就需要连接古今，在民族文化自觉意识和纳异包容态度的驱动下，不断开掘传统节日和习俗的现代化表达。

如西方的情人节，在传入中国后的较短时间内就能获得广泛关注和推崇，除了情人节的产业化已经比较成熟外，更多的还体现在它的亲和力和人性化，符合现代人对活泼、轻松、浪漫等节日氛围的需求。

四时岁序，人伦典仪。

历史的车轮滚滚而来，传统节日就像指引前行的路标，时刻提醒着我们是谁，我们要成为谁。

那么，今年的七夕，你准备怎么过呢？

王云长　执笔

2022年8月4日

我们可以有怎样的科幻电影？

> "中国式"不是简单地在电影中加入方言、中国菜、中式神话、中国历史等元素，而是反映出中国人某种深层、根本的思维方式和价值取向。

随着浙产科幻喜剧影片《独行月球》的公映，今年的暑期档终于热闹起来。历时142天的拍摄及3年多的后期制作，影片上映后已收获15亿元票房。

上一部引起全网热议的中国科幻电影还是2019年上映的《流浪地球》。中国科幻电影起步远晚于好莱坞，但是近年在故事技巧、特效技术等软硬件方面的进步有目共睹。

就像刘慈欣在《三体》获得美国科幻文学最高奖"雨果奖"后说的那样，只有国力繁荣、民族复兴的国家，只有昂扬向上的社会与时代，才能为优秀科幻文学培育肥沃的创作土壤。

在科幻电影界，这个理论同样适用。

一

一部现象级的科幻电影有着怎样的共性？

一是类型创新，二是对时代情绪和文化内核的把握。

类型叠加与复合是好莱坞科幻电影近几十年在类型创作上最大的特征，并逐渐成为当代科幻电影创作的主流趋势。

科幻＋史诗的《沙丘》、科幻＋冒险的《头号玩家》、科幻＋剧情的《信条》等，通过不同类型元素的加载，不断拓展着科幻片的外延。

这些好莱坞科幻电影好看吗？好看。用现成的好莱坞公式套在国产科幻片里，我们就能成功吗？未必。

科幻作为一种类型元素融入叙事，最终还是要回到故事本身。

相较于西方，中国没有那么深厚的工业文明土壤，过于硬核的科技和机械想象与国内观众的认知习惯并不一定兼容。

因此，中国科幻电影无法完全照搬好莱坞模式，而是要基于自身文化基因，构建真正能够表达自身文化内核的叙事方式。

二

好看的国产科幻电影应该是什么样的？

《流浪地球》的回答是，用科幻的手段讲好中国式故事。

"中国式"不是简单地在电影中加入方言、中国菜、中式神话、中国历史等元素，而是反映出中国人某种深层、根本的思维方式和价值取向。

《流浪地球》的故事内核就是"中国式"的。"带着地球去流浪"的底层逻辑突破了西方观众的认知。

西方有着迁徙传统，因此人类乘坐火箭飞船逃离太阳系、移民外星球往往是他们的拯救逻辑，颇有些大航海时代文明的延续。而中国人受农耕文明影响，安土重迁，所以试图把整个地球推离太阳系的方案与我们的"家园意识"息息相关，并由此展开了世界各国共同助力的"命运共同体"式的生死营救。

爱国主义是多元的，它是对原乡的眷恋，是对集体的归属，更是对家国的守护。这份对于土地的深深眷恋也体现在《独行月球》中。

阴差阳错躲过了小行星撞击地球的男主角独孤月成为宇宙唯一人类。直到听到了滋滋的信号声，看到了地球同胞为他集体打光的万家灯火，一心寻死的独孤月终于松开了试图打开头盔自爆的手，化身为孤勇者，踏上了回家之路。孤独的个人与被困的集体相互拯救，治愈了你我。

喜剧需要浓厚的本土文化。《独行月球》中有着很浓的中式幽默，用暖色调的喜剧中和了冷色调的科幻。"中间人""葫芦丝""多喝热水""网络直播""偶像包装"等具有年代感的、属于国人的幽默一个接一个地抛出，这种不费力的小包袱，营造出有趣的人设，也拓展了喜剧的精神内核。在笑的包裹下，我们一点点走进了人物的内心世界。

不同于好莱坞电影中的超级英雄，国产科幻片的人物塑造也是"中式"的。

《流浪地球》中牺牲的技术员何连科延续了中国老一辈科技工作者的理想主义和无私奉献的情怀。《独行月球》则以小人物为本位，基层维修工以身许国的行动最终完成了"被立人设"到"真心英雄"的人物弧光。

三

"在未来之境，论现实之题"。

在国产科幻电影的实践中，"网生代"导演们逐渐发现，通过科幻的设定将现实问题和人性问题移植到想象世界中，这样的重构符合中国观众的科幻叙事，满足年轻观众的"想象力消费"。

相较于科幻电影，中国科幻小说在科幻作家不断的尝试下，经过几十年的积累，为科幻电影的本土化叙事提供了丰富的影视化改编资源。

刘慈欣的《三体》《球状闪电》《超新星纪元》讨论的是宇宙级灾难下，人类的价值导向、道德体系的转变；程婧波的《去他的时间尽头》通过两个困在时间循环中的青年战胜孤独、找到存在意义的艰辛历程来探究和演绎"生命与时间"这一永恒的文学主题。

这些科幻作家按照中国人的情感方式去讲故事，承载着很多国人对未来和宇宙的向往。

与此同时，得益于我国科技水平进步，科学家及科技创新成果、航天工业和宇宙空间技术的发展，也为国产科幻电影的创作提供故事灵感，奠定了创意基础。

广大科学家发扬爱国、创新、协同、奉献、育人的精神，在量子信息、脑科学、人工智能等前沿科研领域取得重大原创成果，都可以成为文化价值观输出、在全球化语境中讲好中国科幻故事的重要支撑。

自2020年"科幻十条"提出将科幻电影打造成为电影高质量发展的重要增长点和新动能,科幻电影由此迎来了新的发展阶段。可以想象,无论是重工业大制作的"硬科幻",还是跨类型融合的"软科幻",国产科幻电影都是一座值得好好开掘的题材富矿。

徐 溶　执笔

2022年8月5日

西泠印社靠什么走出了困境?

> 与充满朝气、向往自由的年轻灵魂同频共振,是"老字号"重新拥有"少年气"的关键所在。

西泠印社,是刻印章的吗?

是,但又不全是。

如今,当我们提到西泠印社时,谈论的已不再只是那一方小小印章。

如果你是一名艺术爱好者,你的生活中可能随处都有西泠印社的影子。

出版社、拍卖公司、文化艺术公司……从一个艺术社团发展为文化产业综合体,这就不得不提西泠印社在创立百年之际的转身。

从陷入艰难到如今受到瞩目的传奇大IP,西泠印社一步步走出困境,走近人们身边,秘诀何在?

一

在前文中，我们说到进入新世纪，西泠印社遇到不少难题。

比如，社长赵朴初先生过世造成掌门人缺位、社团登记受阻、印泥商标官司、出版社停业整顿、高级人才流失、孤山社址常年失修、经济效益严重亏损……一时间，印社发展举步维艰。

穷则思变。2002年杭州市委作出调整西泠印社管理体制的重大决策。按照社会功能，印社重新划分为社团、事业单位、产业三大主体。

百年老社的改革之路由此开启。

改革后的西泠印社，大量人力被解放、被激励，各种灵感的火花随之迸发出来。"西泠印社"这张一度蒙尘的金名片，被重新擦亮。

在这一过程中，西泠印社将弘扬传统文化与"篆刻""非遗"保护相结合，通过吸引相关领域权威专家、学者、精英，努力打造在全国甚至世界范围内有影响力的文化活动品牌项目，其中"百年西泠""孤山证印"等系列品牌涵盖艺术创作、学术研究等领域。

改革创新是会"上瘾"的。体制机制改革后，西泠印社有了新的发展目标——光大品牌，做强产业。

它们将深藏"闺阁"的文物"请出来"，策划组织《中国珍稀印谱原典大系》《沙孟海全集》等一批重点出版项目，推出《西泠印社社藏名家大系》丛书。其中，出版社编撰的《义务教育三至六年级书法练习指导（实验）》系列教材，已被超1亿人次使用，成为书法教材这一"跑道"上的"单打冠军"。

围绕艺术品收藏，西泠印社打造"西泠拍卖"，综合排名稳居全国前三；在淘宝开网店，主打高端篆刻工具和文房四宝，逐渐形成了一条集图书出版、拍卖交易、展览展示、文创设计、文房用品销售、鉴定评估、发展投资、论坛培训于一体的艺术品产业链。

一路走来，艺术和经济联动发展、相互促进，共同铸就"西泠印社"这一传奇大IP。

二

纵观市场，不少"老字号"转型发展的过程仍然艰难。

推出的产品，或是千篇一律，只有传统特色而缺乏商业卖点，或是商业气息过浓而掩盖了传统文化特质，"叫好不叫座"的产品为数不少。

所以，有了大IP，如何将其开发好利用好，是所有"老字号"面临的挑战。西泠印社的探索似乎让我们看到了这道题的一种解法。

自成立之日起，西泠印社就开始售卖印谱、印章、印泥等印社"周边"。在新的市场环境下，在挖掘文化内涵过程中，西泠印社集团打造"西泠印象"品牌，设计新文房、伴手礼、知名IP衍生品等千余款雅俗共赏的文创产品，其中不乏"书怀"随身印章套装、十二生肖铜铸印章、西泠印社社长杯等爆款产品。

延续文脉传承、实现价值注入、重视实用功能，用创意和匠心打造具有江南风味的文创产品，成为西泠文创走红的"密码"。

文创产品的破圈，离不开持续创新。

集团旗下文创设计团队，凭借强大的创意能力，为G20杭州峰会、第二届世界互联网大会、杭州亚运会等重大活动赛事提供形象设计方案,为湖州提供城市宣传与品牌视觉识别系统,为杭州部分地铁线路打造"东坡体＋一站一印"的视觉识别系统,为杭州亚运会设计特许授权的定制"亚运徽宝",让"高冷"的文化艺术走向大众、走向社会。

与充满朝气、向往自由的年轻灵魂同频共振,是"老字号"重新拥有"少年气"的关键所在。

把字刻在石头上,这是《三体》小说中认为保存人类文明最好的方式,也是西泠印社最擅长的事。通过与科幻小说《三体》跨界合作,引入年轻人喜爱的"萌版包装""盲盒包装"等元素,西泠文创打造了"三体八大行星图钉套装""太阳系直尺套装"等多款新奇有趣的产品,满足了"三体迷"由想象到拥有实体物品的愿望。

即使百年老店,也没有倚老卖老的资格。

目前,西泠文创真正出圈的"大爆款"仍然不多,与国内的"文创顶流"还难以相提并论,与其他文化产业相比规模更显狭小。在瞬息万变的市场中,重回高光时代,西泠印社仍需继续努力。

三

从孤山走进大众,西泠印社的探索向我们展示出一种可能性——

在这种鲜活的生机中,我们每一个人都能平等地被文化点亮,文化也因此在传承中始终薪火绵延。

省第十五次党代会提出了"加快培育文创经济"的重要任务。

从这也可以看出，优秀传统文化具有强大生命力。

文化传承，绝不是用来藏之库房、孤芳自赏的。"活的历史"，应当活在当下，活在普通人的生活中。

在传统文化厚重的底蕴中注入时代因子，让其走进更多人的日常生活和精神世界，与公众建立共生共长的关系，这才是文化传承的关键所在。

一个人无法永远年轻，但"老字号"可以通过传承与创新而永远年轻，正如1904年的孤山脚下，那4个有着弘扬国粹之梦的年轻人一般。

郑思舒 桑隽漾 执笔

2022年8月5日

每条路，都是回家的路

> 作为写在大地上的历史，地名有着丰富内涵。它不仅是代号，更是一种文化符号。

就在昨天，话题"地图可显示台湾省每个街道"迅速火爆热搜，各媒体予以关注。

据媒体报道，通过地图软件搜索"台湾省"，就可以完整显示台湾全貌地图，并精确到街道、红绿灯、公交地铁、美食店和便利店，甚至还能进行定位导航，查看各路段实时拥堵情况。这为从未踏上宝岛台湾的人开启了一个窗口。

在地图中，除了杭州小笼包、山西刀削面、柳州螺蛳粉等耳熟能详的美食店铺名字之外，还有一大亮点是台北的路名。

放大台北的导航地图，不难发现，以大陆城市命名的街道多得数不过来，南京东路、重庆北路、成都路、潮州街、洛阳街等随处可见。

笔者发现，这其中，光是与浙江有关的路名，就有浙江路、杭州路、宁波街、温州街、嘉兴街、绍兴街、金华街、丽水街、永康街、青田街等。

网友看到后表示"破防了,太熟悉了!都是大陆城市的名字,每条路都是回家的路"。那么,一定会有人追问,这是怎么回事?

一

如果某一处地名具有重合性,这可能是出自一时兴起的偶然。但当摊开宝岛台湾的地图,发现密密麻麻的道路名称都是熟悉的字眼,这断然不可能是偶然。

城市是人们生产生活的场所,城市街道正是当地的文化记忆、历史见证。小小地名,背后有大大的讲究。

比如,今天我们为之感到亲切的一批台湾地名,就曾有这样一段历史。

1945年,二战结束,台湾光复,当时的行政长官陈仪为了能尽快"去日本化",实现"中国化",采取了一系列举措。废止日本殖民统治时期充满日式风格的路名和地标,就是其中的重要一项。

当年11月,《台湾省各县市街道名称改正办法》发布,发起了以"发扬中华民族精神"为最高原则的重新命名行动。

次年初,一位名叫郑定邦的年轻规划师受命赴台,牵头承担起重新规划台北路名的工作。

据说,他命名的方式相当"简单粗暴":将一张当时的中国地图覆盖在台北地图上,中轴线对准中山路,把台北分为东西南北4个区位,除了几条主干道采用政治含义和传统道德命名外,大街小巷都按中国地图相应的方位,以省份、城市、山川为蓝本,从北到南、由东至西重新命名。

比如，像西南方就有大理街、桂林路、昆明街等；西北方有哈密街、酒泉街、塔城街；东南方有厦门街、福州街等；东北方则有辽宁街、松江路等。

这就使得台北地图像是"一张摊开的中国地图"，或者说是"微缩版祖国大陆地图"。

这些遍地开花的地名，不少一直沿用至今。

历史常常阴差阳错。谁也不可预见，几十年来，这些地名竟然转而成为一种寄托情感的符号，凝聚着台湾同胞的"原乡"情结、对故土深深的眷恋之情。

二

作为写在大地上的历史，地名有着丰富内涵。它不仅是代号，更是一种文化符号。

从表面上看，引起广大网友关注的是地名和地名背后的故事，实质上是，每个人强烈感受到，台湾是祖国的宝岛，自古以来就是中国领土不可分割的一部分！纵使分离数十年，台湾同胞与大陆同胞的血脉相连谁也无法割裂，这种血浓于水的情感弥足珍贵。

当我们看到岛内地名，再联想到岛内逢年过节不忘祭拜祖先，先人的墓志铭仍然不忘镌刻上原乡祖籍的印记等种种细节，我们就有理由相信，台湾同胞始终保留着对祖国的深深眷恋。

乡关何处是，两岸皆故土。在台北城南，有一条厦门街。著名诗人余光中就在这条街上居住了20多年，包括《乡愁》在内的很多作品都在这里完成。他曾自嘲，"一个厦门人二十年来不住在厦门而住在厦门街"。

有学者指出，这种积淀着海峡两岸地缘信息的地名，是台湾民众对家乡的认同。他们认为，在台湾新开辟的聚落是家乡的延伸与扩展。

然而，令人遗憾的是，20世纪80年代以来，"台独"势力越来越猖狂，为了达到"台湾独立"的政治目的，在台湾地名问题上也同样采取"去中国化"政策。

统一是人心所向。台湾地名的变迁更迭，折射出的是"去中国化"和认同中国力量间的较量。

一路走来，台湾还是那个可爱可亲的台湾，令人厌恶的只是那少数的"台独分子"。反对分裂、实现祖国统一，才是14亿多中国人民强烈的共同意志。

三

在地图上，两岸有无数条名字相同的路，而在地图外还有一条共同的大路，名叫"统一"。

在博弈论中有一种求解方法，叫向前展望、从后倒推。意思是说，先要谋划最终的赛局，找到赢取终局的策略，然后再一步步进行倒推，求出当下需要采取的最优策略。

笔者认为，这也适用于当前的台海局势。

在台湾问题上，我们的终极目标是统一。不管哪个政客如何疯狂作秀，不管哪个国家如何无理干涉，最好的应对方式就是"你打你的，我打我的，以我为主"，保持战略定力，绝不分散目标，绝不落入他人节奏，始终埋头在"统一"这条大路上不断前进。

最近几天，我们和以美国为首的西方阵营数次交锋。时与势皆在我，应对始终有力有理有节有章法。

自8月2日起，已有160多个国家发出正义的声音，重申坚持一个中国政策，支持中国坚决维护自身主权和领土完整；

自8月3日起，暂停天然砂对台湾地区出口，暂停台湾地区柑橘类水果和冰鲜白带鱼、冻竹荚鱼输入大陆；

自8月4日起，中国人民解放军闻令而动，围绕全岛开展为期3天的重要军事演训行动；

自8月5日起，对佩洛西及其直系亲属采取制裁措施，并针对佩洛西窜台采取了8条强有力的反制措施。

这仅仅是开始，只要"台独"分裂势力犹存，只要美西方"以台制华"贼心不死，这场霸权和反霸权、分裂和反分裂的重大斗争就不会终结，就需要我们锚定目标、沉得住气、步步为营地走下去。

在近代，中国曾饱受列强侵略，但今日之中国早已不再是任人宰割的旧中国。世界上只有一个中国，这是国际社会公认的事实。

历史潮流，浩浩荡荡，顺之者昌，逆之者亡。祖国统一是大势所趋、民心所向，任何人都无法阻挡。我们相信，台湾必将回归祖国怀抱，统一大业终会完成。这是每一个中华儿女的心愿。

朱越岭 王云长 执笔
2022年8月6日

公厕怎样"点亮"品质文化生活?

> 打造文化阵地、提供公共文化服务,不一定非要另起炉灶,也可以用好各种可供利用的"金边银角",把优质文化内容注入到人们可能想去的地方。

公厕,也许是一个城市最真实的名片。

走在嘉兴街头,如果找不到公厕,不一定是因为数量太少,也有可能是公厕就在你眼前,你却没认出来。

因为这些公厕名叫"禾城驿",不仅外观美观,有的还具备了书房、水吧、文化活动、便民服务等功能。

这样的公厕,如果建在自家附近,群众又怎会不愿意呢?

努力把公厕这个"邻避项目"转化为"邻里项目",再到"邻利项目",嘉兴是怎么做到的?

一

随着浙江持续推进"厕所革命",杜绝"脏乱臭"已是浙江公厕最基本的要求。

在这一标准之上,嘉兴借助"禾城驿·温暖嘉"为民服务品牌,给公厕新添了不少便民功能,提供免费饮水、图书借阅、医疗急救、心理咨询等各类公益服务。

比如近段时间,在连续高温的日子里,不少"禾城驿"贴心地推出了小巧精致的冰饮吧台,提供"混凝土咖啡""芭啦啦能量""保佑柠"等时尚夏季饮品,既为身处炎热中的人们送去清凉,也吸引了不少年轻人来"尝鲜"。

公厕不再是人们想找厕所时才会去的地方,而是想歇歇脚、乘乘凉都可以去的地方。

于是,在夏日的傍晚,各个驿站上演着这些场景:

妈妈带着孩子在这里看书;环卫工人捧着水杯休息片刻;老人家傍着绿水拂柳闲话家常;两两相对的大叔在棋盘上斗得正酣……

二

"禾城驿"为我们提供了一种新的思路。

打造文化阵地、提供公共文化服务,不一定非要另起炉灶,也可以用好各种可供利用的"金边银角",把优质文化内容注入到人们可能想去的地方。

目前,嘉兴已建有68座"禾城驿",今年还计划新增58座,并注重打造个性化服务,希望"站站有互补",惠及更多群众。

比如,在居民区周边,可以提供拐杖租赁、修鞋修伞、皮衣保养等便民服务,解决一揽子民生小事。

在主干道周边,就为出行市民以及环卫工人、交警、外卖小哥等一线工作者提供休息站，饮水、休憩、充电、急救等必备服务一应俱全，解决特定人群需求。

遍布全城的"禾城驿"，共同点亮了便民服务地图。通过数字赋能，群众还可一键查询周边驿站点位，了解其服务功能、联系方式、地图导航等。

沿着"禾城驿"试着打开思路，除了公厕，大家常常经过的公交站台、书报亭、桥下空间，以及在高温天广受欢迎的防空洞纳凉点等，是不是都可以被赋予更多文化和文明元素，成为一个个充盈城市韵味的文化"礼盒"？

三

影响人们对一个城市的印象的，不仅是景色美不美、美食好不好吃，也很可能是厕所分布多不多、体验好不好。

小公厕不仅连着大民生，还关系着城市的文明形象。嘉兴从小小公厕上破题，让当地百姓和外地游客都能从中感受到城市的文明风尚。

比如有一家"禾城驿"，场地很有"文艺范儿"，非常适合举办小型演出。于是，附近的月河之韵民乐队入驻驿站常态化开展演出，"禾城驿"变身"禾城艺"。

不同的驿站还拥有不同的文化主题，如健康养老主题、桥文化主题、"非遗"文化主题、建筑艺术主题等等。

嘉兴百姓丰富多彩的精神生活，通过一个个现代化的公厕呈现给各地游客。

我们总说，要让文化和文明像空气一样，让每个人浸润其中。

而这空气怎么营造,"禾城驿"提供了一种解法。

便民设施的主人,最终还是广大的人民群众。多围绕着群众的需求做文章,不仅装点门面,也妆点心灵。

孔越　执笔

2022年8月6日

面对命运捉弄,唐伯虎向左,王阳明向右

> 唐伯虎选择向左走,浪迹山水,纵情花酒,按照自己的意愿过一生;而王阳明选择向右走,如同罗曼·罗兰所说的,就是"在认清生活真相之后依然热爱生活"。

一

唐伯虎和王阳明似乎毫无瓜葛,一个被后世称作风流才子,一个是超凡入圣的儒家模范,在我们眼里是属于平行世界的。

但他们人生的起步是相似的,唐伯虎1470年出生,比王阳明大2岁,年轻时走的都是科举之路。

他们的命运也只有一次交会点——1499年北京城的会试,而那次唐伯虎是当仁不让的主角。

那时的唐伯虎春风得意,刚中了应天府乡试的解元,相当于现在的江苏省状元。以唐伯虎的实力和名声,会试是被寄予厚望的,感觉前三名是手到擒来的。而王阳明的老爸王华虽是状元,但王阳

明却落榜过两次，在浙江的乡试也只考了第70名。

会试的结果是，王阳明得了第二，本来是第一，被主考官徐穆改成了第二；而唐伯虎却被卷入贿考风波，闹得满城风雨，朝廷还出动了锦衣卫盘查半天，最后他被勒令到浙江当小吏，从此仕途没了希望。

而王阳明的仕途也不坦荡。他在刑部好不容易熬成了六品，因仗义执言，上疏挽救给事中御史戴铣等人，结果被太监头子刘瑾命令用廷杖打了个半死，最后发落到贵州的龙场当驿丞。他的父亲王华也受到牵连，被赶到南京当吏部尚书，退居二线了。

刘瑾还不解恨，派人一路追杀，王阳明靠机智和运气才躲过一劫。而龙场那时还是穷山恶水，风俗也未开化，去了是真正的流放，精神世界的孤独更苦于物质生活的困顿。

唐伯虎历经的是成败，王阳明碰到的是生死。

在这样的磨难前，唐伯虎选择了对抗。他不屈从当小吏的羞辱安排，回到了故乡，选择了"酒醒只在花前坐，酒醉还来花下眠"的快意人生。他虽才气逼人，诗、书、画皆是一时之绝，但半生坎坷潦倒，靠朋友接济和卖画为生。身后更是寂寞——明末有位文人叫雷起剑，他去祭拜唐伯虎时，发现墓地里牛羊成群、满目荒凉，很是凄惨。

只是后来的好事者不断添油加醋，给他安插了一个从未谋面且大他十几岁的秋香来红袖添香，从此唐伯虎成了风流浪荡的代名词。其实，他晚年过的是青黄不接的苦日子，"十朝风雨若昏迷，八口妻孥并告饥"，常盼着买主到家里买画扇。

二

比起唐伯虎，王阳明一生遇到的风浪更大。龙场悟道后，他从人生的低迷中走了出来，不管是仕途还是思想。

从功劳上看，江西数十年的民变祸乱，被他恩威并施一朝平定；宁王朱宸濠叛乱，半个中国震动，极有可能酿成"靖难之役"的翻版，他手无寸兵，却无中生有，屡出奇兵，在鄱阳湖中一举擒获朱宸濠；到暮年，他又披挂上阵，为平定西南部的叛乱奔波不已。

朝廷在不停地用他，但几乎不给他奖赏。即便是平叛朱宸濠这样的盖世奇功，也没有得到明武宗的任何赏赐。当时抓了朱宸濠，他赶紧交给太监张永，然后称病避祸。

在立德立言上，他创立了阳明心学，以一种全新的方式解决了宋儒悬而未决的问题，弥补了朱熹偏于外、陆九渊偏于内的片面性。

在创立阳明心学的道路上，他也不是一蹴而就的，而是不停地上下求索。

年轻的时候，他学朱熹，格竹子，结果白盯了七天，最后病倒；后来他学了陈白沙之学，"默坐澄心，体认天理"，方才踏上心学之路；到了贵州龙场，他接受了陆九渊，才宣告"心具万理，知行合一"的心学体系诞生；在江西，从"格物致知"跨越到"致良知"，他的良知心学方才真正建立；在"天泉证道"上，他用"王门八句教"修正了原先的"四句教"，这才成为良知心学的终极教法，而这时离他去世只有两年时间了。

王阳明的心学不只是在书院里讲经论道得来的，常常是在戎马倥偬中、切磋琢磨中悟出的，所以才更有生命力。

王阳明这一生，追寻的，践行的，其实都是心的救赎，是由凡入圣的修炼。当人生的大浪拍来时，他没被浪潮吞噬，也没随波逐流，而是成了造浪者，成为那时代大潮的参与者和推动者。

清人由此夸赞：阳明先生以道德之事功，为三百年一人。

他的心学既影响了中国，也成为东亚的显学，才会出现东乡平八郎"一生低首拜阳明"这样的日本铁粉。临终时，他才会全无遗憾：此心光明，亦复何言！

三

唐伯虎在遭受生活的重创时，躲进了市井，躲进了山水，躲进了丹青，用文字笔墨去营造自己的人生。他的诗文书画，也皆为精品。他虽玩世不恭，却始终没有放下。因儿子早亡，他两次让自己的弟弟把侄儿过继给自己。

看似洒脱，他却依然背负着沉重的伦理枷锁，没有走出他的旧世界，而王阳明却用一己之力创造了一个新世界。

他俩同是才华横溢，同是风华正茂，最后的人生境遇却完全不同，既有原生家庭的影响，更是本人的品性使然。

苏州商人家庭出身的唐伯虎，在碰壁之后，选择了狂狷路线，在临别之时，他留下的《绝笔》也没有低头：

"一日兼他两日狂，已过三万六千场。他年新识如相问，只当漂流在异乡。"

而王阳明出身于浙江余姚的儒学世家，他是靠精通王氏家传的《礼记》才得以高中进士的。他年轻时，就笃定"读书登第只是第二等事，成为圣贤才是第一等事"的志向，这境界和格局远超他人。

所以在遭遇磨难和险境时，他可以云淡风轻，"险夷原不滞胸中，何异浮云过太空"，那是因为"人人自有定盘针，万化根源总在心"。

而唐伯虎一生都在嘲讽和回击，"世人笑我忒疯癫，我笑他人看不穿"。他叛逆了一辈子，但面对"无后为大"这一牢笼藩篱，他依然不能洒脱地"看穿"。

而王阳明却从程朱理学的藩篱中走了出来，开创了阳明心学，超越了那个时代。

四

面对命运的不公，两人都选择了抗争。

唐伯虎选择向左走，浪迹山水，纵情花酒，按照自己的意愿过一生；而王阳明选择向右走，如同罗曼·罗兰所说的，就是"在认清生活真相之后依然热爱生活"。

唐伯虎的诗文、书画现在依然是佳品，但在历史的长河中好比流星，闪过它的光和亮，一时间会打动你，但不会成为你一生的指引。

而王阳明在人生"三不朽"中，却做到了极致，其自身之道德、功业、文章均卓立千古。历朝历代中，他是三者完美结合的第一人，其创立的"致良知"学说，更可"与天壤而同久，共三光而永光"，是天幕上永不坠落的恒星。

面对磨难，相信你也会有自己的选择。

赵波　执笔

2022年8月7日

这味凉茶，一煮32年

> 这几十年岁月里，凉茶摊的地址换了，送凉茶的人换了，但这凉茶摊，却一直都在。

七月的浙江，堪称"史上最热"浙江，刷新了同期高温历史纪录。

热浪一波波侵袭，高温灼烤下的人们汗如雨下，这时如果能痛饮一杯凉茶、啃上一片西瓜，想必是消夏解暑最好的良方。

在台州小城临海，就有这么一个凉茶摊，在炎热酷暑，为路人提供沁人心脾的凉茶。而这个凉茶摊，整整摆了32年！

一

凉茶的起源历史悠久，据传东晋道学医药家葛洪南下岭南，由于当时瘴疠流行，他悉心研究岭南各种温病医药，配置出了清热解毒、祛湿生津的凉茶。葛洪曾在道教第十九小洞天盖竹洞修道，盖竹洞正位于临海市汛桥镇。一山一茶，更增添了二者之间的缘分。

在很多临海人的记忆里，每年七八月份，热浪扑面、酷暑难耐时，望江门内城楼边，总会支起一个凉茶摊。两张旧课桌，几条小板凳，再摆上三两排倒好的凉茶，杯上特意盖上一块方形玻璃片，这个略显简陋的凉茶摊，和旁边江南古长城、梧桐树一样，已成为古城的一个标识。

桌子后面，总有几位白发老人，热情地续上凉茶，招呼行人过客饮茶解渴，"朋（pang）友，来喫（吃）杯凉茶吧"。

32年来，凉茶摊"主人"虽一直轮换，凉茶摊却从未停歇过。这句话也一直在古城临海回荡了32年。

二

1991年，连接临海城区与西郊的望江门大桥动工开建，为早日完工，造桥工人顶着烈日，坚守在岗位上，经常热到中暑。

见此情景，临海市退休职工学习协会几十名成员合计了一下，凑钱买水送给那些工人，但总归不是长久之计。后来，老人们索性摆了个茶摊，自己买材料、烧茶水，免费给工人们供应。

几年后，大桥造好，工人撤走，但随着台州府城文化旅游区的进一步开发，来往的人流量更多了。进城卖菜的农民、徒步旅行的游客、步履匆匆的上班族熙熙攘攘、摩肩接踵。于是，老人们就把这凉茶摊继续摆了下去，还新添了清凉油、藿香正气水等避暑物品。

凉茶摊每天由两名成员看管，从最开始只有二三十人，到如今已有近千名退休老人报名加入，一摆就是32年。这几十年岁月里，凉茶摊的地址换了，送凉茶的人换了，但这凉茶摊，却一直都在。

"喝茶不收钱,服务呈笑颜。建设新文明,还要看老年。"曾有位外地游客,品尝过凉茶后还即兴赋诗。

三

凉茶摊搬了。

2020年,随着台州府城文化旅游区深度改造,加上望江门车流量愈发增大,路人喝茶需要穿越车流、跨越护栏,变得些许不方便。

于是,当地政府秉着让"好人不孤"的原则,主动排忧解难,在景区核心地块巾山广场专门设立了一个10平方米的岗亭,装上空调,供凉茶摊使用,主要面向景区游客以及保安、环卫、园林等户外工作者。

从原来尘土飞扬的路边摊,到如今干净整洁的志愿驿站,环境变好了,这些退休职工总觉得自己麻烦了政府,因此他们总想着再多做一些。

在凉茶摊的一面墙上,挂满了毛线玩偶,在它们下方,摆满了色彩缤纷的毛线花束,有百合、向日葵还有郁金香,栩栩如生。这些,都是成员们在值班时一针针织的,义卖来的钱,都被他们捐给了需要帮助的弱势群体。

32年过去了,凉茶摊的早期成员,不少已经不在了。第一任会长许若兰和第二任会长王献水,最后都因为腿脚不便,不得不退出服务。90多岁的蒋秀娟老人,也在两年前因身体原因退出,住进了养老院,"虽然身体上已经力不从心,但是我们在精神上会一直在"。很多已经退出的老人,每年都坚持为凉茶摊捐钱。

"你们一定要好好把凉茶摊摆下去!"3年前,首任会长许若兰去世了,这是她临走前交代的话。

四

一件事,要坚持32年,并不容易。

使"好人不孤"、有为者有位也是近年来临海一直坚持的原则。2014年,凉茶摊群体被评为临海市道德模范,当地街道、社区每年都会给凉茶摊一些补贴。

凉的是茶,暖的是心。像凉茶摊这样的暖心事,在临海这座"大爱之城、温暖之城"并不少见。

持续17年无偿为老人义务剪发理容6万余次的"爱心理发师"吴元渺,是台州最早荣登"中国好人榜"的人之一。2013年,吴元渺身患重病,跌入人生低谷,也是在这一年,萍水相逢的张海林、朱丹丹夫妇把吴元渺接到自己家里一起生活,9年来不离不弃。

给了"中国好人"第二个家的张海林夫妇,在2019年也荣登"中国好人榜"。在这场家喻户晓的"爱心接力"中,临海的另一位"中国好人"金美云,不仅为吴元渺筹集善款,还时不时带着物资去看望吴元渺,陪他说话,给他带去精神上的慰藉。

临海还创新发布了《新时代文明实践"周周正能量"实施方案》,通过建章立制,高频次、常态化开展"周周正能量"评选活动,深度发掘正能量事迹。

在一件件暖心事迹感染下,爱心被传递扩散。"上盘干部村民接力烈日救鲸""涌泉卖橘小哥捐橘助科研""残疾老人尤祥方寒井救人""21岁女大学生金彤捐献遗体"等,感动了整个临海、整个台州。

正如临海市退休职工学习协会现任会长胡加淼所说:

"一代接一代,代代相传,这个爱心凉茶摊肯定会一直坚持下去。"

匆匆岁月间,凉茶摊见证了临海这座城市的爱与坚守。

朋(pang)友,来喫(吃)杯凉茶吧!

刘亚文 钱梦华 执笔
2022年8月7日

网剧，后起之秀凭什么秀？

> 归根结底，最重要的还是内容，优质的内容才能争取人心。

你最近在追什么剧？

前段时间，各平台陆续发布2022年国产剧"半年报"。排名靠前的几部，《梦华录》《开端》等在视频网站播出，《人世间》《警察荣誉》等在网台联播，都是个顶个的流量爆表。

虽说各平台榜单不完全一致，每个人看剧的眼光也各有不同，但不能否认一个事实：国产网剧真的火，还火了大半边天。

比如，上半年"剧王"《人世间》，成为爱奇艺史上第三部热度破万的剧集，在CCTV-1创下的收视率超过天气预报；《梦华录》的播出，更是掀起了人们对宋代市井风貌、生活美学的现象级热议。

不管是视频网站独播，还是在网台联播，"网"字，都是个惹人眼红的字眼。这势头，着实迅猛了些。

相较之下，作为"大哥"的传统电视剧就会面临挑战。即便有曾风靡一时的《琅琊榜》《人民的名义》《伪装者》等撑着，但风头已经被网剧抢去不少。现实有点残忍。

一

国产网剧的萌发期，往前可追溯至2010年，甚至更早。

横空出世的"古早网剧"，有些粗制滥造，却也算人气颇高。

还记得那部全靠鼓风机吹起来的《太子妃升职记》吗？2015年，这部小成本网剧面世后，播放量一举冲上20多亿次，实在是不可思议。

那一年后，网剧迎来了真正意义上的春天。爱情剧、宫廷剧、推理悬疑剧、古装历史剧……各类题材扎堆上线。

掐指一算，这些年"霸屏级选手"还真不少。即便不刷剧，也经常会在网络上邂逅相关话题。信手拈来几部：

《余罪》《白夜追凶》《如懿传》《破冰行动》《庆余年》《隐秘的角落》《赘婿》……

这些爆款网剧，也在观众心中留下了饱满的情节和人物形象。

比如，从《破冰行动》中，人们看到毒贩织起的地下毒网的错综复杂，感动于缉毒警察拼死冲破迷局，不惜为"扫毒"付出生命。

而《隐秘的角落》中的老梗"一起爬山吗？"仍是年轻人至今爱用的表情包。

网剧的井喷态势，不是瞎吹。数据显示，2021年共上线网剧266部；2021年上半年，电视剧的备案量下滑明显，网剧备案量却上涨了50%，同比增加164部。

要知道，这样的生产力是在疫情笼罩的大环境下拉起来的，实属不易。

此外，网剧还成功逐渐跻身行业主流，相继被纳入主流评价体系。

近几年，网剧集齐白玉兰奖、飞天奖、金鹰奖三大电视剧主流奖项的评选资格，今年6月还拿到了龙标，迎来名正言顺的"许可证"时代。

在口碑、热度、政策和奖项等各方面，网剧可谓是赚了个盆满钵满。

二

时至今日，不少优秀电视剧作品依然令观众们津津乐道，比如《外交风云》《大山的女儿》《香山叶正红》《我们的法兰西岁月》《历史转折中的邓小平》等。

不过，相比一路攀升的网剧，传统电视剧这个"大哥"，面临的挑战是实实在在的。

一些电视剧为何干不过网剧？

笔者认为，一个大背景不能忽略：时代变了。网剧是互联网的产物，它的燎原而起是必然节奏。

简单地理解，传统电视剧和网剧的区别，主要体现在播出渠道上。一个是在电视上播出，一个是在手机等移动设备上播出。

曾几何时，电视是人们精神食粮的主要来源。许多人调侃说，在家里家庭地位的高低，就体现在对遥控器的主导权上。谁有话语权，谁就拥有选择什么频道、看什么电视剧的权力。

笔者是90后。记忆中，小时候已经不存在和邻居们围在一起看电视剧的场景了,但一家人抢着看不同的电视剧的画面依旧历历在目。

当年的渴求有多强烈,如今的"爱答不理"就有多明显。如今,一家人坐在一起,一人一台手机,各看各的。看小说、看网剧、看小视频,不亦乐乎,对电视剧的需求早已大大降低。

喜新厌旧,这是时代迭代的结果,想必大家都有同感。

不仅如此,如今有些电视剧,似乎也有要拒人于千里之外的表现:

"神剧"太多,违反正常逻辑、与史实有出入的内容比比皆是;剧集太多太长,如"裹脚布"般拖沓。注水多了,也就水了;天价请的演员,演技槽点满满,假吃、假笑,演戏靠抠图……种种如此,令人思考。

三

网剧产业迎来爆炸式增长,凭的绝非一朝一夕或一兵一卒之功。从量变到质变,要跨一大步,就要先走千百个小步。

走过十多年的发展之路,国产网剧不断自我"进化",数量、质量都有了显著提升。摇身一变,它再也不是那个上不了台面的"小老弟"了。

这是一个良性循环:制作水准高了,观众就越来越喜欢看,视频网站付费业务增量更大,各路资本蜂拥而入,优质演员更多,质量再一次往精品化方向走……

在这样一个风口上,不知道猪能不能飞起来,总之网剧飞起来了。

其次，相比传统电视剧，网剧在题材选择、内容创作等方面更加多元。

像悬疑、盗墓等内容，电视上比较罕见，网剧中却不时出现，而这些题材天然具有吸引眼球、制造话题的能力。

再者，网剧形式更多样，互动性强，更受年轻人喜爱。播出平台的不同，也决定着体量、选角、拍摄等的差异，随之也会带来受众差异。

比如，年轻人在网络视频平台上刷剧，很喜欢开弹幕，边看剧集边与网友互动，发表个人看法，这样的体验是看电视给不了的。

此外，网剧和电视剧在盈利模式上存在不同。

电视剧就是台播剧，出品方卖给电视台，大多按集算钱。集数越多，收购价就越高。这也造成了一度为外界所诟病的电视剧注水现象。虽然这两年情况有好转，但"刻板印象"一经烙上，很难抹去。

而网剧以会员、广告等收入为主，最大前提是吸引流量。出品方除了要求网剧短小好看、制作精良外，还会通过平台进行数据监测，精准把握观众的口味。泪点、笑点，最终都成了卖点。

一路"打怪升级"下来，后来者居上成为毫无意外的结局。

四

蛋糕就那么大，可分食者众多，电视剧的出路在哪？

事实上，电视剧也在努力"打怪升级"。

比如，也许有人或多或少感觉到，电视剧和网剧之间的鸿沟正在收窄。越来越多国产剧在电视台和视频网站同步播出。电视荧幕也在参与发光；不少剧目的投资方、制作方等，有电视台势力，也有网络平台的身影，不再是非此即彼。

再比如，电视剧也在争取生产优质内容，打造精品力作。

其实，归根结底，最重要的还是内容，优质的内容才能争取人心。

郑梦莹　执笔

2022年8月8日

为了这八个字,浙江何以拿出百万大奖?

> 没有传播力和影响力,品牌就难以深入人心,品牌效应就难以真正形成。

每个时代,都有独特的标识。每个省域,都有专属的气质。

今年6月,浙江省第十五次党代会报告,用八个字官宣了浙江的省域气质:"诗画江南,活力浙江"。

短短八个字,却将之江大地的山水之秀、人文之美、创新之魂娓娓道出。

文字总是充满了想象力。

但如果说还要补充一些什么,我们有一个想法:把浙江整个省域品牌的张力、活力、生命力,更加活脱脱地呈现在大众眼前。

没错,在这个万物互联的时代,每个人都不会拒绝更具画面感的表达、更有冲击力的视觉形象。

无论你身在浙江,还是心念浙江,对于浙江的诗画山水之美、对于浙江的发展活力之奔涌,你都必然深有感触。

快,把你心心念念的浙江分享出来吧。

今天,"诗画江南,活力浙江"浙江省域品牌形象标识全球征集活动和全球短视频大赛正式拉开帷幕。

让更多人发现不一样的"诗画江南",爱上非一般的"活力浙江",我们已为你搭好舞台,等你来一展身手!

一

乍听起来,我们瞄准的就是两件事情:一是Logo征集,二是短视频大赛。

事实就是这样,可意义绝不仅仅只是这么简单。

这次征集搭载着全球化的快车道。无论是Logo还是短视频,都要求面向国内外开展全球征集。在从全世界网聚智慧的同时,我们也期待更多人能参与其中,提升浙江省域品牌的全国影响力和全球知名度。

这次征集聚焦可视化的大趋势。无论是Logo还是短视频,我们最关注的是国际水准的艺术传播力和强烈的视觉冲击力。Logo鼓励视觉呈现效果、场景化应用设计延展等,短视频则直接通过展播,更加聚集思想创意、突出传播效果,通过流媒体手段、视频化呈现展示浙江"重要窗口"的独特魅力。

这次征集还拿出了高价位奖金的满满诚意。对于这两者,我们都拿出了总额百万元以上奖金以示诚意,其中全球短视频大赛专门设置一个组委会特别奖,奖金100万元。我们拿出同行业中较高的奖金额度,以展现我们对优秀作品的敬意、我们对扛鼎之作的渴求。相信,"重赏之下,必有勇夫"。

通过图像和画面设计,呈现浙江人民对这片热土的热爱和想象,同时给观者营造积极向上的精神意境,是本次作品征集的最终归旨。

二

"诗画江南、活力浙江",很具象,也很抽象。因为要挖掘浙江的山水诗韵和独特气质并不简单。

首先,且看"诗画江南"一词。

它的诞生,一方面,取自于风光毓秀、美不胜收的浙江山水;另一方面,则来源于浙江积淀深厚的文化传承。

不论白墙黛瓦、小桥流水、园林古镇,还是诗文书画、陶冶工艺与车马行商,浙江较于其他地域,都具有更为典型的江南风貌与更为齐备的江南元素。

以"诗画江南"四字描述浙江,除了体现浙江山水的明秀与瑰丽,更是高度概括和凝练了浙江的人文气质与文化韵味,彰显了"美和文辞""诗和远方"的交融,是物阜与景美、哲思与才情两相兼具的象征。

"活力浙江"则在精神气质上贯通了浙江的过去、现在与未来,是浙江经济社会蓬勃发展与浙江人民奋斗激情的充分展现。

"活力",即旺盛的生命力,蕴藏着一种求真务实、善于创造、继往开来的精神力量,它振奋人心、激人心潮、催人奋进。

从历史轨迹看,浙江的历史就是一部充满生机活力、不断超越自我的发展史、奋斗史、创新史。南宋时,浙江将宋文化推向高峰,直至明清以后,始终是全国的财富命脉与文化重镇。改革开放以来,浙江人更是以善闯天下而著称,浙籍人才遍布全国、走向世界。

从文化底蕴看,"活力"在浙江有着深厚的思想基础,彰显了浙江人民善于"闯"、勇于"试"、敢于"冒"的基因。自古以来,这里思想激荡、学派林立,诞生了叶适、王阳明、黄宗羲等大思想家。近代以来,更涌现出章炳麟、蔡元培、鲁迅等一大批文化名人,发出启蒙文化思潮的先声。

从精神动力看,"活力"是浙江精神的具体化,始终激励浙江人民干在实处、走在前列、勇立潮头,与省党代会提出的"两个先行"目标相契合。

"诗画江南",有着深远历史感和意象美;"活力浙江",潜藏着时代感和现实美。透过一个图识、一段光影来创作出符合大众想象、触动人心的优秀作品,我们能更好地体会它们背后的丰富内涵。

三

在"万物皆可IP"的互联网时代,省域品牌的重要性愈发凸显。

早在2007年,山东就在全国率先叫响"好客山东"的省域品牌。这四个字,不仅广为流传,且深入人心。

随后,其他省区市也相继开展品牌推广,进入百舸争流的品牌比拼与再造时代。在国内,"老家河南""多彩贵州""七彩云南"等等,都很是叫得响。

放眼全球,其他很多地方也在发力,不少知名城市都有区域品牌。

比如,提到法国巴黎,有人会脱口而出"优雅时尚之都""浪漫之都";提到夏威夷,有人会想到"夏威夷是微笑的群岛,这里阳光灿烂";等等。

一地之品牌,为何如此重要?

因为她代表了一个区域最鲜明的特色,既是对外展现整体形象、扩大影响力的关键环节,也是汇聚发展力量、提升综合实力的重要方式。

省域品牌,绝不只是一个旅游品牌,而是省域经济、政治、文化、社会、生态文明建设等整体形象的一个综合展示。

她是一种识别标志。提炼浙江省域品牌,不仅能鲜明彰显江南地区的山水风光、历史积淀、人文底蕴,也能集中体现新时代浙江的发展水平、精神气质和文明风貌,有力提升浙江对外形象的声誉和层次。

她是一种精神传承。打响浙江省域品牌,能凝聚广大干部群众对美好生活和美好愿景的共识,引领全省上下守好"红色根脉",与时俱进地弘扬新时代浙江精神,进一步提振在高质量发展中奋力推进"两个先行"的精气神。

要实现以上这两点,离不开省域品牌的传播。没有传播力和影响力,品牌就难以深入人心,品牌效应就难以真正形成。

通过举办赛事,提炼并打响浙江省域品牌,既能体现打造展示社会发展和制度文明的"窗口效应",同时也能放大省域品牌集群效应,深度讲好浙江故事,在传播上做到"叫得响""立得住""传得开"。

四

跳出浙江,站在全国乃至全球维度来看,浙江打造省域品牌不是一时兴起，而是有着深层次考虑。

"诗画江南、活力浙江"体现了海内外浙江人认知和情感的最大公约数，反过来也有助于全国乃至全世界的人更好地了解浙江、认识浙江。打造好这一省域品牌，是面向全球凸显浙江辨识度、放大浙江特色的重要路径。

这为浙江更高水平实现国际化、参与国际合作与竞争提供了文化软实力支撑，也对浙江展示国家形象和省域特色大有裨益。

尤其随着亚运会、亚残运会等国际赛事临近，浙江作为主办方有必要提炼省域品牌，更好地向世界讲好中国故事和浙江故事，树立中国形象、打响浙江品牌。

这一次，通过高规格举办 Logo 征集和短视频大赛，浙江的目的很明确，推广和宣传省域品牌，吸引全球广泛关注，让更多人认同浙江的精神气质，努力让全球网友发现不一样的"诗画江南、活力浙江"。

江南好，风景旧曾谙。钱江潮，卷起千堆雪。

我们期待，你镜头和笔下的画面，如西湖和钱塘这般，既水光奇秀，又积韵流长，也可以像天目和雁荡一般，既巍峨壮阔，又挺拔大方，还可以像西塘和南浔这样的江南小镇，既婉约灵秀、回味不尽，又深含风雅气质和文化古韵……

王云长　执笔

2022年8月8日

乡村博物馆的生存法则是"土且特"

> 乡村博物馆，将留住影影绰绰乡土记忆、原汁原味乡村气息，通过保存、展示、传承老物件，让乡土文化浸润人心。

一

费孝通在《乡土中国》一书中说，"土"是中国乡土社会的底色，是中国之根，我们依赖土地，生长于斯。

根在哪，情感的纠葛就留在哪。中国农耕社会历经千年，重视亲情和故土的情结，已深深熔铸在国人的血脉基因中。

可近几十年来，在城镇化浪潮下，乡土文化赖以生存的环境发生了改变。如何真正把乡愁留住，成为一道难题。

是否存在一种路径，能够让大时代中的乡土文化保持本色？

浙江提供了一种解法：建设乡村博物馆，将乡愁安放其中。

作为全国三个乡村博物馆建设试点省份之一，2021年9月，浙江率先启动项目，并提出"小目标"：5年内在全省建设1000家乡村博物馆，今年就要建成400家。

你可曾记得，鲁迅笔下的那些童年趣事？钓虾、煮蚕豆、看社戏、闰土刺猹……走进绍兴越城区鲁迅外婆家朝北台门陈列馆，就可以一举进入这位大文豪的"童年梦境"，与他对话，感受他的欣喜悲伤。

目前，浙江已推出首批56家乡村博物馆，这片"童年梦境"只是其中之一。

这些乡村文化"窗口"，有的彰显革命精神，如衢州江山市中国工农红军北上抗日先遣队大陈纪念馆；有的钩沉名人史迹，如杭州萧山区葛云飞故居纪念馆；有的着眼"非遗"保护，如金华武义县婺瓷展示馆、台州温岭市海洋民俗馆等。

浙江乡村，一路走，一路变，留下太多太多精彩印记。

乡村博物馆，将留住影影绰绰乡土记忆、原汁原味乡村气息，通过保存、展示、传承老物件，让乡土文化浸润人心。

二

浙江计划建设1000家乡村博物馆，多吗？多。有必要吗？有。

曾有这样一个比喻：

"如果将博物馆比作夜晚的灯，我们会发现大部分时间里，这些'灯光'只亮在城市。"

很长一段时间，像博物馆这样高大上、阳春白雪的公共文化空间，只有城里才有，农村很少见。

放眼全国，无论是万人拥有一座博物馆、平均全年开放天数、免费开放占比，还是社教活动场次等，浙江文博界都做得可圈可点。

但城乡发展不平衡所带来的公共文化空间数量质量的鸿沟,这个必然结果浙江也没能跨过。

这根刺,必须拔掉。

建设乡村博物馆,是来自乡村深处的呼唤。

各地都在说,要打通公共文化服务"最后一公里"。其实,打没打通,农村群众说了更作数。

随着物质生活的日益丰富,乡村群众和城市群众一样,对文化生活都有着美好的向往和需求。人们盼望着,能够放下筷子,带着孩子,在茶余饭后走进村史馆、乡贤馆,真正去了解脚下这片土地。

建设乡村博物馆,也是城市对乡村的"反哺"。

比如,"绿水青山就是金山银山"理念诞生地的湖州安吉余村,就把曾经召开座谈会的村委会议室改造升级成"美丽安吉绿色发展展示馆",供各地群众前来参观学习。

走进丽水松阳县茶叶博物馆,茶史、茶叶、茶器、茶点一一铺陈在眼前。博物馆所在的大木山茶园,更是集观光、休闲、研学等于一体的4A级景区。茶香萦绕中,人们通过娓娓道来的一片茶叶的故事,感受地域文化。当地更是以此撬动了山村蝶变。

此外,浙江民间是收藏的大富矿,为乡村博物馆的丰富藏品提供了可能。比如湖州的古木博物馆,就是当地企业家从个人收藏,丰富发展到全国最大的古木博物馆。

如果把博物馆比作提供精神食粮的餐厅,那么我们不仅需要有着珍馐美馔的星级大酒店,也需要别有风味的乡土菜馆。

乡村博物馆,因风物特产而独树一帜,吸引着外来人蜂拥而至，成为乡村振兴的新空间。

三

建设乡村博物馆，并不像想象中那么容易。

不久前召开的全国文物工作会议提出，"要让文物活起来，丰富人民历史文化滋养"，"坚持保护第一、加强管理、挖掘价值、有效利用、让文物活起来"，既强调了推动文物事业发展的意义，又强调了其中的方法。

这对乡村博物馆的建设也具有启示意义：要科学发掘、保护和利用乡村文化资源。

如果为了建而建，忽略了本身的文化内涵，那就大可不必。乡村博物馆，是展现乡村传统、地域文化、历史特色的空间，必须土得有品位、有特色、有新意。

如果投入了人力物力财力，好不容易把博物馆建好了，却没有好的展览、好的运营，不能吸引人迈进来，空置闲置，冷冷清清，这样的文化空间建了也等于白建。

当前，在推进博物馆改革发展的大背景下，博物馆掀起了"下乡热"，全国不少地方都在建乡村博物馆，轰轰烈烈中，或多或少存在各种问题。

早几年，随着乡村振兴的推进，浙江已有部分乡村提前行动，早一步入局。但"单打独斗"下，大多仍存在规划设计不专业、运营管理跟不上等"软肋"。

此番，浙江下决心把棋局摊大了。

与原先的"小打小闹"不同，这次浙江给出了一套自成体系的标准。比如，对展馆面积、展品陈列、管理制度等都设置了准入门槛。

此外，浙江还强调，乡村博物馆要避免千篇一律。因地制宜，突出"一村一馆"特色，才能避免同质化建设。

正如"世界上没有两片完全相同的树叶"，这片文化空间，属于每一个乡村，也独属于每一个人。

无论是生活在乡村的人们，还是"小镇做题家"、来到城里谋生的打工人，又或者是祖上往上数三代是来自农村的城里人，都和乡村产生着这样或那样的深层联结。

我们也期待着，这些心心念念、各有不同的情结，能有个安放之处。毕竟，寻根是中国人与生俱来的执念。

郑梦莹　执笔

2022年8月8日

乡愁，越过"浅浅的海峡"

> 海峡两岸同文同种、同根同源，有着最近的距离和最亲的血脉，永远无法斩断。祖国终有统一的那一天，而台湾同胞的乡愁，也终有得以安放的那一天。

一

前几天，解放军报官方微博发布了一张海军演训照片。照片里，一名解放军海军战士手持望远镜观察前方，远处连绵起伏的山脉和岸上的建筑清晰可见。

横亘在我军舰艇和远方海岸线间的，是一艘锈迹斑驳的舰艇，它被认出是台湾海军的"兰阳号"护卫舰。

距离不远处的，正是宝岛台湾。演训中的我方海军部队已经朝着台湾岛，开到了一个令人心动的距离。

这个距离，于我们来说，是对河山统一的渴望；对台湾同胞来说，是望眼欲穿的乡愁。

1979年，出生于湖南衡阳的台湾诗人洛夫访问香港，其间，余光中与他一起去参观内地与香港的交界处——落马洲。

彼时，洛夫站在边界处，通过望远镜望去，阔别30年的故国山河隐约可见，耳边响起鹧鸪的声声啼叫更是拨动了诗人的心弦。这个距离，同样也令人心动。

近乡情怯、感慨系之，洛夫由此写下震撼人心的《边界望乡》一诗。诗的最后两句"故国的泥土，伸手可及但我抓回来的仍是一掌冷雾"，更是道尽了有家不能归、咫尺却天涯的乡愁之苦。

一代诗人尽望乡，洛夫只是一个代表。

1949年，一批大陆军民随国民党政权去往台湾，海峡两岸就此拉开了一场长达数十年的大隔绝。

对于这群远去台湾的游子来说也是如此，对故国山河的怀恋、对亲人同胞的思念、对回归故土的渴望构成了他们往后数十年的精神底色。

二

萍飘蓬转、去国怀乡，思乡是伴随着一代代安土重迁的中国人千百年来不变的情愫，也是远游浪子和红尘过客吟咏叹惋的永恒母题。

对我们来说，乡愁归处是"少小离家老大回"，见到亲人、回归桑梓。

对很多台湾同胞来说，乡愁还有另一层意义——"寻根"。

"国家不幸诗家幸，赋到沧桑句便工"，对乡愁有着刻骨铭心体认的同时，也成就了灿若繁星的台湾乡愁诗。

乡愁诗人余光中那湾"浅浅的海峡"、浪子诗人郑愁予那声"达达的马蹄"、诗人纪弦那片"沾着些故国的泥土的槐树叶"、辛亥革命元老于右任那"葬我于高山之上兮，望我大陆"的期望，无不洋溢着炽热又绵延的乡愁。

当然，乡愁也不由诗人专享，无数以乡愁为主题的台湾小说、歌曲、电影等文艺作品，几十年如一日让血脉相连的两岸人民感受着同一份分离的苦楚。

余光中说："乡愁有着不同的层次，像同乡会之类的乡愁，是地理上的乡愁；而更高层次的，则包括文化、历史、习俗的乡愁，是对文化传承、历史背景的认同。"

文化来自一处，所以相通；血脉共同一体，所以相连。

很多生于台湾、长于台湾的人，尽管在大陆没有成长的故乡、生活的故居、相识的故人，但他们的乡愁已经超越地理的概念，而归属于整个中华传统文化的时空，归属于孔孟老庄、李白杜甫、唐诗宋词、长江黄河……

1987年，台湾当局迫于压力宣布民众能够赴大陆探亲。次年，返乡探亲团来到西安的第一件事就是到黄帝陵祭拜祖先。此后，祭拜祖先、认祖归宗也成了台湾同胞回大陆探亲的一项固定仪式。这种仪式象征着寻找文化与血缘上的根脉。

落叶归根，台湾同胞的乡愁，实质上就是对祖国统一的渴望。

三

今天，我们仍然能看到许多台湾同胞情真意切地在许多场合表达对于祖国统一的乡愁之情。但在一小部分人那里，这种乡愁却不断弱化,有的甚至完全颠覆过来成为"乡仇"。

究其原因,就在于以民进党蔡英文为代表的"台独"势力一刻不停地推进"渐进式台独",制造"两个中国""一中一台"的对立。

他们知道"法理台独"不会被国际社会认可,就大搞"文化台独"、大搞文化教育领域的"去中国化",炮制台湾民族论、"台湾岛"史观、"台湾定位未定论"等奇谈怪论,企图切断两岸的血脉联系。

比如,力推所谓"国语"多元化政策,颠覆"国语"(普通话)的通用语地位;对历史教科书肆意修改,将高中历史课纲"台湾史—中国史—世界史"修改为"台湾史—东亚史—世界史"结构,简单把中国史纳入东亚史,不再单独提及;将收复台湾的郑成功描述成屠杀本地少数民族的侵略者等等。

"文化台独"危害不可小觑。有专家认为,"台独史观"目前已经基本成形,严重影响了台湾民众的"国家认同""民族认同"。一小撮"台独分子"很可能把台湾搞成"文化孤岛",把台湾的年轻人搞成"文化孤儿"。

海峡两岸同文同种、同根同源,有着最近的距离和最亲的血脉,永远无法斩断。祖国终有统一的那一天,而台湾同胞的乡愁,也终有得以安放的那一天。

云新宇　执笔

2022年8月9日

传统媒体为何难留年轻人？

> 媒体内部机制理顺了、环境搞活了，才能形成正向循环，更多有新闻情怀的年轻人才愿意来媒体，愿意一直干媒体，这样媒体才会一直年轻。

近几年，笔者时常听到省级媒体，或者是市级、县级媒体"叫渴"，喊着"没人"，称部门里的年轻人，总是来了不久就跳槽了。

确实，移动互联网风起云涌，传统媒体经营发展遭遇挑战，一些媒体的人才流失比较严重。尤其一些互联网企业，薪酬较为丰厚，绩效考核灵活，对年轻骨干人才具有较强吸引力。

不过，我们是否认真反躬自问：为什么我们的媒体难留优秀的年轻人？我们是否提供了好的生态和土壤，充分释放了年轻人才的潜力和创造力？

有种观点认为，年轻人频频离职，是因为媒体待遇较低。这话有一定道理，媒体待遇的竞争力确实不如以前。

可是，待遇很重要，干事创业的机制和环境同样重要。"橘生淮南则为橘，生于淮北则为枳。"环境造就人才，也能埋没人才。

好的体制机制和环境下，人才活力得到充分激发，每个人能各得其所、各展其长；反之，纵是千里马也无用武之地。

一些前媒体人跟笔者聊起来，谈起离职原因，大多有这么几类：

有的媒体，事业单位烙印深刻，还用老办法管理考核，"多劳少劳一个样""干好干坏一个样"，部分年轻人入职后选择"躺平"；

有的媒体，嘴上说着想招年轻人，实际工作中仍是论资排辈。有时还会以年轻人不能融入单位环境为由，毙掉他们的创新"打法"；

有的媒体比较官僚，不比业务水平比职位、比等级，不少人失去了对新闻工作的敬畏心和新闻工作者的使命感，整日为了一两个位置挖空心思；

有的媒体，内部小圈子很多，相互排挤，年轻人难以融入；

有的媒体，改革创新的生态和氛围不足，暮气沉沉，年轻人不喜欢。

此外，还有人觉得，在传统媒体工作找不到成就感、价值感。

比如，写了稿子、做了产品，少有人看，缺少流量、缺乏互动，高低成败都由领导说了算，不如新媒体，内容为王、流量说话，还能收到读者即时反馈，效果如何是明明白白。在社会上，作为记者、编辑，已经不像10年前、20年前那么受人尊敬，铁肩妙笔的传统逐渐丧失，写稿子搞投机取巧、复制粘贴已经并不稀奇。

笔者也发现，年轻人缺乏新闻情怀和做好新闻工作的敬畏感、事业心，党的新闻工作者的职责和使命没有在他们心中扎根，也是不少年轻人离职的原因之一。

以上种种，令人深思。

习近平总书记指出，媒体竞争关键是人才竞争，媒体优势核心是人才优势。这句话意蕴深刻。作为以生产和传播内容为主要业务的单位，媒体唯有重视人才，才有发展前景，特别是移动端内容的生产和传播，以及话语方式的转变，都需要年轻人。因此，对年轻人的培养尤为重要，有大量的年轻人才加入，党的新闻事业才有活力和传承。

从这几年的实践看，媒体融合搞得好的，往往大胆起用年轻人，善用年轻人才；通过体制机制改革，充分激发内部创新创造活力，鼓励年轻人到移动主战场上大显身手。

比如"侠客岛"微信公众号，最初就是由《人民日报》海外版几个平均年龄不到30岁的记者编辑，抱着"玩"的心态做起来的。又如以《元宵奇妙夜》等传统文化类节目"出圈"的河南卫视，采用导演竞聘上岗制。"中国节日"系列节目都由年轻导演带领80后、90后甚至00后主创人员组成的团队打造而成。

还有绍兴"越牛新闻"客户端，建立了数个集创意、采集、编发、海报、视频于一体的"大编辑群"，让90后员工担任"群主"，用年轻人引导、管理、影响年轻人，形成了你追我赶的良性竞争氛围，打造了一支拉得出、打得响的新媒体战队。

互联网和新媒体告诉我们，玩法变了，生存法则和竞争规则变了。这需要体制机制的变革，需要适应互联网的年轻人和做事方式，需要非常强的学习力和创造力。

这固然需要媒体广开门路，大力引进年轻人才，更需要媒体在内部建好土壤，把现有人才用活用好，营造年轻向上的文化氛围。

特别是要大胆打破论资排辈，摒弃"经验主义论"，为年轻人松绑，让年轻人去担当创造，允许他们在不断探索、碰撞、试错的过程中学习成长。同时，也不能"一招了之"，要加强对年轻人的"传帮带"教育，帮助年轻人实现从学生到专业媒体人的身份转变、观念塑造。尤其是传统媒体老总，要敢于创造、敢于担当，如果总是爱惜羽毛，追求永远正确，没有冲劲还官气十足，那么就更加留不住年轻人。

老话说："欲致鱼者先通水，欲致鸟者先树木。"媒体内部机制理顺了、环境搞活了，才能形成正向循环，更多有新闻情怀的年轻人才愿意来媒体，愿意一直干媒体，这样媒体才会一直年轻。

张诗妤 李攀 执笔
2022年8月9日

没有了影响力,还能叫品牌吗?

> 一个品牌,过去好,不意味着今天好;今天好,也不意味着永远好。因为世界每时每刻都处在变化之中,品牌自然也要以变应变。

前几日,一位朋友告诉笔者,千里迢迢去参加一个全国性的研讨会,结果发现参会人员只有三十几位,而且基本上是老面孔。回想一下,这个研讨会已经办了11年,起初也号称是学界的一块品牌,但一年年办下来,感觉圈子越来越小、嘉宾越来越少,从组织形式到交流内容,始终是原来的配方、熟悉的味道、不变的套路,参会一整天下来,几乎没什么新收获。

这不禁让人深思:一些活动,影响力越来越小,为什么还要硬着头皮办下去呢?没有了影响力,那还能叫品牌吗?

一

所谓品牌,就是一种有价值的无形资产,反映的是人们对一个形象、一项活动、一件商品等影响力的认可。

品牌的历史，最早可以追溯到古代的陶器和石器匠人的标记，以用来说明其来源。

今天，品牌已经深深融入人们的生产、生活之中，凝结着一种共识、信任乃至追求。比如，我们经常会听到城市品牌、商业品牌、文化品牌、服务品牌、学术品牌，等等。

在"万物皆可IP"的互联网时代，品牌的重要性就更加凸显了。

当然，就如同一个人的名字一样，喊的人多了，才能声名远播。品牌的形成并不是一件容易的事，它无法一朝一夕产生，往往需要经过历史积淀和社会实践的淘洗。

二

有人说，品牌就是"一招鲜吃遍天"，其实不然。品牌的影响力与其知名度、美誉度特别是"用户"黏性正相关。

一个品牌，过去好，不意味着今天好；今天好，也不意味着永远好。因为世界每时每刻都处在变化之中，品牌自然也要以变应变。

因此，时间并不是标注一个品牌影响力的刻度，反而是对其生命力的极大考验。

比如，某地的一个基层宣讲品牌是在20年前提出来的，当时在组织形式上也符合当地山高路远的实际情况和群众现实需求。但经过这么多年的发展，在出行条件已经天翻地覆、信息化手段无处不在的今天，该地依然沿用当时肩挑背扛的形式做相关宣传，与群众现在的生产生活条件和环境已经格格不入。

问起为什么还要这样做，回答是这个品牌坚持了20年，不做下去实在有点可惜。可见，组织者对品牌本身的理解存在误区。这种形式大于内容的"品牌"，非但难以深入人心，反而容易给人"低级红"的感觉。

相反，在湖州吴兴，"王金法广播"远近闻名。这个坚持了53年的宣讲品牌，在坚守本色的同时与时俱进。为了让宣讲内容抵达更多受众，"王金法广播"走进车间，在微信公众号上与网友互动，在抖音和网易云等新媒体平台上吸引了许多"粉丝"，王金法还以"带徒弟"形式传道授业，培养更多年轻人成为宣讲主力军，使得理论宣讲的"朋友圈"越来越大，受到老中青三代人的欢迎。

还有一些挂着国际论坛、全球论坛、高峰论坛名头的会议，虽然办了不少年头，号称是本领域的品牌，但实际上层次不高、质量不佳，社会评价也不好，早已沦为圈内人"自嗨"的名场面。有些地方办节、办会、办活动严重同质化，主题相似、内容相仿甚至嘉宾相同，一场活动下来，组织者迎来送往忙得不亦乐乎，参会者慢悠悠念稿子、清爽爽走过场，听会者则顾左右而言他，盼着"下课铃响"早散场。

这样的活动，陷入低水平重复的内卷之中，形同"鸡肋"，几乎没有什么社会效益可言，随着影响力一次次下降，品牌先前拥有的光环也在加速消失。

三

有些地方明明知道自身一些品牌的影响力在逐年下降，为什么还要年复一年地"重复昨天的故事"呢?

讲到底,还是惯性思维在作祟,缺乏应有的先行意识。

与其费脑费力"解新题",不如轻轻松松"抄作业"——一些地方选择了继续待在舒适区,这样的结果也只有一个,那就是浪费时间、精力、财力,在"温水煮青蛙"中销蚀掉品牌和形象。

品牌失去影响力的另一个原因,就是没有把质量的评价权交给群众、交给业界真正的专业之士。

比如,一些几百年的老字号品牌之所以会"翻车",就在于其没有很好地坚守工匠精神,忽略了最不应该忽略的消费者的需求和评价。受到质疑的其实不只是产品,还有难得的质量信誉。

四

品牌是有生命力的,创品牌难,守品牌更难。

要擦亮一个品牌,只靠守正、继承远远不够,更重要的是要在守正中创新、在继承中发展,结合时代特点、现实需要不断进行创造性转化。

办好一个节庆、论坛活动,就要研究透当下价值、现实意义,把握好时间节点,想明白主要目标和预期成效,在此基础上探索创新组织形式、内容安排和重点举措,解决好"什么人"来更合适、"什么话题"更有针对性、能够产生"什么影响"等关键性问题,在闭环推进中确保活动见新意、见质量、见实效,这样品牌才会更加闪亮,而不是"老方一帖""宁滥毋缺",提供不了半点"惊喜",最后成了完成任务走形式。

守好一个商业品牌,就要既遵循商业规律,又笃定价值旨归,始终从消费者的需求和评判入手,跟得上时代变化、跟得上技术发展,不断提升质量、优化服务,既能守好经典又能当上"网红",在"倚老卖新"中不断塑造品牌新形象。如果热衷"赚钱效应"盲目跟风、降低标准,只是吃老本甚至丢了老本,在竞争激烈的市场大潮中,最具影响力的"老字号"也可能湮没在历史的长河之中。

这正是:

品牌持续生长,方能保持影响;

打破思维束缚,创新赢得赞赏。

陈培浩　执笔

2022年8月10日

"战疫求助平台"为啥广受好评?

> 东西好不好,用过才知道。"战疫求助平台"不是什么惊天动地的发明创造,群众之所以叫好,关键是因为它实用、管用、好用,真正帮助群众解决"急难愁盼"。

最近,义乌"8·2"疫情来势凶猛,金华、义乌以及受外溢影响的各地迅速行动,疫情、舆情、社情"三情"联动,力争用最快速度控制疫情。

其中相关地方融媒体中心在客户端、微信公众号等渠道设立的"战疫求助平台",因能解决老百姓的"急难愁盼"而受到群众的好评。

"战疫求助平台"是浙江在去年年底上虞疫情发生时首创的,然后全省市县融媒体全部开设。

平台推出后,在一次次疫情大考中发挥了重要作用,老百姓纷纷叫好,新华社点赞"这个桥搭得好",中央电视台刊播专题报道,《光明日报》评论"有速度更有温度",一些省外媒体也积极借鉴开设类似平台。

这究竟是个啥平台？为啥能收获广泛好评？

东西好不好，用过才知道。"战疫求助平台"不是什么惊天动地的发明创造，群众之所以叫好，关键是因为它实用、管用、好用，真正帮助群众解决"急难愁盼"。

我们知道，疫情发生后，一些传统热线平台有时容易出现"打不进""说不清"的情况，基层抗疫人手紧张、应接不暇。有了"战疫求助平台"，就等于有了一条24小时"不打烊"的求助通道，相关部门能第一时间倾听群众呼声，迅速回应解决。

"战疫求助平台"灵不灵，群众认可不认可，关键在于背后起支撑作用的"反映—受理—交办—落实—反馈"闭环机制。各地融媒体中心为确保群众在求助平台的诉求得到及时有效解决，与政府部门建立完善了汇总处置反馈的闭环工作机制，其中一些集中反映诉求和典型案例还转化成宣传报道，使得这项融媒体创新服务举措获得了持久的生命力。

肝癌患者急缺的药品受疫情影响卡在配送站，10多名快递员1小时翻遍10万件包裹，终于找到救命药；40名管控区的血透患者乘坐挂着"绿色通行证"的大巴车，前往医院接受治疗，患者家属连称"多亏有'战疫求助平台'""悬着的心终于放下了"……

据统计，平台上线以来已收到求助信息10万多条，有效处置完成9.9万余条，其中特别重大急迫的问题由各级党委统筹解决。

服务群众的同时，平台还将重大舆情风险化解于未然，消除了怨气，引导了舆论，较好实现疫情、舆情、社情"三情"联动。

如今，"战疫求助平台"不仅成为各地抗疫的重要工作抓手，还为各级媒体服务群众蹚出了一条新路子。

服务群众是媒体的职责，也是媒体深化改革的努力方向。推进媒体深度融合发展,就要做大做强"新闻＋政务""新闻＋服务"。浙江媒体融合先行一步,特别是县级融媒体中心比全国提前一年普及,打造了有影响力的移动传播平台,为主动服务疫情防控打下了坚实基础。

以人民为中心,想群众之所想、急群众之所急,改革才能出成果、见实效。

毕竟,说一千道一万,"战疫求助平台"究竟好不好,最后还是人民群众说了算。

张诗妤 姜思铄 执笔

2022 年 8 月 10 日

一起做堂堂正正中国人

> 毫无疑问,台湾问题是中国的内政,其主要矛盾也从来不集中于大陆和台湾之间。问题之根本就在于中美两个大国之间的博弈较量。

昨天,国务院台湾事务办公室、国务院新闻办公室发表《台湾问题与新时代中国统一事业》白皮书。它的出场可谓"炸裂",很快占据各大社交媒体并登上热搜。

有网友说,感到祖国统一越来越近了,等台湾同胞回家,我们一起做堂堂正正中国人!

这是时隔22年后,我国第三次就台湾问题发表白皮书。都说"事不过三",这次的白皮书有什么特征?又释放出怎样的信号?

一

啥是白皮书?

白皮书就是国际公认的正式官方文书。说白了,是政府公开发表的有关政治、外交、财政等重大问题的文件，代表政府立场。

让我们对比一下，看看三份白皮书里藏着的海量信息：

1993年，第一份白皮书出台时，正值"台独分子"李登辉逐步背离一个中国原则，极力推行以制造"两个中国"为核心的分裂政策。当时出台《台湾问题与中国的统一》白皮书，论述了台湾问题的来龙去脉，解读了"一国两制"的具体实施办法，是在"九二共识"后给全世界一个完整的说法。

2000年发布的第二份白皮书《一个中国的原则与台湾问题》，则主要论述了中国政府坚持一个中国原则的立场和政策，阐明在任何情况下，不允许任何外国势力或者"台独"势力将台湾从中国分割出去。这个"台独"势力也就是点名了以李登辉为首的台湾当局，重点提出了从一开始的《中美联合公报》到美国撕毁承诺的《与台湾关系法》，而向全世界再次表明中国的主权和领土完整不容分割，也是1996年台海危机后的一次重要表态。

如果说前两次都是为了向国际社会阐述我们的立场和主张，那这次更直接：展现"中国共产党和中国人民追求祖国统一的坚定意志和坚强决心"，阐述"在新时代推进实现祖国统一的立场和政策"。

有网友解读说，我们不再需要向谁来交代什么问题，美国、G7、"台独"势力，你想拦我可拦不住了。今天就是要把剑亮出来给你看！

这是一份新的宣言书，文中多次提到一个词——"统一后"，满满的信心决心，是对未来的美好展望。

"统一后"，台湾的发展空间会更大，大陆就是广阔腹地，台湾同胞切身利益会得到充分保障，台湾财政收入尽可用于改善民生，还将共享民族复兴的伟大荣光。

即便是对一些受"台独"思想毒害的同胞,我们也"愿意保持足够的耐心和包容心",逐步减少他们的误解和疑虑,帮助他们走出受"台独"煽惑的历史误区。

与前两份白皮书相比,这份白皮书中36次点出"台独",并4次明确点名揭批民进党,指其谋"独"行径挤压和平统一空间,是"必须清除的障碍"。

二

第三份白皮书,为何选择在这个时间节点发表?

有专家说,佩洛西窜访台湾或是最直接的导火索。

佩洛西公然上门"玩火",损害中方核心利益,严重破坏台海和平稳定。蔡英文及民进党当局挟洋自重、谋"独"挑衅,弃台湾人民安危于不顾,把台湾推向灾难的深渊。

也有专家解读,此次白皮书的发表并非因佩洛西窜台而"临时起意",而是推进国家统一的既定规划,旨在引领未来的国家统一进程。

70多年前,国民党发动反人民内战,此后国民党集团的一部分军政人员退据台湾,从此,两岸陷入长期政治对立的特殊状态,宝岛与祖国大陆分离。

台湾问题迟迟得不到解决,美国负有不可推卸的责任。

抗日战争胜利后,美国不遗余力地出钱出枪出人支持蒋介石打内战,直接扮演了台湾问题制造者的角色。

新中国成立后,美国政府出于反共反华立场和推行亚太地区战略的需要，孤立、遏制新中国，从政治、军事、经济上扶植台湾当局，甚至武力干涉中国人民解放台湾。

近年来，美国一些势力出于霸权心态和冷战思维，将中国视为最主要战略对手和最严峻的长期挑战，竭力进行围堵打压，变本加厉搞"以台制华"。

他们颠倒黑白、混淆是非，一方面怂恿"台独"分裂势力制造两岸关系紧张动荡，另一方面无端指责大陆"施压""胁迫""单方面改变现状"，为分裂势力撑腰打气，充当和平统一进程中的绊脚石。

三

有人可能会问，为什么美国要大费周章，以各种方式为"台独"势力撑腰壮胆，不断制造矛盾，推动台海危机愈演愈烈？

稍加分析，美国至少暴露了这几点见不得光的坏心思：

从地缘位置看，美国自诩"世界警察"，追求全球霸权，实施所谓的"印太"战略、增强亚太地区主导力正需要台湾这个"提线木偶"；

从军事布局看，台湾地处第一岛链的核心位置，向西可威慑中国东南沿海，向南可监视南海诸岛，向北与日本、韩国连成一线，是一艘"不沉的航空母舰"，也是美国军火商的"自动取款机"；

从经济价值看，全球90%的高端芯片制造都依赖台积电，而台积电的崛起本身就是美国半导体产业转移的结果，这也是遏制中国芯片产业发展、掐住中国高新技术升级"脖子"的重要一环；

从意识形态看，社会主义与资本主义之争此长彼消、此盈彼亏，美国正妄图要把台湾变成美式民主的殖民地、对华意识形态挑衅的策源地。

几十年来，美国对台政策底层逻辑从未改变。衡量台湾战略价值的标准，始终都基于"美国优先"的国家利益。

如今台湾海峡隔绝对抗的紧张局势，正是源于以美国为首的西方阵营的推波助澜，他们不断"拱火"，无非想坐收渔利。

对他们而言，台湾只是打压、遏制、围堵中国崛起的一颗"棋子"。

毫无疑问，台湾问题是中国的内政，其主要矛盾也从来不集中于大陆和台湾之间。问题之根本就在于中美两个大国之间的博弈较量。

四

回望过去，大陆的怀抱一直向宝岛敞开，等待着漂泊的游子收心回家。

从1950年开始，五份《告台湾同胞书》，都希望妥善解决台湾问题。

我们始终相信和平统一、"一国两制"是解决台湾问题、实现国家统一的最好方式，一直愿以最大的诚意、尽最大努力来争取两岸和平统一。

无论台湾是哪个政党执政，我们惠台助台的大方向都没有改变，都毫不吝惜支持台湾发展。

比如，白皮书中就有这么一组数据：两岸贸易额从1978年的4600万美元到2021年的3283.4亿美元，增长了7000多倍；大陆连续21年成为台湾最大出口市场，每年为台湾带来大量贸易顺差；大陆是台商岛外投资的第一大目的地，截至2021年底，台商投资大陆项目共计123781个、实际投资额713.4亿美元。

可以说，但凡还有一丝和平解决的可能，我们都不惜付出百倍努力。

然而，令人愤然的是，这些善意却被别有用心的"台独分子"操纵利用，一方面，疯狂攻击抹黑中国大陆；另一方面，在岛内民众中痴人说梦般鼓吹"美军保护"，制造"谋求'台独'、对抗大陆不会对岛内经济和民众生活有任何影响"等认知假象。

"台独分子"理应认清，支持台湾发展是有底线的，那就是一个中国原则。我们支持的是台湾人民的发展，而不是妄图浑水摸鱼、居心叵测的"台独分子"。如果底线遭到触犯，坚决斗争很快就会拉开。

曾几何时，东西方冷战的分裂，国共内战的不幸，让两岸同胞只能隔海相望。

时至今日，中国经济、政治、军事实力都发生了翻天覆地的变化，我们早已不是那个任人欺凌的旧中国。我们具有随时反制的能力。

看，这次佩洛西窜台后，一系列制裁措施、重磅军演就顺着"东风快递"接踵发出了——并非没有"供货"能力，只是在选择"发货"时间。

即便如此，台湾依然是14亿多中国人心中最柔软的部分，和平统一是中华儿女追寻的最大心愿。

正如白皮书指出，台湾前途在于国家统一，台湾同胞福祉系于民族复兴。

历史走到了一个关口。这份白皮书的面世,就是发出了直截了当的信号:两岸关系再次面临两种前途的抉择。何去何从,台湾当局必须做出一个选择。

王云长 朱越岭 云新宇 陈培浩 执笔

2022 年 8 月 11 日

内驱力决定与梦想的距离

> 一个人缺少内驱力,就好比一辆汽车没有了发动机,靠外力再怎么往前推也是徒劳。内驱力不足,就像汽车开启自动驾驶模式,轰不出"推背感"。

网上有个段子是这么写的——每天早上闹钟响的时候,我都会自我反问一句:真的需要这份工作吗?

段子终归是段子。但想必,每个人都曾经历过像这样的"emo时刻",突然间对工作的意义产生怀疑。

而我们也看到,总有一批"梦想家""实干家",能够果断跳出无意义的陷阱,由内而外散发沸腾的能量,以强大的内驱力继续保持奋进的姿态。

可以说,一个人的内驱力有多强,他离梦想就有多近。一个人缺少内驱力,就好比一辆汽车没有了发动机,靠外力再怎么往前推也是徒劳。内驱力不足,就像汽车开启自动驾驶模式,轰不出"推背感"。要干好事业,内驱力是澎湃的引擎。

一

什么是内驱力？

心理学家荣格认为，它表现为推动有机体活动以达到满足需要的内部动力。也就是说，内驱力是一种驱动个人行为的自我力量。

唯物辩证法指出，"外因是变化的条件，内因是变化的根据，外因通过内因而起作用"，内驱力往往是决定事业发展成败的关键所在。内驱好比是自驾，方向盘在手里，前路在心中；外驱好比是代驾，即便正在前进，但别人停下了，你也就停下了。

有时候，内驱力更是决定了个人的人生结局。

维克多·弗兰克尔，这位从集中营炼狱中走出的传奇人物，在其《活出生命的意义》一书中记述了一个事实：

集中营在1944年圣诞节至1945年圣诞节间的死亡率是最高的。原因不在于劳动强度增大，也不在于食物短缺或者气候寒冷，甚至不是因为出现了新的流行病，而是由于多数犯人天真地以为能在圣诞节前回家。随着时间推移，这种可能性越来越小，犯人失去了内在的力量，变得沮丧起来，导致自身抵抗力严重减弱，从而步入死亡。

而他本人凭借着坚定的内驱力，不仅幸存下来，还根据亲身经历开创了"意义疗法"。

尼采说过，"知道为什么而活的人，便能生存"。有意识地驱动内在的力量，才能更好地生活。

二

有没有内驱力，会带来完全不同的行为模式。

当一个人有内驱力，他就会充满激情和斗志；反之，他就会想着"做一天和尚撞一天钟"。

干事业、做工作尤其不能没有真正的内驱力，因为工作并不只是谋生的手段，更是成就自我的修炼。

《五百年来王阳明》中讲了这样一件轶事：

王阳明在贵阳书院讲学时，有个地方官常来旁听。

有天课后，他对王阳明说："先生讲得太好了，我恨不得天天都来跟你修行，可惜我太忙了，每天都要处理公务。"

这时，王阳明反问道："为什么要放弃工作来修行呢？工作即修行，红尘即道场。"

其实，日常才是根本，工作就是修行。超凡之境往往在凡人之路上，人能够通过工作不断自我修炼、自我完善。找到内心真正的驱动力，便能享受工作和生活的快乐。

三

我们干出一番事业，从来都要紧紧依靠自己内在的力量。

在大多数人被世界推着走的时候，唯拥有强大内驱力的人，能最终引领时代潮流。

修炼好内驱力，才能把握主动权，干出真成绩。

修炼"大我"的精神。跳出利己主义、分散主义、本位主义，跳出自己的事情，不要过分强调本地区本部门的特殊性，驱动自身把工作放到大局中思考、谋划和推进。

修炼"自燃"的热情。用自我燃烧的能量积极带动他人，用发自内心的渴望积极工作，驱动自身不断自我革命、自我精进。

修炼"担当"的态度。用自身奋斗的"自转"去推动事业发展的"公转"，驱动自身以担当成就事业、用作为换取认同。

自我驱动方能永不停歇，热爱工作方能干出事业。

苏畅　执笔
2022年8月11日

宋韵千年怎能不念东坡

> 苦难不是财富,反思和转化才是,不消化的苦难永远是苦难。于是有人说,二舅虽能治好精神内耗,但持续不了多久;懂了苏东坡,才能治愈你一生,才会"归去,也无风雨也无晴"。

说起汉文化的代表,非司马迁不可。"究天人之际,通古今之变,成一家之言",《史记》行文雄深雅健。说起盛唐的代表,李白当仁不让,"绣口一吐,就是半个盛唐"。

今天我们不谈汉唐,来谈谈宋。谁是宋韵文化的代表人物呢?苏轼肯定是。

一

苏轼,堪称全才。

先说宋诗,苏轼与黄庭坚并称"苏黄",占据排行榜前两名。古人论诗,前有盛唐,后有隆宋,宋有苏黄,犹如唐有李杜。宋人写诗很不容易，因为唐朝人很"过分"，几乎把好诗都写完了。所以苏轼是在夹缝之中开拓生路，在巅峰之上另创高峰。

他的诗刚柔相济、包容并蓄，简直是一股清流。不像他的弟子黄庭坚，追求"点石成金，脱胎换骨"入了魔，硬邦邦的不够自然。

再说宋词，苏轼与辛弃疾同是豪放派代表，并称"苏辛"。其实，两人风格也有区别，苏是旷，辛是雄。所谓诗庄词媚，原来的词都是小情小调，歌舞宴会上迎来送往用的，是苏轼打开了词的天地。当然，苏轼300多首词，其实还是婉约词多，一句"十年生死两茫茫"，那可是婉约得催人泪下。

其实，苏轼是词的"破坏者"，是以诗为词、诗词一体，才让词有了新生命。苏轼让词从音乐中独立，所以有些词并不协律。李清照就说苏轼不懂词，"句读不葺，不协音律"。但马上也有铁粉替苏轼辩护，说只是曲子缚不住居士的豪情而已。苏轼是37岁左右才开始写词的，诗和文早已写了20多年，是因为那年他碰到了杭州和西湖，才有了写词的冲动。

苏轼的词，是纯天然的，字词平平淡淡，就像是流出来的，毫无雕琢。

再说文章。苏轼与欧阳修并称"欧苏"，都是"唐宋八大家"。这八大家，唐朝领头的是韩愈，宋朝领头的是苏轼，这两人成就相当，都是古典散文的集大成者。宋朝的其他五家，苏轼的老师欧阳修、父亲苏洵、弟弟苏辙、师兄曾巩、政敌王安石写得各有千秋。当苏轼崭露头角时，一代文宗欧阳修就说以后怕是没人记得自己了。

苏轼的散文如行云流水，行当所行，止于当止。即便一些应酬文章和命题作文，他都能写得千古流传，像入选《古文观止》的《刑赏忠厚之至论》就是科场文章，完全没有迂腐的教条气。

书法，苏黄米蔡，苏轼又列"宋四家"之首。他的《寒食帖》被誉为"天下第三行书"。他的字扁肥，被黄庭坚笑称为"石压蛤蟆体"。他的画，虽然没留下来，但"诗中有画，画中有诗"的画论却影响了很多人。教育，他干得也不错，苏门四学士个个一时俊杰。

苏轼是全能式的艺术巨匠。纵观宋朝，好像很难找到一个比他更全面的人才。

二

中国文士中，公认称仙的，就李白和苏轼，诗仙和坡仙。笔者以为，论综合实力，还是苏轼强，李白是诗歌特别强，明显偏科。

宋神宗对苏东坡又爱又恨，爱他的才，恨他的不识趣。他有一次问大臣，古代哪个名人的才华能比上苏轼？大臣就答：李白。宋神宗说：不对，"白有轼之才，无轼之学"。

为何苏轼综合实力这么强？这与宋代的教育环境有关。科举虽始自隋唐，但真正大规模落地还是宋朝。唐朝想走仕途，科举还只是补充，主要还是靠出身和举荐；到宋朝，科举才成了仕途的主渠道，才真正实现"与士大夫共治天下"。由此宋朝读书氛围就好，文人的整体素质要超过唐朝人。打个不恰当的比方，宋文士爱读书，修一个学位不够，还得修个双学位。

苏轼正是在这种重文的氛围中成长，才得以成为宋文化的集大成者和代表。

但登上这些排行榜只是表层的理由，还不是最核心的。笔者以为，苏轼能成为宋韵文化的代表，是他代表了宋韵文化的韧劲。宋朝自赵匡胤黄袍加身后，以"崇文抑武"立国，加上幽云十六州缺失，一直处于弱势，时时挨打、处处鞠躬，所以陆游做梦都要"尽复汉唐故地"。

但这么柔弱的一个王朝，却坚持了319年，寿命只比汉朝短一点（两汉其实中间是断了的）。南宋即便只有半壁江山，还是坚持抗蒙44年，直到崖山海战十万军民相继跳海才宣布落幕，是所向无敌的蒙古大军碰到的最强硬的对手。

而苏轼，虽当过八任地方太守和三部尚书，但人生跌宕起伏、极为坎坷。顺遂时，都一肚子不合时宜；逆境时，更是九死一生。45岁，因为"乌台诗案"，苏东坡被关在御史台审讯130天，差点命赴黄泉，最后被贬到黄州，待了4年多。59岁，又被贬到遥远的惠州，在那里住了2年多；接着再贬，被赶到更远的儋州，就是今天的海南。

可他在总结一生时，却很淡定：问汝平生功业，黄州惠州儋州。他在黄州，文有前后《赤壁赋》，词有《念奴娇·赤壁怀古》，书法有《寒食帖》；在惠州，依然"日啖荔枝三百颗，不辞长作岭南人"；在儋州，培养了海南的第一位举人、第一位进士。

三

面对苦难，若是学司马迁，惨遭宫刑依然挥动如椽大笔，也许过于悲壮；杜甫，幼儿饿死，还是"一饭未尝忘君"，也许过于悲苦；曹雪芹，"满纸荒唐言，一把辛酸泪"，也许过于悲凉。而苏轼历经沧桑，却依然"万里归来颜愈少，微笑，笑时犹带岭梅香"。

他一生遇见小人无数，却依然乐呵呵的。"吾上可陪玉皇大帝，下可以陪卑田院乞儿。眼前见天下无一个不好人。"即便是在乌台诗案中置他于死地的李定，即便是把他扔到海南岛的老同学章惇，最后他都选择了和解。

从某种意义上说，这得益于苏轼身上儒释道三种文化的汇融。儒家入世，佛家超世，道家避世，宋时这三家慢慢开始合流，苏轼在这三种文化中自如转化，"莫听穿林打叶声，何妨吟啸且徐行""飘飘乎如遗世独立，羽化而登仙"。

苏轼的生命，充满了弹性，有很强的自愈功能。

苦难不是财富，反思和转化才是，不消化的苦难永远是苦难。于是有人说，二舅虽能治好精神内耗，但持续不了多久；懂了苏东坡，才能治愈你一生，才会"归去，也无风雨也无晴"。

这也是宋韵文化的魅力，看似文弱，却跟水一样，"天下莫柔弱于水，而攻坚强者莫之能胜"，柔中带刚。

赵波　执笔

2022年8月12日

书单拯救不了青少年阅读

> "拔节孕穗期"的青少年更需要的是热爱阅读的"阳光雨露",这样的氛围需要全社会一起营造。

炎炎夏日,正好读书。

对于放暑假的孩子们来说,用这两个月遨游书海,再合适不过。

暑假前夕,学校、老师、媒体、出版社等都会给孩子们列出五花八门的书单,精心搭配了文学、科学、艺术、体育等方面的各类书籍,可谓是一道道"营养套餐"。

眼下,暑假已经过半,要说这些"营养套餐"吸收得怎样,恐怕多数孩子不一定能达到预期。

近来就有家长向笔者反馈,虽然自己也希望孩子能多读书,但发现不少书单要么不适合自家孩子,要么就是附加读后感、手抄报等作业,孩子有抵触。此言一出,不少家长纷纷"附议"。

一边是社会各界的"用心良苦",一边是孩子们的"消化不良",推动青少年阅读,到底该何去何从?

一

"少年智则国智，少年强则国强"，梁启超留下的铿锵语句，早已道出了青少年之于国家的意义。在青少年阅读这件事上，家庭、学校、社会都达成了一致，不敢懈怠。

今年春天，国务院和省政府的工作报告中，关于全民阅读，都由以往的"倡导"提升为"深入推进"。一张张书单，更是体现了社会各界对青少年的关心和期待。

然而，如此关心期待，是否真的能填补孩子们的精神需求？

其实，青少年暑期阅读不理想，不能全怪孩子。"书单"也需要反思。

在网络上搜索一下，各类书单大多仍以推荐纸质书为主。但是，读物匮乏的时代早就过去了，现在孩子们要看、要听的内容不是不够，而是太多了。

特别是在互联网时代，多元媒介制造的视听震撼远远胜于文字，长长的书单还能否吸引孩子们的兴趣？

当然，书单的推荐者自然也考虑到了这些问题。于是，伴随书单，往往还会一起"布置"些读后感、手抄报等任务来督促阅读。但这些，反而成了阅读的负担，也就难免会让青少年敷衍读过、应付了事。

归根结底，有些书单过于"冷冰冰"，缺少了温情的引导。有些书或许连推荐者自己都没认真读过，就一股脑地被推到了青少年面前，而至于孩子们读不读、怎么读，都不是"书单"所考虑的了。

我们不能全然否认一张张书单的指导意义，而书单若是没有真正落脚于阅读这一行为，最后收获的也将是"推而不广"。

二

阅读的目的之一，是拓宽眼界、认识世界。

说到底，推广青少年阅读，目标不在于读的书多，而是要看青少年是否真的从阅读中收获了知识和乐趣，又是否发自内心地爱上了阅读。

这些年，浙江推出了一系列青少年阅读推广活动，在实践中得出了一些值得探讨的经验。

其一，爱玩是孩子的天性，也是孩子们认识世界的方式，面向青少年的阅读推广，也一定是顺着天性而有所为，基于书本而不局限于书本，开发更多新"玩法"，尤其是引导孩子们多动手、多实践。

早在2020年9月，浙江省社科联就与《钱江晚报》一起，发起了"浙里·悦读"读书会联盟，至今已有24家成员单位，其中不少读书会把青少年阅读推广作为工作重点。

比如今年夏天，鑫藏修公益书屋组织二十多位来自杭州市区的青少年，跟随"走进宋韵"夏令营来到余杭百丈镇，观察竹子的生长、体验竹简制作，最后在竹简上誊抄宋代诗词。这段经历，让孩子们对阅读留下期待和快乐的印象。

读万卷书，也要行万里路。到大千世界中体会知识的奥妙，在切身经历中感知学习的快乐，阅读才会产生入脑入心的效果，阅读兴趣也会提高。

其二，这一代青少年是互联网时代的原住民，对他们来说，传统阅读也可以呈现为新媒介形态下的多元互动。

如果问问身边的小学生，你会发现，不少孩子都拥有自己的社交账号，甚至还有数千粉丝，他们说起短视频制作来都头头是道。

"我是小小书香大使"公益短视频活动中，许多孩子以"推荐人"的身份，向网友介绍书籍，分享阅读体会。有的孩子甚至读书、推荐、制作视频都一手独立操办，孩子们的充实和自信，也就油然而生。

兴趣是最好的老师。与其让孩子闷头读书写读后感，倒不如让他们以全新的方式去分享、展现和探索。

三

推广青少年阅读，培养兴趣是第一步，往深了说，终究还是希望孩子们能在阅读中，锻炼独立思考和钻研的能力，帮助他们在今后的人生路上克服一个个困难、实现一个个目标。

不久前，作家袁敏在新书《巴大叔和他的孩子们》里记录了"科学特级教师"陈耀的故事。

这位在书里被称为"巴大叔"的小学科学老师，在温州当地小有名气。为了带孩子做实验，开坏了自己的两辆汽车，贴进去了十多万元的科学实验器材，每个周末还带孩子去户外"探险"。在他的引导下，孩子们一个个充满了探索求知的欲望，为了揭开科学谜题，自发去寻找答案。

所以，"巴大叔"又何尝不是孩子们的"隐形书单"？

"拔节孕穗期"的青少年更需要的是热爱阅读的"阳光雨露"，

这样的氛围需要全社会一起营造。

只是，要把这些做好，远比列一张书单要难得多。正如许多网友所说，如果大人们都满足于躺在沙发上刷视频，又怎么去要求孩子在书籍中探索未知。

暑假虽已走过大半，但真正拿起书本，什么时候都不嫌晚。

孙雯 季方 执笔

2022 年 8 月 12 日

一座小岛,如何牵动两岸情缘?

> 在什么时候、以什么方式解决台湾问题,中国人民自己说了算,决不会屈服于外部势力的威胁。

了解台海风云,有时很复杂,需要深刻洞察大国博弈,具备世界眼光;有时也并不难,目光转向台湾海峡以北,一座东海小岛的故事,可以让你管窥一二。

这座小岛,就是浙江台州的大陈岛。

67年间,这片土地浓缩了两岸同胞的悲欢离合。往昔风雨飘摇,今日欣欣向荣,大陈岛的前世与今生,正是"时与势在我"的生动写照。

一

如今的大陈岛,碧海蓝天、岁月静好。若非当年的堡垒与壕沟密布山林,很难想象这里曾置身两岸斗争的最前沿。

实现祖国完全统一,是我们时刻不忘的重大历史任务。朝鲜战争爆发后，美国第七舰队驶进台湾海峡。退踞台湾的国民党当局，依然控制着浙江的大陈和福建的金门、马祖等大陆沿海岛屿。当朝鲜半岛战事平息，解决台湾问题再成焦点。从小到大、由北到南、逐岛进攻，大陈岛成为我军第一个突破目标。

1955年1月18日，解放军在大陈以北不远处的一江山岛发起首次海陆空三军协同作战，全歼一江山岛国民党守军，拔掉了大陈的前哨门户。

台州椒江，一江山岛登陆战纪念馆。广场上矗立的指战员群雕目光如炬，仿佛正凝视硝烟弥漫的海滩。那场战役中，我们以一场胜利向世人宣告：在什么时候、以什么方式解决台湾问题，中国人民自己说了算，决不会屈服于外部势力的威胁。

祖国统一是两岸的家事，背后却有着中美的复杂博弈。当时我们在"文武两条线"同时作战：外交舞台上，坚决抵制联合国安理会讨论所谓台湾海峡"停火"提案，粉碎美国妄图制造"两个中国"的阴谋；沿海岛屿最前线，则以灵活的军事斗争为配合，牢牢把握主动权。

失去了一江山岛的掩护，大陈岛上的国民党军无力继续驻守，弃岛而逃。1955年2月13日，大陈岛解放，浙东沿岸从此海晏波平。

祖国统一的大路上，大陈岛是一座重要的里程碑。从当年角力台州湾、血战一江山岛，到如今砺兵太平洋、近观花莲港，两岸团圆的倒计时越来越近。

二

两岸历史记忆中,大陈岛的色调有所不同。

战场失利的国民党当局,不愿从大陈岛低调离去。除将守岛的国民党军1.4万人撤走外,还以"疏散"为名,一并裹胁岛上居民1.7万余人到台湾。为表所谓"破釜沉舟"之决心,又在撤走前对岛上各类建筑、设施蓄意破坏。曾经繁华的海上市镇,几天内变得阴沉死寂。

当解放军第一次登上大陈岛时,见到的是一片狼藉。大家在废墟中清理出居民遗留的物品,在门窗上贴好"保护人民财产"的封条,等待日后交还回乡的主人。

"敌人破坏,我们建设。"为了让大陈岛早日重现生机,在共青团中央的号召下,从1956年到1960年,浙江温州、台州等地总计有467名风华正茂的青年陆续上岛支援重建,这就是后人熟知的"大陈岛垦荒"故事。

排除地雷、养殖家畜、远航捕鱼……年轻的垦荒队员和守岛官兵、渔民克服种种困难,让大陈岛逐渐恢复往日活力。曾经满目疮痍的焦土变为奉献青春的热土。

当年社会主义建设掀起高潮,从黑龙江北大荒到江西鄱阳湖,从新疆戈壁滩到滇西热带雨林,都有青年垦荒队员的足迹,而大陈岛是唯一一处在战场废墟中垦荒重建的地方。

时至今日,"艰苦创业、奋发图强、无私奉献、开拓创新"的大陈岛垦荒精神,仍激励着一代代人接续奋斗。

灰色的离乡苦楚与红色的垦荒激情,何尝不是台海风云的一段生动注释。

三

笔者曾在台湾寻访过这一事件的亲历者，不少人年事已高，提起故乡风物却依然历历在目。古朴的石屋、山后的菜园、岸边的渔获……对家园的记忆从不曾淡去。

到了台湾的大陈人不少又重操旧业，仍以捕鱼为生。那个年代里，浅浅的一湾海峡，虽造就了隔阂，却也见证了不少温情互动。有台湾同胞回忆，当时他们到东海作业，遇到台风回台湾不方便，就停靠到宁波的石浦港一带，大陆同胞很热情，会把渔获加码称重，全部买下；也有大陆渔船为了躲避风浪靠到金门，那边的人也会帮忙把渔船的燃油加满。

血浓于水、守望相助，两岸的这份天然情感，在一件件小事中淋漓呈现。

数十载岁月倏忽而过，如今在台湾的大陈人及其后代有约15万人之众。不少人当年居住的眷村，早已在城市更新的浪潮中不见踪影，但附近生意兴隆的年糕店，依然传承着故乡的味道。

相隔海峡不得归，一副碗筷思故乡。

漫步于宝岛街巷，承载着浓浓乡愁的又何止一间间大陈年糕店。桂林米粉、温州馄饨、四川牛肉面、东北酸菜锅……味道不会说谎，这些飘散着家乡味道的小餐馆，印证着两岸同胞的血脉相连。

四

大陈海岸边，有一座石亭，名曰"思归亭"。在过去60多年里，这座石亭的名字经历了从"中正亭""美龄亭"到"思归亭"的变化，恰是时代变迁的写照。

当年，大陈人被迫离开故乡，来不及向大陆亲友告知去向。后来一些人到海外当海员，便偷偷将寻亲的家书带到欧洲，再寄回祖国大陆。

1987年11月，第一批探亲台湾同胞经香港赴大陆，踏上家乡故土，长达38年之久的两岸隔绝状态被打破。

一位大陈老人记得，开放探亲后，他曾两次回到台州。第一次还要先绕道香港再中转厦门，第二次已经可以从基隆港直接坐船到台州玉环，从那里再到大陈岛只要一个多小时。

大陈人的回家路越来越短，两岸交流的大道越走越宽。

历史不能选择，现在可以把握，未来可以开创。现在，越来越多的大陈人后代，以台胞的身份回到祖国大陆。此时使其生发归属感的，早已不止于东海小岛上的乡音乡情，还有祖国大陆更广阔的发展空间。

今天的大陈岛，因沧桑厚重的历史和磅礴壮美的海景，成为不少旅行爱好者眼中的"宝藏小岛"。每个登岛的游人，都会来到素有"东海第一盆景"之称的甲午岩前打卡。

岸边远眺，咆哮的浪涛中挺立两座直插云霄的岩柱，令人心潮澎湃。有人说，两座巨岩面向东南方的大海深处，恰似一组张扬的风帆。巍巍航船蓄势待发，时刻准备接回离家的游子。

民族复兴、国家统一是大势所趋、大义所在、民心所向。历史的滚滚波涛,终会见证两岸同胞的团圆。

张天宇　执笔

2022年8月13日

王安石在鄞州经历了什么？

> 对于鄞州来说，王安石这篇带着温度、带着情怀的《鄞县经游记》，胜过他的任何诗文名篇。

27岁的他，写了一篇游记，其影响力在浙江的一个区域绵延千年。

说起来，他真的是重量级大咖，他的名字，小学生可能都知道。

他就是王安石。活在千年之前的王安石很忙，忙着治理县政，也忙着写诗作文。

1047年，王安石从淮南到鄞县上任，没几天，就开始用脚步丈量民意，游历鄞县全境，进行调查研究，写下这篇游记。

这篇游记叫《鄞县经游记》，但不同于《游褒禅山记》之类的寻常游记，在这篇《鄞县经游记》里，王安石很少描摹自然风光，一颗关注当地民情民生的拳拳之心，却跃然纸上。

2015年1月，在中央党校县委书记研修班学员座谈会上，习近平总书记强调，古人早就总结出"宰相起于州部，猛将发于卒伍"

这一历史现象。历史上,许多名人志士为官从政是从县一级起步的。

在讲话中,习近平总书记提到,北宋政治家王安石,二十七岁担任浙江鄞县(今宁波市鄞州区)知县,任职三年,"治绩大举,民称其德",为以后革新变法打下了基础。

一

这篇游记不长,只有300余字,鄞州当地的一些文史爱好者能通篇背诵。

鄞籍书法大家沙孟海生前也极喜爱这篇文字,不仅创作书写了这篇《鄞县经游记》,还出资请金石名家刻石后赠送家乡。

先来回溯一下王安石写作时的情形。

当时的他,还未因为改革与文学成就而名满天下,作为一名充满家国情怀的有志青年,他风尘仆仆,到鄞县走马上任。

7天后,他起程了,以自助游的形式,在鄞县全境打卡,开始酝酿这篇《鄞县经游记》。

以作为唐宋散文名家的功底与文采,哪怕这篇游记闪烁工作札记的锋芒,亦是经得起细细品读。

"至万灵乡之左界,宿慈福院。"这是他行程中的第一站。

随后,他登上鸡山,考察碶工凿石的进度;乘船至石湫,观察海潮;还游览天童山,宿于景德寺,这两处也就是现在的天童森林公园和天童寺,王安石后来多次去游览,并留下大量诗作。

他还在此次考察中,乘舟穿越东钱湖,天亮时分,"泊舟堰下,食大梅山之保福寺庄",后来又去小溪等地。

12天，走遍东西十四乡，调查研究，劝导乡民。

《鄞县经游记》，字里行间，都是干货，浓缩一路日夜兼程、跋山涉水、避雨宿庙的历程。

在最后他写道："凡东西十有四乡，乡之民毕已受事，而余遂归云。"

二

一篇游记，以及12天深度游的经历，让鄞县的版图，沉甸甸地放在了知县王安石心上。

他在任上的第一件事，就是清理县库存粮，救济灾民。他在调查中了解到，年成好时贫苦农民可勉强糊口，一旦遇到灾害，只能借高利贷度日。

他思考着如何让农民走出困境，后来，他推行实施了一项改善民生的政策，即"贷谷于民"，就是贫苦农民青黄不接时，可向政府借贷粮食，到收获之时以低息偿还。

这就是青苗法最初的试验。

史书记载"是年，鄞县大旱"，百姓生活极为困苦。

王安石大胆提出组织民众"大浚治川渠"的施政方略，这一方略记录在他《上杜学士言开河书》。

在王安石的率领下，各乡民众积极响应，兴起治水热潮。这一年全县兴修水利设施达21处，其中最突出、最具有代表性的功绩就是修复东钱湖。

当时的东钱湖丧失了灌溉机能，百姓苦不堪言。

王安石决定将疏浚东钱湖作为一项重点工程，他实施恢复湖界、加深湖底、围筑堤堰和设置碶闸等措施，动员十万民众投身到水利修复热潮。

东钱湖得到前所未有的疏浚与修治，确保了航行的畅通无阻，解除了鄞县镇海七乡农民的水旱之苦，重新成为造福于民的"万金湖"。

如今，东钱湖下水的忠应庙，也是王安石纪念馆，用照片、绘画、实物等展品，介绍王安石生平及治鄞政绩。

千年后的东钱湖，西子风韵，太湖气魄，山美水美人美。

宋韵文化圈的建设正在推进中，海丝风情、士人风雅、民艺风俗等将在其中尽显。

三

当着鄞县一地的父母官，王安石写了这篇千年后还有流量的游记之后，还写过另一篇文章，与游记的精神相呼应。

这篇文章叫《慈溪县学记》。

王安石在文中写道："天下不可一日而无政教，故学不可一日而亡于天下。"

唐中后期以来，中国的儒学一度衰微，北宋庆历年间，中央政府诏令天下办学，王安石在鄞县率先倡导。

就这样，王安石给宁波开创了一个"教育与知识"的时代。

当时的鄞县，连一个当老师的现成人才都没有。

王安石为此遍访山野硕老，终于找到了杜醇、楼郁、杨适、王说、王致等五位饱学之士，史称"庆历五先生"。

在王安石的倡导下，明州（宁波）形成了官学、书院、蒙学的三个教学系统。两宋期间，鄞籍进士达712名，大批文人进入朝廷高层，到了南宋，更有"满朝朱衣贵，尽是四明人"之说。

就这样，王安石播撒文化的种子，让宋代的鄞州从对中原文化的消化吸纳中，发展出独树一帜的区域文化，成为浙学重地，涌现出王应麟、吴文英等一批杰出人物。

如今的鄞州，鄞籍院士总人数已达45位，成就今日"院士之乡"美名。

人文基因已融入当地发展脉搏，作为"中国博物馆文化之乡"，鄞州拥有38座博物馆、美术馆，平均每4万人一座，远超发达国家水平。

四

从一篇游记出发，王安石在鄞州留下了很多不可磨灭的印迹。

他提出兵农结合，按"什伍之法"以组织保甲，对保障地方治安、维系基层政治秩序的一贯设想作了有益实验。

这一探索之举，对征税和劳动力调配，开展农田水利建设等，都起到积极作用。

这也是他后来"保甲法"的"初稿"。

他在县衙门外树立《庆历善救方》石碑，这体现他对民间疾苦的关注。

一篇游记朴实无华，一直为大众所喜爱，离不开它承载的思想感情。

千年来，发展、为民、改革、务实等县政治理的核心理念，薪火相传，在鄞州有清澈回响与成果。

清代鄞县诗人陈劢留下诗作《读王荆公鄞县经游记有感》："荆公宰吾鄞，学校振士风。石台足师表，楼王皆儒宗。留心及水利，经游详记中。旱涝切民瘼，往返劳行踪……"

今天，很多驴友跟着王安石打卡鄞州，饶有兴趣地看这条环鄞游线上相关点位的古今变迁。

对于鄞州来说，王安石这篇带着温度、带着情怀的《鄞县经游记》，胜过他的任何诗文名篇。

吴海霞　执笔

2022 年 8 月 13 日

当美利坚合众国无法"合众"

> 走向极端的民众、势同水火的政党、日渐撕裂的社会,带来不断上演的政治闹剧,折射出美国政治与社会陷入无法自拔的困境。

美国前总统被美国联邦调查局(以下简称FBI)"抄家"?电影里都不敢这么演!

美国前总统特朗普最近又整出个大新闻。前几天,他发表声明称,FBI趁他不在,"突袭"搜查他位于佛罗里达州的住所。这位语不惊人死不休的前总统直接开炮:"这是我们国家的至暗时刻。"

后续报道显示,FBI的搜查并非空穴来风。特朗普住所中被搜查出11套机密文件,其中可能还包含与核武器有关的材料。

最新消息表明,一旦被定罪,这位前总统将面临最高30年的刑期,再也无缘2024年美国总统大选。

让子弹再飞一会儿,这出美国政坛滑稽剧还要演下去。但这起建国200余年"从没在美国总统身上发生过"的突发事件,为我们掀开了帷幕的一角,得以一瞥美国政治生活中法治服从政治、民主服务党争的一面,也让我们窥见美国社会正在发生的重大变化。

走向极端的民众

好戏开场,群众也不甘于只当看客。政坛大佬互相攻击的同时,双方的支持者与反对者也针尖对麦芒。

有数据分析发现,特朗普住所被搜查当天,美国的网络论坛和社交媒体大量涌现号召"内战"的帖子,不少人宣称"要在美国发动内战"。一名男子更是持枪试图闯入FBI在俄亥俄州辛辛那提市的办公室,与警员对峙六小时后最终被击毙。警方认为,这一事件是连日来"极右翼言论在网络上激增的一个缩影"。笔者认为这也是美国政治日益极端化的一个缩影。

其实,冲突并不可怕。在一个有着良好社会制度的国家,各类利益群体会自觉把冲突控制在一个良性的秩序范围内。也就是所谓有话好好说,有事好商量。由此实现利益格局的优化调整,在实质上推动社会进步。

然而,近年来美国社会正面临严重的意识形态对立,日益发展成为"两头大、中间小"的极化社会。矛盾双方往往毫不妥协地走向对立,政治制度又无法对其进行有效的吸纳和调和,政治冲突不断被推向极端,以至于大规模枪击案及暴力事件频繁发生,酿成了一起起社会悲剧。

势同水火的政党

对特朗普这个前任总统穷追猛打的剧情,并不是第一次发生。借冲击国会大厦事件攻击特朗普意欲叛国,指责偷税漏税,控诉涉嫌通俄……

种种迹象表明这届政府想对特朗普进行彻底清算。其中，一个重要原因就在于，特朗普仍然希望在下一届总统选举中参与竞选，并且拥有一批铁杆支持者。而现任的民主党总统拜登的支持率则每况愈下。

美国"两党制"从19世纪后期延续至今，其间，尽管两党的意识形态、政治立场、政策偏向都发生了重大变化，但"赢者通吃"的"单一选区制"并没有改变两党格局，也没有给任何一个第三党执掌政权的机会。

这种"双寡头垄断选举制"，发展到今日已日益僵化。政党的最高目的不是代表人民群众的切身利益，而是获得选举胜利、夺取政治权力，"政治精英"对于竞选胜利的渴望近乎偏执而走向极端。

在这种为斗争而斗争、斗争即是目的的权力博弈裹挟下，两党将党派利益凌驾于国家和人民利益之上，彼此互相拆台、缠斗不休，以至于水火不容、同室操戈。

今天美国政府对特朗普的清算，一如特朗普上台之初对他的前任总统奥巴马内政外交多项政策的废除。

美国的开国总统乔治·华盛顿在1796年的告别演说中，提醒新兴的美利坚合众国警惕党派斗争的危害，提防将党争置于国家利益之上。如今，200多年过去，美国政治似乎正朝着华盛顿的预言走去。

日渐撕裂的社会

美国的政治矛盾如此激化，正是社会分裂的大背景在政治生活中的投射。始作俑者，其无后乎？当我们把时间倒退，如今因为政治斗争吃尽苦头的特朗普，当日之所以能当选总统，又何尝不是利用了美国社会的分裂呢？

世界银行前经济学家布兰科·米拉诺维奇提出过一条"大象曲线"，描述了在过去几十年的全球化进程中，世界最富有的5%的人和中等收入群体都收获了大幅的财富增长。

但财富高于后80%又低于前10%的这部分人却非常失落，他们的财富不仅没有增长，反而摇摇欲坠。这部分人在美国以白人为主体，被抛弃的剥夺感让他们对精英政治和现行体制非常厌倦不满，终于在2016年将打着"反建制""反政治正确""反精英""反全球化"旗号的特朗普送上总统宝座。正因如此，特朗普当选之初，《时代》周刊就给其戴上了"美利坚分裂国总统"的冠冕。

时至今日，美国的政治分裂和社会撕裂非但没有弥合，反而日益加剧。不仅以贫富分化为代表的经济不平等极其严重，性别、种族、枪支、移民、堕胎等一系列社会议题也都无法达成共识，这些都必将带来更大的国家认同危机。经此一役，美国福克斯新闻主播感叹，我们看到了国家永久撕裂的样子。

走向极端的民众、势同水火的政党、日渐撕裂的社会，带来不断上演的政治闹剧，折射出美国政治与社会陷入无法自拔的困境。当美利坚合众国无法再聚合众人时，总统的励精图治或者庸碌无为、政党的一心为民或者工于权斗、官员的廉洁奉公或者贪污舞弊、社会思潮的极端进步或者绝对保守，可能都无法为国家带来有意义的进步与发展。

云新宇　执笔
2022年8月14日

三天不见"面",舟山人就想念

> 海边一千个家庭,就有一千种海鲜面做法,每一种做法,就是每个家庭刻录在DNA里的记忆。

鞭炮声声,彩旗猎猎,马达轰鸣。

舟山沈家门,世界三大渔港之一、中国最大天然渔港。

前不久,桁杆拖虾、笼壶类、刺网和灯光围网渔船如期解禁。千余艘保养一新的渔船,鱼贯离开十里港湾,驶向茫茫东海。

君看一叶舟,出没风波里。

舟山渔场面积10.6万平方公里,大陆架渔场面积57.29万平方公里,是世界四大渔场之一,被誉为"中国渔都"。

舟山渔民世世代代耕海牧渔、向海而兴。

一

1995年开始,我国全面实施海洋伏季休渔制度,至今已持续28个春秋。

东海成为人与自然共荣共生的"绿水青山",成为舟山渔民取之不尽、用之不竭的"金山银山"。

早则8月2日,迟则8月3日,梭子蟹、豆腐鱼、皮皮虾、鲳鱼、小黄鱼等这些透骨新鲜的"虾兵蟹将","游"进了舟山大大小小的菜市场。

要说舟山美食,无须多想,就是舟山的海鲜盛宴。

清蒸、水氽、红烧、腌制、油爆……各式各样的舟山海鲜,配上海岛特有的乡土厨艺,有名有姓的菜品近300款之多,色香味形并重的鲜美滋味,令长三角一带的食客们蜂拥而来。发展到今天,"舟山海鲜"已成为中国八大菜系之一浙菜的名牌。

但如果要选取一道最能代表舟山味道的海鲜菜肴,无论是大黄鱼咸齑汤、倒笃梭子蟹,还是清蒸风带鱼、鲜白鲻鱼,抑或是雪汁螺拼、酱汁沙鳗,均要退避三舍。

大多数舟山人心中的答案或许就是那一个——舟山海鲜面。

2003年8月,舟山市政府主办首届舟山中国海鲜美食文化节,评选10道舟山名小吃。海鲜面以绝对优势位居榜首,近20年来江湖地位稳若磐石。

二

海鲜面在舟山有多受欢迎?

曾有个段子说,舟山男人爱吃海鲜面,女人爱吃海鲜面,老人爱吃海鲜面,小孩也爱吃海鲜面。早餐吃海鲜面,午饭吃海鲜面,晚饭吃海鲜面,夜宵还吃海鲜面。高兴吃海鲜面,难过吃海鲜面,恋爱吃海鲜面,失恋还吃海鲜面。一年吃掉上亿碗海鲜面,碗筷连起来可绕地球两圈。

事实远没有段子夸张，但舟山人对海鲜面的挚爱也是毋庸置疑的。很多人像热恋中的青年男女，三天不见"面"，就会很想念。

背井离乡的舟山人，听闻当地有海鲜面馆，兴冲冲跑去尝鲜。吃一口，总感觉少了家乡的味道。再细看，一些陌生食材出现在面条里，表情复杂。

细细的面条连着舟山人的乡愁。

漂洋过海回到家乡，母亲端出一碗海鲜面来。海边一千个家庭，就有一千种海鲜面做法，每一种做法，就是每个家庭刻录在DNA里的记忆。

喝口汤，销魂蚀骨的鲜味，慰藉着游子的味蕾。这一刻，尘封已久的记忆被激活，忍不住泪流满面。

三

舟山海鲜面孕育于民国初年的沈家门，至今已有百余年历史。

"海山叠叠衬红霞，茅屋村村绕白沙。趁市船归潮有信，落帆风好水生花。荻芦烟软藏渔户，杨柳阴浓护酒家。贾利及时夸富有，只因鱼米胜桑麻。"

晚清宁波诗人、书画家刘慈孚的《沈家门》一诗中，展现了当时渔港的美景和富足。

沈家门渔港素有"小上海""活水码头"之称。每逢鱼汛，沿海十余个省市的万余艘渔船云集港内，桅樯林立，鱼山虾海。入夜渔灯绽放，繁星如织，渔港景观令人叹为观止。

外地渔船以福建籍为主力，长年以船为家，渔民把家乡的饮食习俗也带到了沈家门。他们喜食大米水磨成浆、蒸制切丝的米面，往往加青菜水煮就是一餐。

青菜米面价格低廉，烧制方便，口感清爽，慢慢在沈家门积累了一定口碑，逐步改变了当地米饭一统天下的格局。后来不少福建渔民在当地娶妻安家，又加快了传播。

不过沈家门终归是渔都，当地人觉得光吃青菜有些寡味，便尝试着在米面中加入各色海鲜。这下色香味陡然提升，家常素面升级为海鲜佳肴，不光沈家门人爱吃，在定海等舟山其他地方也流行开来，最终奠定了今天的江湖地位。

四

烧好一碗海鲜面，精髓在于一个"鲜"字。

走进一家老字号海鲜面馆，一口大锅"嘟嘟嘟"地冒着气泡，里面熬煮着当天清晨采购的新鲜筒骨。旁边的食架上放着各式各样的新鲜食材，海鲜类常见的有红虾、皮皮虾、豆腐鱼、小黄鱼、蛏子、花蛤等，也有处理好的熟制品，如熏鱼、鱼丸、猪油渣、小排、荷包蛋、鹌鹑蛋等。

选什么食材，完全看当时的心情以及荷包的厚薄。手头紧，放三种就够吃饱；奢侈一把的，一般也不超过五种；再多，碗里叠得像小山，吃起来也不方便。

正当犹豫之时，老板会边抓一把青菜边发问："米面还是切面？"切面就是普通的面条，一般定海一带爱吃，沈家门人必选米面。这也是本地海鲜面粉丝们唯一的区别。

奶白色高汤煮开，依次放入选好的食材。高汤与海鲜一融合，汤色清而不浊,汤味鲜中带甜。新鲜的小黄鱼嫩滑无比,用筷子夹住鱼尾轻轻一抖,一块块白嫩如羊脂玉般的鱼肉纷纷落入汤中。再加上红虾的加持、鱼丸熏鱼的助力,以及些许小海鲜和时蔬的点缀,让那柔滑的面条吸满了汤汁鲜美的味道,直到连汤都喝到见底,余味还在口中萦绕。

这时抬起头,打个舒服的饱嗝,看看旁边还在"埋头苦干"的食客,望望门口行色匆匆的人流,不由得感慨:人间烟火气,至味是清欢。

五

百余年的岁月沉淀,舟山海鲜面已成为地标性美食,成为全体舟山人的味觉记忆,影响力远迈舟山。

时代在变,海鲜面也在不断地转变。

它变得雅俗共赏。依靠近海养殖和冰鲜技术提供充足的食材,这些年海鲜面的价格总体较为亲民。堂食一碗顶配版或可达百元出头,简配版30元左右即可饱餐一顿,加之营养丰富、口味鲜美,是当之无愧的平民美食。

它变得兼容并蓄。根据个人口味不同,主食、食材均可自由搭配。主食还是以米面和切面为主,食材也不再局限于海鲜,增加了多款肉菜、素菜可供选择,也受到了外地食客的欢迎。

它变得方便高效。舟山街头,各式各样招牌的海鲜面馆随处可见,生意也大都兴隆,当地人已习惯在面馆进食。多种口味的海鲜面已研发成功。

不断转变的背后,是舟山人对大自然馈赠的美食的传承与创新,是对美好生活的不懈追求。

徐宏杰　执笔
2022 年 8 月 14 日

浙闽之间为何多廊桥?

> 桥上的每一扇窗、每一块木板、每一处雕梁画栋,都是一段记忆、一个故事、一程光阴,被赋予太多象征意义。

一场持续了近两个小时的烈火,让福建屏南900多年的古廊桥万安桥化为"遗梦"。中国最长木拱廊桥付之一炬,惨遭损毁,令人扼腕叹息。

熊熊火光,也让廊桥这一珍贵传统文化遗产再次凝聚世人目光。

在浙南闽北的群山环抱中,现存大大小小各类风雨廊桥数百座。这些秘境桥踪,构成了中国廊桥密度最高、环境最优美的浙闽廊桥带。

一

什么是廊桥?简言之,即桥面上有廊屋的桥梁。

历经时间淬炼的廊桥,堪称国粹。桥梁专家唐寰澄曾称:廊桥

"在世界桥梁史上唯中国有之"。

那些古色古香的檐角、斗拱,经过风雨洗礼仍翘首飞扬,彰显着古人精湛的技艺、中华文化之魅力。

廊桥之美美在哪?

它的美在于,不用一钉一铆,就可卧于高山沟谷之间,与自然搭配相处恰到好处,带你走进廊桥中的山水现实。

或许,有些人对于廊桥的记忆,仍是来自《廊桥遗梦》的西式浪漫。可仰望我们东方的廊桥,你感知到的是在诗与远方尽头的栖居,以及其中尚礼持重的儒家传承血脉、淡朴悠适的文人归隐气象。

这是我们这片土地独有的风韵。

不同的桥,特色、故事也各有不同。桥上的每一扇窗、每一块木板、每一处雕梁画栋,都是一段记忆、一个故事、一程光阴,被赋予太多象征意义。

在"廊桥之乡"庆元,有一座廊桥叫如龙桥,横跨举溪,始建年代已不详,明代天启五年(1625年)重修,是全国迄今有确切纪年、现存寿命最长的木拱桥。

据当地民间故事记载,如龙桥还有一段动人的爱情传说,虽是略显常规的"从争执相识、因协作相爱,以桥为媒、绵远流长"的套路,却在数百年岁月当中,诉说着最朴实无华的"乡村爱情故事"。

笔者敢肯定,走进廊桥,你一定会怦然心动,对这大山深处的隐秘风景充满好奇;走进廊桥,你更会与之心灵相依,想着用步履缓缓丈量奇迹。

二

据统计，在浙南闽北山区，保存的自宋代以来的各式木拱古廊桥就有100多座。浙闽之间为何多廊桥？

这些古廊桥，主要留存在浙江庆元、景宁、泰顺，福建寿宁、屏南等地。可是，像庆元并非水乡，又为何有"廊桥之乡"之称？

鲁迅有句名言，"路是人走出来的"。这在浙南闽北山区里，更确切的说法应是，"路是桥连起来的"。

《庆元县志》中，八个字道出了浙闽廊桥的"身世"——"深僻幽阻、舟车不通"。

一则，两省交界地处山区，古来林木茂密，地皆天设之险，野少夷旷之区。尤其此处深切河谷和山涧激流的隔阻，独特的自然环境，凝结起古人与世界相处的大智慧。

二则，修桥铺路自古以来就是民间善举和官府政绩的表现，士绅贤达、地方宗族都将修建廊桥作为济世渡人的公德，也能博得乐善好施的美名。

三则，古廊桥大多也被称为"风水桥"，矗立在村庄水尾之处掩映成景、聚财纳福，以此体现当地人质朴美好的愿望。

长虹卧波间，是祖祖辈辈延续着走向今天的时光通道，是厚重独特的文化遗存和传递，是先人在绿水青山之间架起的风雨之路。目的是，走出去、看世界。

在漫长的接力过程中，一座座廊桥贯通浙闽山河，为浙南闽北山区的发展和繁荣打开了通途。

一桥一风景，一程一乡情。廊桥，串起了对"家"的感念。对于在古廊桥边长大的孩子，哪怕今后走得再远，梦中也一定会有一座廊桥，这是烙在心底的特殊密码。

三

作为木建筑，廊桥本身的确难御灾害威胁。除了万安桥被焚毁近在眼前，2016年，在台风席卷中，温州泰顺三座国宝级廊桥被山洪"洗劫"，痛心犹在。

一场大火、一场水灾，抹掉的除了建筑本身，更有凝结在古桥身上的历史文化信息，以及多少代人行色匆匆的面容和记忆。

痛彻心扉后，我们更应该去追问：如何让廊桥文化不随时空消逝？

古廊桥的"生命"只有一次，我们有责任守护好这一藏于山野深谷中的中国建筑瑰宝，做细"守护廊桥"的文章，当好为廊桥遮挡岁月风霜的"守桥人"，用更加严密的防范让文物古建多一份安好。

保护之余，传承和利用也是关键。如果说古廊桥是历史的见证，廊桥文化传承则是廊桥通向未来的驱动力。当前一个重点是，要做新"复兴廊桥"的文章。

"非遗"最大特点是活态传承。2009年，"中国木拱桥传统营造技艺"入选联合国《急需保护的非物质文化遗产名录》。可恰是"急需"二字，流露出刻不容缓的紧迫与急切，因为这一传统技艺一旦消亡，廊桥文化的明天可能也就不复存在。因此，要让一代一代的廊桥匠心，连接起古老艺术的过去与未来。

同样，诞生于民间、繁荣于民间，曾是交通要道的廊桥，在主要功能被弱化后的今时今日,如何焕发"第二春"也需我们认真思考。

"春色不随流水去,花香时送好风来。"近些年来,一座座山间的桥,成为乡村振兴的原点,连线地方特色,绘就了"农、旅、文"融合发展的画卷。这也让每一个迷恋它的人,从四处而来,奔赴一场风雅之约。

一路走来千百年,与桥有关的新故事仍需续写。因为古廊桥,早已成为一种家园情怀、一种地方人文、一种精神符号。

郑昌凯　执笔

2022 年 8 月 15 日

办好"战疫求助平台"的操作手册

> 身在"走在前列"的浙江,不管是地方、部门还是媒体,只有不断提高要求,在实战中查漏补缺,才能让"战疫求助平台"从"做了"走向"做好",才能让老百姓用得上、信得过。

《"战疫求助平台"为啥广受好评?》一文刊发后,评论区收到了来自省内外众多网友的评论。有的点赞"这,很浙江",小编感动得哇哇地;有的献上本地好做法,比如,衢州的数据统一归口、义乌的"爱义乌帮帮团"、湖州的"八点秒得 战疫助农"、桐庐为群众送药;也有网友质疑:"连个号码都没有,怎么联系你?怎么求助?"

别急,先给大家捋一捋,"战疫求助平台"怎么用。

从2021年12月在绍兴上虞诞生以来,"战疫求助平台"在全省各地开张。在这里,10万多条疫情有关的留言被收集、回应、处理:封控区孕妇要产检,初生婴儿缺奶粉和尿不湿,要参加重要考试却被封控了……很多很多生产生活难题都得到了反映和解决。

眼下，省内外疫情持续，各地还得继续做好应对准备。要让群众满意，"战疫求助平台"还得"该出手时就出手""该发光时就发光"。下面我们就给大家梳理几条必备技能。

技能1：哪里有疫情，哪里就有我

"战疫求助平台"开张的发令枪，就是当地出现了本地病例。这时候，不要犹豫纠结，不要观望形势，火速把平台开起来是王道。

技能2：位置很重要，群众找得到

有的地方客户端用户量不大，担心老百姓不知道有平台。告诉你：平台要放在客户端首页首屏，开机页上的广告大方地亮出来，有关疫情的报道上还要带链接！做到这三条，保你有知名度。

技能3：有问必有答，态度还要好

平台开起来了，群众也留言了，媒体记者、志愿者们，赶紧撸起袖子当小编。群众有问必有答，对政策咨询的回答要权威准确；遇到解决不了的问题，先表态，再交办；遇到心情不好、情绪急躁的，要学会共情、共情、共情。

技能4：热门信息要置顶，做了好事请留名

疫情期间，群众最关心的问题通常是："三区"怎样划分？该去哪里看病？社区热线电话怎么打？核酸检测点有哪些？健康码变色后怎样申诉？类似这样的信息，放在平台最显眼位置，才会有更多人看到。

另外，解决了群众的问题，就要大声说出来，让更多有同样疑问的人知道，也让身处其他困难中的人更有信心。

技能5：晾晒最直观，群众更满意

"战疫求助平台"能不能解决问题，关键在于工作机制是否牢靠。防控、卫健、公安、交通、教育……这些部门都在齐心协力地解决问题。有的地方把不同单位解决问题的速度、效果都晾晒在平台上，让结果"可视化"，这份满满的诚意群众一定乐意收下。

分享了这5个技能，再和大家说说要避开的5个坑。

坑1：亲爱的，你在哪里？

有的地方客户端开了"战疫求助平台"，却不放在显眼的位置，需要用户搜索才能看到。有的地方报道疫情消息时，绝口不提"战疫求助平台"，错过了让群众知晓的绝佳机会，热热闹闹地开了平台，如果无人问津，岂不是开了个寂寞？

坑2：喂，有人吗？

疫情刚发生或形势严峻时，群众留言都会暴增，此时客户端的记者们忙于采写新闻，往往人手极为紧缺。有的融媒体中心事先准备不充分，平台开了却荒于管理，甚至群众提问24小时都没有回复。将心比心，咱还会再光顾吗？

坑3：你是机器人？

上平台留言的群众，往往为了解决难事急事，再不济也有些苦水要倒一倒。这样的话风，管理员该怎样接应？官方地，甚至是冷漠地，能行吗？如果不论群众问什么，都只是复制粘贴一般地回答"疫情防控政策如此，我也无能为力"，估计此客户端会遭一脸嫌弃，用户数不增反跌也不奇怪。

坑4：退回1.0时代了？

还有些平台，点进去只有一个填写信息的表格，群众填完之后，看不见自己的留言，也看不见其他人的留言，只能默默等待回复。本以为进的是互动性平台，实际看到的却是web1.0时代的电子表格，体验感之差，可想而知。

坑5：做了等于做好？

有的群众问题比较棘手，涉及不同部门、地方。比如，一个住在封控区的学生，想跨市参加考试。这样的问题，显然不是一个管理员能回答的，也许当地教育局也解决不了。怎么办呢？有的平台如实回复解决不了，也有的平台会再想办法，同级协调或向上反映。60分和90分的差别，也就在这里。

9个月过去，各地的"战疫求助平台"经过摸爬滚打，探索了很多好办法，也受到了各方点赞。

"取乎其上，得乎其中。"身在"走在前列"的浙江，不管是地方、部门还是媒体，只有不断提高要求，在实战中查漏补缺，才能让"战疫求助平台"从"做了"走向"做好"，才能让老百姓用得上、信得过。

姜思铄　执笔
2022年8月15日

手握笔杆当战士

> 一言以蔽之,党的诞生始于宣传、"红色根脉"贯于宣传、历史抉择系于宣传、复兴伟业盛于宣传。

宣传部门虽然不管官帽子、钱袋子,也不是"枪杆子",但手握笔杆,掌握的是话语权。

行走江湖,笔杆就是我们的刀枪剑炮。用好了它,我们就拥有了一锤定音、一剑封喉的能力。

这意味着,我们的责任是沉甸甸的,绝不能妄自菲薄,而要抬升格局站位,珍惜党给我们提供的平台和机遇,在新形势下不断推动宣传工作有新发展、新突破。

一

什么是"笔杆子"的力量?

有人说,当你用普通的眼光打量钱塘江,它就是河床、堤岸、水流量、生物、灌溉。而当你用文化的眼光来打量钱塘江,它就是生命、情感、历史、家园、母亲河,它就是富春山居图、大好河山、美丽浙江、心中乡愁。实现这一转变,要靠"笔杆子"的力量。

当我们把目光投向来时之路,不难发现,"笔杆子"的力量处处可见。

1937年,"人民哲学家"艾思奇从上海来到延安,毛泽东同志给他的欢迎词中,有这么一段话:革命要靠枪杆子,也要靠笔杆子。把枪杆子和笔杆子结合起来,有文有武,文武结合,革命的事业就能胜利。

从建党的"开天辟地",到新中国成立的"改天换地",到改革开放的"翻天覆地",再到新时代的"经天纬地","笔杆子"始终担纲重要角色,掀起一阵又一阵波澜、一个又一个高潮。

在抗日战争最艰难时刻,一本《论持久战》横空出世,给中国人以前进方向;在拨乱反正关键节点,《光明日报》的一篇《实践是检验真理的唯一标准》,引发全国范围内关于真理标准问题的大讨论;在改革大幕开启前夕,《人民日报》以《不能再吃"大锅饭"》为题,连续刊出七篇社论,发出中国经济体制改革的先声。

党的十八大以来,以习近平同志为核心的党中央把宣传思想工作摆在全局工作突出位置,作出一系列重大部署,实施一系列重大举措,推动全党全社会思想上的团结统一更加巩固。

实践证明,一路走来,"笔杆子"释放出强大的思想引领力、文化凝聚力、社会动员力,成为我们党带领人民不断从胜利走向胜利的重要法宝。

一言以蔽之,党的诞生始于宣传、"红色根脉"贯于宣传、历史抉择系于宣传、复兴伟业盛于宣传。

二

"笔杆子"要敢于当战士。

拿破仑曾说:"世界上只有两种强大的力量,即刀枪和思想。"他也说:"三份不友善的报纸比一千把刺刀更可怕。"

从古至今,思想较量中,从未听闻"太平";价值争夺上,没有退让妥协。在两条道路、两种制度的较量中尤其如此。

每一回重大交锋,先打响的总是舆论战。美西方发动的"颜色革命"为何屡屡得逞?套路简单,就是先从思想上搞乱一个国家。思想防线被攻破,其他防线就如溃堤般崩塌。

无论是东欧剧变、苏联解体,还是后来的阿拉伯之春、天鹅绒革命、玫瑰革命、郁金香革命等,政治安全和政权安全的"千里之堤",终是溃于舆论旁落和民心涣散的"蚁穴"。

如今,我们党已走过第一个百年。怎么走好第二个百年,需要依靠宣传工作来统一思想、凝心聚力,这就需要宣传工作者以民为本、实事求是、创新实干。

在这盘大棋局中,每一个"笔杆子"都必须永葆斗争精神,时刻保持子弹上膛的状态,全力练就锋芒毕露的本领,瞄准世界之变、中国之需、浙江之能,思考怎么看宣传、谋宣传、干宣传。

这步棋,我们得赢!

三

我们还得想想,该怎么赢!

省第十五次党代会报告提出"两个先行",即在高质量发展中奋力推进中国特色社会主义共同富裕先行和省域现代化先行。奋进在"两个先行"新征程中,我们脚下的这片土地,是从事宣传工作最热的热土,也是最能"妙笔生花"的地方。

做好宣传工作的前提,是要充分理解"两个先行"的深刻内涵,因为这是探索人类文明新形态的全新课题。在这一语境下拿出前瞻性思路、开创性举措、引领性项目。

站在这片热土上,反躬自问两个问题:

作为"笔杆子",我先行了吗?

我如何更好地勇毅前行?

首先,要在理论上作出解答、形成方案,以理论创新推动实践创新,同时驱动实践创造与理论创新这两个轮子加速飞转。

明年是"八八战略"实施20周年。如何贯通理论与实践、历史与未来、国际与国内,加快构建具有普遍意义的"两个先行"理论体系和话语体系,我们责无旁贷。

其次,可以预见,实现"两个先行"的道路上难免会面临许多风险挑战。要精准分析研判、把握内在规律,主动介入、及时预警、妥善处置,当好"瞭望哨",以宣传工作的"稳"为全局的"进"保驾护航。

最后,先行不是某个领域、某项工作的先行,而是全面走在前列。在建设文化强省、打造文化高地方面,也要把一域先行与全面先行相统一,不论是传承千年文脉还是铸造文化高峰,都要为中国谋、向未来干。

吾日三省吾身。宣传工作者也应每天深入思考:宣传为何?宣传何为?每一次自省,都是为了更好前行。

身逢一个伟大时代,我们理应成为这样的"战士"——让手中的"笔"成为最犀利的投枪,写就最精彩的故事。

何诗航　执笔

2022年8月16日

有一种宋韵,叫爱国主义

> "靖康耻,犹未雪。臣子恨,何时灭?"让我们在风雅宋韵中体味另一番筋骨与气节,那是照亮历史夜空的星辰,指引着我们前行。

提到宋代,人们一般会想到"议和""战乱纷飞""偏安一隅"等词语,所以一直以来,人们对宋朝总有个刻板印象,认为宋朝是一个积贫积弱的朝代、一个比较窝囊的朝代,就像那句"山外青山楼外楼,西湖歌舞几时休"。

历史上的宋朝真是这样吗?

一

从执政时间看,宋王朝在封建社会排第二。

宋朝分为北宋和南宋两个阶段。熟悉历史的人都知道,宋朝处于一个强国林立、强敌环伺的环境,面临着极其严重的外部危机。

宋朝之前,中原政权面临的少数民族政权威胁主要有匈奴、突厥等，虽然他们在汉、唐时很猖獗、很强悍，但其经济、军事实力远不如宋时的辽、金、蒙元。

北宋建国于960年；辽建国于907年，比北宋早50多年。两国相爱相杀，互有征伐，直到1005年双方订立澶渊之盟，才迎来了和平时期。

金于1115年建国，在1125年联合北宋灭了辽，两年后又灭了北宋。随后，宋徽宗之子赵构称帝，以临安为都城，建立南宋。金军继续南侵，但南宋军民的浴血奋战成功挡住了金军步伐，屡屡挫败金军，稳住了阵脚，最后竟于1234年联合蒙古灭了金。

这样，南宋就完全暴露在蒙古铁骑之下了。经过多年抗战，于1279年被元军所灭。

宋朝从960年建国到1279年亡国，共历18帝，享国319年。说宋朝弱？可宋朝享国时间之长，在从秦到清的整个封建社会时期，仅次于汉朝的406年，位列第二。而排在宋朝之后的，依次是唐朝290年、明朝277年、清朝268年，这些可都是大一统的强国。

仅南宋，就享国152年，这个时间正好与当时非常强大的蒙元享国时间相当。而蒙元的152年，包括大蒙古国的54年和元朝的98年。

从战略对手来看，宋王朝的敌人空前强大。

北宋有西夏、辽、金，南宋则有金、蒙元，个顶个的都是"彪形大汉"般的强劲对手。只能说，宋朝军民承载着太多太多艰辛。

特别是南宋后期的敌手，是军事实力世界最强的蒙元。它只用20年便横扫欧亚大陆，差点就统一了欧洲，提早建立"欧共体"。再看，蒙古征服西夏，用了22年；征服金，用了23年。在这个"马背上的民族"看来，曾经横扫天下的金国人不堪一击，何况是体格瘦弱的南宋人,消灭南宋只是时间问题。

可南宋人却让强悍的蒙古人第一次有了强烈的挫败感,双方竟打了整整45年之久。其间,蒙古还搭上了一个大汗的性命。可以说,面对当时世界最强军队,南宋军民毫不畏惧、同仇敌忾,非常顽强!

二

"狼烟起,江山北望,龙旗卷,马长嘶,剑气如霜……"

豪迈的旋律与心中的激情共振,使我们想到了刻在南宋民族英雄岳飞脊背上的四个字——"精忠报国"。

岳飞背后的刺字,我们今天把它叫作"纹身"。在宋代,人们一般称之为"刺青""雕青""花绣""文绣"。

北宋有个名将叫呼延赞,他不但在自己身上纹了"赤心杀贼"字样,甚至要求妻子、儿子、仆人都要在身上纹这几个字。他的几个儿子的耳朵后面,还刺了"出门忘家为国,临阵忘死为主"几个字。

这小小的刺青,是宋人刻在身上、融入心里的"座右铭",表达着奋勇杀敌的决心,彰显着拳拳爱国之情。

纵观中国几千年封建社会历史,宋代尤其是南宋,是爱国主义"氛围感"拉得最满的年代之一。

南宋大部分君王都怀有收复中原的愿望,一直在做北伐的尝试和努力。将杭州作为"行在所",称"临安"而非"长安",也显示了朝廷不忘收复故土的决心。

爱国主义也始终是南宋人现实生活的不变主题。

艰难困苦，方显英雄本色。宋朝是一个英雄辈出的朝代。《宋史·忠义传》收录忠义人士277人，其中大部分是南宋人。在宋代以前，尽忠死节的官员并不多，而宋朝灭亡时，"忠节相望，斑斑可书"。与其他朝代相比，《宋史·忠义传》收录标准严苛，但人数却比较多。

比如我们熟识的岳飞，从20岁起，先后四次从军，参与、指挥大小战斗数百次，其麾下军队纪律严明、训练有素，战斗力"爆表"，金军对其评价曰："撼山易，撼岳家军难。"

还有文天祥，散尽家财，招募士卒抗元。后在五坡岭被俘，押至元大都，被囚三年，屡经威逼利诱，誓死不屈，从容就义。

此外，还有刘锜、吴玠吴璘兄弟、王坚、谢枋得、张世杰……这样的爱国志士，在宋代比比皆是。

诗以言志、文以载道。爱国主义题材的文学作品在宋代也是层出不穷，远超其他朝代。从范仲淹的"先天下之忧而忧，后天下之乐而乐"到陆游的"王师北定中原日，家祭无忘告乃翁""位卑未敢忘忧国""夜阑卧听风吹雨，铁马冰河入梦来"，再到文天祥的"人生自古谁无死，留取丹心照汗青"……

我们读出的正是宋人收复故土、光复民族的强烈愿望。

三

当前，我们正在深入推进"宋韵文化传世工程"。

笔者以为，首要之意在于了解"韵"之内涵。唯有理解那个时代的精神特质，才得以窥见"宋韵"全貌，才能真正做到客观分析、理性评价，弃其糟粕、取其精华，让宋韵文化真正在当代活起来、传下去。

而在宋韵文化纷繁多元的各色韵致中，体现其内在特质的精神特质，构成宋韵最根本的内核所在，无疑就是饱含家国情怀和传统美德的爱国主义精神。

金庸的《倚天屠龙记》里有个盖世武功叫"九阳神功"，有句口诀说得很好："他强任他强，清风拂山岗；他横由他横，明月照大江；他自狠来他自恶，我自一口真气足。"只要有这口"真气"在，一切犯我之敌都将只是"纸老虎"。

那么，面对"犯我之敌"，我们的"真气"是什么？

就是自古以来流淌在中华民族血脉之中，去不掉、打不破、灭不了的爱国主义精神、英雄主义精神。

真实的宋朝，充满了爱国之情与赤胆之心。

"靖康耻，犹未雪。臣子恨，何时灭？"让我们在风雅宋韵中体味另一番筋骨与气节，那是照亮历史夜空的星辰，指引着我们前行。

陈鑫　执笔

2022年8月16日

变化的时代，宣传如何变？

> 唯有在进攻中学会进攻，才能在防守中坚实铠甲。

手握笔杆的人常感叹，宣传领域日新月异、变化太快。

这是因为，宣传工作位处潮流前沿，总能最敏锐地发现时代之变，同时也最先触碰到变革引发的阵阵刺痛。

风云变幻的时代，宣传如何变？

"鸵鸟心态"不可取，"装睡的人"叫不醒。唯一出路是把握变局背后的底层逻辑，看清现实世界的底牌，准确识变、科学应变、主动求变。

一

在众声喧哗的网络空间，不少主流媒体发出的声音，似乎越来越难以直抵人心。社会公众特别是青年群体，已发展出一套和自己高度相关的话语体系，主流媒体却缺乏主动认识和积极共情。

就拿"三孩"政策来说，一些主流媒体论说的重点往往是"为什么生",网友关注的则是"怎么去养",他们广泛焦虑于像"65岁退休要养9个孙子孙女"这样的新闻。

有的主旋律歌曲,失去了"一条大河波浪宽"那样娓娓道来的亲切感,高频歌词"奉献""热爱""美好"仿佛AI创作,脱离群众的现实生活和情感需求,激不起听众的共鸣。

还有一些主流媒体习惯于写"大块头"文章,还没有适应碎片化、可视化、即时化的传播要求,文章说教味太浓,术语太多,网民不想看、看不懂,"一篇通稿"得不到网友的"一键三连"。

必须看到,原有那种单向灌输与简单阐释的话语表达,网民已经不买账了。网民喜欢直接不绕的表达和有观点有思考的内容。要想构建官方和民间舆论场的良性互动关系,就必须要有"用户意识",学会多说人话,说群众听得懂、喜欢听的话,用让人舒服的方式去对话与沟通。

二

一份报告显示,抖音用户数已经超过10亿,日活超过8亿;B站移动端用户达到2.76亿,日活超过7940万,活跃用户日均使用时长达到95分钟……曾经读报、看电视的人,已经越来越多地把眼球停留在抖音、B站等平台上。

笔者感受直观的是,家里的电视打开得越来越少,一家三口抢遥控器的场面再也见不到了。传统意义上的"田间地头",已经转移到十几亿人手上的那块移动小屏。

这说明,传播格局已经发生深刻变化。如果我们依然固守传统,心安理得地待在"舒适区",而不敢杀出去,到移动互联网的主战场大干一场，我们就难扛起宣传工作者的责任，就难以真正统一思想、凝聚人心。

事实上，面对新兴传播平台的强势崛起，不少主流媒体正在节节败退，传播力、影响力和引导力受到巨大冲击。

在新的传播格局下，平台优势、渠道优势是决定性优势。或许主流媒体经过自身努力成了大V账号，一些名记者和评论员也得以化身网红博主，但是"寄人篱下"并不值得过分骄傲，所谓的粉丝也只不过是平台亿量级用户中的"一小撮人"多了几次滑动而已。

所以，我们要推动更多优质内容、先进技术、专业人才等向互联网汇集、向移动端倾斜，加快打造重大新型传播平台，建成新型主流媒体。

唯有掌握了自己的传播平台，生产出更多抓人眼球的优质内容，才能更好地让传统主流声音覆盖移动端、主导互联网、触达年轻人，从而不断扩大主流价值影响力版图，让党的声音传得更开、传得更广、传得更深入。

三

世界格局"东升西降"，舆论战场"攻守转换"，是不可阻挡的大潮流、大趋势。

我国GDP总量稳居世界第二，已经超过美国的70%。美国想方设法打压和遏制中国，这种结构性矛盾必然伴随着道路之争、制度之争、人心之争。

在国际舆论场上，过去总是西方"出题"我们"答题"，跟着他们的逻辑走，往往越辩解越陷于被动。CNN创始人特纳曾夸下海口:"CNN的镜头摇到哪里,安理会的议程就讨论到哪里。"

"寇可往,我亦可往。"怎样才能带着我们的"设问",让他们来"作答",把他们带进我们的节奏和逻辑?

答案是以积极稳健的态势,主动做牌、出牌,在局部领域转守为攻。比如,紧盯美西方政治极化、社会分化、制度缺陷等现实问题,打进攻战、速决战、外线作战,扩大自己的根据地,积小胜为大胜。

同时,立足文化自信的大逻辑,讲清楚14亿人口的大国和两三千万人口的国家是不一样的,5000年文明史不中断的国家和几百年建国史的国家也是不一样的。中国怎么样、发展好不好,不能总由别人来指指点点。

唯有在进攻中学会进攻,才能在防守中坚实铠甲。

四

形势瞬息万变,环境不断更迭。宣传工作如同一条绵延不绝的河流,能否汇聚最广泛的民心、获得最广阔的天地,关键在于坚若磐石的底座河床和始终涌流的创新源泉。

在风云激荡的世界中把握亘古不变的规律,洞察变化、拥抱变化,方能下好这个时代宣传工作的每一步棋。

谢滨同　执笔

2022年8月16日

干宣传就要"取法其上"

> 只有把起跑就当冲刺,把首战看成决战,才有可能"一开局就流量爆表、一出生就风华正茂"。

古人的话里,"取法其上"算是个"高频词"。

唐太宗李世民在《帝范》中就说,"取法于上,仅得为中;取法于中,故为其下"。宋代诗论家严羽在《沧浪诗话》里也讲,"学其上,仅得其中;学其中,斯为下矣"。明末清初戏曲家李渔则在他的《凰求凤·筹婚》里写道,"古语说得好,取法乎上,仅得乎中,要选第一等的才郎,到其间只好得个中平之婿"。

无论是治国之道,还是诗文创作,甚至就连想找个如意郎君,都离不开"取法其上"。这是中国人代代相传的智慧,其实也是我们在新时代干好宣传工作的窍门。

一

90多年前,有这样一个对白,毛泽东同志问身边的红军战士,站在黄洋界上可以看多远？战士们有的回答，可以看到江西；有的则回答，还可以看到湖南。毛主席听后意味深长地说，对，我们革命者就是要站得高看得远，站在井冈山，不仅要看到江西和湖南，还要看到全中国、全世界。

站位决定身位，视野体现格局。"取法其上"意味着高位入局、高举高打。

要想成就一番作为，先得站得高一些、看得远一点，锚定更高的目标去冲。只有敢与最强的争，有同最一流的对手一较高下的勇气，才能突破极限、超越一流，干出国内领先甚至令世界瞩目的成绩。

一方面，浙江作为经济强省、文化大省，承担着高质量发展建设共同富裕示范区的时代重任，走在前列早已融入浙江人的精神血脉。置身浙江这片热土，从事宣传工作，做得好是容易的，变得更好是必须的，形成属于自身的非对称优势是应该的。

另一方面，早在2003年，习近平同志在浙江工作时亲自擘画了"八八战略"，指导浙江文化建设由"大"向"强"迈进。省第十五次党代会提出"两个先行"，明确了高水平建设文化强省、打造新时代文化高地的目标任务。作为宣传工作者，自然要直面问题、找准路径、创新打法，不断争先进位。

凡事对标一流，处处力求极致，才能全方位全领域跃上金字塔的"塔尖"，展现浙江风采。只有把起跑就当冲刺，把首战看成决战，才有可能"一开局就流量爆表、一出生就风华正茂"。

二

压过的弹簧会弹得更高，淬炼过的宝剑才会更加坚韧。

习近平同志在《之江新语》中写道："人无压力轻飘飘，井无压力不喷油。"这句话也点出了"取法其上"的关键。我们要站得高、看得远，更要不甘现状、不甘平庸，勇于自我颠覆、自我逼迫、自我重塑。

选择自我加压，或许可以干成原来干不成的事；而挂着"空挡"、不踩"油门"，则永远体验不到"推背感"，无法跑出"加速度"。

当别人叫嚣"中国无原油，非靠进口不可"时，中国人的耳边就会响起铁人王进喜"宁可少活20年，拼命也要拿下大油田"的豪言壮语。

当1994年华为的销售收入还不到10亿人民币时，很少有人知道，它已经下定决心：将来的通信设备市场三分天下，自己必是其中之一。

压力之下出奇迹，这在古今中外屡见不鲜。"取法其上"，化压力为动力，说难也难，说容易也容易。难的是，义无反顾走出"舒适区"，挥一挥衣袖作别曾经的"岁月静好"。而一旦下定决心，跨出第一步，就会发现潜力远比想象的大，一切皆有可能。

有人可能以为，"取法其上"就是找找差距、补补短板。其实不然。对标国内领先仍然存在差距的工作，自然要逼迫自己、奋起直追，但是质量过硬、在全国拿得出手的工作，也要继续抬升势能、锻造长板，做到强者愈强。

唯有常念"没有走在前列也是一种风险",自觉拉高标杆、加压奋进,主动更新过时的、清除落后的、改变错误的,才能激发源源不断的创造性张力,在挑战自我中超越自我。

三

马克思说,如果我们选择了最能为人类福利而劳动的职业,那么,重担就不能把我们压倒。为中华崛起而读书的周恩来,立志"面壁十年图破壁,难酬蹈海亦英雄"……

真正的"求其上",总是联系着家国天下,具有宏大抱负与志向。心怀"国之大者",为着中国谋、向着未来干,这是"取法其上"的大境界。

放眼今日浙江,推进"两个先行"的探索实践,正是以浙江之答回应中国之问、世界之问、人民之问、时代之问。

宣传工作总是发时代之先声,作为宣传战线的一员,我们在"埋头拉车"的时候,更应该"抬头看路",多想一想:

怎样为精神生活共同富裕拿出浙江方案?

怎样为建设文化强国提供浙江打法?

怎样为建设文明中国作出浙江贡献?

把这些宣传工作的"国之大者"想穿了、悟透了,"取法其上"也就自然内化成了干事创业的常态和习惯,也就有了立足浙江、先行探路、闯关破题的拼劲与闯劲,有了国家题浙江来破、未来事浙江先干、新方案浙江探索的壮志与雄心,从而在"仰望星空"与"脚踏实地"的过程中,创造更多浙江经验。

"取法其上",是一种格局、一种方法、一种境界,从中见志气、见精神、更见担当。

在实事求是、尊重规律的基础上,"加把劲、跳一跳",我们的事业发展就会源源不断地激发创造性张力、产生标志性成果,真正以宣传战线的新担当赢得更多尊重,以宣传战线的新作为赢得更多主动。

何诗航　执笔

2022年8月17日

美国为何老拿气候问题说事?

> 西方政客们不仅经常把碳排放、气候变暖等问题甩锅给基建多、人口多的后发国家,还依靠支配碳排放份额收割了财富,这正应了那句话——"嘴上都是正义,心里全是生意"。

有言在先,言出必行。

8月5日,我国宣布对美国采取8项反制措施。其中,光是"暂停中美气候变化商谈"这一条,就戳到了拜登政府的痛处。美方官员称,中国"不是在惩罚美国,而是在惩罚全世界",试图用偷换概念的手法把中国塑造成破坏气候谈判的罪魁祸首,最后还不忘把矛盾引向其他发展中国家。

事实证明,美国一边严重损害中国核心利益,一边又在自身有需要的地方寻求中方合作,一旦目的达不成便倒泼脏水。

值得思考的是,美国为何老拿气候问题说事?中国在全球气候合作上持有怎样的理念、扮演着怎样的角色?今天,我们展开来聊一聊。

一

很多读者可能已经注意到,这不是美国第一次以气候议题操弄国际舆论,肯定也不会是最后一次。

透过美西方关于气候议题的合作纷争,以及碳排放背后的政治博弈,不难发现——

绿色运动、生态运动已成为西方国家一支新兴政治力量,气候环境等话题最容易煽动起民意。于是政客们高举"拯救地球"的大旗,却把"气候""环境"设计成打压他国的工具。

从历史上看,许多发达国家碳排放早在上个世纪六七十年代就达到了峰值,在经历了几次严重的烟雾事件后,他们以"环保"为名把高耗能、高污染的企业转移到国外,降低了本国的碳排放。目前,美西方的碳排放属于"需求型碳排放"。

但对于工业化进程较晚的国家来说,碳排放是为生存和发展而产生的,属于"生产型碳排放"。然而,美西方以环境保护的托词、气候合作的名义对其他国家的减排进度指手画脚,气候问题成为西方国家企图迟滞发展中国家发展的一支"暗箭"。

西方政客们不仅经常把碳排放、气候变暖等问题甩锅给基建多、人口多的后发国家,还依靠支配碳排放份额收割了财富,这正应了那句话——"嘴上都是正义,心里全是生意"。

反观美西方,减排往往沦为一场场"闹剧"——

为达到政客盲目制定的减排目标,海上风力发电、地热、氢能等新能源项目被"赶鸭子上架",导致电价大幅抬高,民众受苦;

碰到俄乌危机,断了天然气供应,欧洲各国就立马启动"最不环保"的煤电项目；

为保护传统能源巨头利益，美最高法院判决美环境保护署无权在各州层面对二氧化碳排放量进行限定，再开"环保"历史倒车；

……

二

面对中国暂停气候变化商谈的反制，美国有些着急，主要还是因为板子打中了要害，毕竟气候方面的议题是民主党的主要主张和票仓来源。

早在2020年拜登竞选总统期间，他就向民众承诺要将应对气候变化作为政府的首要任务，他上台后烧的"几把火"中，火力最猛的就是气候法案。拜登期望用气候法案这一筹码来推动3690亿美元清洁能源领域的投资落地，以此来降低美国通货膨胀率。

然而，拜登的日子并不好过。俄乌战争打乱了拜登的部署，俄罗斯的油价与美国的通胀"比翼齐飞"，加之共和党也不支持，拜登的气候计划屡遭变故，关键时候中国又暂停气候合作，四面围困之下，以拜登为首的民主党岂能不慌？

那么，美国站在道德制高点指责其他国家"这也不是""那也不是"的背后，他们的执政党到底把啥放在心上？

远的不说。从美国置新冠肺炎疫情、粮食危机等全球性问题于不顾，屡次侵犯别国主权、挑动对抗中，人们看到的是，一群满嘴跑火车的政客，都是精致利己主义者，根子上维护的是"最有钱的人"的利益。

三

在全球气候合作上，中国是讲信誉、负责任的大国。

习近平总书记在多个场合指出，二氧化碳排放力争于2030年前达到峰值，努力争取2060年前实现碳中和。在"十四五"规划纲要中甚至出现了16个"碳"字。

中国不会放弃碳中和目标，实现碳中和是我们必须要做的事情。

对中国来说，一方面，气候问题反映的是环保问题。控制碳排放就是为了实现生态环境的根本好转，因为"绿水青山就是金山银山"早已成为国人共识。

另一方面，这折射的也是能源问题。只有通过减排来倒逼推进发展风电、水电、太阳能等非化石能源，才能把能源安全牢牢地攥在自己手中。

这一次，中方暂停中美商谈，并没有暂停气候变化的国际合作，与欧盟、其他发展中国家的合作仍在开展。作为负责任大国，中国把应对气候变化视为全人类的共同事业，在制定气候目标时，愿意与那些以污染为代价换来经济发展的发达国家一起承担减排责任，这本身就是一种大国担当。

一项数据可以佐证中国在推动国际气候合作上的努力和成效：近年来，中国在节能、提高能效等领域所作的贡献占全球的30%—50%。反观美国，人均碳排放量却是全球平均水平的3.3倍。

四

"宽己严人"是美国的老毛病，也是"世界警察"的老伎俩。看穿这个本质，进行精准反制，不让美国带节奏，是当下的必须。人不犯我，我不犯人；人若犯我，我必犯人。中国这次的精准反制，就是要告诉美国：出来混，总是要还的。

当美国因为"暂停中美气候变化商谈"等反制措施而指责中国时，也应该反思何时能停止挑战一个中国原则。台湾问题是中国内政，一个中国原则不容任何挑战。美国如果试图挑战中国底线，必然得不到任何好处。

美国也应改一改老毛病，以实际行动为包括气候议题在内的中美合作创造有利条件，不做"甩锅侠"，这才是美国该走的正道，也是世人对美国的期待。

王人骏　执笔

2022年8月17日

进攻为何是最好的防守？

> 我们的战斗力决定了人心向背。站在人民的立场上，该出手时就出手。

足球比赛中有个现象：能够保持进攻势头，把对手压在对方半场，自己的球门会是最安全最不容易被攻破的。我们打舆论战，何尝不是如此？

攻和守是矛盾统一体，攻守转换乃是兵家常事。二战前，法国采取"以防御代替进攻"的战略，精心打造了号称世界上最坚固的马奇诺防线，结果德军非但绕了过去，还发动猛烈的闪电战，法军的防御立即全线崩溃。

如果机械、僵硬地执行防御战略，认为只要守好自己的"一亩三分地"，就能"稳坐钓鱼台"，手中的剑迟迟不砍下去，那么再坚硬的盾牌也挡不住万箭齐发，再牢固的城堡也经不起狂轰滥炸。

做宣传工作，还是要相信那句老话：进攻是最好的防守。

一

《孙子兵法》中提道：

"守则不足，攻则有余。"

意思是，采取防御，是因为兵力不足，采取进攻，是因为力量有余。

换个角度想，如果拥有足够的实力而不去进攻，岂不是暴露了自己的软弱，助长了对手的嚣张？在这个实力尊重实力的时代，掌握话语权不靠善良慈悲，坚决斗争才能赢得胜利。

面对意识形态领域风险挑战，"龟缩"一隅之内永远无法夺得人心，必须向舆论的腹地深入挺进，敢于斗争、善于斗争。

面对谣言和谬论，进攻就是抢抓舆论"真空期""窗口期"，采取雷霆手段，主动发声亮剑，而不是在舆情发酵之后简单发个辟谣通报，更不能在有人混淆是非、造成不良影响时，主流媒体都"躲进小楼成一统"，让歪理邪说肆意狂欢。

面对工作中存在的问题，进攻就是以真诚获得认同，敢于承认不足、直面矛盾，站在公众利益的一边，用好舆论监督的利剑，协调和督促有关方面及时解决问题。

面对美西方对中国的种种打压、遏制，进攻就是主动出击，主动设置议题，旗帜鲜明地表达我们的立场和主张，揭露美西方的险恶用心和丑恶本质，捍卫道路自信、争夺人心走向。

我们的战斗力决定了人心向背。站在人民的立场上，该出手时就出手。

二

当我们处于相对守势时，为何还要坚决发起进攻？

古往今来，以少胜多、以弱胜强的战争不在少数，载入史册的就有巨鹿之战、赤壁之战、淝水之战等等。事实证明，对手远没有我们想象中那么强大，先破"心中贼"，才能破"山中贼"。

形成非对称优势的战术打法，蕴藏在一道经典的博弈论问题中：如果给你2个师，通往一座城市的道路有2条，怎样攻破这座由敌方3个师守卫的城市？

答案是：集中兵力去攻一条路。因为防守一方需要两面下注，进攻一方有着更明确的目标和更清晰的路径，攻方的胜算反而更大。

同样道理，当我们"深挖一口井""打穿一个点"，把有限资源投到最紧要的事情上，解决那些长期想解决而没有解决的问题，办好那些长期想办而没有办成的事情，研究那些长期没有人去破题的环节，就能用小成本获取大价值，以小投入赢得大回报。

昨天我们提到，时代的变化很快，宣传工作要下好变化时代中的每一步棋。

怎样在新的传播格局中，打造主流媒体"航空母舰"，打赢收复失地战？怎样在新的国际舆论环境中，破除对外传播瓶颈，打赢突围反击战？怎样在广大群众对文化需求的新呼唤中，实现思想价值引领，打赢文化高地建设冲锋战？

解决这些痛点、堵点、难点，必须集中火力，各个击破！

三

对于一个人，进攻是一种性格、一种态度；对于一群人，进攻则是一种打法、一种文化。进攻型文化并不是所谓的内卷内耗内斗，不是不切实际、盲目行动，而是敢于"虎口夺食"，从外部增量中找到自身确定性。

如果人的精神境界止于一座池塘，注定无法拥有开拓者、进攻者那样的大海之阔，最终池塘也会干涸殆尽。止于防守，是固守已有资源的消耗；进攻，才是释放生命力的过程，才能把基业守得更牢并不断发展壮大。

比如，现在有些新闻单位经营下滑、生存困难，这是主阵地萎缩的客观体现。面临种种问题，最好的办法是联起手来伸向最重要的领域，做大做强主业，而不是分走队友同行的"一杯羹"。无须犹豫，与其"守摊子"不如"蹚新路"，与其"保家底"不如"闯蓝海"。

唯有在攻城略地中拔寨前进，才能变不可能为可能，干成更多无中生有、以小博大的事情，用我们的成果换取时间和空间，以我们的事业赢得成就感和价值感。

谢滨同　执笔

2022 年 8 月 17 日

欧阳修是如何"改文风"的

> 唯有"改文风",不追求空洞华丽,也不佶屈聱牙,才能抵达读者;唯有"说人话",不长篇累牍,也不云山雾罩,言之有物才能打动人心。

"改文风"古已有之,只是在唐宋有个更大气的名字,叫"古文运动"。唐朝领头的是韩愈,宋朝领头的是欧阳修。

他俩为啥要发起古文运动?因为南北朝时,骈体文的势力就很大了,基本统治了文坛。骈体文文体优美,但到后来华丽空洞,流弊甚多。韩愈、柳宗元要推行散文,在中唐时振臂高呼,给予骈体文迎头痛击,不过应者没有云集。韩柳之后,骈体文马上卷土重来,占据了主位。到了五代、宋初,还是骈体文的天下。

在欧阳修的时代,有两种文风盛行。一是西昆体,追求声律骈俪、文辞优美,花里胡哨,只讲形式。

另一种叫太学体,为攻击西昆体而生,是矫枉过正的产物。这种文体既不平实质朴,也不典雅华丽,完全是为了跟骈体文唱对台戏,只有破坏而没有建设。一句话总结,看似非常高深,但没一句是人话。

一

怎么改掉这不良的文风？欧阳修选择自己写，身体力行干出示范来。

此前也有人攻击西昆体，但成效不大，因为他们写得还不如西昆体，所以没啥影响。欧阳修想改掉这文风，就得自己立出标杆来。

欧阳修的榜样是韩愈。但韩文的问题他也正视，并不盲从；骈文的优点他也吸收，并不抛弃。比如写《秋声赋》，他将散文笔法引入赋体，奇偶相见、纵横开阖，给这种古老的文体带来了新生命。

在欧阳修眼里，"文道并重"，艺术形式和思想内容同等重要。好的思想，若没有好的载体，根本传不出去。他的名篇《醉翁亭记》，开头的"环滁皆山也"，就改了多遍。其余的文章也是数易其稿。他夫人劝他：这么大年纪了，还怕先生来责备吗？欧阳修哈哈大笑：不畏先生嗔，却怕后生笑。

他的文风以散为主、骈散结合。抒情文、记事文、议论文，读起来都舒徐流畅、从容不迫，深受天下士人追捧，被公认为文坛盟主。所谓"修文一出，天下士皆向慕，为之唯恐不及"。如同现在文章一出，朋友圈就有人自动转发，篇篇"10万＋"。文章太好的副作用是，求他写墓志铭的也络绎不绝，让他负担很重。

二

欧阳修认为,光靠个人写还远远不够,得从制度上进行彻底的变革。1057年,机会来了,他被朝廷任命为省试的主考官。

考前,他就多次公开强调,绝不给险怪奇涩的文章以活路,让考生一定要言之有物。

可很多考生不在乎。此前,宋仁宗两次下诏要戒除文弊,但是文坛完全不为所动。

当时有个叫刘几的考生,是太学体的高手,夺魁呼声很高。他的应考文章依然是太学体,出现了"天地轧,万物茁,圣人发"这种"高深莫测"的非人类语言。欧阳修气得用红笔在试卷上刷来刷去,写上"秀才刺,试官刷",张贴在墙壁上示众。

而苏轼也参加了这场考试,他的《刑赏忠厚之至论》完全符合欧阳修"改文风"的要求。欧阳修看后拍案叫绝,认定是自己的大徒弟曾巩所写。为避嫌,他忍痛给了第二名。

后来结果一公布,写太学体的人全落榜了。落榜者把上朝路上的欧阳修团团围住,谩骂及至厮打,巡逻的人来了才散开。不解恨的还专门写了《祭欧阳修文》,扔到他家里。举报信更是满天飞。欧阳修苦不堪言。

最后,宋仁宗一锤定音。他在殿试中,将欧阳修省试通过的全部予以录取,给了欧阳修最大支持。

科举的标准就是风向标,"平淡典要"的文风得到了最高层的认可。那个被当成反面典型的刘几也"浪子回头",几年后改名参加科考,成为科场第一,写的文章也广为传诵。

当然，最终证明欧阳修正确的还是历史。他主考的这一榜被人称为"千年科甲第一榜"，确实星光璀璨：从文学上看，有苏轼、苏辙、曾巩这样的文学大师；从经学上看，有程颢、张载这样的哲学大咖；从政治来说，后来任宰执的就有章惇等9人。文风一改，优秀人才果然应时而出。

欧阳修最大的收获还是苏轼。他毫不掩饰对苏轼的喜爱，说：读苏轼书，不觉汗出，快哉，快哉；老夫当避路，放他出一头地也！可喜！可喜！

他把苏轼当成了古文运动的继承者。

苏轼果然没让他失望，文风更加汪洋恣肆，甚至超过了他，成为有宋一代文化的集大成者，影响了更多的人。经过师徒两人接力，宋代的靡丽和艰涩文风完全改变，西昆体、太学体被扔弃在历史的角落里。

三

在欧阳修眼里，"改文风"，并不只是在文字上下功夫，而是要和作风、理想捆绑在一起。他临终叮嘱苏轼，"我所谓文，必与道俱。见利而迁，则非我徒"。"改文风"只是起步，求正道才是终生的追求。

欧阳修为官作风一直硬朗。他因父亲早丧，家境贫困，是典型的"小镇做题家"出身。但他考中进士进入仕途后，一直刚直耿介、疾恶如仇，比他的文风还硬朗。

因针砭时弊，范仲淹被贬，有人落井下石诋毁范仲淹。欧阳修当时还是个小官，就写信骂那人毫无廉耻，结果被发配到基层当县令。

后来，他接替包拯当了开封府的长官。有个叫梁举直的太监，因犯法被移送开封府。事不算大，这位太监却请了三次圣旨给自己说情。欧阳修丝毫不给情面，三次都把圣旨退了回去。

仁宗劝他，人家说话直，不计后果，你都当这么大官了，怎么还是有话直说啊？英宗说，你老是面折人短，一定会得罪人，改下工作方式吧。

欧阳修说，好好好，改改改。不过日后还是没改变。最后老是受排挤，经常被赶出京城——不然我们也看不到《醉翁亭记》这种寄情山水的佳作。

和韩愈相比，欧阳修的古文运动成功了，从南北朝以来长达600年的骈文正式退出历史舞台。而他和他的学生们提供了论事说理、抒情言志的文章样板，这种新文风影响了元明清的900年，被后人发扬光大。

感谢欧阳修，他让我们明白：文章是人写的，也是给人看的。而我们这个时代，由于文山会海还在，西昆体和太学体总会沉渣泛起，写的人和看的人，都深受其害。让我们一起努力，先从"改文风，说人话"开始！

欧阳修已经给我们做了示范。唯有"改文风"，不追求空洞华丽，也不佶屈聱牙，才能抵达读者；唯有"说人话"，不长篇累牍，也不云山雾罩，言之有物才能打动人心。

赵波　执笔
2022年8月18日

开会是为了解决问题

> 每一次会议，都是一次重整行装的再出发。会上的"火花"，只有在创新实干中才能点燃照亮事业的光、发出温暖人心的热。

这两天，浙江宣传系统开了一个闭门研讨会，大家觉得收获满满，因为会议坚持问题导向、明晰路径、讨论打法。但会议成功与否，最终要看会后能否指导实践、解决问题。

如果会上热、会后冷，会上激动、会后不动或乱动，会上表态"雷声大"、会后落实"雨点小"，那么会议的功效会归零、再好的战略会落空。

心里沸腾，更要把事干成。让会上的"热"转化为工作中的"实"，做到热在创新实干、热到群众心里，就既需要我们迅速行动，撸起袖子激发干劲，又需要我们善于行动，掌握方法干出成效。

一

在浙江工作期间，有一次，时任浙江省委书记的习近平同志到某县调研，县委主要领导在汇报工作时，自顾自大谈特谈各种成绩。

习近平同志打断他："请你谈一谈县委落实省委'八八战略'的情况。"

这位县委领导支支吾吾答不上来。

习近平同志继续问道："那你讲讲'八八战略'是什么。"

这位领导还是答不上来。

习近平同志严肃地说：落实中央和省委的决策部署，既要有布置，又要有检查，形成真抓实干、令行禁止这样一个局面。决策只部署不检查、抓而不紧等于没抓，只吆喝、没督查就难以落实。

十多年过去了，这个事例依然值得我们警醒。会议开完了，相关部署有没有真正落实下去？是不是还有人像那位"县委领导"一样一问三不知？

2020年，在秋季学期中央党校（国家行政学院）中青年干部培训班上，习近平总书记发表重要讲话，聚焦提高解决实际问题能力，为我们指明了路径。

习近平总书记强调，面对复杂形势和艰巨任务，我们要在危机中育先机、于变局中开新局，干部特别是年轻干部要提高政治能力、调查研究能力、科学决策能力、改革攻坚能力、应急处突能力、群众工作能力、抓落实能力，勇于直面问题，想干事、能干事、干成事，不断解决问题、破解难题。

我们利用几天时间，坐下来召开全省宣传系统研讨会，是为了把形势看明白，把问题想清楚，从而有利于我们更好地起而行之、破解难题，在"两个先行"的时代征程中整体推动宣传工作守正创新、系统重塑。

对宣传工作者来说，办一个热闹的会并不难，难的是秉持求真务实的态度，把会上提出的问题带回去认真研究、逐个解决，把会上明确的思路、部署、举措不折不扣地付诸实践。

二

《论语》记载，子夏做了莒父地方的长官，向孔子求教如何治理政事。孔子回答说："无欲速，无见小利。欲速则不达，见小利则大事不成。"

事必有法，然后可成。要想抓好落实、解决问题，必须讲章法、顾大局，不能"打乱拳""打小算盘"。唯有遵循规律、把握节奏，把工作想透打穿，不断创新打法，才能明了守住怎样的"正"、创出怎样的"新"。

心有多大，舞台就有多大。善于把工作放到大局中去谋划和推进，始终站在群众角度去思考问题、开展工作，而不是局限于个人和部门的利益，不爱惜羽毛，才能不惧艰难、一往无前，进而摆脱"小我"、成就"大我"。

宣传系统是一个整体。只有向着共同愿景和明确目标去努力，把战略战术与工作激情结合起来，"对内抱成团、对外一张牌、系统一盘棋"，才能形成合力，实现整体效能最大化。

三

值得一提的是，甘当"收发室""传声筒"，等政策、等资源，不是真正抓落实，无助于解决任何问题。

面临黄土高原上土壤贫瘠、树苗难活的难题，有的人打起了"退堂鼓"，想等着一切条件都具备了再种树，而"时代楷模"张连印却说："干啥事都'等米下锅'怎么行？共产党员就得主动抓落实。"

即使条件不具备，创造条件也要干。总以没钱、没人、没编制为借口，战机就会贻误、工作就会落空。

干一件事情，背后凝聚着众人期望，有的甚至牵动着大局的演进。能否以"功成不必在我"的胸襟、"功成必定有我"的担当，破除万难勇向前，检验着我们的党性与作风。

"军令状"立下了，就要分解任务、建立机制，明责到人、担责在身。

会议过去了，就要盯着目标、花着力气，多为成功想办法，不给失败找理由。

事情干完了，就要立起评估的"指挥棒"，量化闭环、奖惩分明、形成倒逼。

每一次会议，都是一次重整行装的再出发。会上的"火花"，只有在创新实干中才能点燃照亮事业的光、发出温暖人心的热。

不驰于空想，不骛于虚声，不耽于伪事，正是我们从胜利不断走向胜利的法宝。

何诗航 谢滨同 洪敏 陈云 执笔
2022年8月18日

从这个暑期档里能看到什么？

> 面对奔涌激荡的伟大时代，电影创作者既要快马加鞭，用心用情用力拿出与新时代相匹配的电影作品来；更应孜孜以求，在艺术追求上不断突破自我、跨越提升。

近日，一部名为《热烈》的浙产亚运题材电影在杭州杀青。借用"热烈"这个名称，来描述正在进行中的2022年暑期档，可谓贴切。

今年的暑期档，的确与以往很不一样。上半年，由于疫情影响，全国影院暂停比例最高曾达50%以上，"电影业怎么办、我们怎么办"成为不少电影人心中的拷问。

随着疫情有效控制以及一批新片好片上映，两个多月时间里超过1.8亿人次观众走进电影院，很多人欢呼，"暑期档的感觉又回来了"。在这样一幅火热场景背后，作为电影关切者的我们，该从中看到些什么？

一

第一个能看到的是：中国电影市场没有消失。

今年，一条"电影业被纳入特困行业"的消息，让笔者身边不少小伙伴都惊呆了。从星光熠熠到特困行业，现在"电影人太难了"是不争事实，但电影业是否真的就此进入"至暗时刻"了呢？甚至像有人说的"电影已死"了呢？

还是让数据来说话。2021年暑期档，总票房73.78亿元。而今年的暑期档截至8月17日，总票房已突破78亿元，"会超越去年多少"成为一个令人欣喜的悬念。更值得关注的是，进入7月份，绝大部分时间里大盘单日票房均保持在6000万元以上，周末票房更是稳稳超过1个亿。这份"稳稳的幸福"，尽管比以往来得晚一些，但终究还是来了。

以电影《独行月球》为例，刚在杭州上映时，"一票难求"的情况让不少影院暗暗窃喜。还有媒体报道，上映两天后，一位济南的影城经理激动地发了朋友圈，"衍生品都卖光了。"在全国上映5天后，累计观影人次达到了3000万。

大道至简。这些数据都是观众用手里的一张张电影票投出来的，也充分说明了一个事实：观众热爱电影，电影需要观众。尽管受疫情影响，但中国电影依然处在黄金发展期并充满了希望，观众没有离场，投资没有离场，政策没有离场，真正的电影人也不会离场。

二

第二个能看到的是：中国电影发展"比预期更精彩"。

近年来，随着《长津湖》系列等一批主旋律电影的热映，也随之出现一些不同声音。特别是一些人把由于疫情等因素导致的行业困境，归结到主旋律电影"扎堆""霸屏"，挤占了其他类型电影的生存空间，甚至还有"主旋律和票房是天生的敌人"的奇谈怪论。这样的所谓"深度反思"，是"真相"吗？

时间是最客观的述说者。不用追溯太长时光，以今年为例，大银幕上既有《长津湖之水门桥》这样的主旋律大片，也有《人生大事》这样极具现实感、聚焦普通人的剧情电影，还有《这个杀手不太冷静》《外太空的莫扎特》这样的合家欢电影，近期更有《独行月球》这样"浪漫而奇妙"的国产科幻喜剧电影。《遇见你》《妈妈！》等爱情、家庭、动画类型的高质量影片也陆续上映或定档，共同把今年暑期档托举得热腾腾的。

不能说当下电影发展就无懈可击或不能批评，但应该客观承认的是，这样一个五彩斑斓的光影世界，映照出的是中国电影的日益发展繁荣，彰显的是中国电影正走在光明大道上的宏阔前景。正能量与高票房从来就不是一对冤家，主旋律与多样化之间也没有什么森严壁垒。

无论什么类型的电影，中国的大银幕永远是"佳片才有约""佳片自有约"。

三

第三个能看到的是：中国电影未来需要每一份努力与呵护。

电影是人民群众精神文化的"主食"。这份"主食"面前，每个人都是利益攸关者、责任相关者。

有什么样的电影氛围，就有什么样的中国电影。在疫情冲击下，中国电影业取得的成绩十分不易，但未来还需要更多的用心呵护。这份呵护，既包括各级主管部门的纾困解难，也包括各种艺术与科技创新的赋能加持，更包括无数电影观众的激励、批评与守护。8月11日，国家电影局部署启动"爱电影·爱生活"电影惠民消费季，推出1亿元电影消费券，发出了强力推动电影市场恢复的国家声音。

同样，有什么样的电影创作者，也就有什么样的中国电影。面对奔涌激荡的伟大时代，电影创作者既要快马加鞭，用心用情用力拿出与新时代相匹配的电影作品来；更应孜孜以求，在艺术追求上不断突破自我、跨越提升。

要致敬每一份为中国电影付出的努力。大家一起来，电影这些事就一定可以更精彩。

朱少平　执笔

2022年8月19日

龙泉青瓷吟唱"宋韵今声"

> 龙泉青瓷,将宋韵返璞归真、洗尽铅华、雅俗共赏的风骨气质逐一道出,"让每一片瓷片都秩序井然,每一抹釉色都恰如其分"。

杭州国家版本馆的落成,昭示着一个我们民族文化"郁郁乎文哉"的盛大气象。流淌了千年的缕缕宋韵风华,踏美而来。

作为宋韵文化的重要组成部分,龙泉青瓷以一种全新的形式,将这一韵味发挥得恰到好处:数万片纯手工烧制的青瓷片,组成一樘樘青瓷屏扇,坐落于杭州国家版本馆的各个空间中。

瓷片无言,却让传承有序成为一种美。它就在这里——成为宋韵的建筑载体,成就宋韵的感性显现。

一

不少日本人是用膜拜的态度看我们的青瓷的。日本陶瓷学家三上次男在《陶瓷之路》中说:"这种瓷器的青色,其清澈犹如秋高气爽的天空,也如宁静的深海,这就是闻名世界的龙泉窑青瓷。"

龙泉窑,兴于北宋,盛于南宋,揽尽自然的苍翠与润泽,倡导"身即山川而取之"。

北宋年间,龙泉大窑一带,是一个瓷业兴旺、瓷窑林立的青瓷窑区:溪边山中,窑烟四起,窑火通红,窑工们或担泥,或拉坯,或注釉……一派瓷窑烧制盛景。一条长约4公里的宋瓷古道,连接了产区和瓷运码头。通过往来如织的运瓷船,龙泉青瓷成为宋元时期海上丝绸之路的主要输出商品。

携江南灵秀,青瓷在器韵中生出气韵,和宋韵文化一起,迎面而来。

在杭州国家版本馆主创建筑师王澍眼里,中国传统建筑的物料选择是第一位的,因为物有"物性",它是活的。这座国家文化工程的建筑材料,也不例外。

杭州国家版本馆,又名"文润阁"。一个"润"字,是正统,亦是挑战。

青瓷,有着从土地中生出来的特质,和宋韵一起成长演进,富有生机与弹性。"以瓷仿玉,温润如玉",这便有了"将龙泉青瓷釉面砖(青瓷片)列入杭州国家版本馆外墙装饰重要材料"的历史机遇。

如何在方寸之间彰显青瓷的当代价值?一扇扇大、薄、轻的青瓷屏扇门,给出了答案。

它要生机勃勃,"用崭新的形式和标准去描述"。这意味着,青瓷片无法直接复制传统,而要造就一个地地道道的"当代产品"——从取料到成品,共72道工序,生产周期达25天;

每片泥坯,都是纯手工擀制成型,即便是在这个行业里摸爬滚

打几十年的老工匠,每天最多也只能擀40片;

温润如玉被放大到每个面、每条边、每个角,"每个肉眼可见之处"……

百工竞巧,不过如是。

如今,在最新建成开放的文润阁,青瓷的千年文脉传承,为浙江文化高地建设增添了动人一笔。

二

韵者,美之极。宋韵的青色美学,青瓷的层翠欲染,一神一形,均是风华。

龙泉青瓷,将宋韵返璞归真、洗尽铅华、雅俗共赏的风骨气质逐一道出,"让每一片瓷片都秩序井然,每一抹釉色都恰如其分"。

四色青瓷片,以梅子青为基准色调。这种蕴藏力量的统一呈现,直截了当,不夸张、不激烈,"虽不沉雄,但极幽远"。

呈现在我们眼前的这些青瓷片,不是简单的类比复制,兼具相似性和差异化。

一字排开的青瓷屏扇门,造型看似简单,实为"浑然相应""宛然自足"的整体,既有清晰的界限,又彼此呼应。屏扇之间,宋韵文化的沉浸感,有了兼具技术性和艺术性的当代表达。

借助青瓷的釉色与层次,屏扇门从建筑变成景观:关闭时,有令人向往的简约;打开时,有美轮美奂的律动。转换之间,平面化为立体,将原本需要通过想象实现的二维空间,营造成可以直接感知的三维世界,"单片是温润,成片是震撼"。

瓷片被视为一种活着的事物,和自然呼吸吐纳,孕育未来。这种共存,不仅是自然物料的对话,也是人类"非遗"的延存。

龙泉青瓷,落子宋韵,不著一字,尽得风流。

三

青瓷匠人,既有烧窑制瓷的智慧与文明,更有追求极致的果敢与浪漫,这让龙泉青瓷千年来从来不止于某个器型、某个领域。这种"不止",让"把美荟萃于如玉的质感"有了更多的极致匠心。

易翘、易裂、易变形,是青瓷片的三大难题。传承千年的技法和经验,从无统一的外在形象。可是为了精益求精,文润阁的每片青瓷片又都要有特定的量化标准:每次上釉要称量,三次烧制温度各不相同,甚至每条边的厚度,都用卡尺检测,"误差不能超过0.2毫米"。

看似吹毛求疵,实为匠心使然。

一片青瓷片,以一种偏执的精神去精益求精,完善着我们对形式的现代感受,打破了青瓷界很多的"从来没有":

从来没有烧制过如此大尺寸、大体量的瓷片;

从来没有尝试过三次烧制;

从来没有专门改良甚至新建龙泉窑;

从来没有跨界踏入建筑领域……

化无为有,破限为致。"少一分是弱,多一分则过",演绎的就是宋韵文化的巧思匠心。

极致,是一种担当和态度。

不论是在传统技艺中探赜钩深,还是在当代器型里开新致远,龙泉青瓷都在以自己的方式呈现宋韵文化精髓。它代表一种雅正的审美理念，中正、本色而纯粹，在一方清逸中见风范、见气韵、见根脉，使宋韵之"匠心"具体化，催化宋韵新能量生发。

循迹千年宋韵文化，青瓷的小细节、大模样，如今全都藏在杭州国家版本馆里。而所谓的极致，不过是这项人类"非遗"，一次又一次地站在时代起跑线上。

这便是以极致匠心，吟唱"宋韵今声"。

陈炜芬　龙声　执笔

2022 年 8 月 19 日

槜李惹人醉

> 从古至今,槜李不仅少为人知,还藏得很深。它像一位富有才华的隐士,与孤单并行,却总能与时代同辉。

素有"最浪漫水果"之雅称的槜李(也可写作"檇李"),至今已有2500年的栽培历史,是见证嘉兴历史的"活化石"。

它的味道让人回味无穷——果肉如甘露醴泉,轻咬一小口,吸着吃,"整装待发"的汁水便迫不及待地喷洒出来,随后把槜李的肉浆一吸而尽,只剩下果核和果皮,果浆的味美甘甜则恰到好处地停留在喉舌。而它的吃法,也颇为讲究。

《诗经》有云:"丘中有李,彼留之子。彼留之子,贻我佩玖。"槜李不仅味美,还是古人交往中的一件真挚信物,亲历过一场场庄重的盟誓。它也曾作为皇室贡品,独具不少高光时刻。

有文史专家回忆,上世纪八九十年代,几颗槜李就可换得一幅颇有名气的江南文人书画,而书画的价值相当于那时普通工人一年的收入。从中似乎可见,身为"李中之最"的槜李在文人心中的分量。

值得一提的是,近期风靡的"中国历代绘画大系"嘉兴特展中,不少访客留意到一个有趣现象:"樯李"二字竟是如此文化大展中的高频词汇。

它们或现身于古代艺术家的落章中,或隐匿在古诗词里,这也再次勾起了大家对这种水果的好奇:一颗李子,究竟凭什么能纵横古今?

一

樯李的盛名,并不来源于喧嚷与热烈。

从古至今,樯李不仅少为人知,还藏得很深。它像一位富有才华的隐士,与孤单并行,却总能与时代同辉。

普通的李子,早已是大众的宠儿。樯李,却依然只是少数人的白月光。别说北方人没听说过,就连很多江南人也未有耳闻。然而,但凡品尝过樯李的人,无不渴念着、挂念着它的琼浆蜜意。

千百年来,一代代嘉兴人满怀"樯李情结",用诗、书、画去描述、记录、歌颂樯李。

南宋诗人张尧同在缅怀"樯李之战"时,曾写下"地重因名果,如分沆瀣浆。伤心吴越战,未敢尽情尝"的诗作;清朝咸丰年间,王逢辰则编写了著名的《樯李谱》;1937年,一位名叫朱梦仙的嘉兴乡贤,还专门重修了一部《樯李谱》,并在序中写道:"其香如醴,其甘逾蜜,虽葡萄荔枝,未足以方其美……"

在古籍中以李比玉的篇章并不少见。《艺文类聚》中说:"昆仑山有玉李,形如世间者,但光明洞澈而坚。"而除了如玉的君子气,樯李在嘉兴还被赋予了一抹美人的脂粉气。这位美人,便是古代四大美女之一的西施。

相传，在春秋战国时期，吴越争霸中越国战败，越王遂将美女西施献于吴王。去吴国途中路经嘉兴，西施摘了槜李解渴，食后竟露出醉态，所以槜李又被称为"醉李"。西施不慎在槜李上留下的指痕，则在民间称作"西施爪痕"。

这细细一痕，似乎划下了西施心中无限深刻的情感：苦闷、愤恨、惆怅和眷恋。

二

物以稀为贵，槜李更甚。

长期以来，槜李极低的产量使它陷入了"行业内大名鼎鼎，而知之者又甚少"的尴尬局面。究其缘由，还在于槜李培育要求苛刻，喜好土层深厚、疏松肥沃、排水性好的沙质土壤。

种植槜李是一场与时间的较量，一棵槜李果树种下，要到第五六年才会少量结果。挂果也并不意味着丰收，最初的果实稚嫩酸涩，需人工再行精心培育调理才能成熟。更有甚者，要到第八年甚至第十年后，才能培育出绝佳的口感。槜李培育之艰难、周期之漫长、生长环境之挑剔，似乎注定它是"曲高和寡"难伺候之物，让很多农人望而却步。

也因此，在时间长河里，槜李这颗名珍奇果命运多舛。几千年一路走来，多次曾差点儿就湮灭在历史尘埃中。据史料记载，1979年，嘉兴仅存19棵槜李树，幼树169棵。到了1985年，全省全年也仅产24枚槜李，槜李树成了全省濒危抢救保护的果树品种。

为了挽救这一历史名果，嘉兴市老市长杜云昌亲自参与抢救，成立了嘉兴市槜李研究会并出任会长,与省农业厅一起开展了槜李的抢救与开发研究项目。

与此同时,在嘉兴桐乡一个名为桃园的乡村,当地的村干部也在为抢救这棵果树繁忙奔走。如今,桃园村也因这具有独特身世的槜李,打响了美丽乡村的品牌,去年一年吸引了15万人次的游客前来赏玩。

最是文化能致远。槜李,在人们的记忆里已是吴越文化的象征之一,它见证过吴越风云的渊源,依然传唱着江南风雅的盛名。

三

在古代,槜李作为"江南贡品",食之是一种身份的象征,因此在吃法上,被一些文人墨客赋予了风雅的仪式感。

拿一个光绪年间的青花盖碗,碗内放一小片芭蕉叶,再放一枚槜李。成熟的槜李自带酒香,因此,先掀开盖碗闻一下,若酒香还不够浓,就先喝茶。约莫等上两三个小时,再闻一下,酒香味浓了就可以开吃了。

在吃之前,还要点上一支檀香。开窗后,把香烟味道驱散,然后,沿着槜李上西施掐过的指痕,在饱满处用针挑一个小口,轻轻吮吸。

随着时代进步,此种"神仙吃法"虽经不断简化和演变,但终究万变不离其宗。

每年六七月,是槜李丰收的季节。刚从果树上摘下的槜李,表面还十分硬朗,咬一口,十分生脆,与一般的李子无二差别。

待放置一两天后,果子会逐渐变软,外观也看似水润起来,紫红色里透着一点点晶莹。这时，传说中神奇的口感就来了，轻咬一口，细腻爽滑的果肉顿时唇齿留香、沁人心田。

总之，在品尝槜李这件事上，纵贯古今，大家都坚定了"仪式感"这三个字，可娇可贵可风雅，也牵系了剪不断理还乱的乡愁。

史实之镌刻、诗词之赞誉、士人之风雅、故土之乡愁、百姓之智慧……借由丰收的骄傲和喜悦，全都融入了这一枚小小的果实之中。

那么，纵然只是一颗李子，也足以积蓄源远流长之底蕴，纵横古今之能量了。

张芬娟　吴梦诗　执笔
2022 年 8 月 20 日

老字号更需回归初心

> 一个品牌的历史越久、荣誉越多,背负的期望也就越大。

一说起老字号,许多人脑海中自然而然会浮现出如"百年传承""匠心独运"等印象。

相比于新锐品牌,老字号多了一份历史留下的沉淀。也因为经受了岁月考验,凝聚了一代又一代人的口碑,老字号更容易获得消费者的关注和信任。

然而,老字号光芒的延续并非一帆风顺,一些品牌的发展在今天显得有些格格不入、美中不足,甚至屡屡遭遇"生存危机"。

据统计,商务部认定的一千多家中华老字号,及其包含的100多个品牌中,不断发展壮大的仅为少数,多数老字号经营情况欠佳,有的用惨淡经营来形容也不为过。此外,还有不少老字号甚至处于"僵尸"状态——空有品牌,已无产品上市。

症结到底出在哪里?

一

品牌的成功来源于大众的认同,重视品牌信誉与客户需求,被公认为是老字号传承延续的立身之本。

创建于清光绪年间的咸亨酒店,是绍兴久负盛名的老字号。百年之后的今天再踏足店内,温碗黄酒,来一碟茴香豆,在长方形小桌前坐下细品,仍能感受到当年的味道。

时光中的咸亨酒店更新了楼牌和门面,但保留了与民众相契的内核,始终是当地文化旅游休闲的代表性"打卡地"。

而当老字号偏离经营定位,不能推出符合群众所需的产品时,根基也随之发生动摇。

据一些商业报道调查称,近年来,以北京烤鸭闻名于世的某传统老字号品牌,一直处于经营不善的风口浪尖。

打开一些美食App的评论区可以看到,价格贵、不好吃、服务差,没有以前那样亲民和具有性价比是导致消费者不满意的主要原因。也正因屡屡跌破消费者的预期,一些食客表示,很难再感觉到用餐时那种体味老北京文化的仪式感。

每到中秋,中国人习惯吃月饼。然而近些年,类似"老字号月饼越来越难入口""面点界老字号门可罗雀"等消息时常见诸网络。缺乏对现代人注重健康这一需求的重视,仍然生产高热量高糖高脂肪月饼,也不积极开拓线上渠道,是一些老字号遇冷的原因所在。

类似问题并非没有先例,在一些其他品牌上同样时有出现,可引发的争议和讨论却远不及老字号。究其根本,就在于老字号自身定位与产品实际在大众心目中的巨大反差。

所以，老字号虽然承荫于历史血统，具有天然的信誉优势和商业光环，但只要忘了初心和立身之本，即是被遗忘的开始。

二

近几年，"国潮"风备受追捧，许多带有国风元素的产品频频"出圈"。从大白兔联名与故宫文创风靡一时，到舞蹈诗剧节目《只此青绿》一票难求，再到北京冬奥会吉祥物"冰墩墩"现象级爆火，充分展现了优秀文化搭乘网络快车的强力。

在这样的风口，许多老字号也想积极奔跑、追赶潮流。它们"刷"微博、"拍"抖音、"写"小红书，以多维触角伸向社交媒体矩阵渠道，尝试寻找新的增长曲线。

然而，有媒体扒出数据，一些老字号的营销费用大大超过研发费用。品牌申请的专利中，大多是外观设计专利，研发、加工类的很少，包装光鲜亮丽、内里却滑向劣质。比如国家药品监督管理局历年发布的关于药品不合格的通告中，就不乏一些中药行业知名老字号。

其实，老字号用"新玩法"开拓市场、顺应潮流，这无可厚非，但是走得再远也不能"倚老卖老"，躺在祖辈的功劳簿上。像"狗不理""厉家菜"等中华老字号公司虽成功商业化，但也逐渐被认为竞争力不如一些新兴品牌。

设计、品宣，说到底都只是加分项，老百姓真正认准一个品牌，并一直为它买账，无非就是图个好吃、好用、靠得住，包括老字号品牌在内的任何品牌，把里子工程做扎实才是长久之计。

如果老字号无法与时俱进，提升自身产品的质量和创新能力，当复古怀旧的风潮过去，老字号的发展可能就会面临尴尬处境。

三

老字号承载着民族记忆，许多老字号一直以来都以"百年中华品牌""传统工艺"和"国货"等作为宣传重点，切中的是大众的怀旧情怀。在内心深处，中国人对老字号有一份偏爱，希望它们越来越好，走出国门、远销海外。

"老字号们"渐渐沉寂，原因还有很多：产品与市场需求脱节、外国品牌挤占市场、形象与包装略显过时等等。这样的现状确实难免令人头疼。

不过，在众多老字号举步维艰之时，有一些品牌也上演着一场场涅槃重生。

"百雀羚"，就凭借会"玩"的劲头，掀起阵阵热潮。2008年，它推出全新品牌形象与定位草本护肤的系列产品，东方草本之美和科技之美两手抓，迎合了市场；近年来，它更是凭借与敦煌博物院等联名推出彩妆产品等，玩起了跨界。

说到国货品牌焕新，"飞跃"也是一例。一双几十块、百来块的运动鞋，价格不贵，质量也不差。近年来，被认为是学生时代记忆的"飞跃"，也兼顾起了设计感，为迎合年轻群体的消费需求，顺势推出一系列新款，产品甚至还打到国外市场，被称为"国货之光"。

从历史深处走来的老字号，是文化自信与大国智造的结晶，是中国传统文化和产业品牌的瑰宝，彰显的是中华民族对商业精神、工匠精神、文化精神的坚守。

面对消费升级、市场细分、市场份额挤占等各方面的挑战，推动老字号创新发展，让老字号焕发新活力，是"老字号们"必须越过的坎。

一个品牌的历史越久、荣誉越多，背负的期望也就越大。我们期待，未来会有更多的国潮国货老字号能在日新月异的商业市场中坚守初心、杀出重围、重获C位，找回自己的"江湖地位"。

王云长　执笔
2022年8月20日

小吃胜大餐

> 小时候常吃到,长大了难吃到,所以成了回忆;在故乡能吃到,在外地吃不到,所以成了乡愁!

查《辞海》(1989年版)以及它的增补本,竟无"小吃"条目,倒是《现代汉语词典》(第5版)有"小吃"释义:

饭馆中分量少而价钱低的菜;饮食业中出售的年糕、粽子、元宵、油茶等食品的统称;西餐中的冷盘。

定义概念,内涵不宜过于"求实"。就像这一定义,远远不能满足一个吃货对食物的想象。

简单一点,"小吃"不就是民间所说的"小菜"和"点心"吗?

一

早点是小吃的天下。

馒头、包子、烧饼、饺子、面条、油条、豆浆、稀粥等等,虽是天天见面的"大路货",却因为馅料、浇头不同,变幻出各种花样,让人百吃不厌。

除此之外,那些囿于地域、时节、技艺的食物,花样繁多,才真正体现小吃的独特性。

三和菜,是金华餐桌的必备冷盘——腌萝卜、黄豆芽和豆腐干。但实际上,金华人喜欢"和"进更多内容,比如千张丝、海带丝、红萝卜丝等等。菜是素菜,用的油也是素油。各自炒好,最后统统回锅,"和"成什锦。

"淡醋一分,酒一分,水一分,盐、甘草调和其味得所,煎滚,下菜苗丝、桔皮丝各少许,白芷一二小片掺菜上,重汤顿,勿令开,至熟食之。"《吴氏中馈录》中的三和菜有丝丝甜味。

金华汤溪"的卜",是一只用麦芽糖包着芝麻馅的小圆饼,比巴掌略小,薄如蝉翼,一不留神就一个下肚,唇齿留香。

初听"的卜",总觉得名字怪怪的。细细打听,这只早已落户汤溪的"点心",自问世以来就没人给它取过一个正经名字。1998年,丰子恺的小女儿丰一吟女士前来汤溪寻根问祖,在丰氏祖居品尝之后,拍案叫绝,随手写了篇《的卜情》,总算有了"芳名"。

的卜不能充饥,也不像馄饨、汤圆那样制作方便。笔者来婺城谋生15年了,也就尝过三二回,可遇不可求。听汤溪老人说,"的卜"流香的日子,年脚也就近了——小孩添一份甜蜜,大人则多了一份忙碌。

义乌东河肉饼与别地饼食一样,要和面、揉面、醒面,但更讲究面的筋道。因为它要先包裹剁得细细的肉末,再将其拉押为薄如宣纸的面皮,倘无特别的韧劲,怎能承受那般"摧残"?贴烤鏊面,呲呲作响。吃到嘴里,除却耐嚼,那一抹柔柔的口感,实乃东河肉饼脱颖而出的资本。

"一根面"亦须拉抻，难点在于"不断"。在浦江街头一小店，曾见拉面师傅把一小块面团啪啪地摔在砧板上，捡起，攥住两端，一扬手，又一扬手，长条面团在他手中抛、甩、抻了几个回合，便魔术般牵扯出细细缕缕清白光滑的面丝，再抖一抖，顺手将它丢进翻滚的锅中……

凡事就怕认真。瞧那娴熟动作，令人想起维吾尔族的达瓦孜，仅凭一根长杆在几百米的高空上行走，别人心惊肉跳，他们却收放自如。

二

华夏小吃，多半是时节的贡献，诸如中秋的饼、清明的粿、端午的粽、过年的糕……民以食为天的国度，节日和日常的分野，也是用食物来表达的。

七月半，中元节，糖饧本是祭奠食物。

东阳城里，只要新米入仓，家家都蒸糖饧，故有"七月半，糖饧顿""七月半，食米饧"之俗语。

新米浸透，加少许茴香、姜末、橘皮、食盐和适量清水，磨成米浆，舀入蒸笼，蒸熟一层再添舀一层，至少三层。一俟米浆全熟，起笼揭盖，用小刀将其划成棱形，用一根竹签挑着吃。磨浆时，调入红糖的叫糖饧，不加调料的就是米饧。

在少年时代，在笔者老家潘庄，糖饧是最令人难忘的点心。那时，家中吃口多，难得蒸食一回，好在街头巷尾时不时会出现兜售的小摊。那一声声悠长的吆喝穿巷而来，仿佛具有磁性，引诱小孩翻箱倒柜找硬币。就算找不着，也会偷拿新米前去兑换。

俗话说，麦北稻南，南甜北咸。糖饧由稻米衍生，而锅巴则是由米饭派生，更是廉价便捷。

"大锅饭小锅菜"是餐饮界的口诀。大锅者，铁镬也。米饭盛完，留在镬上的饭皮，就是"锅巴"。

跳出农门、去杭州求学之前，难得吃上米饭。但是，只要锅里有饭，总会央求妈妈顺着锅沿滴几滴猪油，再往灶膛内加烧一撮松针，烀一烀，铲起整张锅巴——色泽金黄，抹点豆酱或者撒些细盐，掰一块入嘴，牙齿像在跳舞，那嘎嘣嘎嘣的声音仿佛天籁。

薄薄锅巴，小小食物。民间小吃的平民性、普适性、创意性和智慧性，正是其绵绵流长、源源不断的动因。

"食物成为愉悦的来源，和儿时的记忆有关"，小吃也是一种刺激的冒险，一次幸福的回味。只是，少小离家之后，这种快乐就无法复制，美味也只能在梦中粘贴了。

三

小吃，关键在小。因为小，所以它的姿态放得很低——朴素平和，温情亲民，就像离我们最近的邻居，总给人以稔熟而亲切的感觉。

小吃千万种——各美其美，美美与共，道不尽亦尝不够。"大菜"无非那几个菜系，而"小吃"则不然，地有东南西北，料分米面杂豆，搭配荤素兼具，质感冷热皆有，口味酸甜辣香鲜。

大餐离不了小吃。叠床架屋似的山珍海味，自有其美不可言之处，但天天顿顿吃，即便经济条件许可，肠胃亦会承受不起。倒是风味小吃，只要用心用情，十天半月不重样，一点问题都没有。

传统小吃几乎都是路边摊起家，即便已经拓展为颇具规模的店面，犹带着路边摊特性。比如，馄饨之于东阳上卢，牛杂汤之于义乌上溪，糖饼之于金东傅村，肉沉子之于兰溪游埠……

路边摊勾人，就算是达官贵人，也未必扛得住思乡的"蛊惑"。正因如此，饮食一道，最该夸赞的还是民间的自由创造。

街头小吃，用料不多，制作不繁，但风味突出，俗中见雅。它们也许不太在意精美，但笃定下饭顶饥。此乃风味小吃之"宿命"。

四

义乌工商职业学院老师楼洪亮是浙江省烹饪名师，从事金华传统糕点寸金糖、红回回、油金枣、婺味月饼等制作几十年，一册《吴氏中馈录》翻得滚瓜烂熟，被人尊称为"楼师傅"。

每每向楼师傅讨教有关小吃的话题，他都答得很专业。文而化之，大意是说——

小吃是有灵性的，必然受到烹制人的"气息"影响，其他人再怎么学习模仿克隆，品质总是差强人意；

许多传统小吃只有手工制作才能确保产品活性，依托现代机械扩大生产规模，虽能提高生产效率，但无法保证原始技艺的到位；

城市是现代文明的产物，有了小吃，城市才有了活力与生机，才有了性格与色彩，小吃越丰富，市井气就越浓郁，城市就越开放，市民就越智慧；

人之味蕾是有记忆的，最早吃到的那一口，通常是"妈妈的味道"和"故乡的滋味"，稍微怠慢便会"掉粉"。

小吃通大道。

小时候常吃到,长大了难吃到,所以成了回忆;在故乡能吃到,在外地吃不到,所以成了乡愁!

潘江涛　执笔

2022年8月21日

浙江精神少不了的"海洋味"

> 浙江人离不开海洋，浙江的发展也离不开海洋。我们在经略海洋、走向"深蓝"的过程中更加需要从大海中汲取精神、凝练气魄。

浙江给外界的一贯印象是盛产文人和商人，所以文雅、务实成了很多省外人对浙江人的直观评价。

浙江人性格的形成与地理环境有很大关系，温柔的山水浸润了千年文脉，塑造了人的文雅气韵。

同样，也是因为大半个省域山水蜿蜒，人多地少成为农耕时代浙江人面对的最大难题，这也使得浙江人不得不在艰苦环境下筚路蓝缕、奋斗不息，不断寻求新的出路。源起于浙中山区的经世致用、义利并重等"实用之学"成为形塑浙江人性格的重要价值理念。

其实，浙江人的性格并不是某几个词就能全部概括的，文雅、务实还显得有些片面。浙江人骨子里还有着复杂多样的脾气和秉性。

一

浙江面朝大海，山海呼应是最独特的地理地貌。

海岸线总长约6715公里，海岛数量为3820个，均居全国第一。而浙江26万平方公里广阔海域，相当于省域陆地面积的2.6倍。尽管一路向西是看山是山、看水是水的资源小省，但放眼向东望却是大海无边无际的壮阔与浩瀚。

"靠山吃山，靠海吃海。"在"吃海"的长期实践中，浙江人与海洋既斗争又合作，久而久之便具有了海洋精神的特质。

《说文解字》这样解释道："海，天池也，以纳百川者。"海洋是自由开放的象征，向海而生的海洋人扬起风帆、踏浪而行，先天就带着包容万物、含纳天下的胸怀和气质。

向海而行，则意味着要长期和海浪与风险作伴，面对海上的疾风骤雨，海洋人要与命运抗争、放手一搏，知难而进、冒险开拓成为他们生产生活的常态，这造就了海洋人"三分天注定，七分靠打拼"的精神品格。

这在浙江东南沿海的很多地名中可以得到印证，比如镇海、定海、宁海等等，一方面反映出人们对大海心存敬畏，另一方面也表达着征服大海的强烈愿望。

二

历史上，浙江人曾扬帆于海外，勇立潮头、开拓探索是他们与生俱来的秉性。

8000多年前，宁波余姚井头山的先民们就沿海而居、捕捞为业，这是中华民族适应海洋、利用海洋的最早例证。

隋唐时期，明州（今宁波）大量建造海船，成为东亚的贸易中心。

宋元两代，浙江的海洋文化发展到鼎盛，作为"海上丝绸之路"的始发站，浙江成为全国的造船中心，丝绸瓷器远洋出海直至东南亚各国、印度和阿拉伯国家，明州、温州成为国际化的大港口。

历史上，浙江人抵御海上入侵，在浩瀚的海际留下了英勇抗争、百折不屈的印记。

明朝的抗倭持续了200余年，戚家军这一"最强军队"主要就是由浙江的农民和矿工组成。

鸦片战争第一枪在舟山定海打响，定海保卫战拉开了中国近代史的序幕，定海三总兵率守军5000余人与敌血战六昼夜，壮烈殉国，成为鸦片战争中最激烈一役。

历史上，浙江人躬耕于沧海，艰苦创业、敢啃硬骨是浙江人最鲜明的品格。

解放初期，"一穷二白"的蚂蚁岛上，渔民不怨天尤人，也不等不靠，搓出了"草绳船"，捐出了"火囟船"。而大陈岛上青年垦荒者喊出了"有一百条困难，克服一百条；有一千条困难，克服一千条"的口号。人们靠着自力更生、艰苦奋斗改变了命运。

别看今天不少浙江的大老板衣着光鲜、自信满满，创业之初，他们可以擦皮鞋、卖快餐、做批发，什么苦都能吃，什么脏活累活都肯干，越是在艰苦的环境中，他们越能顶着困难上，舍得出力、拼得出去、干得出来就是他们成功的秘诀。

三

海洋精神深深融入浙江人的骨子里，而海洋也已成为今日浙江发展的优势所在、希望所在。

习近平同志对海很有感情，在浙江工作时足迹遍布舟山大小岛屿。

2003年5月中旬，一场浙江海洋经济专题大调研拉开了帷幕。习近平同志与省委、省政府有关部门及地方负责人、专家学者，一同跨海越岛，行进在浙江绵长曲折的海岸线上。他们从上海坐船到大小洋山，随后到嵊泗、岱山、普陀、定海，再到北仑、三门、象山，船换车、车换船，整整颠簸了四天之久。

习近平同志十分关心"舟山大陆连岛工程"。2003年1月，顶着刺骨的海风，习近平同志首次踏上舟山岛。上了岛，他接连察看连岛工程、沈家门渔港等。2003年5月，再次来到舟山考察的习近平同志，提出去看一看大桥选址。他穿上救生衣，坐上船，迎着海风前往金塘岛考察。

初到浙江，在回答媒体提问时，习近平同志就非常明了地说："新世纪新阶段浙江经济进一步发展的天地在哪里？在海上！浙江港口可以发展成全国之最甚至世界之最。"也正是凭借着习近平同志高屋建瓴的远见卓识，浙江把"大力发展海洋经济"纳入了"八八战略"，把建设"海洋经济大省"提升为建设"海洋经济强省"。

在习近平同志的关心指导下，杭州湾跨海大桥、舟山跨海大桥等重大工程相继建成。我们今天才得以越过山、跨过海领略诗画浙江的海岛风情。

"我喜欢海边，喜欢海岛，尤其喜欢舟山。"2015年，习近平总书记第14次踏上舟山这片土地时深情地说。

向东是大海，是未来！

海洋的浩瀚壮观、自由奔放、风云变幻、奥秘无穷，使得人们把海洋视为力量和智慧的象征。浙江人离不开海洋，浙江的发展也离不开海洋。我们在经略海洋、走向"深蓝"的过程中更加需要从大海中汲取精神、凝练气魄。

唯有乘风破浪，方能扬帆远航。

王人骏　执笔

2022 年 8 月 21 日

爱国诗人陆游：可以失败，但绝不放弃

> 诸葛亮说，死而后已；陆游却说，死而不已。万事皆空，国事不空，他最终还是不肯向命运妥协，那些不朽诗篇饱含的拳拳爱国之情，超越文字和时间，永恒铭刻进中华民族的基因当中。

1899年，戊戌变法失败后，远走日本的梁启超读完《剑南诗稿》，叹了一句"亘古男儿一放翁"。面对理想与现实的巨大落差，梁启超从陆游身上找到了慰藉。

以生命尺度跋涉于理想与现实之间，陆游一生所展现出的精神追求，与宋韵文化的民族精神、爱国精神、人文精神高度一致。

一

陆游长寿且高产，自言"六十年间万首诗"，是目前存世诗作最多的诗人，留有9000余首诗作和大量文稿，也难怪被人称为诗人中的"劳模"。

陆游有不少以爱情为主题的诗作，在"讲性理或道学"为主流的宋诗中，显得稀少而珍贵。词作《钗头凤》极尽唏嘘感叹："桃花落，闲池阁。山盟虽在，锦书难托。莫、莫、莫！"

这千古绝唱，也为"爱情名园"沈园蒙上了一层思念与惆怅。

陆游爱美食、爱旅行、爱养猫、会养生……多重技艺、多元生活，给他贴上了"自主""随性"的标签，深深引起当下青年的共鸣。

虽然形象多元、作品丰富，但是毫无疑问，伟大家国情怀才是陆游的永恒底色。

习近平总书记多次引用陆游名篇名句，周恩来总理评价"宋诗陆游第一……他是个有骨气的爱国诗人"。

钱钟书评陆游，"他看到一幅画马，碰见几朵鲜花，听了一声雁唳，喝几杯酒，写几行草书，都会惹起报国仇、雪国耻的心事，血液沸腾起来"。

二

陆游出生在靖康之变前夕、报仇雪耻之乡会稽、诗礼簪缨之族陆府，如此"人生剧本"，似有天将降大任于斯人之兆。按照顺理成章的"故事线"，"苦其心志""劳其筋骨""行拂乱其所为"等环节，也将纷至沓来。

良好的家庭教育环境，让陆游不仅"年十二能诗文"，还学习了骑马射箭和兵法。伴随长辈谈论国事成长，恢复山河的壮志理想也在他心底扎下了根。

陆游28岁参加现任官员及恩荫子弟的进士考试，名列第一，压了秦桧之孙秦埙一头，引来秦桧"特别关注"。次年，他参加礼部复试，又名列前茅，加之大谈不忘国耻和为民请命，为秦桧所嫉，最终名落孙山。直至秦桧身死，才得以出仕。

初入朝局，"耿直BOY"陆游就针对"渎乱名器""珍玩损德"等事向宋高宗进言。隆兴北伐失败后，陆游仍极言北伐之事，还劝谏宋孝宗罢免佞臣，终因"结交谏官、鼓唱是非，力说张浚用兵"被免官。

遗民忍死望恢复，几处今宵垂泪痕。虽然赋闲在家，陆游仍然心系百姓，宦海沉浮十年，难凉满腔热血，他继续修身俟命。

三

元知造物心肠别，老却英雄似等闲。

理想有时仅咫尺之遥。1171年，主战将领王炎聘陆游至幕府襄理军务，陆游大为振奋，当即前往西塞边陲。川陕壮美山河映入他的眼帘，大散关的朔风吹动他的须发，心头块垒悉尽疏解，久困怀抱为之一开，陆游在这里呼鹰古垒、截虎平川，洋洋洒洒写下万字平戎对策。

挽狂澜于既倒、扶大厦之将倾是热血男儿的终极梦想。但个人志向与时代潮流背离时，身如飘絮浮萍，奋斗无处着力。

无奈朝廷否决北伐计划，调王炎回京，北伐事业无疾而终。陆游入川入职，行经剑门关，秋雨如织，驴背上的陆游渺茫间自问："此身合是诗人未？"

这一生怕不是只能做诗人了？

一语成谶。八个月的南郑军旅生活竟成了陆游人生中唯一在抗金前线施展抱负的经历。国家不幸诗家幸,从此,一片丹心只能向诗里托。

1190年,65岁的陆游归隐鉴湖。宋代发达的经济、文化以及优待士人的环境,让他过上了比较富足充实的退休生活。他读书、农作,享受生活。春天,踏青郊外打卡,赞一句"花气袭人知昼暖";冬天,窝在家里撸猫,发一条"我与狸奴不出门"。他怀念,在桥下春波里依稀见"惊鸿照影";他寻觅,在山间小道遇见"柳暗花明"。

理想之光终会照进现实之窗,闲适的生活怎禁得住胸口潮汐般的波涛翻涌。他想借着故土小园,把自己的壮志压在心底,却怎么也压不住。

心在天山,身老沧州。

四

双鬓多年作雪,寸心至死如丹。

1203年,夏日的浓绿掩荫着绍兴府城,蓬莱阁里新任绍兴知府与一位老者相对而坐。

一个翅帽绯袍,一个素冠布衣;一个鬓边微霜,一个须发皆白。老者是陆游,知府叫辛弃疾。

正道不孤,在通往理想的道路上总有人相伴而行。虽已年过花甲、古稀,但谈起"匹马戍梁州""气吞万里如虎",讲到"了却君王天下事""位卑不敢忘忧国",两位老人执手相看、无语凝噎。

试手补天裂,虽然困难重重,仍要努力尝试。1207年,得到辛弃疾、陆游支持的开禧北伐,因筹备不周、急于冒进等原因最终落得"仓皇北顾"的结局。

命运像深刻的剧作家,创作了一台时代悲剧,将二人放置舞台之上,但他们却不曾屈服于剧本的桎梏,在聚光灯下呐喊、抗争、求索,无怨无悔。

开禧北伐失败同年,辛弃疾口中喊着"杀贼"含恨辞世。男儿到死心如铁。

三年后,85岁的陆游走向生命尽头,临别写下千古名篇《示儿》:

"死去元知万事空,但悲不见九州同。王师北定中原日,家祭无忘告乃翁。"

诸葛亮说,死而后已;陆游却说,死而不已。万事皆空,国事不空,他最终还是不肯向命运妥协,那些不朽诗篇饱含的拳拳爱国之情,超越文字和时间,永恒铭刻进中华民族的基因当中。

七百多年后,自知时日无多的于右任在日记本上写下:

"葬我于高山之上兮,望我故乡;故乡不可见兮,永不能忘。"

高冈的疾风卷着哀歌,越过浅浅的海峡,飘向大陆故乡。

此后,再过六十年,时移势异,此心犹同。祖国完全统一进程已浩浩汤汤、不可阻挡,而陆游对故土的满腔深情、对命运的昂扬不屈、对初心的持久坚守,仍能引起包括两岸同胞在内的所有中华儿女的情感共鸣。

李昼 许正 执笔
2022年8月22日

地球"发烧"了，我们怎么办？

> 愿气候的"过山车"再次登顶时，我们不只是重复着昨日的惊声尖叫。

今年夏天的高温不得不说有点"离谱"了！

40℃成"标配"，破纪录成日常，昼"蒸"夜"煮"成习惯。多个城市高温连续打卡，"超长待机"40多天，杭州也以30天连续高温登上"耐力榜"冠军。

据统计，今夏是我国自1961年有完整气象观测记录以来经历的最强高温过程，没有之一。

而放眼全球，被架在火炉上炙烤的，又岂止是我们，整个世界都被热浪席卷着：

6月份，40℃的高温已经覆盖整个欧洲和美洲。在印度和巴基斯坦，今年最高气温达到50℃，比往年同期至少高出了15℃。

去年美国就迎来了127年来最热的一年，而今年的气温已经多次打破纪录。

这还不算什么，你没看错，在阿拉伯地区的一些地方，气温已经突破了70℃，火车铁轨被烤弯、机场跑道被融化，连街道上的红绿灯也像雪糕一样在"消融"。

气候危机的"灰犀牛",正向人类狂奔而来。

一

高温之所以需要警示,绝不仅仅是因为人类怕热,而是它严重影响人类社会的生存发展。

地球温度每上升一摄氏度,一方面意味着更多的水分被蒸发,水资源短缺问题越来越严重,比如在法国,2/3以上地方用水受限制,基本依靠卡车运送饮用水;另一方面,局部降水量大幅增多,从而增加了超级风暴和强降雨天气的频次,仅5月,发生在美国的暴风雨、洪水等极端天气就直接影响超1亿人的生产生活。

同时,热浪导致的毁灭性野火也在全球各地"频频上演"。据不完全统计,今年高温已在多个国家"发起"了160余起重大火灾,导致上千人遇难。

在北极地区,冰川融化速度之快前所未见,就连格陵兰岛最北面,被认为是北极最后一块冰区的冰川也已经融化了一大部分,直接导致北极熊们找不到赖以生存的冰川,这些擅长游泳的动物也因无处栖息"溺水而亡"。

高温干旱同样还影响着经济发展。比如,莱茵河和多瑙河就因为干旱,水位急速下降,导致满载船只无法通行,直接阻碍了柴油和煤炭等大宗货物的流通,引发整个欧洲的"用电荒"。

与此同时,粮食危机加剧也迎面袭来。据欧盟发布的一份报告显示,近一半欧盟领土面临严重干旱和农作物减产的风险。此外,高温导致的热射病等还直接威胁着人类生命,"热死人"不再是一句玩笑话。

热浪当中,我们不禁要追问:地球到底怎么了?

有观点认为,印度和美国的高温天气与副热带高压系统的偏强密切相关,而欧洲和我国的高温主要与中纬度高压脊的加强有关。也有人认为,此次的全球极端高温天气与年初南太平洋的汤加火山爆发有关。

而可以确定的是,全球热浪变得越来越普遍,持续时间也越来越长,这是不断累积而成的。从长期看,这更是人类社会发展对自然生态环境的破坏越来越大的结果。

二

地球"发烧"了,我们怎么办?

世界知名科学期刊《自然》曾发表论文指出,地球有15个气候临界点,一旦这些临界点都被突破,地球的生态将陷入不可逆转状态。目前9个临界点已经或正在被突破,包括北极海冰不断减少、格陵兰冰盖融化速度加快等。

世界气象组织警示称,人类需要直面"更热、更旱、更涝的未来"。

危机面前,中国已拉响了气候风险的警报。气候安全关乎国家安全。在我国安全体系建设中,气候问题已经上升为一个重要议题。

中国作为人口大国、农业大国,一旦气候灾害、病虫灾害影响到农业生产,可能就会保不住老百姓的口粮,摔了中国人民自己的饭碗。

中国地理空间高低起伏，气候变化极容易衍生气象灾害、地质灾害，直接威胁到人民群众的生命财产安全，比如前两天发生的青海大通县山洪灾害已造成26人遇难，截至目前仍有5人失联。

此外，气候变化对交通运输、能源开发、旅游服务、重大工程建设等重要行业都产生不容小觑的影响。稍不留意，一根火柴就可能点燃整片森林。

在百年未有之大变局的风云变幻中，气候问题是亟须我们化解的重大危机、扭转的关键变量。

党的十八大以来，以习近平同志为核心的党中央始终把生态环境保护摆在治国理政突出位置，并就应对全球气候变化，提出了力争"2030年前实现碳达峰、2060年前实现碳中和"的战略目标。

这些年来，我们精心呵护的绿水青山和碧海蓝天见证了中国在应对生态危机中作出的努力，这条路子我们肯定要坚定不移地走下去。

中国传统的"天人合一"等思想中，就蕴含丰富的自然生态观念。中国人自古就相信，把大自然视为有血有肉的生命，她自然也就没了"脾气"，反过来珍惜、爱护人类。

三

当然，这绝不是中国一家之事。

习近平主席先后出席联合国生物多样性峰会、二十国集团领导人利雅得峰会"守护地球"主题边会、气候雄心峰会等重要会议，并从系统论、中国哲学思想的高度提出了"共同构建人与自然生命共同体"的中国理念。

"太平世界，环球同此凉热。"1935年，毛泽东同志的《念奴娇·昆仑》就展现了中国共产党人立足中华、放眼世界、胸怀全人类的博大胸襟。

毫不夸张地说，气候变化早已成为一场迫在眉睫的现实危机，向人类敲响了警钟，也在提醒人类必须携手应对这场前所未有的危机。

就国际社会来说，要"握指成拳"，坚持多边共识，把《联合国气候变化框架公约》及《巴黎协定》作为合作应对气候变化的基本法律遵循，不断凝聚全球气候治理合力，站在人类命运共同体的高度来共同探讨应对气候变化挑战之策。

值得一提的是，作为世界上最大的发展中国家，中国高度重视应对气候变化，在国际上积极推动共建公平合理、合作共赢的全球气候治理体系，成为全球气候治理的重要引领者。

而反观美国，应对气候变化深陷党争困局，屡屡在气候治理议题上"开倒车"，一再给全球气候治理"拖后腿"，严重损害全球气候治理进程。欧洲一些国家甚至决定放弃碳达峰目标，这不得不让人担忧。

对于国家来说，要"另道超车"，抓住绿色转型带来的巨大发展机遇，以科技创新为驱动，推进能源资源、产业结构、消费结构转型升级，推动经济社会绿色发展。

就个人而言，则要开启"低碳模式"，从点点滴滴的小事做起，在衣、食、住、行等各方面践行简约适度、绿色低碳、文明健康的生活方式和消费模式，助力实现"双碳"目标。

四

有科学家指出，气候变化使得地球已经身处"第六次大灭绝"之中，始作俑者正是人类自己，而逆转气候变化的时间窗口正在加速关闭。

这绝不是危言耸听。面对如此之"热"的气候变化问题，人类有必要给自己来一次"冰桶挑战"，降降温，思考一下未来。

习近平总书记指出，一则广告词说"地球上最后一滴水，就是人的眼泪"，我们绝对不能让这种现象发生。

没有一个酷暑不可逾越，没有一个秋天不会到来。这一年，我们"与太阳肩并肩"的日子就快熬过了。但之后呢？

愿气候的"过山车"再次登顶时，我们不只是重复着昨日的惊声尖叫。

王云长 王人骏 陈培浩 执笔
2022 年 8 月 22 日

夏衍故里何时捧回"夏衍杯"?

> 为电影、为艺术、为时代、为人民而创作,这才是夏衍文化的传承,才是夏衍杯一以贯之的坚持。

剧本,是一部电影的灵魂。

享誉全球的奥斯卡金像奖历来对剧本创作高度重视,最佳原创剧本、最佳改编剧本两大奖项,是自1929年5月首届奥斯卡金像奖评选以来一直保留至今的重要奖项。

但要说起被誉为"中国电影编剧的奥斯卡奖"的夏衍杯,知道的人似乎就不那么多了。

今天,我们就来聊聊夏衍杯的故事。

一

要说夏衍杯,不得不提夏衍。

夏衍,浙江杭州人,历任文化部副部长、中国文联副主席、中国电影家协会主席等职,既是新文化运动的先驱者,也是中国电影文学的奠基者。

用当今的流行语来说,他绝对是不世出的"斜杠青年":翻译家、情报人员、剧作家,身兼数职;文学、戏剧、电影,无一不精。

比如翻译,1927年到1934年,翻译和革命工作"一肩挑"的他累计有500万字译著问世。尤其是他翻译的高尔基著作《母亲》大受好评。再如话剧,他创作的《上海屋檐下》是中国现实主义话剧创作深化的代表,至今仍是中国话剧舞台的保留节目。

当然,最值得说道的,还是他在电影方面的成就。他任编剧的第一部影片《狂流》,被誉为中国左翼电影的开山之作;《祝福》《林家铺子》《春蚕》等经小说改编的电影剧本,至今仍被奉为经典。

1994年,在95岁寿辰之际,夏衍被国务院授予"国家有杰出贡献的电影艺术家"称号。

1900年,夏衍生于浙江杭县(今杭州余杭)。1995年,夏衍病逝,骨灰撒入钱塘江。浙江既是起点,也是归宿。

夏衍旧居、夏衍教育集团、夏衍研究会……这么多年来,浙江人对夏衍的敬与爱始终厚重。

可以说,浙江一直守护着夏衍文化的根与魂。

二

1996年,为了纪念夏衍在电影方面的卓越成就,同时为了鼓励广大专业、业余电影剧本作者的积极性,在原国家广播电影电视部的推动下,夏衍电影文学奖应运而生。

2006年,夏衍电影文学奖升格为夏衍杯,现为国内唯一的电影剧本政府奖(国家一级奖)。

相较于大家熟知的百花奖、金鸡奖、华表奖等中国电影三大奖，专注深耕电影剧本的夏衍杯虽略显"小众"，却丝毫不影响它在业界的权威与分量。

一是严。评奖过程历时数月，分初评、复评、终评三个阶段，全部采取隐去作者信息的"盲评"方式进行。想要"走后门"？抱歉，没有"门牌"。

二是专。其评委包括电影管理部门领导、院校专业教授、业界著名导演、编剧及影视公司制片人、院线经理等。想靠打榜占C位？抱歉，没有投票"通道"。

三是精。以最近三届的夏衍杯评选为例，参评的作品分别为1039部、1217部、1149部，最终入选的作品分别为34部、35部、15部，竞争激烈，入选率极低。

严苛的标准、专业的态度、广泛的认可，夏衍杯体现的是中国电影对高质量剧本的孜孜追求，更是一代代中国电影人对打造精品剧作的使命初心。

2018年、2019年，夏衍杯两度荣归浙江，在杭州上城（原杭州江干）举办了证书颁授仪式。

遗憾的是，这些年来，浙江还未在夏衍杯评选中有所斩获。

三

那么问题来了，夏衍故里何时捧回"夏衍杯"？

不久前，我们探讨了"茅盾故里何时再有茅奖"，与这一话题类似，作为夏衍故里的浙江，为什么难再有像《渔光曲》那样，能代表浙江并且家喻户晓的电影？

事实上，当前，电影已是浙江闪亮的文化标签。

论票房，2021年浙江拿下35.74亿，已是全国第三大"票仓"。

论产业，横店、象山两大影视基地，承包了全国三分之二以上的古装剧。

论环境，浙江影视产业链条完整、政策有力，不乏之江编剧村、中国网络作家村这样的"孵化器"。

但在剧本创作方面，似乎还缺乏与之相匹配的亮眼成绩。

作为人工智能还无法胜任的艺术创作工作，剧本的核心是"人"。编剧人才的挖掘与培养，是推动剧本创作发展的关键一环。因此，不妨将这个问题拆解成三个子问题。

第一，人才从何而来？如果是"科班出身"，那么与北上相比，浙江在专业影视教育，尤其是剧本创作教育方面还稍欠火候；如果是"民间草根"，那么浙江几乎没举办过剧本创作评选的相关赛事，民间编剧缺乏"上升通道"。

第二，人才如何留得住？浙江虽然实施了"影视浙军"培育工程等计划，但对编剧人才的专项支持还显得不足，业内对编剧工作的重视也有待提升。

第三，人才如何写得好？浙江发达的影视产业固然能为编剧们带来更多机会，但高度市场化与快速迭代的影视剧，也容易让剧本成为"快餐"，影响编剧的创作初心。

四

对于电影而言，叫座不一定叫好，更不一定能成为传世经典，剧本亦是如此。也许，让艺术回归"源于生活"的本心，才能找到真正的答案。

回顾夏衍的电影处女作《狂流》，以"九一八"事变后长江流域发生的大水灾为背景，再现封建地主豪绅压迫之下广大农民奋起反抗的场景。抗争烽烟与生活气息相交织，人民的激愤与反抗第一次被搬上银幕。

此后，《林家铺子》《祝福》《故园春梦》《春蚕》等一系列作品，都以浓郁的时代风貌、真实的艺术手法，唤起了一代又一代人的家国情怀。

纵览近年来获得"夏衍杯"的优秀电影剧本，亦有不少是通过以小见大的手法反映当地的风土人情与新兴变化。

为电影、为艺术、为时代、为人民而创作，这才是夏衍文化的传承，才是夏衍杯一以贯之的坚持。

在历史底蕴深厚、生态资源丰富、改革创新势头强劲的之江沃土上，同样时时发生着动人的故事，值得通过电影艺术的方式加以记录和传承。

期待在政府、行业与社会的引导支持下，更多编剧人才能来到之江大地，流连于"七山一水二分田"，扎根在时代与人民之中，延续夏衍的艺术文脉。

何嘉成　徐铭婕　执笔

2022年8月23日

如果马克思与孔子交谈

> 没错,凝结着人类思想精华的马克思主义同流淌在我们血液里的中华文明基因,两者结合不是冷冰冰的、单向度的,而是不断在互动中成就彼此,在融合中走入大众心里。

一个公元前500多年的老夫子,和一个出生于19世纪的伟大思想家交谈,会发生什么?

1925年,郭沫若创作了《马克思进文庙》,大胡子马克思还真就与坐文庙的孔子促膝长谈了一番。

马克思说,我探求的世界是万人能和一人一样自由平等地发展他们的才能……这就是我所谓的"各尽所能、各取所需"的共产社会。

这回连庄重的孔子也不禁拍起手来叫绝:你这个理想社会和我的大同世界竟是不谋而合。你请让我背一段旧文章给你听罢。

大道之行也,天下为公。选贤与能,讲信修睦,故人不独亲其亲，不独子其子。使老有所终，壮有所用，幼有所长，矜寡孤独废疾者，皆有所养。男有分，女有归。货，恶其弃于地也，不必藏于己。力，恶其不出于身也，不必为己。是故谋闭而不兴，盗窃乱贼而不作。故外户而不闭，是谓大同。

不难想见，两个人的对话志趣相投，可谓相见恨晚。马克思直呼："我不想在两千年前，在远远的东方，已经有了你这样的一个老同志！"

一

故事虽是虚构，但故事的桥段和内容却并不是空穴来风。

至少说明了两点：一是在上世纪初，那个风雨如晦的年代，已经有人在思考，如何把马克思主义与传统文化联系在一起；二是中华优秀传统文化同马克思主义的许多重大观点具有天然的、内在的契合性。

其实，马克思主义本身就是一个开放的理论系统。

作为创始人的马克思和恩格斯一贯都反对把他们的理论当成教义、教条或者公式去剪裁各种历史事实，而是强调"随时随地都要以当时的历史条件为转移"。

1842年8月，马克思给达哥贝尔特·奥本海姆写信说："正确的理论必须结合具体情况，并根据现存条件加以阐明和发挥。"

恩格斯在指导欧美各国无产阶级政党领导的工人运动时告诫他们："马克思的历史理论是任何坚定不移和始终一贯的革命策略的基本条件，为了找到这种策略，需要的只是把这一理论应用于本国的经济条件和政治条件。"

而中国的马克思主义者也意识到了如何让这位"先进的洋先生"的教义"入乡随俗",将马克思主义中国化、本土化。

"我们固然要知道历史先生已经指教我们一条可走的路,但同时要知道历史先生仅仅指教我们一条可走的路,并未曾造好一条现成的路给我们去走。"1923年,陈独秀就这样讲道。

二

如何让广大群众接受,如何在中国大地生根发芽、开花结果,是任何主义都面临的重大问题,何况这片热土孕育着全世界唯一没有中断的长达5000年的中华文化。

时来天地皆同力。历史的偶然性中总是藏着必然性。中国共产党从呱呱坠地开始,就扛起了中华民族历史命运的大旗,同时也是中华优秀传统文化的忠实粉丝。

毛主席说:"我们是马克思主义的历史主义者,我们不应当割断历史。从孔夫子到孙中山,我们应当给以总结,承继这一份珍贵的遗产。"

去年,习近平总书记在"七一"重要讲话中,强调"坚持把马克思主义基本原理同中国具体实际相结合、同中华优秀传统文化相结合"(以下简称"两个结合")。

这里面的深意值得我们细细品读。

笔者记得,从小学时,课本上写着的就是"把马克思主义基本原理同中国具体实际相结合",这就是马克思主义中国化的实践路径。

从"一个结合"到"两个结合",不是空中飘来的,也不是天上掉下来的，而是我们这一百年来"打怪升级"、一个劲儿推进马克思主义中国化所得出的宝贵经验。

这个宝贵经验，深化了我们认识党的理论创新创造规律，也给我们在新时代坚持和发展马克思主义指明了方向。

回头看看，我们党在推动马克思主义中国化时代化过程中形成中国特色社会主义理论体系，无不浸润着中国历史经验、民族智慧、文化精髓。

比如毛泽东思想活的灵魂，是实事求是、群众路线、独立自主。这三个词语的背后就是力透纸背的深厚传统文化底蕴。

实事求是最早出自《汉书》"修学好古，实事求是"；

群众路线中的"群众"二字最早出自《荀子》"是故权利不能倾也，群众不能移也，天下不能荡也"；

独立自主更是中华民族的一种气节，讲究"君子求诸己，小人求诸人"。

可以说，正是中华优秀传统文化与马克思主义之间的天然契合性，为这个主义扎根中国大地，并使广大炎黄子孙接受并信仰它提供了深厚的文化基础和心理基础，也为这个主义在中国的创新发展提供了丰厚的思想土壤和文化养料。

三

说到把马克思主义基本原理同中华优秀传统文化相结合，如果你能想到马克思主义基本原理与中华优秀传统文化本身有着高度契合性，那你已经看到"硬币的一面"。

硬币往往还有另一面。既然我们说要结合，那么能够实现有机结合的双方，一定是有差异的双方，双方都有对方所没有的东西，谈双方的相结合才是有价值和有意义的。

没错，凝结着人类思想精华的马克思主义同流淌在我们血液里的中华文明基因，两者的结合不是冷冰冰的、单向度的，而是不断在互动中成就彼此，在融合中走入大众心里。

可以说，马克思主义激活了古老的华夏文明，历史上唯一没有中断的伟大文明，又为马克思主义在中国的发展注入了丰富养分和深厚动力。

去年3月22日，习近平总书记来到福建考察，他走入朱熹园时，语重心长地说道：

"如果没有中华五千年文明，哪里有什么中国特色？如果不是中国特色，哪有我们今天这么成功的中国特色社会主义道路？"

我们为什么说习近平总书记的重要思想是"两个结合"的典范、是结晶？

你看，习近平总书记会精准使用"民为邦本，本固邦宁""圣人无常心，以百姓心为心"等来阐释我们党的一贯宗旨，强调在汲取传统文化朴素民本思想中丰富"以人民为中心"的发展思想；

总书记会多次引用"天行健，君子以自强不息""大道之行也，天下为公""德不孤，必有邻"等，强调在继承传统文化、宝贵民族精神和丰富价值理念中培育和践行社会主义核心价值观；

总书记高扬"天人合一""道法自然""民胞物与"等精神，强调在传承"天人之道"思想中加强生态文明建设；

总书记还倡导"协和万邦""和而不同""以德服人"等理念，强调在彰显包容和谐思维中推动构建人类命运共同体；

……

这些话充盈着浓郁中国味、深厚中华情、浩然民族魂，让我们能够跨越时空与"先贤"对话，让我们更加鲜明地辨识出自己身上的中华文明印记，而正是这些打不破、去不掉的文化血脉，为马克思主义注入了活力和动力，一同形塑着14亿中华儿女的精神气质。

王云长　执笔

2022年8月23日

谁说温州人重商不重文？

> 这刻板印象的形成当然不能怪别人，只能说"商"的光芒过于耀眼，掩盖了低调内敛的"文"。

温州有条五马街。众人皆知，五马街有"商气"，殊不知，其"文气"更甚。

相传，五马坊之名，始于东晋"书圣"王羲之任永嘉郡守时。明嘉靖《温州府志》载：

"王羲之，山阴人，为永嘉郡守，出乘五马，老幼仰慕，为立五马坊。"

南宋的史料亦记载："谢灵运为永嘉太守，以五马自随，立五马坊。"

王羲之、谢灵运这样的文人大咖，在温州历史上，自然拥趸无数。

而携着人文典故的五马街，不仅浓缩着温州商业繁华的历史，亦成为古往今来温州文风昌盛的见证。

小小五马街，仿佛是温州的缩影，不但商业文明兴盛，且山水灵秀、人文荟萃。

一

改革开放后的温州商人名声在外，他们把生意做到了五大洲。以至于人们提起温州人，总会毫不犹豫地贴上一个"商"的标签。

这刻板印象的形成当然不能怪别人，只能说"商"的光芒过于耀眼，掩盖了低调内敛的"文"。

据说，民国时期浙江有这样一个说法：做生意靠宁波人，打官司靠绍兴人，读书靠温州人。

历史上温州的教育机构建立得比较早，而且数量众多。早在西晋太康年间（280—289），平阳便建立了横阳学宫，这是浙江省第一所地方官学。作为民间办学的书院出现于宋代，据《浙江省教育志》记载，宋代杭州书院共有5个，嘉兴3个，湖州8个，绍兴16个，而温州则有19个。

书院里名师荟萃，王开祖、周行己、郑伯熊、郑伯英、薛季宣、陈傅良、叶适、王十朋等声名远播，从学者云集。

俗话说得好，名师出高徒。

温州人在考场上一时纵横驰骋，南宋科举考中进士数量多达上千人，居全国第二，仅次于福州。其中文状元出了5位，省元（礼部试第一名，是科举考试中最重要的环节）出了9位，省元数量在全国各城市中排名第一。令温州人津津乐道的乾道八年（1172）那场省试，前三名分别是蔡幼学、陈傅良、徐谊，全是温州学子。

人才辈出的温州，多次被名家大咖点赞。

如南宋学者真德秀赞曰"温多士，为东南最"，南宋思想家陈亮感叹"人物满东瓯"。南雁荡山的会文书院门口贴着一副清代学者孙衣言所写的对联:"伊洛微言持敬始,永嘉前辈读书多"。

二

严肃认真的读书之余,温州人也风雅,擅长琴棋书画,喜好戏曲歌舞,文艺范儿自古传承。

800年前,中国最早成熟的戏曲样式——南戏诞生在温州,元代温州人高则诚创作了"南曲之祖"《琵琶记》,500多座古戏台遍布城乡各地。多少人的文化启蒙就来自戏台上那些跌宕起伏的故事、清丽婉转的唱词。

浙江琴派的创始人郭沔也是温州人,一曲《潇湘水云》穿越时空,千年后依然拨动着人们的心弦。

南宋"永嘉四灵"之一赵师秀的七言绝句描述了温州人悠闲的业余生活:"有约不来过夜半,闲敲棋子落灯花"。棋艺高超的温州人想必数量不少,以至于在明代形成了一个远近闻名的"永嘉弈派"。

温州书画高手辈出,元代王振鹏有"界画第一人"的美誉,一幅《江山胜览图卷》2012年在北京保利秋拍中以超过亿元的高价落槌成交;名列"元四家"之首的黄公望,一幅《富春山居图》名扬天下;及至民国时期出现的"永嘉画派"更是海上画派的一支重要力量。

温州人素来有抱团合作的精神,在文化领域也不例外,因此会有画派、棋派、诗派,会出现不同专业的学术群体,特别是以姜立夫、苏步青、谷超豪等为代表的温籍数学家群体,尤为引人瞩目。

温州在中国现代数学史上创造了许多个"第一"：中国最早的数学专科学校是瑞安学计馆，最早的通俗数学期刊《算学报》在温州创办，最早的地区性数学学会天算学社在瑞安成立。200多位温籍数学家的身影活跃在国内外众多高校和研究机构，演绎了父子数学家、兄弟数学家、师徒俱名家等许多佳话。

三

温州的文脉与商脉一直交织发展，其源头活水，离不开永嘉学派。

温州人读书，不是死读书，而是强调"务实不务虚"，提出义理不能脱离功利，主张"农商一体"和"富国强兵"，由此形成了"以经制言事功"的永嘉学派，成为南宋时期与理学、心学鼎足而三的重要思想学派。

浙学之盛，始于永嘉学派。永嘉学派提倡"事功学说"，重视实用、务实创新的理念，重视商业氛围，对数学发展、教育发展也有着重要影响。

19世纪上半叶，永强人张振夔致力于研究和复兴叶适永嘉学派的"通经致用"，结合吸取西方的科学和民主思想，认为中学与西学是互相补充的，并提倡注重教育。

鸦片战争后，瑞安的孙衣言和孙锵鸣兄弟，极力宣扬叶适和张振夔"永嘉之学"的"讲功利"和"通经致用"。孙衣言之子孙诒让，更是提倡办实事学科学，并身体力行于"阐西学，办实业，兴学校"的实际行动。在这种氛围带动下，当时温州的青年继承了务实肯干的作风，形成了勤奋好学的风气。

据不完全统计，1898年至1911年的13年间，温州留日学生就有130多人。他们怀抱救国理想，远赴海外，学成后将先进的学识反哺家乡，对温州清末民初的教育、文化、政治、思想等方面均有较大影响，尤其推动了温州教育的近代化进程。

如今，温州市教育成绩也令人瞩目。特别是高考，据统计，2022年高考，全省前12名优秀学子中，有6人是温州市户籍，占全省一半。

此外，温州学者通过大量著述，提出自己在社会、经济、军事等方面的创见，充分彰显了温州人的事功精神、创新意识。

温州耕读文化积淀至深，重视教育、重视读书。也因此，温州以公共图书馆为主阵地，城市书房和农家书屋为特色亮点，城市书巢、流动书吧、文化驿站为辅助阵地，实体书店为有益补充，依托全市3593个农村文化礼堂，积极构建起"15分钟阅读服务圈"。

所以说，温州既重商，也重文。

金丹霞 王娟 执笔
2022年8月24日

教材问题，还有比问责更重要的

> 尺寸教材，悠悠国事。好的教材是帮助青少年培根铸魂、启智增慧的第一本书，涉及千家万户，事关教育根本、国家大计。

近日，教育部发布了关于人教版小学数学教材插图问题的调查处理通报。时隔3个月，这份通报让不少人感叹"终于等到了"。

通报对教材插图事件的定性是"三不一没有"，即不美观向上、不严肃规范、不细致准确，没有发现人教社相关人员与插图作者、教材整体设计艺术总顾问之间存在经济利益输送问题。

而网民们最关心的责任追究问题也能在这份通报里找到答案。27名失职失责人员被问责，插图作者和设计人员不再被聘请从事相关工作。

问责是一方面。问责之余，更需要直抵人心的拷问：我们的孩子们，需要什么样的教材？又该怎样用机制来保障教材？

一

近代教育家、出版家陆费逵说过:"立国根本,在乎教育;教育根本,实在教科书。"

人教社的这份教材因为插图问题被吐槽为"毒教材",网友们也热烈讨论起"什么样的教材才算是一本好教材",不少人还回忆起自己小时候用过的课本。总的看下来,我们发现,一份好的教材通常有三个方面的特点。

一份好的教材往往能为青少年的成长系好"第一粒扣子"。青少年阶段是正确人生观形成的关键时期,好的教材告诉学生如何认识世界、如何面对挫折、如何树立理想、如何明辨是非,帮助学生逐渐形成健全完善的人格品质。

一份好的教材往往能传承一个民族的传统和价值。"囊萤映雪""完璧归赵""悬梁刺股""闻鸡起舞",当幼时的我们第一次与这些故事见面时,勤勉好学、自强不息、爱国情怀、珍惜和平这些中华民族精神内核就在我们心中播下了种子。

一份好的教材往往能让学生记一辈子。鲁迅笔下的少年闰土、英勇就义的狼牙山五壮士,教科书中那些文字和一幅幅生动的插图,现在还时常在我们的脑海中浮现,成为大家共同的回忆。

二

尺寸教材,悠悠国事。好的教材是帮助青少年培根铸魂、启智增慧的第一本书,涉及千家万户,事关教育根本、国家大计。

事件发展至今，群众最强烈的呼声是要对教材严格把关，还下一代健康、清朗的成长环境。

教材问题不单是审美品位的高低，其背后若隐若现的对青少年产生的不良影响更引发深思。

这种担忧并非空穴来风。以香港为例，过去一段时间里，香港反华分子炮制"港独"教材，其中不乏淡漠"一国"意识、激化两地矛盾、唱衰"一国两制"的内容，诱导师生错误认知内地。2019年香港"修例风波"中，不少青年学生就是在这些"毒教材"的影响下成为反中乱港的"急先锋"。此外，"疆独""台独"分子都是企图从教材入手扰乱人心、培植势力、制造分裂。

正如亨廷顿所说："对一个传统社会的稳定来说，构成主要威胁的，并非来自外国军队的侵略，而是来自外国观念的侵入，印刷品和言论比军队和坦克推进得更快、更深入。"

三

教材编审无小事，问题教材危害之深让我们不得不追问：应当以什么样的机制来保障教材的品质，还青少年一方澄澈、纯粹的知识空间？

事前控制，将疾患消除在初露端倪之时。教材的审校环节最是源头之重，出一点漏子就容易引发多米诺骨牌效应。应该健全审校机制，坚持教材"三审三校"制度，严格出版流程、严肃审核机制。同时，建立起一支政治立场正、专业素养强、眼界视野广的编审队伍，从源头防止错误内容出现在教材里。

教材出了问题影响恶劣、贻害深远，但更可怕的是出了问题发现不了，发现了问题自身纠正不了。应当建立纠错机制，开放意见建议通达渠道，将读者对教材的内容、配图、设计等意见及时精准地传达给教材编审者，错误一旦发现就能及时纠正。

此外，还应当建立社会监督机制。高手在民间，尤其要发挥好网民、媒体的监督作用，让每一个问题都难逃群众的"火眼金睛"。比如，网络上有家长就反映，孩子的语文课本中存在硬凑的成语，这是内容有确切的更新，还是审核上存在漏洞？值得关注、探讨。浏览网络报道也不难发现，由老师、家长等群体发现教材差错的向来并不鲜见，比如标点符号没有配套使用、生活常识错误、错别字等。

当然，制定制度很重要，执行制度更重要。执行不规范、落实不严格也会导致制度层层破防，让错误内容一路绿灯流向学生的课桌。只有让各个环节的齿轮充分运转起来，才能有效避免因制度失守而被别有用心之徒乘虚而入。

深层思考后，以上种种，都是比问责更重要的事。这些问题搞清楚了，才能防止类似的教材重出江湖。

与通报一起发布的还有两个好消息。一个是教育部对全国中小学教材教辅和进入校园课外读物的插图及内容进行了全面排查整改，另一个是人教社小学数学教材插图重绘工作已经完成。

在即将到来的新学期里，小朋友们都将用上新书。

云新宇　邢晓飞　执笔

2022 年 8 月 24 日

当文化礼堂插上"数智"翅膀,怎么飞?

> 读山,读懂山的静穆与厚重;读水,读懂水的柔情和刚劲。而读礼堂,可以读懂这里的乡风民俗。

浙江农村并不缺文化阵地,可是实打实有效有用的阵地还需要更多。

拿绍兴来说,绍兴全市已经建成1500多个农村文化礼堂,早已实现行政村百分百全覆盖。然而"高楼大屋",并不代表"物尽其用"。

在"两个先行"新征程中,如何把农村文化礼堂用得更好,为群众送上"家门口的盛宴",成了摆在当前的一个重要课题。

对此,绍兴给出了一种探索性的解法——拥抱数字化。

今年6月,"绍兴数智礼堂"在浙里办App上线。两个月时间,应用通过移动端或"礼堂一体机"实现在全市所有礼堂落地推广,行政村覆盖率100%。目前,注册用户已破7万。

一

农村文化礼堂,"用好"无止境。为何难用好?究其根本,就在于满足文化需求的供给不充分。

在生活富足的农村地区,群众对"精神食粮"的需求一直较强烈,缺少的是优质内容。但传统送戏下乡等形式已经逐渐不能满足群众需求,网上的资源内容质量也是参差不齐。

为了解决痛点,绍兴动了一些脑筋。

比如,在"数智礼堂"应用中,光"视频点播"模块就归集了各类宣讲视频1144个,影视资源超5000部,其中不乏名家之作。每个文化礼堂还有头部视频网站账户,政府买单,村民免费享用。

在"服务点单"模块,群众还能在线邀请明星剧团到场演出。随着应用的推广,以后,绍兴所有"三下乡"活动有望通过它来实现。

绍兴市柯桥区宝善桥村的一位村民就是中国戏剧梅花奖"二度梅"得主吴凤花的"老粉"。有了这个应用后,他说:"过去只能在电视上看阿花(吴凤花昵称),以后只要我在手机上'下单',就能在家门口看到阿花了。"

二

"用好"就要"用心","用心"就需要切实解决现实需求。从更高层级的需求出发,"数智礼堂"的亮点在于"互动"。

"互动",不只是在手机上的简单点击,而是让群众走到台前。

"数智礼堂"应用中搭建了"互动共享"场景,其中囊括"我来学""我来演""我来拍"等功能。通俗来讲,这个场景就是一个"学才艺、秀才艺"的平台。

尤其是"我来演"板块,民间原创的文艺表演,可以通过上传视频进入更多观众视野,参与"云上擂台"PK,得到专业老师点评,票选出来的优胜者还有机会参演大型文艺表演,这样能推动更多群众从文化享用者变为文化创造者。

一年前,浙江印发《关于高质量建设公共文化服务现代化先行省的实施意见》,明确到2025年,基本建成以人为核心的高质量公共文化服务现代化体系。在这当中,"人"就是关键核心。文化礼堂把"舞台"还给群众,正是基于这一点。

一位绍兴的村支书告诉笔者,一直以来电影下乡、名家汇演进村等本身并不稀奇,看什么、什么时候看,慢慢地成为常态,但要真正把文化送到群众心坎上,还是需要让群众做主角。

借助"数智礼堂"应用,当群众从田间地头走向舞台,有助于乡村文化拥有"造血"功能,有才艺的群众在这里能被看见。

三

读山,读懂山的静穆与厚重;读水,读懂水的柔情和刚劲。而读礼堂,可以读懂这里的乡风民俗。

在"数智礼堂"应用中,有个"礼堂有戏"特色模块被列为省"礼堂家"试点场景。这一模块,正是传统戏曲艺术重镇绍兴的招牌。

在绍兴的乡村沃土中,长出了绍剧、越剧、新昌调腔、诸暨乱弹等，仅这几个现存剧种而言，就已涵盖了中国民族戏剧的三个大类。但这些曾经辉煌过的剧种也都不同程度地面临着观众流失、缺乏传承的现状。

"数智礼堂"把绍兴五大剧种和五大曲种的视频资源整合收集，纳入"视频点播"模块，让更多人能看到这些本土文化艺术表演。

"此心安处是吾乡"。这份对"吾乡"的认同，不能少了文化根源上的归属，用好农村文化礼堂，有利于保护好乡村文化生长的土壤。

从这个角度来说，笔者以为，文化阵地的建设，不仅是为群众提供公共文化服务的平台，也是促成世代生活在这方水土上的人们，更深入地挖掘并传承自己的文化之根。

当然，要在农村文化阵地的物理空间上构建起精神高地，绍兴还有很长一段路要走。一方面，在资源整合上还有不小提升空间，创新体制机制，让内容更丰富，资源更聚合；另一方面，文化礼堂不仅要吸引老年人，更要打造成为年轻人的空间，实现更多的功能融通和文化融合。

文化礼堂，要实现门常开、戏常演、人常来。如果把"数智礼堂"视为一个可供参考的答案，绍兴希望以它为起点，引出更多优秀解答来。

郑梦莹　何瑛儿　徐潇青　执笔

2022年8月25日

民企为何青睐主旋律影视剧创作？

> 民营影视企业的华丽"绽放"，不仅在于其自身的努力和天赋，也离不开政府提供的阳光和空气。

曾经，主旋律影视剧大多出自"官方国有"影视机构，而民营影视企业创作主旋律作品是一件挺难的事。

但是近几年，每逢重大历史时刻，民营影视企业创作生产的优质主旋律作品从不缺席。

献礼建党百年，博纳影业出品的电影《长津湖》，占据中国影史票房榜首；佳平影业出品的电视剧《大浪淘沙》，豆瓣评分8.5。献礼新中国成立70周年，华策影视出品的重大革命历史题材电视剧《外交风云》，35城收视率达到了1.478，位居同时段卫视收视率第一。

笔者梳理近三届全国"五个一工程"奖、中国电影"华表奖"、大众电影"百花奖"、中国电视剧"飞天奖"、中国电视"金鹰奖"，发现民营影视企业出品的影视剧占到一半以上。

值得思考的是，为什么越来越多民营影视企业主动投入主旋律作品创作？民营影视企业在主旋律作品生产方面有什么优势？

一

时间最早可追溯到2007年，电影《集结号》以2.6亿元票房拿下内地年度票房亚军。这让不少民营影视企业受到启发：只要故事讲得好，主旋律也能挣钱。随后，它们开始在主旋律题材、类型上进行更大胆的实践。

电影《唐山大地震》上映后获得6.5亿元票房，成为当年暑期大赢家。《湄公河行动》上映后，主旋律电影在电影市场上大放异彩。随后，《战狼2》《红海行动》《中国机长》等主旋律电影，屡次刷新观众认知。

在电影市场，优质主旋律确实能挣钱，而在电视剧市场也有这个规律。

就拿浙江来说，华策影视出品的电视剧《外交风云》获第32届飞天奖及第30届金鹰奖，出口亚洲、欧洲、北美洲、非洲等国家和地区。

佳平影业出品的电视剧《鸡毛飞上天》获全国"五个一工程"奖，同时，在北美、东欧、东南亚等海外30多个国家和地区播出。

正午阳光出品的电视剧《大江大河》也斩获全国"五个一工程"奖，《山海情》获中国电视"金鹰奖"。

二

主旋律影视剧创作机遇大，挑战也大。如何在内容创作中坚持正确政治方向、审美取向和价值导向，同时避免"刻板""老套""说教"等方式，让观众真正入戏？

有了金刚钻，才能揽瓷器活。

佳平影业曾邀请编剧申捷八访义乌，采访了200多名商人，了解他们的创业过程。当地许多商人看了电视剧《鸡毛飞上天》后，都表示能在电视剧里找到原型。

创作电视剧《在远方》时，申捷与佳平影业负责人吴家平，先后走访上海、杭州、广州、深圳等多家电商、物流企业，采访快递公司的投资方、部门经理及快递小哥。

在电视剧《山海情》创作中，追求真实成为引导观众进入剧中语境的秘密武器。这种真实感绝不止于服化道、场景上的还原，涵盖角色设定、故事设计、演员表演上的全方位真实。

习近平总书记强调："文艺创作方法有一百条、一千条，但最根本、最关键、最牢靠的办法是扎根人民、扎根生活。"

没走到田间地头、没去到城市乡村，而坐在家里书桌前、电脑前闭门造车，靠拍脑袋想出来的东西，没有生命力。

笔者以为，民营影视企业能创作生产优质主旋律影视剧，正是在于对艺术创作规律和社会发展规律的遵循把握，对重大题材的深刻认知以及对生活的真切感悟。

三

民营影视企业的发展壮大，既是市场经济发展的产物，也是文化体制改革结出的硕果。

2005年，《国务院关于非公有资本进入文化产业的若干决定》

规定,鼓励和支持非公有资本进入电影电视剧制作发行、广播影视技术开发运用、电影院和电影院线、农村电影放映等。不到20年,民营影视企业从无到有、从小到大,大多白手起家,所以重效益、重管理。

民营影视企业更注重成本核算和效益评估。如某家民营影视企业负责人说:"我们花的都是自己的血汗钱,每一步都是磨出来的,每一分钱都是抠出来的。"

同时,它们也有更为灵活的机制。比如,电影《英雄》的运作,就采取了国际融资经验,对剧本、导演、演员等作具体评估,再请国际保险公司担保,制定全面的市场策略。

优秀人才是企业得以做大做强的重要因素。华策影视通过签订战略合作协议,凝聚一批国内顶尖的电视剧编剧资源;新丽传媒给予团队骨干成员股权激励,从而形成了一定的人才优势。

此外,民营影视企业还积极上市融资。华策影视于2010年登陆国内创业板。此后,光线传媒、横店影视等也走上上市之路。

与生俱来的市场竞争基因,使得民营影视企业在走出"政策禁区"之后,如鹰击长空一般大展身手。

四

据统计,目前浙江各类影视制作机构中,民营企业数量占比高达90%以上,成为"影视浙军"的重要力量。

民营影视企业的华丽"绽放",不仅在于其自身的努力和天赋,也离不开政府提供的阳光和空气。

一方面,对民营影视企业在选题方面加以引导,帮助他们深入挖掘重大革命题材、重大历史题材、重大现实题材创作富矿，规划和实施一批重点选题，提高主旋律影视剧创作的组织化程度。

另一方面，在审核立项、播出平台、作品购买等方面，为优质主旋律作品开辟绿色通道，确保它们得到政策支持和资金保障。

如浙江设立文化艺术发展基金，建立以绩效结果为导向的文艺基金管理机制，扶持影视企业聚焦内容创作生产。为打造主旋律影视作品的孵化基地，浙江成立了"之江编剧村"，让灵感和思考在这里碰撞。

近日，中办、国办印发《"十四五"文化发展规划》，明确"鼓励、支持、引导非公有资本依法进入文化产业，保护民营文化企业产权和企业家权益"，同时对繁荣文化文艺创作生产、推动文化产业高质量发展等作出部署安排。

未来，影视文化产业仍有巨大发展空间，观众们也需要更多传递正能量的精神食粮。不可否认的是，主旋律精品的创作是不容易的，受疫情等因素影响，影视剧也面临采购价"缩水"、定档后延期等客观困难，还需要相关部门和社会给予更多支持。

期待民营影视企业始终与时代同频共振，从短期流量焦虑中跳出来，牢牢把握"内容为王"，自觉遵守行业规则，创作生产更多无愧于时代的优质主旋律作品。

郑思舒　执笔

2022 年 8 月 25 日

脱口秀如何"圈"了年轻派？

> 随着脱口秀节目的发展，如何增加内容的思想性，或许是接下来需要思考的问题。

脱口秀不是个新鲜事物，但最近几年，它的确格外"吸粉"，并逐渐从电视屏幕走到人们身边，虽然没有在所有年龄段受宠，但也迅速圈了都市里一部分年轻人，成为年轻人忙碌生活中的一剂"甜味剂"。

搜索"淘票票"发现，今年夏天，杭州每周有近40场脱口秀演出计划。观众火热的需求，还催生了松果、胖菊、会说笑、即刻喜剧、魔脱喜剧等一批本土品牌。周末去看脱口秀成了年轻人的潮流。

近几年因为疫情影响，许多线下文化业态都受到不同程度的冲击，但从数据上看，2021年脱口秀市场商演场次达1.85万场，实现票房收入3.91亿元，比2019年增长50%以上。

脱口秀为什么能够逆势而上？

一

近年来，网络自制脱口秀节目，就像综艺节目里的一匹"黑马"，一跃而上，迅速获得了观众的青睐。

比如《脱口秀大会》从第一季到第四季，总播放量超过60亿次，点击率居于同期网络综艺节目之首。可以说，脱口秀靠着一支话筒，在五花八门的节目里杀出了一条路。

为什么大家喜欢脱口秀？看看这几个"梗"——

"熬夜你吃什么都是罪恶的，早起你吃什么都是行的。"

"随着发际线越来越高，脸还越来越长，我就感觉我的脸在跟头发抢地盘。"

在脱口秀表演中，这些能引人发笑的"梗"常常被称作"包袱"，一个"包袱"丢出去之后会不会"响"，是评价一场脱口秀好坏的关键。

那什么样的"包袱"才会"响"？从以上例子里就能看出，贴近人们的生活、反映人们的苦乐、排解人们的苦闷的，才是有料的"包袱"。

这也决定了脱口秀的内容大多取材于身边最普通的场景，比如职场、婚恋、住房、就业等现实生活，最擅长的就是用新颖的思路和角度，把人们最常遇到的问题和困惑讲出来。以幽默之名，行"吐槽"之实。

脱口秀也是一个包罗万象的舞台，站在话筒前的人们大多是社会中的普通人，既有来自名校的高才生，也有快递小哥、电话销售和流水线工人等普通劳动者。

可以说，几乎每个年轻人都能在这里找到自己的影子。

二

脱口秀的崛起，是大家有目共睹的。在一些城市，线下脱口秀演出甚至一票难求。

年轻人为什么愿为脱口秀"买单"？或许是因为脱口秀给他们带来了快乐、解压、疗愈的附加情绪价值。所以很多人即便是刚刚结束疲惫的工作，也依旧愿意走进脱口秀的剧场，因为这种快乐的体验，值得花费时间。

美国未来学家阿尔文·托夫勒在《未来的冲击》一书中这样写道：

"未来经济将是一种体验经济，未来的生产者将是制造体验的人，体验制造商将成为经济的基本支柱之一。"

当物质生活逐渐富裕，精神上的抚慰便成为新的"刚需"。无论是相声的中兴、综艺的扩围，还是脱口秀的出圈，关切年轻人精神上的痛点，都将是文化产品达成供需有效对接的必要前提。

这种"精神共情"的体验不仅在节目和表演中能够俘获人心，在生活中也一样适用。

中国社会科学院文学所研究员杨早曾说："脱口秀人人都可以参与，以向全民开放的形式把门槛降到了最低。很多人在看的过程中就会被点燃心中的火花：'我有生活，平时也很喜欢逗别人笑，为什么我不去说？'"

瑞安图书馆馆员小曹，毕业于播音主持专业，有着丰富的表演经验，同时又非常熟悉图书馆业务。她就把脱口秀搬到工作中，为观众讲述图书馆前台接待、失物招领以及各个阅读室的趣事，引导大家文明阅读，收获了许多年轻读者的喜爱。

三

回过头来看，脱口秀作为一个行业出现在中国，也就短短数年。但它发展很快，在自由生长中，呈现出的一些问题也值得我们思考。

比如，脱口秀到底应该"秀"些什么？"吐槽"和解压固然是一方面，但除了博人一乐，脱口秀也可以对社会有更多的观照和思考。

比如最近一些脱口秀节目，开始把目光投向社会，关注民警、消防员、交警等职业的艰辛与付出、职场人求职的辛酸与人到中年的不易、大学生就业与考研的抉择、当代青年婚恋选择与观念变化……

作为一门年轻的喜剧艺术，脱口秀吸引的也大多是年轻的观众，其中还不乏许多正值成长期的青少年。

放松之余，或许还是得告诉观众，面对生活中的不如意，除了"一吐为快"，还应当以直面生活的勇气和独立思考的能力来勇敢面对。笑对人生的共情，才应是脱口秀传递给观众的"甜"。

又比如，脱口秀怎样持续地输出有意思的内容。原创是脱口秀的"灵魂"，只有持续输出好的内容，才能持续吸引观众的目光。

除了当下站在聚光灯下的脱口秀喜剧节目，许多知识类脱口秀节目同样广受欢迎。比如有讲述历史故事、职场知识的，甚至还细分出更多垂类，比如外语学习、金融常识普及、健康理念分享等等，这些，都成为观众在碎片时间里吸收养分的新渠道。

随着脱口秀节目的发展，如何增加内容的思想性，或许是接下来需要思考的问题。

可以预见，在未来一段时间里，脱口秀依然会热度不减。在收获观众关注的同时，或许，我们也应该在内容创作、节目创新等方面给予他们更多鼓励和支持，让脱口秀在传播正能量方面发挥更大作用。

郑思舒 季方　执笔

2022 年 8 月 26 日

三句"千万",重逾千钧

> 对党员干部讲的这三个"千万",言辞恳切、饱含深情,同时又谆谆告诫、字字千钧,从中深深感受到习近平同志的政治远见、思想伟力、人格魅力和为民情怀,值得我们反复研读,不断从中汲取智慧和力量。

再读《干在实处 勇立潮头——习近平浙江足迹》(以下简称《习近平浙江足迹》)一书,发现书中有三句习近平同志的话,用了"千万"二字来加重语气,印象深刻。

第一句"千万":调查研究的过程就是科学决策的过程,千万省略不得、马虎不得。

"省委的每一项重大决策都是在调查研究基础上作出的",读到《习近平浙江足迹》中的这句话,可谓振聋发聩。看到习近平同志在浙江工作期间开展调查研究的一个个精彩情节,感到无比信服。

习近平同志强调,调查研究就像"十月怀胎",决策就像"一朝分娩"。调查研究的过程就是科学决策的过程,千万省略不得、马虎不得。

科学决策的源头活水从哪里来？习近平同志反复强调：问计于民，问计于基层。2003年7月，习近平同志在衢州考察调研中了解到，针对农村劳动力文化素质偏低、培训不足的情况，衢州启动了"万名农民素质工程"，常山还推出了劳动力"培训券"。对此，他予以高度肯定。在此次基层调研基础上，省委、省政府作出了科学决策，实施了"千万农村劳动力素质培训工程"，要求从2004年至2010年全省完成对1000万农村劳动力的培训。这可以说是习近平同志问计于民、问计于基层，调查研究、科学决策的生动例证。

"十月怀胎"是项"技术活"，在长期的调查研究实践中，习近平同志总结出很多宝贵的调研经验。比如，越是基层来的，越是要让他们讲；既到条件好、发展快的地方去，也到问题多、困难大的地方去；特别是"两头冒尖"的村，更要多跑几趟；下基层调研，通常会带上两件东西：一是当地的县志，二是当地领导干部的名册及简历。

习近平同志每年至少用三分之一以上时间深入基层和部门调查研究。他说："几年下来，我几乎跑遍了浙江的山山水水，也跑深了与浙江广大干部群众的真切感情，并在实践中逐渐跑透了浙江的省情市情县情。"

第二句"千万"：任何时候都要看得远一点，生态的优势不能丢。千万不要以牺牲环境为代价换取一点经济的利益。

"任何时候都要看得远一点，生态的优势不能丢，千万不要以牺牲环境为代价换取一点经济的利益。"2002年，习近平同志在景宁调研时勉励当地干部：很多东西，眼前看是好的，今后看未必是好的；有些东西眼前看没有什么价值，但今后看可能就是无价之宝。习近平同志的这些重要观点，被20年来浙江发展的生动实践一一证实。

在那个已习惯把GDP作为判定工作好坏重要标准的时期，有谁敢顶着"不求发展"之名，去关心身边的一草一木、一山一水？在安吉余村，听到村里汇报因为防治环境污染关矿停厂导致发展受到影响时，习近平同志说，过去我们讲既要绿水青山，又要金山银山，其实绿水青山就是金山银山，本身，它有含金量。

阅读《习近平浙江足迹》一书，会发现一说到"生态"，习近平同志的"金句"就特别多，如：建设生态省，是一项事关全局和长远的战略任务；搞经济、抓发展，不能见什么好都要，更不能以牺牲环境为代价，要有所为有所不为……这些话语朴实无华，闪耀着真理光芒。

第三句"千万"：千万不要以为吃一点、玩一下、拿一些没关系。

打开《习近平浙江足迹》"算好三笔账"这一章节，看到一则发人深省的故事。

习近平同志在一次全省性大会上，给在场的各级领导干部算了"三笔账"：经济账、法纪账、良心账。在算"法纪账"的时候提到，领导干部在张口的时候要想一想这句话该不该说，在迈腿的时候要想一想这个地方该不该去，在伸手的时候要想一想这些东西该不该拿。千万不要以为吃一点、玩一下、拿一些没关系。

这句"千万"，犹如醍醐灌顶。有多少拿了许多"千万"还不收手、身陷囹圄的腐败分子，正是因为漠视了这句"千万"而终成千古恨。

习近平同志在"之江新语"专栏《小事小节是一面镜子》一文

中说:"小事小节是一面镜子,能够反映人品,反映作风。小事小节中有党性,有原则,有人格。"那种以为"吃一点、玩一下、拿一些没关系"的干部,最终必然变小贪为大贪。

在书中发现,习近平同志经常用最浅显的道理教育干部。比如,老百姓肯定痛恨大贪官,但也痛恨小贪小污,因为这与他们直接相关;熊掌和鱼不可兼得,既然当了官就不要再想着发财,想发财就不要再当官了;红线不能踩,高压线不能碰,底线不能逾越。这些话语重心长、言浅意深。

逐篇研读《习近平浙江足迹》中一个个精彩感人的小故事,深切体悟到了露珠虽小,却可以折射太阳的光辉。对党员干部讲的这三个"千万",言辞恳切、饱含深情,同时又谆谆告诫、字字千钧,从中深深感受到习近平同志的政治远见、思想伟力、人格魅力和为民情怀,值得我们反复研读,不断从中汲取智慧和力量。

余风　执笔
2022年8月26日

川渝英雄气是中国人的精神

> 正是来自每一位平凡英雄的力量，守护着这座城市，筑起万众一心的"防火墙"。

近一段时间，四川、重庆等地持续高温干旱，多地突发山林火灾，让人着实揪心。特别是重庆北碚区突发山火，当地每天调度1600多人和200多台机具设备，空地结合接力救火。与此同时——

消防员＋1：有我们在请放心！

摩托车队＋1：山上人去不到，全靠这些娃儿冲。

志愿群众＋1：我来！我参加过2008年抗震救灾。

爱心商户＋1：肉多装点，黄豆少装点。

……

正是来自每一位平凡英雄的力量，守护着这座城市，筑起万众一心的"防火墙"。

一

山地陡峭，交通不便，散点多发，屡扑难灭，是本次重庆山火的突出特点。

山火最初是从缙云山支脉的虎头山燃起来的，由于天热风大，万里无云，火势很快烧到了缙云山。解放军和群众在缙云山下建立起了隔离带，这是城市最后的隔离线，火势翻过山就会蔓延到城市。

缙云山古名巴山，因李商隐的"君问归期未有期，巴山夜雨涨秋池"而名震天下，是国家级自然保护区。

山里有着1599年的千年名刹和无数的珍稀动物植物。王维、杜甫、周敦颐来过，黄炎培、林森、冯玉祥、老舍、田汉在这儿留下过不朽佳篇，西南联大和中共西南局都曾藏身其中。

它是重庆文脉的根，是无数人童年的回忆。

背后就是家园！当地人在困难前一分一秒都没有犹豫。

山火一开始，每个小区就开始配合政府捐款捐物，缺水买水，缺头灯买头灯，缺油锯筹钱买油锯。可物资虽然备齐了，但坡陡山险，救援汽车根本没法将物资运送上去。

于是，8月22日，一条名为《请兄弟们来北碚 摩托车拉物资救火》的短视频从北碚发送了出去。不到一个小时，就赶来了五百多名摩托车骑手。有网友说，北碚90%的摩托车都来了，山路陡峭，几乎所有人都摔倒过。

二

运送物资和灭火设备的最后500米就主要靠"摩托骑士"。

"摩托骑士"当中，有专业车手，也有普通市民，其中不少还是90后、00后的"娃儿"，他们"上山送水，下山送人"。一位志愿者说,"参加这次救援行动最大的感悟就是让我见识到了什么叫中国凝聚力"。

这是一场接力赛,大家都在跟时间赛跑,自己出一份力,也是为家乡尽一份力。

他们当中,有一位小伙日夜奋战,为了战胜疲惫,保持清醒,就往头上浇水,这一幕让无数网友充满敬意又心疼不已。

他们当中,有一位大学生三赴火场,"前天他在北山坪,今天又去黄旗了。""前天他在桥上累瘫了。"视频中的他,奔跑、扑火、挖隔离带、搬运物资……他说,"我是一名大学生,我正当青春有梦,有热泪,有远方,也有成长,比起安稳的青春,我更想拥有闪光的青春!"

"这群娃儿立大功了。"参与支援的摩托车店主王晓臣介绍:前往现场支援的摩友,主力多是90后,"我觉得重庆人民还是很团结的,我们之前去报名志愿者,名额都是满的了"。

每个时代都有年轻人,每个时代都有站出来的可靠的年轻人,在为这个时代贡献自己的力量。

三

面对困难,川渝人民向来是有些英雄气在身上的。重庆人的英雄气是"有事儿一起扛",这也是咱中国人的精气神。

重庆本是一座以慢生活闻名的城市。当灾难来临,大家是如此团结、不计得失,有钱出钱、有力出力、有车出车、有物捐物……每一个重庆人都在用自己的方式,守护自己的家园。

顶着极端的高温灭火就像被热浪完全包裹一样,这"烤"验是可想而知的。但是，逆火而行的消防员们却在朋友圈留下了非常质朴的话语：气温与火焰双重炙烤下，永远竭诚为民。山再高，坡再陡，挡不住特勤队员的脚步。

这是行动的号角，也是战斗的誓言。

有困难一起扛。"我当过兵！""我是党员！"面对山火，没有旁观者，每个人都躬身入局，搭成"人链"传递物资。来自四面八方、各行各业的人赶赴于此，生活中的普通人，筑起了这座城市的坚固"防火墙"。而这，也是一城之民最朴实、最能打动人的地方。

"每一盏灯都是一个人"。就像有媒体评论称，那里本没有路，是无数志愿者的脚步；那路本没有灯，是无数志愿者的头灯照亮了重庆儿女用身躯构筑的防火长城。8月25日23时，经过各方救援力量奋力扑救，北碚区歇马街道山火明火已有效封控。山火已灭和无人员伤亡是最好的消息。

接力的是精神，这股精神，寻常时候看不见，关键时刻露峥嵘，这也是我们这个民族深藏着的能够从挫折走向成功、从苦难走向辉煌的"密钥"之一。

"川"过山火，"渝"越酷热。我们不禁感叹：尽管上山的路太不齐了，但看到的人心是真的齐！

王云长　执笔

2022年8月27日

"浙水敷文",何以见得?

> 在杭州万松岭的万松书院,康熙曾题写匾额——"浙水敷文"。可以说,这四个字形容了浙江水土与人文的关系。

前天,第八届鲁迅文学奖揭晓,浙江获丰收,得到广泛关注。

其实,长期以来,浙江这片沃土激发无尽创作灵感,浙江人当中涌现出一个又一个名家。

在杭州万松岭的万松书院,康熙曾题写匾额——"浙水敷文"。可以说,这四个字形容了浙江水土与人文的关系。

"浙水敷文",何以见得?浙江文学继续发展,还面临哪些短板?

一

回首历史,浙江文学源远流长。

有一个成语叫"衣冠南渡",是指中原发生动乱,士大夫随皇室南下,古代士以上方能戴冠,因而用"衣冠南渡"代指中原文明大规模转移向中国南方地区。

衣冠南渡是一种无奈选择,皆因北方政治动荡,南方文化却因之得到滋养而繁盛起来,浙江古代文学尤其得惠于斯。

第一次衣冠南渡发生在西晋末年,由于五胡乱华导致的永嘉之乱,西晋京师由洛阳南迁至建康(今南京),并在此建立东晋政权。在不少学者看来,浙江文学在此期间迎来创作文本意义上的首度集中爆发——

从脚踏"谢公屐"成为第一位创作山水诗的代表诗人谢灵运,到吴均仅用144字便传神描绘出富春江秀丽风光的《与朱元思书》,更有王羲之汪洋恣肆一挥而就千古名篇《兰亭集序》……

紧接着的大唐盛世,浙江古代文学开辟了一条贯穿浙东的唐诗之路,李白在这条路上《梦游天姥吟留别》,走过路过的杜甫惊呼"越女天下白",白居易任职杭州顿生恋栈之意"江南忆,最忆是杭州"。而这时期浙江本土诗人也不遑多让:德清的孟郊《游子吟》"谁言寸草心,报得三春晖",萧山的贺知章《回乡偶书》"少小离家老大回,乡音无改鬓毛衰"。

最后一次衣冠南渡就是"靖康之难"亡北宋,杭州成为南宋首都,这给本就有着苏东坡、王安石和柳永在此吟诗作赋的浙江文学带来难得契机。南宋诗人陆游自言"六十年间万首诗",客居的辛弃疾"气吞万里如虎",连一贯婉约的李清照也在浙江抒发了"生当作人杰,死亦为鬼雄"。

二

百余年前,一场轰轰烈烈的思想革命新文化运动来袭。

中国文学史界有这么一个定评：新文化运动开辟的中国现代文学"半壁江山在浙江"，也正所谓"一部浙江文学史，半部中国文学史"。

新文化运动的重要推手便是浙江绍兴人、时任北大校长蔡元培。他请来了陈独秀与其原本办在上海的《新青年》，随之而来的即有一众编辑作者鲁迅、钱玄同、周作人、沈尹默。他们有一个共同符号：浙江作家。

其实，早在新文化运动之前，从浙江余杭走出的一代国学大师兼革命家章太炎于1906年至1911年避难日本东京时，便开启了他对后世影响深远的东京讲学，在阐扬国粹中倡导革命。当时，"听讲的人以浙人为多，浙人中有沈士远、兼士兄弟，马裕藻、马叔平、朱希祖、钱玄同、龚未生等"，还有后来新加入的鲁迅、周作人、许寿裳与钱家治（钱学森的父亲）。

不仅是鲁迅，"浙江宣传"此前发布了呼唤茅盾文学奖和夏衍电影文学奖归故里的文章，"主角"都是浙江走出的文学大师。巴金老人1982年写《随想录》中《西湖》一篇时特意附注"我们家原籍浙江嘉兴"。"鲁郭茅巴老曹"是指鲁迅、郭沫若、茅盾、巴金、老舍、曹禺，若算上巴金，浙江作家在中国文学顶流圈里分量颇重。

还有写出"为什么我的眼里常含泪水？因为我对这土地爱得深沉"的艾青，关注《包身工》"东洋厂的每一个锭子上面，都附托着一个中国奴隶的冤魂"的夏衍，翻译《莎士比亚戏剧全集》的朱生豪，被国际友人誉为"现代中国最像艺术家的艺术家"的丰子恺，期盼在《雨巷》邂逅一个丁香般姑娘的戴望舒……

三

此后，浙江文学继续展现新气象。

参加过延安文艺座谈会又留学法国的海宁女作家陈学昭创作了长篇小说《工作着是美丽的》；湖州作家萧也牧创作了短篇小说《我们夫妇之间》……

改革开放后，作为鲁迅文学奖前身的全国优秀中短篇小说奖、全国报告文学奖和全国优秀散文杂文奖得主就有诸多浙江作家：徐迟、叶文玲、张抗抗、余秋雨、汪浙成、温小钰、李杭育、张廷竹、李君旭、陈冠柏、周荣新、吴民民；加之后来依序获得鲁迅文学奖的沈苇、朱晓军、黄亚洲、荣荣、洪治纲、陆春祥、黄传会、黄咏梅以及写此稿时新鲜"出炉"的艾伟、钟求是、陈人杰。

然而，最受关注的要算面向长篇小说的茅盾文学奖，获奖的浙江作家较少：生于斯写于斯的王旭烽、携奖归来的麦家，以及定居上海的徐兴业……

此外，浙江还走出了余华、金庸等有海内外影响力的作家。

在近些年的中国文学新时代，浙江文学也有新发展，主要体现在儿童文学保持产销研一条龙、影视文学爆品不少、网络文学领跑全国并率先成立了省级网络作家协会。

置身"两个先行"的时代征程中，浙江文学发展仍然面临一些不容忽视的短板，值得关注。

比如，当代"文学浙军"还缺少像鲁迅、茅盾这样的文学巨匠；文学创作的人才不足；与陕西等地相比，浙江在小说创作方面仍有差距；作为茅盾故里，浙江超过20年尚无作品获得茅盾文学奖；急功近利，沉不下心来铸就鸿篇巨制的现象仍然存在，等等。

期待浙江作家继续攀登，全力打造反映时代变迁、中国进步、人民期待的文学作品，在高原之上铸高峰。

程士庆　执笔
2022年8月27日

50岁的红日亭依旧年轻

> 一段段故事让人们发现,这个延续了50年的志愿服务品牌,是用一个个最质朴的爱心行动垒起来的。红日亭虽几经搬迁,但这股乐善好施的热情,从来没有减退。

在温州,知道红日亭的人不在少数,"夏烧伏茶、冬施热粥"是往来群众口中的美谈。

每天在红日亭里忙活的,大多是退休老人,他们有满腔的热情,只想为这座小城做点什么。

在日出日落的循环往复中,红日亭转眼迎来了50岁生日。而与50年前相比,如今的红日亭,更是热气朝天、活力满满。

这是一座怎样的亭?又为何"年过半百"依旧充满活力?

我们不妨到老人们与红日亭的故事里,一起寻找答案。

一

在电影《红日亭》中,主人公高春梅在红日亭里忙前忙后,就像一个大家长，关心着茶有没有煮好、粥用料足不足、热心群众捐的善款有没有保存好……

高春梅的原型是红日亭的第三代"亭长"孙兰香，电影几乎复刻了她的"操心"。

在孙兰香的记忆里，小时候家里穷，母亲对用电特别严苛，总是要求孩子们随手关灯，但每到夜晚，她却总会在小巷里点上一盏灯，为过往的行人留下一束光。母亲的举动在孙兰香的心里埋下了向善的种子。

2010年的第一天，刚退休没多久的孙兰香加入了红日亭。每每回想，她都觉得那一天改变了她之后的人生。

从那之后，早出晚归成了日常。每天清晨四点，她就起床来到红日亭，和老伙计们忙里忙外，煮茶、洗米、熬粥、切菜……一直忙到天黑才回家。

除了煮茶施粥这些常规工作，孙兰香还带着志愿者把爱心送到亭子之外，慰问环卫工人、向困难家庭和孤儿院提供帮助、资助贫困学子等。

当"亭长"的3000多个日夜，孙兰香几乎没休息过多少天，但她似乎从不疲倦，她总说："来到红日亭，才找到了一份归属感。"

"归属感"，这个词或许会让很多热心志愿服务的老人产生共鸣。对他们来说，付出就是一种收获。

二

红日亭的门口，每天都会排起长队。如今的这份红红火火，是许多像孙兰香这样的老人心手接力传递下来的。

温州老摄影家孙守庄记录下了红日亭曾经的样子：护城河边，忙碌中的人们行色匆匆，不少搬运工在红日亭门口小憩。

随着照片，回到50年前。

温州东门的涨桥头是进城的入口之一，河边码头停满了蚱蜢舟，车夫、船夫、搬运工来来往往，人群熙熙攘攘。

为了让大伙有个乘凉歇脚的地方，附近的爱心老人廖立科在河道边搭了一座毛竹凉亭。但由于人气太旺加上日晒雨淋，毛竹亭日渐破败。在那之后，老人们又"众筹"建了座砖瓦亭。

大家不忍心看着忙碌的人们舀河水生饮，就开始在亭子里烧伏茶，免费供大家解渴祛暑。

几十年间，因为填河、修路等种种原因，红日亭建了拆、拆了建，直到2013年，一座功能完善的红日亭终于在华盖山脚下扎下了根。

在孙守庄自己制作装订的相册里，这张拍摄于1975年的老照片与拍摄于2020年的新红日亭贴在相邻的两页，旁边还手写了一行字："1975年环城河改路，红日亭被拆，由于一班老年人热心要求重建，现在成了社会慈善亭，给社会免费供早点、节日供糕点，被广大群众称赞。"

从黑白照片到彩色照片，红日亭的传承，是许许多多"画中人"近乎"执拗"的坚持和奉献——

廖立科是红日亭的搭建者，最初他自己搬石头、垒地基，一点一点搭起了最早的那间毛竹亭，为了方便照明，还从家里拉了一根电线，给亭子装了一盏灯；

2006年，朱永麟、叶宝春等26位老人捐出退休金，筹集近

4000元购置锅碗瓢盆。正是在那年中秋，红日亭的第一碗热粥出炉；

烧茶的钱都是大伙筹的，最初所有账目都由退休员工章兰燕登记，为了节省费用，她每年还会写报告申请公价购买蜂窝煤的计划票……

一段段故事让人们发现，这个延续了50年的志愿服务品牌，是用一个个最质朴的爱心行动垒起来的。红日亭虽几经搬迁，但这股乐善好施的热情，从来没有减退。

三

有人说"夕阳无限好，只是近黄昏"，但红日亭里的老人们却说"莫道桑榆晚，为霞尚满天"。

现在的红日亭，有40余位固定志愿者，年纪最小的62岁，最大的88岁，这支"银发力量"将退休时光奉献给了这座小亭子。

他们乐观、豁达、勤勉，为一部分鼓吹"低欲望""躺平"的人打了个样：年龄不是限制，人人都能成为服务社会的"骨干力量"。

余热未尽献，老骥不偷闲。谁说老年只能暮气沉沉？在红日亭，六七十岁还是"年轻人"，就算八十多岁也不服老、不掉队。

50岁的红日亭尚且年轻，它静静诉说着，朝阳每天都升起，奋斗何时都不晚。

殷诚聪 季方 执笔

2022年8月28日

80年前的"里斯本丸"号,告诉我们什么?

> "里斯本丸"救援故事以穿越时空的声音,生动回答了"世界怎么了""人类向何处去"的时代之题。

近日,国家主席习近平复信第二次世界大战期间"里斯本丸"号船幸存者莫利之女维尼。习近平指出,1942年中国浙江省舟山渔民英勇营救"里斯本丸"号船英军战俘的感人事迹,是中英在第二次世界大战中作为盟友并肩作战、共同抗击法西斯侵略的重要见证,也是两国人民结下深厚情谊的历史佳话。

一封信、一条船、一群人,一个80年前的故事又一次浮现在人们眼前。

实际上,这并不是习近平总书记第一次提起"里斯本丸"号的故事。

在2015年访英期间,习近平主席就以这件事为例,强调中英两国人民在战火中结下的情谊永不褪色,成为两国关系的宝贵财富。

一

故事要从一条船讲起。

1942年10月2日凌晨，舟山东极。距离青浜岛三四海里处传来一声巨响，洋面上一艘巨轮摇摇晃晃沉入大海，船上人员和货物也一同坠入汪洋之中……

船的名字叫作"里斯本丸"，当时它正载着1816名英军战俘、800名日本士兵，以及日本侵略者四处掠夺的大量布匹、食品、火炮和军用物资等从香港驶往日本。在途经东极青浜岛海域时，"里斯本丸"遭到美军潜艇鱼雷攻击而沉没。船上的日军在转移的同时，还不忘钉上木条封闭所有舱口，使得战俘们最终不得不冲上甲板，冒着被机枪扫射的风险跳海逃生。

舍命救海难，一直以来都是舟山渔民的传统美德。

当青浜岛、庙子湖岛渔民见此情景，198位渔民出动了46艘小船，来回65次，竭尽全力将幸存的384名落水战俘从鬼门关拉了回来，还纷纷拿出衣服、饭食，为这些金发碧眼的"异乡人"安排住宿，不过仍有828名英国士兵被日军射杀或葬身海底。

后来，日军又上岛挨家挨户地搜查，包括莫利在内的381名英国战俘重新被押上日舰，但有3名英俘在渔民掩护下躲过了大搜捕。

由于这3位英国人被舟山人民安全送达重庆并回到伦敦，从而使得其他300多名"里斯本丸"号船幸存者免遭迫害。

或许，朴实的渔民们早已淡忘曾经的英雄壮举，但故事以"里斯本丸"营救事件之名，被历史铭记。

二

故事画上句点，但怀想从未停顿。

一段时期以来，受到诸多因素的影响，"里斯本丸"营救事件曾被尘封多年，直到上世纪80年代后才逐渐被披露和提起。

英国作家雷尼为了揭开这段历史，专门寻访到当年"里斯本丸"的很多幸存者，他们心目中难以忘却的，是那群把自己从死亡线上拉回来的海岛渔民。

英军老兵佐敦也是其中之一，他曾于2005年回到东极岛开启感恩之旅。后来，舟山人将一块东极石送到了佐敦的家里。

这些年来，中英两地都进行过不同形式的纪念"里斯本丸"营救事件的活动，比如——

2005年，舟山市"里斯本丸"事件历史研究会成立；

2008年，以"里斯本丸"营救事件为蓝本的电影《东极拯救》在全国公映；

2017年，纪念第二次世界大战沉船"里斯本丸"事件暨英军官兵遇难75周年活动在舟山莲花岛举行；

2018年，《里斯本丸沉没》纪录片正式开拍；

2021年，在英国远东战俘广场附近的国家纪念园中，里斯本丸沉船纪念碑正式落成……

东经122°45′55″，北纬30°13′47″，这个救援点已然成为一个符号，荡漾开来的，是一直存在于人们内心深处的珍贵记忆，还有珍爱和平的共同愿望。

三

　　救还是不救？这不仅是一道关乎生死的选择题，更是触及人类情感本能的"灵魂之问"。

　　"里斯本丸"营救事件是20世纪国际关系的一个缩影。它见证了在法西斯暴行之下，人类用正义驱散邪恶、以团结争取和平的斗争历程；也见证了在全球冷战时代，同舟共济的集体记忆怎样被封存和遗忘。

　　80年过去了，"里斯本丸"救援故事之所以仍能引发中英两国人民的强烈共鸣，恰恰说明人类拥有某些共同的价值基础。那些沉睡的历史符号一旦被唤醒，就会在人的内心深处泛起阵阵涟漪。

　　进入21世纪第3个十年，某些国家的"冷战思维"正在死灰复燃。面对他人的危难，是挺身而出还是见死不救？面对别国的冲突，是劝和促谈还是隔岸"拱火"？面对人类的难题，是共渡难关还是以邻为壑？

　　"里斯本丸"救援故事以穿越时空的声音，生动回答了"世界怎么了""人类向何处去"的时代之题。

　　"我们都在同一艘船上。"习近平总书记曾这样比喻人类命运共同体，"风高浪急之时，我们更要把准方向，掌握好节奏，团结合作，乘风破浪，行稳致远，驶向更加美好的明天"。

　　不论是载有1800多名战俘的"里斯本丸"，还是当今世界这艘承载80亿人的万吨巨轮，中国都没有缺席，负责任的大国形象巍然挺立。

　　从"一带一路"倡议、人类命运共同体，到全球发展倡议、全球安全倡议，再到对发展中国家的疫苗援助、远赴战乱地区开展维和行动，中国是这么说的，更是这么做的，并且还将继续在这条道路上坚定不移地走下去。

历史是最好的教科书。这是80年前那段历史和当今中国的默契之处，也是伟大民族走向未来应有的自信。

何诗航 谢滨同 王哲莹 执笔
2022年8月28日

浙江第一家农村文化礼堂是怎么来的?

> 文化礼堂也不断追求在人民群众中得到广泛认同。只有这样,服务人民日益增长的美好生活需要的初衷才能实现;营造健康向上、丰富多彩的精神文化生活才不是虚言。

今年是浙江省农村文化礼堂建设十周年。

十年前,有一个小村庄的一群人,面对"脏乱差"的乡村面貌和人心涣散的乡村风气,从乡村实际、百姓需求出发,建起一座属于农民群众自己的文化礼堂。

从此,浙江走出了一条文化兴村的特色发展之路。

浙江为什么建设农村文化礼堂?不妨从第一家里找寻答案。

一

全省的第一家农村文化礼堂,在杭州市临安区上田村。

上田没什么先天优势,起初流传在外的,大多是"打架斗殴村""脏乱差"的"恶名",与今天大家所熟知的"文武上田",有很大差别。

当时村两委思前想后,觉得还是得靠文化凝聚人心。

首先,村里经济基础差,开展文化活动成本较低。再者,村里钱氏家族宗脉保存较为完整,书法爱好者也多,大家对文化活动有需求、有爱好,在经常性交流中,关系也可以更融洽。

几场活动下来,效果不错,但新问题又出现了。没有时间、没有场地办活动,有活动的时候人来,没活动的时候人散了。

村两委便萌生出建设一个固定文化场所的想法。也在这时,临安启动"绿色家园、富丽山村"建设。于是在区委、区政府指导下,上田村探索建设一个新事物——农村文化礼堂。

无样板可依、无案例可循,目标定位、功能布局、管理机制都处于空白。

政府主导和村为主体的关系如何平衡?

迎合群众需求和引领群众思想的关系如何把握?

上田村村两委知道,思考不深就做不好工作。

2012年,上田村将村里闲置公房整理出来,多方筹措资金打造文化礼堂。起初就是大房间里布置一个简单舞台、摆上几张桌椅,村里人不知道用来做什么,于是就有人埋怨村干部乱花钱,认为搞了一个"空壳子"。

只有硬件设施没有内涵建设的活动场所,不能叫文化礼堂。

问题还得从村子的历史文化里找答案。

上田村是钱王后裔集聚村,较为完整地保存着钱氏家族宗脉,耕读传家的传统一直留存至今。

上田村村两委根据《钱氏家训》提炼概括村训展示上墙,大力推动成立书法协会，也常态化开展主题宣讲等思想教育，"日常活动排起班、村民没事来这里""在活动中受教育、在教育中享服务"，文化礼堂成为上田村的"流量宝地"。

二

讲到这，你或许要问了，这个文化场所为啥叫农村文化礼堂？

我们把这个词拆开来看。

"农村"，既代表了这个阵地的地理属性，也明确了阵地的群众属性，就是农村群众自己的。

"文化"，表明了这是宣传文化部门建设的阵地，也点明了这个阵地是要做思想做文化的，主要职责就是"以文化人、以文育人"。

"礼堂"，源自大集体时代几乎村村都有的"大会堂"，也叫"大礼堂"。后来大礼堂退出了历史舞台，但是群众对"礼堂"这个名字还是很亲切的。

文化礼堂建起来了，到底该做哪些用途？

从上田村文化礼堂发挥的作用来看，主要是在思想道德教育、优秀文化传承、基层民主推进、知识技能普及等方面起到推动作用。比如开展普法活动，让偷伐偷砍的"斧头帮"学习法律知识；把打架斗殴的人聚集起来练习正规武术，融合舞狮舞龙等传统元素，推动上田村"十八般武艺"列入"非遗"……

通过文化礼堂，"文武上田"的历史文化底蕴和积淀得到挖掘，上田人的志气得到鼓舞。

三

上田村建设文化礼堂的2012年,是党的十八大召开之年。党的十八大指出"文化是民族的血脉,是人民的精神家园"。

农村文化礼堂的功能定位就是"文化礼堂,精神家园"。

浙江对乡村文化建设、乡村宣传文化阵地的多年思考,在农村文化礼堂建设上找到了发力方向。

在那之后,浙江以上田村文化礼堂"解剖麻雀"、寻找思路。

2013年3月,第一次全省农村文化礼堂建设工作现场会在临安上田召开。文化礼堂这个新事物,引发与会人员的极大兴趣。与会人员参观了上田村文化礼堂,现场观摩了村里的"新人入村礼"活动,大家被文化礼堂的定位和各类文化活动深深吸引,于是纷纷筹划自己的农村文化礼堂。从此,全省进入农村文化礼堂的建设时间。

省委、省政府顺势而为,进一步规范农村文化礼堂的目标定位、建设标准、功能作用等,出台《关于推进农村文化礼堂长效机制建设的意见》《浙江省农村文化礼堂建设实施纲要(2018—2022年)》等文件,把农村文化礼堂作为"文化民生"实事推进,将全省覆盖作为目标。

十年时间,从上田村的"1"到如今的"2万+",浙江几乎每个村都有自己的文化礼堂。

四

2019年中央一号文件指出支持建设文化礼堂，2022年中央一号文件推广浙江经验，提出支持开展村歌、"村晚"、农民运动会等活动。农村文化礼堂建设得到了中央肯定。

文化礼堂也不断追求在人民群众中得到广泛认同。只有这样，服务人民日益增长的美好生活需要的初衷才能实现；营造健康向上、丰富多彩的精神文化生活才不是虚言。

在文化礼堂，人人都可以上台表演，做"民星"；人人都能享受到义诊、社区教育、幼儿托管等惠民服务；人人都可以干一番"文创"事业，让身边的人就地就业……

基层创新不是小事。小小的文化礼堂，有大大的能量。

从一地经验到全省推广、从政府主导到社会共建，只要去尝试，就会有所收获；只要坚持下去，就会有所成就。

如何更好地用好农村文化礼堂？故事还在继续。

刘雨升　执笔

2022年8月29日

新书缘何难进畅销榜?

> "新书畅销书"的消失,也是图书行业越来越理性的一种体现,不再盲目地追求一夜暴富和泡沫化的繁荣,这样的出版生态才更为健康。

近日,笔者查看了中金易云的出版大数据,选取了浙江排名前100的图书畅销榜单,既有总榜,也有文学、教育、少儿等分榜,看看这巨大的冰山之下藏着什么玄机。

恍然间,感觉这榜单似曾相识,遂把近几年的榜单都找出来,感觉最大的变化就是几乎没有变化。

一

虽然每年新书迭出,如过江之鲫一样涌入,但挤入畅销榜的并不多。不管是总榜还是分榜,还是几张老面孔。

如文学榜单,除了偶有麦家的《人生海海》、梁晓声的《人世间》这些自带流量的大家新作外,其他全是《活着》《三体》《红岩》《平凡的世界》这样的"老熟人"。怪不得,余华一直调侃自己靠《活着》活着。

如少儿榜单,还是《窗边的小豆豆》《没头脑和不高兴》《夏洛的网》这些"古董"霸榜者;教育榜单上,也是《钢铁是怎样炼成的》《海底两万里》《朝花夕拾》等早已封神的书,新晋者鲜有露面。

这从数据上也可以得到印证。据统计,新书码洋贡献率在2008年还是30%左右,到了2020年已跌到13.82%。图书市场给人们一种越来越保守求稳的感觉。

二

新书在畅销书榜单的无力,从"天时地利人和"来看,都是有成因的。

先讲"天时"的不利。

新书难成畅销书,其实是超级爆款书的时代已成往事。

上世纪后期,一本书的出版,本身就是社会焦点,能引发全民热议,像浙江出版的《飘》,就是与时代同频共振,促进了社会思潮的变革。

进入21世纪,超级畅销书虽还存在,但影响力已趋弱。到了现在,"三微一抖"时代的全面到来,给了图书更大挑战。以爆款书推手读客公司的招股说明书为例,自2015年之后,读客再没有一本文学新书的销量突破100万册。

现在网络的热点一般是两三天,而一本新书的出版周期最快也得一两个月,根本追不上热点的更迭轮换。这也难以责难,你不能期待一辆老爷车在赛车道上跑出法拉利的加速度来,只好让那些早已完成口碑积累的老书一直霸榜了。

再讲"地利"的消失。

过去，书的起印都是数万册起，但现在，书籍的供应已饱和，变成了买方市场。读者日趋理智，对于知识的需求也越来越细分。垂直领域被深度拓展，读者的需求被进一步精准分化，很少有一本新书可以满足所有人的需求。品种日趋增加、需求日益分化、单体印数减少，是"后畅销书时代"的必然特征。

最后讲"人和"的尴尬。

先说出版人，愈加保守求稳。因为打造新人、培养新作需要巨大的成本，而且风险巨大，出版人索性就舍近求远了，到古人典籍里翻箱倒柜，去国外经典里搬来救兵。比如，原来青春文学的重磅推手、培养了很多现象级新人作家的果麦公司，现在也选择了稳妥通道，重点投入去打造《浮生六记》《小王子》《诗经》这些经典的公版书。

再说作者。以文学为例，80后的作家，自韩寒、郭敬明之后，便几乎没有爆款级人物了。在传统图书赛道里难有出路的新人，就转型到网络文学，在玄幻、穿越、架空的世界里找到了自我价值，如唐家三少、天蚕土豆，那里有更多粉丝追捧，有更多流量可变现。

最后说读者。刷屏时代，喜欢深度阅读、经典阅读的读者群体日渐萎缩。在选书时，读者也更容易从众，相信榜单的引导，去选择已经成名的经典之作。

三

畅销榜上新书的缺位无力，得一分为二看。

图书行业是讲积淀的，书常常是从畅销之后变成了长销。"新书畅销书"的消失，也是图书行业越来越理性的一种体现，不再盲目地追求一夜暴富和泡沫化的繁荣，这样的出版生态才更为健康。

但这样的畅销榜还是让人忧心忡忡。新书销售无力，说明了新作难以进入主流圈子，新人作者难被读者认可。如果一个行业只见"旧人笑"和"新人哭"，那它的后续动力是极为不足的。

那么该如何让更多的新书有"出头之日"呢？

"天时"虽不可违，但可争。深度阅读越来越小众，这是时代潮流，但出版人要学会逆水行舟，而不能随流浮沉，唯有围绕需求侧改革，提供好的内容，才有一线生机。如果麦公司新出的《蛤蟆先生去看心理医生》，就是通俗易懂又温暖治愈，打动了读者。

"地利"虽不可逆，但可用。目前线上图书销售已占到80%，出版人要学会互联网打法，经营好私域流量，掌握好流量密码。如浙版的《女生呵护指南》，便是编辑在公号上挖掘的作者，选题来自网上，口碑来自网上，营销也在网上，成了生活类爆款。

"人和"虽不可转，但可解。最为关键的是，出版人自己要寻求变革，不能像唐三藏那样躲在孙悟空用金箍棒画的保护圈里。要直视断代问题，大力挖掘新人，积极打造新作。让新人成长起来，让新作沉淀下来，这样的榜单才有活力，这样的出版才有希望。法学上如罗翔的作品、文学上如张嘉佳的作品，都是近些年成长起来，慢慢成为榜单上的常客。

只要勇敢地走出舒适区，去迎接数字时代的暴风雨，畅销榜上，新人新作也会出彩，传统出版依然能过得精彩。

赵波　执笔
2022 年 8 月 29 日

冯骥才为何钟情宁波这座藏书楼?

> 一个人,一座楼,一个城,浓缩在时光里,文脉传承弦歌不辍、历久弥新,见证了著名作家冯骥才对故乡的深情守望。

仍怜故乡水,千里送书香。

今年暑假,自带"文化流量"的宁波抱珠楼有点火。

这座位于千年古县城慈城的百年藏书楼,入夜后散发出别样魅力。灯光复现之下,宋词在斑驳老墙上,流淌着一段段光华,吸引了不少读书人前来吟宋词之美,夺状元之名。

穿越历史的回响,昭示文化的力量。

一个人,一座楼,一个城,浓缩在时光里,文脉传承弦歌不辍、历久弥新,见证了著名作家冯骥才对故乡的深情守望。

一

抱珠楼的复兴,离不开一个人。

一个倾其一生,都在守护历史文化遗产的人。

今年7月23日,曾在历史的沧桑中隐没的抱珠楼重启面世,从空向满、广纳众藏。

文化专家、冯氏族人、乡里乡亲、爱书之人,无不闻讯而来。

对家乡慈城倾注深情厚谊的冯骥才,当天发出"天下读书爱书人,共建共享藏书楼"倡议。

蒙尘已久的藏书楼,就这样,重新走进了大众视野。

冯骥才,祖籍宁波慈城镇。在他心中,自己的生命基因来自故乡这片土地。

以书为名,冯老为点亮文化星火竭尽全力。他告诉家乡人,等到疫情有所缓解,他一定要回抱珠楼看看。

宁波藏书文化历史悠久,远可追溯至唐宋时期,浓郁的文化氛围和广泛的群众基础,孕育出像天一阁这样举世闻名的藏书楼。

抱珠楼原由冯骥才祖上冯本怀创建,是近年来宁波发现保存最完整的古代藏书楼之一,距今已有183年历史。鼎盛时期,藏书万卷。

其拥有重要文化价值,2007年被列入浙江省存世的十四座著名藏书楼之一,是千百年来慈城乃至宁波耕读传承、文化鼎盛的佐证。

据考证,冯本怀在世时这座藏书楼便对外开放借阅学习。现藏南京图书馆的《溪上遗闻集录》《别录》道光年刻本的影印件,扉页上就清楚地标有"抱珠楼藏版"字样。

然而,曾显赫一时的藏书楼,历经沉浮,部分珍藏遗失,建筑失修,令人惋惜。1933年,冯本怀的曾孙冯庆瑞先生,将抱珠楼已不多的残存藏书、珍稀刻本悉数捐赠给西泠印社。

一度,藏书楼走向沉寂。在隐秘的角落,等待重启。

二

"家乡滋味知多少,且向故里深巷寻。"

冯骥才为家乡文化建设不断"站台",倾注了自己的全部感情。

从上世纪90年代宁波月湖贺秘监祠筹款修缮,到2016年在慈溪鸣鹤古镇参与中国传统村落保护国际高峰论坛,再到向家乡慈城冯骥才祖居博物馆捐赠344件珍藏实物,他始终心系故土,并对家乡的文化遗产保护传承提出宝贵意见。

有一次,他回乡时到访抱珠楼,很是欣喜,并向当地政府提出,抱珠楼曾是宁波藏书文化的又一座丰碑,如果修缮恢复,不仅自己可以捐一些书过来,还能发动他的"朋友圈"共同参与文化活动。

在政府、民间的多方协力推进下,经过多年的考证、研讨,抱珠楼修缮恢复工作加速推进。

如何修缮藏书楼,使之在新时代焕发新生?宁波当地政府提出利用原有建筑的空间特性,将之改造成一座传统文化与创新思维相融合的新式藏书楼。

其设计方案,也得到了冯老的高度认可。

焕新后的藏书楼,既融入传统木构文化元素,又增设现代建筑空间,集公共藏书阅读、文化艺术互动、学术研讨、公益活动等为一体。漫步楼中,触摸历史,仿佛岁月经年,时光未老。慕名前来参观的爱书人,不计其数。

藏书楼,从私人属性走向公共属性,延展了城市的文化记忆,被赋予了新的时代价值。

三

空，是脱离地面。空，是内无所有。空无一物的藏书楼，似乎不剩多少驻留的深意。

但，恰是这个空白的部分，承载了大多数的意义。

抱珠楼以"空"的风貌面世，向大家传递着由空及满、共建共享的美好理念。所有爱书人都可以成为共建者。

开馆当日，冯骥才特别委托冯氏后人冯友康先生作为首位藏书人进行藏书响应。接着2本3本4本……书架被慢慢填满。

一封封读者来信，情真意切；一本本捐赠藏书，各有故事。美好，持续传递。

前不久，抱珠楼收到了一份极其珍贵的礼物——《叶嘉莹诗钞》。这本已经绝版的并由叶嘉莹先生亲笔题赠的珍藏，跨越千里山河，从天津到了宁波，厚载了因文化而联结的缘分。

阅读、书写、分享、传承。这里，成为天下读书爱书人栖息的心灵故乡、精神家园。

当地政府致力于将其打造成为文旅新地标、国际人文客厅文化新IP。于是，古建筑展览、央视金牌魔术师董亮古法魔术、文人雅集等文化活动在藏书楼不断上演。百年藏书楼，不断焕新，加快打通文化生产力转换通道，成为宁波活化利用历史文化遗产的良好范本。

因为一个人，复兴了一座楼，也让飘泊在外的人又多了一份思念与乡愁。

正是：游子钟情旧书楼，齐心抱珠新乡愁。

厉晓杭　执笔

2022年8月30日

文物建筑的大门可以敞开吗？

> 抵御"拆"的最好方式，就是"用"，不仅要用，更要翻着花样地用好。

文物建筑里开民宿、咖啡馆并不少见，就连故宫"皇城根下"，都开了家角楼咖啡馆，吸引不少游人争相"打卡"。

但文物建筑到底应不应该用作商业用途，人们总是陷于纠结。

一种声音认为，商业化的改造、密集的人流量会让文物建筑不堪重负，还谈何保护？另一种声音认为，如果只是"捧在手心里"保护，那文物建筑的价值又怎么让人们知晓？

文物建筑的大门是开还是不开？国家文物局不久前印发的《关于鼓励和支持社会力量参与文物建筑保护利用的意见》（下称《意见》），算是再次给出了明确回应：文物建筑，要全社会一起科学地用起来。

一

杭州的北山路是"文青"的最爱。这条路上，七成以上的房子是历史文物建筑，其中以名人故居为主。每一座单拎出来，都能讲出一段悠长的故事。

就拿石函路7号的蒋经国旧居来说，这个小院子里，有两幢二层西式别墅，二楼由一条连廊相接。而现在，这里是游人皆可落座的西式快餐厅、咖啡馆。

找一个雨天，坐在二楼，透过木窗格望着雨中断桥，别有一番景致。不少游人来到这还会调侃一句："我在蒋公子家吃了顿饭。"

但这种乐趣，起初并不是所有人都能享受。

很长一段时间里，这里一度大门紧闭。游客们只能在路边读一读门口石碑上的文字，望一望院子的外墙。

2015年后，这里被改造成大众咖啡馆，游人也得以走进院子，了解老房子里的故事。

除了这里，抱青别墅、澄庐、秋水山庄等，许多都改造成了酒店、餐厅、图书馆等，褪去了神秘感，迎来了烟火气。

当然了，起初不少人对这些文物建筑的"商用"感到忧心忡忡。但现在回头看，合理的"商用"并不是文物建筑的负担，而是让它们再次走进人们生活的一把"钥匙"。

"人气"是保护老房子的秘诀之一。其实，在文物建筑保护的问题上，有专家告诉笔者，社会力量参与，是顺应时代发展的保护之道。

这种理念，也在国家一步步的引导中得以体现——

2017年，《古建筑开放导则（征求意见稿）》公布，要求"具备条件的国有古建筑应对外开放，鼓励集体和个人所有的古建筑对外开放"；

2018年，《关于加强文物保护利用改革的若干意见》提到，

"支持社会力量依法依规合理利用文物资源，提供多样化多层次的文化产品与服务"；

2019年，《文物建筑开放导则》发布，提出"鼓励各级地方人民政府出台促进文物建筑开放的激励办法和保障措施"……

直到《意见》的发布，再次定了调。

文物建筑虽是文物，但首先是建筑，它的实用性决定了对于建筑的保护，不能过于"溺爱"，而应在生活中寻找共存之道。

二

保护文物建筑，也是保护一段文化记忆。

国家的一次次推进，印证了利用与保护并不相悖。

《意见》中，对文物建筑有更广泛的定义，"县级文物保护单位及尚未核定公布为文物保护单位的低级别文物建筑"都包含其中。而从国家文物局公布的数据来看，我国40万余处文物建筑中，这类建筑占95%以上，数量相当可观。

这些建筑分布广泛、产权复杂，级别虽然不高，维护成本倒不低，无论是对政府还是个人，都是不小的负担。于是，在经济社会发展的大潮之下，这些建筑也变成了"食之无味、弃之可惜"的存在。

有"古城卫士"之称的建筑家阮仪三，曾经以"刀下留城"的方式，保护下许多古城。浙江乌镇、南浔和西塘三个古镇的保护规划，就是出自他手。他曾说："留住历史建筑物，不光是留住皇宫别墅，也要留住我们自己真正的房屋。"

比如乌镇，当年若是一拆了之，也就没有今天坐拥世界互联网大会和乌镇戏剧节两大盛会的江南名镇了。

从中可见，抵御"拆"的最好方式，就是"用"，不仅要用，更要翻着花样地用好。在这方面，活跃的社会力量，正是能给古建筑带来生机和活力的灵感来源。

国家文物局在《意见》的解读中明确表示，鼓励社会力量参与文物建筑保护利用，目的是推动大量低级别文物建筑"有人管、在利用、出效益"。

散落于城市的文物建筑，不应是"被遗忘的角落"。无论是开设博物馆、艺术馆、农村书屋等公共文化场所，还是开办民宿、客栈、茶社等旅游休闲服务场所，唤醒文物建筑的"活力"，都有赖于充满创意的社会力量。

三

当然了，鼓励社会力量参与，转嫁给"承租人"的，不仅有使用权利，更多的是一份保护责任。

人们之所以对"商用"如此谨慎，是因为在利用过程中，无论是房子内部水电的改造、外部灯光的架设，还是因营业带来的人流，都增加了文物保护的不确定性。

比如2019年，让全世界都为之痛心的巴黎圣母院的大火，有一种猜测，起因就是一根不起眼的烟头。

这给了世界一个警示，保护文物建筑再小心都不为过。毕竟，眼下，人们对文物建筑的保护意识不强、对文物保护的专业度不足等问题仍然存在。

所以，无论是《文物建筑开放导则》还是《意见》，我们都能看到，对文物建筑活化利用的谨慎——

定期对社会力量参与文物建筑保护利用项目开展检查评估；

不得违背社会主义核心价值观、违反社会公序良俗，不得开设私人会所、高档娱乐场所，不得对文物建筑本体造成破坏……

鼓励社会力量参与，也是鼓励更多的人在近距离接触中增强文物保护的意识。而保护文物建筑的方式之一，就是根据建筑本身特色，延续其历史价值。

比如始建于清朝的心兰书社，是温州瑞安的26位名流共同出资建的一座公共藏书楼，拥有图书馆的雏形。2014年，心兰书社整修一新，之后还成为当地首批城市书房，回归了公共书房的"身份"，成为新的公共文化空间。

正如不久前召开的全国文物工作会议所提出的，"坚持保护第一、加强管理、挖掘价值、有效利用、让文物活起来"，文物建筑也应当成为今天公共文化生活中的一部分。

换个角度说，若是文物建筑有生命，想必它也乐于敞开大门，见证社会发展、岁月流淌。

季方　执笔

2022年8月30日

"中国这十年"的浙江成绩单

> 十年后,你我过得怎么样?浙江又会变成什么样?向新征程迈进,不妨让我们躬身力行、拭目以待。

习近平总书记多次提道:"时代是出卷人,我们是答卷人,人民是阅卷人。"

考卷常新、本色依旧,赶考永远在路上。

今天上午,"中国这十年·浙江"主题新闻发布会在杭州举行,省委书记袁家军向各界亮出了党的十八大以来,浙江发展蝶变的"成绩单"。

非凡十年,这份考卷浙江人答得怎么样?抢"鲜"翻一翻,3个方面成就引人注目,4个"更"的感受实实在在,每个浙江人都身在其中。

一

3个方面成就,就是"创新驱动实现高质量发展,数字化改革提升省域治理效能，共同富裕探路扎实开局"。

先来看创新驱动实现高质量发展。

浙江人不仅善于把"蛋糕"做得越来越大，而且还能通过探索"新配方"，让"蛋糕"的色香味变得越来越好，实现真正意义上的高质量发展。

像全省地区生产总值连跨4个万亿级台阶、突破7万亿元，人均地区生产总值突破11万元；像"互联网＋"、生命健康、新材料三大科创高地建设取得重大突破，数字经济"一号工程"取得重大成效，数字经济增加值和核心产业增加值2016年以来实现双倍增，数字经济增加值占GDP比重达到48.6%，居全国省区第一，创新真正成为了引领发展的第一动力。

再看数字化改革提升省域治理效能。

数字化改革对浙江人来说，是一个既熟悉又新鲜的概念。

熟悉的是，"数字浙江"这篇大文章浙江人一直在写，从2014年"四张清单一张网"改革到2017年"最多跑一次"改革，从2018年政府数字化转型再到2021年数字化改革，"数字浙江"建设实现了全方位的拓展升级。

新鲜的是，通过数字化改革的多轮迭代，找到了省域治理的新解法。像疫情防控中，浙江在"健康码"基础上，上线疫情防控精密智控综合集成应用，集成申码亮码、核酸采样、三区研判等31个场景，在多轮疫情防控中发挥重要作用；像基层治理中，浙江坚持和发展新时代"枫桥经验"，构建起"一中心四平台一网格"基层治理体系，来信来访总量持续下降。

可以说，借助数字化改革，浙江破解了省域治理存在的堵点难点痛点，解决了一批传统手段长期难以解决的问题。

最后是共同富裕探路扎实开局。

纵观古今，人类社会对共同富裕的追求从未停步，共同富裕美好愿景也在时代之变中演绎着内涵之新。新征程上，浙江率先扛起了高质量发展建设共同富裕示范区的历史使命，在探索人类文明新形态的道路上蹄疾步稳。

浙江基本形成共同富裕话语体系、重点工作体系和重大改革体系。像三大差距持续缩小，山海协作工程深入实施，城镇化率从63.2%提高到72.7%，城乡居民收入倍差从2.37缩小到1.94，地区居民收入最高最低倍差从2013年的1.76缩小到1.61，示范区建设稳步开局。

二

发布会上还有一句话，"老百姓收入更高了，精神文化生活更丰富了，绿水青山更美了，群众就医、办事、入学更便捷了"，涉及面很广。这话很朴实，感受更真实。

老百姓收入更高了。

这十年，浙江城乡居民收入都翻了一番以上，分别连续21年、37年居全国各省区第一。同时，全面实施"扩中""提低"行动，完善高质量就业创业体系，推动更多的进城务工人员、新就业形态劳动者、高素质农民进入中等收入群体行列，全省家庭年可支配收入20万元至60万元群体比例达30.6%。

收入是民生之源，在勤劳创新致富观念的引领下，收入来源拓宽了，兜底保障落实了，老百姓的生活也就越来越有奔头了。

精神文化生活更丰富了。

浙江人不单单是物质上的"土豪",也是精神上的"贵族",新时代文化高地的累累硕果,让人们"灵魂的脚步"加快赶上时代的发展。

比如,"浙江有礼"省域文明实践品牌,文明城市、新时代文明实践中心、农村文化礼堂建设,礼让斑马线等文明行为,还有"最美浙江人"现象,让浙江人的精神气质变得更加饱满。

比如,"诗画江南、活力浙江"省域品牌更加鲜明,大运河、良渚古城遗址成功申遗,杭州国家版本馆建成开馆,四条诗路文化带串珠成链,"宋韵文化传世工程"启动实施,这些都是新时代文化高地的"硬核"实力。

绿水青山更美了。

作为"绿水青山就是金山银山"理念发源地,绿色越来越成为浙江发展最动人的色彩,一幅现代版"富春山居图"在眼前徐徐展开。

全国首个生态省在浙江建成,"千万工程"获得联合国"地球卫士奖";从"五水共治""三改一拆",到形成碳达峰碳中和体系构架,再到中华凤头燕鸥等珍稀濒危野生动植物实现恢复性增长,以及浙江以5%的能耗产出了6.4%的GDP、8.6%的税收,这就是绿色低碳变革迸发出的"大能量",绿水青山就是金山银山之路越走越精彩。

群众就医、办事、入学更便捷了。

从人民群众"急难愁盼"中找准落子,让数据多跑路、群众少跑腿,浙江是这么说的,也是这么干的。

比如,"民生关键小事智能速办"应用,集成出生"一件事"、入学"一件事"等50个高频服务事项。又比如,"浙医互认"应用率先在全省实现了医学检验检查结果的互认共享，截至今年7月份，已实现1354家医院互认，调阅2327万次，累计开展互认1200万人次，直接节约医疗费用5.58亿元，让老百姓的受益真实可感。

这份沉甸甸的"成绩单"，记录了新时代之江大地的精彩蝶变。

三

解码"浙"十年，秘诀是什么？

最根本的是，浙江感恩奋进、实干争先，忠实践行"八八战略"，坚决做到"两个维护"，坚决守好"红色根脉"，干在实处、走在前列、勇立潮头，把最大的战略优势转化成为发展胜势。

最关键的是，习近平总书记5次亲临浙江，对浙江工作作出一系列重要指示，亲自为浙江擘画宏伟蓝图、指引胜利方向，将浙江工作提升到前所未有的战略高度，为浙江奋进新时代新征程提供了根本遵循、注入了强大动力。

最深层的是，浙江干部群众踔厉奋发、勠力同心，弘扬与时俱进的浙江精神，勇当闯关探路的先行者，用辛勤的汗水换来了改革发展的机遇、幸福美好的生活。

十年磨一剑，而今谱新篇。十年后，你我过得怎么样？浙江又会变成什么样？向新征程迈进，不妨让我们躬身力行、拭目以待。

何诗航 谢滨同　执笔

2022年8月30日

为什么我们今天如此聚焦文化？

> 好的文化，可以推动国家繁荣、社会文明、治理有序，产生强大的感召力。

一年前的今天，浙江省委文化工作会议在杭州召开，这是时隔10年之后省委专题部署文化工作的最高规格会议。

今年9月，联合国教科文组织将在墨西哥召开第二届世界文化政策大会，这是继1982年第一届世界文化政策大会之后，时隔40年再次举办。

时隔10年、40年，为什么众人的目光在今天如此聚焦文化？

省委文化工作会议指出，我们深刻认识到，文化工作在浙江高质量发展建设共同富裕示范区中具有决定性作用、是关键变量。

联合国教科文组织总干事阿祖莱在文化部长论坛上讲，这些年来，世界发生了翻天覆地的变化，文化在应对本世纪的诸多挑战中具有根本作用。

答案各异，但观点契合，那就是文化的决定性作用正在新情势下不断凸显。

一

关于文化的作用，中国古人有独到见解。

《论语》记载了孔子的一句感慨："周监于二代，郁郁乎文哉！吾从周。"一个"文"字，代表礼乐典章，也反映国家风貌、社会风尚。好的文化，可以推动国家繁荣、社会文明、治理有序，产生强大的感召力。

而反观孔子闻郑卫之声，则言"恶郑声之乱雅乐也"，提出"郑声淫""放郑声"，也是意识到了靡靡之音可能导致国家覆亡。

放眼世界，同样如此。

马克斯·韦伯说，如果我们能从经济发展史中学到什么，那就是文化会使局面几乎完全不一样。应该从更广泛的经济繁荣决定因素来理解文化的作用。

新加坡总理李显龙曾说，民众能够认清国家利益，是因为他们对国家的认同感越来越深厚，也和文化自信有着密切的关系。这也凸显了文化在营造认同感和向心力方面的重要作用。

古今中外，文化自信都是一个国家、一个民族发展中更基本、更深沉、更持久的力量，需要我们用大历史观、大发展观、大国家观去审视。

二

作为中华文明的重要发源地，浙江历史文化弦歌不绝。以良渚文化为主体的史前文化高峰，以绍兴会稽为代表的古越国文化，大运河贯通南北后日益发达的吴越文化，高度繁荣的宋韵文化……无一不为浙江社会经济的高度发达埋下伏笔。

习近平总书记历来高度重视文化工作，在浙江工作期间就深刻指出："改革开放以来，浙江的发展之所以如此夺目，取决于很多因素，最根本的还是人的因素，确切地说，是文化的因素在产生深刻的影响。浙江文化是引领和推动浙江发展的最深层次原因。"

作为经济大省，浙江吸引了不少省外领导来考察。看过工厂，走过企业，习近平同志还会告诉兄弟省区市的同志，学浙江的经济，其中很重要的是要分析浙江的文化，不然是学不到的。

从一省一域到泱泱华夏，文化自信是我们的立身之本、发展之基。

总书记的话语振聋发聩："经济总量无论是世界第二还是世界第一，未必就能巩固住我们的政权。经济发展了，但精神失落了，那国家能够称之为强大吗？"

先进文化的繁荣兴盛，民族精神力量的极大增强，才是一个国家、一个民族真正的强盛。

三

今年，浙江省第十五次党代会提出：高水平推进文化强省建设，打造新时代文化高地。

把时间轴拉回17年前，2005年7月，浙江省委十一届八次全会通过《关于加快建设文化大省的决定》。当时启动实施的文化建设"八项工程"，至今仍牵动着浙江文化发展的经纬脉络。

从文化大省、文化浙江到文化强省，浙江文化发展不断由

"大"向"强"跃升,一个逻辑贯穿始终:文化既要回应时代所需,更应引领时代发展。

置身"两个先行"新方位,文化何以先行?

省委文化工作会议一年间的变化与破局,既是对这一命题的现实铺垫,也从实践层面上探出了方向路径。

文化先行首先要思想先行。"钱袋子"鼓起来,灵魂更不能掉队。一年来,"习近平新时代中国特色社会主义思想在浙江的萌发与实践"系列研究产生广泛影响,《习近平浙江足迹》广为热传,越来越多的8090和00后青年,自发加入新时代理论宣讲团,思想的力量让人心凝聚在一起。

文化先行,核心命题在于实现人的现代化。一年来,"浙江有礼"省域文明实践品牌加快打造,浙江人的文明有礼成为外来游客印象深刻的一道"风景线"。正如"时代楷模"钱海军说的那样:"爱是一盏灯,照亮别人的同时,也温暖了自己。"毫无疑问,文化就是这盏灯最持久的"灯芯"。当文明的种子扎根心里,能在潜移默化中产生强大力量。

文化先行,就要外修"颜值",内修"气质",既把文化地标、文化精品、文化名片打造得更加出彩,又让群众能够享受的公共文化服务品质更高、成色更足。一年来,杭州国家版本馆建成开馆,宋韵文化传世工程深入实施,浙江文化版图又添新明珠。与此同时,"15分钟品质文化生活圈"加快打造,一大批文艺精品纷纷涌现,群众的文化获得感、幸福感更强了。

文化先行,还在于发挥文化铸魂塑形赋能的强大力量,加快构建起以文化力量推动社会全面进步的新格局。一年来,"诗画江南、活力浙江"省域品牌更加鲜明,文旅深度融合持续深化,文化产业高质量发展取得新进展，文化的关键变量作用愈发凸显。

在浙江大地，文化正迸发出无限的生机和活力。

四

在这个充满不确定性的时代，文化是打破障碍的共同语言，总能带来抚慰人心的启迪和希望。

受疫情影响，公共文化服务、文化产业发展、文化旅游市场受到冲击，全球文化从业者过得并不容易。但正因如此，文化坚守才更显弥足珍贵。

事实证明，只要人们对美好精神生活的追求不止步，文化的"存在感"只会越来越强，不断给我们以跨越寒冬、向阳生长的力量。

在时代脉息中把握机遇，在千锤百炼中获得新生，正是文化滋养我们，同时充盈自身的刚性和韧性所在。

何诗航 谢滨同 陈云 执笔
2022 年 8 月 31 日

浙江的"十年功"

> 以"浙江之窗"展现"中国之治",以"浙江之答"回应"时代之问",一个更加精彩的浙江,值得期待。

昨天,中共浙江省委在杭召开新闻发布会,围绕"中国这十年·浙江"这个主题,省委书记袁家军作发布,同省长王浩一起回答了7位境内外记者的提问。(实录 | 浙江省委书记、省长共同解读"浙"十年)

书记、省长同时出席省委新闻发布会,是浙江新闻发布史上的首次。

袁家军书记说,进入新时代,总书记5次亲临浙江,对浙江工作作出一系列重要指示,特别是在统筹疫情防控和经济社会发展的关键时期,在全面建成小康社会、开启现代化建设新征程的历史交汇点,亲自为浙江擘画宏伟蓝图、指引胜利方向,将浙江工作提升到前所未有的战略高度,为浙江奋进新时代新征程提供了根本遵循、注入了强大动力。

现在,一起来看看发布会背后有哪些事关"浙"十年的

"彩蛋"。

一

数字里的浙江,日新月异。

大家注意到,这场发布会的数字"密度"很高。其中,"0-1-2-3-4-10"很受关注,先来说说。

"0的突破"。两个方面,都和科技有关。之江实验室被纳入国家实验室体系,升级为引领战略科技力量的"国家队"。2个大科学装置首次落地,超重力离心模拟与实验装置被称为"科学被好奇心驱动的地方",用以探索极端条件下物质运动规律,比如压缩时空的可能性;超高灵敏极弱磁场和惯性测量装置则更玄妙,可探测人脑中的极微弱磁场,为心脑疾病的诊断治疗提供无限想象空间。

"第1"。发布会多次提到"第一",如城乡居民收入分别连续21年、37年居全国省区第一,专精特新"小巨人"和单项冠军企业数全国第一,宁波舟山港货物吞吐量连续13年世界第一,数字化综合发展水平全国第一等,可见浙江的发展是全方位、高质量、跨越式的。

"第2"。浙江文化产业综合指数连续3年位居全国第二,文化产业已成为浙江的支柱型产业。今天的浙江人,随时可以享受千年文脉积淀而成的文化盛宴:杭州国家版本馆"文润阁"风姿卓然、四条诗路文化带如诗如画、宋韵文化穿越千年……文化正塑造着每个浙江人的精神气质。

"第3"。2021年,浙江重大创新成果获国家科技奖数量上升到全国第3位,仅次于北京和上海。此外,浙江区域创新能力稳居全国各省区第3位,"官宣"成为创新型省份、基本建成科技强省。这些年,浙江举全省之力培育战略科技力量,并初步形成了具有自身特色的战略科技力量体系,未来发展的科技含量将越来越高。

"第4"。全省地区生产总值连跨4个万亿级台阶、突破7万亿元,稳居全国第四。浙江"七山一水二分田",是资源"小省",却以5%的能耗产出了6.4%的GDP、8.6%的税收。浙江GDP相当于居全球第17位的荷兰,超过了全球85%的国家。

"10大实验室"。之江、良渚、西湖、湖畔、甬江、瓯江、东海、天目山、白马湖、湘湖等10大实验室全部挂牌,布局互联网+、生命健康、新材料、海洋、航空、新能源、现代农业等"未来产业"。浙江人仰望星空,展现出"跨山追海争雄长"的信心决心。

"数"看今朝,每个数字都映射出浙江变革发展的生动实践,是6500多万浙江人民心血汗水的结果。

二

故事里的浙江,一起写就。

数字变革的故事。现在的浙江人,出门只用一只手机傍身,消费有移动支付,防疫用"四码一屏",大小事能够"浙里办"。

数字经济在生产、生活和治理领域产生了颠覆性变革。从"四张清单一张网"改革、"最多跑一次"改革、政府数字化转型,再到数字化改革,这场系统性的自我变革、自我重塑,目标是形成全民共享、引领未来、彰显制度优势的现代数字文明。

人人都可成才的故事。刷屏互联网的天才翻译家金晓宇,与自身所患双相情感障碍共处数十年,用仅能看到的一只眼睛完成22部共600余万字的外文译著;95后快递小哥被评为杭州高层次人才,获百万房补,圆梦浙里——近者悦、远者来,在浙江,让人人享有人生出彩的机会正成为现实。

幸福生活可感的故事。袁家军书记说,浙江人民的美好生活更加殷实、幸福、可感。老百姓收入更高了,精神文化生活更丰富了,绿水青山更美了,群众就医、办事、入学更便捷了。

比如说,医学检验检查结果互认,让老百姓跨院转诊不再重复做检查,更加省时省心省钱。截至今年7月,"浙医互认"已集成1354家医院,已累计调阅2327万次,累计开展互认1200万项次,直接节省医疗费用5.58亿元。

三

愿景里的浙江,将成实景。

未来浙江什么样?省第十五次党代会擘画了浙江未来发展蓝图,其中,"共同富裕先行"是鲜明主题,也是人心所向。每个浙江人都能在建设共同富裕示范区的进程中享受到变革发展的红利。

比如,全面实施"扩中""提低"行动,王浩省长说,我们的目标是:到2025年家庭年可支配收入20万至60万元群体比例达到45%,基本形成以中等收入群体为主体的橄榄型社会结构。推动更多的进城务工人员、新就业形态劳动者、高素质农民进入中等收入群体行列;聚焦群众"急难愁盼",坚持每年办好十方面民生实事……

再比如,在缩小区域差距、统筹各地协调发展方面,做好顶层设计：高站位谋划建设世界级大湾区；精心布局四大都市区和11设区市功能定位，唱好杭甬"双城记"、推动温州撑起浙南一片天；每个县城都有精准画像，像支持磐安打造"江南药镇"，常山打造胡柚全产业链、变身增收致富"金果子"，"一县一策"科学发力，确保共富路上一个都不掉队。

以"浙江之窗"展现"中国之治"，以"浙江之答"回应"时代之问"，一个更加精彩的浙江，值得期待。

杨昕 徐伟伟 执笔
2022年8月31日

戈尔巴乔夫留下的四点启示

> 一个国家、一个政党没有成熟稳定的意识形态,反而对意识形态渗透攻击无动于衷,就必将失去影响力号召力,甚至褪色变质、丢权垮台。

戈尔巴乔夫——这个出现在中学历史教材中的名字,许多人不会感到陌生,在俄罗斯当地时间8月30日晚,他离开人世,终年91岁。

外交部发言人赵立坚在31日例行记者会上表示,戈尔巴乔夫先生曾经为推动中苏关系正常化作出积极贡献,我们对他的病逝表示哀悼,向他的家属表示慰问。

作为苏联最后一任领导人,戈尔巴乔夫不管生前还是逝后,都是话题人物。有人说他是苏联历史上的罪人,有人说他用搞垮祖国苏联赢得了西方称颂。

不可否认的事实是,在他领导下,苏联走向解体,建党93年、执政74年、拥有近2000万党员的苏联共产党宣告自动解散,令人无比错愕。

当然,苏联解体有内外部多重原因,不能全怪戈尔巴乔夫,但作为国家和政党的最高领导人,他确实有不可推卸的责任。回顾他领导苏联和苏联解体的历史,我们可以得出四点启示。

一、否定历史,就没有未来

关于苏联解体的原因可谓众说纷纭,但历史虚无主义的长期侵蚀,致使苏联意识形态体系坍塌是不争事实。习近平总书记指出,"苏联为什么解体?苏共为什么垮台?一个重要原因就是意识形态领域的斗争十分激烈,全面否定苏联历史、苏共历史,否定列宁,否定斯大林,搞历史虚无主义,思想搞乱了,各级党组织几乎没任何作用了,军队都不在党的领导之下了。"

20世纪80年代,苏联境内掀起一股虚无历史的潮流。这股潮流,起初表现为文艺作品,随后蔓延至舆论界、史学界,到1987年初出现所谓"重评历史"运动,在1988年达到高潮。

事实上,否定历史的做法在苏联早就有。赫鲁晓夫以个人名义作"秘密报告",猛烈攻击斯大林。到了上世纪80年代,戈尔巴乔夫、雅科夫列夫等苏共领导人带头鼓吹"公开性""民主化""多元论",对历史虚无主义泛滥产生推波助澜作用。

尤其令人感到不可思议的是,1988年,苏联教育部竟然取消当年中学历史课程的考试,1989年全部销毁苏联历史课本。在一些历史虚无主义者看来,连十月革命带给苏联的也不是进步,而是倒退。

在戈尔巴乔夫领导下,否定苏联历史、苏共历史,否定列宁,否定斯大林,成为风气,苏联党和人民的思想都被搞乱,这也为国外敌对势力西化、分化苏联提供了可乘之机。

清代学者龚自珍在《定庵续集》里就写道:"欲知大道,必先为史。灭人之国，必先去其史。"否定历史，就不会再有统一的思想和共识，就没有未来。

尊重历史，科学评价历史重大事件、重大人物，坚持联系、辩证的观点，把他们放在特定历史条件下去分析、研究，我们才能得出正确结论，指引我们走好未来的路。

二、好的改革应该让群众评判

改革，原本是挽救苏联严重积弊唯一的出路。为何戈尔巴乔夫的改革却成为苏联解体的导火索？答案是，在为谁改、怎么改的问题上，戈氏犯下错误。

戈尔巴乔夫上台后，雄心勃勃地推行"改革与新思维"，对苏联体制进行大刀阔斧的改革。他先抛出了经济社会发展的"加速战略"，并将权力下放给企业。但由于经济体制改革方案并没有得到较好贯彻执行，当改革推进缓慢时，戈尔巴乔夫认为最大的阻碍在于政治体制。

从这时起，改革走上了"不归路"。多党制取代了共产党的领导，议会制度取代了苏维埃制度，连他自己也从"总书记"摇身一变成了"总统"。

改革的"多米诺效应"是显著的。一方面，前所未有的"政治狂热"在苏联铺展开来，经济民生问题被搁置一旁；另一方面，苏共党中央的权威丧失殆尽，各地纷纷抗缴税款，分抢商品物资，地方分离主义、民族分裂主义甚嚣尘上。

戈尔巴乔夫执政期间，苏联经济年增长率从2.3%一路跌到-11%，外债从105亿美元增加到520亿美元，黄金储备从2500

吨降为240吨。调查显示，47%的俄罗斯人相信，如果没有戈尔巴乔夫的那场改革，他们将生活得更好。

因此也就不难理解，当苏联这座大厦轰然倒塌，竟然没有人愿意站出来为苏共说一句话，反而迎来一片欢呼声。

一项改革看似是顶层设计的变化，实际牵动着人心向背。好的改革不是想当然，而要以人民的感受来作答，用百姓的冷暖来评判。假如心中没有人民，必将被人民抛弃。

三、意识形态阵地绝不能失守

苏联解体，一个绕不开的原因就是意识形态阵地失守。戈尔巴乔夫在意识形态和舆论宣传领域的放任失管彻底为西方"和平演变"大开方便之门。

他推行的"舆论多元"导致了"社会舆论失控"。戈尔巴乔夫让一些改革激进派去主导最有影响力的报纸刊物，一时间各种非马克思主义反社会主义的思潮言论粉墨登场，社会上甚至出现了"打倒苏共""取缔苏维埃国家制度"等口号。

他推行的"新闻自由"导致了"反动宣传泛滥"。戈尔巴乔夫主动放弃了对新闻舆论的领导与监管，党的意识形态阵地土崩瓦解，各类反动刊物、电视政论节目纷纷涌现，西方电台和电视台蜂拥而入，对苏共历史和社会主义制度展开了污蔑和攻击，引导人民群众逐渐走向了党和政府的对立面。

他推行的"文艺解禁"导致了"国家认同危机"。流亡海外的"持不同政见者"的"回归文学"、完全自由的"解禁"电影等文艺作品将苏联历史批评得一无是处，造成民众对国家的认同危机。

对于这些激进做法，也有人看到了危险。当时一名女教师在报纸上公开发表题为《我不能放弃原则》的一封信，对当时狂热的反社会主义倾向提出质疑，表达了对苏联正在走向西方体制的担忧。

结果戈尔巴乔夫反而认为这篇文章是反"改革"势力暗中指使，一改"言论自由""舆论多元"姿态，马上组织媒体对其展开反击，并借此在意识形态领域大量启用亲西方的激进分子。从美国回来、具有严重"西化"倾向的雅科夫列夫被委任苏共中央宣传部部长。

与此同时，西方国家还对戈尔巴乔夫极尽吹捧，在媒体上对他的改革大加赞赏，以稿费名义贿赂巨额资金，满足他的自尊心。就此，戈尔巴乔夫彻底放下武装，对着西方的"和平演变"举手投降。

一个国家、一个政党没有成熟稳定的意识形态，反而对意识形态渗透攻击无动于衷，就必将失去影响力号召力，甚至褪色变质、丢权垮台。

苏共拥有20万党员时夺取了政权，却在拥有近2000万党员时失去了政权，一夜之间"城头变幻大王旗"，没有一人出来抗争，原因就在于意识形态防线已经全线崩溃，理想信念已经荡然无存。

四、我们要有道路自信、制度自信

戈尔巴乔夫和他的时代落幕了，但30多年前的冬天被皑皑白雪掩盖的红旗依然刺痛着我们，告诫着世人：被别人牵着走总会被绊倒，自己的路还要自己走。

众所周知，苏联共产党和社会主义制度是苏联的立国之基，没有这两大根基的支撑，很难想象苏联能与欧美国家博弈几十年。

当年，戈尔巴乔夫并不想把苏联带向"坟场"，只不过当他面对内忧外患的重岩叠嶂时，他以为，让苏联倒向西方，按照西方设想的路子来走，苏联就会强大起来。

政治上分化，经济上妥协，军事上退让，苏联一下子冒出3万多个政治组织，国有资产被有权势者瓜分，街上到处都是示威游行……在全盘西化的思维逻辑下，苏联社会主义道路被彻底抛弃。

西方曾向戈尔巴乔夫承诺了很多援助，但最后没有实现。"按照西方模式发展下去会更好"的幻想随着后来的车臣战争完全破灭，在美西方的挑拨干涉下，俄罗斯人民饱受了多年战争之苦。

1990年，戈尔巴乔夫获得诺贝尔和平奖。联想到去年，戈尔巴乔夫90大寿时，拜登发去贺电说"感谢您，世界已经变得更安全。"苏联解体，美国当世界老大，当然安全了。而戈尔巴乔夫在美国的忽悠下跑前跑后，被美西方价值观所洗脑。

今天，我们回顾戈尔巴乔夫和他的那个时代，值得反思的是，苏联的社会主义为何没能走得更远而是被快速推向终结。作为苏联的最高决策者，戈尔巴乔夫犯下的错误在于忘掉了苏共的初心和苏联社会主义的使命，亦步亦趋跟着别人走，结果整个国家被带到悬崖边缘。

苏联解体后的30多年间，中国共产党领导的社会主义不断崛起，福山的"历史终结论"被中国特色社会主义改写，社会主义道路怎么走的问题，有了新的充满说服力的答案。

"莫听穿林打叶声，何妨吟啸且徐行"，只有独立自主，坚持中国特色社会主义制度，我们脚下的路才会越走越宽。

李攀 王人骏 云新宇 谢滨同 执笔
2022年8月31日

"开学第一课",古今怎么上?

> 从古至今,开学仪式发生了很大变化,但弘扬的中华传统美德是不变的,传递的尊重知识、尊敬师长的优秀品质是不变的,坚持的立德树人、以人为本的教育理念是不变的。

处暑过后暑气止,今天是开学日。

"神兽归笼"时,怎么上好上准"开学第一课",显得尤为关键。

一

我国自古以来就有尊师重教的优良传统,秉持着"大学之道,在明明德,在亲民,在止于至善"的最高学习宗旨。

在日出而作、日落而息的农耕时代,开学时间与四时农事活动紧密相关,大致在正月农事未起、八月"暑小退"、十一月"砚冰冻"等时节,人们也用"四体不勤,五谷不分"警示读书人要把力耕和力学结合起来。

家长们也非常重视入学的庄重感,"入泮礼"被视为人生的四大礼之一。

正衣冠为明事理之始,行拜师礼以显尊师重道,净手以保心静专注,先生手持朱砂笔点眉心开智……一整套纷繁复杂的流程下来,"入泮礼"这才大功告成,承载着深厚的文化内涵和美好的祝愿期盼。

类似现在的公办民办之分,中国古代的教育也是分为官学和私学两大类。官学是古代官府兴办的学校,包括中央官学和地方官学,招收的学生大多是贵族子弟。

孔子开创私学、创办私塾,将教育的范围扩展到了穷人子弟、宗族子弟、富家子弟等范围,真正践行了"有教无类"的先进教育理念。

"耕读传家久,诗书继世长",古时很多读书人亦耕亦读、相辅相成,获得了物质上的丰收和精神上的富足。

二

从古至今,开学仪式发生了很大变化,但弘扬的中华传统美德是不变的,传递的尊重知识、尊敬师长的优秀品质是不变的,坚持的立德树人、以人为本的教育理念是不变的。

人们历来重视"第一""首次",不仅是讨个好彩头,更是寓意一种好兆头。

上好"开学第一课"已经成为一种不可或缺的仪式感。

有人认为"好的开头是成功的一半",有人认为"新学年的第一堂思政课尤为重要",有人说"开学第一课先从爱国讲起"。

"开学第一课"年年有,怎么出新?怎么上好?全省各地有各种探索。比如有新生们身着汉服、穿明礼门、体验"入泮礼";有让孩子用稚嫩的笔触描绘心愿,和父母共同写下期许的"时光邮局";还有让学生开学剥毛豆的"劳动实践"……老师、家长齐齐出动、脑洞大开,呈现出了一堂堂兼顾趣味性和启蒙性的"大思政课"现场。

每年9月1日晚8时,央视一套《开学第一课》节目总会如约而至,从2008年至今,已经陪伴全国中小学生走过了14个新学年,成为开学的"必备节目"。

"学而不化,非学也",早在周朝的"礼、乐、射、御、书、数"六艺教育中就可以看出,教育不仅仅局限于传授技能和知识,更重要的是使人成为真正的人、至善的人。而"开学第一课"就是学生启迪思想的第一课,就是引导学生迈好第一步、落好第一笔。

三

一直以来,习近平总书记高度重视"扣好人生第一粒扣子"。《习近平浙江足迹》中写道,时任浙江省委书记习近平先后在2003年9月28日、2005年6月20日、2006年9月27日,三次为浙江的大学生作形势政策报告。

2005年起,在习近平同志的主导下,浙江省委建立省领导联系高校和定期为高校师生作形势政策报告制度。16年来,为大学生作形势政策报告300多场次,广大师生反响热烈。

党的十八大以来,习近平新时代中国特色社会主义思想铸魂育人成效明显，思政课建设、日常思想政治工作、课程思政全面推进。越来越多学生和家长的眼光聚焦在"开学第一课"，老师们也在入学形式和内容上下功夫、花心思。

开好头，就是定好"立德树人"主基调。思政教育工作，本质上是做人的工作，具有"牵一发而动全身"的特点。"开学第一课"要在基本原则和方向上定好调，"上接天线、下接地气"，让各年龄段的学生听得懂、听得进。

可持续，就是深耕"以文化人"大文章。既要讲好第一课，更要上好之后的每一堂课。要充分贯彻协同发展的理念，推动"大思政课"整体性质量提升和系统性内涵发展，激活家庭社会"大课堂"、汇聚社会育人"大能量"，激发广大青少年立志民族复兴的信心和决心，培育堪当民族复兴重任的时代新人。

"开学第一课"的铃声已经响起，竖起耳朵、挺直腰杆、拿起笔头、静下心来，翻开新课本——"学而时习之，不亦说乎！"

徐澜　叶美球　莫璟华　执笔

2022年9月1日

"干在实处,走在前列",为何还要"勇立潮头"?

> 我们过去干成了一些不敢想或者认为干不成的事,我们还要继续干一些"跳一跳、够得着"的事,持续自我逼迫、拉升标杆。

"干在实处、走在前列、勇立潮头",是让6500多万浙江人有自豪感又有压力感的一句话。

有人说,它是"浙江奇迹"背后的精神密码;也有人说,它是新时代续写"浙江奇迹"的战略打法。

"干在实处"很好理解,就是指浙江人比较务实、办事踏实、工作扎实。但有人疑惑,"走在前列"与"勇立潮头"都指向先行示范,都意味着跟最优者比、向最高处攀,比别人更快一步、更进一步。

那么,"走在前列"与"勇立潮头"又是什么关系?"干在实处,走在前列",为何还要"勇立潮头"?

一

党的十六大以后,党中央期望浙江在全面建设小康社会、加快推进社会主义现代化的进程中继续走在前列,并且明确指出浙江在"树立和落实科学发展观、构建社会主义和谐社会、加强党的先进性建设"等方面要走在全国前列。

有要求是因为有基础、有条件。那个时候,经过改革开放20多年的奋斗,浙江的小康和现代化的进度条已经领先全国,成为靠自身努力跻身前列的"优等生"。

2005年4月29日,时任浙江省委书记的习近平在省委专题学习会上深刻分析了浙江如何把握"走在前列"的内涵要求,并指出"走在前列"是发展的、具体的、实践的,它既是对浙江过去的充分肯定,也是对浙江未来的明确要求,要辩证理解、全面把握。

他还强调,"过去发展得好不等于以后也发展得好,过去领先不等于今后就能够走在前列","做到'走在前列',就要干在实处"。几句话把"走在前列"的实践观和方法论点透。甩开膀子、撸起袖子,浙江这一干,又是一番新天地。

2016年9月G20杭州峰会,二十国集团领导人齐刷刷亮相杭州。当时正值钱塘江大潮,习近平总书记对浙江提出了"秉持浙江精神,干在实处、走在前列、勇立潮头"的新要求。

"勇立潮头"四字一出,极具画面感的表达,为浙江发展平添了"弄潮儿向涛头立,手把红旗旗不湿"的奋进力量。

可以说,干在实处、走在前列、勇立潮头,浓缩了改革开放以来,特别是新世纪以来,浙江创造一个个"无中生有""有中生奇"

"又好又快"发展奇迹的内在动力,是具有鲜明辨识度的浙江名片。

二

从"干在实处、走在前列"到"干在实处、走在前列、勇立潮头",既体现了一贯性、一致性,也突出了与时俱进、加压奋进。

走在前列,就是在全国统一跑道上,在朝着同样的目标跑步前进时,因为浙江效率高一点、思路活一点、办法多一点,善于自加压力,所以跑在了前面。

比如在全面建成小康社会的跑道上,我们跑出了高水平全面建成小康社会的高分。

再比如,在改革开放中,我们先行进行市场化改革,创造了多个"全国第一":第一批个体工商户、第一批私营企业、第一家股份合作企业、第一批专业市场、第一座农民城、第一批网络市场、第一座特色小镇、第一条民营控股铁路,等等,在中国改革开放史上写下浓墨重彩的一笔。

说白了,走在前列,是有路可走的,别人也在走,我们走得快、走得稳、走得好,一路小跑,还会弯道超车,就能暂时取得领先。

而勇立潮头,则意味着这是一条新的赛道、这是一片新的蓝海、这是一项前所未有的开创性工作,没有成型的经验可循、没有固定的模式可鉴,甚至有时候连可依赖的条件也没有。正是在这种情况下,我们没有条件也要创造条件,做别人做不了、不敢做、不想做甚至做了一半没有做下去的事情,狠狠"闯"出一片新天地、"干"出一番新事业。就好比在冲浪,潮头水急凶险、变幻莫测,要想一直立在潮头"手把红旗",其难度可想而知。

乘风破浪、披荆斩棘是难免的,更重要的是主动走出"舒适区",冲破因循守旧的条条、破除惯性思维的框框、挣脱墨守成规的牢笼,在谋划上先人一步、在创新上快人一步、在举措上高人一筹,捕捉转瞬即逝的发展先机,始终掌握工作的主动权、主导权。

改革开放以来,浙江涉了不少深水区、踏了不少无人区。

比如,我们率先树立起"绿水青山就是金山银山"的发展理念,部署实施山海协作、"千村示范、万村整治"等重大工程,深入推进"平安浙江""法治浙江""数字浙江"建设,等等,结出丰硕成果。就拿深化"数字浙江"建设来说,这些年来,浙江从2014年推进"四张清单一张网"改革、2017年推进"最多跑一次"改革、2018年系统推进政府数字化转型、再到2021年全面推进数字化改革,对"数字浙江"建设进行全方位拓展升级。

如今,浙江以高质量发展勇担建设"重要窗口"、共同富裕示范区的光荣使命,提出"两个先行"的远大目标,努力在新征程上展现更大担当作为。

可以说,我们过去干成了一些不敢想或者认为干不成的事,我们还要继续干一些"跳一跳、够得着"的事,持续自我逼迫、拉升标杆。

我们深知,习近平总书记赋予浙江"干在实处、走在前列、勇立潮头"新要求,更多是指向浙江今后发展的明确要求,而不是简单对过去的总结肯定。

三

无论"走在前列"还是"勇立潮头","干在实处"是共同的根基所在。

只有干在实处,才能走在前列,方能勇立潮头。这已为浙江人民改革发展的伟大实践所证明。

一个"干"字,力顶千钧。

发展如逆水行舟,不进则退。辩证地谈,先发地区必然遭遇先发问题,某些方面走在前列、立于潮头了,并不意味着所有问题都能迎刃而解。躺在过去的功劳簿上没有出路,唯有正视矛盾问题,苦干实干拼命干,才能始终以昂扬向上的姿态开辟"柳暗花明又一村"的新境界。

一个"实"字,拨云散雾。

唯实惟先、求真务实,讲实效、谋实事、出实招,是刻在浙江人骨子里的。近二十年浙江一以贯之贯彻落实"八八战略",紧紧抓住发展机遇,充分利用发展优势,积极挖掘发展潜力,才得以在新的起点上昂首阔步地走在前列,在新的浪潮来临时继续勇立潮头。

很多人说,浙江是个好地方,是个能干事业的地方,是个能干大事业的地方,是个能干成大事业的地方。笔者以为,就是因为从东海之滨到钱江之源,从太湖南岸到瓯江之畔,浙江大地处处涌动着"干在实处、走在前列、勇立潮头"的热潮。

王云长　执笔
2022 年 9 月 1 日

再读77年前的这篇"状元之作"

> 《落日》所引发共鸣的,正是最朴素、最深沉、最强大的情感——爱国主义。这是中华儿女凝聚在一起、拧成一股绳,众志成城战胜一切困难的"信心长城"。

1945年8月15日,日本无条件投降。当年今日(9月2日),签字仪式在停泊于东京湾的美国海军战列舰"密苏里"号主甲板上举行。

在离日本签降代表约两三丈的地方,中国记者朱启平目睹了中国和其他反法西斯盟国接受日本投降仪式的全过程。随后,他的一篇长篇通讯横空出世,文情并茂,打动了千千万万中国人的心。

朱启平是《大公报》驻太平洋战区随军记者,祖籍嘉兴海盐。这篇新闻经典名篇,就是《落日》。

一

我们先来回顾这篇报道中的几个片段:

全体签字毕，麦克阿瑟和各国首席代表离场，退入将领指挥室，看表是九点十八分。我猛然一震，"九·一八"！……没有想到日本侵略者竟然又在这个时刻，在东京湾签字投降了，天网恢恢，天理昭彰，其此之谓欤！

这签字，洗净了中华民族七十年来的奇耻大辱。这一幕，简单、庄严、肃穆，永志不忘。

我听见临近甲板上一个不到二十岁满脸孩子气的水手，郑重其事地对他的同伴说："今天这一幕，我将来可以讲给孙子孙女听。"

可是，我们别忘了百万将士流血成仁，千万民众流血牺牲，胜利虽最后到来，代价却十分重大。我们的国势犹弱，问题仍多，需要真正的民主团结，才能保持和发扬这个胜利成果。否则，我们将无面目对子孙后辈讲述这一段光荣历史了。旧耻已湔雪，中国应新生。

《落日》全篇4000余字。文字朴素、简洁，直抒胸臆、酣畅淋漓，对现场细节的还原，足见敏锐的洞察力。

比如，当时间指针对准9时18分，同记者一样，读者的心几乎也要跳出来。

比如，在文末，朱启平以非常人的眼光，提醒国人永远不要忘却这一历史事实，又直指国家问题所在，意味深长。

再比如，这篇报道的标题巧夺天工，细节拉满，爱国情感跃然纸上。日本的投降仪式分明在上午，为何题目却是《落日》？

老新闻人严秀先生对此曾作过解读："这里有象征意义，曾经不可一世的日本侵略者今天终于在世界人民面前低头签字投降，如同日落西山一样……"站在中国人的角度，还能给这篇通讯取一个更好的标题吗？

著名新闻工作者吕德润曾评价，对日本投降仪式的采访是一场世界规模的记者们的作文比赛，在那场考试中，启平称得上是状元。因而，《落日》成为公认的传世之作，并被大学列为新闻教材。

二

一个人的志向往往跟国家、民族的命运紧密相连。如鲁迅先生立志报国，弃医从文，希望以此为武器，为国家的新生、民族的崛起而奋斗。

朱启平也是如此。

他是个"学霸"。1933年，18岁的他从南京金陵中学毕业，考入北平燕京大学医学预科。因医科学业负担繁重，影响学运工作，他改读了新闻。

此时，日本帝国主义侵略中国的狼子野心昭然若揭。1935年，"一二·九"运动爆发，北平学生举行了声势浩大的抗日救亡大游行，朱启平就是燕京学生带队人之一。

新闻一学，难在路上。

朱启平以笔为枪，踏上了烽火新闻路。在血与火当中，他从当年在街头参加学运的热血青年，成长为心怀家国的优秀新闻工作者。

加入《大公报》任外勤记者后，朱启平在战区采访，走过被日寇洗劫过的乡村，曾目睹同胞曝尸荒野。国家风雨飘零、民不聊生。

在随军采访时,他将生命置之度外。白天,子弹在身边呼啸,枪炮声不绝于耳;夜晚,他和士兵们一起,卧伏在野地、甚至墓穴里,伴着枯骨写稿子。在枪林弹雨间,他写了许多出色的战地通讯。

三

读《落日》,人们读的是什么?为之动容的又是什么?

细节触动人心。日本投降仪式现场有无数人、物、事,朱启平捕捉到"白马故事""投降书脏了"等有特殊意义的细节,其中"九点十八分"尤为关键,直接引发他的写作灵感。这些,也最能牵动人们的情绪。

更让人产生共鸣的是,文章那字里行间厚积的情感。从标题到正文,《落日》中流淌出了报道者对国家和民族的热爱,还有毫不回避的对日本帝国主义的憎恶、嘲讽。

晚年病重时,他在和老友陆铿谈及当年写作情况时说:"有各国记者参加受降仪式。我想我必须以一个中国人的立场,中国人的感情来写好这篇报道。"

这正是《落日》一文的情感基础。

日本帝国主义给中国造成的伤害,中国记者有切肤之痛。经历国难、战火洗礼的朱启平,写出了让国人在情感上产生强烈共鸣的作品。

白居易在《与元九书》中说:"感人心者,莫先乎情"。意思是,只有靠真情实感才能打动他人。人类是地球上最具情感的动物，人类的认知、行为等皆由此维系、受此驱动。古往今来，流传千古的佳作，无不蕴藏深厚情感。

《落日》所引发共鸣的，正是最朴素、最深沉、最强大的情感——爱国主义。这是中华儿女凝聚在一起、拧成一股绳，众志成城战胜一切困难的"信心长城"。

正因如此，即使在时隔77年后的今天，再读《落日》一文，我们仍为之感动，仍觉荡气回肠。

今天，中国已不再是当年那个积贫积弱、任人宰割的中国。经过几代人的接续奋斗，我们顺势而上，向着第二个百年奋斗目标进军。但必须看到的是，前进路上形势依然严峻复杂，诸多矛盾叠加。身处战略机遇期，如何顶风而上，依然需要依靠爱国主义这一精神核心、依靠家国情怀的精神纽带，铭记历史、坚若磐石、勇毅向前。

正如朱启平在《落日》结尾所说："旧耻已湔雪，中国应新生。"

李刚　执笔
2022年9月2日

为何说"强起来"是中国的必答题?

> 历史的教训告诫我们,一个国家和民族,特别是像中国这样的大国,既要有创造财富的能力,更要有保护财富的能力,"富起来"之后必须"强起来"。

"歌唱我们亲爱的祖国,从今走向繁荣富强……"正如《歌唱祖国》里歌词所描述的,中国要走的是一条富足而强盛之路。

"近代以来久经磨难的中华民族实现了从站起来、富起来到强起来的历史性飞跃。"这是习近平总书记在回顾近代以来中国发展历史的基础上作出的重大判断。

这一重要论述,既揭示了自鸦片战争以来中华民族从濒临生死存亡到迎来复兴曙光的历史进程,也提出了中华民族在"富起来"之后的时代必答题:"强起来"。

"富起来"之后,为何必须"强起来"?

"强起来"的中国,会对其他国家产生威胁吗?

"强起来",体现在哪些方面?

这些问题,如果透过"历史规律的望远镜去细心观望",你会发现，答案清晰而明了。

一

"富而不强等于白忙。"回顾中国历史，"富起来"之后如果没有实现"强起来"，后果往往是灾难性的。

比如宋王朝，就连现代经济学家都认为其极具创造财富的能力。英国经济学家麦迪森曾做过评估，结论是在宋真宗咸平三年（1000年）时，中国财富总量达265.5亿美元，约占当时全球财富总量的22.7%。宋王朝虽然"富得流油"，但因为在政治上、军事上、外交上没有真正实现"强起来"，创造了极大财富却不具备保护财富的极大能力，一度被辽、金甚至是西夏吊打，最后走向败亡。

历史发展总是在螺旋式上升。清王朝全盛时期的经济总量在世界上也是排得上号的，但同样因为"富而不强"，当古老中国的大门被西方的坚船利炮轰开之后，帝国主义者如豺狼般一扑而上，大量财富被掠夺、大片土地被瓜分、百姓流离失所。

曾有历史学家无奈地说，我们或许无法统计清王朝到底创造了多少财富，但至少可以算一算它支付了多少赔款。

以史为镜，可以知兴替。历史的教训告诫我们，一个国家和民族，特别是像中国这样的大国，既要有创造财富的能力，更要有保护财富的能力，"富起来"之后必须"强起来"。否则，历史的车轮就很可能倒退回来把我们再碾压一遍，国家和人民创造再多的财富也没有保障。

中美贸易战爆发以来，美国对我们极限施压，可以说是无所不用其极。在以习近平同志为核心的党中央的坚强领导下，我们开展了有理有利有节的坚决反制。如果没有"强起来"的这一手，我们就很难制止美方的讹诈施压，也很难避免像世界上一些国家一样被"剪羊毛""切香肠"，改革开放40多年来的发展成果都恐有不保之虞。

二

作为一个有着5000多年文明史的民族，古代中国堪称世界强国的"常青树"，对世界文明发展进程作出过巨大贡献。

正如一位学者指出的，若从公元纪年算起，中华民族走在世界前列至少有1700多年的历史。然而，近代以来中国走向衰落后的任人宰割，积贫积弱与曾经的辉煌形成强烈反差，如何焕发大国、强国风采，是180多年来中华民族魂牵梦绕的大事。

近年来，随着中国日益走近世界舞台中央，西方一些国家不断炮制所谓"中国威胁论""中国霸权论""战狼外交"，渲染中国强盛起来是对世界的威胁，实际上是在以己度人、制造分歧。

中华民族历来推崇"亲仁善邻"的理念，秉持"立己达人、兼济天下"的情怀。我们所追求的"强起来"，不是为了去征服和占领，不搞欧美国家崛起"你方唱罢我登场"的零和博弈，讲到底是要找回一个文明古国、当今大国应有的尊严和地位，同时创造更多更好的发展机会，让世界各国人民都能搭上"顺风车"、坐上"顺风船"。

"中华民族的血液中，没有侵略他人、称王称霸的基因，中国人民不仅希望自己发展得好，也希望各国人民都能拥有幸福安宁的生活。"

作为负责任大国，中国始终坚守和平、发展、公平、正义、民主、自由的全人类共同价值，既反对各种形式的霸权主义和强权政治，也决不会坐视国家主权、安全、发展利益受损，中国始终是维护世界和平的坚定力量。

"今日之中国，不仅是中国之中国，而且是亚洲之中国、世界之中国。"中国提出"人类命运共同体"，就是希望亚洲的事情亚洲办，世界的事情世界办，大家商量着办，建立共商共建共享的全球治理观，在人类历史大潮中，大家共同"强起来"。

总之，中国"强起来"，世界会更好。

三

如果把中国比喻成一个人，建立新中国，让这个一度跪着甚至趴着的人站起来了，不再受欺负，有了平等和尊严。

实行改革开放和现代化建设，让这个一度矮小瘦弱的人个子长起来了，在经济总量上成为世界"第二大个子"。

"中国以后要变成一个强国，各方面都要强。"进入新时代，我们已初见这个逆袭成长的"大个子"正迈向自信又自强的模样。

文化强国、教育强国、人才强国、体育强国、制造强国、质量强国、网络强国、科技强国、交通强国、贸易强国、海洋强国……一个一个"强国"正在路上，让人热血沸腾！把一个个"强国"建设好，整个社会主义现代化强国的目标就有了扎实的基础和可靠的保证。

到 2035 年，基本实现社会主义现代化的远景目标将照进现实；

到本世纪中叶，富强民主文明和谐美丽的社会主义现代化强国将矗立东方。

那个时候，我们的"个头将更大""肌肉将更实""形象会更美""精神会更充沛""生活会更加美好"，一句话，"强起来"将成为中国梦最硬核的注脚。

一个民族之所以伟大，根本就在于在发展之路上从来不放弃、不退缩、不止步，百折不挠为自己的前途命运而奋斗。

从5000多年文明发展的苦难辉煌中走来的中国人民和中华民族，必将在新时代的伟大征程上向着富强一路向前！

陈培浩　王云长　郑毅　郑梦莹　执笔
2022年9月2日

电视频道该"瘦身+转身"了

> 电视台不是"自留地",不是想干啥就可以干啥。作为社会公共资源平台,应当是社会责任的承担者、先进文化的传播者、社会文明的引导者。

你是否经历过这样的场景?

电视频道上百个,但是遥控半天,让人想停下来观看的寥寥无几;

电视内容花样繁多,但到处充斥着浮夸的广告、俗套的节目、雷同的剧情……

大多数时候,我们选择观看的频道还是那几张"老面孔"。

网络如此发达的今天,信息来源多如牛毛,我们还需要这么多电视频道吗?

一

时代变了,赛道变了。

近年来，受移动互联网的冲击，不少电视台从过去的"人间骄子"逐渐沦落为"人间平庸"。

公开报道显示，早在2019年，电视机日均开机率就由2016年的70%下降到了30%。如今，观众已经养成在智能手机等移动终端上看视频的习惯，这直接带来电视频道收视率、营收率的下滑。

目前，全国已有不少电视频道因"扛不住"而关停并转。但包括浙江在内的很多地方，还是省级七八个、市级四五个、县级两三个，电视频道过多过滥的现象仍然存在。

《中国新闻事业发展报告（2022年发布）》显示，截至2021年年底，全国共有广播电视播出机构2542家，其中县级播出机构就有2106家；地市级以上播出机构开办的电视频道、广播频率共计2366套。

频道虽然多，但播出内容同质化现象严重。不少"神剧"日间晚间反复播出，扯着嗓子叫卖的电视购物节目、所谓"专家"讲解的养生节目等充斥着黄金时段荧屏，仍守在电视机前的老年群体，成了这些节目仅有的观众。

许多频道已经没有市场，但仍舍不得关停并转，渐渐就异化成了为"养活自己"而存在的机构。

生存第一，节目质量其次，不少鱼龙混杂的广告、赞助渗透其中，大量受众流失，频道影响力日渐式微，从业者的职业荣誉感和获得感、成就感越来越少。

这样的电视频道，也难以再承担起服务群众、传播先进文化的功能。

电视台不是"自留地"，不是想干啥就可以干啥。作为社会公共资源平台，应当是社会责任的承担者、先进文化的传播者、社会文明的引导者。

二

改革越是往后，就越要知轻重、懂取舍。

媒体融合已度过从无到有的简单相加阶段，进入到深度融合新阶段。在各电视台普遍资源不足的情况下，既无必要也无可能同时保留各类新旧平台。须坚持破立并举，确保主力军投入到互联网主战场上去，全力在主战场上发挥主力军作用。

2020年9月，中办、国办印发了《关于加快推进媒体深度融合发展的意见》；

同年11月，国家广电总局发布《关于加快推进广播电视媒体深度融合发展的意见》，强调要"精办频率频道、优化节目栏目、整合平台账号，对定位不准、影响力小、用户数少的坚决关停并转"。

今年，中央又下发关于推进地市级媒体加快深度融合发展的文件，要求各地结合实际，有效整合媒介资源、政务资源、生产要素，淘汰落后产能，优化媒体结构布局，精兵简政、提高效率，瘦身健体、防止"虚胖"，尽快解决功能重复、内容同质、力量分散等问题。

但目前来看，不少电视台尽管已经出现亏损，员工甚至拿不到足额的工资绩效，但主动关停并转电视频道的并不多见。

为什么明明维持艰难，却迟迟不肯关停并转？

究其原因，除了一些客观因素，从主观看主要有两种心态：

一方面，一些电视从业者仍沉醉于往日辉煌，幻想着能够继续支撑维持下去，不愿意冲到互联网上搏击，实际上已经"躺平"。

另一方面，有一些单位的领导不愿冒风险改革得罪人，于是假装看不见，宁愿拖着，直到把包袱甩给下一任。

这两种心态，本质上都属于不担当不作为。

中央和省委关于媒体融合的目标要求和指示路径非常明确，媒体深度融合是大势所趋。如果还仅停留在嘴上喊口号，而迟迟不敢有所行动，迟早将被融合的浪潮"拍在沙滩上"。

与其等着被淘汰，不如主动变革，探寻新的机遇。

三

当然，关停并转并不意味着把原有家产全部丢掉，而是进一步集聚受众认可的好节目资源，做大做强核心频道，集中优势"兵力"到网上去冲浪搏击，在互联网主战场上重拾往日的荣光。

面对行业深刻变革，再走"修修补补"的老路已毫无前途。像那些长期亏损的付费数字频道，被移动互联网时代抛弃的图文信息频道，受直播电商严重冲击、前景黯淡的电视购物频道等，该"砍"的要果断"砍"，不要让许许多多怀揣传媒理想的人，在这些频道上耗费青春。

但也要看到，关停并转不是目的，我们最终希望的，是能有更多有价值、有内涵、有活力的节目，充实人们的生活。

所以在"减"的同时要做好优质资源的"加"法。推动媒体资源的集约化、专业化、垂直化以及产业化发展，通过整合媒体资源与优化资源配置，实现"1+1>2"的改革效果。

做好"一减一加"是第一步，在这之后，还需进一步思考，传统广电如何向新型媒体转型，传统广告经营模式怎样向新媒体服务模式转型，怎样建立"新闻＋政务服务商务"新型主流媒体运营模式……通过答好这些问题，恢复与增强主流媒体的造血机能。

可以说，未来，电视台对自己的定义将不再只是"电视台"三个字，而是逐渐成为一个新媒体制播机构，不断经营自己的影响力，拓宽覆盖范围。

一言以蔽之，电视频道的关停并转并不是行业失宠的末日，而是融合转型的冲锋号角。

思路决定出路，作为决定地位。面对新时代发展潮流，只有强化问题导向，敢于自我否定、自我颠覆，创新体制机制，卸下包袱、轻装上阵，才能找回广播电视频道昔日的荣光，找回昔日的奋斗热情，真正实现凤凰涅槃、浴火重生。

钱义　裘立华　执笔
2022年9月3日

"轩岚诺"来了,牢记"一三四"

> 历史的经验告诉我们,台风是一道必答也必须答好的综合考题。我们只有把各项准备工作做得再细一点、再周全一些,才能把损失降到最低。

今年首个超强台风来势汹汹!

这对于久旱两月有余的浙江人来说,是一个既让人高兴又让人担心的消息。

朋友圈的一句话最有代表性:盼着它来,又怕它乱来!

盼着它来,是因为浙江"渴"了很久了。

怕它乱来,是因为这个台风不一般。

据气象预报,今年第11号台风"轩岚诺"8月28日中午突然生成,并在此后几天在强台风与超强台风之间"反复横跳",风力可达17级。

久旱逢台风,来的却是个"风王",这绝不可轻视。

一

回顾历史，浙江一直是"招风"大户。

据统计，自1949年至今，已有47个台风登陆浙江。它们登临的月份最早在5月，最迟在10月，其中8月登临的频率最高，"狠角色"也最多。

比如2004年的"云娜"，登陆时最大风速达58.7米/秒，相当于17级大风。

17级大风是个什么概念？

据中国气象局描述，12级（32.7米/秒）的大风已经可以吹翻列车，把一个20吨重的汽油罐抛到80米的高空，17级大风的毁灭性可想而知。

在"云娜"过境的短短13个小时内，浙江的75个县（市、区）、765个乡（镇）受灾，受灾人口高达1299万人，直接经济损失180多亿元。

很多人觉得这应该是浙江历史上最大的台风了吧？不是的。

2006年的"桑美"在温州苍南登陆时风力达到17级（60米/秒），导致254.9万人受灾，直接经济损失超过127亿元。"桑美"强度之强、风力之大均为百年一遇。

再看2019年的"利奇马"，登陆时中心附近最大风力达16级（52米/秒），累计造成全省763.4万人受灾，紧急转移安置179万人。

台风喜怒无常，说来就来，防不胜防。

历史的经验告诉我们，台风是一道必答也必须答好的综合考题。我们只有把各项准备工作做得再细一点、再周全一些,才能把损失降到最低。

二

浙江多地沿海,经历台风不少,在防汛防台方面可谓久经考验。

面对台风的频繁侵袭,习近平同志在浙江工作期间给我们留下了一部实用管用的"一三四"防台宝典。

"一"是指一个目标,就是"不死人、少伤人"。生命最可贵,安全第一位。这一目标深刻表明,最大限度保护人民群众的生命安全,是防台防汛工作的根本要求和价值所在。

"三"是指三个不怕,"不怕兴师动众,不怕'劳民伤财',不怕十防九空"。三个"不怕",讲到底就是在危急关头,党员干部得听得起抱怨、担得起责任、扛得住压力,这是一种不计个人得失、豁得出去的大无畏精神。

"四"是指四个宁可,"宁可十防九空,也不能万一失防;宁可事前听骂声,不可事后听哭声;宁可信其来,不可信其无;宁可信其重,不可信其轻"。

四个宁可,贯通了"以工作确定性应对风险不确定性""做最坏的打算,尽最大的努力,争取最好的结果"的强烈底线思维,凸显了"安全是1,其他是0。没有安全保障,其他一切发展无从谈起"的辩证思维,体现了"用大概率思维应对小概率事件""以万全之策确保万无一失"的科学方法。

可以看出,"一三四"是基于防台工作实践总结出来的宝贵经验和规律认识，彰显了"人民至上、生命至上"的政治大担当、为民大情怀、干事大智慧。

《习近平浙江足迹》里有这么一个小故事：

台州温岭市有个住在海边的老婆婆，面对屡次上门请她转移的乡镇党委书记，始终不为所动。

情急之下，这位书记背起老婆婆就往外走。刚离开房屋没多远，房子就倒塌了。原本还在骂骂咧咧的老婆婆，顿时傻了眼。

回过神来以后，她不停地感谢乡镇党委书记："你是我的救命恩人啊！"

这个故事告诉我们，在关系生命安危的大题前，决策者和执行者都必须头脑清醒，及时决断、敢于作为，毕竟此时的每一分每一秒都容不得我们瞻前顾后、畏手畏脚。

三

虽然"轩岚诺"的名字有点小清新，但它的"霸气"登场值得我们打起一百二十分的精神。

首先，不得不说它真是"块头大"。作为今年的首个超强台风，它是个货真价实的"全球风王"。9月1日凌晨，它吞并了其南侧的热带低压，从一个"短小精干"的台风连升三级，变身成为"巨无霸"。据省海洋监测预报中心消息，近日我省海域可能会出现5至7米的巨浪狂浪。

还有一点不容忽视，它真是"路子野"。强度强、体型大的"轩岚诺"，不仅移动速度快，而且行踪诡异，目前已经完成迄今最复杂的走位：到了台湾地区附近来了一个急刹车，急转北上，然后走出一个深V的造型。可以说这样的台风移动路径前所未有，完全是不走寻常路，想要找一个和它移动路径相似的台风根本找不到。

特别是由于受前期持续干旱影响，人们对台风关注的重心很可能还未从旱情的缓解转到洪涝和地质灾害的防范上来，思想的弦还没绷紧。

要知道，思想上松一寸，行动上就会塌一尺。防汛防台工作，如果没有形成闭环，当降水来临时，对水旱灾害防御形势的判断就可能产生偏差，一旦处理不好，极有可能变"甘霖"为"凶霖"。

四

凡事预则立，不预则废。只有积极准备、严阵以待，真正学好用好"一三四"防台宝典，才能把大旱之后可能引发的大涝损失减小到最低程度。

台风"狡诈粗暴"，带来的强风暴雨可能导致旱涝急转。必须把思想这根弦绷紧，提高警惕，强化底线思维、极限思维，坚决克服麻痹思想和侥幸心理，宁可信其有、宁可信其重，立足最不利局面，做最充分准备，下好先手棋、打好主动仗。

防汛防台工作，压实压紧各方责任很关键。只有严格落实"市包县、县包镇、镇包村、村包户"，督促各级基层防汛责任人加密巡查监测，发挥群防群治作用，才能打好防汛防台的人民战争。

在工作举措方面，要突出闭环落实，严格排查风险，细化风险清单，落实落细各项举措，形成严密的责任落实闭环，全方位、无死角摸排隐患漏洞。

此外，还要有效利用"数字利器"，提升防台整体智治水平。

比如，用好防汛防台在线，动态更新风险清单，用好"掌上应急"应用，更有效实现预警信息快速直达、人员转移精密智控、责任落实到岗到人。

倘若久旱逢台风，我们不能寄希望于它做个"有修养"的好台风，而是应该"丢掉幻想，准备斗争"。

王云长 沈妤婕 陈培浩 夏亦冰 执笔

2022年9月3日

扒开梭子蟹,吃一汪大海的仙气

> 一筐筐新鲜肥腴的梭子蟹,诉说着人们在海面上的拼搏与大海的慷慨馈赠。

宁波象山,一座海滨小城,不起眼的海边码头,占据了宁波渔业收入的半壁江山。在这里,世代以耕海牧渔为生的渔民,个个是东海海鲜的"活百科全书"。

当绝大多数的人还在甜蜜梦乡时,在熟悉的海腥味中,渔民们、商贩们拉开了买卖人生。

夏末秋初的象山海鲜市场,妥妥就是梭子蟹的主场。一筐筐新鲜肥腴的梭子蟹,诉说着人们在海面上的拼搏与大海的慷慨馈赠。

一

象山食用梭子蟹历史久远,可以上溯到两千多年前。象山梭子蟹早在南宋宝庆年间就有记载,宝庆《四明志》、乾隆《象山县志》称之为蝤蟹。

梭子蟹,也被称为"天下第一鲜"。象山渔民有句俗话叫"蟹味上桌百味淡"，每逢重要节日或是要招待贵客，梭子蟹都是象山人餐桌上必不可少的一道美味。

从盐焗蟹到红烧蟹，从葱油蟹到倒笃蟹……一只只被新鲜捕获的螃蟹里藏着海边人数不清的想象力。

一锅清水，隔着蒸栏，袅袅烟气中成就了最原始的鲜味"清蒸白蟹"。讲究点的人家，碗边放几片生姜，出锅的白胖蟹肉要蘸点酱醋。

更接地气的吃法也有。笔者曾在深夜到过一条小渔船，船老大娴熟地拖起一网螃蟹，直接就用脸盆装了，在船上现蒸，什么佐料都不放，就吃一汪大海的仙气。打开蟹壳刹那，蟹肉肥美、蟹膏浓郁，溏心的蟹黄仿若枝头金桂，一时间鲜味扑满船舱。

然而对于嗜"鲜"的象山人来说，清蒸也不能满足他们的味蕾，"生吃"才是对于梭子蟹最高的赞美。

红膏炝蟹是象山人真正的"白月光"。逢年过节、红白宴席，没有一道上好的红膏炝蟹上桌，主人家是要被亲戚邻舍"说闲话"的，这绝不是豪爽的海边人待客之道。

光听名字，一个"红"字，就点出了这道菜的颜值。喜爱红膏炝蟹的老饕们，就好这一口红艳艳的蟹膏点缀在剔透的蟹肉上的"透骨鲜"。

吃红膏炝蟹颇有讲究：冰冻的炝蟹在半融时切块，浇上绍兴酒，再蘸一点儿米醋，果冻布丁般细腻的口感下，微酸夹杂着黏稠的咸，在口腔里变换出糯口的甘，略带着点冰碴。掰一节蟹腿，轻嘬一口，鲜嫩的肉滋溜滑进嘴里，从舌尖鲜甜到舌根，一上桌立马被夹光。

笔者曾见梁实秋在书中如此谈螃蟹："蟹是美味，人人喜爱，无间南北，不分雅俗。"正准备点头附和，却见后面又补了一句："当然我说的是河蟹，不是海蟹"，顿时失去了一半滋味。

想来，若梁实秋吃过象山的红膏炝蟹，他定不会如此偏心。

二

象山梭子蟹何以有名？

象山坊间流传着一个传说，梭子蟹是天上织女织锦用的梭子变的。织女不小心，梭子从手中滑落，恰好落在东海里，变成了梭子蟹。

传说虽不可考，却多少体现出梭子蟹在当地百姓心中的地位：此物只应天上有。

能有如此美味，一方面是海洋的馈赠。大江与大海的碰撞涌动，让梭子蟹成长为食客心中的美味。

象山地缘近海，水质咸度高，海水温度适中，适宜梭子蟹生长。奔流而来的江河水系带来大量养料，沿海的岛礁滩涂盛产蛏子、牡蛎、海瓜子、白虾等，为梭子蟹提供了优质天然饵料。

另一方面，也是象山渔民的勤奋拼搏。象山是国内最早进行梭子蟹养殖的地区之一，自上世纪80年代后期，就逐渐形成了从生产、收购、运销到市场开拓等一系列的产业化经营体制，赢得"中国梭子蟹之乡"的美称。

在象山渔民的努力中，这一美味也得以被更多的吃客所享用。

三

很多人对象山最深刻的怀念，少不了这样一个场景：

清晨，父亲迎着第一声鸣笛，从小贩的箩筐里倒来活蹦乱跳的海鲜。一回到家中，还来不及擦拭满头的汗水，他便嘱咐母亲放下手中的家务，白灼一碗鲜虾或清蒸一盆螃蟹。当我自然醒醒来，想着吃点简单的早餐，几样海鲜已经赫然摆在桌前。

这恐怕是父母一辈，最尽已所能地要为孩子锁住大海的馈赠。这味道，最日常，也最温暖。

梭子蟹是象山人的一种乡愁，也折射出象山人与大海的关系。

据说，电影主题歌《渔光曲》的创作者安娥来到象山石浦，偶遇一名渔家女子，在炎炎烈日下艰难地摇船撒网。为了让家人能喝上鱼汤，她再苦再累也未曾妥协。安娥被这样一个瘦弱而又坚强的渔家女深深打动，顿时找到灵感，连夜创作了催人泪下的《渔光曲》。

如今，艰难贫困的生活早已远去，但是渔家儿女坚强如石、知恩图报的性情依旧不变，对大海的尊重和虔诚也不曾改变。象山人的生活，就因为一个"渔"字而展开。

经过岁月沉淀，海洋渔文化也活化成象山独有的节庆。流传至今的开洋节、谢洋节、太平节等，都寄托着象山百姓对大海的期盼。

比如，至今举办了24届的中国（象山）开渔节名声就很响。时间一到，渔船从石浦港口一齐出发，那声声号角就预示着今年新征程正式开始。

象山人民用实际行动感谢大海的慷慨馈赠,向世人宣扬,善待海洋就是善待自己。

眼下,站在石浦古城上,海风猎猎,远处是一艘艘渔轮,威风凛凛。它们满载着东海第一网"鲜"慢慢驶来,空气中又弥漫起咸腥的味道。又到了吃蟹的季节,它是否也是你多日的想念?

陈如吉 李攀 执笔

2022年9月4日

我们怎么做防汛防台报道？

> 心中有人民，笔下就有温度、有力度、有情怀、有担当。

随着风力超强、降雨量大的台风"轩岚诺"来袭，防汛防台形势严峻，各地各界都在"闻风而动"，以笃定的确定性应对台风可能带来的不确定性。

严阵以待迎战"风王"，打好防汛防台"人民战争"。风里雨里，党员干部冲在前，媒体记者也冲在前。

今天，我们聚焦新闻宣传，回顾历年来浙江与台风相关的报道，为我们做好防御"轩岚诺"宣传引导，提供一些启示。

一、"防"字当先，宣传引导工作做在前、做充分

习近平总书记在浙江工作期间提出的防台新理念、新策略以及"宁可十防九空，也不能万一失防"等防台口诀，就充分体现了"防"字当先的理念，对防台报道同样适用。

做好防汛防台报道，要及时释放权威信息，让群众紧张而不慌

乱。比如，把党委政府的决策部署和防台举措讲到位，把台风不确定性带来的危害讲清楚，把如何防范的科普知识讲明白，让干部群众知道为什么防、怎么防，最大限度把干部群众动员起来。

去年，迎战"烟花"期间，《浙江日报》连续刊发《把对人民忠诚落实在防台行动上》等评论，各媒体集中推送《"烟花"路径为何北移？专家：内力外力双重作用》等科普文章，引导广大群众提高认识、加强防范。

省市主流媒体要建立应急报道团队，及时奔赴防汛防台一线，省级媒体与市县融媒体中心密切协作，全省连成一张报道网，随时随地掌握、传递台风一线动态，全面准确反映防汛防台进展。当大家点开客户端、打开电视广播、翻开报纸，满眼满耳都是台风走势、防台部署、防台贴士，心中有底，才能心里踏实。

二、以人为本，把人民群众生命安全放在首位

在台风报道中，是以"风"为中心，还是以"人"为中心？毫无疑问，所有报道都要围绕把人民群众生命安全放在首位来进行。

怎么做？非常重要的一点是要强化服务信息供给。

台风期间，交通出行、救援求助等信息是群众的重要诉求，媒体要滚动播报应急救援电话、避灾场所、交通出行等服务信息。此外，记者在采访中发现的群众困难，要及时反映给相关部门，搭建起受灾群众和党委政府之间的"连心桥"。

比如，迎战"烟花"期间，各媒体不间断滚动推送《完整名单来了！杭州机场24日取消317架次航班》等服务信息，起到了重要作用。

值得一提的是，浙江各级媒体要充分借鉴疫情防控"战疫求助平台"做法，在新媒体端开设"民情求助"平台，收集转办回应受灾群众急难愁盼事项，让实际困难及时解决、负面情绪有力疏解。

三、把握报道节奏，突出不同阶段的重点

台风临近，各媒体都要转入"战时"模式，成立作战专班，启动应急响应，制定报道方案。一般来说，此类新闻报道可以分为登陆前、过境时、登陆后三个阶段。

登陆前，报道应聚焦台风动态、防台准备以及防台技巧等内容。比如，9月2日以来，浙江各级媒体全面进入"防台"模式，《浙江日报》推出《迎战"轩岚诺"》特别报道，浙江广电集团派出55名记者奔赴全省各地，进行防汛防台前期宣传引导。

过境时，防台动态、最新灾情、各地防台举措等应成为主要内容。广大记者深入一线，用笔和镜头真实地记录受灾情况，记录灾区群众生活情况，记录抢险救灾情况。

台风过境后，应聚焦抗灾自救、恢复生产等情况。比如，2019年8月，"利奇马"席卷浙江，新华社记者采写的《洪水逐渐退去，太阳照常升起——浙江台风受灾群众积极开展灾后自救见闻》，讲述了浙江干部群众齐心协力修复家园的感人细节。

四、体现温度，让正能量充盈防台报道全过程

防汛防台中，冲锋在前的党员干部、驻地军警、志愿者等群体以及坚强乐观的受灾群众，总能带给我们许多感动与力量。

报道时,将镜头、笔触对准一线,大力挖掘抢险救灾中的鲜活细节、动人画面、感人故事,用好短视频等鲜活生动的报道手段,让正能量形成大流量,真正起到暖人心、聚民心的重要作用。

比如,迎战"烟花"期间,绍兴柯桥官桥村一名村干部潜入超半人深积水清理下水道堵塞物的短视频,一经播出就感动无数网友。而《安置点里唱起了生日快乐歌,风雨无情人有情,让建筑工人们感受到了家的温暖》等报道,真实传递了浙江人从容、乐观、积极的生活态度和自强自立、不畏困难的精神特质。

我们也要善于及时提炼总结浙江防汛防台的好经验、好做法、好故事,把正能量爆款主动提供给央媒平台,有效扩大浙江好声音。迎战"烟花"期间,《人民日报》、新华社、中央广电总台持续关注浙江防台动态,刊播了《"风险无处不在,赶考仍在进行"——浙江防御"烟花"掠影》等一线报道。

不过,特别需要注意的是,人文关怀是媒体报道不可或缺的,切忌刻意去渲染、放大受灾的悲惨画面。

五、用好十八般武艺,掌握多元报道形式

说起防汛防台报道,很多人脑海中可能会浮现浙江卫视曾经的画面:一位女记者在狂风暴雨中牵着绳子摇摇晃晃地为观众播报风情雨情汛情。

事实上,随着媒体融合深入推进,防汛防台报道已是十八般武艺齐上、形式多种多样。除了省市县各级媒体在重要版面、时段和屏位集中推出防汛防台专题专栏专版外,直播、短视频、言论、漫画等各种形式也齐刷刷上阵。

值得一提的是,"烟花"来袭时,"捉谣记"浙江辟谣平台就起到了重要作用。通过网络平台,对谣言进行及时有力发声澄清,也很有必要。

总而言之,做好防汛防台报道,对各级媒体来说,既是一次新闻业务大练兵,更是一场服务全省大局、践行"人民至上"理念的大考试。

梳理此前的经验成效,除了形成可资借鉴的打法外,更大的启示是:心中有人民,笔下就有温度、有力度、有情怀、有担当。

余丹　执笔

2022年9月4日

钱塘江上游流淌着宋诗

> 拥有强烈家国情怀的"宋诗之河",其文化精神和历史价值必将被越来越多的人认识和挖掘,展现更大的文化力量和时代担当。

钱塘江横贯千里、水势浩荡,是浙江人民的母亲河。这是许多人耳熟能详的一句话。而钱塘江的浪花中同样不乏思想光芒,它也是一条流淌着诗歌的文化之河。

最先捕捉到这条长河的宋韵诗意和文化温度的城市,是位于钱塘江上游的衢州常山。

一

常山县是钱塘江流经最长的县域和源头县之一,境内的常山江长达46.6公里,几乎占钱塘江总长度的十分之一。

多年前,常山县组织人手对县内历史上的唐诗进行全面搜集研究,力争有所作为。结果发现,常山历代诗歌作品中,唐诗数量非常少，能够搜集到的也就二三十首，而出人意料的是，宋代诗歌却数量惊人，仅在此期间无意中搜集到的宋诗就有一千余首之多。

这一惊人发现，不经意间揭开了常山江上掩盖千年的秘密。宋诗，从此成为历史留给常山最具辨识度的文化瑰宝。

常山江上闪耀着灿若星辰的宋代名人足迹和动人诗句，这在千里钱塘江诗路上可谓独树一帜，堪称一段罕见的"宋诗之河"。

省里有关专家多次率队到常山，实地考察论证常山"宋诗之河"的挖掘和研究情况。通过严谨细致的考证，专家们表示，不仅是常山江如此，整条钱塘江上的宋诗，数量应该都超过唐诗。

二

打开常山地图，我们可以很直观地看到，常山江的身段是那样婀娜多姿。到了常山县何家乡月亮湾，更会令人不由赞叹，大自然竟能使一条河流出落得如此仪态万方、楚楚动人。

罕见的"宋诗之河"，在常山出现并非偶然，而是有着特殊的人文历史背景。

宋代常山，读书崇学的氛围浓厚。以科举制度为例，科举制度起于隋、兴于唐，直到五代末，史料仍未见有常山人考中进士的记载。但到了宋代，常山考中进士的人却一下子多了起来。常山历史上总共出过132名进士，仅宋代就占了91名，宋代常山读书氛围之浓厚可见一斑。

常山古称"定阳"，历史上本是"蛮夷之地"。"五胡乱华"以后，来自北方的常山郡人逃难到当时的定阳县境内，带来了中原先进生产力。到了唐代，定阳县改称为常山县。进入宋代，常山县经济水平已经比较发达。北宋时，常山人江景房、汪韶、王介、王涣之等曾名动一时。宋室南渡之后，大批来自北方的官员文人在常山寓居，使得常山更成为名人荟萃之地。

尤其是"中兴贤相"赵鼎被贬谪之后来到常山万寿寺定居，与两朝帝师范冲、魏征之后魏矴以及寺僧了空吟诗唱和，传有《三贤唱和集》等名篇。各地的文人墨客也因赵鼎在常山寓居慕名而来，其中比较有名望的就有状元汪应辰、江纬、江袤等人，赵鼎在常山留下的诗作至今可考的就有80多首。

未能抛得常山去，一半勾留是此河。

常山史称"金川"。在宋代，常山江是一条风景秀丽的水路，沿江河埠、渡口众多，南来北往的诗人们大多通过常山江认识常山、爱上常山。忠简古渡、紫港古渡、招贤古渡等，都曾留下过名家脍炙人口的诗篇。

如南宋大诗人杨万里，先后六次到招贤古渡，且每次都要逗留一段时间才离开，他写招贤古渡的诗多达20余首。他的诗句"一生憎杀招贤柳，一生爱杀招贤酒"，成为招贤镇最经典的宣传语。在已发现的常山宋诗中，竟有超过一半与常山江有关，所以称常山江为"宋诗之河"，可谓名副其实。

站在常山江边，放眼望去，似乎每一朵浪花，都绽放着宋诗的动人诗句；每一片波涛，都涌动着宋诗的佳话传说；每一颗卵石，都镌刻着宋代诗人的足迹鸿影。

三

乍一看到"宋诗之河"这个概念，有人不禁要问：为何在普遍流行宋词的宋代，常山的宋词很少，而绝大多数是宋诗呢？

这种现象恰恰反映了宋代特殊的历史背景。

古人曾言"诗庄词媚""诗言志"。诗，多表达政治主题、人生志向，以胸怀抱负为主；词，多抒发浪漫情怀、风花雪月，以相思离别为主。

宋词相当于现在流行歌曲的歌词，因此在大都市里流行。常山毕竟仍属于乡野，不太可能有唱词歌女，因此缺乏写词的"市场"。

靖康之变后，大批官员文人随宋高宗逃难到南方，其中不乏写词名家。但由于国破家亡、民族受难，官员文人们失去了安逸生活、浪漫情怀，因此很难再拾起写词的心情。

而诗宜于言志，也就成了宋代常山诗人们抒发强烈爱国情怀、表达收复中原之志的最佳载体。也许，这就是为什么宋代常山诗多词少的原因。其实，拒绝写词的本身，何尝不是一种对朝廷无能、山河破碎、生灵涂炭的悲愤控诉？

强烈的爱国之情，构成了常山宋诗最宝贵的底色。其中最具代表性的就是爱国名相赵鼎的诗，"举目山河往恨沉，吴霜一点鬓毛侵""乱后亲朋无恙否，试凭北雁寄归音"，抒发了强烈的"山河沦陷、身世飘零"之恨和对"乱后北方亲朋"的思念。直到临终前，其自书灵幡"身骑箕尾归天去，气作山河壮本朝"，仍传达出坚贞不屈、至死不渝的报国之心。赵鼎的爱国情怀和浩然正气，千百年来受到后世的称颂。

爱国名臣胡铨《哭赵鼎》："天地祇因悭一老，中原何日复三关？"刘鼎《祭赵鼎公》："苦力争谏驱胡虏，气作山河壮版图"等，都抒发了强烈的爱国情怀和对赵鼎的崇敬之情。汪藻《常山道中闻诸将屡捷》："隔水唤舟渡，逢人骑马来。闻言江北好，一笑为传杯",表达了对南宋北伐胜利的喜悦之情。

爱国主义是中华民族精神的核心,最能感召中华儿女团结奋斗。拥有强烈家国情怀的"宋诗之河",其文化精神和历史价值必将被越来越多的人认识和挖掘,展现更大的文化力量和时代担当。

余风　执笔

2022年9月5日

"低级红""高级黑"的六种形式

> 要深刻认识新闻宣传是一门艺术,在传播主流价值、放大主流声音时,既要讲政治、讲方向、讲立场,也要讲方法、讲艺术、讲效果,避免"红"的初心产生"低级"的观感,甚至向"高级黑"的传播效果逆转。

舆论场上,有一个特别的现象叫"低级红""高级黑"。

所谓"低级红",是指有意无意把党的政策简单化、庸俗化,用看似夸张甚至极端的态度来表达"政治正确"。"高级黑"则或明褒实贬、或指桑骂槐、或指东打西,以精心策划但又不易察觉的方式进行攻击抹黑。

如果说"高级黑"是居心叵测,是用心险恶;"低级红"则可能大多是"无心之失""低能之错"。

"低级红"如果得不到纠正,就会被人炒作利用,发展到"高级黑"。当然,无论是"低级红"还是"高级黑",都会损害党的事业、影响党的形象。

"低级红""高级黑"在重大事件、敏感节点时经常冒头,混淆视听、误导公众,又因其具有一定的欺骗性、迷惑性,值得高度警惕。

综合近年来的新闻报道,我们梳理发现"低级红""高级黑"一般有以下六种形式:

一是夸大其词、无脑吹捧的"浮夸风"。有的地方宣传报道有时思维僵化、文风浮夸,还在按"传统模板"编"宣传事迹","煞有介事"但不合时宜地闹出笑话。

如有媒体报道"副市长吃上了自己掏钱买的月饼",把本属正常不过的事情进行刻意报道,意在吹捧领导廉洁奉公,结果引发负面联想。

还有的地方为突出敬业奉献、勤勉工作,把"女同志28天连续加班没换过衣服没洗头""扶贫干部与女贫困户结婚"等当作典型案例,不顾互联网语境下网民心态的变化,大喊口号、惹人反感,结果"红"变成"黑"、夸变成贬,从正面走向负面。

二是用力过猛、任意拔高的"脸谱化"。有的地方为了突出典型、树立标杆,不惜过度美化、任意拔高,不仅无法打动群众,还引发网民的反感。

如某地一名警察为参加比武大赛,放弃了与新婚妻子的结婚拜堂礼。媒体报道时颂扬其为模范警员,并配以婚礼上新娘独自一人拜堂成亲的照片。结果不仅没有收到预期的正面宣传效果,反而被网民视作反人性、反常理。

类似用力过猛的场景营造、人物设计案例,还包括"夫妻新婚之夜抄党章""干部大白天点马灯学党史""91岁老奶奶在轮椅上坐了3年,伴随一首熟悉红歌竟站起来跳起了舞蹈"等报道。

三是自我美化、弄巧成拙的"唱高调"。有的地方一厢情愿地颂扬美好生活、美好图景，自以为在为正面主流鼓与呼，其实是盲目唱高调。原本希望统一思想、凝聚共识，实则弄巧成拙、场面失控。

像某地疫情"封控"期间，在群众买菜难吃菜难的情况下，竟然在党员干部中开展"晒晒我家蔬菜包"活动，一下登上热搜，惹火了少数物资匮乏的群众。

还有《三代烟草人的传承与守望》，原本想讲述祖孙三代薪火相传从事烟草工作的光荣事迹，结果被网友质疑是烟草行业裙带勾结、家族腐败。

这些拙劣的自我美化在群众火眼金睛下纷纷翻车，可谓低级得要命，被黑得很惨。

四是明褒实贬、暗含讥讽的"软刀子"。表面上全是赞美、实际上却是讽刺，表面看似夸奖、实际上却是攻击，像软刀子一样让主流价值在不知不觉中受到损害和腐蚀。

有段时间一些公号转发所谓"厅局风穿搭"文章，煞有介事分析"体制内穿搭美学"，一本正经探讨"为什么厅局风成了婚恋市场的天花板"。这类文章看似赞美，引来的却是一片嘲讽。

"中必赢""赢麻了""下大棋"等或多或少也是这样，从而沦为别有用心之人对我国各项方针与政策进行冷嘲热讽的话语。

五是含沙射影、指桑骂槐的"放冷箭"。不是坦坦荡荡地批评，而是拐弯抹角地借题发挥，看似骂A、实则喷B，让被"黑"者骑虎难下、左右为难。一旦据理力争展开反驳那就是对号入座、不打自招。选择忍气吞声不反驳，也是哑巴吃黄连，有苦说不出。

如有的人故意忽视历史与当下、小说与现实的区别，把历史、小说中的人物、故事生搬硬套来借古讽今、影射比附。如每当我国政府加强市场监管、规范企业失序行为时，就不时有人鼓吹"胡雪岩魔咒"，看似讲胡雪岩的历史与人生，实则借机抹黑我营商环境，唱衰民营经济发展。

六是上纲上线、小题大做的"扣帽子"。把普通问题上升为政治问题，把一般问题当作原则问题，看似维护权威，实际上伤害了党和政府的形象。如某地一名基层干部，因"晚上洗澡没接到电话被处分"，还被扣上"四个意识不够""工作不严不实""作风漂浮"等帽子，这种极端过头行为远离了制度设置的初衷，也伤害了党和政府的群众基础。

还有的地方发生突发事件，官方通报姗姗来迟，却大讲各级领导如何"高度重视""作出批示""紧急部署"等，真正说到事件本身却是只言片语。看似"讲政治"，实则忘记"民心才是最大的政治"。

"低级红"和"高级黑"的主观动机或有所不同，但在实际中"低级红"往往与"高级黑"遥相呼应、"同流合污"，对党和政府的形象是一种严重杀伤。

面对日趋复杂的舆论环境，要深刻认识新闻宣传是一门艺术，在传播主流价值、放大主流声音时，既要讲政治、讲方向、讲立场，也要讲方法、讲艺术、讲效果，避免"红"的初心产生"低级"的观感，甚至向"高级黑"的传播效果逆转。

只要坚持为民初心、实事求是，坚持真实平实朴实，坚持有理有据、合情合理，就能杜绝各类"低级红""高级黑"。

云新宇　执笔

2022年9月5日

"大思政课"何以为"大"

> 从"思政课"到"大思政课",表面上只有一字之差,但这个"大"是"国之大者"的"大"。

日前,教育部等十部门印发《全面推进"大思政课"建设的工作方案》,明确提出了思政课改革创新举措。

从2019年3月习近平总书记亲自主持召开学校思想政治理论课教师座谈会,到中共中央、国务院两次印发关于思政课的规范性文件,思政课的"江湖地位"越来越高。

这次印发的文件把"大思政课"凸显出来。从"思政课"到"大思政课",表面上只有一字之差,但这个"大"是"国之大者"的"大"。

思政课与语文、数学、体育、音乐一样,是所有学校都要开设的一门课程,为什么会受到党和国家的如此重视呢?

一

思政课最大的魅力就在于，它潜移默化地影响着人的思想，最大的意义就是把信仰的种子播撒进青少年心中。赢得思想、赢得青少年，就能赢得未来。

习近平同志历来重视青少年思想政治教育工作，早在浙江工作时，他就经常走上高校讲台为学生们讲思政课。

比如2005年6月，他以"同大学生谈人生"为主题，为两千多名在杭高校学生作报告。2006年9月，他走进浙江大学，为学生们讲解浙江文化传统、文化精神。在习近平同志的推动下，领导干部上讲台在浙江作为一项制度被固定下来。

党的十八大以来，思政课更是成为习近平总书记心中的一件大事。因为一门课程，国家最高领导人亲自召开座谈会、亲自实地调研、亲自作出部署，这是前所未有的。

习近平总书记深切地说："思政课是落实立德树人根本任务的关键课程，思政课作用不可替代，思政课教师队伍责任重大。"他强调，"在大中小学循序渐进、螺旋上升地开设思政课非常必要，是培养一代又一代社会主义建设者和接班人的重要保障"。

思想教育是"根子"上的教育，思政课程是"极其重要"的课程。

对于青少年而言，思政课耕耘的是"思想的田野"，破解的是"青春的困惑"，一旦扣错第一粒扣子，在是非、正误、真假、善恶、美丑面前乱了心智，人生必然会沿着偏离的轨道跌下深渊。

对于国家而言，思政课回答的是为谁培养人、培养什么人、怎样培养人，如果在这个根本问题上犯了错误，则有可能从内部被侵蚀瓦解。

二

青少年思想政治教育关系着国家未来，在社会大变革、思想大激荡的时代，思政课必须越抓越紧、越办越大。

"大思政课"不只是"教知识"，贯穿始终的是"立信仰"。上课时把时间、人物、事件照本宣科念一念，考试时死记硬背把作用、影响、意义写下来，这不是思政课的初心。这门课重在引导青少年搞明白什么是对、什么是错，什么才是我们该矢志不渝追求的真理。

南京航空航天大学的徐川老师用答学生问的形式娓娓道来，讲为什么加入中国共产党，讲马克思主义是什么，讲大学生如何树立理想信念，深受学生追捧，影响了很多学子。

"大思政课"不只是"学政治"，所有课程都应"有思想"。谁说中小学的数学、英语课就只能有数字和单词，大学里的专业课就只能很"学术"、很"专业"？教育的本质是唤醒灵魂，在这个过程中哪一门课程都不应缺位。

浙江工业大学有个"青说青听"理论宣讲团，研究概率论的老师能将专业结合起来给学生讲战略思维、辩证方法，研究材料科学的老师围绕"大国重器"讲科技报国、创新强国的实践故事，不仅本专业的学生爱听，其他专业的同学也被吸引过来。

"大思政课"不只是"读书本"，整个社会都是"大课堂"。热爱祖国、服务人民这些大道理谁都懂，乡村振兴、共同富裕这些概念谁都能说上几句,但脱离了活生生的现实体验,这些概念都是大脑表层的"空中楼阁",思政课必须开门办学。

抗疫情、灭山火、防台风,每一个社会事件都是思政课的鲜活教材;红色研学、爱心支教、志愿服务,每一次生活体验都是思政课的流动课堂。青少年只有在社会大课堂里目睹时代大变迁、感受中国大发展,才能真正做到学而信、学而用、学而行。

"大思政课"不只是耕好"责任田",大中小学要跑好"接力跑"。思政教育受众群体大、年龄跨度大,认知和接受能力差异大,大中小学不能各自为战,让教学内容"来回翻炒",各个阶段衔接融合、由浅入深才能让真理的味道"甜"入心灵。

比如同样是"生态文明",对小学生可以讲"要像保护眼睛一样保护生态环境",播种感性认识;对中学生可以讲"生态兴则文明兴,生态衰则文明衰",加入理性思辨;对大学生可以讲"保持加强生态文明建设的战略定力",厚植使命担当。

三

从"枯燥、晦涩、说教、灌输"到"有趣,干货十足,网红课",在学生们心中,这两年思政课的标签发生了逆转性的变化。

我们还要思考,如何把思政课办得更大更好?

江南大学唐忠宝教授领衔打造的思政类脱口秀《宝哥说》,广受大学生追捧,甚至一座难求;上海大学顾晓英主持的子课程"时代音画"公开课,吸引了全国90多所高校和科研院所的200余位专家学者参加……

他们的课程深受学生喜爱,并不是形式有多花哨,而是思想力

"爆棚"、金句频出，胜在内容。

试想，还有什么比闪亮的思想和透彻的理论更能打动人心、扣人心弦？

讲好"大思政课"，不是让青少年去适应老师，而是让老师成为青少年，用青少年喜爱的形式就是上好思政课的"敲门砖"。辅助性地运用新媒体、动画、情景剧等形式，甚至可以把课堂"大权"交给学生，努力让思政课更加生动、活泼，真理的"味"才能沁人心脾。

"大思政课"是一门社会大课，是系统工程，光靠学校还不够，需要全社会参与。纪念馆、博物馆、田间地头、工厂车间都是思政课堂，科学家、先进模范、领导干部、大国工匠、身边好人都是思政教师，中华民族战胜的风险挑战、取得的瞩目成就都是思政素材。"大思政课"要善用之。

"一棵树摇动一棵树，一朵云推动一朵云，一个灵魂唤醒一个灵魂"，这是教育的本质，更是"大思政"的意义所在。

刘元 王人骏 执笔

2022年9月6日

"百日"了,我们想到了9个字

今天,是"浙江宣传"正式上线100天。

100天,我们从无到有,发布了209篇文章,生产了204篇原创文章。其中,116篇文章阅读量超过10万+,占全部的55.5%。

100天,我们用普通人视角平视现实,《嘲讽"小镇做题家"是一个危险信号》《历史不会浓缩于一个晚上》等文章在移动端热传,引发众多读者共鸣,让我们深深感受到常理常情总能激荡人心。

100天,读者的一次次关注、一篇篇转发、一个个评论,给予我们莫大的鼓励、支持和鞭策。人们不禁会问,在微信公众号浩如烟海、头部平台流量垄断、主流话语难以直抵人心的当下,宣传舆论工作靠什么撕开流量入场的口子、吸引更多读者的眼球?

"浙江宣传"并没有什么流量密码。100天来,我们所坚守的无非是"9个字":说人话、切热点、有态度。

说人话,就是开门见山,直截了当,讲完即止,不搞长篇大论、不做官样文章、尽量不说"正确的废话"。

习近平总书记指出,语言的背后是感情、是思想、是知识、是素质。讲事实才能说服人,讲形象才能打动人,讲情感才能感染人,讲道理才能影响人。进入移动互联网时代,信息传播规律发生了深刻变化,以前是"人找信息"、现在是"信息找人",以前是"我说你听""我写你看"、现在是信息"严选",读者的注意力决定内容的传播力、影响力。没有人爱看绕来绕去的内容、空泛议论的文章，读者需要的是用尽可能少的篇幅、直白鲜活的话语，把问题说清、说深、说透，朴实不粗糙、浅显不肤浅、求新不求怪。"文心"可贵，"雕龙"亦需。只有将心比心生产优质内容，才能留住更多关注、赢得读者认同。

过去100天，每一个选题、每一篇文章，我们力求站在读者的立场、根据读者的需求，适应读者的阅读习惯，写出让读者看得懂的文章，提供读者想看的东西，用有意义又有意思的内容去扩大主流价值影响力的版图。

切热点，就是直面热点、解剖难点，不回避问题、不避重就轻，在互联网海量信息中聚拢眼球。

问题是时代的声音，人心是最大的政治。面对"两个大局"的深刻演进，我们这么大一个国家，14亿多人口，总有各式各样的热点发生。移动互联网给每个人递上了"麦克风""发声器""瞭望镜"，每个热点舆论的背后，既有众声喧哗，也有民心所向。置身"用指尖投票"的舆论环境，流量已成为重要的民心指数。当社会问题显现，回避是"鸵鸟心态"在作祟；当热点关切爆发，沉默终将令读者失望。宣传工作要走在浪头上，旗帜要飘扬在看得到的位置。凡是新闻舆论，就应射向绷得最紧的社会之弦，主动切进社会普遍情绪，第一时间为读者提供信息增量、价值判断。

过去100天，针对"小镇做题家"被嘲讽、二舅治愈精神内耗、佩洛西窜台等多个热点，"浙江宣传"寻找角度、斟酌观点、穿透热点，发出理性的声音，拒绝做一个"装睡的人"。"切热点"不同于"蹭热点"，一字之差、谬之千里。切热点，是带着责任和思考而来；蹭热点，则是奔着取悦读者赚流量而去。"蹭热点"或许可以博取眼球,"切热点"才会真正直击人心。面向互联网主阵地,流量就是人心,人心所向即是流量,有了流量才能赢得人心。

有态度,就是立场鲜明、亮出观点,第一时间发出理性声音、产生共情共鸣。

敢不敢发声看胆气,善不善发声靠能力。话语权不会从天而降,公信力不是与生俱来。古人说,"铁肩担道义"。担这个"道义",离不开态度与观点。没有态度,读者凭什么关注你?没有观点,读者怎么会跟你走?爱惜自己的羽毛,说最保险的话,读者怎么会相信你与他同呼吸、共命运?影响力是在一次次鲜明亮剑中产生的,传播力是在一个个思想碰撞中形成的。

过去100天,我们以"做一个有态度的公众号"警醒自己,每一篇文章表达什么、传递什么,每一个观点赞同什么、批判什么,每一个故事指向什么、倡导什么,都努力做到生动、鲜明、尖锐,明辨是非曲直,决不吞吞吐吐,让读者清晰知道我们在说什么、想干什么。记得8月2日美国众议院议长佩洛西窜访我国台湾地区落地的那一刻,每个中国人的愤怒情绪瞬间被点燃,《历史不会浓缩于一个晚上》开头即说:"愤怒完全可以理解,因为被点燃的是广大国人最朴素的爱国情绪",短短二十多个字,便道出了人们的普遍心声。文章引导读者进行理性思考,抚平了读者愤怒的情绪,微信阅读量达到270万,相关话题的微博阅读量超4亿次,讨论次数超5万。这篇文章,有效引导了大众舆论场的走向。

习近平总书记强调,全媒体不断发展,出现了全程媒体、全息媒体、全员媒体、全效媒体,信息无处不在、无所不及、无人不用,导致舆论生态、媒体格局、传播方式发生深刻变化,新闻舆论工作面临新的挑战。如何准确识变、科学应变、主动求变,"浙江宣传"这艘"破冰快艇"激起的小浪花可以提供一些启示。只要敢于自我逼迫、自我颠覆、自我重塑，只要坚持说人话、切热点、有态度，我们不仅能在移动传播时代占据"一席之地"，而且完全可以成为互联网上有能量的舆论引导者。

走过百天，我们从零开始、点滴努力，多少个日夜冥思，多少回通宵达旦，多少次字斟句酌。今天的收获仅仅是迈出了第一步，我们只是用有限的能力和时间在某个点上破了题。

形势决定任务，使命决定责任。聚焦文风转变，"浙江宣传"让我们学会在互联网时代怎么说话、说读者听得进去的话，主动改变长期以来形成的话语表达方式；深化媒体转型，"浙江宣传"让我们看到进入互联网主阵地必须拿出自我革命的勇气，打破枷锁找出路，甩掉包袱向前冲，蹚出一条值得宣传人自豪的新路来，打一场互联网时代媒体转型的翻身仗；着眼百年大党的宣传事业，"浙江宣传"所做的努力还远远不够，宣传人应该心怀"国之大者"，干久久为功事，担千秋伟业责，持续推动理念重塑、打法创新、战略转型，凝聚更多力量，不断开疆拓土，让"笔杆子"更灵、更有力量。

最后，只想说一句：感谢您的阅读，咱们每天7∶30见。

沈世成 李攀 执笔

2022年9月6日